Hubertus Knabe · 17. Juni 1953

W0071552

SED-Zentral-komitee

Schönhauser Allee

Allee

Prenzlauer

Moll-

Straße

Straße

Greifswalder Straße

Am Friedrichshain

Frieden-

Volkspark

Friedrichshain

straße

Krankenhaus im Friedrichshain

Polizei-präsidium

Otto-Braun-

straße

straße

Landsberger Allee

Alexanderpl.

Platz der Vereinten Nationen

Karl-Marx-

Alexanderstraße

straße

Straße

Frieden-

straße

aus

Gruner-

Straus-berger Platz

Allee

Stalin-Denkmal

Lichtenberger

Straße

Andreas-

straße

Straße der Pariser Kommune

Holzmarkt-

straße

Brückenstraße

FDGB-Zentral-vorstand

Köpenicker

Straße

Spree

straße

Ostbahn-hof

Schilling-brücke

Stralauer Platz

Heinrich-Heine-

Straße

Adalbertstr.

Heinrich-Heine-Straße

straße

Oranienplatz

**Marsch der Bauarbeiter in Berlin am 16. Juni 1953**
(Straßenverlauf und Straßennamen von 2003)

■ wichtige innerstädtische Gebäude

■ ehemalige DDR-Gebäude (Funktion 1953)

– · – Grenze zu den Westsektoren

umbenannte Straßen:
Leninallee (Landsberger Allee)
Leninplatz (Platz der Vereinten Nationen)
Wilhelm-Pieck-Straße (Torstraße)
Marx-Engels-Platz (Schlossplatz)
Fruchtstraße (Straße der Pariser Kommune)

Hubertus Knabe

# 17. Juni 1953

## Ein deutscher Aufstand

Propyläen

Propyläen Verlag
Propyläen ist ein Verlag des Verlagshauses Ullstein Heyne List
GmbH & Co. KG

ISBN 3-549-07182-5

© 2003 by Ullstein Heyne List Verlag GmbH & Co. KG,
München
Alle Rechte vorbehalten. Printed in Germany
Vorsatzkarten: Volkhard Binder
Gesetzt aus der Janson bei LVD GmbH, Berlin
Druck und Bindung: GGP Media, Pößneck

# Inhalt

# VORWORT

Am 17. Juni 1953, vier Jahre nach Gründung der DDR, kam
es im Osten Deutschlands zu einer spontanen Volkserhebung:
Hunderttausende Arbeiter traten in den Streik, auf mächtigen
Demonstrationen in Berlin und weiteren Städten wurden freie
Wahlen gefordert, Bürger besetzten die Schaltzentralen der
Macht und verlangten vor den Gefängnissen die Freilassung
der politischen Häftlinge. Es war das erste von weiten Bevölke-
rungskreisen getragene Aufbegehren im kommunistischen
Machtbereich.
Mit seinen Forderungen nach Freiheit und Demokratie gehört der Aufstand vom 17. Juni in die Reihe der großen revo-
lutionären Erhebungen in Deutschland: die Märzrevolution
von 1848, die Novemberrevolution von 1918 und der Sturz des
SED-Regimes im Jahr 1989. Doch anders als diese wurde die
Revolte im Frühsommer 1953 durch sowjetische Truppen blutig niedergeschlagen. Der 17. Juni konnte keine neue, demo-
kratischere Epoche begründen, sondern mündete in einen
Rachefeldzug und den Aufbau eines gigantischen Sicherheitsapparates – der Aufstand bekam das Stigma einer gescheiterten
Revolution.
Wie so oft wurde die Geschichte von den Siegern geschrieben. Im Osten Deutschlands verteufelte man den Volksaufstand
von 1953 jahrzehntelang als »faschistische Provokation« oder
überging ihn mit Schweigen. Im Westen erstarrte die anfäng-
liche Sympathie bald in hohem Pathos, das – nachdem man
sich mit der Diktatur der SED zunehmend arrangiert hatte –
nur noch am jährlichen »Tag der Deutschen Einheit« zele-
briert wurde. Viele Zeitgenossen hielten die Erinnerung an
den 17. Juni für ein Überbleibsel der fünfziger Jahre.
Erst der Zusammenbruch des Kommunismus hat den Blick
auf die Ereignisse im Sommer 1953 verändert. Plötzlich er-

7

schienen sie nicht mehr wie ein hilfloses, von vornherein zum Scheitern verurteiltes Aufbegehren, sondern als ein erster mutiger Versuch, die Diktatur der SED abzuschütteln – ein früher Vorläufer der friedlichen Revolution im Herbst 1989. Gleichwohl blieb die Erinnerung an den Jahrzehnte zurückliegenden Aufstand verschüttet. An den 17. Juni, so ergaben Recherchen, erinnert in Ostdeutschland nur eine Straße: in Taucha, einer Kleinstadt bei Leipzig. 111 Straßen tragen dagegen die Namen Wilhelm Piecks oder Otto Grotewohls, die an der Spitze des ostdeutschen Staates standen, als dieser den Aufstand im Juni 1953 niederwarf. Der Feiertag am 17. Juni, an dem man in der Bundesrepublik jahrzehntelang der Proteste gedachte, wurde im wieder vereinigten Deutschland sogar abgeschafft.

Heute, 50 Jahre danach, erinnern sich viele wieder der dramatischen Ereignisse im Sommer 1953. Filme wurden gedreht, Bücher geschrieben, Veranstaltungen geplant, die dem Aufstand eine neue, unerwartete Aufmerksamkeit zollen. Die jahrelang unbeachtet gebliebenen Zeitzeugen werden, sofern sie noch leben, aus dem Dunkel des Vergessens geholt. Im Osten besinnt man sich des frühen Aufbegehrens, auf das man nicht weniger stolz sein kann wie auf den Sturz der SED-Herrschaft im Herbst 1989. Im Westen, wohin sich vier Millionen Ostdeutsche flüchteten, begreift man, dass es ein Stück gemeinsamer Geschichte neu zu entdecken gilt. Erst jetzt, so scheint es, sind die Deutschen innerlich und äußerlich frei geworden, sich der Volkserhebung im Juni 1953 offen und vorurteilsfrei zuzuwenden.

Nach dem Ende des Zweiten Weltkrieges hat man erkannt, dass ein demokratisches Deutschland die Erinnerung an den Widerstand gegen den Nationalsozialismus braucht, um das an Visionen arme System des Parlamentarismus historisch zu fundamentieren. Die Gesellschaft begann sich für jene zu interessieren, die, wie die Attentäter des 20. Juli 1944, unter Lebensgefahr der Tyrannei entgegentraten, auch wenn sie dabei scheiterten. Inzwischen steht die Geschichte von Claus Graf Schenk von Stauffenberg in jedem Schulbuch. Mit Blick auf die DDR steht dieser Prozess dagegen noch bevor. Der Widerstand gegen die kommunistische Spielart totalitärer Herrschaft nimmt in der Erinnerungskultur der Deutschen nach wie vor nur eine untergeordnete Rolle ein. Wer kennt die Namen der Streikleiter und Wortführer des 17. Juni 1953? Wer setzt den Toten des Aufstands ein würdiges Denkmal? Dabei haben Menschen wie Herbert Stauch, der vom Magdeburger Polizeichef die Freilassung der politischen Gefangenen verlangte und einen Tag später deshalb hingerichtet wurde, mit ihrem Mut den Gegnern des Nationalsozialismus in nichts nachgestanden. Es wird Zeit, ihrer genauso zu gedenken wie Graf von Stauffenberg oder der Geschwister Scholl.

Dieses Buch soll dazu beitragen, die Geschichte des Volksaufstandes freizulegen, aber auch seine Ursachen und die Hintergründe seiner Niederschlagung beleuchten. Zudem soll es die anschließende Verfolgungswelle analysieren, denn mit dem Abend des 17. Juni waren die Ereignisse keineswegs beendet. Die Chancen für ein solches Vorhaben stehen gut, da im Unterschied zu früher jetzt die wichtigsten Dokumente offen liegen. SED, Polizei und die sowjetische Besatzungsmacht haben die Ereignisse sorgfältig aufgezeichnet und damit wichtige Quellen zu ihrer Rekonstruktion hinterlassen.

Besondere Bedeutung haben dabei die Unterlagen des DDR-Staatssicherheitsdienstes, zu denen jedoch oftmals immer noch nicht ausreichend Zugang besteht. Laut Gesetz stehen der Forschung nur die Akten der Stasi-Mitarbeiter offen, während die der anderen Personen nur dann zugänglich sind, wenn sie schriftlich ihre Zustimmung erteilt haben. Da die meisten Streikenden und Demonstranten namentlich nicht bekannt oder inzwischen verstorben sind, ist es für Historiker nahezu unmöglich, diese Hürde des Gesetzes zu nehmen. Verschlossen sind auch alle Unterlagen über Polizisten, Bürgermeister oder Parteisekretäre, die sich an der Niederschlagung des Aufstands beteiligten, weil auch sie in der Regel keine Stasi-Mitarbeiter waren. Vor diesem Hintergrund wurde in das Stasi-Unterlagen-Gesetz ein Passus aufgenommen, dem zufolge Akten über Personen der Zeitgeschichte und über Amtsträger ebenfalls der Forschung zugänglich zu machen sind. Im Zusammenhang mit Unterlagen über den früheren Bundeskanzler Helmut Kohl zog das Bundesverwaltungsgericht diese Bestimmung jedoch in Zweifel, so dass in den Akten über den Juni-Aufstand monatelang fast alle Namen geschwärzt wurden. Erst nach einer Novellierung des Gesetzes wurde die rigide Schwärzungspraxis etwas gelockert, doch bis heute entscheiden Sachbearbeiter der Stasi-Akten-Behörde darüber, welche der meist unbekannten Protestierer sie in den Rang einer Person der Zeitgeschichte erheben und welche nicht. Eine Änderung der gesetzlichen Bestimmungen tut dringend Not, damit die Teilnehmer der Volkserhebung nicht länger dem Vergessen überlassen bleiben. Wenn der Deutsche Bundestag sich dazu durchringen könnte, die Akten des Staatssicherheitsdienstes nicht länger restriktiver zu verwalten als die der Gestapo, könnte er damit mehr für die Würdigung der Aufständischen tun als durch manche offizielle Feierstunde.

Zwei technische Hinweise seien noch vorausgeschickt: Da die 1953 angefertigten Analysen oft unter großem Zeitdruck und nicht nach einheitlichen Maßstäben entstanden, stößt man darin immer wieder auf Abweichungen, auch und gerade bei den Zahlenangaben. Obwohl im Rahmen dieser Darstellung versucht wurde, diese so weit wie möglich abzugleichen, mag es deshalb an der einen oder anderen Stelle Unterschiede geben, die bewusst belassen wurden, um die manchmal uneinheitliche Quellenlage nicht zu verwischen. Für die Grundaussagen dieses Buches sind die Abweichungen jedoch ohne Belang. Verwirrend könnte für einige Leser möglicherweise auch die Bezeichnung der Örtlichkeiten sein, bei denen es sich manchmal um die Namen von Bezirken, in anderen Fällen um die der gleichnamigen Städte handelt – wenn zum Beispiel Potsdam sowohl als Ort wie auch als DDR-Bezirk Erwähnung findet. Wann immer möglich, wurde dieser Unterschied im Text entsprechend deutlich gemacht.

Dieses Buch hätte nicht entstehen können ohne die Vorarbeit vieler, die sich in den letzten Jahren um die Aufarbeitung der DDR-Vergangenheit bemüht haben. Ihnen und all jenen, die sein praktisches Zustandekommen ermöglicht haben, sei an dieser Stelle für ihr Engagement gedankt. Vor allem danke ich meiner Frau und meinen Kindern, die die zeitraubende Arbeit an dieser Darstellung mit Geduld ertragen und mit Zuspruch gefördert haben.

Berlin, im März 2003                                          *Hubertus Knabe*

# PROLOG: EIN TAG IM JUNI

Als die Arbeiter der Baustelle »Block 40« an der Ostberliner Stalinallee (heute wieder Frankfurter Allee) am 16. Juni 1953 den Entschluss fassten, mit einem selbst gemalten Transparent auf die Straße zu ziehen, ahnten sie nicht, dass sie damit Geschichte schreiben würden. Ihr Marsch in die Innenstadt, mit dem sie gegen eine von der Regierung angeordnete Normenerhöhung demonstrierten, bildete den Auftakt für eine unerwartete Massenerhebung. Hunderttausende Arbeiter und Bürger folgten am nächsten Tag in der ganzen DDR ihrem Beispiel und forderten den Rücktritt der Regierung. Die vielfältig gesicherte Diktatur der SED brach unter der Wucht der Proteste binnen Stunden wie ein Kartenhaus zusammen – bis sowjetische Truppen auffuhren und den Aufstand erstickten.

Was damals in Ostberlin geschah, ist in seiner Bedeutung oft unterschätzt worden: Der Aufstand vom 17. Juni war nicht nur ein kurzzeitiger sozialer Protest, sondern die erste Massenerhebung gegen ein totalitäres Regime in der Geschichte. Er hat gezeigt, was vielen erst beim Zusammenbruch des Sowjetkommunismus wieder bewusst wurde – dass auch moderne Diktaturen, die mit den Mitteln der totalen politischen Steuerung der Gesellschaft operieren, nicht unerschütterlich sind. Weil die erste Tyrannei dieser Art in Deutschland, die der Nationalsozialisten, nur mit militärischer Gewalt von außen beendet werden konnte, kommt der Erhebung gegen die kommunistische Diktatur im Juni 1953 doppeltes Gewicht zu. Sie widerlegt, dass die Deutschen für totalitäre Systeme besonders anfällig wären und in ihrer Vergangenheit kaum freiheitlich-revolutionäre Traditionen kennen. Der Aufstand im Juni 1953 hätte ihnen, wenn er nicht durch eine fremde Macht gewaltsam niedergeworfen worden wäre, auch die jahrzehntelange Teilung des Landes mit ihren bis heute wirksamen Folgen erspart.

11

Es gibt Zeiten, in denen die Geschichte träge und scheinbar unbeweglich dahinfließt – und solche, in denen ein einziger Tag über eine ganze Epoche entscheidet. Der 16. und 17. Juni 1953 waren solche Tage. In wenigen Stunden verdichteten sich gewaltige historische Prozesse. Dabei waren die Anfänge eher harmlos und unscheinbar. Es begann mit einer kleinen Demonstration Berliner Bauarbeiter, der sich immer mehr Passanten und andere Arbeiter anschlossen. 10 000 Menschen versammelten sich dann am Mittag des 16. Juni vor dem Sitz der DDR-Regierung in der Leipziger Straße und forderten das Erscheinen des Ministerpräsidenten Otto Grotewohl und des Generalsekretärs der SED, Walter Ulbricht. Da diese nicht kamen, entwickelte die Zusammenkunft eine unerwartete Eigendynamik. Aus der Forderung nach Rücknahme der Normenerhöhung erstand der Ruf nach dem Rücktritt der Regierung sowie nach freien und geheimen Wahlen. Der soziale Protest schlug in einen politischen um. Vergeblich versuchten einige führende Funktionäre, die aufgebrachten Menschen zu beruhigen. Am Ende erscholl der Aufruf zum Generalstreik, und man beschloss, sich am nächsten Morgen um 7 Uhr erneut zu versammeln.

Der Aufstand vom 17. Juni 1953 begann also genau genommen einen Tag eher, als in den Schulbüchern vermerkt. Neuere Forschungen haben inzwischen gezeigt, dass der Beginn der Erhebung sogar noch früher datiert werden muss. Bereits Tage zuvor kam es an anderen Orten zu ähnlichen Protesten und Forderungen. Doch erst die Ereignisse des 16. Juni in Ostberlin bildeten den Auftakt zu den Streiks und Demonstrationen von Hunderttausenden in der gesamten DDR.

Der 17. Juni 1953, der gemeinhin als Tag des Volksaufstands in der DDR gilt, ist dagegen vor allem der Tag seiner Niederschlagung. In einem beispiellosen Militäreinsatz, bei dem die demonstrierenden Bürger mit schwerem Kriegsgerät von den Straßen verscheucht wurden, fuhren in Berlin und anderen Orten stellenweise schon in den Vormittagsstunden Panzer der sowjetischen Besatzungsmacht auf und übernahmen die Kontrolle des öffentlichen Lebens. Bereits am Nachmittag wurde vielerorts der Ausnahmezustand ausgerufen und das Kriegsrecht verhängt. Am Abend galt eine Ausgangssperre. Trotz dieses martialischen Militäraufgebots, das die Erhebung niederschlug, bevor sie sich überhaupt richtig entfalten konnte, kam es an diesem Tag zu einer einzigartigen Revolte, mit Streiks, Demonstrationen und Gefangenenbefreiungen in der ganzen DDR.

Ungeachtet des erst Ende Juni schrittweise aufgehobenen Ausnahmezustandes, der Menschenansammlungen von mehr als drei Personen verbot und Zuwiderhandelnde mit standrechtlicher Erschießung bedrohte, hielten die Proteste auch in den Tagen danach weiter an. Es dauerte Wochen, ja Monate, bis die SED das Land wieder vollständig unter Kontrolle hatte. Den Schock, den diese Ereignisse bei ihr auslösten, sollte sie nie vergessen. Was war das, was sich da im Sommer 1953 im Osten Deutschlands geradezu sturzbachartig Bahn brach?

In den 50 Jahren, die seit dem 17. Juni 1953 vergangen sind, wurden die dramatischen Ereignisse sehr verschieden interpretiert. Die kommunistischen Machthaber, gegen die sich die Demonstrationen gerichtet hatten, machten nicht die eigene Politik, sondern den Westen dafür verantwortlich. Noch am Nachmittag des 17. Juni erklärte die Regierung der DDR, die Unruhen seien »das Werk von Provokateuren und faschistischen Agenten ausländischer Mächte und ihrer Helfershelfer aus deutschen kapitalistischen Monopolen«.[1] Vier Tage später verkündete das SED-Zentralkomitee (ZK), amerikanische und deutsche Kriegstreiber, die möglichst rasch einen Dritten Weltkrieg entfesseln wollten, hätten sich zu der »faschistischen Provokation« entschlossen, um die durch die DDR-Regierung »eingeleitete Wendung zur Verbesserung der Lebenslage in der Deutschen Demokratischen Republik zu durchkreuzen«. Unter Hinzuziehung seiner Agenten aus einzelnen Großbetrieben habe der Gegner den Streik der Bauarbeiter organisiert und gleichzeitig seine »mit Schwefel-, Phosphor- und Benzinflaschen sowie mit Waffen ausgerüsteten Banditenkolonnen« über die Sektorengrenze geworfen. Diese von Westberlin eingeschleuste und von dort dirigierte »faschistische Brut« hätte den Auftrag gehabt, Überfälle auf Einrichtungen der DDR sowie Mordüberfälle auf Funktionäre durchzuführen.[2] In ähnlicher Weise äußerte sich das ZK auch einen Monat später, als es, unter Bezugnahme auf die seinerzeit geführten Waffenstillstandsverhandlungen für Korea, verlautbarte: »Fast zu derselben Zeit unternahmen faschistische Provokateure, die von amerikanischen Offizieren mit Waffen, Benzinflaschen und Instruktionen versehen waren, im demokratischen Sektor von

Berlin einen faschistischen Putschversuch. Gleichzeitig traten die in einigen anderen Städten der Deutschen Demokratischen Republik seit langem organisierten Agentengruppen in Tätigkeit und organisierten faschistische Unruhen.«[3] Mehr als drei Jahrzehnte lang wurde in der DDR diese Sichtweise auf die Ereignisse vom Juni 1953 stereotyp wiederholt. Noch 1988 geißelte man den 17. Juni offiziell als »konterrevolutionären Putschversuch«. In der von der Ostberliner Akademie der Wissenschaften herausgegebenen »Deutschen Geschichte in 10 Kapiteln« hieß es über den Juni-Aufstand: »Direkt angeleitet und unterstützt durch aus Westberlin eingeschleuste Provokateure, dirigiert durch die Massenmedien der Frontstadt Westberlin, tobte der konterrevolutionäre Mob in einer Reihe von Städten, drang in Parteibüros und andere Dienststellen ein, zerstörte dort Einrichtungen, misshandelte und ermordete Bürger, die sich ihm entgegenstellten.«[4] Trotz des abschreckenden agitatorischen Tonfalls blieb diese Darstellung des Aufstandes durch die Machthaber in der DDR nicht ohne Wirkungen. Vor allem SED-nahe Schriftsteller und Intellektuelle machten sich diese Lesart ganz oder teilweise zu Eigen und behaupteten in den folgenden Jahrzehnten immer wieder, die Volksbewegung des Sommers 1953 habe partiell einen »faschistischen Charakter« getragen. Prominente Autoren wie Bertolt Brecht, Anna Seghers oder Stephan Hermlin, deren Stimme auch im Westen Gehör fand, rückten die Streikenden und Demonstranten des Sommers 1953 in die Nähe eines vom Klassenfeind gesteuerten, faschistoiden Mobs. Andere DDR-Schriftsteller zogen direkte Parallelen zur »Reichskristallnacht« oder zu den Bücherverbrennungen der Nazizeit. Selbst Stefan Heym, dessen Roman über den Juni-Aufstand in der DDR nicht erscheinen durfte, schildert die demonstrierenden Menschen darin nicht als Helden oder Freiheitskämpfer, sondern als gefährliche Masse, die Schaufenster einschlug und Geschäfte plünderte. Einer der bekanntesten DDR-Dissidenten, der 1982 verstorbene Chemiker Robert Havemann, vertrat, wie andere kommunistische Oppositionelle, noch in den siebziger Jahren die Auffassung, dass die Unruhen »objektiv« konterrevolutionäre Formen angenommen hätten. Die Stigmatisierung der Erhebung erfolgte in der DDR so nachhaltig, dass es auch die Wortführer der friedlichen Revolution im Herbst 1989 tunlichst vermieden, darauf Bezug zu nehmen. Im postkommunistischen Milieu der PDS finden sich bis heute viele, die den Aufstand als vom Westen gelenkt oder zumindest angetrieben darstellen.

50 Jahre nach den Ereignissen im Juni 1953 ist genügend Distanz gewachsen, um zu prüfen, ob es für ihre Charakterisierung als teilweise faschistoide und vom Klassenfeind ausgelöste Provokation wirklich Anhaltspunkte gibt. Zwar stehen die Archive der westlichen Geheimdienste der Forschung auch heute noch nicht zur Verfügung, doch durch die Öffnung der Akten des Partei- und Staatsapparates der DDR und insbesondere seines Ministeriums für Staatssicherheit (MfS) ist es möglich geworden, Urheber, Akteure und Verlauf der Unruhen genauer zu untersuchen. Gerade weil der Staatssicherheitsdienst nach der Niederschlagung des Aufstands von der SED den Auftrag erhielt, die Verantwortlichen und ihre angeblichen bundesrepublikanischen Hintermänner ausfindig zu machen und zur Rechenschaft zu ziehen, müssten sich, falls es eine Steuerung von außen gegeben haben sollte, dort am ehesten die Belege dafür finden lassen. Auch die Rolle der westlichen Massenmedien und insbesondere des Rundfunks im amerikanischen Sektor (RIAS), der von der SED später zur Zentrale des »faschistischen Putschversuches« erklärt wurde, lässt sich anhand dieser und weiterer Unterlagen inzwischen weitgehend rekonstruieren.

In ganz anderer Weise wurden die Ereignisse am 17. Juni im Westen Deutschlands aufgenommen. Die Streiks und Demonstrationen in der DDR und ihre gewaltsame Niederschlagung durch die Rote Armee lösten in der Öffentlichkeit im Sommer 1953 eine Welle spontaner Anteilnahme und Empörung aus. Eine Einmischung politischer oder militärischer Art lehnten jedoch sowohl die damalige Bundesregierung unter Konrad Adenauer als auch die westlichen Alliierten ab. Niemand eilte den Aufständischen zu Hilfe, so dass die Sympathiebekundungen eher deklamatorischen Charakter hatten. Diese Kluft zwischen Worten und Taten sollte auch in der Folgezeit bestimmend für den Umgang mit dem Ereignis bleiben.

Nur wenige Tage nach der Niederschlagung des Aufstands, am 21. und am 23. Juni 1953, fanden in Bonn und Berlin offizielle Gedenk- und Trauerveranstaltungen für die Toten statt, bei denen neben dem Regierenden Bürgermeister von Berlin, Ernst Reuter, mit Bundespräsident Theodor Heuss und Bundeskanzler Konrad Adenauer die höchsten Repräsentanten des Staates sprachen. Kurz darauf machte der SPD-Politiker Herbert Wehner den Vorschlag, den 17. Juni in der Bundesrepublik zum nationalen Gedenktag zu erklären. Bereits am 2. Juli 1953 beschloss der Deutsche Bundestag, das Datum als »Tag der Deutschen Einheit« zum gesetzlichen Feiertag zu erheben. In der Präambel zu dem entsprechenden Gesetz hieß es über die Ereignisse in der DDR: »Am 17. Juni 1953 hat sich das deutsche Volk in der sowjetischen Besatzungszone und in Ostberlin gegen die kommunistische Gewaltherrschaft erhoben und unter schweren Opfern seinen Willen zur Freiheit bekundet. Der 17. Juni ist dadurch zum Symbol der deutschen Einheit und Freiheit geworden.«[5]

Schon damals zeigte sich, dass die Interpretation der Ereignisse auch im Westen nicht frei von politischen Interessen war. Die auf den Straßen Ostdeutschlands erhobene Forderung nach freien und geheimen Wahlen hob plötzlich wieder die Perspektive der Wiedervereinigung der seit 1949 getrennten deutschen Staaten und der Bildung einer gesamtdeutschen Regierung auf die Tagesordnung. Die Demonstranten konterkarierten damit in gewisser Weise die Politik der damaligen Bundesregierung, die die Bundesrepublik zügig in das westliche Staatenbündnis einbinden wollte, um das demokratische System in Westdeutschland dauerhaft zu sichern. Die Sozialdemokraten vertraten dagegen noch eine gesamtdeutsch orientierte Politik und fühlten sich darin durch die Ereignisse in Ostdeutschland bestärkt. Als traditionelle Arbeiterpartei unterstrich die SPD auch den proletarischen Charakter der Erhebung, den sie als Bestätigung ihre Politik sozialer Gleichstellung betrachtete. Die konkrete Wahrnehmung des Aufstands hing, wenngleich nicht so plump wie in der DDR, auch in der Bundesrepublik vom politischen Standpunkt des Beobachters ab.

So wurde die Frage, ob die Ereignisse am 17. Juni ein Arbeiter- oder ein Volksaufstand waren, in den vergangenen 50 Jahren in Forschung und Politik ganz unterschiedlich beantwortet. Je nach Standort wurden die sozialen und gewerkschaftlichen oder aber die politischen und nationalen Dimensionen der Ereignisse betont. Während in der Politik, insbesondere durch die SPD, anfangs die Rolle der Arbeiterschaft besonders hervorgehoben wurde, verlor sich diese Akzentuierung in der Folgezeit, so dass sich schließlich in der Bundesrepublik der Begriff des »Volksaufstandes« einbürgerte. Ursache dafür war nicht nur der allgemeine Bedeutungsverlust des Proletariats in der bundesrepublikanischen Gesellschaft, sondern auch die Tatsache, dass bei westdeutschen Sozialdemokraten und Gewerkschaftern die Erinnerung an den Aufstand im Zuge der Entspannungspolitik immer weniger gepflegt wurde. Die Erhebung der ostdeutschen Arbeiter im Juni 1953 geriet in Vergessenheit.

In der wissenschaftlichen Literatur zeigte sich demgegenüber eine gegenteilige Tendenz: Während die frühen Studien den umfassenden Charakter der Revolte betonten und auch die ländlichen Proteste in den Blick nahmen, betrachtete man sie seit den sechziger Jahren und insbesondere nach Arnulf Barings Buch *Der 17. Juni 1953* vor allem als proletarische Erhebung. Die Renaissance des Marxismus an den westdeutschen Universitäten begünstigte auch in der Folgezeit, dass in verschiedenen Arbeiten die tragende Rolle der ostdeutschen Arbeiter in den Mittelpunkt gerückt wurde. Nach dem Zusammenbruch der DDR waren es dann vor allem einige ihrer ehemaligen Historiker, die den Aufstand als Arbeiterprotest deuteten und damit das marxistisch-leninistische Axiom von der besonderen historischen Mission der Arbeiterklasse am Beispiel des 17. Juni zu belegen versuchten.

Erst in neueren Veröffentlichungen ist wieder darauf hingewiesen worden, dass der Aufstand nicht nur von Arbeitern, sondern von breiten städtischen Bevölkerungsgruppen getragen wurde und auch eine starke dörfliche Protestbewegung beinhaltete. Sie haben zudem gezeigt, dass sich der Aufstand nicht auf Berlin und wenige andere Zentren beschränkte, sondern das ganze Land erfasste. Durch die Auswertung der umfangreichen Überlieferung aus DDR-Archiven kann auch hier inzwischen größere Klarheit hergestellt werden: Wie umfassend war der Aufbruch im Juni 1953, und von welchen Schichten wurde er getragen? Wie sehr prägte der proletarische Ausgangspunkt an der Ostberliner Stalinallee den weiteren Verlauf der Erhebung?

Unterschiedlich beantwortet wurde in der Bundesrepublik auch die Frage, ob der Aufstand im Juni 1953 eher ein Freiheits- oder ein nationaler Befreiungskampf war. Der anfangs vor allem von den Sozialdemokraten betonte nationale Charakter der Erhebung stand in Westdeutschland jahrzehntelang im

Mittelpunkt der Wahrnehmung. Allein die Tatsache, dass der 17. Juni zum Nationalfeiertag erhoben worden war, an dem auf Gedenkveranstaltungen fast rituell die Forderung nach Wiederherstellung der staatlichen Einheit erhoben wurde, sorgte dafür, dass die gesamtdeutsche Dimension der Revolte immer wieder neu hervorgehoben wurde. Die nationalen Implikationen der Ereignisse waren ja auch kaum zu übersehen. Das Aufbegehren gegen die SED hatte schon deshalb eine nationale Komponente, weil ihr Regime in den fünfziger Jahren als von den sowjetischen Besatzungstruppen installierte Fremdherrschaft betrachtet wurde. Nicht umsonst bezeichnete man die führenden Kader der SED oft abschätzig als »Russenknechte«. Zudem beinhaltete die Forderung nach freien Wahlen 1953 zwangsläufig auch die nach nationaler Selbstbestimmung. Aus dem Urnengang sollte eine gesamtdeutsche Regierung hervorgehen, die die Teilung Deutschlands beenden würde. Sogar innerhalb der SED gab es Kräfte, die – wie das damalige Mitglied der Berliner Bezirksleitung der SED, Heinz Brandt – hofften, der aus Moskau angeordnete »Neue Kurs« würde die Liquidierung des unseligen DDR-Abenteuers einleiten. Aufrechten Kommunisten in Ost und West war klar, dass ihre Vorstellungen von einer sozialistischen Gesellschaft nicht in einem halben Land, gestützt auf sowjetische Besatzungstruppen, zu realisieren wären.

Die Mehrheit der Demonstranten ging am 17. Juni jedoch nicht für die Wiedervereinigung Deutschlands auf die Straße. Sie forderte, neben sozialen und wirtschaftlichen Verbesserungen, den Rücktritt der Ostberliner Regierung und die Durchführung freier Wahlen. Im Mittelpunkt stand also der Kampf um Freiheit und Demokratie – so wie im Herbst 1989 zunächst nur eine Demokratisierung der DDR gefordert wurde und erst erheblich später das Verlangen nach dem Beitritt zur Bundesrepublik hinzutrat. Nicht zuletzt aus taktischen Gründen suchten die Demonstranten im Juni 1953 eine Konfrontation mit der sowjetischen Besatzungsmacht zu vermeiden. Sie wehrten sich gegen die Diktatur der SED und hofften, dass sich die Sowjetunion aus innen- und außenpolitischen Gründen neutral verhalten würde. Anders als 1956 in Budapest, wo der Freiheitskampf tatsächlich in einen nationalen Befreiungskampf umschlug, kam es in der DDR nach dem Aufmarsch der sowjetischen Panzer auch zu keinen größeren Straßenkämpfen, in denen sich die Bevölkerung gegen die imperiale Fremdbestimmung gewehrt hätte. Es bleibt also anhand der mittlerweile zugänglichen Quellen die Frage zu prüfen, wie »national« die Volkserhebung im Juni 1953 tatsächlich war oder ob die damaligen Ereignisse vor allem als Ausdruck eines allgemeinen Freiheitsstrebens gelesen werden müssen.

Die unterschiedlichen Sichtweisen schlugen sich auch auf die offiziellen Gedenkfeiern im Deutschen Bundestag nieder. Nach und nach verschoben sich hier die politischen Akzente. Während in den fünfziger Jahren die Würdigung der Opfer und die Bekräftigung des Willens zur Wiedervereinigung im Vordergrund standen, schwand in den sechziger Jahren die Hoffnung auf ein baldiges Ende der deutschen Teilung. Die Ereignisse im Juni 1953 erschienen jetzt zunehmend als abstrakte Freiheitsbewegung. Paradoxerweise hatte der Aufstand – genauer gesagt: seine Niederschlagung – die Spaltung Deutschlands nicht verringert, sondern vertieft, weil deutlich geworden war, dass die Deutschen eine Änderung der politischen Verhältnisse kaum aus eigener Kraft herbeiführen konnten. Aus den Wahlen im September 1953 ging deshalb nicht die gesamtdeutsch orientierte SPD, sondern die CDU mit ihrer Politik der Westintegration als Sieger hervor. Viele Westdeutsche fürchteten die Risiken einer wie auch immer gearteten aktiven Vereinigungspolitik, die womöglich den gerade wiedergewonnenen bescheidenen Wohlstand hätte gefährden können. Die Errichtung der Berliner Mauer im August 1961 führte zwar noch einmal zu einer Erneuerung der verbalen Einheitsbekundungen, doch spätestens mit der Einleitung der neuen Ostpolitik, die die Wiedervereinigung als deutschlandpolitisches Nahziel verwarf und stattdessen auf eine Entspannung der Beziehungen zum SED-Staat zielte, verkam der Nationalfeiertag zusehends zum Anlass für unverbindliche Politikerbekenntnisse.

Bereits 1964 fragte der Historiker Theodor Schieder bei der Gedenkfeier im Bundestag, ob die Deutschen durch ihre unheilvolle Vergangenheit womöglich das moralische und politische Recht verwirkt hätten, eine Nation zu sein und ein selbstbestimmtes politisches Leben zu führen. Dass die Teilung Deutschlands die Strafe für die Verbrechen der nationalsozialistischen Diktatur wäre, wurde in Westdeutschland in den folgenden Jahren zunehmend häufiger geäußert, wohl auch deshalb, weil es sich hier, anders als in der DDR, mit dieser Bestrafung ganz gut leben ließ. 1968, als die Studentenbewegung das politische Geschehen in der Bundesrepublik bestimmte, verzichtete das deutsche Parlament erstmals ganz auf eine Feierstunde am 17. Juni.

Wenn in den nachfolgenden Jahren die Sprache auf die Ereignisse kam, dann wurden sie jetzt vor allem als Manifestation des Willens zur Freiheit und weniger zur Einheit betrachtet. So interpretierte der deutsch-amerikanische Historiker Fritz Stern 1987 in der unter der Regierung Kohl wieder eingeführten Gedenkveranstaltung im Bundestag den Aufstand als einen »jener großen Momente, in denen Menschen sich gegen Gewalt und Unmenschlichkeit gewehrt haben« und erklärte, er gehöre »zu dem immer wiederkehrenden Verlangen der Deutschen nach Freiheit«.[6] Stern wies in seiner Rede aber auch darauf hin, dass der Aufstand in die Serie antistalinistischer Erhebungen im sowjetischen Machtbereich einzuordnen sei. Tatsächlich kam es nach dem Tode Stalins noch an anderen Punkten des Imperiums zu krisenhaften Erschütterungen. Vor allem der Volksaufstand in Ungarn ähnelte den Ereignissen in Ostdeutschland, weil auch hier eine halbherzige Entstalinisierung öffentliche Proteste ausgelöst hatte, die schließlich in eine Massenerhebung mündeten. Streikkomitees und Arbeiterräte spielten – neben den Intellektuellen, die in Ostdeutschland kaum in Erscheinung traten – gleichermaßen eine zentrale Rolle. Auch in Polen kam es 1956 zu antistalinistischen Manifestationen, und im August 1953 brach in der sowjetischen Strafregion bei Workuta sogar ein Häftlingsstreik aus. War der Aufstand also weniger eine soziale, nationale oder demokratische Protestbewegung, sondern eher ein Ergebnis der vorübergehenden Verunsicherung der kommunistischen Machthaber nach dem Tode des Diktators Stalin? Und welche Rolle spielten für das Geschehen die parteiinternen Fraktionskämpfe, die 1953 nicht nur in Moskau tobten, sondern auch in der Parteispitze der SED, wo sich eine offene Opposition gegen den Parteichef Walter Ulbricht herausgebildet hatte?

Zeitgenossen und Historiker haben wiederholt darauf hingewiesen, dass die Aufstandsbewegung im Juni 1953 letztlich das Gegenteil von dem bewirkt hätte, was sie erreichen wollte: Die Spaltung Deutschlands habe sich vertieft, während Walter Ulbricht, dessen Ablösung unmittelbar bevorgestanden habe, von Moskau schließlich doch im Amt belassen worden sei, damit die Lage in der DDR nicht weiter destabilisiert würde. Die Forderungen der Demonstranten nach Freiheit und Demokratie seien allesamt unerfüllt geblieben, so dass der ersten demokratischen Volkserhebung im kommunistischen Machtbereich das Etikett der »gescheiterten Revolution« verliehen wurde.[7] Andere haben in diesem Zusammenhang den Begriff der »inneren Staatsgründung« verwandt, um deutlich zu machen, dass die SED erst unter dem Eindruck der offenen Rebellion ihr Herrschaftssystem in einer Weise ordnete, wie es bis 1989 scheinbar unerschütterlich bestand.[8] Schließlich ist der 17. Juni ganz allgemein als »zweite Staatsgründung« der DDR bezeichnet worden, weil durch das Eingreifen der Sowjetunion – und das Stillhalten der Westmächte – die Existenz des zweiten deutschen Staates nunmehr auch außenpolitisch dauerhaft abgesichert worden sei.[9] Der in den Westen gegangene ehemalige SED-Funktionär Heinz Brandt nannte den Aufstand schlicht eine »Tragödie«, also ein Unglück der Geschichte.[10]

An Versuchen, die Ereignisse im Juni 1953 auf einen Begriff zu bringen, hat es demnach nicht gemangelt. Von »Arbeiterprotest« über »Volksaufstand« bis zu »gescheiterter Revolution« reichen die Bezeichnungen, die jeweils unterschiedliche Sichtweisen zum Ausdruck bringen und zuweilen kontrovers gegeneinander ausgespielt wurden. Letztlich akzentuieren sie aber nur die unterschiedlichen Aspekte des Geschehens: Arbeiterproteste standen tatsächlich am Anfang der Ereignisse, die sich dann zu einem Volksaufstand ausweiteten. Dieser Aufstand entwickelte sich zur Revolution, die schließlich von einer fremden Macht niedergeworfen wurde.

Es macht deshalb wenig Sinn, einen einzigen Begriff zum allein zutreffenden zu erheben. Viel wichtiger ist es, nicht dem Fehler zu erliegen, die Revolte nur aus rückblickender Perspektive zu lesen. Zu Unrecht wird der 17. Juni 1953 nämlich von vielen Menschen als Chiffre für eine hoffnungslose Niederlage gesehen. Das demokratische Erbe dieser frühesten Volkserhebung im kommunistischen Machtbereich, die die Unerschütterbarkeit moderner totalitärer Diktaturen in Frage stellte, ist demgegenüber weitgehend in Vergessenheit geraten. Dabei gab es in der deutschen Geschichte keine andere Revolution, die ein auf Gewalt und Unterdrückung beruhendes Herrschaftssystem so schnell, so flächendeckend und so vollständig aus den Angeln hob. Weder die Berliner Barrikadenkämpfe im März 1848 noch der Kieler Matrosenaufstand im Oktober 1918 entwickelten in derart kurzer Zeit vergleichbare Energien. Die Erhebung konnte nur durch die massive Intervention einer ausländischen Macht niedergeworfen werden. Niemals sonst sahen sich unbewaffnete Demonstranten in Deutschland einer solchen Übermacht aus für den Landkrieg gedachten Militäreinheiten gegenüber.

Wie sehr der einzige vollkommen spontane Aufstand für Freiheit und Demokratie im 20. Jahrhundert aus dem Bewusstsein der Deutschen gelöscht wurde, zeigte sich nach dem Beitritt der DDR zur Bundesrepublik, als der Feiertag am 17. Juni nach 37 Jahren sang- und klanglos aus dem Kalender gestrichen wurde. Die Gründe dafür sind vielfältig. Dass sich die ordnungsorientierten Deutschen schwer tun, ein positives Verhältnis zu ihren Revolutionen zu entwickeln, ist bekannt. Selbst der gewaltlose Sturz der SED-Herrschaft im Herbst 1989, der die 40-jährige Teilung des Landes so unerwartet beendete, spielt in der Erinnerungskultur der Gesellschaft nur eine geringe Rolle. Wie viel mehr musste dies für einen Aufstand gelten, der in einer verheerenden Niederlage endete. Hinzu kommt, dass die Erhebung wenig Fürsprecher fand: Im Osten, aber auch im Westen erschien sie eher wie ein bedrohliches Erdbeben, das den Status quo in Frage stellte, womöglich den Weltfrieden gefährdete und im Rückblick ohnehin von vornherein zum Scheitern verurteilt war. Schuldgefühle – im Osten darüber, dass der »Arbeiterstaat« die Revolte der Arbeiter gewaltsam niedergeschlagen hatte, im Westen, dass man den aufbegehrenden »Brüdern und Schwestern im Osten« nicht zu Hilfe gekommen war – verstärkten die innere Abgrenzung.

Insbesondere die Intellektuellen traten der Volkserhebung, wenn sie sich überhaupt dazu äußerten, meist distanziert entgegen. In Ostdeutschland zeigte nicht nur die jahrzehntelange Diskreditierung des Aufstandes durch die SED-Führung ihre Wirkung. Auch jene Schriftsteller und politischen Denker in der DDR, die es wagten, die SED-Diktatur öffentlich zu kritisieren, blickten eher erschrocken auf die Revolte der Proletarier, obwohl diese nach den eigenen Theorien ja das Subjekt gesellschaftlicher Befreiung bilden sollten. Niemand, nicht einmal

Wolf Biermann als der frechste unter den Dissidenten, verherrlichte die Rebellion in Liedern, Versen oder Romanen.

In Westdeutschland, wo die Erhebung anfangs breite Sympathien genoss und sich gerade links stehende Autoren wie Klaus Bölling oder Günter Grass ihrer annahmen, löschten die meinungsbildenden Intellektuellen sie nach und nach aus der Erinnerung. Im alsbald populär werdenden Konzept des »Wandels durch Annäherung« war für den Aufstand vom Juni 1953 kein Platz mehr. Er erschien wie ein Relikt des Kalten Krieges, über das zu sprechen nicht länger opportun war. Dass die eigene Regierung das Erbe der Erhebung zumindest verbal zu pflegen suchte, verstärkte nur die Abwehr gegenüber dieser unpassendsten Revolution der deutschen Geschichte.

Eine Rolle mag dabei auch gespielt haben, dass der Aufstand für eine Heiligsprechung eher ungeeignet war. Am Rande der Demonstrationen war es zu gewaltsamen Übergriffen auf Parteigebäude, staatliche Geschäfte und Anhänger des *Ancien Régime* gekommen. Manche Teilnehmer hatten früher – wie sollte es acht Jahre nach Kriegsende auch anders sein? – nationalsozialistischen Organisationen angehört. All dies wurde von der SED-Propaganda weidlich ausgeschlachtet. Und in den wenigen Stunden ihres Bestehens hatte die Revolution nicht zeigen können, dass die neue Ordnung demokratischer und menschlicher geworden wäre als die alte.

Der Aufstand vom 17. Juni hatte auch keine bekannten Helden hervorgebracht, die – wie in den achtziger Jahren Lech Wałęsa in Polen – trotz der Niederlage durch Verhängung des Kriegsrechts die moralischen Sieger der Geschichte geblieben wären. Die moderne Mediengesellschaft befand sich damals noch in ihren Anfängen, Revolutionen, die via Bildschirm in jedes Wohnzimmer übertragen werden konnten, gab es noch nicht. Verantwortungsvolle Journalisten sahen sich vielmehr in dem Dilemma, wie sie die Wahrheit über einen Polizeistaat ans Licht bringen sollten, ohne dessen Gegner dadurch zu gefährden. Auf den im Westen veröffentlichten Fotos von den großen Demonstrationen wurden deshalb die Gesichter unkenntlich gemacht, damit der Staatssicherheitsdienst keine zusätzlichen Anhaltspunkte für seine Ermittlungen bekam. Und alle Wortführer, die nicht für Jahre hinter Gittern verschwinden wollten, taten gut daran, in den Westteil Berlins zu flüch-

ten, wo sie, wenn sie nicht schwiegen, der lange Arm der ostdeutschen Geheimpolizei immer noch erreichen konnte.

Im historischen Gedächtnis der Deutschen konnten die Ereignisse unter diesen Umständen auf beiden Seiten des Eisernen Vorhangs keine freiheitliche Tradition begründen. Nur
einem waren sie auch Jahrzehnte später noch genau präsent:
Staatssicherheitsminister Erich Mielke, der seine Generäle im
August 1989 besorgt fragte, ob in der DDR ein neuer 17. Juni
zu erwarten sei. Die Wiedereingliederung des Datums in das
Geschichtsbewusstsein der Deutschen lässt bis heute auf sich
warten. Anders als in Ungarn, wo die Volkserhebung von 1956
zum wichtigsten politischen Ereignis nach dem Ende des Zweiten Weltkriegs erhoben wurde und unter anderem die Schaffung eines eigenen historischen Instituts zur Folge hatte, blieb
der Aufstand in der DDR merkwürdig vergessen. Zwar ist inzwischen mehr als ein Jahrzehnt vergangen, in dem Zeit war,
das schiefe Bild zu korrigieren, welches in beinahe 40 Jahren der
Verfälschung und Verdrängung entstanden ist. Wissenschaftler haben die ostdeutschen Archive durchkämmt und ihre For-
schungsergebnisse veröffentlicht. Geheimste Unterlagen wurden zugänglich gemacht, und diverse Studien geben über die
Entwicklung der Proteste in einzelnen Regionen detailliert
Auskunft. Und doch entsteht der Eindruck, als sei der Aufstand
noch immer eine *Terra incognita*. Wer waren die Menschen, die
im Sommer 1953, vor 50 Jahren, in Berlin und Leipzig, in Halle
und Dresden und in Dutzenden anderer ostdeutscher Orte auf
die Straße gingen? Was wollten sie, und auf welche Weise verliehen sie ihren Forderungen Nachdruck? Ein halbes Jahrhundert nach dem Juni-Aufstand wird es Zeit, diese ungestümste
aller deutschen Revolutionen in den historischen Erinnerungs-
schatz aufzunehmen.

# DIE URSACHEN

Für die kommunistische Welt war es, als hätte plötzlich die Sonne zu scheinen aufgehört: Als am 5. März 1953 der Generalsekretär der Kommunistischen Partei der Sowjetunion starb, überbot sich die Propaganda mit Superlativen, mit denen sie den Verlust des »größten Sohns der Arbeiterklasse« beklagte. »Das Herz des größten Menschen unserer Epoche, des Genossen J. W. Stalin, hat aufgehört zu schlagen«, lautete die Schlagzeile im Zentralorgan der SED *Neues Deutschland*, darunter ein Foto, das allein mehr als die Hälfte der Zeitungsseite in Anspruch nahm.[1] Aus den Radioapparaten ergoss sich tagelang ein Strom trauervoller Kommuniqués und tragischer Musik. Die Schulen in der DDR blieben eine ganze Woche geschlossen. In ihrem Beileidstelegramm erklärte die SED: »Mit Josef Wissarionowitsch Stalin ist der große Wissenschaftler des Marxismus-Leninismus, der weise Führer der Werktätigen im Kampfe um den Sozialismus, der geniale Feldherr des Großen Vaterländischen Krieges des Sowjetvolkes, der überragende Kämpfer für die Erhaltung und Festigung des Friedens in der Welt dahingegangen.«[2]

Kein anderer politischer Führer der Neuzeit hatte so viel Macht in seinen Händen vereinen können wie Stalin. Mit eisernem Willen, beispielloser Skrupellosigkeit und pathologischem Misstrauen gegenüber seiner Umwelt hatte er sich erst das eigene Land unterworfen und dann den halben Erdball unter seine Kontrolle gebracht. In fast drei Jahrzehnten unangefochtener Herrschaft ließ er Millionen Menschen umbringen, räumte Feinde, Konkurrenten und selbst engste Mitstreiter kaltblütig aus dem Weg. Ein byzantinischer Führerkult erhob ihn zu einem gottähnlichen Wesen, der selbst auf dem Gebiet der Sprachwissenschaften der Menschheit bahnbrechende Theorien geschenkt habe. Nun, da er friedlich entschlafen war, hatte die damals noch einheitliche kommunistische Welt über Nacht ihr personelles Zentrum verloren. Die bekanntesten Schriftsteller der DDR zeigten sich vom Tod des Diktators schockiert. »Den Unterdrückten von fünf Erdteilen«, schrieb Bertolt Brecht in der Literaturzeitschrift *Sinn und Form,* »denen, die sich schon befreit haben, und allen, die für den Weltfrieden kämpfen, muss der Herzschlag gestockt haben, als sie hörten, Stalin ist tot. Er war die Verkörperung ihrer Hoffnung.«[3] Und Johannes R. Becher, der einst als expressionistischer Lyriker berühmt geworden war, dichtete in der *Neuen Deutsche Literatur:*

> »Seht! Über Stalins Grab die Taube kreist,
> Denn Stalin: Freiheit – Stalin: Frieden heißt!
> Und aller Ruhm der Welt wird Stalin heißen!
> Laß uns den Ewig-Lebenden lobpreisen!«[4]

Für die junge DDR bildete der Tod Stalins eine gravierende historische Zäsur. Er war es, der dafür gesorgt hatte, dass in Ostdeutschland ein politisches System Einzug hielt, das die Menschen unter einen kaum mehr zu ertragenden Druck setzte. Sein Tod ließ dieses System mit einem Mal als endlich erscheinen und bot unerwartet die Möglichkeit einer politischen Neuorientierung. Seine der DDR zuletzt oktroyierte Politik, insbesondere die übersteigerten Rüstungsanstrengungen und ein auf die Spitze getriebener Terror gegen die Bevölkerung, hatte schwerwiegende Probleme ausgelöst, die seine Erben zu einem grundlegenden Kurswechsel zwangen. Die Statik der DDR war durch Stalins Tod ins Wanken geraten – drei Monate später erhoben sich die Menschen zum Aufstand gegen das von ihm installierte System.

# Das ungeliebte System

Bei der Suche nach den Ursachen der Volkserhebung vom Juni 1953 bildet Stalins Tod freilich nur einen, wenn auch besonders markanten Faktor. Die Wurzeln der Krise reichen tiefer. Schon in den Jahren zuvor gelang es weder der sowjetischen Besatzungsmacht noch dem von ihr eingesetzten Regime der SED, die Bevölkerung zwischen Elbe und Oder für sich und ihre Politik zu gewinnen. Schuld daran war nicht in erster Linie die Tatsache, dass das neue System nach der bedingungslosen Kapitulation des Deutschen Reiches auf den Bajonetten der Sieger errichtet wurde – dies war in den Westzonen nicht anders gewesen. Ausschlaggebend war vielmehr das kommunistische Politikkonzept, die eigenen Vorstellungen von der Organisation der Gesellschaft nicht demokratisch und im Konsens, sondern mit Gewalt und gegen den Willen der Mehrheit durchzusetzen.

Von Anfang an hatte die Rote Armee bei ihrem Vormarsch gen Westen die Bevölkerung in Mittel- und Ostdeutschland durch blutige Exzesse in Furcht und Schrecken versetzt. Auch nachdem sich die sowjetische Besatzungsmacht in Deutschland stabilisiert hatte, blieb sie den Prinzipien der Gewalt und des Terrors verpflichtet. Die anfangs noch in den Mittelpunkt gerückte Abrechnung mit dem Nationalsozialismus bildete zunehmend nur einen Vorwand, um die Errichtung einer neuen Diktatur besser kaschieren zu können. Über 150000 deutsche Zivilisten verschwanden damals in der sowjetischen Besatzungszone (SBZ) in Konzentrationslagern, die – wie in Buchenwald und Sachsenhausen – zum Teil dieselben waren wie die der Nationalsozialisten. Mindestens 40000 Deutsche wurden von sowjetischen Militärtribunalen zu jahrzehntelanger Zwangsarbeit verurteilt und anschließend häufig in Straflager nach Russland deportiert. Zehntausende starben in der Haft an Hunger, Kälte und Entkräftung; mehrere Tausend wurden erschossen oder kamen unter das Fallbeil. Allein diese Erfahrung hatte die offiziellen Parolen von der Befreiung vom Hitler-Regime und der angeblich antifaschistisch-demokratischen Umwälzung weithin unglaubwürdig gemacht.

Wie immer in der 45-jährigen Geschichte der kommunistischen Diktatur in Ostdeutschland bildeten die Flüchtlingszahlen einen untrüglichen Gradmesser für die Stimmungslage in der Bevölkerung. Noch vor der Gründung der DDR flüchteten rund zwei Millionen Menschen von Ost nach West. Um die zunehmende Abwanderung nach Westdeutschland zu stoppen, setzte die Sowjetische Militäradministration in Deutschland (SMAD) deshalb schon 1946 die förmliche Sperrung der innerdeutschen Demarkationslinie durch und schuf eine bewaffnete ostdeutsche Grenzpolizei. Zugleich versuchte die Sowjetunion 1948/49, durch eine elf Monate dauernde Blockade der Zufahrtswege das unkontrollierte Schlupfloch Westberlin in ihre Gewalt zu bekommen. Die westlichen Alliierten versorgten die Not leidende Bevölkerung über die legendäre Luftbrücke, welche die sowjetische Politik mehr ins Unrecht setzte als die beste politische Propaganda.

Die Hoffnungen auf einen demokratischen Neubeginn in Ostdeutschland hatten sich unter diesen Bedingungen früh zerschlagen. Zwar hatte die KPD in ihrem Gründungsaufruf vom Juni 1945 erklärt, dass es falsch wäre, »Deutschland das Sowjetsystem aufzuzwingen«, und sich stattdessen für die Errichtung »einer parlamentarisch-demokratischen Republik mit allen demokratischen Rechten und Freiheiten für das Volk« ausgesprochen.[5] Doch in der Praxis betrieben die aus dem Moskauer Exil eingeflogenen Spitzenfunktionäre um Wilhelm Pieck und Walter Ulbricht genau das Gegenteil. Mit Hilfe der SMAD schalteten sie nach und nach alle konkurrierenden politischen Kräfte aus oder zwangen sie, sich unterzuordnen. Wie Wolfgang Leonhard später berichtete, hatte Ulbricht von Anfang an die zynische Direktive ausgegeben: »Es muss demokratisch aussehen, aber wir müssen alles in der Hand behalten.«[6]

Entgegen den Bestrebungen an der Basis, nach der Katastrophe des Nationalsozialismus frühere Feindschaften aufzugeben und die »Einheit der Arbeiterklasse« herbeizuführen, baute die KPD zunächst ihre eigene Parteiorganisation aus.

Erst danach, im April 1946, setzte sie mit Hilfe der sowjetischen Besatzungsmacht die Vereinigung mit der SPD zur Sozialistischen Einheitspartei Deutschlands (SED) durch. Statt der offiziell vereinbarten Parität zwischen beiden Parteien übernahmen darin jedoch bald die kommunistischen Funktionäre die Vorherrschaft. 1948 wurde sie zur stalinistischen »Partei neuen Typs« umgeformt, und seit Januar 1949 galten in ihr die Organisationsprinzipien des Bolschewismus – der so genannte demokratische Zentralismus. Er bedeutete nichts anderes, als dass alle wichtigen Entscheidungen von der Parteispitze getroffen wurden, denen sich die übrigen Parteimitglieder bedingungslos unterzuordnen hatten. Die vermeintliche Einheitspartei verurteilte jetzt jede Art von »Sozialdemokratismus« und bekannte sich zum Marxismus-Leninismus sowie zur Führungsrolle der Sowjetunion.

In der Regierung und im Staatsapparat hatten sich die ostdeutschen Kommunisten zu Anfang nur die Schlüsselstellungen gesichert, vor allem im Bereich von Polizei und Justiz. Doch nach und nach brachten sie mit Hilfe der sowjetischen Besatzungsmacht auch alle anderen wichtigen Positionen unter ihre Kontrolle. Die offiziell zugelassenen nicht-kommunistischen Parteien SPD, CDU und LDPD (Liberal-Demokratische Partei Deutschlands) durften schon nach kurzem keine eigenständige Politik mehr betreiben, sondern wurden mit der SED in einen so genannten Block der antifaschistisch-demokratischen Parteien gepresst, in dem eine echte Opposition nicht möglich war. Wenn sie sich der Politik der Kommunisten nicht fügten, wurden ihre Anhänger und Funktionäre abgesetzt, verhaftet oder so bedroht, dass sie es vorzogen, in die Bundesrepublik zu flüchten. Selbst die Immunität als Abgeordneter oder ein Ministeramt schützte niemanden vor Inhaftierung. Gleichzeitig bildete die SMAD mit Hilfe deutscher Kommunisten 1948 zwei neue Parteien, die Nationaldemokratische Partei Deutschlands (NDPD) und die Demokratische Bauernpartei Deutschlands (DBD), so dass sich die Mehrheitsverhältnisse im »Demokratischen Block« weiter zugunsten der SED verschoben. Mit ähnlichen Methoden übernahmen die Kommunisten auch die Kontrolle über die ursprünglich überparteilichen Massenorganisationen, vor allem über die Freie Deutsche Jugend (FDJ) und den Freien Deutschen Gewerkschaftsbund (FDGB), denen sie ebenfalls Sitz und Stimme im »Block« verschafften. Diese Politik der systematischen Gleichschaltung brachte der SED frühzeitig die Ablehnung großer Teile der Bevölkerung ein. Bei den letzten freien Wahlen in Groß-Berlin, wo die Kommunisten am Ende der Weimarer Republik noch stärker gewesen waren als die Sozialdemokraten, erhielt die SED im Oktober 1946 nur knapp 20 Prozent der Stimmen. Die separat kandidierende SPD unter Kurt Schumacher, die sich der Zwangsvereinigung verweigert hatte, kam hingegen auf fast 50 Prozent.

Als die SED im Oktober 1949 ihren eigenen Staat – die DDR – aus der Taufe hob, eilte diesem von Beginn an der Ruf voraus, weder deutsch noch demokratisch noch eine Republik zu sein. Staatspräsident wurde der Altkommunist Pieck, doch die eigentliche Nummer eins hieß Walter Ulbricht, Generalsekretär der SED seit 1950 und offiziell nur einer von mehreren Stellvertretern des Regierungschefs. Die Verfassung des neuen Staates schrieb eigentlich eine »allgemeine, gleiche, unmittelbare und geheime Wahl« des DDR-Parlamentes vor. Die SED zögerte sie jedoch fast ein Jahr hinaus, da sie trotz systematischer Bevorteilung durch die sowjetische Besatzungsmacht bei freien Wahlen keine absolute Mehrheit erwarten konnte. Als die Wahlen im Oktober 1950 endlich stattfanden, hatte man zuvor ein Wahlsystem kreiert, das sich dadurch auszeichnete, dass die Verteilung der Sitze bereits vorher feststand. Statt zwischen den Parteien wählen zu können, standen so genannte Einheitslisten zur Abstimmung, die man nur noch bejahen oder ablehnen konnte. Widerstand gegen dieses undemokratische Wahlsystem gab es kaum mehr, und wenn, wurde er brutal verfolgt – wie im Fall des liberaldemokratischen Abgeordneten und Generalsekretärs der LDPD, Günter Stempel, der einen Tag vor der geplanten Verabschiedung des Wahlgesetzes verhaftet und später von einem sowjetischen Militärtribunal zu 25 Jahren Zwangsarbeit verurteilt wurde, weil er angekündigt hatte, gegen das Gesetz zu stimmen. In der auf diese Weise zustande gekommenen neuen Volkskammer war die Vormachtstellung der SED so unangefochten, dass das Politbüro die Arbeit der Regierung nun immer direkter steuern konnte.

Parallel zur politischen Gleichschaltung sorgte die sowjetische Besatzungsmacht im Verein mit den deutschen Kommunisten dafür, dass auch die anderen Bereiche der Gesellschaft schrittweise unter ihre Kontrolle kamen. In der Wirtschaft wurde im Oktober 1945 zunächst das gesamte Eigentum des deutschen Staates und der NSDAP beschlagnahmt und teilweise in sowjetisches Eigentum umgewandelt. Auch Banken und Versicherungen wurden verstaatlicht. Nach einer propagandistischen Volksabstimmung in Sachsen im Juni 1946 wurde dann – und nicht nur dort, sondern in der *gesamten* DDR – ein wesentlicher Teil der übrigen Industrie in »Volkseigentum«, das heißt ebenfalls in die Hände des Staates überführt. Prozesse gegen Unternehmer, die von der Zentralen Kontrollkommission (ZKK) gezielt als »Wirtschaftsverbrecher« angeklagt wurden, sorgten für weitere Verstaatlichungen, so dass die privaten Betriebe bereits 1948 nur noch rund 40 Prozent der Bruttoproduktion erwirtschafteten.

Stieß diese Entwicklung in der Bevölkerung anfangs vielleicht noch auf Verständnis oder zumindest auf Gleichgültigkeit, galt dies auf keinen Fall für die sowjetische Praxis der Reparationen: Zum Ausgleich ihrer immensen Kriegsschäden war die UdSSR bestrebt, aus dem von ihr besetzten Drittel Deutschlands möglichst hohe Wiedergutmachungsleistungen zu erlangen. Sie ließ deshalb große Teile der noch verwendungsfähigen Industrieanlagen demontieren und in die Sowjetunion bringen – bis Ende 1946 weit über 1000 Betriebe. Erst später merkte man, dass es günstiger war, die Güter in Deutschland produzieren zu lassen und danach als Reparationslieferungen abzutransportieren. 213 Industrieunternehmen wurden unter Berufung auf das Besatzungsrecht konfisziert und in so genannte Sowjetische Aktiengesellschaften (SAG) überführt. Obwohl die DDR 1953 einen Teil dieser Industrieunternehmen wieder zurückkaufen durfte, befanden sich die wichtigsten Großbetriebe auch noch im Juni in sowjetischem Besitz: die Leuna-Werke bei Merseburg, die Chemischen Werke Buna, die drei Magdeburger Maschinenbaubetriebe »Ernst Thälmann«, »Karl Liebknecht« und »Georgi Dimitroff«, die Filmfabrik Agfa Wolfen, das Sachsenwerk in Dresden-Niedersedlitz, die Elektroapparate Werke Berlin – um nur einige von ihnen aufzuzählen. Die Tatsache, dass acht Jahre nach dem Ende des Krieges noch immer ein erheblicher Teil der Produktion an den »großen Bruder« abgeführt werden musste, gehörte mit zu den Gründen für die damalige Unzufriedenheit der ostdeutschen Industriearbeiter.

Die überwiegend ideologisch bedingten Umwälzungen hatten viele Opfer hervorgebracht und nur wenige Gewinner. Vor allem aber hatten sie den Aufbauwillen gelähmt und eine wuchernde Staatsbürokratie geschaffen, die sehr viel Geld verschlang und wenig effektiv war. Ab Mitte 1948 arbeitete die ostdeutsche Wirtschaft bereits nach den Prinzipien der Planwirtschaft, die von der SED-beherrschten Deutschen Wirtschaftskommission (DWK) gelenkt wurde. In der Landwirtschaft gingen diese Prozesse zwar langsamer vonstatten. Hier wurde im September 1945 zunächst sämtlicher Grundbesitz von mehr als 100 Hektar enteignet und an 500 000 Neu-Bauern verteilt. Doch einige Jahre später mussten auch sie das Land an so genannte Landwirtschaftliche Produktionsgenossenschaften (LPGs) abgeben, die de facto wie staatliche Agrarbetriebe arbeiteten.

Auch die Kultur- und Bildungspolitik wurde nach einer kurzen Phase relativer Freizügigkeit bald zum Instrument politischer Propaganda und geistiger Gleichschaltung; erst recht galt dies für die streng beaufsichtigten Medien. Außerdem brachte die SED die laut Verfassung eigentlich unabhängige Justiz unter ihre Kontrolle, die hinfort ein wesentliches Instrument beim gewaltsamen Umbau der Gesellschaft bildete. So schuf sie 1949 unter anderem einen Obersten Gerichtshof und eine Generalstaatsanwaltschaft, die nicht nur alle Verfahren mit »überragender Bedeutung« an sich ziehen konnte, sondern seit 1951 gegenüber den Landesstaatsanwälten auch weisungsbefugt war. Seit Februar 1950 übernahm das Ministerium für Staatssicherheit (MfS) – unter unmittelbarer Anleitung der sowjetischen Geheimpolizei – die Verfolgung echter oder vermeintlicher Gegner des kommunistischen Systems. Insbesondere Artikel 6 der DDR-Verfassung, der »Boykotthetze gegen demokratische Einrichtungen und Organisationen« zum Verbrechen erklärte, aber auch andere strafrechtliche Bestimmungen boten dazu fast unbegrenzte Möglichkeiten. Der Staat der SED machte sich die Mehrheit der Bürger auf diese Weise zum Feind, was sich erneut in einem anhaltend breiten Flüchtlingsstrom niederschlug – in den ersten drei Jahren seiner Existenz kehrten ihm eine weitere halbe Million Menschen den Rücken.

# Der Aufbau des Sozialismus

Die Gründung der DDR hatte den deutschen Kommunisten zwar einen eigenen Staat beschert, den sie mit Unterstützung der sowjetischen Besatzungsmacht weitgehend allein beherrschten, doch war dieser noch keine Kopie des Stalinschen Systems in der UdSSR. Die Verfassung ähnelte vielmehr jener der Weimarer Republik, etwa hinsichtlich der formal garantierten Grundrechte und der Festlegung auf freie Wahlen. Wichtige Teile der Wirtschaft – vor allem der Landwirtschaft – unterlagen keiner direkten staatlichen Kontrolle.

Um die Integration der Bundesrepublik in die westliche Staatengemeinschaft durch den Deutschland- und EVG-Vertrag zu verhindern, bot Stalin im März 1952 sogar die Bildung einer gesamtdeutschen, neutralen Regierung an. Wenn das Angebot ernst gemeint gewesen wäre, hätte dies das Ende der SED-Herrschaft in Ostdeutschland bedeutet. Die Westmächte bestanden jedoch auf freien Wahlen unter UN-Aufsicht sowie auf der Koalitionsfreiheit einer daraus hervorgegangenen Regierung, also auf dem Selbstbestimmungsrecht des deutschen Volkes. Noch während der Notenwechsel lief, gestattete die Kommunistische Partei der Sowjetunion (KPdSU) deshalb der SED, den seit Dezember 1951 vorbereiteten »Aufbau des Sozialismus« in der DDR praktisch anzugehen. Stalin persönlich gab dazu Anfang April 1952 den in Moskau weilenden Parteiführern Pieck, Grotewohl und Ulbricht die Stichworte für die nächsten politischen Schritte vor: »Volksarmee schaffen«, »Prozesse durchführen«, »Schaffung von Produktiv-Genossenschaften im Dorfe«.[7] Dem Aufbau eines sozialistischen deutschen Staates und seiner Angleichung an das System der Sowjetunion stand nun nichts mehr im Wege, die innergesellschaftlichen Spannungen wurden massiv verstärkt.

Ausschlaggebend für die Entscheidung Stalins waren nicht

nur ideologische Gründe. Der sowjetische Diktator hegte vielmehr die Überzeugung, dass die DDR in den kommenden Auseinandersetzungen mit dem Westen unbedingt gebraucht würde und sich dafür mit einer eigenen Armee rüsten müsse. Wörtlich hatte er die SED-Führer angewiesen, die »pazifistische Periode« zu beenden und – sieben Jahre nach Kriegsende – in Ostdeutschland »ohne Geschrei« eine neue Armee aufzubauen. Die innerdeutsche Demarkationslinie betrachtete er jetzt als »gefährliche Grenze«, die entsprechend gesichert werden müsste. In einem ihrer zahlreichen »Memoranden« – in Wahrheit waren es Vorgaben – verlangte die Sowjetische Kontrollkommission (SKK) von der jungen DDR zusätzliche Ausgaben für die Landesverteidigung in Höhe von 1,5 Milliarden Mark. Da sie im Fünfjahrplan vom November 1951 nicht vorgesehen waren, sollte das Geld vor allem durch Einsparungen bei der Sozialversicherung, durch zusätzliche Besitz- und Einkommenssteuern sowie durch eine Reduzierung des Konsums aufgebracht werden. Die hohen Verpflichtungen gegenüber der Sowjetunion für Reparationen und Besatzungskosten – 1952 immerhin 20 bis 28 Prozent des Inlandsproduktes – sollten dagegen unverändert beibehalten werden.

Die Hauptlast der rigiden Einschnitte musste der ohnehin gebeutelte Mittelstand tragen. Aber auch der übrigen Bevölkerung wurde Enthaltsamkeit verordnet, bei gleichzeitiger Steigerung der Arbeitsproduktivität. Ein »Regime der Sparsamkeit« wollte Ulbricht in der Volkswirtschaft und in der Verwaltung einführen, um zusätzliche Reserven für die Erfüllung des Fünfjahrplans zu mobilisieren. Die daraus resultierenden Konflikte waren eine wesentliche Ursache des Juni-Aufstands.

Die Verschärfung des politischen Kurses machte sich bereits beim Gründungskongress des DDR-Schriftstellerverbandes im Mai 1952 bemerkbar. Dieser bekannte sich damals erstmals zu den in der Sowjetunion herrschenden Prinzipien des »sozialistischen Realismus«. Stalin zufolge waren die Schriftsteller »Ingenieure der menschlichen Seele«, sie sollten die als dekadent und formalistisch begriffene »bürgerliche« Kunst überwinden und mit parteilichen und volksverbundenen Werken am Aufbau des Sozialismus mitwirken. Fast zeitgleich fand vor dem Obersten Gericht ein propagandistischer Schauprozess statt, bei dem ein Mitglied der Westberliner Widerstandsorganisation »Kampfgruppe gegen Unmenschlichkeit« als »Agent«

zum Tode verurteilt wurde. Das Gnadengesuch des Verurteilten Johann Burianek wurde auf Geheiß des Politbüros abgelehnt – ein demonstratives Signal an jene, die weiterhin das SED-Regime stürzen wollten.

Als die Bundesrepublik am 26. Mai 1952 den Deutschlandvertrag und am nächsten Tag den Vertrag über die Europäische Verteidigungsgemeinschaft (EVG) unterzeichnete, nahm die DDR dies zum Vorwand, die innerdeutsche Grenze abzuriegeln und den bis dahin noch geduldeten kleinen Grenzverkehr zu unterbinden. Mehr als 2300 als »unzuverlässig« eingeschätzte Familien mit über 8300 Personen wurden in den folgenden Wochen in der so genannten Aktion »Ungeziefer« aus dem Grenzgebiet zwangsausgesiedelt. Die Bauern verloren dabei nicht nur ihr Land, sondern mussten auch Vieh und Gerätschaften zurücklassen. Meist hatten die Betroffenen nur wenige Stunden Zeit, ihr Hab und Gut zusammenzupacken. Auf Anordnung des MfS entstand sodann an der Demarkationslinie eine fünf Kilometer tiefe Sperrzone mit einem 500 Meter breiten Schutzstreifen und einem zehn Meter breiten Kontrollstreifen. Ähnliche Deportationen und Sicherungsmaßnahmen gab es auch an der Ostseeküste. In Berlin wurde das Telefon- und Straßenbahnnetz zwischen den beiden Stadthälften gekappt.

Offiziell verkündet wurde der Aufbau des Sozialismus auf der II. Parteikonferenz der SED. Sie tagte vom 9. bis zum 12. Juli 1952 und verabschiedete ein umfassendes, vom Politbüro der KPdSU zuvor gebilligtes Programm für einen radikalen Umbau der Gesellschaft. Wörtlich erklärte die Konferenz:

»Dic politischen und die ökonomischen Bedingungen sowie das Bewußtsein der Arbeiterklasse und der Mehrheit der Werktätigen sind so weit entwickelt, daß der Aufbau des Sozialismus zur grundlegenden Aufgabe in der Deutschen Demokratischen Republik geworden ist. Das deutsche Volk, aus dem die bedeutendsten deutschen Wissenschaftler Karl Marx und Friedrich Engels, die Begründer des wissenschaftlichen Sozialismus, hervorgegangen sind, wird unter Führung der Arbeiterklasse die großen Ideen des Sozialismus verwirklichen.«[8]

Die Beschlüsse sahen nicht nur den Aufbau bewaffneter Streitkräfte in der DDR vor, sondern auch die Schaffung »sozialistischer Produktionsverhältnisse«, die Überwindung der »kapitalistischen Methoden« in der staatlichen Wirtschaft sowie einen radikalen Verwaltungsumbau, der die Durchsetzung der zentralen Politik gewährleisten sollte. Konkret bedeuteten sie vor allem den forcierten Aufbau der Schwerindustrie, die Kollektivierung der privaten Bauernwirtschaften und die weitere Zurückdrängung der kleinen Gewerbebetriebe. Noch im Juli 1952 wurden die ersten Landwirtschaftlichen Produktionsgenossenschaften (LPG) und bald darauf auch so genannte Produktionsgenossenschaften des Handwerks (PGH) gegründet.

An die Umsetzung des Programms ging die SED mit großer Härte. Über die anzuwendenden Methoden hatte es in der Abschlusserklärung der Konferenz unmissverständlich geheißen: »Es ist zu beachten, daß die Verschärfung des Klassenkampfes unvermeidlich ist und die Werktätigen den Widerstand der feindlichen Kräfte brechen müssen.«[9] Die Folge war, dass die SED an zahlreichen Fronten gleichzeitig den Kampf gegen große Bevölkerungsgruppen führte. Bauern, Handwerker, Gewerbetreibende, aber auch »rückständige Arbeiter« wurden nun unerbittlich in die Zange genommen.

Hauptinstrument beim Aufbau des Sozialismus sollte nach den Beschlüssen der Konferenz die von der SED kontrollierte Staatsmacht sein. Nur wenige Tage später wurde die DDR deshalb durch das so genannte Demokratisierungsgesetz in einen zentralisierten Einheitsstaat umgewandelt. An die Stelle der fünf Länder, die bis dahin über eigene Parlamente und Regierungen verfügt hatten, traten 14 Bezirke mit 217 Kreisen. Ost-Berlin, das formal der Viermächtekontrolle unterstand, bildete de facto einen 15. Bezirk. Die neu gebildeten Bezirksregierungen unterlagen jetzt den Weisungen des DDR-Ministerrates; die Länderkammer, die formal noch eine Zeitlang weiter bestand, wurde 1958 ersatzlos aufgelöst. Die Zentralisierung schlug bald auf andere Politikfelder durch. Bereits im August 1952 wurden beispielsweise die traditionellen Gerichte, die bis dahin den Landesjustizministern unterstanden, aufgelöst und durch solche auf Kreis- und Bezirksebene ersetzt. Im Oktober erhielt das Oberste Gericht das Recht, allen Justizorganen bindend vorzuschreiben, wie sie die bestehenden Gesetze auszulegen hätten. Auch die Landespolizeibehörden wurden 1952 abgeschafft und durch weisungsgebundene Bezirksbehörden ersetzt.

Mit Nachdruck wurde nach der II. Parteikonferenz die noch ausstehende Sowjetisierung auf dem Lande in Angriff genommen. Um Stalins Wunsch nach Schaffung von Agrargenossenschaften umzusetzen, sollten die Bauern ihre selbständigen Höfe aufgeben und in eine LPG – im Volksmund »Kolchose« genannt – überführen. Insbesondere die so genannten Großbauern, deren Höfe oftmals besser arbeiteten als die manchmal kaum lebensfähigen der zahllosen Neu-Bauern, wurden massiv unter Druck gesetzt. Wie die »Kulaken« in der Sowjetunion der dreißiger Jahre wurden sie jetzt zu Feinden der sozialistischen Entwicklung erklärt, die rücksichtslos bekämpft werden müssten. Als Großbauer galt dabei jeder Hofbesitzer, der mehr als 20 Hektar Land besaß, während die wirklichen Großgrundbesitzer schon lange enteignet waren. Auf Versammlungen, bei Propagandaeinsätzen der FDJ oder organisierten Demonstrationen so genannter Patenbetriebe wurden Bauern, die sich weigerten, der LPG beizutreten, öffentlich an den Pranger gestellt. In Hoym forderten beispielsweise im April 1953 mehrere Hundert Menschen die Bestrafung eines Großbauern, von dem man wusste, dass er im Dorf über großen Einfluss verfügte und gegen die Bildung einer Genossenschaft auftrat – wenig später wurde er verhaftet.

Statt die Schaffung der Agrargenossenschaften von oben anzuordnen oder per Gesetz zu beschließen, hielt die SED nach außen an der Fiktion der »strikten Freiwilligkeit« fest. Außer durch politischen Druck wurden die Hofbesitzer vor allem mit wirtschaftlichen und juristischen Mitteln in die Knie gezwungen. Den wichtigsten Hebel dazu bildete die Anhebung der Steuern und Abgaben. In einer Art Zangenbewegung verpflichtete man die selbständigen Bauern, einem festgelegten Anbauplan zu folgen und eine bestimmte Menge an Produkten zu staatlich vorgeschriebenen Preisen abzuliefern. Gleichzeitig schnitt man sie von den staatlichen Futter- und Düngemittelzuteilungen ab und stellte Einkäufe auf dem freien Markt und im Westen unter Strafe. Die LPG-Mitglieder hingegen wurden bevorzugt mit Maschinen, Düngemitteln und Saatgut versorgt, während ihr Ablieferungssoll um zehn Prozent gesenkt und ihre Steuerpflicht für zwei Jahre auf null gesetzt wurde. Bei den freien Bauern kam es dadurch fast zwangsläufig zu Rückständen beim Ablieferungssoll oder den Steuern, die sodann als Verstoß gegen die Wirtschaftsstrafverordnung oder sogar als Sabotage verfolgt werden konnten. Oft reichten schon geringe Rückstände, um die Betroffenen zu hohen Zuchthausstrafen zu verurteilen und ihren Besitz zu konfiszieren.

Anders als von der Partei erwartet, solidarisierte sich die Landbevölkerung jedoch oftmals mit den unter Druck gesetzten Bauern – auch und gerade wenn es sich um Besitzer größerer Höfe handelte. Vielfach genossen diese auf den Dörfern ein besonders hohes Ansehen. Vereinzelt kam es sogar zur Befreiung bereits festgenommener Bauern oder zu anderen Hilfsaktionen. Zusammenhalt und Gerechtigkeitsgefühl der Landbevölkerung machten sich auch während der Ereignisse im Juni 1953 stark bemerkbar.

Viele Bauern resignierten jedoch und gaben die Landwirtschaft auf. Wenn sie ihren Hof nicht einer LPG überschrieben, sondern behielten, bekamen sie ab dem 1. Mai 1953 keine staatlichen Lebensmittelrationen mehr. Viele zogen es deshalb vor, in den Westen zu gehen. Manchmal verließen die Bauern nach der Verurteilung eines »Großbauern« gleich gruppenweise ihr Dorf. Während 1951 insgesamt 4300 Bauern in die Bundesrepublik übersiedelten, waren es im Folgejahr bereits 14 100 und 1953 sogar 37 300, zuzüglich meist mehrerer mithelfender Familienangehöriger. Selbst Ministerpräsident Grotewohl nannte es kurz nach dem Juni-Aufstand einen Fehler, wenn die DDR »keine anziehende Kraft mehr ist, sondern eine abstoßende Kraft, die darin ihren Ausdruck findet, dass Hunderttausende von Bauern ihre Höfe verlassen und in den Westen geflüchtet sind«.[10] Auch die sowjetische Führung zeigte sich im Mai 1953 entsetzt darüber, dass die sonst so bodenständigen deutschen Bauern in Scharen ihr Land aufgaben. Das von ihnen zurückgelassene Eigentum eignete sich in der Regel der sozialistische Staat an – bis Ende 1952 bereits 750 000 Hektar oder 13 Prozent der Anbaufläche der DDR. Über 24 000 Eigentümer landwirtschaftlicher Betriebe verloren zwischen Juli 1952 und Juni 1953 auf diese Weise ihr Land. Die »devastierten« Höfe, so die parteioffizielle Umschreibung für die auf kalte Weise enteigneten Bauernwirtschaften, dienten häufig als Keimzellen für die neuen Produktionsgenossenschaften. Trotz des heftigen ländlichen Widerstands gegen die Kollektivierung gelang es so der SED, bis zum 31. Januar 1953 über 2300

Gemeinschaftsbetriebe mit nahezu 47 000 Mitgliedern zu bilden.

Mit ähnlichen Methoden wie gegen die Bauern ging die SED gegen Handwerker und private Unternehmer vor. Auch bei ihnen setzte man die Steuerlast herauf, während sie gleichzeitig von staatlichen Lieferungen abgeschnitten wurden und sich mit den fehlenden Waren nicht selber versorgen durften. Bei Missachtung dieser Vorschriften, so »empfahl« die Sowjetische Kontrollkommission, sollten sie hart bestraft werden. Auch ihr Eigentum sollte ihnen genommen werden. Das juristische Instrumentarium dazu bot die »Verordnung über die Bestrafung von Verstößen gegen die Wirtschaftsverordnung«.

Anfang 1953 leitete die Partei auf dieser Basis eine große Welle von Enteignungen ein. In einer konzertierten Aktion wurden zahlreiche Privatunternehmer überprüft, um angebliche Gesetzesverstöße aufzuspüren. Anhand so genannter Liquidationslisten wurden ausgewählte Betriebe im Beisein des Zolls, der örtlichen Behörden und eines bereits bestallten künftigen Treuhänders von der Volkspolizei umstellt und durchsucht. Zum Teil wurden ihre Bücher bis zum Jahr 1945 zurück geprüft. Geringe Unstimmigkeiten wie etwa Steuerrückstände von 50 Mark, aber auch so genannte Westverbindungen, das Hören westlicher Radiosender oder Beweise für illegale Einkäufe oder Verkäufe lieferten den Vorwand, die Betroffenen zu verhaften. In der Regel wurde sofort ein Ermittlungsverfahren gegen sie eingeleitet und ihr Besitz beschlagnahmt.

Um die privaten Gewerbetreibenden zur Aufgabe ihrer Betriebe zu zwingen, wurden sie aber noch anderweitig unter Druck gesetzt. Im Frühjahr 1953 entzog die DDR-Regierung allen Selbständigen und ihren Familien den Kranken- und Sozialversicherungsschutz. Ab dem 1. Mai bekamen Unternehmer, Rechtsanwälte, Hausbesitzer, Gastwirte, Händler sowie Handwerker mit mehr als fünf Beschäftigten keine Lebensmittelkarten mehr – zusammen mit ihren Familienangehörigen etwa zwei Millionen Menschen oder mehr als ein Zehntel der DDR-Bevölkerung. Selbst Witwen, die überwiegend von den bescheidenen Mieterlösen ihres Privathauses lebten, erhielten jetzt nicht mehr die kargen, aber staatlich garantierten Lebensmittelrationen. Da wichtige Grundnahrungsmittel wie Butter, Margarine, Öl, Zucker und in der Regel auch Fleisch auf dem freien Markt legal überhaupt nicht erhältlich waren, wurden Handwerker und Unternehmer auf diese Weise regelrecht ausgehungert. Auch die nicht direkt davon Betroffenen waren von diesem Vorgehen der Regierung schockiert. »Die armen Geschäftsleute – jetzt lässt man sie verhungern!«, schilderte der damals noch regimetreue Schriftsteller Stefan Heym im Juni 1953 die Stimmung in der Bevölkerung. »Und das«, so setzte er hinzu, »in einem Lande, wo die Arbeiterklasse von kleinbürgerlichen Elementen durchsetzt ist, wo so gut wie jeder Arbeiter Verwandte und Bekannte unter Handwerkern und Kleingewerbetreibenden besitzt!«[11]

Den Betroffenen blieb unter diesen Umständen oft gar nichts anderes übrig, als ihren Betrieb zu schließen oder in eine Genossenschaft zu überführen. Allein im Bereich des Handwerks beugten sich zwischen 1951 und 1953 rund 45 000 Meister dem Druck und gaben ihre Firmen, meist Familienbetriebe, auf. Der Anteil der Privatbetriebe am Einzelhandelsumsatz des Binnenhandels sank von 54 Prozent im Jahr 1950 auf weniger als ein Drittel im Jahr 1953.

Die »Verschärfung des Klassenkampfes« traf auch und in besonderer Weise die Kirchen – für viele das einzig verbliebene Refugium geistiger Unabhängigkeit. Der SED ging es vor allem darum, ihren Einfluss unter jungen Leuten, insbesondere den künftigen Eliten des SED-Staates, also Oberschülern und Studenten, zurückzudrängen. Im Juli 1952 erließ die Regierung deshalb ein Betätigungsverbot für Studentenpfarrer an den Universitäten und Hochschulen. Eine Reihe von ihnen wurde, häufig zusammen mit besonders engagierten Studenten, verhaftet. Auf der anderen Seite schuf die SED einen den Nationalsozialisten nachempfundenen Arbeitsdienst, den »Dienst für Deutschland«, der allerdings, aus Mangel an Freiwilligen, im Februar 1953 wieder aufgegeben wurde. Seit Anfang 1953 ging man dann massiv gegen die kirchlichen Jugendgruppen, die so genannten Jungen Gemeinden, vor. Besonders der FDJ unter ihrem damaligen Vorsitzenden Erich Honecker waren sie seit längerem ein Dorn im Auge.

Im Januar 1953 beschloss das Politbüro einen umfangreichen, seit November 1952 vorbereiteten Maßnahmeplan, um die kirchliche Jugendarbeit zu unterdrücken. Der Generalstaatsanwalt der DDR wurde beauftragt, zur »Entlarvung der Jungen Gemeinde in der Öffentlichkeit als eine Tarnorganisation für Kriegshetze, Sabotage und Spionage« in kurzer Zeit drei bis vier öffentliche Prozesse durchzuführen, »in denen klar die kriegshetzerische und Agenten- und Sabotagetätigkeit von Mitgliedern und Funktionären der Jungen Gemeinde nachgewiesen wird«.[12] In der gesamten DDR setzte zugleich eine maßlose Verleumdungskampagne gegen die kirchlichen Jugendgruppen ein. So zeigte sich die Ministerin für Volksbildung, Else Zaisser, auf einer FDJ-Konferenz fest davon überzeugt, »daß die Junge Gemeinde eine Agentur des amerikanischen Imperialismus ist und daß es unsere Aufgabe ist, rücksichtslos gegen die Feindtätigkeit der Jungen Gemeinde vorzugehen, die zweifellos im Auftrage des anglo-amerikanischen Imperialismus und seiner deutschen Helfershelfer handelt«.[13] Christlich gebundene Schüler und Studenten wurden – oft in tribunalähnlichen Versammlungen – als »Agenten« beschuldigt oder massiv unter Druck gesetzt, sich von der Kirche zu distanzieren. »Ich weiß von einem jungen Mädchen, der besten Schülerin der Klasse, einer Pfarrerstochter, die beschuldigt worden war, Glied der Jungen Gemeinde zu sein, ohne daß sie es war«, berichtete Anfang Juli 1953 das Präsidiumsmitglied des DDR-Kulturbundes Karl Kleinschmidt über einen solchen Fall. »Sie ist im Pädagogischen Rat auf das fürchterlichste beschimpft worden, der Direktor hat sie eine Lügnerin, eine Verbrecherin genannt.«[14]

Die Zeitungen der DDR hetzten die Bevölkerung damals regelrecht gegen Kirchenangehörige auf. So veröffentlichten sie Namenslisten oder Artikel gegen einzelne, namentlich genannte Christen und forderten dazu auf, ihnen endlich das Handwerk zu legen. »Recht so, Ihr Arbeiter- und Bauernkinder«, schrieb beispielsweise eine Zeitung über eine Versammlung an der Pädagogischen Hochschule in Potsdam, »fetzt ihm die Maske vom Gesicht; schützt Euch vor diesen Agenten.«[15] Und über den Gemeindepfarrer Karl August Brandt war in der *Schweriner Volkszeitung* zu lesen: »Dieser Feind der werktätigen Bevölkerung hatte es fertiggebracht, die Einwohner des Dorfes jahrelang zu terrorisieren. [...] Die gesamte werktätige Bevölkerung der Zentralgemeinde Lohmen erwartet eine strenge Bestrafung des Verbrechers [...].«[16] Bald darauf wurde er zu sechs Jahren Zuchthaus verurteilt. Der Hallenser Studentenpfarrer Johannes Hamel kam im Februar 1953 in Untersuchungshaft. Im SED-Zentralorgan *Neues Deutschland* firmierte er als »Agent« und »typischer Rädelsführer«, der versucht habe, junge Menschen für »verbrecherische Ziele zu mißbrauchen und vor den Karren der amerikanischen und westdeutschen Imperialisten zu spannen«.[17]

Im April 1953 wurden die Jungen Gemeinden in einer Erklärung des Ministeriums des Innern offiziell als »illegale Organisation« bezeichnet und beschuldigt, »unter dem Deckmantel der religiösen Betätigung systematisch Spionage« in der DDR zu betreiben. Die Parteileitung der Ostberliner Humboldt-Universität beschloss einen Monat später, dass Angehörige der Jungen Gemeinde nicht mehr zur Prüfung zuzulassen seien. Innerhalb kurzer Zeit wurden knapp 2000 Studenten von den Universitäten entfernt. Schätzungsweise 3000 Schüler – Grotewohl sprach später von nur 712 – mussten die Oberschule verlassen. Auch etwa 1000 Lehrer wurden entlassen, viele strafversetzt. Zahlreiche Jugendliche sowie über 70 Pfarrer und Jugendleiter wurden im Verlauf der Kampagne verhaftet und größtenteils zu langen Haftstrafen von bis zu zwölf Jahren Zuchthaus verurteilt. In spektakulären Besetzungen wurden zudem mehrere diakonische Einrichtungen der Kirchen von Kommunisten »befreit« und anschließend vom Staat übernommen.

Das Engagement in der Kirche war aber nur einer der Gründe für die Säuberungen an den Universitäten. Schon vor den Beschlüssen zum Verbot der Jungen Gemeinden hatte man zahlreichen Studenten, die als nicht linientreu galten, die Studienerlaubnis entzogen. Bis November 1952 waren allein von der Berliner Humboldt-Universität 342 Studenten aus politischen Gründen entfernt worden. Anfang 1953 forderte die Parteileitung der Universität, dass an jeder Fakultät »wöchentlich mindestens 3 Leute entfernt werden – von denen, die als reaktionär charakterisiert sind!«.[18]

Die geistig-politische Uniformierung in der DDR nahm nach der II. Parteikonferenz fast unerträgliche Ausmaße an. Vor allem der Personenkult trieb bizarre Blüten. Nicht nur Sportstadien trugen jetzt, wie in Berlin, den Namen Walter Ulbrichts, sondern nahezu sämtliche Großbetriebe und ganze Städte wurden nach Karl Marx, Josef Stalin und anderen kommunistischen Epigonen benannt. Aus Chemnitz wurde Karl-Marx-Stadt, die Wohnstadt beim Eisenhüttenkombinat Ost erhielt den Namen Stalinstadt. »Wir wollen durch die Namensgebung des Eisenhüttenwerkes und der Stadt des Hüt-

tenwerkes bekunden«, erklärte Ulbricht bei der feierlichen
Namensgebung am 8. Mai 1953, »dass die Lehre von J. W.
Stalin in der Deutschen Demokratischen Republik lebendige
Wirklichkeit wird.«[19] Anlässe für derartige Umbenennungen
bildeten Stalins Geburtstag im Dezember, Ulbrichts Geburtstag im Juni oder der Geburtstag von Karl Marx im März, der
sich 1953 zum 135. Mal jährte und deshalb gleich mit einem
ganzen Karl-Marx-Jahr begangen wurde.

Das gesamte Alltagsleben wurde von der SED durch eine
allgegenwärtige Politpropaganda überformt. Im Stile von
George Orwells Roman *1984* berieselten Lautsprecher die
Bevölkerung auf Straßen und Plätzen mit agitatorischen Reden und kommunistischen Liedern. So genannte Sichtwerbung an Hauswänden und Straßenrändern forderte inmitten
der vom Bombenkrieg zerstörten Stadtlandschaften fortwäh-
rend zu größeren Arbeitsleistungen auf und verkündete den
baldigen Sieg des Sozialismus. Auf den zentralen Plätzen erhoben sich überlebensgroße Bildnisse von Marx, Engels und
den führenden SED-Funktionären. Des sowjetischen Diktators Stalin wurde in Berlin schon zu Lebzeiten mit einem riesigen Denkmal gedacht. Ob Schulen oder Gemeindeverwaltungen, ob Bahnhöfe oder Rathäuser, ob Landwirtschaftliche
Produktionsgenossenschaften oder industrielle Betriebe –
überall waren die Gebäude in der DDR mit politischen Losungen und Bildnissen ausstaffiert, die nur selten von so un-
freiwilligem Humor waren wie in dem alten DDR-Witz, dem
zufolge vor einem Friedhof dazu aufgerufen wurde »Alles raus
zum 1. Mai!«. Die stereotypen Parolen, die der Wirklichkeit
oft diametral entgegengesetzt waren, zogen am 17. Juni den
größten Zorn der Bevölkerung auf sich und wurden wie in
einem Akt kollektiver geistiger Befreiung in der gesamten
DDR heruntergerissen und zerstört.

Besonders bedrückend wirkte sich der politische Dogmatismus auf das Kulturleben aus. Eine »Staatliche Kommission für
Kunstangelegenheiten«, ein »Amt für Literatur- und Verlagswesen« und eine »Kommission für Filmwesen« wachten mit
Argusaugen über das künstlerische Schaffen in der DDR. Die
hochideologisierten SED-Funktionäre, die diese Ämter leiteten, besaßen eine nahezu unbegrenzte Macht. Kein Buch durfte
veröffentlicht werden, das dem Literaturamt nicht zuvor »zur
Begutachtung und Befürwortung vorgelegt« wurde – selbst

wenn es von einem überzeugten Kommunisten geschrieben war, in einem SED-Verlag erscheinen sollte und in einer Parteizeitung bereits in Fortsetzungen gedruckt worden war.[20] Ähnliche Regularien galten für die bildenden Künste und für das Filmschaffen der DDR. Die Maßstäbe für das, was partei-offiziell geduldet war, wurden seit Beginn der fünfziger Jahre immer enger gezogen. Auf der II. Parteikonferenz wurde der »sozialistische Realismus« von einem der höchsten DDR-Kulturfunktionäre, dem Präsidenten des Kulturbundes, Johannes R. Becher, schließlich als »die einzige schöpferische Möglichkeit, die einzige schöpferische Methode« deklariert, die zum Aufstieg einer großen deutschen nationalen Kunst führen könne.[21]

In der DDR kam es zu einer regelrechten Hatz gegen alles Moderne und Neue. Verurteilt wurden nicht nur Jazzmusik, Tanzmusik oder Romane aus Amerika, sondern auch Bauhaus, Konstruktivismus, Funktionalismus und der so genannte Formalismus. Darunter verstand man alle moderne Kunst von den Impressionisten bis Paul Klee, von Claude Debussy bis Igor Strawinsky. »Was hat solche Kleckserei, die den Menschen und die Gesellschaft verachtet, mit Ästhetik gemein?«, fragte die auf deutsch erscheinende sowjetische Zeitung *Tägliche Rundschau* im Januar 1951, deren künstlerische Urteile damals in der DDR als verbindliche Richtschnur galten, und deklarierte in einem den Deutschen noch von den Nationalsozialisten vertrauten Jargon: »Eine Kunst aber, die sich Entartung und Zersetzung zum Vorbild nimmt, ist pathologisch und antiästhetisch. Selbst im Reich der Tiere erscheint dem Menschen das schön, was Lebensfrische, Gesundheit und Kraft atmet.«[22]

Dem Bildhauer und Nationalpreisträger Gustav Seitz wurde vorgeworfen, dass seine Porträts »Sinnbild faschistischer Methoden« seien, weil sie nur Köpfe zeigten.[23] Dem Maler Max Lingner hielt man vor, dass seine Frauentypen nicht typisch deutsch aussahen – er hatte lange in Paris gelebt. Ein Wandbild des Kunstprofessors Horst Strempel wurde übermalt, denn, so das Zentralkomitee in einer Entschließung vom März 1951, »den dort gemalten Personen fehlten die charakteristischen Merkmale unserer besten, der Sache des Fortschritts treu ergebenen Menschen; sie waren dazu noch unförmig proportioniert und wirkten abstoßend«.[24] Im Januar 1952 attackierte das SED-Zentralorgan *Neues Deutschland* eine Barlach-

Ausstellung, weil seine Figuren »eine graue, passive, verzweifelte, in tierischer Dumpfheit dahinvegetierende Masse« seien,
»in denen auch nicht der Funke eines starken, lebendigen Ge-
fühls des Widerstandes zu spüren ist«.[25] Selbst höchste Repräsentanten des DDR-Staates waren vor dem Bannstrahl der
Kulturfunktionäre nicht sicher. Der Film »Das Beil von Wands-
bek«, der nach einem Buch des Akademie-Präsidenten Arnold
Zweig gedreht worden war, wurde abgesetzt, weil, wie das Politbüro im Juli 1952 feststellte, ein Henker, der antifaschistische Widerstandskämpfer hinrichtet, in einer fortschrittlichen
Handlung keinen hervorragenden Platz einnehmen dürfe.

Auch in der Musik galten die Maßstäbe des politischen Dogmatismus. So geißelte das Zentralkomitee der SED im März
1951 die Oper »Antigone« von Carl Orff als »formalistisch«,
denn ihre Musik sei »monoton, unmelodisch, in der Hauptsa-
che von geräuschvollen Schlaginstrumenten bestritten«.[26] Selbst
ein glühendes Bekenntnis zum Sozialismus schützte nicht vor
dem Verdikt der Partei, wie im Fall Paul Dessaus, dessen Oper
»Das Verhör des Lukullus« schon nach einer Aufführung wieder abgesetzt wurde. »Eine Musik, die ihre Hörer mit Mißtö-
nen und intellektualistischen Klügeleien überschüttet«, so das
*Neue Deutschland* im März 1953 über das Werk des kommunistischen Komponisten, »bestärkt den rückständigen Teil des
Publikums in seinen Auffassungen und stößt den fortschrittlichen vor den Kopf.«[27] Als »volksfremd« wurde auch die Musik des Brecht-Freundes Hanns Eisler abgelehnt, weil in manchen seiner Stücke keine Geigen zu hören waren. Der damals
allmächtige Kunstkritiker Wilhelm Girnus ging sogar so weit,
die Figur seines »Doktor Faustus« im Mai 1953 als »Renegat
nach dem Typus Slansky, Rajk oder Tito« zu bezeichnen – die
schlimmsten Feinde der kommunistischen Bewegung. Verzweifelt schrieb Eisler ein halbes Jahr später an das Zentralkomitee: »Nach der Faustus-Attacke merkte ich, daß mir jeder Impuls, noch Musik zu schreiben, abhanden gekommen
war. So kam ich in einen Zustand tiefster Depression, wie ich
sie kaum jemals erfahren habe.«[28]

# Die Zunahme des Terrors

In diesen finstersten Jahren der DDR ging es nicht nur um geistige Uniformität. Schlimmer noch war der physische Druck, dem eine wachsende Zahl von Menschen ausgesetzt war. Die Wucht des Aufstands vom 17. Juni 1953 ist nur zu verstehen, wenn man die Erfahrung eines jahrelangen, immer weiter ausufernden Terrors gegenüber der Bevölkerung in Rechnung stellt. Die SED regierte in den frühen fünfziger Jahren nicht nur gegen die Gesellschaft, sondern sie tat dies mit Mitteln, die weithin Verbitterung und Hass auslösten. Unter dem Einfluss der sowjetischen Machthaber und insbesondere Stalins selbst glitt die von Anfang an betriebene Gewaltpolitik geradezu ins Irrationale. Die SED verlor jedes Gefühl für das, was man der Bevölkerung ungestraft zumuten konnte. Geradezu explosionsartig entluden sich die dadurch erlittenen Kränkungen im Juni 1953.

Die Monate vor dem Aufstand waren durch den systematischen Ausbau des staatlichen Gewaltapparates geprägt. Schon kurz nach der Parteikonferenz im Juli 1952 verabschiedete das Politbüro ein Bündel von Maßnahmen zur »Verbesserung der Arbeit der Deutschen Volkspolizei«. Nach dem Vorbild der nationalsozialistischen Blockwarte wurden unter anderem so genannte Abschnittsbevollmächtigte der Polizei eingeführt. In allen Gebäuden gab es Hausvertrauensleute, die eng mit der Polizei zusammenarbeiten sollten. Im Oktober 1952 beschloss die DDR-Volkskammer eine neue Strafprozessordnung, welche die einschlägigen Bestimmungen der Sowjetunion weitgehend kopierte. Ermittlungsverfahren durften jetzt nicht mehr von den Gerichten geführt werden, sondern unterlagen der Aufsicht des Staatsanwaltes, wobei das MfS als »Untersuchungsorgan« jederzeit selbst entsprechende Verfahren einleiten und führen konnte. Aussagen zur Beweisaufnahme mussten nicht mehr direkt vor Gericht erfolgen, sondern es reichte aus, die meist unter Druck zustande gekommenen Vernehmungsprotokolle des MfS oder der Polizei dem Richter vorzulegen. Außerdem konnte das MfS über den Ort entscheiden, an dem das Untersuchungsverfahren geführt wurde – und damit auch über den Richter, der den Haftbefehl zu unterschreiben oder den Prozess zu führen hatte. Zur Komplettierung des strafrechtlichen Instrumentariums legte das Politbüro der Volkskammer ein »Gesetz zum Schutz des Volkseigentums und anderen gesellschaftlichen Eigentums« vor, das diese im Oktober 1952 in Kraft setzte. Diebstahl, Unterschlagung oder »sonstiges Beiseiteschaffen« von staatlichem oder genossenschaftlichem Eigentum wurden nunmehr – anders als gewöhnlicher Diebstahl oder Betrug – mit Zuchthaus zwischen ein und fünf Jahren, in schweren Fällen sogar mit zehn bis 25 Jahren bestraft. Um die »erzieherische und abschreckende Wirkung des Gesetzes zu erhöhen«, so Justizminister Max Fechner, sollten die Betroffenen möglichst umgehend verurteilt werden.[29]

Konnte man die Repressalien der ersten Nachkriegsjahre noch der sowjetischen Besatzungsmacht – und damit indirekt auch dem deutschen Überfall auf die Sowjetunion – zuschreiben, hatten die deutschen Kommunisten die Dinge nunmehr selbst in die Hand genommen. Neben Justiz und Polizei wurde das Ministerium für Staatssicherheit (MfS) unter Wilhelm Zaisser zum wichtigsten Herrschaftsinstrument. In kürzester Zeit baute man es zur ebenso gefürchteten wie allumfassenden Geheimpolizei aus. Die SED sorgte dafür, dass sich sein Personalbestand allein im Jahr 1952 mehr als verdoppelte. Mit 10 000 hauptamtlichen Mitarbeitern übertraf er im März 1953 bereits den der – reichsweit operierenden – Gestapo der Vorkriegszeit. Zur Bespitzelung der Bevölkerung wurden zwischen 1950 und 1952 rund 30 000 Geheiminformanten neu angeworben. Wenn dieses Tempo beibehalten würde, so rechnete man intern bereits vor, würde in zehn Jahren jeder zweite DDR-Bürger für die Stasi arbeiten.

Der Gewaltapparat des Staates diente nicht nur als passives Drohpotential. Auf der Parteikonferenz im Juli 1952 hatte sich die SED vielmehr die Stalinsche Losung zu Eigen gemacht, dass sich der Klassenkampf zwangsläufig verschärfe. Beim Aufbau des Sozialismus sei es erforderlich, den »feindlichen Widerstand zu brechen und die feindlichen Agenten unschädlich zu machen«.[30] Geradezu gebetsmühlenartig hämmerte Ulbricht der Partei in den Monaten vor dem Aufstand diese Parolen ein – selbst dann noch, als ihr Erfinder bereits gestorben war. Noch im Mai 1953, also zwei Monate nach Stalins Tod, hielt es das Zentralkomitee für geboten, »die gesamte Partei und alle Werktätigen der Deutschen Demokratischen Republik ernsthaft darauf hinzuweisen, daß der Weg zum Sozialismus ein harter Kampf gegen die verzweifelten Versuche des Klassenfeindes ist, das alte fluchbeladene System des Kapitalismus wiederherzustellen«. Das Charakteristische der Situation in der DDR bestehe darin, dass »der Klassenkampf sich verschärft«.[31]

Die wichtigste Waffe in diesem Klassenkampf von oben bildete die Strafjustiz. Mit ihrer Hilfe versuchte man nicht nur, ganze soziale Schichten zu liquidieren. Die zu Feinden erklärten Menschen wurden vielmehr auch moralisch ausgegrenzt, indem man sie wie Schwerverbrecher behandelte. Selbst die offiziell herrschende Klasse – die Klasse der Arbeiter – wurde Opfer einer unnachsichtigen Erziehungsdiktatur.

Die hysterisch überspannte Stimmung, in welche die SED sich selbst und das ganze Land versetzte, ist heute nur noch schwer zu begreifen. Die Medien, allen voran das Parteiorgan *Neues Deutschland*, machten fast täglich Saboteure, Provokateure und Agenten aus. Die Parteifunktionäre wurden gezwungen, die Beschlüsse der SED auf allen Ebenen dürchzupeitschen und unnachgiebig gegen jeden Widerstand vorzugehen. Noch im Mai 1953, ein knappes Jahr nach Einführung des harten Kurses, rügte das ZK in einer Erklärung, »daß einzelne leitende Funktionäre, ganze Parteileitungen und Parteiorganisationen die Verschärfung des Klassenkampfes nicht erkennen, sich blind gegenüber den Feinden des werktätigen Volkes stellen und dadurch den sozialistischen Aufbau gefährden«.[32] Die Drohung war unüberhörbar, bei zu großer Zurückhaltung selber als Feind des Sozialismus gebrandmarkt zu werden.

Aufgrund geringster Vergehen wurden damals in der DDR drakonische Strafen verhängt. Wegen Diebstahls von einem Dreiviertelkilogramm Sauerkraut oder von Briketts im Wert von einer Mark verhängten DDR-Gerichte beispielsweise ein ganzes Jahr Zuchthaus. Ein Lagerarbeiter wurde zu drei Jahren Haft verurteilt, weil seine Freundin hinter seinem Rücken sieben Paar Handschuhe hatte mitgehen lassen. Allein nach dem Gesetz zum Schutz des Volkseigentums, das diesen Urteilen zugrunde lag, wurden bis März 1953 über 10 000 Personen in mehr als 7000 Strafverfahren zu Zuchthausstrafen verurteilt. Die Zahl der Fälle stieg dabei von Monat zu Monat stark an. Gleichwohl kritisierte die zuständige ZK-Abteilung im April 1953 die »versöhnlerische Haltung« von Staatsanwälten und Gerichten und rügte sie wegen zu großer Milde gegenüber den Betroffenen. In Schmölln wurde der Kreisgerichtsdirektor sogar selbst zu dreieinhalb Jahren Zuchthaus verurteilt, weil er einen Bäcker der staatlichen Handelsorganisation (HO), der zehn Pfannkuchen gestohlen hatte, nur mit 50 Mark Geldstrafe belegt hatte. Der Generalstaatsanwalt der DDR kam im April 1953 zu dem Ergebnis, dass bei einer Beibehaltung dieser rigiden Verurteilungspraxis bis zum Jahresende allein wegen Verstößen gegen das Volkseigentumsschutzgesetz mehr als 40 000 Menschen im Zuchthaus sitzen würden.

Der staatliche Terror richtete sich vor allem gegen selbständige Bauern und verbliebene Mittelständler. Um die Kollektivierung der Landwirtschaft durchzusetzen, wurden die Bauern regelrecht kriminalisiert. Rückstände beim Ablieferungssoll oder den Steuern dienten als Vorwand, zahlreiche Hofbesitzer zu hohen Gefängnisstrafen zu verurteilen und zu enteignen. Allein zwischen August 1952 und Januar 1953 wurden über 1200 derartiger Strafverfahren durchgeführt. Selbst Hilde Benjamin, die berüchtigte Vizepräsidentin des Obersten Gerichtes der DDR, räumte später ein, dass es »die überhöhte Festsetzung des Ablieferungssolls für Großbauern« war, die zu zahlreichen Strafverfahren führte.[33]

Die Urteilsbegründungen waren meist ebenso obskur wie unmenschlich. So verurteilte das Kreisgericht Demmin – »im Nahmen [sic!] des Volkes« - einen 73 Jahre alten Bauern im Februar 1953 zu zwei Jahren Zuchthaus und Entzug seines Vermögens, weil er unverschuldet mit der Erfüllung seiner Ablieferungspflichten in Verzug geraten war. Obwohl es zugeben musste, dass das dem Bauern gelieferte Saatgut »nicht von der notwendigen Qualität« gewesen sei und er einen erheblichen Teil seines Viehbestandes durch Krankheit verloren hatte, weigerte sich das Gericht, gegenüber dem als »großbürgerliches Element« bezeichneten Mann Gnade walten zu lassen. Auch das hohe Alter des Angeklagten stimmte die Richter nicht milder. Da seine »Schädlingsarbeit« die Wirtschaft geschwächt und den »Klassengegner« gestärkt habe, sei für die

Strafkammer klar gewesen, dass die Tat des Angeklagten nur mit einer empfindlichen Zuchthausstrafe und dem Entzug des Hofes geahndet werden konnte – damit er sein »schädliches Treiben« nicht noch länger ausführen könne.[34]

Trotzdem wurde den Staatsanwälten im Februar 1953 vorgeworfen, dass sie es »noch nicht immer verstehen, unter Anwendung der demokratischen Gesetzlichkeit den verschärften Klassenkampf auf dem Dorfe zu führen«.[35] Als Beispiel wurde der Fall eines Bauern angeführt, der zum Selbstbuttern täglich anderthalb Liter Milch zurückbehalten hatte und dafür »nur« zu 500 Mark Geldstrafe verurteilt worden war. Per Rundverfügung ordnete das Justizministerium deshalb Anfang März an, »klassenfeindliche Aktionen der Großbauern mit allen Mitteln zu bestrafen« und insbesondere die Möglichkeit der Einziehung ihres Vermögens zu nutzen.[36] Gleichzeitig wurde eine Einkommensteuer-Änderungsverordnung erlassen, die dazu führte, dass nun auch die Nichtbezahlung von Steuerschulden, wie es Hilde Benjamin ausdrückte, »in größerem Umfang bestraft« wurde.[37] Das Strafmaß stand dabei in keinem Verhältnis zur Schwere des Verstoßes. So wurde im April 1953 ein Bauer vom Kreisgericht Halle-Saalkreis – trotz Bestätigung wetterbedingter Ernteausfälle durch Zeugen und Sachverständige – zu sieben Jahren Zuchthaus sowie Vermögensentzug verurteilt, weil er seine Ablieferungs- und Steuerpflichten nicht vollständig erfüllt hatte. Ein anderer bekam sogar zehn Jahre dafür. In einem dritten Fall wurde ein Bauer zu drei Jahren Gefängnis verurteilt, weil er in Westberlin sieben Pfund Gänsefedern verkauft und sich von dem Erlös ein Paar Arbeitsstiefel erstanden hatte, was nach der im November 1952 erlassenen »Verordnung zur Verhinderung der Spekulation mit Lebensmitteln und Industriewaren« untersagt war. In der Anklageschrift wurde ihm unter anderem vorgeworfen, die Federn einem werktätigen DDR-Bürger, der aufgrund seiner Arbeit für den Weltfrieden eintrete, vorenthalten zu haben, während sie nun dazu dienten, »einem amerikanischen Kriegstreiber das unerwünschte Dasein in Westdeutschland angenehmer zu gestalten«.[38]

Ähnlich wie den Bauern erging es den Gewerbetreibenden. Um an ihren Besitz zu gelangen, führte die DDR-Justiz massenhaft Strafverfahren mit den absurdesten Begründungen durch. In Berlin-Pankow wurde beispielsweise im Frühjahr 1953 ein

Kohlenhändler morgens um 6 Uhr mit einem polizeilichen Großaufgebot aus dem Bett geholt. Nach einer mehrstündigen Hausdurchsuchung nahm man ihn fest, weil man mehrere Weinflaschen mit westlichen Etiketten gefunden hatte, und noch am selben Tag übernahm der mitgekommene Treuhänder den Betrieb. In Kühlungsborn wurde die Pächterin eines Kindererholungsheimes zu 16 Monaten Haft verurteilt, weil sie Zucker, der zur Verpflegung der Kinder bestimmt war, zurückbehalten hatte, um daraus für diese Marmelade zu kochen. Außerdem wurde ihr vorgeworfen, auf dem freien Markt Getreide für ihre Hühner gekauft zu haben, um die Kinder mit frischen Eiern zu versorgen. Auch die Besitzerin des Heims wurde zu neun Monaten Haft und Entzug des Vermögens verurteilt – sie hatte sich für DDR-Mark in Westberlin ein Paar Schuhe gekauft, wo ihr Geld nach Auffassung des Gerichts »nur zur Vorbereitung eines Dritten Weltkrieges Verwendung« finden würde.[39]

Allein im Rahmen der Aktion »Rose« wurden im Februar und März 1953 an der Ostseeküste mehr als 700 Hotels, Pensionen, Taxiunternehmen und andere Gewerbebetriebe durch 400 Volkspolizisten in fünf Einsatzgruppen kontrolliert. 621 Objekte, davon 440 Hotels und Pensionen, wurden beschlagnahmt, ebenso die dazugehörigen Grundstücke sowie Bargeld, Konten, Schmuck, Wertsachen und über 100 Kraftfahrzeuge. Die schönsten Häuser eigneten sich anschließend das Ministerium des Innern, der Staatssicherheitsdienst und die neu geschaffene DDR-Armee als Ferienheime an. Bei der Aktion wurden 447 Menschen festgenommen, 400 erhielten Freiheitsstrafen zwischen ein und zehn Jahren. 219 Menschen entgingen ihrer Festnahme nur, weil sie sich rechtzeitig in den Westen abgesetzt hatten. Die Inhaftierten wurden anschließend in das Gefängnis von Bützow verbracht. Zu ihrer Aburteilung bildete man dort vier Sonderstrafkammern, was nach der DDR-Verfassung eigentlich verboten war. Dem offiziellen Abschlussbericht zufolge war dies erforderlich, weil ohne diese Sondergerichte »der Ausgang der Aktion gefährdet worden wäre«.[40] In Stralsund wurden die Verhafteten nach Zeitzeugenberichten sogar in Handschellen und mit Plakaten um den Hals als »Volksverbrecher« durch die Straßen getrieben. Zur Begründung der Aktion »Rose« schrieb der verantwortliche Staatsanwalt und spätere Generalstaatsanwalt der DDR, Josef Streit,

in seinem Bericht: »Die Saboteure aus dem Küstengebiet gehören zu jenen überlebten Resten einer Gesellschaftsklasse,
die in der DDR überwunden ist. Diese Kräfte wittern die letzten Tage ihres Daseins, und deshalb sind sie gezwungen, mit
allen ihnen zu Gebote stehenden Mitteln Widerstand zu leisten.«[41]

Die »Verschärfung des Klassenkampfes« traf auch die bürgerlichen Parteien. Obwohl diese bereits weitgehend gleichgeschaltet waren, sah die SED in ihren Reihen eine wachsende
Zahl »feindlicher Elemente«. Selbst höchste Politiker gerieten,
mitsamt ihren Familienangehörigen, in den Strudel stalinistischer Repression. Zur Jahreswende 1952/53 fanden in Erfurt
und Gera Schauprozesse gegen eine Reihe von Christdemokraten statt. Elf Menschen wurden dabei zu langjährigen Haftstrafen verurteilt. Im Dezember 1952 wurde der liberal-demokratische Minister für Handel und Versorgung Karl Hamann
verhaftet. Nach anderthalb Jahren Untersuchungshaft im
berüchtigten Kellergefängnis in Berlin-Hohenschönhausen
wurde er wegen angeblicher »Sabotage an der planmäßigen
Versorgung der Bevölkerung« zu lebenslangem Zuchthaus
verurteilt. In Brandenburg saß er, bis zu seiner Entlassung im
Oktober 1956, in Einzelhaft. Außer ihm wurde auch seine
Tochter Liv festgenommen und im November 1953 zu zehn
Jahren Zuchthaus verurteilt. Der Rest der Familie hatte sich
durch Flucht in Sicherheit bringen können. Im Januar 1953
wurde auch der Außenminister der DDR, Georg Dertinger,
verhaftet. Nach 17-monatiger Untersuchungshaft in Berlin-
Hohenschönhausen wurde der CDU-Politiker als »Haupt
einer Verschwörergruppe« vom Obersten Gericht zu 15 Jahren Zuchthaus verurteilt. Seine Sekretärin bekam elf Jahre
Zuchthaus, seine Frau wegen »Mitwisserschaft« acht Jahre.
Auch die minderjährigen Kinder und die Großmutter wurden
nicht verschont: Dertingers 15-jähriger Sohn und seine 13-jäh-
rige Tochter wurden zunächst in eine Arrestanstalt für Jugendliche, den Jugendwerkhof in Bräunsdorf, eingewiesen.
Nachdem der Sohn 16 Jahre alt geworden war, wurde er zu
einer dreijährigen Jugendhaftstrafe wegen Spionage verurteilt.
Die jüngere Tochter behielt man in Karl-Marx-Stadt 16 Monate ohne Urteil im Gefängnis. Die 67-jährige Großmutter, die
sich bei der Verhaftung von Dertingers Frau zufällig im Hause
befand, saß 18 Monate in Untersuchungshaft. Der jüngste

Sohn des Ministers, der bei der Verhaftung seines Vaters erst neun Jahre alt war, bekam einen anderen Namen und lebte fast acht Jahre lang in einer fremden Familie.

Unter diesen Umständen wundert es nicht, dass sich die DDR-Gefängnisse im Zuge des Aufbaus des Sozialismus zusehends mit Häftlingen füllten. Die Zahl der Strafgefangenen wuchs von 37 000 (Juli 1952) auf 47 000 (Mai 1953), obwohl die Zuchthäuser zur selben Zeit durch mehrere Massenentlassungen geleert wurden. Zusätzlich saßen, vor allem aufgrund von Wirtschaftsvergehen, etwa 20 000 Menschen in Untersuchungshaft, so dass zusammen rund 67 000 Menschen im Gefängnis waren. Die dreimal so große Bundesrepublik zählte zur selben Zeit etwa 40 000 Gefangene. Allein wegen so genannter Staatsverbrechen wurden im ersten Halbjahr 1953 über 4000 Personen abgeurteilt, davon 26 zu lebenslänglicher Haft und sechs zum Tode. Zweieinhalb Jahre Zuchthaus erhielt zum Beispiel ein Mann, weil er eine Parodie des Horst-Wessel-Liedes gesungen hatte, in der er die Zustände in der DDR wie folgt auf die Schippe nahm:

»Die Preise hoch, die Grenzen fest geschlossen.
Die Not marschiert mit ruhig festem Schritt.
Es hungern all die kleineren Genossen.
Die großen hungern nur im Geiste mit.«[42]

Die Willkürjustiz führte dazu, dass zunehmend viele Menschen Angehörige oder Freunde hatten, die grundlos im Gefängnis verschwunden waren. In der ganzen DDR zogen deshalb am 17. Juni Demonstranten vor die Gefängnisse und verlangten die Freilassung der politischen Gefangenen.

Der stalinistische Terror richtete sich jedoch nicht nur gegen ausgemachte »Feinde« des sozialistischen Aufbaus. Er erstreckte sich auch auf die SED selbst, deren Oberhäupter seit dem Ausschluss Jugoslawiens aus der kommunistischen Weltgemeinschaft im Jahr 1948 von der Partei »erhöhte Wachsamkeit« forderten. Aus Furcht, dass Titos Unabhängigkeitsbestrebungen auf andere Länder übergreifen könnten, verlangte die sowjetische Führung damals von den »Bruderparteien« eine erbarmungslose Reinigung. Sofort nach Bekanntwerden des Konfliktes zwischen Tito und Stalin fasste der Parteivorstand der SED im Juli 1948 einen Beschluss über die »Säuberung der

Partei von feindlichen und entarteten Elementen«. Im Herbst 1949 fanden dann in Ungarn und Bulgarien spektakuläre Schauprozesse gegen führende Kommunisten statt. Auf der Basis erfolterter Geständnisse wurden höchste Funktionäre, darunter die jeweilige Nummer zwei in der Parteihierarchie, László Rajk und Traitscho Kostoff, als angebliche Agenten Jugoslawiens und der USA zum Tode verurteilt und hingerichtet. Die SED verstärkte daraufhin die Suche nach »Verrätern« in den eigenen Reihen. Im Vorwort des auch in der DDR nachgedruckten Protokolls des Rajk-Prozesses zog der spätere Chefideologe der SED, Kurt Hager, den Schluss, dass auch die »Feinde« der DDR »rücksichtslos« entlarvt werden müssten. Der Prozess »lehrt uns, daß jeder faule Liberalismus gegenüber der Schädlingsarbeit der Tito-Agenten und anderer Trotzkisten ein Verbrechen an der Arbeiterklasse und ein Verrat an ihren Zielen ist«.[43]

Die SED-Führung ordnete noch im Oktober 1949 die Überprüfung sämtlicher Parteifunktionäre an, die in westlicher Emigration gewesen waren oder sich mehr als drei Monate in westlicher oder jugoslawischer Kriegsgefangenschaft befunden hatten. Eine Geheimkommission wurde eingesetzt, um die leitenden Genossen in Ost- und Westdeutschland zu überprüfen. Im Herbst 1950 veranlasste das Zentralkomitee dann die flächendeckende Säuberung der Partei. Jedes Mitglied und jeder Kandidat wurde zwischen Januar und Juni 1951 einer intensiven Befragung unterzogen. Über 150 000 Menschen, darunter zahlreiche ehemalige Sozialdemokraten, wurden aus der Partei ausgeschlossen. Wenn sie nicht gleich verhaftet wurden, so war der Parteiausschluss für die meisten doch mit massiven beruflichen Nachteilen verbunden – und mit der berechtigten Angst, über kurz oder lang doch noch in die Mühlen des Staatssicherheitsdienstes zu geraten.

Anfang 1950 begannen auch in der DDR die Vorbereitungen für einen Schauprozess gegen führende Kommunisten. Im März verhaftete der Staatssicherheitsdienst den zweiten Vorsitzenden der westdeutschen KPD, Kurt Müller, der zunächst als Hauptangeklagter vorgesehen war. Im August folgte dann die Festnahme führender SED-Funktionäre. Zu ihnen zählte der Chefredakteur des Deutschlandsenders, Leo Bauer, der später von den Sowjets zum Tode verurteilt und dann zu 25 Jahren Zwangsarbeit »begnadigt« wurde. Der damalige Staatssekretär

im Ministerium für Staatssicherheit, Erich Mielke, der die Inhaftierten zeitweise persönlich in die Mangel nahm und sich
dabei brüstete, »schon mehrere liquidiert« zu haben, eröffnete
ihnen im Gefängnis Berlin-Hohenschönhausen die weiteren
Pläne der Partei: Spätestens zu Beginn des Jahres 1951 wolle
man gegen sie einen »großen Prozeß zur Erziehung der Partei und der Massen« durchführen, denn man brauche auch in
Deutschland einen Prozess wie den gegen Rajk in Budapest.[44]
Der Zeitplan konnte jedoch nicht eingehalten werden – wahrscheinlich weil die inhaftierten Funktionäre trotz Folter und
politischer »Überzeugungsarbeit« nicht schnell genug die ge-
wünschten Geständnisse machten.

Wie quälend die Verhöre durch deutsche und sowjetische
Vernehmer waren und welch absurde Aussagen von den Opfern
verlangt wurden, geht unter anderem aus einem Bericht des
im Februar 1951 verhafteten KPD-Funktionärs Fritz Sperling
hervor, der darin von regelmäßigen Schlägen, stundenlangem
Stehen und weiteren Torturen berichtete. Das Dokument, in
dem Sperling nach seiner Freilassung eine Parteikommission
informierte, wie ihn die eigenen Genossen behandelt hatten,
wurde von der SED bis zum Zusammenbruch der DDR geheim gehalten.[45] Während Müller, Bauer und Sperling nach
einigen Jahren wieder auf freien Fuß gesetzt wurden, blieb der
ebenfalls verhaftete SED-Funktionär und Reichsbahnchef
Willi Kreikemeyer für immer verschwunden.

Die II. Parteikonferenz im Juli 1952 hatte mit ihren Parolen
zur »Verschärfung des Klassenkampfes« die innerparteilichen
Säuberungen weiter angeheizt. In seiner Rede vor den Delegierten rief Ulbricht dazu auf, »alle parteifeindlichen Elemente
unerbittlich aus den Reihen der Partei zu verjagen«.[46] In ihrer
Abschlussresolution erklärte die Konferenz dann, dass es auch
innerhalb der Partei darum gehe, »einen entschiedenen Kampf
gegen versöhnlerische Tendenzen gegenüber den Feinden der
Partei und des Volkes« zu führen.[47]

Die von der Parteispitze geschürte Angst vor Agenten und
Saboteuren nahm seitdem bizarre Züge an. Wie sich Fritz
Schenk, persönlicher Referent des DDR-Planungschefs Bruno
Leuschner, später erinnerte, durften die Mitarbeiter des Staatsapparates in dieser Zeit zum Beispiel keine schriftlichen Unterlagen mehr im Panzerschrank aufbewahren, sondern mussten
sie komplett in der Verschlusssachenabteilung abliefern. Nur

die aktuell benötigten Schriftstücke durften in einer speziellen Aktentasche verwahrt werden, die jeden Abend abzugeben war. Ein sinnvolles Arbeiten der staatlichen Verwaltung war unter diesen Umständen kaum mehr möglich. Selbst für Maschinenstörungen infolge von Stromschwankungen wurde jetzt der überall vermutete »Sozialdemokratismus« verantwortlich gemacht. Je irrationaler die Verfolgungen wurden, desto größer wurde anscheinend die Autorität der Parteiführung. In Wahrheit paralysierte sich die SED selbst – entsprechend hilflos reagierten ihre Funktionäre in der Krise vom Juni 1953.

Im Herbst 1952 ging der innerkommunistische Terror in eine neue Runde. Im November wurde der ehemalige tschechoslowakische Parteichef Rudolf Slánský in einem Schauprozess, zusammen mit zehn weiteren Angeklagten, als angeblicher amerikanischer Agent zum Tode verurteilt. Der Prozess zeichnete sich nicht nur dadurch aus, dass – wie in den dreißiger Jahren in Moskau – nunmehr die oberste kommunistische Führung den stalinistischen Säuberungen geopfert wurde, sondern trug auch eine antijüdische Stoßrichtung. Elf der 14 Beschuldigten waren vor allem wegen ihrer jüdischen Abstammung ausgewählt worden. In der Anklageschrift, die das SED-Zentralorgan *Neues Deutschland* am 22. November an exponierter Stelle veröffentlichte, wurden sie als »jüdische bürgerliche Nationalist[en]« bezeichnet, die »die zersetzende Tätigkeit der Zionisten, dieser zuverlässigen Agentur des amerikanischen Imperialismus« unterstützt hätten.[48] Auch in den darauf folgenden Tagen berichtete das Blatt in breiter Form über die Hasstiraden aus Prag. Unter anderem teilte es mit, dass der Sohn des Angeklagten Ludvik Frejka für seinen Vater die Todesstrafe gefordert habe.

In der DDR begann eine neue Säuberungswelle, in deren Mittelpunkt ein eigener, hochkarätig besetzter Schauprozess stehen sollte. Am 23. November 1952 berichtete das *Neue Deutschland*, dass einer der Prager Angeklagten belastende Aussagen über den »deutschen Trotzkisten« Paul Merker gemacht habe.[49] Das frühere Politbüromitglied war bereits im Zuge der ersten Säuberungswelle im August 1950 aus der Partei ausgeschlossen worden und als Leiter einer HO-Gaststätte in das brandenburgische Luckenwalde verbannt worden. Die SED-Führung beauftragte nunmehr den Staatssicherheitsdienst, die Verbindungen Merkers zu den tschechoslowakischen Angeklagten zu untersuchen. Wenig später wurde er, ebenso wie der jüdische SED-Funktionär Hans Schrecker, verhaftet und in das Untersuchungsgefängnis Berlin-Hohenschönhausen gebracht. Weil er sich im mexikanischen Exil für Wiedergutmachungsleistungen an die Überlebenden des Holocaust eingesetzt hatte, wurde er jetzt in endlosen nächtlichen Verhören als »Judenknecht« und »König der Juden« verhöhnt. Über die »Lehren aus dem Prozeß gegen das Verschwörerzentrum Slansky« fasste das Zentralkomitee der SED noch im Dezember 1952 einen Beschluss, in dem Merker als »Zionist« und »Subjekt der US-Finanzoligarchie« bezeichnet wurde. Für die Partei sei die »Entlarvung und Unschädlichmachung von Agenten wie Merker« von größter Wichtigkeit.[50] Wie konstruiert die Vorwürfe waren, kann man schon daran erkennen, dass der angebliche Agent nach zweieinhalbjähriger Untersuchungshaft zu acht Jahren Zuchthaus verurteilt – und vom selben Gericht ein Jahr später wieder freigesprochen wurde.

Die antijüdische Kampagne verstärkte sich, als im Januar 1953 in der Sowjetunion die so genannte Ärzteverschwörung aufgedeckt wurde. Ausgerechnet aus der Feder eines jüdischen Parteifunktionärs konnte man im *Neuen Deutschland* wenig später lesen, dass der US-Imperialismus den Zionismus für das »Einschleusen von Verrätern und Spionen« benutze und deshalb »seine Agentenbanden zu einem großen Teil aus Juden bestehen«.[51] Überall im Ostblock wurden ranghohe jüdischstämmige Funktionäre verhaftet, so dass die wenigen überlebenden Juden in Ostdeutschland reihenweise die Flucht ergriffen. Etwa 500 Menschen, darunter fast alle Vorsitzenden der Jüdischen Gemeinden in der DDR, setzten sich innerhalb kürzester Zeit nach Westberlin ab. Der jüdische Westemigrant Gerhart Eisler, Bruder des berühmten Komponisten und Leiter des DDR-Presseamtes, war schon vorher in das Visier der Geheimpolizei geraten. Mehrfach hatten sich Vertreter der sowjetischen Besatzungsmacht misstrauisch nach ihm erkundigt und belastendes Material gegen ihn und andere führende Funktionäre gefordert. Eisler verlor jedoch zunächst nur seine Parteifunktionen.

Im Februar 1953 beschloss die Zentrale Parteikontrollkommission der SED, die Westemigranten ein weiteres Mal zu überprüfen. Aber nicht nur sie wurden in der DDR mit Argwohn bedacht, selbst das bloße Überleben in den Zuchthäusern oder Konzentrationslagern der Nationalsozialisten galt jetzt als verdächtig. Die Partei wurde zum Hexenkessel, wo jeder treue Genosse schon morgen als Agent entlarvt werden konnte.

Die Suche nach dem imaginären Feind in der Partei ging auch dann noch weiter, nachdem Stalin, dessen paranoide Charakterzüge sich in den letzten Lebensmonaten verstärkt hatten, am 5. März verstorben war – der Geist des toten Diktators lebte in der DDR ungebrochen fort. So zeichnete Ulbricht auf einer Sitzung des erweiterten Politbüros Ende März 1953 das Bild einer totalen Unterwanderung der DDR-Wirtschaft durch Agenten und Saboteure. Er forderte, im Partei- und Staatsapparat, aber auch in den Massenorganisationen »eine Säuberung durchzuführen« und dabei »trotzkistische und andere feindliche Elemente« zu entfernen.[52] Auch in den nächsten Wochen machte sich keine Änderung bemerkbar. Die Säuberungskampagne erreichte vielmehr einen neuen Höhepunkt, als das Zentralkomitee Mitte Mai ein weiteres Mal über die »Lehren aus dem Prozeß gegen das Verschwörerzentrum Slansky« beriet. Das ZK warnte vor den Zersetzungsversuchen »von bürgerlichen Elementen und allem erdenkbaren Gesindel, wie Trotzkisten, Zionisten, Freimaurern, Verrätern und moralisch verkommenen Subjekten« und sagte »Kapitulanten«, »Saboteuren«, »Volksschädlingen« und »Verrätern« den Kampf an. »Erst die Entlarvung der Rolle der Zionisten als einer imperialistischen Spionagezentrale«, so hieß es in seinem Beschluss, »führte zur völligen Demaskierung Merkers als eines Agenten des USA-Imperialismus.«[53]

Die Verurteilung Merkers als bereits lange entmachtetes Politbüromitglied reichte den kommunistischen Inquisitoren nun nicht mehr aus. Statt seiner rückte ein ranghöherer Funktionär in den Mittelpunkt der parteiinternen Säuberungen: Franz Dahlem, zweiter Mann hinter Ulbricht, der erst im März von seinen Funktionen enthunden worden war und nun – in Abwesenheit – aus dem ZK ausgeschlossen wurde, weil er »gegenüber den Versuchen imperialistischer Agenten, in die Partei einzudringen, völlige Blindheit bewiesen« hätte.[54] Alle Anzeichen deuteten darauf hin, dass er Merker als Hauptangeklagten ablösen sollte – bis ein von Moskau angeordneter »Neuer Kurs« zur Einstellung der Schauprozessvorbereitungen führte.

## Wirtschafts- und Versorgungskrise

Der Beschluss zum »Aufbau des Sozialismus« hatte nicht, wie vorgesehen, zu einer Stabilisierung der SED-Herrschaft geführt. Die eingeleiteten Maßnahmen lösten vielmehr schon nach wenigen Monaten eine ernste Wirtschafts- und Versorgungskrise aus. Weil viele Bauern in den Westen gingen oder nicht mehr ihre Höfe bewirtschafteten, taten sich in der Lebensmittelversorgung zusehends Lücken auf. Die neu geschaffenen, oft schlecht funktionierenden LPGs konnten die Ausfälle in keiner Weise ausgleichen. Massive Probleme entstanden auch im Handel und im Dienstleistungssektor, da die bisherigen Produktions- und Lieferstrukturen zerschlagen wurden, ohne dass die neuen, sozialistischen funktionierten.

In einer vertraulichen Verschlusssache musste das Ministerium für Handel und Versorgung im November 1952 einräumen, dass sich die staatliche Handelsorganisation (HO) einem »Versorgungschaos« gegenübersehe. Ihr Defizit betrage allein im laufenden Jahr über 53 Millionen Mark. Viele Waren seien viel zu spät oder überhaupt nicht bereitgestellt worden. So hätten sich 87 Prozent der 21 000 staatlichen Geschäfte darüber beklagt, dass sie erst am 10. September größere Posten Badehosen und Badeanzüge und in der darauf folgenden Woche leichteste Sommerstoffe geliefert bekommen hätten. Von der georderten Winterbekleidung seien hingegen bis November noch keine fünf Prozent in die Geschäfte gelangt, worüber die Bevölkerung immer häufiger ihren Unwillen äußere. Selbst die Versorgung mit Butter und Margarine wurde in dem Dokument als »zusammengebrochen« bezeichnet. Eine geregelte Belieferung mit Kartoffeln sei ebenfalls »nicht möglich«.[55]

Um die Nachfrage zu drosseln, hatte man die Preise in den HO-Filialen bereits außerordentlich hoch angesetzt. Für ein Pfund Margarine musste man beispielsweise vier Mark bezahlen, ein Pfund Schmalz kostete 9,50 Mark. Auch Fleisch und Wurst waren sehr teuer, und im April 1953 wurden die Preise nochmals angehoben. Am 17. Juni entzündete sich der Unmut der Bevölkerung deshalb besonders an den staatlichen Preisfestlegungen.

Lediglich wenige Grundnahrungsmittel waren in der DDR mittels zugeteilter Karten billiger zu bekommen. Die nach Berufs- und Bevölkerungsgruppen gestaffelten Rationen waren jedoch knapp bemessen und keineswegs immer erhältlich. Im März 1953 musste das Ministerium für Handel und Versorgung beispielsweise mitteilen, dass die »Fettabschnitte« der Karten nicht beliefert werden könnten. In der ganzen DDR fehlte es zu dieser Zeit an Fett. Statt der vorgesehenen 100 Gramm Butter wurden deshalb kurzerhand 250 Gramm Fleisch ausgegeben. Zahlreiche Bürger bekamen, wie erwähnt, seit dem 1. Mai 1953 überhaupt keine Lebensmittelrationen mehr, so dass sie sich nur über die teuren HO-Läden versorgen konnten. Dabei war der Pro-Kopf-Verbrauch von Fleisch und Speisefett in der DDR schon vorher extrem niedrig gewesen. Im Vergleich zu den Jahren zwischen 1934 und 1938 war er 1950 auf die Hälfte gesunken, bei Fisch betrug er sogar lediglich ein knappes Drittel des früheren Durchschnittsverbrauchs.

In der Bevölkerung herrschte über diese Entwicklung großer Unmut. Vor allem nach den Regierungsbeschlüssen vom April 1953 fiel die Stimmung auf den Tiefpunkt. »Kollegen, was sich jetzt bei uns tut, ist für uns Arbeiter beschämend«, zitierte sogar ein SED-Blatt Ende Mai einen Werktätigen auf einer Belegschaftsversammlung in Zeitz. »Siebzig Jahre nach dem Tode von Karl Marx müssen wir noch über die elementarsten Lebensbedingungen debattieren. Wenn Karl Marx dieses ahnte, würde er sich im Grabe umdrehen.«[56] Und der Schriftsteller Stefan Heym schrieb Ende Juni an den sowjetischen Chefredakteur der *Täglichen Rundschau*: »Die Erhöhung der Marmeladenpreise, z. B., bedeutete, daß jeder Bürger der DDR jeden Morgen beim Frühstück an eine unpopuläre Maßnahme erinnert und dadurch verärgert wurde, denn Marmelade ist es, was er sich aufs Brot streicht. Dabei waren die durch Erhöhung der Marmeladenpreise eingebrachten Summen lächerlich gering, wie mir vom Staatssekretär im Finanzministerium versichert wurde.«[57] Dass die Partei- und Staatsfunktionäre durch ein Sonderversorgungssystem von den Nöten des Alltags kaum

60

etwas mitbekamen, erhöhte noch die Verbitterung der Menschen.

Während die Preise stiegen und die Versorgung nicht funktionierte, sanken zur selben Zeit die Reallöhne der Beschäftigten – so wie es die Sowjetische Kontrollkommission beabsichtigt hatte. Dabei lagen die Einkommen großer Bevölkerungsgruppen ohnehin schon sehr niedrig. Der Durchschnittslohn eines Produktionsarbeiters betrug in der DDR 1952 monatlich 313 Mark, womit gerade das Allernötigste bezahlt werden konnte. Die über 1,6 Millionen Alters- und Invalidenrentner erhielten durchschnittlich sogar nur 65 Mark und die 445 000 Witwenrentnerinnen 55 Mark. Die Mitglieder des SED-Politbüros bezogen dagegen mit 1950 Mark ein Monatssalär von für damalige Verhältnisse geradezu astronomischer Höhe. Die Einkommensentwicklung war für die meisten umso unbefriedigender, wenn sie sich die Lebensverhältnisse in der Bundesrepublik zum Vorbild nahmen. Dort verzeichnete man seit Mitte 1952 einen beständigen wirtschaftlichen Aufschwung, so dass sich die Reallöhne in Westdeutschland gegenüber 1939 um etwa 20 Prozent, gegenüber 1948 sogar um rund 50 Prozent erhöhten. Der Pro-Kopf-Konsum lag fast doppelt so hoch wie in der DDR.

Ursache für die Verschlechterung des Lebensstandards waren nicht nur Verteilungs- oder Organisationsprobleme. Die SED vernachlässigte vielmehr bewusst die Leicht- und Lebensmittelindustrie zugunsten der Schwerindustrie. Nach einem von Stalin aufgestellten »Gesetz« zur planmäßigen Entwicklung der Volkswirtschaft mussten nämlich die Produktionsmittel erzeugenden Industrien schneller wachsen als die Verbrauchsgüterindustrie. Der erste Fünfjahrplan 1951–1955 sah deshalb einen relativen Rückgang der Konsumgüterproduktion vor sowie den Ausbau von Bergbau, Hüttenwesen und Stahlproduktion. Bis 1955 sollte beispielsweise die Produktion von Rohstahl auf 3,4 Millionen Tonnen gesteigert werden, was gegenüber 1936 fast eine Verdreifachung darstellte und mehr als 350-mal so viel war wie im Jahr 1946. Sogar einen eigenen Hochseeschiffbau entwickelte die DDR. Dies alles war nur durch eine starke Drosselung der Verbrauchsgüterherstellung möglich. Da die DDR kaum über Rohstoffvorkommen verfügte, musste sie gleichzeitig ihre Exporte steigern, um genügend Eisenerz und Steinkohle importieren zu können. Durch diese Wirtschaftspolitik vergrößerten sich die Disparitäten zwischen Schwer- und Konsumgüterindustrie, was sich unmittelbar auf die Versorgungslage auswirkte.

Ein zweites Problem stellte der hohe Eigenbedarf des Staates dar: Die Subventionierung der volkseigenen Wirtschaft, der defizitäre Außenhandel sowie die Kosten für die Sicherung der SED-Diktatur, einschließlich der Unterstützung der Parteien und Massenorganisationen, verschlangen zwischen 1950 und 1953 nahezu ein Drittel des gesamten Inlandsproduktes. Allein die Militärausgaben im weiteren Sinne betrugen 1952 – inklusive »Besatzungskosten« – 3,3 Milliarden Mark. Das entsprach mehr als zehn Prozent des gesamten Staatshaushaltes. Rechnet man die Reparationen und andere Formen des Sonderverbrauchs hinzu, waren 1952 sogar ganze 20 Prozent des Staatshaushaltes für diese Zwecke gebunden. Die ostdeutsche Aufrüstung band außerdem erhebliche menschliche Ressourcen. So wurden die im Juli 1952 geschaffenen Streitkräfte, die als »Kasernierte Volkspolizei (KVP)« kaschiert wurden, innerhalb eines Jahres auf einen Personalbestand von rund 113 000 Mann gebracht, die der unter Arbeitskräftemangel leidenden Volkswirtschaft an anderer Stelle fehlten. Ihre Werbebüros, die vor allem junge Menschen unter Druck setzten, zur Armee zu gehen, waren am 17. Juni mehrfach Ziel von Übergriffen durch empörte Demonstranten.

Negativ wirkte sich auch die zunehmende Fluchtbewegung aus. Während 1951 rund 166 000 Menschen die DDR verließen, stieg ihre Zahl 1952 auf 182 000 und 1953 sogar auf 331 000. Parallel zur »Verschärfung des Klassenkampfes« gingen auch die Flüchtlingszahlen in die Höhe. Waren es im ersten Halbjahr 1952 noch etwas mehr als 70 000, die in den Westen flüchteten, gingen im zweiten Halbjahr bereits über 110 000 Menschen weg. In der ersten Hälfte des Jahres 1953, als die Kampagnen gegen Bauern und Gewerbetreibende auf Hochtouren liefen, verdoppelte sich die Zahl der Flüchtlinge auf 226 000. Allein im März 1953 verließen fast 59 000 Menschen die DDR – ein Exodus, der die SED vor enorme Probleme stellte. Schon damals wollte sie deshalb die Grenzen nach Westberlin absperren, konnte sich damit jedoch bei der sowjetischen Führung nicht durchsetzen.

Da häufig junge, gut ausgebildete Menschen in den Westen gingen, fehlte es überall an Fachkräften. Meist verschwanden die Spezialisten von einem Tag auf den anderen. Oftmals war niemand da, der sie kurzfristig ersetzen konnte, so dass die Produktion ins Stocken geriet. Die Flucht Zehntausender Bauern führte zwangsläufig zu Engpässen bei der Versorgung mit Lebensmitteln. Durch die Massenflucht sank außerdem das Steueraufkommen, was den ohnehin angespannten Staatshaushalt weiter belastete.

Die Chance, dass einer der Flüchtlinge zurückkehrte, war schon deshalb gering, weil die DDR nach der II. Parteikonferenz eine Verordnung erlassen hatte, wonach ihr Eigentum vom Staat zu beschlagnahmen war. Vielerorts wurde ihr bewegliches Vermögen an FDJ-Einrichtungen oder Altersheime verteilt oder zu Sammelplätzen transportiert, wo es an die Bevölkerung verkauft wurde. Für die meisten aber war die Flucht ohnehin ein endgültiger Abschied von ihrer angestammten Heimat. Obwohl es über die Stimmung in der Bevölkerung vor dem Volksaufstand keine Meinungsumfragen gibt, ist doch die damalige »Abstimmung mit den Füßen« ein deutlicher Indikator für das Ausmaß der Unzufriedenheit.

Ende 1952 musste auch die SED erkennen, dass die wirtschaftlichen Krisenerscheinungen ein bedrohliches Ausmaß erreicht hatten. Dabei war nicht so sehr von Bedeutung, dass die Bevölkerung unter ihnen litt, sondern dass das Herzstück der Wirtschaftspolitik – der erste Fünfjahrplan – in Gefahr geriet. Die festgelegten Planziele, die vorher oftmals übererfüllt worden waren, hatte man erstmals nicht erreicht. Während der Export weit hinter dem Import zurückgeblieben war, wurden die Planlohnsummen erheblich überschritten. Der im Juli eingeleitete harte Kurs hatte daran nichts ändern können, sondern stattdessen die Schwierigkeiten in vielen Bereichen verschärft. In einer internen Bilanz listete der stellvertretende Ministerpräsident der DDR, Heinrich Rau, die gravierendsten wirtschaftlichen Probleme auf und stellte fest, dass in »der gegenwärtigen ökonomischen Lage der Deutschen Demokratischen Republik [...] die gleichzeitige Lösung dieser Probleme im vorgesehenen Umfange nicht gesichert werden« kann. Auch die »Einführung eines strengen Regimes der Sparsamkeit und die Verbesserung der Wirtschaftsführung werden die Lage erleichtern, aber keinesfalls die Erfüllung der Hauptaufgaben garantieren können«.[58]

Die wirtschaftliche Situation besserte sich auch nicht da-

63

durch, dass man im Dezember 1952, wie erwähnt, den Minister für Handel und Versorgung, Karl Hamann (LDPD), und seinen Staatssekretär Paul Baender (SED) verhaftete, die als Sündenböcke für die Versorgungskrise herhalten mussten. Die Situation erschien der SED schließlich so bedrohlich, dass Ulbricht Stalin in einem Brief um Hilfe bat. Er warb darin vor allem um sowjetische Materialhilfe und um eine Milderung der Kriegsschuldlasten. Eine Antwort erhielt die SED-Spitze aber erst Monate später – bei den Beisetzungsfeierlichkeiten nach dem Tod des Diktators Mitte März in Moskau. Der Bescheid war abschlägig, die Sowjetunion bestand auf Planerfüllung. Trotz großer Schwierigkeiten musste die DDR am 27. März 1953 die Sicherung ihrer Reparationslieferungen zusagen.

Im April musste die staatliche Zentralverwaltung für Statistik zugeben, dass der Volkswirtschaftsplan auch im ersten Quartal 1953 nicht erfüllt worden war. Erneut richtete die SED ein Hilfeersuchen an Moskau und bat um Unterstützung. Wie aus dem Nachlass Grotewohls hervorgeht, sicherte die Moskauer Regierung, die über die Krisenerscheinungen in der DDR inzwischen offenbar beunruhigt war, erstmals konkrete Erleichterungen zu: Die Schuldenlast für die von der Sowjetunion in Deutschland annektierten Betriebe, die die DDR von ihr hatte zurückkaufen müssen, wurde halbiert. Auch die festgeschriebenen kostenlosen Warenlieferungen an die Sowjetunion wurden um 20 bis 25 Prozent reduziert. Dem Wunsch, die sowjetischen Exporte in die DDR zu erhöhen, sollte »nach Möglichkeit« entgegengekommen werden.[59] Insgesamt wurden der DDR einige Hundert Millionen Mark Reparationskosten erlassen. Zugleich legte die sowjetische Führung der SED nahe, den harten Kurs zu mildern – ein Ratschlag, der bei Ulbricht jedoch kein Gehör fand. In einer Rede begründete er vielmehr Mitte April die wirtschaftlichen Schwierigkeiten mit »Sabotage, Brandstiftung und Dokumentendiebstahl«. Als die vordringlichste Aufgabe der nächsten Zeit bezeichnete Ulbricht die »Überwindung der rückständigen Arbeitsnormen« – mit anderen Worten: die Steigerung der Arbeitsleistungen.[60]

Um die Erhöhung der Arbeitsnormen war es in den Betrieben der DDR seit Anfang 1953 immer wieder zu Auseinandersetzungen gekommen. Im Juni 1953 entwickelte sich die Normenfrage dann zum zentralen Konfliktstoff, der die Arbeiter auf die Barrikaden brachte. Schon einmal, im Rahmen der 1951 eingeführten Betriebskollektivverträge, hatte die SED versucht, die Richtmaße spürbar anzuheben. Sie war damit jedoch am Widerstand der Arbeiter gescheitert. Im Folgejahr verzichtete die SED deshalb zunächst auf entsprechenden Druck und begnügte sich mit freiwilligen Selbstverpflichtungen der Belegschaften beziehungsweise einzelner Arbeiter. Im Angesicht der wirtschaftlichen Lage entfachte sie jedoch im Januar 1953 erneut eine Kampagne zur Anhebung der Normen. Um die Ziele des Fünfjahrplans zu erreichen, wollte die SED um jeden Preis die Arbeitsproduktivität erhöhen, die Löhne senken und den bestehenden Kaufkraftüberhang abbauen. Jetzt war es die »versöhnlerische« Haltung der Betriebsleiter und Gewerkschaftsfunktionäre gegenüber den Beschäftigten, die angeblich für das geringe Leistungsvermögen verantwortlich war.

Die Arbeitsnormen waren tatsächlich niedrig. Teilweise lagen sie unter denen der Vorkriegszeit. So mussten die Häuer im Mansfelder Kupferbergbau 1949 nur 70 Prozent des Einsatzes erbringen, der vor dem Krieg obligatorisch war. Gleichzeitig meldeten sie jedoch erhebliche Übererfüllungen der Normen, die entsprechend vergütet wurden. Da die meisten Arbeiter jedoch auf diesen Zusatzlohn angewiesen waren, wehrten sie sich verbissen gegen die Bestrebungen der SED, das Leistungssoll anzuheben.

Eigentlich sollte ein zentrales Büro zur Ausarbeitung »technisch begründeter Arbeitsnormen« (TAN) vorgeben, wie viel jeder zu leisten hatte. In der Praxis galt aber oft das, was Arbeiter und Betriebsleitungen für akzeptabel beziehungsweise möglich hielten – die so genannten erfahrungsstatistischen Normen. Die SED war der Ansicht, dass von den etwa acht Millionen Normen auf dem Gebiet des Maschinenbaus im Juni 1951 letztlich nur 15 bis 20 Prozent technisch begründet waren. Zwei Jahre später behauptete sie, dass das auf 37 Prozent aller betrieblichen Normen, im Schwermaschinenbau sogar nur auf 13,5 Prozent zuträfe. Die Zahl dieser Normen nahm nach Mitteilung des stellvertretenden Ministerpräsidenten Heinrich Rau im Laufe des Jahres 1952 nicht zu, sondern ging sogar zurück.

Problematisch war die Situation vor allem im Baugewerbe. Bereits im Juni 1951 kritisierte der Minister für Maschinenbau, Gerhard Ziller, dass auf einzelnen Baustellen Normerfüllungen von 300 und 350 Prozent die Regel seien. Dennoch fielen die für 1952 eingegangenen Selbstverpflichtungen, die eine Steigerung der Arbeitsproduktivität um zehn Prozent vorsahen, weit hinter denen anderer Branchen zurück. Tatsächlich wurden nicht einmal die selbst gesteckten Ziele erreicht, so dass die Baukosten im Volkseigenen Wohnungsbau von 1950 bis 1953 um 35 bis 40 Prozent zunahmen. Die Berliner Bau-Union arbeitete sogar mit so großen Verlusten, dass der Betrieb im Januar 1953 aufgelöst werden musste.

Besonders extrem war die Situation an den Großbaustellen der Ostberliner Stalinallee. Mit Löhnen zwischen 450 und 650 Mark verdienten die Bauarbeiter dort teilweise doppelt so viel wie ein durchschnittlicher Produktionsarbeiter in der DDR. Sie befanden sich in einer besonders guten Verhandlungsposition, da sie genauso gut im Westteil der Stadt arbeiten konnten und die Parteiführung darauf erpicht war, die »erste sozialistische Straße Deutschlands« möglichst schnell fertig zu stellen. Im April 1953 kritisierte die SED deshalb, dass sich an der Stalinallee niemand mit den »falschen und ungesunden Normen« beschäftige, obwohl sie »mit 200 und mehr Prozent« erfüllt würden. Allein in den ersten Monaten des Jahres 1953 hätten die verantwortlichen Betriebe mit einem Verlust von 3,8 Millionen Mark gearbeitet.[61] In der Folgezeit erhöhte die SED den Druck auf Gewerkschaftler und Betriebsleiter, die Normen anzuheben, ohne jedoch sichtbaren Erfolg zu haben.

Mitte Mai verschärfte die SED die Gangart und entschloss sich, höhere Leistungen von oben anzuordnen. Auf seiner Sitzung am 14. Mai 1953 erklärte das Zentralkomitee, die Schaffung der Grundlagen für den Aufbau des Sozialismus erfordere die Stärkung der staatlichen Industrie, insbesondere die Entwicklung der Schwerindustrie und des Maschinenbaus. »Die dafür notwendigen Akkumulationsmittel können nur durch dauernde Steigerung der Arbeitsproduktivität und Senkung der Selbstkosten erreicht werden.« Ein wichtiges Mittel dafür sei die Einführung »technisch begründeter Arbeitsnormen« anstelle der bestehenden »erfahrungsstatistischen«. So würden in der DDR Normenerfüllungen von 150 bis 200 Prozent erreicht, ohne entsprechende Leistungen zu erzielen. Ein Fehler sei auch die Festlegung, dass bei Einführung neuer Normen eine Senkung des bisherigen Verdienstes nicht zulässig sei. Minister, Staatssekretäre und Werkleiter wurden deshalb aufgefordert, alle erforderlichen Maßnahmen durchzuführen, mit dem Ziel, die Arbeitsnormen »auf ein normales Maß« zu bringen und eine Erhöhung der für die Produktion entscheidenden Arbeitsnormen um durchschnittlich mindestens zehn Prozent bis zum 1. Juni 1953 sicherzustellen.[62] Das war der berühmte Beschluss der SED zur Normenerhöhung.

Wie üblich führte diese »Empfehlung« des ZK am 28. Mai zu einem entsprechenden Beschluss des Ministerrats. Die Regierung der DDR begrüßte darin die, wie es hieß, »Initiative der Arbeiter« zur Erhöhung der Arbeitsnormen und erklärte, deren »Wunsch, die Normen generell zu überprüfen und zu erhöhen« nunmehr nachzukommen. Minister, Staatssekretäre und Werkleiter wurden aufgefordert, alle Maßnahmen durchzuführen, um »zunächst eine Erhöhung der für die Produktion entscheidenden Arbeitsnormen um mindestens 10 Prozent bis zum 30. Juni 1953 sicherzustellen«.[63] Im Baugewerbe wurden die Normen unter Beteiligung der zuständigen Gewerkschaft sogar schon zum 1. Juni erhöht – »freiwillig«, das heißt gegen den Willen der meisten Arbeiter. Aus diesem Grund fielen dort die Löhne bereits am 10. Juni, bei der ersten, alle zehn Tage erfolgenden Lohnauszahlung, geringer aus.

Die stillschweigende Verlängerung der Frist bis zum 30. Juni durch die Regierung zeigte an, dass sie offenbar selbst mit Problemen bei der Umsetzung rechnete. Schon die Bestätigung des Politbürobeschlusses durch den Ministerrat hatte länger als sonst gedauert. Kompensiert wurde diese Verzögerung aber dadurch, dass man die Normenerhöhung jetzt mit dem 60. Geburtstag Walter Ulbrichts verknüpfen konnte. Die angestrebte Anhebung der Normen konnte man im Rahmen der bereits geplanten Jubelfeiern als republikweites Geburtstagsgeschenk präsentieren. Neu gegenüber den früheren Versuchen war, dass sie diesmal per Gesetz beschlossen wurde. Dies bedeutete, dass die Betriebsleiter sie durchsetzen *mussten* und keinen Verhandlungsspielraum mehr besaßen. Vor allem deshalb eskalierten die Konflikte in den Betrieben und auf den Großbaustellen des Landes in den ersten beiden Juni-Wochen. Für die meisten Arbeiter bedeutete die Umsetzung des Regierungsbeschlusses nämlich eine deutliche Lohnsenkung, weil sie aufgrund des Materialmangels und der mangelhaften Organisation ihre individuellen Arbeitsleistungen in der Regel nicht erhöhen konnten.

# Moskaus Neuer Kurs

Nur wenige Tage später verkündete das SED-Zentralorgan *Neues Deutschland* einen überraschenden Kurswechsel. Am 11. Juni 1953 druckte es kommentarlos ein Kommuniqué ab, in dem es hieß:

»Das Politbüro der SED hat in seiner Sitzung vom 9. Juni 1953 beschlossen, der Regierung der Deutschen Demokratischen Republik die Durchführung einer Reihe von Maßnahmen zu empfehlen, die der entschiedenen Verbesserung der Lebenshaltung aller Teile der Bevölkerung und der Stärkung der Rechtssicherheit in der Deutschen Demokratischen Republik dienen. Das Politbüro des ZK der SED ging davon aus, daß seitens der SED und der Regierung der Deutschen Demokratischen Republik in der Vergangenheit eine Reihe von Fehlern begangen wurden, die ihren Ausdruck in Verordnungen und Anordnungen gefunden haben, wie zum Beispiel der Verordnung über die Neuregelung der Lebensmittelkartenversorgung, über die Übernahme devastierter landwirtschaftlicher Betriebe, in außerordentlichen Maßnahmen der Erfassung, in verschärften Methoden der Steuererhebung usw. Die Interessen solcher Bevölkerungsteile wie der Einzelbauern, der Einzelhändler, der Handwerker, der Intelligenz wurden vernachlässigt.«[64]

Es folgte eine Auflistung von Sofortmaßnahmen, die sich wie eine komplette Rückabwicklung der Politik zum Aufbau des Sozialismus las.

Während die Leser des *Neuen Deutschland* nur darüber rätseln konnten, was die SED-Führung zu ihrem Politikwechsel bewogen haben mochte, kann man heute, nach Öffnung der Archive, die vorangegangenen Vorgänge genauer rekonstruieren.

Schon vor 1989 war bekannt geworden, dass – wie in allen wichtigen politischen Fragen – die Sowjetunion den entscheidenden Impuls gegeben hatte. Unklar ist bis heute, warum die Moskauer Führung erst eingriff, als sich die Probleme in der DDR bereits so zugespitzt hatten. Als wahrscheinlichste Erklärung gilt, dass die KPdSU nach Stalins Tod am 5. März 1953 in erster Linie mit sich selbst beschäftigt war, so dass sie die Lage an der Peripherie des Reiches kaum zur Kenntnis nahm. Immerhin sicherte die sowjetische Regierung jedoch, wie erwähnt, der SED bereits Mitte April konkrete finanzielle Erleichterungen zu und forderte sie auf, den Sozialisierungskurs zu überprüfen. Zur selben Zeit und in den Wochen danach verschärfte Ulbricht seine Politik aber noch einmal. Eine andere These besagt, dass der Informationsfluss nach Moskau in den Wochen und Monaten vor dem Juni-Aufstand gestört war, weil die Sowjetische Kontrollkommission (SKK) nach der Abschaffung der Länder umorganisiert wurde und zur selben Zeit zahlreiche Residenten des sowjetischen Geheimdienstes aus der DDR abgezogen wurden. Dagegen spricht, dass Moskau bereits im Mai eine ausgesprochen realistische Bestandsaufnahme der Lage in Ostdeutschland vorlegte.

Im April 1953 hatte die SKK erstmals den Auftrag bekommen, für die sowjetische Parteispitze Vorschläge zum weiteren Vorgehen in der DDR zu erarbeiten. Am 14. Mai beriet das Präsidium des Ministerrates der UdSSR über dieses Thema. Angesichts der hohen Flüchtlingszahlen in Ostdeutschland beschloss es, die Kollektivierung der Landwirtschaft nicht weiter voranzutreiben. Das Außenministerium wurde beauftragt, eine Beschlussvorlage zu erarbeiten. Am 2. Juni verabschiedete dann der Ministerrat der UdSSR einen Beschluss »Über die Maßnahmen zur Gesundung der politischen Lage in der DDR« – das jahrzehntelang geheim gehaltene Schlüsseldokument für die Durchführung des Neuen Kurses.

Anders als früher angenommen, war es nicht der neue sowjetische Hochkommissar Wladimir Semjonow, der die Richtlinie für den Neuen Kurs nach Ostberlin mitbrachte. Vielmehr wurde die SED-Spitze, vertreten durch Ulbricht, Grotewohl und den Sekretär für Propaganda, Fred Oelßner, am 2. Juni 1953 persönlich zu einer geheimen Reise nach Moskau beordert. Die neue »kollektive« Führung der Sowjetunion, allen voran Nikita Chruschtschow, Lawrenti Berija, Georgi Malenkow und Wjatscheslaw Molotow, ließ ihren Beschluss vor den Angereisten Wort für Wort verlesen. Sodann verlangte sie die Abfassung einer – selbstverständlich zustimmenden – schriftlichen Stellungnahme der SED. So kommunizierte die Sowjetunion damals mit ihren Vasallen.

Die KPdSU räumte in dem Dokument ein, den fehlerhaften Kurs auf einen beschleunigten Aufbau des Sozialismus in Ostdeutschland selbst gebilligt zu haben. Sodann listete sie die akuten Krisenanzeichen in der DDR auf: Von Januar 1951 bis April 1953 seien 447 000 Menschen nach Westdeutschland geflüchtet, davon 120 000 allein in den ersten vier Monaten des Jahres. Auch 18 000 Arbeiter, 17 000 Angestellte und fast 3000 SED-Mitglieder – also Angehörige der vermeintlich herrschenden Klasse – hätten der DDR den Rücken gekehrt. Mehr als 500 000 Hektar Land seien von den normalerweise so sehr an ihrem Land hängenden deutschen Bauern verlassen worden und würden deshalb brach liegen. Die übereilte Schaffung Landwirtschaftlicher Produktionsgenossenschaften hätte zu ernsten Versorgungsschwierigkeiten und einem starken Kursverfall der Mark geführt. Durch die jähe Einschränkung der Privatinitiative und den Entzug der Lebensmittelkarten für alle Freischaffenden seien außerdem die Interessen einer breiten Schicht kleiner Eigentümer in Stadt und Land beeinträchtigt worden. Die Entwicklung der Schwerindustrie sei ohne gesicherte Rohstoffquellen beschleunigt worden. Insbesondere in Bezug auf die Geistlichen seien ernste Fehler begangen worden, »die in einer Unterschätzung des Einflusses der Kirche unter den breiten Massen der Bevölkerung, in groben Administrierungsmaßnahmen und Repressalien ihren Ausdruck fanden«.[65]

Als Gegenmaßnahmen »empfahl« die sowjetische Führung der SED, alle unfreiwillig geschaffenen oder lebensunfähigen LPGs wieder aufzulösen. Die Produktion von Konsumgütern sollte stark erweitert und die Versorgung der Bevölkerung mit Lebensmitteln gesichert werden, damit das Kartensystem abgeschafft werden könnte. Das »überspannte Tempo« bei der Entwicklung der Schwerindustrie sollte reduziert und privates Unternehmertum gefördert werden. Um das Finanzsystem zu sanieren, wollte man auch die hohen Staatsausgaben gesenkt sehen. Darüber hinaus waren »Maßnahmen zur Stärkung der Gesetzlichkeit und Wahrung der Bürgerrechte« zu treffen.

Von unnötig harten Strafaktionen sollte abgesehen und die bestehende Gesetzgebung entsprechend geändert werden; die früheren Verfahren seien zu überprüfen und die ohne ausreichende Gründe Inhaftierten freizulassen. Die »schädliche Praxis der groben Einmischung der Behörden in die Angelegenheiten der Kirche« war ebenso einzustellen wie die Verfolgung der Mitglieder der Jungen Gemeinde.[66] Zur Unterstützung dieses Neuen Kurses bot die Sowjetunion ihrerseits die Lieferung von Lebensmitteln und eine Lockerung der Besatzungspolitik an, was durch die bereits am 28. Mai 1953 erfolgte Ersetzung der bisherigen Kontrollkommission durch einen Hochkommissar symbolisch unterstrichen wurde.

Nach der Niederschlagung der Volkserhebung vom 17. Juni ist wiederholt behauptet worden, dass die Moskauer Führung bei ihren Beschlüssen auch das Ziel im Auge hatte, die DDR wieder aufzugeben und stattdessen ein neutrales, wiedervereinigtes Deutschland zu schaffen – was dann durch die Streiks und Demonstrationen durchkreuzt worden sei. Dies fußt vor allem auf den Erklärungen des ZK der KPdSU vom 7. Juli 1953, das nach der Absetzung und Verhaftung des berüchtigten sowjetischen Geheimdienstchefs Berija diesem nicht nur vorwarf, ein »Agent des internationalen Imperialismus« zu sein, sondern auch Kurs genommen zu haben »auf die Umwandlung der DDR in einen bürgerlichen Staat, was einer direkten Kapitulation vor den imperialistischen Kräften gleichgekommen wäre«.[67] Der gewiefte Taktiker Ulbricht griff diese Vorwürfe einen Monat später auf und behauptete vor dem ZK der SED, Berija habe diese »kapitulantenhafte Politik, die zur Restaurierung des Kapitalismus hätte führen müssen«, im Zusammenspiel mit seinen innerparteilichen Kritikern Wilhelm Zaisser und dem Chefredakteur der Parteizeitung *Neues Deutschland*, Rudolf Herrnstadt, verfolgt – Berija, Zaisser und Herrnstadt als Totengräber der DDR.[68]

Für ein solches Vorhaben gibt es jedoch bis heute keine Belege. Die sowjetische Führung unterbreitete dem Westen in dieser Zeit zwar immer wieder Angebote für eine Wiedervereinigung Deutschlands, doch wurden diese dort als taktische Manöver betrachtet, um die Einbindung der Bundesrepublik in die westliche Staatengemeinschaft zu verhindern. Die Vorschläge waren zudem keine Erfindung Berijas, sondern wurden von der gesamten KPdSU-Spitze beschlossen und insbesondere von Malenkow vertreten. Aus den Anweisungen an die SED lässt sich ein solcher Plan jedenfalls nicht herauslesen. In dem sowjetischen Dokument wird lediglich »die Sicherstellung und Ausbreitung der Basis einer Massenbewegung für die Schaffung eines einheitlichen, demokratischen, friedliebenden unabhängigen Deutschlands« erwähnt – wobei mit »friedliebend« in der damaligen Terminologie gemeinhin die Zugehörigkeit zum sowjetischen »Friedenslager« gemeint war.[69] Auch andere sowjetische Dokumente belegen, dass Berija nur die übermäßige Forcierung des sozialistischen Aufbaus in der DDR für falsch hielt und es ihm lediglich um eine vorübergehende Rückkehr zu kapitalistischen Regelungen ging, um später, nach Festigung des SED-Staates, die Einführung des Sozialismus nachzuholen. Nicht von ungefähr erinnerte Malenkow in diesem Zusammenhang an die halbkapitalistische »Neue ökonomische Politik« Lenins nach dem Ende des Bürgerkriegs. Die Tatsache, dass Berija den Stab des Bevollmächtigten des sowjetischen Innenministeriums in der DDR von 2222 auf 328 Mitarbeiter reduzierte und deren Kompetenzen gegenüber dem MfS einschränkte, wird man schwerlich als ersten Schritt zur Wiedervereinigung werten können.

Hauptanliegen der sowjetischen Führung war es, die innenpolitische Lage in der DDR zu entspannen, indem die gravierendsten Maßnahmen gegen die bürgerlichen und bäuerlichen Schichten zurückgenommen wurden. Dafür, dass es hierbei nicht um einen deutschen Sonderweg ging, spricht auch, dass die Sowjetunion zur gleichen Zeit in Ungarn einen nahezu identischen Neuen Kurs anordnete. Herrnstadt berichtete später sogar, in Wirklichkeit sei es genau umgekehrt gewesen: Grotewohl oder Ulbricht hätten in Moskau vorgeschlagen, aus taktischen Gründen den Kurswechsel vor der Öffentlichkeit mit der »Rücksichtnahme auf Westdeutschland« und dem »Bemühen um die Einheit Deutschlands und das Zusammenwachsen beider Teile« zu begründen. Die sowjetische Führung hätte darauf harsch geantwortet: »Lassen Sie Westdeutschland aus dem Spiel. Die Lage in *der DDR* erfordert diese Korrektur.«[70] Nach der Verhaftung Berijas wurde der Neue Kurs von der Sowjetunion folglich auch nicht zur Disposition gestellt.

Insgesamt hielt sich die SED-Delegation drei Tage in Moskau auf, um die Anweisungen der sowjetischen Führung entgegenzunehmen. Für Ulbricht müssen diese Tage besonders unangenehm gewesen sein, war die Politik des Aufbaus des Sozialismus doch vor allem mit seinem Namen verbunden. Wie Herrnstadt berichtete, widersprachen die deutschen Genossen in ihrer Überraschung zunächst schüchtern, was bei den sowjetischen Führern aber nur neue Erregung hervorgerufen habe. Weil die der SED abverlangte Stellungnahme oberflächlich und formal gewesen sei, seien sie in der nächsten Sitzung »schwer zusammengeschlagen« worden. Berija soll das Papier der SED-Spitze Ulbricht über den Tisch hinweg mit den Worten zugeworfen haben: »Das ist ein schlechter Aufguss *unseres* Dokuments!«[71] Und Chruschtschow berichtete von den Gesprächen: »Vor kurzem haben wir die Deutschen angehört. Die Führer der DDR hatten Fehler begangen, sie hätten berichtigt, nicht aber geringschätzig behandelt werden dürfen. Als wir diese Frage erörterten, schrie Berija den Genossen Ulbricht und andere Deutsche derart an, daß es schon peinlich war.«[72]

Auch die überlieferten Aufzeichnungen Grotewohls von der Moskauer Besprechung machen deutlich, dass die KPdSU keinerlei Spielraum für Diskussionen ließ. Danach sagte Berija: »Das Dokument könnt ihr wieder mitnehmen.« Und der Erste stellvertretende Ministerpräsident Lasar Kaganowitsch erklärte: »Unser Dokument ist *Wendung*, Euer Dokument ist Reform.«[73] Man betrieb zwar keine einseitigen Schuldzuweisungen, ließ aber auch keinen Zweifel daran, dass eine grundlegende Kursänderung zu erfolgen habe.

Noch in Moskau veranlassten Ulbricht und Grotewohl eine Entschließung des Politbüros der SED, der zufolge die Beschlüsse der II. Parteikonferenz sofort ausgesetzt und keine Bücher und Broschüren mehr dazu herausgegeben werden dürften. Die Propaganda für die umfassende Kollektivierung der Landwirtschaft wurde komplett eingestellt. Alle in Vorbereitung befindlichen Publikationen zu Ulbrichts 60. Geburtstag – und das waren nicht wenige – sollten überprüft werden. Herrnstadt zufolge hatte gerade der Beschluss des Politbüros über die zahlreichen geplanten Lobhudeleien für den SED-Chef bei der Führung der KPdSU Verärgerung ausgelöst. Vorgesehen war unter anderem, den Paretz-Kanal in Walter-Ulbricht-Kanal umzubenennen, ein Walter-Ulbricht-Stipendium zu stiften sowie eine Biographie aus der Feder Bechers zu veröffentlichen. Nun wurden die von einem Festkomitee unter

Vorsitz Lotte Ulbrichts mit großem Pomp geplanten Feiern kurzerhand abgesagt.

Die dreitägige Einvernahme in Moskau muss die SED-Führung tief verstört haben. Alles, was bislang als richtig galt, schien plötzlich falsch zu sein, so dass sich im Politbüro große Verunsicherung breit machte. Sofort nach der Rückkehr aus Moskau, am 5. Juni 1953, trat das oberste Führungsgremium der SED zu einer außerordentlichen Sitzung zusammen. Im Beisein des sowjetischen Hochkommissars Semjonow, der den Auftrag hatte, an allen Sitzungen des Politbüros »aktiv« teilzunehmen, wurden die Moskauer Instruktionen ausgewertet. Ad hoc wurden sechs Kommissionen eingesetzt, die Beschlussvorlagen zu den Bereichen Industrie, Finanzen, Landwirtschaft, Versorgung, Rechtsfragen und Intelligenz/Schulfragen ausarbeiten sollten.

Am nächsten Tag kam das Politbüro erneut zusammen, um ausführlicher über die Moskau-Reise zu beraten. Fred Oelßner, der in Moskau als Übersetzer fungierte, hatte sich intensiv darauf vorbereitet und eine Reihe grundsätzlicher Überlegungen notiert, die zeigen, wie tief die Erschütterung in der Parteispitze reichte. Es ginge, so der Propagandachef, um eine »Generalüberprüfung der gesamten Politik« der SED, deren Ausgangspunkt nicht sei, »was *uns* gefällt, sondern was Massen beunruhigt, was Bevölkerung nicht gefällt«. Selbstkritisch stellte er fest, dass »die Massen gegen uns!« seien und sich die SED auf »Okkupationstruppen« stütze, dass der geplante »Umschwung nicht nur mit ›Bürokratie‹« fertig zu bringen sei. Er verlangte eine »Normalisierung des Lebens nicht für SED-Funktionär, sondern für Durchschnittsbürger«. Dazu lieferte er eine ganze Liste von Vorschlägen, von »mehr Speck und Bier! mehr Kleider und Schuhe« über »Demokratisierung« und »Schluß mit Bevormundung der Menschen – eine Hauptursache unserer Lage!« bis hin zu »ideologische[r] Freiheit« und »Lockerung [der] Diktatur – kein Kommandieren«.[74]

Nach einer von seltener Offenheit geprägten Aussprache beschloss das Politbüro, wie nicht anders zu erwarten, »allgemeine Zustimmung« zu dem sowjetischen Papier. Die »gesamte Sichtpropaganda« in der DDR sollte sofort überprüft werden.[75] Konkrete Festlegungen betrafen vor allem die Kirchen. Staatssicherheitsminister Zaisser und Generalstaatsanwalt Ernst Melsheimer wurden angewiesen, keinerlei Maßnahmen mehr gegen die Junge Gemeinde oder sonstige kirchliche Einrichtungen einzuleiten. Beschlagnahmte Gebäude sollten zurückgegeben werden, und Ministerpräsident Grotewohl sollte persönlich mit den Kirchenführern Verhandlungen aufnehmen. Für das am Vortag noch nicht berücksichtigte Thema rückkehrwilliger Flüchtlinge setzte das Politbüro ebenfalls eine Kommission ein.

Während es in Moskau um die politische Strategie der SED gegangen war, stand in Ostberlin noch ein anderes Thema zur Diskussion: die persönliche Rolle Ulbrichts bei der Durchsetzung des jetzt als fehlerhaft erkannten Kurses. Wer, wenn nicht er, trug die Verantwortung für die Krise des Landes? Und musste, wenn ein Neuer Kurs eingeschlagen werden sollte, nicht auch ein neuer Mann an die Spitze der SED, damit dieser wirklich glaubwürdig wäre?

Bis heute ist unklar, ob die personalpolitische Diskussion im Politbüro ebenfalls von der sowjetischen Führung oder Teilen davon gesteuert wurde oder ob sie spontan entstand. Sicher ist, dass sich Ulbricht von den sonst so willfährigen Politbüromitgliedern plötzlich harte Vorwürfe anhören musste. Oelßner zum Beispiel verlangte auch in der DDR eine »kollektive Führung« wie in Moskau sowie die »Einschränkung [der] Einmischung in Regierungsfr[agen]«. Er problematisierte auch die Rolle des unter Ulbricht eingerichteten »Sekretariats«, das anstelle des Politbüros immer mehr zum eigentlichen Entscheidungszentrum der DDR geworden war. Im Zusammenhang mit Hermann Axen, gegen den wegen seiner Emigration in Frankreich Untersuchungen liefen, notierte er sich die Stichworte »Vergangenheit« und »Kriecherei!«, was sich offenbar auf die inquisitorischen Säuberungen innerhalb der SED bezog. Auch die Arbeitsweise des Politbüros war für Oelßner ein Thema. Er forderte, dass ausschließlich die Mitglieder stimmberechtigt sein dürften, dass es in Zukunft nur noch einmal die Woche zusammenkommen und dann nicht mehr als zehn Punkte besprechen sollte – dass aus dem Akklamationsorgan also ein wirkliches Beratungsgremium werden sollte.[76]

Den Aufzeichnungen Grotewohls zufolge beklagte sich auch Staatssicherheitsminister Wilhelm Zaisser über Ulbrichts »Drang zum Kommandieren«, und die Vorsitzende des Demokratischen Frauenbundes Deutschlands (DFD), Elli Schmidt, erklärte, »noch nie so einsam« wie im Politbüro gewesen zu

sein.[77] Friedrich Ebert, der Sohn des ersten deutschen Reichs-
präsidenten, schilderte sogar fast verzweifelt die Ungleichheit
im Politbüro:

>Walter Ulbricht hat gesagt: Alle Mitglieder des Politbüros
hätten die gleichen Möglichkeiten, sich zu informieren, wie
er. Er selbst habe auch so gut wie keine. Das ist nicht richtig, Genosse Ulbricht. Hier an diesem Tisch sitzen nur zwei
Mitglieder des Politbüros – wenn ich den Genossen Otto
Grotewohl davon ausnehme –, die ihren Sitz hier im Haus
haben. Alle anderen sind in der ganzen Stadt verstreut in
Ministerien, anderen Dienststellen und Instituten. Einmal
in der Woche kommen sie hierher, und wenn die Sitzung
des Politbüros zu Ende ist, verschwinden sie wieder an ihre
Arbeit. In diesem Zustand allein schon liegt begründet, dass
nicht alle Mitglieder des Politbüros die gleichen Arbeits-
und Informationsbedingungen haben. Das sollte man ändern.<[78]

Rudolf Herrnstadt beschrieb die von ihm irrtümlicherweise
auf den 9. Juni datierte Sitzung mit noch drastischeren Worten. Gleich zu Beginn hätte Oelßner angekündigt: >Zwei Jahre
lang habe ich geschwiegen, heute werde ich reden.< Dann hätte
er sich voll hinter die Moskauer Beschlüsse gestellt und nach
den Ursachen der falschen Politik gefragt. >Er schilderte die
Arbeitsweise des Sekretariats, die Diktatur Ulbrichts, die Erziehung zu Liebedienerei und Furcht, den Dualismus zwischen Sekretariat und Politbüro, seine eigenen Ängste usw.<
Sämtliche folgenden Redner hätten ähnliche Auffassungen
vertreten wie er. >Daher verwandelte sich die Sitzung in eine
Abrechnung des Politbüros mit dem politischen Stil des Sekretariats, wobei jedermann klar war, dass unter >Sekretariat< in
erster Linie Walter Ulbricht zu verstehen war.<[79] Unter der
Wucht der unerwarteten Kritik erklärte Ulbricht, das Sekretariat in Zukunft nicht mehr zusammenrufen zu wollen. Das
Politbüro beschloss, ein umfassendes Papier zur >Selbstkritik
an der Arbeit des Politbüros und des Sekretariats< auszuarbeiten und dieses dem Präsidium des sowjetischen Zentralkomitees zu übergeben. Auch für die beabsichtigte >organisatorische
Neuordnung< an der Spitze der Partei wurde eine Kommission
eingesetzt.[80]

Der förmliche Beschluss über die Einführung des Neuen Kurses erfolgte am 9. Juni 1953, als das Politbüro der SED zu seiner regulären, dienstäglichen Sitzung zusammentrat. Die eingesetzten Kommissionen hatten 16 Vorschläge ausgearbeitet, die vom Politbüro überwiegend bestätigt wurden. Nur für den Bereich Industrie lagen noch keine Ergebnisse vor. Herrnstadt entwarf anschließend ein Kommuniqué, mit dem die Bevölkerung über den Kurswechsel informiert werden sollte. Er selbst war allerdings der Meinung, dass Partei und Öffentlichkeit auf die neue Politik erst vorbereitet werden müssten. Zwischen ihm und dem sowjetischen Hochkommissar Semjonow entspann sich deshalb folgender Dialog:

Herrnstadt: »Gen. Semjonow, ich bin zwar der Verfasser des Kommuniqués, aber ich möchte gegen seine Veröffentlichung protestieren.«
Semjonow: »Warum?«
Herrnstadt: »So darf man den Kurswechsel nicht einleiten. Das Kommuniqué kann nur Verwirrung stiften.«
Semjonow: »Das Kommuniqué *muß* morgen in der Zeitung stehen.«
Herrnstadt: »Geben Sie uns 14 Tage, und wir können den Kurswechsel so überzeugend und fortreißend begründen, daß *wir* mit ihm in die Offensive gehen und nicht der Gegner.«
Semjonow: »In 14 Tagen werden Sie vielleicht schon keinen Staat mehr haben.«[81]

Ohne weitere Erläuterung veröffentlichte das *Neue Deutschland* deshalb am 11. Juni 1953 das Kommuniqué des Politbüros. Darin gestand die SED-Führung eine Reihe von Fehlern ein. Was zu seiner Entstehung geführt hatte, blieb unerwähnt. Als Auslöser für den Neuen Kurs nannte es – wie von der SED-Führung in Moskau angeregt – das »große Ziel der Herstellung der Einheit Deutschlands«, welches »von beiden Seiten Maßnahmen erfordere, die die Annäherung der beiden Teile Deutschlands konkret erleichtern«.[82] Sodann wurden die konkreten Festlegungen des Politbüros aufgezählt: Private Gewerbetreibende sollten wieder Lebensmittelkarten und kurzfristig Kredite erhalten. Die Zwangsmaßnahmen zur Eintreibung von Steuerrückständen von Selbständigen und Bauern sollten ausgesetzt werden. Gewerbetreibende, die ihre Geschäfte aufgegeben hätten, sollten diese unverzüglich wieder eröffnen können, Bauern, die in den Westen geflüchtet waren, ihre Höfe wiederbekommen. Die gängige Praxis, einen Treuhänder anstelle des rechtmäßigen Besitzers einzusetzen, wenn dieser seine Ablieferungspflichten nicht erfüllt hatte, wurde untersagt, alle in diesem Zusammenhang verhängten Strafen sollten überprüft werden. Flüchtlingen sollte ihre Rückkehr in die DDR erleichtert werden, indem sie ihr beschlagnahmtes Eigentum zurückerhielten, niemandem sollte aus der Flucht in den Westen eine Benachteiligung entstehen. Der innerdeutsche Reiseverkehr sollte erleichtert werden, so dass Westdeutsche wieder ihre Familien im Osten besuchen könnten und ostdeutschen Wissenschaftlern und Künstlern die Teilnahme an Tagungen im Westen ermöglicht würde. Sämtliche Schüler und Lehrer, die im Zusammenhang mit der »Diskussion« über die Tätigkeit der Jungen Gemeinde von den Oberschulen entfernt worden seien, sollten zurückkehren dürfen. Binnen zehn Tagen waren die in den zurückliegenden Monaten ausgesprochenen Exmatrikulationen an den Hochschulen zu überprüfen. Personen, die nach dem Gesetz zum Schutz des Volkseigentums zu Haftstrafen von ein bis drei Jahren verurteilt worden waren oder sich deswegen in Untersuchungshaft befanden, sollten auf der Stelle entlassen werden. Die zwei Monate zuvor erlassenen Preiserhöhungen für Süß- und Backwaren sollten rückgängig gemacht werden, die Fahrpreisermäßigungen für Berufstätige wieder auf alle Schichten der Bevölkerung ausgedehnt werden.

In derselben Ausgabe des SED-Zentralorgans stand noch ein zweites erstaunliches Kommuniqué: Das *Neue Deutschland* berichtete über eine Zusammenkunft Grotewohls mit dem Ratsvorsitzenden der Evangelischen Kirche in Deutschland (EKD), Bischof Otto Dibelius. Dieser war von der SED immer wieder scharf angegriffen worden. Am 5. Juni hatte er sich an den DDR-Ministerpräsidenten gewandt und um ein Gespräch über die Spannungen zwischen Staat und Kirche gebeten. Zwei Tage später erhielt der Bischof unverhofft zur Antwort, Grotewohl sei zu einem Treffen bereit. Am 10. Juni saßen sich die beiden dann in Begleitung des stellvertretenden Ministerpräsidenten Otto Nuschke (CDU), des ZK-Sekretärs Paul Wandel, eines Vertreters des DDR-Innenministeriums sowie sämtlicher ostdeutscher Bischöfe gegenüber. Sogar der Minister für Staatssicherheit, Wilhelm Zaisser, saß mit am Tisch. Zur Überraschung der Kirchenvertreter sicherte Grotewohl in dem Gespräch zu, fast alle gegen die Kirchen verhängten Maßnahmen aufzuheben. Alle Gerichtsurteile gegen Kirchenvertreter sollten überprüft werden. Dem Kommuniqué zufolge wollte man nichts weniger als die »Wiederherstellung eines normalen Zustandes« zwischen Staat und Kirche – womit zum Ausdruck gebracht wurde, dass die bisherige Situation keineswegs normal gewesen war. Voller Überschwang bedankte sich Dibelius anschließend in einem Brief bei Grotewohl »für die großzügige Art, in der Sie heute unsere Verhandlungen geleitet und wesentliche Beschwernisse unserer Kirche durch Ihre durchgreifenden Anordnungen aus der Welt geschafft haben«.[83] Der Rat der EKD war so überwältigt, dass er in diesem Zusammenhang gar von einem »Wunder Gottes« sprach.[84] Dass die sowjetische Führung dahinter stand, verschwieg der Ministerpräsident.

Gleich nach dem Gespräch mit den Kirchenleuten trat der Ministerrat der DDR zu der bereits erwähnten Sitzung zusammen, um die »Vorschläge« des Politbüros in Regierungsbeschlüsse umzusetzen. Im *Neuen Deutschland* hieß es dazu lapidar: »Der Ministerrat hat in seiner Sitzung vom 11. Juni 1953 eine Anzahl von Maßnahmen beschlossen, durch welche die auf den verschiedensten Gebieten begangenen Fehler der Regierung und der staatlichen Verwaltungsorgane korrigiert werden. Durch die jetzt vom Ministerrat beschlossenen Maßnahmen wird die Verbesserung der Lebenshaltung der Arbeiter und der Intelligenz, der Bauern und Handwerker und der übrigen Schichten des Mittelstandes eingeleitet.«[85]

Die Veröffentlichung der Kommuniqués schlug in der DDR wie eine Bombe ein – allerdings nicht so, wie es die sowjetische Führung beabsichtigt hatte. Die Bevölkerung, vor allem die vorher drangsalierten Schichten, betrachtete die Verlautbarungen als Bankrotterklärung der Regierung. Die Gerüchteküche brodelte. Innerparteiliche Kritiker gingen davon aus, dass Ulbricht von den Sowjets abgesetzt und der Weg zu freien und geheimen Wahlen geebnet würde. Das Politbüro würde neu zusammengesetzt werden, eine andere Regierung unter Grotewohl und dem CDU-Politiker Otto Nuschke bereits im Herbst die Bedingungen für ein gesamtdeutsches Arrangement aushandeln. »Die Bahn schien frei für eine friedliche, demokratische Umwälzung in der DDR, damit aber auch für die Wiedervereinigung«, erinnerte sich später Heinz Brandt an die überbordenden Hoffnungen. »Das bisherige Regime würde in Etappen ins Gleiten kommen und zuletzt durch freie Parlamentswahlen völlig überwunden werden. Die SED-Herrschaft würde abgetragen, nicht gesprengt werden, der Terror aufgehoben, die Geheimpolizei aufgelöst und so eine in ihren Folgen unabsehbare Explosion vermieden werden. [...] In meinem Freundeskreis nannten wir es etwas zynisch ›in Schönheit sterben‹.«[86]

Die Kommuniqués setzten zugleich neue Unzufriedenheit frei, vor allem bei den Arbeitern. Bauern, Einzelhändler, Handwerker, Christen und Intellektuelle waren von der SED mit Erleichterungen bedacht worden, sie hingegen waren kaum erwähnt worden. Wenn die SED zugab, Fehler gemacht zu haben, und dabei die Arbeiter vergaß, dann war es nach Meinung vieler an der Zeit, sie auf die unzureichenden Lebensbedingungen der arbeitenden Bevölkerung und insbesondere auf die gerade laufende Lohnsenkung durch die Erhöhung der Arbeitsnormen hinzuweisen. Von deren Rücknahme war in den Beschlüssen der Führung nämlich keine Rede gewesen. Die Bauern wiederum stellten fest, dass die Regierung die LPGs durchaus nicht wieder auflösen wollte. Die Benachteilung der Einzelbauern bei Steuern und Abgaben, die künstlich herbeigeführten hohen Sollrückstände und die Pflicht zur Abgabe großer Mengen landwirtschaftlicher Erzeugnisse bestanden weiter. Probleme gab es auch bei der praktischen Umsetzung: Bauernhöfe, die seit längerem an eine LPG gefallen waren, konnten nicht von heute auf morgen zurückgegeben werden. Zehntausende von Strafverfahren mussten erst überprüft werden, bevor die Häftlinge freigelassen werden konnten. Die Parteibasis reagierte verstört, weil die Maßnahmen, die sie in den letzten Monaten – oft genug wider besseres Wissen – hatte verteidigen müssen, von der eigenen Führung plötzlich als falsch hingestellt wurden. Viele fragten sich, ob denn die Anhebung der Normen kein Fehler war und all die anderen Kritikpunkte an der Arbeit der Regierung nicht ebenfalls berechtigt wären.

Der Neue Kurs führte nicht zu einer Entspannung, sondern zu einer Zuspitzung der Lage in der DDR. Der Politikwechsel war kein Neubeginn, sondern lediglich ein von den alten Kräften eingeleiteter Schwenk der politischen Linie. Er beinhaltete keine Verbesserungen für die offiziell herrschende Klasse, die Arbeiter, und erwähnte das akute Problem der Normenerhöhung mit keiner Silbe. Er wurde ohne Vorbereitung und Begründung in Kraft gesetzt und bot damit in der Bevölkerung wie an der Parteibasis Spielraum für die unterschiedlichsten Interpretationen. Vor allem aber hatten Partei und Regierung erstmals ihr eigenes Versagen zugegeben – ein Fehler, den die SED bis zum Herbst 1989 nie wieder begehen sollte.

# Der Aufstand

Genau genommen begann die Volkserhebung in der DDR mit einer Dampferfahrt: Am Samstag, dem 13. Juni, fuhren zwei Ausflugsschiffe der Ostberliner Weißen Flotte zur Gaststätte »Rübezahl« am Müggelsee. An Bord befand sich die Belegschaft des Volkseigenen Betriebs (VEB) Industriebau, der in Berlin mehrere Großbauten errichtete. Als der Ausflug seinem Ende entgegenging, erklomm der Maurer Alfred Metzdorf plötzlich einen Tisch und rief den Anwesenden zu: »Montag ab 7 Uhr gehen wir nicht aus den Buden, wir streiken!«[1] Das war der unspektakuläre Beginn eines Arbeitskampfes, der sich bald zum Aufstand ausweiten sollte.

Entstehung und Verlauf der Volkserhebung im Juni 1953 sind durch Quellen mittlerweile gut belegt. Viele der an den Aktionen Beteiligten haben ihre Erlebnisse im Nachhinein zu Protokoll gegeben. Nach Öffnung der DDR-Archive konnten Wissenschaftler und Aufarbeitungsinitiativen die Ereignisse für viele Regionen genau nachzeichnen.

Nach der Niederschlagung der Erhebung hat die SED versucht, ihr Ausmaß herunterzuspielen. Zu diesem Zweck tat sie nicht nur so, als hätten sich die Unruhen – ausgelöst durch fremde Provokateure – im Wesentlichen auf Berlin beschränkt. Auch die Zahl der Beteiligten wurde, wenn sie überhaupt Erwähnung fand, bewusst niedrig gehalten. So behauptete Ministerpräsident Grotewohl im Juli 1953, dass etwa 300 000 Arbeiter in 272 Ortschaften die Arbeit niedergelegt hätten, was etwa fünf Prozent der damals in der DDR Beschäftigten entsprach. Westliche Schätzungen orientierten sich an diesen Angaben und sprachen von 372 000 Streikenden in 274 Orten.

Inzwischen weiß man, dass diese Zahlen nicht den Tatsachen entsprachen. Erste Untersuchungen ergaben schon 1991, dass – nach den internen Analysen der DDR-Organe – am 17. Juni rund 500 000 Beschäftigte in 373 Orten in den Streik traten. Etwa 420 000 Menschen beteiligten sich an den Demonstrationen, in 113 der 181 Kreisstädte brachen Unruhen aus. Später kamen bei der Sichtung der zahlreichen amtlichen Unterlagen noch mehr Aktivitäten zum Vorschein, die auch in den geheimen DDR-Statistiken nicht erfasst waren. Heute geht man davon aus, dass im Juni 1953 in 560 Ortschaften Proteste aufflammten und mindestens 600 Betriebe bestreikt wurden. Die Menge der an den Aktionen Beteiligten wird auf 1 bis 1,5 Millionen Menschen geschätzt.

Allein in Ostberlin gingen am 17. Juni 100 000 Menschen auf die Straße, in Halle waren es rund 60 000, in Leipzig annähernd 40 000. Die genaue Zahl aller Teilnehmer wird man wohl niemals herausfinden können, denn in den Stunden des Aufstands verloren selbst die Machtorgane den Überblick. In vielen Betrieben fanden auch lediglich Versammlungen und Diskussionen statt, was im Ergebnis zwar ebenfalls einer Arbeitsniederlegung gleichkam, aber nicht immer als solche erfasst wurde. In anderen Werken waren die Beschäftigten wohl zu Streiks entschlossen, doch verhinderten die Sicherheitskräfte ihr Zustandekommen. In jedem Fall war die Beteiligung an den Protesten im Juni 1953 größer als beim Sturz von SED-Chef Honecker im Oktober 1989.

Die Vielzahl dieser Ereignisse vollständig zu dokumentieren übersteigt die Möglichkeiten jeder Darstellung. Hier soll es vor allem darum gehen, die wesentlichen Schauplätze in Erinnerung zu rufen und die großen Linien herauszuarbeiten: Welche Vorboten gingen dem Aufstand vom 17. Juni voraus? Welche Rolle kam dem Streik der Berliner Bauarbeiter zu, und wie wurde aus dem begrenzten Arbeitskampf eine politische Erhebung gegen die SED-Diktatur? Auf welche Gebiete konzentrierten sich die Unruhen, welche Bevölkerungsgruppen beteiligten sich daran, und welche Aktionsformen entwickelten sie? Erst heute, 50 Jahre danach, kann man die Geschichte der Erhebung einigermaßen umfassend bilanzieren.

# Vorboten der Krise

Am 19. Dezember 1951 ereignete sich in Dähre, einem Dorf in der Nähe Magdeburgs, ein ungewöhnlicher Vorfall: In einem Schauprozess war ein Bauer zu eineinhalb Jahren Gefängnis verurteilt worden, weil er hinter dem staatlichen Ablieferungssoll zurückgeblieben war. Als der Prozess beendet war, versammelten sich etwa 60 bis 80 Dorfbewohner vor dem Schulhaus und forderten erregt seine Freilassung. Obwohl der Verurteilte in Handschellen in ein Fahrzeug verfrachtet wurde, um ins nächste Gefängnis gebracht zu werden, befreite ihn die Menge am Dorfausgang, so dass er unbeschadet flüchten konnte.

Man muss weit zurückgehen, um die Anfänge des Volksaufstands im Juni 1953 aufzuspüren. Aktionen wie in Dähre waren zwar die Ausnahme, doch schon lange vor dem 17. Juni gab es Anzeichen für die wachsenden politischen Spannungen im Land. Dass der Aufstand, wie oft behauptet, völlig überraschend gekommen sei, entspricht jedenfalls nicht der Wahrheit.

Seit der Öffnung der ostdeutschen Archive weiß man, dass die SED schon vorher auf die wachsende Unzufriedenheit in der DDR aufmerksam gemacht wurde. Funktionäre von SED, Blockparteien, Massenorganisationen, Volkspolizei und Staatssicherheitsdienst saßen in allen Winkeln des Landes und berichteten wiederholt über Unmutsbekundungen an der Basis. Auch die westlichen Medien, vor allem der RIAS in Westberlin und der Nordwestdeutsche Rundfunk (NWDR) in Hamburg, informierten über die negative Stimmung in Ostdeutschland und über zunehmende Konflikte in den Betrieben. Selbst in der DDR-Presse konnte man Hinweise auf Auseinandersetzungen zwischen Arbeitern und Funktionären finden, vor allem im Zusammenhang mit der Erhöhung der Arbeitsnormen. Das Zentralkomitee der SED diagnostizierte selber in einem Beschluss vom 14. Mai 1953 vermehrte »Sabotage«,

»Schädlingsarbeit« sowie »feindliche Tätigkeit« und wies auf die »verzweifelten Versuche des Klassenfeindes« hin, »das alte fluchbeladene System des Kapitalismus wiederherzustellen«.[2]

Es stimmt auch nicht, dass die Vorzeichen der Volkserhebung vom 17. Juni nur deshalb nicht erkannt wurden, weil es beim Ministerium für Staatssicherheit noch keine Stelle gab, die die zahlreichen Lageberichte zusammenfasste. Die Abteilung Leitende Organe der Partei und der Massenorganisationen (LOPM) im Zentralkomitee der SED erhielt schon damals regelmäßig Berichte aus allen Bezirken und stellte für das Politbüro ab dem 10. Juni sogar tägliche Zusammenfassungen her. Auch auf andere Weise erfuhren höchste Politiker von den sich zuspitzenden Problemen. Die evangelischen Kirchen in der DDR richteten bereits im Februar 1953 einen dramatischen Appell an Ministerpräsident Grotewohl, in dem es hieß: »Es muß weit gekommen sein, wenn der Bauer Haus und Hof und der Gewerbetreibende seinen Betrieb verlässt, um in eine ungewisse Zukunft zu gehen [...]. Seid menschlich und barmherzig! Seht die Not, die zu einer Katastrophe von größerem Ausmaß zu führen droht! [...] Trefft Maßnahmen, die dieser Not ein Ende machen!«[3] Mit der Hand schrieb Grotewohl an den Rand des Briefes das Wort »Lüge«.

Wie die internen Berichte zeigen, äußerte die Bevölkerung insbesondere bei den Versammlungen, die die SED in Betrieben, Parteiorganisationen und Dörfern regelmäßig abhalten ließ, schon lange vor dem 17. Juni ihren Unmut über die Politik der Regierung. Die Funktionäre mussten sich oftmals schwere Kritik anhören. Wiederholt kam es zu spontanen Streiks, vereinzelt auch zu politischen Protesten und mitunter zu Aktionen wie in Dähre. In der DDR blühte der politische Witz und es kursierten vielfältige Gerüchte, die ein baldiges Ende der SED-Herrschaft voraussagten. In der Regel wurden all diese Vorkommnisse und Unmutsäußerungen sorgfältig aufgezeichnet und nach oben gemeldet. Sie blieben zwar punktuell, doch sie ereigneten sich an den unterschiedlichsten Orten und gaben einer allgemeinen Stimmungslage Ausdruck. Insofern war die Volkserhebung vom 17. Juni nur der Kulminationspunkt eines schon vorher zu beobachtenden politischen Prozesses.

In den Städten und vor allem in den großen Staatsbetrieben waren die Bedingungen für politische Proteste naturgemäß besser als in den dünn besiedelten ländlichen Regionen. Die Menschen arbeiteten meist in größeren Gemeinschaften und trafen sich regelmäßig zu Belegschaftsversammlungen oder ähnlichen Zusammenkünften. Individuelle Unzufriedenheit konnte leichter in kollektives Aufbegehren umschlagen. Häufig schaukelte sich die Stimmung auf den Versammlungen regelrecht hoch, war doch das Risiko für den Einzelnen umso geringer, je mehr Menschen beisammen waren.

Auf dem Lande hingegen flammte Widerstand eher vereinzelt auf, war schlecht organisiert, dafür manchmal aber umso entschlossener und radikaler. Nicht zuletzt aufgrund ihrer unterschiedlichen Sozialstruktur waren die Reaktionen der Landbevölkerung nicht überall gleich. In gewachsenen Dorfgemeinden war die Gegenwehr größer als in Gebieten, die stark von Zugezogenen geprägt wurden. Andererseits hatte der höhere Anteil an abhängig Beschäftigten – Landarbeiter wie Industriearbeiter – auch verstärkte Streikmöglichkeiten zur Folge.

Proletarischen Widerstand gab es bereits lange vor den Ereignissen im Sommer 1953. Schon 1951 hatten sich die Arbeiter vieler Betriebe erfolgreich gegen den Abschluss so genannter Betriebskollektivverträge gewehrt. Nach dem Vorbild der Sowjetunion sollten darin die Arbeitsbedingungen und Leistungen der Beschäftigten verbindlich geregelt werden. Obwohl diese Verträge bis zum 31. Januar 1951 unterschrieben sein sollten, waren zum Beispiel im Bergbau bis Juli erst 67 Prozent unter Dach und Fach gebracht. Im Metall verarbeitenden Gewerbe waren es lediglich 20 Prozent, in der Chemieindustrie nur 6 Prozent und im Baugewerbe nicht einmal 2 Prozent.

Nach einer vorübergehenden Entspannung – die SED verzichtete vorläufig auf die vollständige Durchsetzung der Verträge – kam es Ende 1952 erneut zu Auseinandersetzungen. In verschiedenen Orten protestierten Arbeiter mit mehrstündigen Arbeitsniederlegungen gegen die Abschaffung des Weihnachtsgeldes. Per Verordnung hatte die Regierung verfügt, die jährliche Zahlung von rund 35 Mark durch eine »Jahresendprämie« zu ersetzen. Da die Prämie bei den Arbeitern nach der Leistung in der Produktion berechnet wurde, bekamen sie aufgrund der Planrückstände teilweise überhaupt kein Geld mehr; Funktionäre erhielten dagegen mehr als das Doppelte ihres normalen Gehalts. In Magdeburg kam es darüber in mehreren Großbetrieben zu erbitterten Diskussionen. Im Schwermaschinenwerk »Karl Liebknecht« legten am 13. Dezember 1952 bis zu 2000 Beschäftigte die Arbeit nieder, in den nächsten beiden Tagen folgten mehrere Abteilungen des Ernst-Thälmann-Werks. Zu Ausständen kam es auch in Weißenfels, Glauchau, Schkopau, Plauen, Cottbus und Berlin, so dass man von einer regelrechten Streikwelle sprechen kann.

Auch in anderen Bevölkerungsgruppen machte sich nach den Beschlüssen zum Aufbau des Sozialismus Opposition bemerkbar. In Kleinmachnow, einem Villenvorort von Berlin, kamen am 30. Oktober 1952 an die 2000 Menschen im örtlichen Lichtspieltheater zu einer Gemeindeversammlung zusammen und protestierten gegen Grenzabsperrungen, die sie zu zeitraubenden Umwegen zwangen. Die Versammlung beschloss eine Resolution an Ministerpräsident Grotewohl, der zufolge die Verkehrsbeschränkung nach Berlin geeignet sei, »den Aufbau des Sozialismus in der DDR durch körperliche und außergewöhnliche Nervenanspannung der von diesen Maßnahmen Betroffenen zu gefährden«. Einstimmig forderte sie »eine umgehende Beseitigung der Verkehrsbeschränkungen und daß der alte Zustand für alle Bürger Kleinmachnows wieder hergestellt wird«.[4] Auf Veranlassung der SED-Führung wurden daraufhin 120 Menschen verhaftet und neun zu Haftstrafen zwischen zwei und zehn Jahren Zuchthaus verurteilt.

Auf dem Lande gab es ebenfalls Anzeichen der Unzufriedenheit. Die Befreiung des Bauern in Dähre im Dezember 1951 war nicht das einzige Vorkommnis im Zusammenhang mit den überzogenen Abgabeforderungen. In der Gemeinde Wegeleben im Bezirk Halle brachten die Dorfbewohner für einen Bauern kurzerhand sämtliche fehlenden Produkte auf, so dass der geplante Prozess ins Wasser fiel. Zu heftigen Auseinandersetzungen kam es auch bei den Zwangsumsiedlungen an der innerdeutschen Grenze im Frühjahr 1952. Wie ein später ergangenes Gerichtsurteil festhielt, wurden im Kreis Hildburghausen »Volkspolizisten beschimpft und gefährlich bedrängt, Instrukteure blutig geschlagen, Barrikaden gebaut, um den Abtransport der zur Umsiedlung Bestimmten zu verhindern, Lkws angehalten und wieder abgeladen und ähnliche Provokationen bewerkstelligt«.[5]

Proteste gegen die Agrarpolitik der SED gab es erneut im Oktober 1952. Der wachsende Druck auf die Bauern, sich einer Landwirtschaftlichen Produktionsgenossenschaft (LPG) anzuschließen, führte auf verschiedenen Dorfversammlungen zu heftigen Unmutsäußerungen. Das verhinderte zwar nicht, dass vor allem auf dem Besitz geflüchteter Bauern mehr und mehr Genossenschaften gegründet wurden, doch sahen sich deren Mitglieder massiven Anfeindungen ausgesetzt. So berichtete der Vorsitzende der LPG »Rosa Luxemburg« in Gülpe bei Potsdam, dass seine im April 1953 gegründete Genossenschaft von der Gemeinde »kritisch und missbilligend« betrachtet worden sei – in Wirklichkeit wurden in der LPG die Scheiben eingeschlagen, und die Mitglieder bekamen Drohbriefe zugeschickt.[6] Der Bürgermeister von Groitzsch bei Leipzig fand Anfang Juni in seinem Briefkasten sogar einen Zettel, auf dem ihm angedroht wurde: »Wir schlagen Dich tot.«[7] Tatsächlich kam es auf dem Lande nicht nur einmal zu tätlichen Auseinandersetzungen mit Funktionären.

In den Betrieben der DDR sorgte im Frühjahr 1953 vor allem die Kampagne des SED-gesteuerten Gewerkschaftsbundes FDGB zur »freiwilligen« Normenerhöhung für Unmut. Da die Gewerkschaften für die Anhebung der Normen die Zustimmung der Belegschaften brauchten, versuchten sie, die Arbeiter entsprechend unter Druck zu setzen. Dadurch schufen sie selbst den Anlass für zahlreiche »negative Diskussionen« und schließlich auch für Streiks. Im Hydrierwerk Zeitz fand am 16. April eine Betriebsversammlung statt, bei der ein Arbeiter, wie erwähnt, die Feststellung traf, dass sich Karl Marx im Grabe herumdrehen würde, wenn er ahnte, dass man in der DDR immer noch über die elementarsten Lebensbedingungen debattieren müsse. Ein Kollege unterstützte ihn mit dem Satz: »Wir wollen leben wie die Menschen – weiter wollen wir nichts.«[8] Am Folgetag brach in der wichtigsten Kupferhütte der DDR, dem Mansfeld-Kombinat »Wilhelm Pieck«, im so genannten Fortschrittsschacht ein Streik aus. Arbeitsniederlegungen in mehreren Abteilungen der Zeiss-Werke in Jena und im Kunstfaserwerk Premnitz folgten. Selbst im SED-Zentralorgan *Neues Deutschland* war zu lesen, dass Beschäftigte im Magdeburger Karl-Marx-Werk erklärt hätten, sie seien »nicht so ›wahnsinnig‹, ihre Norm freiwillig zu erhöhen«.[9] Während im Walzwerk Hettstedt und in der Schiffswerft Rosslau bei Halle Ende April erstmals heimlich angeschriebene Losungen gegen die Normenerhöhung auftauchten, rief im Kreis Rathenow-Westhavelland ein Arbeiter aus: »Wir haben keine Demokratie, sagt jemand ein Wort, landet er in Sibirien. In keinem kapitalistischen Land wären solche Maßnahmen der Regierung möglich, da gäbe es Streiks und Aufruhr.«[10]

Je größer der Druck zur Normenanhebung wurde, desto mehr wuchs der Widerstand. Am 6. Mai 1953 legten Beschäftigte des VEB Werkzeugmaschinenfabrik Berlin die Arbeit nieder. Am 21. und am 28. Mai streikten – unter anderem in der im Bau befindlichen Stalinallee – mehrere Zimmerer-Brigaden. Auch in Leipzig verweigerten Mitte Mai rund 900 Mitarbeiter der Eisen- und Stahlgießerei die Arbeit. Gegen Ende des Monats kam es zu Ausständen in Finsterwalde und Fürstenwalde. Als im Mansfeld-Kombinat die Schlackensteinarbeiter ebenfalls gegen die Lohnkürzungen aufbegehrten, ließ die Werksleitung die Wortführer kurzerhand festnehmen. Daraufhin drohten andere Unternehmensbereiche mit Streik und setzten schließlich durch, dass die Kollegen freigelassen und ihre Forderungen erfüllt wurden. Auch die Leipziger Buchdrucker widersetzten sich der »freiwilligen« Normenerhöhung. Empört zitierte eine SED-Zeitung Ende Mai einen Arbeiter, der gesagt hatte: »Es muss erst eine richtige Wahl kommen, dann werden die Genossen, die sich jetzt für Beschlüsse [zur Normenerhöhung] einsetzen, schon sehen, wo sie mit ihrer Partei bleiben.«[11]

Nach dem Beschluss des DDR-Ministerrats vom 28. Mai, die Arbeitsnormen bis Ende Juni qua Gesetz um mindestens zehn Prozent anzuheben, verschärften sich die Auseinandersetzungen. Auf zahlreichen Belegschaftsversammlungen, bei denen die Beschäftigten über die Beschlüsse informiert wurden, kam es zu Wortgefechten und Protesten. Sogar im *Neuen Deutschland* konnte man von »harten Auseinandersetzungen mit rückschrittlichen Auffassungen« lesen.[12] In dem Bericht ging es um die Gießerei und Maschinenfabrik Berlin-Lichtenberg, in der ein Schlosser aus Empörung über die Normenerhöhung aus der Betriebsgewerkschaftsleitung ausgetreten war.

In den ersten Juni-Tagen des Jahres 1953 nahm die Zahl spontaner Arbeitsniederlegungen deutlich zu. In Berlin kam es auf verschiedenen Baustellen zu kleineren Streiks, ebenso im Reichsbahnausbesserungswerk Berlin-Treptow und im VEB Lokomotivbau Elektrotechnische Werke »Hans Beimler« in Hennigsdorf bei Berlin. Ausstände gab es auch in Eisleben, Fürstenwalde, Chemnitz, Borna, Finsterwalde, Gotha und Nordhausen. In einer internen Analyse musste die SED später zugeben, »daß es in einer größeren Anzahl von Betrieben bereits vor der Veröffentlichung des Kommuniqués [zum Neuen Kurs] zu kurzfristigen Streiks vor allem gegen die nunmehr angeordnete Normenerhöhung kam«.[13]

Die von Moskau diktierte Erklärung des SED-Politbüros, die das *Neue Deutschland* am 11. Juni veröffentlichte, führte – anders als beabsichtigt – zu einem sprunghaften Anwachsen kritischer Reaktionen. Aus allen Bezirken der DDR erhielt die SED Meldungen, dass der Beschluss geradezu »sensationell gewirkt« habe.[14] Die Zeitungen waren vergriffen, in Straßen, Gaststätten und Betrieben kam es zu öffentlichen Ansammlungen. Vor den Gefängnissen standen Menschen, die unter Berufung auf das Kommuniqué die Freilassung ihrer Angehörigen verlangten. Erleichterung über den Kurswechsel mischte sich zusehends mit Gerüchten und Spekulationen über dessen Ursachen und Folgen. Viele meinten, dass die Regierung die Konsequenzen aus den von ihr selbst eingestandenen Fehlern ziehen und zurücktreten müsse. In den Betrieben erboste man sich nun umso mehr über die weiterhin vorgesehene Anhebung der Arbeitsnormen.

Nach der Veröffentlichung der Politbüroerklärung stellten 98 Arbeiter in Leipzig ihrer Betriebsleitung ein schriftliches Ultimatum und verlangten, die Normenerhöhung bis zum 12. Juni, 15 Uhr, zurückzunehmen, ansonsten werde man am nächsten Tag in den Streik treten. In Gotha drehten Werktätige in ihrem Betrieb aus Protest sämtliche Bildnisse führender SED-Funktionäre um. In Stralsund verlangten Angestellte der Matthias-Thesen-Werft auf einer Belegschaftsversammlung freie Wahlen und den Rücktritt der Regierung. In Magdeburg wurde in einem Großbetrieb gar gefordert, »daß aufgrund der Beschlüsse des Politbüros Wilhelm Pieck, Walter Ulbricht, ja unsere Regierung verhaftet werden müßten«.[15] In einer Reihe von Betrieben, darunter im Berliner Bremsenwerk, kam es erneut zu vorübergehenden Arbeitsniederlegungen.

Auch auf dem Lande verschärfte sich die Lage. Paradoxerweise brach die feindliche Stimmung gegenüber Partei und Regierung erst offen aus, nachdem die SED-Führung die Zwangsmaßnahmen gegen die Bauern öffentlich als Fehler bezeichnet hatte. Viele Bauern betrachteten das als politische Bankrotterklärung des Politbüros und sahen das Ende der SED-Herrschaft

herannahen. Aus verschiedenen Ortschaften wurden am 11. Juni
regelrechte Freudenfeste gemeldet: In Wendemark im Kreis
Seehausen, so hieß es, würde das gesamte Dorf betrunken in
der Gastwirtschaft sitzen und »auf das Wohl von Adenauer«
trinken.[16] In Glinde im Kreis Schönebeck seien in mehreren
Dörfern »Befreiungsfeiern« abgehalten worden. Auch in Stub-
bendorf im Kreis Demmin hätten sich die Bauern betrunken
und die Fahnen gehisst, weil sie meinten, nun würde es mit
den Produktionsgenossenschaften zu Ende gehen. In Schloß-
vippach zwischen Erfurt und Sömmerda beriefen die Dorfbewohner am 11. Juni eine Gemeindeversammlung ein, sangen
jubelnd das Deutschlandlied und forderten die Freilassung
zweier am Vortag verhafteter Bauern. Als Polizisten am nächsten Tag einen der Wortführer verhaften wollten, stellte sich
ein Haufen Bauern aus der Umgebung schützend vor seinen
Hof. Der ZK-Bericht vom 12. Juni 1953 fasste die Lage mit
den Worten zusammen: »Die Diskussionen unter der Bevölkerung sind kritischer geworden, teilweise haben sie einen heftigen Charakter gegen unsere Partei und Regierung angenommen und treten besonders umfangreich und feindlich auf
dem Lande auf.«[17]

Sogar auf offener Straße war die Unruhe zu spüren. Die Stimmung war so erhitzt, dass sich kleinere Diskussionsgruppen
bildeten, die sich manchmal zu regelrechten Versammlungen
auswuchsen. In Köthen beteiligten sich am 12. Juni zeitweilig
bis zu 150 Personen an einer solchen spontanen Straßendis-
kussion. Vor der Untersuchungshaftanstalt in Brandenburg
kam es zu einer Massendemonstration, als sechs Möbelschlep-
per die Freilassung ihres Chefs verlangten, der wegen »Wirt-
schaftverbrechen« einsaß. Aus dem Protest entwickelte sich
eine mehrstündige Kundgebung, auf der am Ende freie Wahlen und der Sturz der Regierung gefordert wurden; der Fuhrunternehmer wurde schließlich freigelassen.

Die Lage beruhigte sich auch in den nächsten Tagen nicht.
Allein für den 13. Juni wurden folgende Vorfälle gemeldet: Im
Kreis Güstrow funktionierten die Bauern eine Sitzung der
Gemeindevertretung zu einer Protestkundgebung um und beschlossen eine Resolution. In Briest im Bezirk Frankfurt
machte ein SED-Genosse seine Partei bei einer Versammlung
dafür verantwortlich, dass so viele Bauern in den Westen gingen, und forderte, den früher von der CDU gestellten Bürger-

meister wieder in sein Amt einzusetzen. Dem Bericht zufolge rief er die 100 Anwesenden sogar auf, tätlich gegen den anwesenden Politleiter vorzugehen. In Wredenhagen im Kreis Röbel ritt ein »Großbauer« hoch zu Ross ins Gasthaus, um sich auf dem Pferd ein Bier geben zu lassen, wobei er ausrief: »Jetzt sind wir wieder die Herren!«[18] Aus dem Bezirk Leipzig wurde ein bäuerliches »Saufgelage« gemeldet, mit dem man den Sturz der Regierung als ersten Schritt zur Wiedervereinigung Deutschlands gefeiert hätte. Im thüringischen Eckolstädt begrüßten die Dorfbewohner mit Kirchengeläut vier aus der Haft entlassene Großbauern und schmückten deren Häuser. Anschließend verabschiedeten die Bauern einstimmig einen Forderungskatalog an die Regierung, der von der Senkung des Ablieferungssolls und der Wiederzulassung des Hausschlachtens über die Neuwahl des Bürgermeisters und des Gemeinderats bis hin zum Rücktritt der Regierung und freien Wahlen reichte. Eine Delegation fuhr kurz darauf nach Berlin und übergab die Resolution dem DDR-Landwirtschaftsministerium.

Die SED-Bezirksleitung in Gera meldete am 16. Juni eine »Flut von Verleumdungen« und vielfältige »Hetze gegen die Parteiführung und Regierung« in den Dörfern. In der Gastwirtschaft Lüttow im Kreis Hagenow hätten Großbauern geäußert, dass die Macht der SED jetzt zu Ende sei, denn sie sei unfähig zu regieren.[19] In allen Kreisen des Bezirks Neubrandenburg, so teilte die dortige SED am selben Tag mit, herrsche seit Bekanntwerden des Ministerratsbeschlusses vom 11. Juni »Siegesgewissheit« unter den selbständigen Landwirten. Auch die »werktätigen Bauern«, also die Landarbeiter, die die SED gegen die Einzelbauern zu mobilisieren suchte, hätten mit ihnen gefeiert. In Brudersdorf seien sie »ganz total betrunken« mit der schwarz-rot-goldenen Fahne durchs Dorf gezogen.[20] In Schmergow, so hieß es aus dem Bezirk Potsdam, wäre bei einer Demonstration vor der Gemeindevertretung die Freilassung von drei inhaftierten Großbauern verlangt worden. Im Kreis Pasewalk bei Neubrandenburg seien aus der LPG Hohenholz unter Berufung auf das Regierungskommuniqué 19 Bauern mit der Begründung ausgetreten: »Auch wir haben Fehler begangen, wir wollen die Fehler korrigieren, indem wir wieder Einzelbauern werden.«[21] In Zülow im Kreis Schwerin war auf der Bekanntmachungstafel sogar zu lesen: »Für euch rote Hunde hat die Stunde geschlagen!«[22] Immer nachdrücklicher wurde die Einlösung der Regierungsversprechen – Rückgabe der konfiszierten Betriebe und Freilassung der inhaftierten Bauern – gefordert.

In den Genossenschaften machte sich unter diesen Umständen zunehmend Verunsicherung breit. Eine wachsende Zahl der oftmals unter Druck eingetretenen Bauern erklärte ihren Austritt. In einem Bericht vom 16. Juni über die LPG Vanselow im Kreis Demmin hieß es, dass die Mehrzahl ihrer Mitglieder austreten wolle, weil »die Faulen auf Kosten der Fleißigen einen guten Tag« hätten.[23] Viele Genossenschaftsbauern weigerten sich, die Arbeit aufzunehmen, wussten sie doch nicht, wie es nach den Regierungsbeschlüssen mit der LPG weitergehen würde. Selbst die Funktionäre fragten sich, ob womöglich alle LPGs wieder aufgelöst und die Besitzer ihr Eigentum zurückerhalten würden. Auf der anderen Seite sahen sich die Genossenschaftler dem Zorn der Dorfbevölkerung ausgesetzt, weil sie für die gescheiterte Kollektivierungspolitik mitverantwortlich gemacht wurden. In Seehausen in der Altmark mussten sie sich zum Beispiel als »Lumpen und Strolche« bezeichnen lassen.[24]

Auch in den Betrieben nahmen die Spannungen zu. Während Betriebsleiter und Gewerkschaftsfunktionäre angewiesen worden waren, die Beschlüsse zur Normenerhöhung bis zum 30. Juni zu verteidigen, schien die Regierung zu schwanken. So erschien im *Neuen Deutschland* am 14. Juni ein langer Artikel mit der programmatischen Überschrift: »Es wird Zeit, den Holzhammer beiseite zu legen«. Am Beispiel der Großbaustellen an der Berliner Stalinallee übte das SED-Zentralorgan massive Kritik an der »administrativen« Durchsetzung der Normenerhöhung. »Die Normenbearbeiter vom VEB Wohnungsbau«, so hieß es da, »haben jede Verbindung mit ihren Kollegen auf den Baustellen verloren. Sie behandeln sie hochnäsig und wundern sich, wenn ihnen die Bauarbeiter mißtrauisch gegenüberstehen.«[25] Im Unterschied zur üblichen Propaganda wurden in dem Artikel nicht nur die unteren Funktionäre kritisiert, sondern Verantwortliche bis hinauf in die Berliner SED-Bezirksleitung benannt. Aufs Korn genommen wurde unter anderem der für Wirtschaftsfragen zuständige Sekretär Bruno Baum, der nach den Arbeitsniederlegungen im Mai gefordert hatte, die beteiligten Bauarbeiter fristlos zu entlassen, weil sie die »Arbeitsdisziplin auf der Baustelle gestört«

hätten.[26] Wörtlich vermerkte das *Neue Deutschland* dazu: »Das heißt mit anderen Worten, die Bauarbeiter, die durch ihre Aktion eine Verbesserung der Arbeit in der Verwaltung und dadurch eine Verbesserung der Produktion erreichen wollten, weil ihnen die Partei und die Betriebsleitung nicht halfen, sollen dafür auch noch bestraft werden. So geht es natürlich nicht!«[27]

In der Erzgebirgsstadt Johanngeorgenstadt kam es am 15. Juni sogar zu einer öffentlichen Protestkundgebung. Hier ging es zwar nicht um die Normen, sondern um die Folgen des Uranbergbaus, doch allein die Tatsache, dass sich rund 1000 Einwohner versammelten und gegen die geplante Räumung ihrer Häuser protestierten, zeigte, wie sich die politische Stimmung verändert hatte. Fast 300 Menschen kamen auch vor dem Gefängnis in Halle zusammen, um auf die Freilassung ihrer Angehörigen zu warten, bis sie von Polizisten vertrieben wurden.

In der Kämmerei der Leipziger Baumwollspinnerei legten die Beschäftigten am 15. Juni die Arbeit nieder, weil ihnen wegen der neuen Normen weniger Lohn ausgezahlt worden war. In Gössnitz bei Meerane trat die Belegschaft der Nestmann-Eisengießerei in den Streik, um die Freilassung ihrer ehemaligen Chefin zu erreichen, die seit einigen Monaten im Gefängnis saß. Im Belegschaftsraum des Leipziger Zoos entfernten Unbekannte die Bilder Grotewohls und Ulbrichts, während in der Innenstadt und in den umliegenden Ortschaften selbst gefertigte Flugblätter auftauchten. Im VEB Espenhain erhielt ein FDGB-Funktionär einen Brief zugeschickt, dem zufolge er als kommunistischer Handlanger erkannt sei und bald gehängt würde; die Briefmarke zeigte Staatspräsident Pieck, dem ein Seil um den Hals gezeichnet worden war. Dem Tagesbericht des SED-Zentralkomitees zufolge zeigten die Meldungen der Bezirke und Kreise vom 15. Juni, dass sich »die Arbeit der feindlichen Kräfte verstärkt« habe. Zu kurzfristigen Ausständen sei es auf den Berliner Baustellen Friedrichshain und Block 40 sowie im Hermann-Matern-Werk in Roßwein, in der Baumwollspinnerei Mittweida, im IFA-Karosseriewerk Halle und im Betrieb Elektrowärme Sörnewitz gekommen. Auch im VEB Sanar Roßwein im Kreis Döbeln, Bezirk Leipzig, wurde gestreikt. Der ZK-Bericht monierte die »Entfaltung einer verleumderischen Hetze gegen führende Funktionäre der Partei und Regierung« und sprach von einer »offenen feindlichen Argumentation gegen die 10% Normenerhöhung«.[28]

Der 16. Juni erscheint in der Rückschau wie ein Countdown zum DDR-weiten Volksaufstand. Noch in der Nacht wurden in Eisleben Plakate zum Tag des Eisenbahners umgedreht und mit der Losung versehen: »Mansfelder, auf zum Generalstreik«.[29] Am Vormittag marschierten in Berlin die Bauarbeiter zum Regierungssitz. Als die Mansfeld-Kumpel davon erfuhren, fand in dem Kombinat eine Versammlung statt, bei der man Aufklärung über die Ereignisse verlangte und erklärte, sich dem in Berlin verkündeten Generalstreik anschließen zu wollen. Arbeiter des Stahl- und Walzwerkes in Riesa legten ebenfalls die Arbeit nieder und gingen auf die Straße. Im VEB MEGU Leipzig traten wegen der Normenerhöhung rund 250 Belegschaftsmitglieder in den Streik, desgleichen im VEB Hammerschuhfabrik in Roßwein. Am schwarzen Brett der Warnow-Werft in Rostock hing ein Anschlag, der nicht nur die Rücknahme der Normenerhöhung verlangte, sondern auch Preissenkungen der staatlichen Handelsorganisation (HO) sowie freie und geheime Wahlen. Im Reichsbahnausbesserungswerk »Einheit« in Engelsdorf forderte die Belegschaft in einer Resolution »den Rücktritt der Regierung, die Durchführung geheimer Wahlen und die Freilassung aller politischen Häftlinge«. Zugleich verlangte sie, »diese Resolution sofort im Rundfunk zu verlesen, anderenfalls mit dem Streik begonnen wurde«.[30] Im Berliner VEB Goldpunkt gründete sich ein »Komitee gegen Normenerhöhung« und rief »alle, die es betrifft«, für den nächsten Tag zu einem Marsch zum Strausberger Platz auf, um gegen die Anhebungen zu protestieren.[31] Im Tagesbericht des ZK für den 16. Juni wurde zusammenfassend »eine nicht geringe Anzahl von Streiks, Streikandrohungen in den Betrieben fast aller Bezirke« gemeldet. In wachsendem Maße ginge der Gegner zu »Drohungen, Provokationen und tätlichen Angriffen über« und versuche, »die Losung des Sturzes der Regierung und die unmittelbare Durchführung von Neuwahlen in die Massen zu tragen.«[32]

Am Vorabend des Volksaufstands war die Stimmung in Ostdeutschland bereits ausgesprochen angespannt. Viele Menschen hatten ihre Angst abgelegt und kritisierten offen die Regierung, während die Funktionäre verunsichert in die Zukunft blickten. Ausdruck der überhitzten Atmosphäre waren nicht zuletzt die zahllosen Gerüchte, die überall im Land kursierten: In Berlin und in den Leuna-Werken seien Unruhen ausgebrochen, wurde hinter vorgehaltener Hand behauptet; die Regierung sei bereits verhaftet worden, zeigten sich andere überzeugt; Ministerpräsident Grotewohl habe sich vergiftet, berichteten Dritte, und Staatspräsident Pieck seien beide Beine abgeschossen worden, als er versucht habe, die Schweizer Grenze zu überschreiten. Nichts von alledem stimmte.

# Der Berliner Bauarbeiterstreik

Als Karl Foth, Bauarbeiter auf der Baustelle Krankenhaus Friedrichshain, am Donnerstag, dem 11. Juni, in der Lohnstelle seines Betriebs erschien, um die Arbeit seiner Brigade abzurechnen, glaubte er seinen Augen nicht zu trauen: Auf Anweisung von oben hatte die Firmenleitung den Bauarbeitern im Zuge der Normenerhöhung kurzerhand zehn Prozent vom Gehalt abgezogen. Als er am nächsten Tag seine Kollegen darüber informierte, beschlossen sie, in den Streik zu treten.

Dem Berliner Bauarbeiterstreik kommt in der Geschichte des 17. Juni eine Schlüsselstellung zu. Die Bauleute, die die Häuser der Stalinallee und das nahe gelegene Krankenhaus Friedrichshain errichteten, waren die Ersten, die ihren Protest auf die Straße trugen. Ohne ihren Marsch durch die Berliner Innenstadt am 16. Juni wäre es am Folgetag nicht zu den Streiks und Demonstrationen in der ganzen DDR gekommen. Die Berliner Bauarbeiter wurden zum Vorbild der Arbeiterschaft und Initialzünder der Volkserhebung.

Dass gerade die Bauleute gegen die Politik der SED aufbegehrten, hatte verschiedene Ursachen: Zum einen haben sie ein anderes Verhältnis zu ihrem Arbeitsplatz als Industriearbeiter. Sie wirken auf unterschiedlichen Baustellen, wechseln häufiger den Betrieb und haben im Winter oft längere Ausfallzeiten. Zum anderen besaßen gerade die Ostberliner Bauarbeiter ein erhebliches Selbstbewusstsein. Sie wussten, dass die SED sie zur Verwirklichung ihrer ehrgeizigen wirtschaftlichen und politischen Ziele brauchte. Acht Jahre nach Kriegsende besaß der Wiederaufbau der zerstörten Städte und Betriebe höchste Priorität. Die SED-Propaganda feierte sie pausenlos als »Helden des sozialistischen Aufbaus«.

Die Ostberliner Stalinallee war für die SED ein besonderes Prestigeobjekt. Zum 70. Geburtstag des sowjetischen Diktators hatte sie die Ausfallstraße Frankfurter Allee im Dezember 1949 feierlich in Stalinallee umbenannt. Nach Moskauer Vorbild wollte man an dieser Stelle eine sozialistische Pracht- und Aufmarschstraße errichten, deren monumentale Architektur zum Sinnbild einer neuen Zeit werden sollte. Bekannte Architekten entwarfen Pläne, die von der Sowjetischen Kontrollkommission (SKK) und dem Politbüro der SED immer wieder als unzureichend verworfen wurden. Als gelernter Tischler fühlte sich Ulbricht für die Planung offenbar besonders berufen. Die ersten, noch auf Hans Scharoun zurückgehenden Entwürfe lehnte er als »undeutsch« und »unkünstlerisch« ab und ordnete stattdessen an, einen gigantischen Straßenzug von der Stalinallee bis zum Brandenburger Tor zu errichten: mit einem großen Demonstrationsplatz anstelle des bisherigen Berliner Stadtschlosses; mit den »alten herrlichen« Repräsentationsbauten des preußischen Königs sowie neuen, sozialistischen Monumentalgebäuden, die »architektonisch schön im Sinne des Volksempfindens zu gestalten« waren.[33]

Die Entstehung der Stalinallee illustriert anschaulich den Voluntarismus der SED-Diktatur. Das Politbüro höchstselbst beriet immer wieder über die Bauplanung. Im Januar 1951 verwarf es die Pläne des Architekten Hermann Henselmann für das erste neunstöckige Hochhaus an der so genannten Weberwiese. Im Juli lehnte Ulbricht auch einen zweiten, überarbeiteten Entwurf ab und setzte dem Architekten eine Frist von sieben Tagen, innerhalb deren er eine neue Planung vorzulegen hatte. Im August entstand an der Straße ein monumentales Stalin-Denkmal, im September erfolgte auf Basis der revidierten Pläne die Grundsteinlegung für die Gebäude. Zwei Monate später verkündete die SED mit großem Propagandaaufwand ein »Nationales Aufbauprogramm«, um im Stile totalitärer Massenmobilisierung für den Bau möglichst große menschliche und materielle Ressourcen zu erschließen. Im Dezember 1951 bestätigte das Politbüro, wenngleich mit Abstrichen, auch die Entwürfe für die weiteren Abschnitte der Stalinallee. Einen Monat später begann die Errichtung des nächsten Blocks. Nach den Plänen der SED sollte der komplette Bauabschnitt bereits zum Jahresende übergeben werden, zu Stalins 73. Geburtstag. Obwohl das Vorhaben mit höchster Priorität betrieben wurde, konnte der Zeitplan aufgrund der ständigen finanziellen und materiellen Engpässe nicht eingehalten werden. Der Termin für die Fertigstellung der Prachtstraße musste immer wieder verschoben werden.

Im Juni 1953 war die Stalinallee immer noch eine große Baustelle. Zwischen Strausberger Platz und Frankfurter Tor reihte sich ein Dutzend alphabetisch nummerierter Bauplätze aneinander, die je nach Straßenseite als »Nord« oder »Süd« gekennzeichnet waren. In »zweiter Reihe«, hinter den Blöcken D-Nord bis F-Nord, erstreckte sich zusätzlich die riesige Baustelle von Block 40, einem ausgedehnten Wohnkomplex. Die einzelnen Gebäude wurden von unterschiedlichen staatlichen Betrieben errichtet. Oftmals waren diese für die Errichtung mehrerer Bauwerke verantwortlich, so dass es durch gemeinsame Firmenzugehörigkeiten zwischen den Baustellen vielfältige Querverbindungen gab, was die Ausbreitung der Streikbewegung später begünstigte. Die Errichtung der hoch aufragenden Gebäude erfolgte überwiegend per Hand, da die Baubetriebe kaum technisches Gerät besaßen. Die breiten Mauern wurden in mehrfachen Ziegelreihen im Akkord hochgezogen. Holzgerüste erhoben sich in schwindelerregende Höhen, und so genannte Hucker transportierten Mörtel und Steine auf ihrem Rücken über wacklige Leitern und Bohlen nach oben. Den ganzen Tag über beschallte das »Funkstudio Stalinallee« die Arbeiter per Lautsprecher mit Musik und Aufbauparolen. Fahnen, Propagandatransparente und Bilder von Pieck und Stalin schmückten die bereits fertig gestellten Fassaden.

Bereits im Mai – nach der »Empfehlung« des Zentralkomitees zur Normenerhöhung – war es unter den Arbeitern zu Unruhe gekommen. Ausgangspunkt waren nicht nur die Großbaustellen an der Stalinallee, sondern auch die des in der Nähe gelegenen Krankenhauses Friedrichshain und der Staatsoper Unter den Linden. Zimmerer-Brigaden der Stalinallee legten in der zweiten Maihälfte zweimal die Arbeit nieder, weil man sie zur Erhöhung ihrer Arbeitsnormen zwingen wollte. Eine Brigade von Block G-Nord trat am 20. Mai für drei Stunden in den Streik. Am 25. Mai reichten Angestellte der Reichsbahn-Bau-Union ihre Kündigung ein, weil sie plötzlich weniger Lohn als früher ausgezahlt bekommen hatten. Drei Tage später scheiterte im VEB Wohnungsbau der Versuch, auf einer Versammlung eine Normenerhöhung für alle Beschäftigten durchzusetzen – die Mehrheit der Brigadiers und Aktivisten ließ sich nicht zu einer Zustimmung bewegen. Im VEB Industriebau platzierte man bei einer ähnlichen Zusammenkunft von vornherein so viele betriebsfremde Menschen, dass ein positiver Beschluss gefasst wurde.

Ob die Mitte Mai erfolgte Anmeldung der erwähnten Dampferfahrt des VEB Industriebau, wie zuweilen vermutet, bereits eine heimliche Streikvorbereitung war, ist zweifelhaft. Als Indiz für eine solche Planung werteten manche, dass der eigens gebildete »Vergnügungsausschuß« nicht ein, sondern zwei Schiffe orderte. Dadurch fuhren später einige besonders streikbereite Brigaden von der Baustelle Krankenhaus Friedrichshain zusammen auf einem Schiff, während die restliche Belegschaft, einschließlich des technischen Personals, das andere bestieg. Der Entschluss, in den Ausstand zu treten, entstand jedoch erheblich später: Erst am 11. Juni erfuhren die Brigadeleiter von der Kürzung der Löhne, am Folgetag wurde der Streik beschlossen. Die Schiffsfahrt war auch nichts Ungewöhnliches, sie hatte es bereits in den Vorjahren gegeben. In Wirklichkeit war die Verschwörungsthese eine Erfindung des Staatssicherheitsdienstes, der die Ausflugsvorbereitungen als bewusste Aktion darstellte, um die Behauptung der SED vom lange geplanten »Tag X« zu untermauern. Zwei Mitglieder des Ausschusses, Max Fettling und Karl Foth, wurden später zu langen Haftstrafen verurteilt.

Auch auf anderen Ostberliner Baustellen sind größere Streikbestrebungen erst nach dem 10. Juni belegt. Ab diesem Zeitpunkt stellten die Bauarbeiter fest, dass sich ihr Einkommen um zehn Prozent verringert hatte. »Die Ergebnisse wurden bekanntgegeben, und die Stimmung war total auf dem Nullpunkt. Jeder dachte, damit können wir nicht mehr leben«, erinnerte sich rückblickend der Brigadier Alfred Berlin.[34] Selbst Funktionäre kritisierten später intern, dass nicht die Leistungsanforderungen erhöht worden waren, was man unter Umständen durch Mehrarbeit hätte ausgleichen können, sondern einfach das Gehalt gekürzt worden war.

Schon am Freitag, dem 12. Juni, legten mehrere Brigaden in der Stalinallee die Arbeit nieder. Auf Block 40 wurde teilweise nicht mehr gearbeitet, der Vorsitzende der Betriebsgewerkschaftsleitung meldete der Polizei, dass insgesamt rund 1200 Arbeiter streiken würden. Auch auf der Baustelle C-Süd kam es zu Protesten, nachdem der Bauleiter in der Vesperpause ein Schreiben vorgelesen hatte, dass sich die Bauarbeiter bereit gefunden hätten, ihre Normen um zehn Prozent zu erhöhen, wovon diese nichts wussten. Der Bauarbeiter Horst Schlafke rief damals erregt aus: »Zeigt uns die Leute, die freiwillig für eine Normenerhöhung gestimmt haben. [...] Wir wollen wissen, wer diese Normenerhöhung veranlasst hat. Eher kriegt ihr uns nicht mehr auf das Gerüst!«[35] Mehrere Dutzend Bauarbeiter weigerten sich danach, zurück an die Arbeit zu gehen. Gegen 14.30 Uhr erschienen 15 Gewerkschaftsfunktionäre, um die Arbeiter zu beruhigen. Auch mit ihnen kam es zu lautstarken Auseinandersetzungen. Um kein Aufsehen zu erregen, schlugen die Funktionäre vor, in ein noch leer stehendes Ladenlokal zu gehen, wo sich schließlich fast 300 Arbeiter versammelten. Hier wandten die Agitatoren eine damals häufig benutzte Taktik der SED-Instrukteure an, die Beschäftigten in kleinere Diskussionsgruppen zu zersplittern, so dass die Versammlung nach und nach auseinander bröckelte. Beschlossen wurde jedoch, die gesamte Baustelle am nächsten Tag um 11 Uhr zu einer Besprechung zusammenzurufen.

Auch auf der nahe gelegenen Baustelle Krankenhaus Friedrichshain empörte man sich an diesem Freitag über die Lohnkürzung. In den Verhören beim Staatssicherheitsdienst gab der Zweite Vorsitzende der Betriebsgewerkschaftsleitung (BGL), Karl Foth, später an, dass er am 11. Juni von der Lohnkürzung erfahren und anschließend seine Kollegen unterrichtet habe. »Die Kollegen«, so Foth, »brachten darüber ihre Unzufriedenheit zum Ausdruck. Ich sprach daraufhin mit noch einigen anderen Brigadieren, die mir ebenfalls ihre und der Kollegen Unzufriedenheit über den Zehn-Prozent-Abzug mitteilten.« Am nächsten Tag hätten die Brigadiere dann beschlossen, die Arbeit niederzulegen. »Wer beschloß zuerst, in den Streik zu treten?«, wollte der Vernehmer wissen, worauf Foth erwiderte: »Ich kann niemand nennen, der zuerst beschloß, in den Streik zu treten, da alle einmütig und gemeinsam bereit waren, in den Streik zu treten.«[36] Der Plan sei jedoch nicht sofort umgesetzt worden, da der Erste BGL-Vorsitzende Fettling nicht anwesend gewesen sei. Die Bauarbeiter und Brigadiere vom Krankenhaus Friedrichshain hätten deshalb vereinbart, erst am Montag, dem 15. Juni, die Arbeit ruhen zu lassen.

Am nächsten Morgen trafen sich die Arbeiter an der Anlegestelle Jannowitzbrücke und bestiegen die beiden angeheuerten Ausflugsschiffe. Rund 300 Beschäftigte des VEB Industriebau drängten sich mit ihren Angehörigen auf den Dampfern mit den kämpferischen Namen »Seid bereit« und »Triumph«. Die mehrstündige Schiffsfahrt bot nicht zuletzt eine Gelegenheit, die Lage zu erörtern. Immer wieder fragte die Stasi später nach den während des Ausflugs geführten Gesprächen. Mehrere Brigadeleiter bekräftigten offenbar ihren Entschluss, am Montag die Arbeit auszusetzen. Nach den Abschlussreden in der Schmöckwitzer Gaststätte »Rübezahl« verkündete der 45-jährige Brigadier Alfred Metzdorf am frühen Abend dann den oben zitierten Streikaufruf.

Für die anderen ostdeutschen Arbeiter war dieser Samstag ein ganz normaler Arbeitstag, denn in der DDR herrschte noch die Sechstagewoche. Bereits am frühen Morgen erschienen deshalb auf der Baustelle C-Süd 20 bis 30 Gewerkschaftsfunktionäre, die sich bemühten, durch die Bildung kleiner Diskussionsgruppen die vorgesehene Baustellenversammlung zu verhindern. »Einige Funktionäre summten umher wie die Bienen«, berichtete Horst Schlafke später, »stets dorthin, wo es am meisten Kontra gab. Auch ich ging von Gruppe zu Gruppe und warf meinen Kollegen vor, daß sie alle dasselbe wollten, aber nicht das gleiche tun. Sie sollten nicht verhandeln, sondern streiken.«[37] Um die Arbeiter zu beruhigen, versprachen die Funktionäre, sich für die Rücknahme der Normenerhöhung einzusetzen, schließlich bekamen die Bauleute ab Mittag arbeitsfrei. Da ihnen ein vorgezogenes Wochenende lieber war als fruchtlose Debatten, verebbte der Protest an diesem Tag.

Am Montagmorgen ließ der größte Teil der Bauarbeiter am Krankenhaus Friedrichshain wie angekündigt die Arbeit ruhen. Durch den »Holzhammer«-Artikel im *Neuen Deutschland*, der am Vortag erschienen war, sahen sie sich zusätzlich ermutigt. Schon auf der morgendlichen Produktionsbesprechung teilten die Brigadiere mit, dass ihre Brigaden nicht arbeiten wollten. Sie verlangten eine Betriebsversammlung, an der die Bauleitung, die Firmenleitung und Vertreter des Gewerkschaftsbundes teilnehmen sollten.

Als die Bauleute um 9 Uhr zusammenkamen, gingen die Wogen bald hoch. Dafür war nicht zuletzt der Kreissekretär der Industriegewerkschaft (IG) Bau-Holz, Bienecke, verantwortlich, der es ablehnte, sich für die Rücknahme der Normenerhöhung einzusetzen. Augenzeugenberichten zufolge riefen die Bauleute immer wieder »Streiken – Streiken – Streiken!«

und schlugen dazu mit den Händen auf den Tisch.[38] Wie Fettling später im Verhör dem Staatssicherheitsdienst zu Protokoll gab, forderten die Arbeiter schließlich, dass er eine Resolution verfassen sollte, die der Versammlung vorgelegt und anschließend der Regierung übergeben werden sollte. »Daraufhin ging ich mit der BGL zum Kulturraum, wo sich Mitglieder des SED-Kreissekretariats Friedrichshain befanden.«[39]

Zu der Beratung im Kulturraum erschien auch der eilends alarmierte Abteilungsleiter Wirtschaft der SED-Kreisleitung von Friedrichshain, Martin Uhlich. Wie er dem Staatssicherheitsdienst gegenüber angab, hatten die BGL-Mitglieder einen Text entworfen, über den es mit dem IG-Bau-Holz-Funktionär zu heftigen Diskussionen gekommen sei.

»Der Inhalt des Briefes betraf die Normensenkung und war in einer unverschämten Form abgefaßt (Streikandrohung bei Nichterfüllung innerhalb 24 Stunden). Nach der Verlesung des Briefes haben wir den Kollegen gesagt, daß es eine Unverschämtheit ist, dem Gen[ossen] Grotewohl einen solchen Brief schreiben zu wollen. Dieses hatten meiner Meinung nach auch die Brigadiere eingesehen und fragten mich, wie ich es machen würde. Daraufhin habe ich ihnen gesagt, daß die berechtigte Forderung von Arbeitern (Normenerhöhung) zu jeder Zeit unserer Regierung in einer anständigen Form vorgetragen werden kann. Ich erklärte ihnen, wie so ein Brief aussehen muß und diktierte einige Zeilen in entsprechender Form. Damit waren die Kollegen einverstanden.«[40]

Der Brief, der später zur Verhaftung der beiden BGL-Mitglieder Fettling und Foth führte, stammte also von einem SED-Funktionär. Als der Text wenig später der Versammlung vorgelegt wurde, protestierten die Bauarbeiter nur dagegen, dass der Ministerpräsident vier Tage Zeit bekommen sollte, sich zu der Forderung zu äußern. »Es wurde verlangt, dass die Antwort bis zum nächsten Morgen erfolgt und das Wort ›bitten‹ gestrichen und an dessen Stelle ›fordern‹ geschrieben wird«, berichtete Fettling im Verhör;[41] entsprechend habe er die Resolution dann umgeschrieben. Augenzeugenberichten zufolge setzten sich Fettling und die anderen Mitglieder der BGL bei der Diskussion über den Text mehrfach für zurückhaltende Formulierungen ein. Selbst das MfS gab in seinen internen Untersuchungsberichten später zu, dass sie mäßigend auf die Arbeiter eingewirkt hätten. Trotzdem verurteilte das Ostberliner Stadtgericht Fettling im Mai 1954 zu zehn Jahren Zuchthaus, wobei ihm nicht der tatsächlich abgeschickte Brief, sondern der erste, wieder verworfene Entwurf vorgehalten wurde, von dem nicht einmal der Wortlaut bekannt war. »Diese sogenannte Resolution war rein provokatorischen Inhalts und beinhaltete im wesentlichen die Hetzparolen, die von den westlichen Drahtziehern in den demokratischen Sektor hineingetragen wurden«, behauptete das Gericht in seinem Urteil.[42]

Die vom SED-Funktionär Uhlich entworfene und vom BGL-Vorsitzenden Fettling unterschriebene Erklärung hatte hingegen einen ausgesprochen moderaten Wortlaut. Politische oder gar provokatorische Töne sind in dem Text nicht enthalten. Wörtlich schrieben die Bauarbeiter an den Regierungschef der DDR:

»Wir Kollegen der Großbaustelle des Krankenhaus Friedrichshain vom VEB Industriebau wenden uns an Sie, Herr Ministerpräsident, mit der Bitte, von unseren Sorgen Kenntnis zu nehmen. Unsere Belegschaft ist der Meinung, daß die 10 Prozent Normerhöhung für uns eine große Härte ist. Wir fordern, daß von dieser Normerhöhung auf unserer Baustelle Abstand genommen wird. Wir haben aus dem Ministerrats-Beschluß zur Kenntnis genommen, daß alle republikflüchtigen Großbauern und Gewerbetreibenden ihr Eigentum zurückerhalten werden, so daß wir Werktätigen demzufolge unsere Normen, wie sie vorher bestanden, beibehalten wollen. In Anbetracht der erregten Stimmung der gesamten Belegschaft fordern wir, zu diesen schwerwiegenden Punkten unverzüglich Stellung zu nehmen und erwarten Ihre Stellungnahme bis spätestens morgen Mittag.«[43]

Nach der Verabschiedung des Textes fertigte eine Schreibkraft Durchschläge für alle Bauleiter und Brigadiere an. Zusammen mit einer dreiköpfigen Delegation brachte der BGL-Vorsitzende Fettling den Brief mit einem Lieferwagen in das Büro des Ministerpräsidenten in der Leipziger Straße. Als sie gegen 14 Uhr dort ankamen, wollte man sie zunächst nicht vorlassen. Nach einem längeren Telefonat wurden sie aber doch noch zur Regierungskanzlei geführt, wo sich zwei junge Mitarbeiter ausführlich mit ihnen unterhielten. »Die Dame nahm uns unsere Resolution ab und wir wurden jetzt von den beiden Angestellten zirka 2 Stunden nach allen Gründen und Ursachen für die Unzufriedenheit der Bauarbeiter und über die technische Seite der Normenerhöhung befragt«, beschrieb Fettling im Verhör den Empfang bei Grotewohl. »Nach Beendigung des Gesprächs erklärte die Dame, daß sie die Angelegenheit mit den zu hohen Arbeitsnormen noch am selben Tage besprechen würde und eine Regelung in den nächsten Tagen zu erwarten sei.«[44] Tatsächlich verschwand der Brief auf Nimmerwiedersehen und wurde erst nach dem Ende der DDR im Parteiarchiv der SED entdeckt.

Durch ihr Schreiben an Grotewohl hatten die Bauarbeiter vom Krankenhaus Friedrichshain der Regierung noch einmal die Möglichkeit zum Reagieren eingeräumt. Während Fettling meinte, man sollte zunächst ihre Antwort abwarten, wollten die meisten Beschäftigten die Arbeit sofort niederlegen. Im Verhör der Staatssicherheit gestand der Gewerkschaftler Foth: »Nach Abschluß der Versammlung wurde von mir und der gesamten Belegschaft beschlossen, in den Streik zu treten.«[45] Den restlichen Teil des Tages verblieben die Bauarbeiter deshalb in ihren Baubuden.

Die Ereignisse am Krankenhausneubau wurden auch auf anderen Baustellen aufmerksam verfolgt. Zwei Vertreter der Baustellen Staatsoper und Block 40 waren bereits am Morgen erschienen, um sich nach dem geplanten Streik zu erkundigen, von dem sie gerüchteweise gehört hatten. Einer von ihnen war der Maurer Berthold Stanicke, der – obwohl er im Auftrag seines Brigadiers gekommen war – später ebenfalls verurteilt wurde. Die Vertreter der beiden Baustellen nahmen an der von Foth genannten Betriebsversammlung teil und brachten ihren Kollegen anschließend Durchschläge der Resolution mit. Auf Nachfrage informierte Fettling telefonisch auch einen Gewerkschaftsfunktionär von der Baustelle Halbzeugwerke, die später ebenfalls in den Streik trat. Im Urteil gegen Fettling lasen sich diese Vorgänge später so: »Während der Versammlung wurde Fettling des öfteren ans Telefon gerufen und nach jedem Telefongespräch erklärte er öffentlich, daß sich schon wieder eine Baustelle der Arbeitsniederlegung angeschlossen hat. So sprach er von den Baustellen Halbzeugwerken, Baustelle Weißensee, Staatsoper und einigen anderen.«[46]

Auch der Vorsitzende der Gewerkschaftsleitung von Block 40, Walter Fischer, der erst drei Tage vor dem Streik eingesetzt worden war und in dem Prozess als Kronzeuge fungierte, sei an diesem Tag angerufen und von Vertretern der Baustellen Staatsoper und Biesdorf gefragt worden, ob es bei der auf der Dampferfahrt beschlossenen Arbeitsniederlegung bleibe.

Die Bauleute von Block 40 schlossen sich noch am selben Tag dem Streik ihrer Kollegen an. Rund 200 Arbeiter kamen am Nachmittag in der Essensbaracke zusammen und diskutierten über die Normenerhöhung. Die Versammlung wurde von Walter Fischer geleitet, dem der Maurer Stanicke die Resolution vom Krankenhaus Friedrichshain überreichte. Der BGL-Vorsitzende wollte den Text ungelesen vernichten, doch der Parteisekretär Gutzeit sorgte dafür, dass Stanicke ihn zurückerhielt, so dass ihn der Steinträger Kurt Schulz unter großem Beifall vorlesen konnte. Laut riefen die Bauarbeiter: »Wir nehmen diese Resolution an!«[47] Die Versammlung erteilte daraufhin zwei Kollegen den Auftrag, den Brief ebenfalls persönlich zu Grotewohls Amtssitz zu bringen. Allerdings machten diese sich noch nicht auf den Weg, da die Betriebsgewerkschaftsleitung sie aufforderte zu warten, bis ein Vertreter der Gewerkschaftszentrale eintreffe, der eine Stellungnahme zu den Normen abgeben würde. In der Hoffnung, dass er möglicherweise bereits die Rücknahme der Normenerhöhung bekannt geben würde, verschob man die Übergabe der Resolution, doch der angekündigte Vertreter erschien nicht. Unverrichteter Dinge begaben sich die Streikenden in den Feierabend.

# Marsch durch die Stalinallee

Auf ihren Brief an Ministerpräsident Grotewohl erhielten die Bauarbeiter niemals eine Antwort. Stattdessen erschien am Morgen des 16. Juni der Vorsitzende des Zentralvorstandes der IG Bau-Holz, Franz Jahn, auf der Baustelle Krankenhaus Friedrichshain. Mit 15 hauptamtlichen Instrukteuren erklärte er den Arbeitern, »daß an dem Beschluß des Ministerrates der DDR zur Erhöhung der Normen nicht zu rütteln sei«.[48] Auch den Vorschlag des Zweiten BGL-Vorsitzenden Foth, den Lohnabzug um vier Wochen zurückzustellen, um bis dahin die Normen zu überprüfen, lehnte der Funktionär ab.

Zusätzliches Öl ins Feuer goss an diesem Morgen der Chef des DDR-Gewerkschaftsbundes, Otto Lehmann. In der neuesten Ausgabe der FDGB-Zeitung *Tribüne* legte er dar: »Jawohl, die Beschlüsse über die Erhöhung der Normen sind in vollem Umfang richtig.« Weil die Verbesserung der Lebenshaltung davon abhänge, inwieweit die Aufgaben des Fünfjahresplanes erreicht würden, gelte es, »den Beschluß des Ministerrates über die Erhöhung der Arbeitsnormen um durchschnittlich 10 Prozent bis zum 30. Juni 1953 mit aller Kraft durchzuführen«.[49] Selbst der stellvertretende Ministerpräsident Otto Nuschke musste am nächsten Tag zugeben, dass der Artikel den Unmut der Arbeiter weiter anfachte.

Auf der Baustelle Friedrichshain arbeiteten an diesem Dienstagmorgen nur die Lehrlinge. Die anderen Arbeiter blieben in ihren Buden, wo sie sich heftige Wortgefechte mit den erneut erschienenen FDGB-Instrukteuren lieferten. Empört las ein Maurer die Erklärung des Gewerkschaftschefs vor, die wie eine Antwort auf den Brief an Grotewohl wirkte. Auf Block 40 arbeiteten nur noch drei Brigaden und die Lehrlinge, auch auf den Blöcken A, B und D sowie weiteren Baustellen kam es zu Arbeitsniederlegungen.

Warum die Bauleute ihre Unzufriedenheit auf die Straße trugen, ist bis heute nicht ganz geklärt. Als Erste verließen offenbar die Arbeiter von Block 40 ihre Baustelle. Nach einem zeitgenössischen Bericht beschlossen sie, die am Vortag bestimmten Boten mit der zweiten Resolution nicht allein zum Amt des Ministerpräsidenten zu schicken. Ein Kollege habe erklärt, wer mitgehen wolle, solle nach rechts treten, so dass »der ganze Haufen« nach rechts getreten sei. Maler und Zimmerleute hätten ein Transparent gefertigt und seien damit durch die Stalinallee marschiert.[50] Ein Zeitzeuge bestätigte diese Version und berichtete, dass einer der Bauleute nach langen Debatten einfach gerufen habe: Wer für die Demonstration sei, solle nach rechts treten – daraufhin seien die Arbeiter alle nach rechts getreten und sogleich losmarschiert.[51]

Anderen Quellen zufolge war man auf die Straße gegangen, um den Kollegen der Baustelle Friedrichshain zu Hilfe zu eilen. Der BGL-Vorsitzende Fettling erklärte im Verhör, dass der Direktor des Krankenhauses Friedrichshain auf der Baustelle das große Tor hatte schließen lassen. Die beiden Kollegen von Block 40 mussten deshalb beim Verlassen der Versammlung über den Zaun steigen und berichteten auf ihrer Baustelle, dass die Friedrichshainer eingeschlossen worden seien. Etwa eine Stunde später sei eine Bauarbeiterkolonne von Block 40 anmarschiert und habe das Tor von außen aufgebrochen, um sie zu »befreien«. Sodann hätten sie ihre Kollegen aufgefordert, sich ihrer Demonstration anzuschließen, was etwa die Hälfte der Arbeiter getan hätte. Auch im Urteil gegen Fettling heißt es, dass in den frühen Morgenstunden auf Block 40 das Gerücht aufgekommen sei, die Baustelle Friedrichshain sei von der Volkspolizei umstellt worden. Daraufhin habe sich ein Zug formiert, der den Kollegen zu Hilfe habe kommen wollen. Da sich im Lagebericht vom 16. Juni kein Hinweis auf eine Polizeiaktion findet, war scheinbar ein Missverständnis für den Auszug auf die Straße verantwortlich.

Zeitzeugen berichten dagegen, dass die Bauleute in Friedrichshain tatsächlich in Gefahr gewesen seien. Der Brigadier Alfred Berlin erinnerte sich, dass ein Kollege am Morgen mit dem Fahrrad kam und meldete, die Baustelle Friedrichshain sei von Polizei umstellt. Daraufhin habe man beschlossen, gemeinsam dorthin zu marschieren: »Die Situation unserer Kollegen wurde kurz bekanntgegeben. Innerhalb ganz kurzer Zeit kamen die Kollegen, in Arbeitskleidung, so wie wir waren, in Holzpantinen und nur mit Hemd usw. bekleidet, zusammen. Dann haben wir uns formiert zu einem Zug von etwa 300 bis 500 Leuten und sind auf der Straße zum Krankenhaus marschiert.«[52] An der Baustelle seien die Tore jedoch schon wieder offen gewesen, nachdem die Polizei kurz zuvor abgezogen worden war. Zusammen habe man dann beschlossen, zum Regierungssitz, dem Haus der Ministerien, zu ziehen, um mit einem Verantwortlichen über die Forderungen zu verhandeln.

Ein anderer Bauarbeiter von Block 40 gab zu Protokoll, ein Kollege sei gekommen und habe erzählt: »Im Krankenhaus Friedrichshain sind die Tore geschlossen. Unsere Kollegen kommen nicht raus. Wir müssen sie jetzt rausholen.«[53] Daraufhin sei man in Richtung Krankenhaus gezogen, wo die Kollegen aber schon wieder frei gewesen seien. Vereint habe man sich dann in Richtung Stalinallee bewegt.

Bei dem Marsch zum Krankenhaus kann es sich allerdings nicht nur um eine Hilfsaktion für die eingesperrten Kollegen gehandelt haben. Übereinstimmend wird nämlich berichtet, dass die Bauarbeiter bereits ein Transparent mitführten. Ein zeitgenössisches Foto zeigt eine vielköpfige Menge, die unter der Losung »Bauarbeiter fordern Normsenkung« die Stalinallee hinunterzieht. Wer das Plakat malte, ist unklar, im Nachhinein bekam es mehrere Väter. Der ehemalige Mitarbeiter im »Funkstudio Stalinallee« Arnold Eisensee berichtete, dass der Maurer Paul Schild unter dem Jubel der Umstehenden die Forderung nach Normensenkung auf die Rückseite eines blauen Propagandatransparents geschrieben hätte. Auch Alfred Berlin erinnerte sich, dass man das Spruchband noch vor dem Abmarsch zum Krankenhaus gemalt habe. Günter Sandow, Steinmetz auf der Baustelle Stalinallee E-Süd direkt gegenüber von Block 40, gab dagegen zu Protokoll, dass er bereits am Morgen ein solches Transparent angefertigt habe: »Wir nahmen ein altes Plakat, so einen roten Fetzen. Mit Weißkalk habe ich die Schrift aufgemalt. […] Das Transparent wurde links und rechts mit Leisten festgemacht.«[54] Mit etwa 40 Leuten sei man damit zum Block 40 marschiert, wo es geheißen habe, man müsse die von der Polizei umstellten Kollegen im Krankenhaus Friedrichshain befreien.

Die Polizei schätzte die Zahl der Demonstranten auf 700, als diese vom Krankenhaus Friedrichshain über den Leninplatz (heute: Platz der Vereinten Nationen) und die Friedenstraße in Richtung Stalinallee liefen. Als sie an den anderen Großbaustellen vorbeizogen, forderten sie ihre Kollegen in Sprechchören zum Mitmachen auf. »Kollegen, reiht Euch ein, wir wollen freie Menschen sein!«, lautete die spontan geborene Losung. Über die Stalinallee marschierten die Protestierenden dann zum Alexanderplatz. Zeitgenössische Fotos zeigen, dass sie auf dem Bürgersteig – nicht auf der Fahrbahn! – mit kräftigen, ausholenden Schritten in die Innenstadt liefen. Den disziplinierten Charakter der Manifestation kann man daran erkennen, dass die Arbeiter offenkundig darauf bedacht waren, nicht den frisch angelegten Grünstreifen zu betreten.

Viele Bauarbeiter zögerten nicht lange und schlossen sich dem Zug an. Kurz nach 9 Uhr, so erinnerte sich zum Beispiel ein Arbeiter von Block C-Süd, seien etwa 40 bis 50 Mann mit einem Transparent zu sehen gewesen. »Die demonstrierenden Kollegen riefen in Sprechchören und forderten uns auf runterzukommen und mitzumachen. Wir haben natürlich alles liegen gelassen und sind sofort runter vom Gerüst.«[55] Ein anderer Kollege gab zu Protokoll, um 9.15 Uhr habe er vom Gerüst 80 Bauarbeiter von Block 40 mit einem blauen Transparent vorbeimarschieren sehen. Er und seine Kollegen seien daraufhin heruntergekommen und mitmarschiert.[56] Wenige Minuten später erfuhren auch die Beschäftigten von Block E-Süd-Hinterland von der Demonstration und beteiligten sich an ihr. In ähnlicher Weise stießen die Arbeiter der Baustellen G-Nord, F-Süd und E-Nord dazu.

Um 10 Uhr waren aus den ursprünglich 80 Mann von Block 40 bereits 1500 Demonstranten geworden. Robert Havemann, Volkskammerabgeordneter und Professor an der Humboldt-Universität, der damals in einer der neuen Wohnungen im Haus Strausberger Platz 9 wohnte, hörte ungewohnte Geräusche in seiner im siebten Stock gelegenen Wohnung. Vom Fenster sah er, wie der kleine Zug von Bauarbeitern im Handumdrehen zu einem großen Demonstrationszug wuchs. »Von allen Seiten kamen sie angerannt in ihrer Arbeitskleidung, angezogen wie Eisensplitter von einem Magneten.«[57]

Angeblich reihte sich am Strausberger Platz auch der Architekt Hermann Henselmann mit in den Protestmarsch ein und sorgte dafür, dass eine Polizeiabsperrung in Höhe der Schillingstraße wieder abgezogen wurde. Die wenigen danach noch sichtbaren Polizisten hielten sich im Hintergrund. Am Alexanderplatz leiteten sie sogar den Verkehr um, damit die Protestler geschlossen die Straße passieren konnten. Die sowjetische Besatzungsmacht hatte den Ostberliner Polizeichef am Morgen zu Zurückhaltung verpflichtet.

Als der Zug um 12.20 Uhr den Alexanderplatz erreicht hatte, umfasste er bereits 3000 Menschen. Aus Furcht vor Repressalien verhinderten die Demonstranten, dass von ihnen Fotos gemacht wurden. Einigen Fotografen wurden die Filme abgenommen. Während die Bauarbeiter bis dahin eher vorsichtig vorgegangen waren, entdeckten sie allmählich ihre Stärke. »Wir waren jetzt schon eine Einheit geworden, ich möchte sagen, eine sich ihrer selbst bewusste Einheit«, erinnerte sich einige Monate später ein Teilnehmer.[58] Der damalige SED-Funktionär Heinz Brandt erlebte die Demonstration so: »Der Zug hatte eine innere, natürliche Disziplin. [...] Es war ein dumpfes Brodeln und Summen in ihm, wie er da anquoll, und eine erregende, aufrüttelnde Entschlossenheit. Nur vereinzelt wurden Rufe laut. Gerade die aktive Ruhe war es, welche die Demonstranten so bedrohlich erscheinen ließen. Die Rufe richteten sich gegen die Normenschinderei, gegen Partei und Regierung, vor allem aber gegen Walter Ulbricht.«[59]

Brandt, der später in den Westen flüchtete, kamen seine dort geschriebenen Erinnerungen übrigens teuer zu stehen. Der Staatssicherheitsdienst ließ ihn 1961 entführen und brachte ihn in die Untersuchungshaftanstalt Berlin-Hohenschönhausen. Das Manuskript hatte der westdeutsche IG-Metall-Funktionär und Stasi-Agent Hans Beierlein (Deckname »Bayer«) beschafft, es war von Spionagechef Markus Wolf sofort an Stasi-Minister Erich Mielke weitergeleitet worden.

Die Streikenden zogen über die Grunerstraße zum Stadthaus in der Klosterstraße. Bauarbeiter riefen Parolen, die sich zu gewaltigen Sprechchören fortpflanzten. Die Polizei registrierte Rufe wie: »Wir lassen uns nicht länger ausbeuten« und »Wir fordern Normsenkung«.[60] Anderen Quellen zufolge wurden Parolen gerufen wie: »Runter mit den Normen!«, »Mehr Lohn statt Hohn!« oder – beim Passieren der großen HO-Geschäfte am Alexanderplatz – »HO macht uns k. o.!«. Einem am nächsten Tag verteilten Untergrundblatt nach zu urteilen, hörte man auch bereits »Wir fordern freie Wahlen«.[61]

Um 12.45 Uhr begab sich eine Gruppe von Demonstranten

zum Zentralvorstand des Gewerkschaftsbundes in der Wallstraße. Die FDGB-Zentrale war jedoch fest verschlossen. Da
niemand bereit war, mit den Arbeitern zu sprechen, lautete die
Parole hier: »Nieder mit den Steuerfressern!« Der Hauptzug
marschierte unterdessen weiter über die Mühlendammbrücke
und die Breite Straße zum Marx-Engels-Platz (heute: Schloß-
platz); um 12.50 Uhr bog er in die Prachtstraße Unter den Linden ein. Von den Baustellen in der Schicklerstraße, der Lindenstraße und der Staatsoper Unter den Linden schlossen sich
weitere Arbeiter an. Erneut ertönten Sprechchöre wie »Wir
Bauarbeiter sind keine Sklaven« und »Wir fordern Senkung
der HO-Preise«.

Inzwischen bestand der Zug aber nicht mehr nur aus Bauleuten. »Zwischen den demonstrierenden Arbeitern, den Haus-
bewohnern, Büroangestellten und Straßenpassanten wuchs
spontan und explosiv ein Band der Gemeinsamkeit«, beschrieb
Heinz Brandt die allmähliche Metamorphose des Protestmarsches. »Aus den Fenstern der Mietshäuser, der Verwaltungsgebäude gafften, winkten und riefen die Menschen. Es begann
die große Verbrüderung auf der Straße.«[62] Die Demonstranten variierten ihre Parole vom Morgen und riefen nun: »Berliner, reiht Euch ein, wir wollen freie Menschen sein!« Passanten stießen hinzu, Straßenbahnen blieben stehen. »Fahrer
und Insassen stiegen aus und schlossen sich dem Zug an«, erinnerte sich später ein Bauarbeiter. »Die Müllabfuhr hielt an.
Die Leute sprangen herunter und schlossen sich unserem Zug
ebenfalls an.«[63] Ein anderer berichtete, dass sich sogar Polizisten hinzugesellt hätten. »Diese haben wir dann in unsere
Mitte genommen, damit sie nicht von außen festgenommen
werden konnten. Wir haben ihnen die Jacken abgenommen
und gesagt: ›Zieht mal lieber eine weiße Jacke an, damit es nicht
so zu sehen ist, daß Ihr Volkspolizei seid.‹«[64]

Als der Zug an der Humboldt-Universität vorbeikam, wurden auch die Studenten aufgefordert mitzugehen. Sie reagierten jedoch nicht auf die Appelle der Demonstranten. Robert
Havemann, der sich inzwischen in sein Amtszimmer als Pro-
rektor begeben hatte und das Geschehen von dort aus beob-
achtete, erinnerte sich, dass der Zug gewaltig angeschwollen
sei. »Außer Bauarbeitern sah man viele junge Leute im Zug,
die keine Arbeitskleidung trugen. Sie hatten sich begeistert
dem Protestmarsch angeschlossen.« In Sprechchören riefen

sie: »Wir sind Arbeiter und keine Sklaven«, »Schluß mit der Normenschinderei« und »Wir fordern freie Wahlen«.[65] Einige Häuser weiter, am Gebäude des FDJ-Zentralrates, das mit großen Propagandatransparenten behängt war, wurden Pfuirufe laut, ebenso vor mehreren überdimensionalen Stalin-Bildern. Vor der sowjetischen Botschaft Unter den Linden setzten die Parolen jedoch aus, um die Besatzungsmacht nicht unnötig zu provozieren.

Die Demonstration war inzwischen auf rund 5000 Personen angewachsen. Jetzt marschierten sie nicht mehr auf dem Bürgersteig, sondern nahmen die volle Straßenbreite in Anspruch. Kurz vor dem Brandenburger Tor bog der Zug nach links in die Wilhelmstraße ein und marschierte in festen Reihen zum Haus der Ministerien. Nach Polizeiangaben passierte er um 13.25 Uhr die Leipziger Straße. Von dort bewegte er sich noch bis zur Sektorengrenze in der Zimmerstraße und flutete dann zurück zur breiten Magistrale. Die Demonstranten hatten ihr Ziel erreicht: den Sitz von Ministerpräsident Grotewohl.

# Vor dem Haus der Ministerien

Als sich die Bauarbeiter um 13.45 Uhr vor dem mächtigen Gebäude des ehemaligen Reichsluftfahrtministeriums sammelten, wurden am Eingang unverzüglich die Scherengitter heruntergelassen. Die wachhabenden Polizisten zogen sich hinter das eiserne Eingangsgitter zurück. Einem zeitgenössischen Bericht zufolge verlangten die Delegierten von Block 40 anfangs lediglich Einlass, um ihre Bittschrift zu übergeben, doch das Tor sei verschlossen geblieben. Dadurch habe die SED die letzte Chance verpasst, die Bewegung in Verhandlungen »einzufangen«.[66]

Unter der hohen, grauen Fassade des DDR-Regierungssitzes drängte sich eine große Zahl von Menschen. »Es ist schwer zu schätzen, wie viele Tausend Mann am Haus der Ministerien ankamen«, erinnerte sich einer der Bauarbeiter. »Jedenfalls war alles schwarz voll Menschen.«[67] Und Robert Havemann hielt fest: »Der Platz vor dem Gebäude der Regierung füllte sich schnell, die Menschen standen bis in die Seitenstraßen. In der Mitte des Vorplatzes vor dem Haus der Ministerien, umringt von dichtgepferchten Massen, prangte das Transparent, das ich zum ersten Mal am Strausberger Platz gesehen hatte.«[68] Schätzungen zufolge vergrößerte sich die Zahl der Demonstranten nach kurzer Zeit auf mindestens 10 000 Menschen.

Die wartende Menge vor dem Regierungssitz verfügte weder über Sprecher noch über eine organisierte Führung. In der Luft lag eine große Spannung. »Ich glaube, alle waren sich im klaren, daß es der Anfang von etwas Neuem war«, erinnerte sich ein Teilnehmer.[69] Sprechchöre schallten über den Platz, gemeinsam skandierten die Anwesenden »Nieder mit den Normen!« und »Wir wollen Grotewohl und Ulbricht sehen!«. Dröhnend warfen die hohen Wände des Regierungsgebäudes die Rufe zurück und vermittelten der Menge ein Gefühl der Stärke.

SED-Funktionäre versuchten bald, die Arbeiter zu beruhigen. Heinz Brandt hatte sich zusammen mit Robert Havemann bereits in der Wilhelmstraße in die Spitze des Zuges eingereiht. Jetzt stellte er sich auf den Sattel eines Fahrrads, um sich gegenüber den Demonstranten verständlich zu machen: »Ich habe den Auftrag, euch einen wichtigen Beschluß des Politbüros mitzuteilen«, gab Havemann später seine kurze Ansprache wieder, »die zehnprozentige Normenerhöhung ist aufgehoben!« Die Antwort der Versammelten sei ein merkwürdiges Geheul gewesen, eine Mischung von Triumphgeschrei, Freude, Wut und Gelächter.[70] Brandt selbst berichtete, er habe die Werktätigen auch aufgefordert, »sofort Arbeiterausschüsse zu wählen, um eine demokratische Grundlage, eine Interessenvertretung in den Betrieben zu sichern. Der neue Kurs müsse zur Wiedervereinigung und zu freien Wahlen führen.«[71] Darauf habe es jedoch mehr ungläubige als zustimmende Zwischenrufe gegeben.

Auch Havemann versuchte, die Demonstranten zu beruhigen. Unter dem Beifall der Umstehenden begann er seine Ausführungen mit dem Satz: »Wir wollen freie und geheime Wahlen für eine Regierung in ganz Deutschland [...].« Dann fuhr er fort, dass Ministerpräsident Grotewohl gerade dies der westdeutschen Regierung vorgeschlagen habe, und zog daraus den Schluss: »Wir müssen in den Westen ziehen, dort sitzen die Spalter. Dort müssen wir die freien Wahlen fordern.«[72] Nach diesem agitatorischen Kunststück erhielt er keinen Beifall mehr, das laute Geheul erhob sich erneut.

In realistischer Erkennung der Machtverhältnisse beharrten die Demonstranten darauf, mit Ulbricht oder Grotewohl zu sprechen. Als ihnen gesagt wurde, der SED-Chef befände sich gerade in Leipzig und auch Grotewohl sei nicht im Hause, schenkten sie dem keinen Glauben. Tatsächlich waren beide SED-Funktionäre nur einige Kilometer entfernt in der Parteizentrale, wo dienstags immer das Politbüro tagte.

Im Innern des Regierungssitzes dauerte es eine Weile, bis sich die Verantwortlichen der Brisanz der Situation bewusst wurden. Das Büro Grotewohl, dessen Fenster zum Innenhof zeigten, ließ über den Pförtner anfangs ausrichten, die Bauarbeiter sollten sich an das zuständige Ministerium wenden. Erst nachdem ein Beobachter zum Eingang geschickt worden war und die Lage erkannt hatte, rief man das Politbüro an. Da das oberste Führungsgremium des SED noch tagte, wurde man jedoch nicht durchgestellt. Später, so berichtete der stellvertretende FDJ-Chef Heinz Lippmann, wurden jedoch eine direkte telefonische Verbindung und ein provisorischer Kurierdienst zwischen den beiden Machtzentralen eingerichtet. Als der Minister für Erz, Bergbau und Hüttenwesen, Fritz Selbmann, endlich mit Ulbricht telefonieren konnte, forderte er diesen auf herüberzukommen, um mit den Arbeitern zu sprechen. Der SED-Generalsekretär lehnte jedoch ab und sagte, er könne die Sitzung nicht verlassen; da es regne, würden die Demonstranten sicher bald von allein auseinander gehen.

Ohne Unterstützung durch die Parteispitze versuchte man nun aus eigener Kraft, die Arbeiter zu beschwichtigen. Eine Staatssekretärin namens Walther kam aus dem Gebäude und wollte zu den Protestierenden sprechen. Sie wurde jedoch ausgepfiffen, da man in dem Tumult nur die Worte »Sekretärin« und »Walther« verstand und sie deshalb für die Vorzimmerdame Ulbrichts hielt. Der stellvertretende Ministerpräsident Heinrich Rau rief schließlich die führenden Funktionäre in seinem Büro zusammen. Man beschloss, dass der Altkommunist Fritz Selbmann zu den Demonstranten sprechen solle, dem man wegen seines proletarischen Habitus die delikate Aufgabe am ehesten zutraute. Wenig später traten Rau und Selbmann an eines der Fenster in der ersten Etage. Da kein Mikrofon vorhanden und von unten nichts zu verstehen war, forderten die Bauarbeiter sie auf herunterzukommen. Kurz darauf erschienen sie auf dem Vorhof und ließen einen Tisch heraustragen, auf den Selbmann stieg, um besser verstanden zu werden.

In den folgenden Minuten entwickelte sich ein denkwürdiger öffentlicher Disput, der einem Plebiszit über die SED-Regierung gleichkam. Schon nach den ersten Worten, in denen sich Selbmann als Arbeiter bezeichnet und zum Beweis seine Hände vorgezeigt hatte, wurde er ausgepfiffen und durch Zwischenrufe wie »zu fett, zu fett« oder »Verschwinden!« unterbrochen. Der Bauarbeiter Alfred Brun berichtete, er selbst habe Selbmann kurze Zeit später vom Tisch geholt und erklärt: »Du bist kein Arbeiter. Was Du hier erzählst, interessiert uns nicht.« Sodann habe er die Forderung »Freie und geheime Wahlen«

aufgestellt.[73] Selbmann erinnerte sich, dass er auf die »ausgesprochen politische und feindliche« Rede eines Mannes im Maureranzug zu antworten versucht habe, aber »durch Schreien und Lärmen ständig unterbrochen« worden sei.[74] Die Polizei registrierte lediglich, ein Redner sei zeitweise am Sprechen gehindert worden. Als ein Ministeriumssprecher erklärt habe, »wir brauchen eine Volksarmee«, sei er von den Bauarbeitern angeschrien worden: »Nieder mit der Volksarmee!«[75] Selbmanns Vorschlag, eine Verhandlungsdelegation zu bilden, die mit ins Haus kommen sollte, wurde abgelehnt, weil man fürchtete, sie könnte verhaftet werden.

Der Menschenauflauf vor dem Regierungssitz nahm den Charakter einer Volksversammlung an, bei der sich nach und nach der ganze angestaute Unmut Bahn brach. Wie an der Londoner *Speakers' Corner* traten einzelne, unbekannte Demonstranten hervor, kletterten auf den Tisch und versuchten, sich Gehör zu verschaffen. Eine Frau erklärte, dass auch die anderen Bevölkerungsgruppen die Forderungen der Streikenden unterstützen würden. Ein Arbeiter, der unter den Nationalsozialisten im Konzentrationslager gesessen hatte, forderte, dass kein Teilnehmer der Proteste bestraft werden dürfe – was ihm Selbmann ausdrücklich zusicherte. Schließlich stieg ein junges Mädchen, die FDJ-Instrukteurin Ella Sarre, auf den Tisch, die zunächst ausgepfiffen wurde, weil sie die Uniformjacke und das Blauhemd der offiziellen DDR-Jugendorganisation trug. Selbmann hatte ihr auf den Tisch geholfen, weil er dachte, sie würde zu seiner Unterstützung antreten, doch entpuppte sie sich für ihn unerwartet als »Hetzbombe«. Sie zog ihre Uniformjacke aus, warf sie unter dem Beifall der Demonstranten in die Menge und berichtete empört, dass FDJ-Funktionäre dabei seien, die Sprecher der Kundgebung namentlich festzustellen. »Das Mädchen redete in der gehässigsten Weise über angebliche Vorgänge in der FDJ und erhielt rasenden Beifall aus verschiedenen Richtungen des Platzes.«[76]

Nach einiger Zeit stieg noch einmal der Minister auf den Tisch und teilte der aufgebrachten Menge mit, dass die Regierung soeben festgelegt habe, den Beschluss zur Normenerhöhung vom 28. Mai zu überprüfen. »Die Regierung hat beschlossen, die Forderungen der Arbeiter zu erfüllen.« Kaum hatte er dies verkündet, wurde er jedoch von einem Steinträger beiseite geschoben, der unter lautem Beifall erklärte: »Wir stehen nicht nur wegen der Normen!« Was der Minister hier sehe, sei eine Volkserhebung. »Wir fordern den Rücktritt der Regierung und freie geheime Wahlen!« Laut einem anderen Bericht erklärte der Arbeiter: »Hier stehen nicht allein die Bauarbeiter der Stalinallee, hier steht Berlin und die ganze Zone. [...] Die Regierung muß aus ihren Fehlern die Konsequenzen ziehen. Wir fordern freie, geheime Wahlen.« Während anfangs nur Parolen wie »Wir fordern Herabsetzung der Normen!« oder »Wir wollen Ulbricht oder Grotewohl sprechen!« gerufen wurden, skandierte die Menge jetzt Sprechchöre wie »Nieder mit der Regierung!«, »Wir fordern freie Wahlen!«, »Weg mit Ulbricht!« und »Ab-tre-ten! Ab-tre-ten!«.[77] Auch die Freilassung der politischen Gefangenen wurde verlangt. Selbmann behauptete später sogar, man habe ihn mit Steinen aus den gegenüberliegenden Ruinengrundstücken beworfen, so dass er notgedrungen den Rückzug antreten musste, was jedoch weder durch Polizeiangaben noch durch Zeitzeugenberichte bestätigt wird. Gegen 14.15 Uhr kletterte dann der Bauarbeiter Horst Schlafke von der Baustelle Block C-Süd auf den Tisch und rief: »Wenn Ulbricht oder Grotewohl nicht in einer halben Stunde hier sind, dann marschieren wir durch die Straßen und rufen zum Generalstreik auf!«[78] Die Parole vom »Generalstreik« war bald in aller Munde.

Die gesamte Kundgebung dauerte nicht länger als 60 Minuten, obwohl sie den meisten Beteiligten als länger in Erinnerung blieb. Nachdem weder Ulbricht noch Grotewohl gekommen waren, entschlossen sich die Bauarbeiter, gegen 14.45 Uhr zurück zur Stalinallee zu marschieren. Doch am nächsten Morgen wollten sie sich um 7 Uhr am Strausberger Platz treffen und erneut zum Regierungssitz ziehen.

Der Rückweg folgte einer anderen Route: Man zog nun über die Friedrichstraße zum Oranienburger Tor und von dort in die Wilhelm-Pieck-Straße, die heutige Torstraße. Über den Alexanderplatz ging es zurück zu den Baustellen an der Stalinallee. Noch während des Rückmarsches ließ die Regierung Lautsprecherwagen auffahren, die bekräftigten, dass die Normenerhöhung zurückgenommen sei. Die Demonstranten wurden aufgefordert, die Arbeit wieder aufzunehmen. Die Mitteilung erfolgte jedoch in derart gewundenen Worten, dass viele sie nicht ernst nahmen. »Das Politbüro der SED«, so referierte das *Neue Deutschland* am nächsten Tag die Entscheidung der Parteiführung, »schlug [...] am gestrigen Tage vor, daß der Beschluß der Regierung vom 28. Mai gemeinsam mit den Gewerkschaften überprüft werden soll und daß die von den einzelnen Ministerien angeordnete obligatorische Erhöhung der Arbeitsnormen als unrichtig aufzuheben ist.«[79] War die Normenerhöhung nun aufgehoben oder handelte es sich nur um einen Vorschlag des Politbüros?

Unübersehbar war jedoch, dass die Regierung vor den Demonstranten zurückgewichen war. Die Bauarbeiter interpretierten dies als Zeichen ihrer anhaltenden Schwäche. Sie waren entschlossen, nun erst recht ihren Unmut auf die Straße zu tragen, so dass die von der SED erhoffte Beruhigung der Lage ausblieb. Inzwischen ging es nicht mehr nur um die Normenerhöhung, sondern um das Schicksal der DDR-Regierung.

Während die Bauarbeiter auf dem Hinweg diszipliniert in Reihen marschiert waren, kam es auf dem Rückweg zu mehreren Zwischenfällen. Die Demonstranten wehrten sich dagegen, aus den Lautsprecherwagen der Regierung propagandistisch berieselt zu werden. In der Wilhelm-Pieck-Straße kamen die Wagen seitlich an den Zug herangefahren, wobei mindestens vier Fahrzeuge im Einsatz waren. In Höhe der Reichsbahndirektion zerschlugen einige Aufgebrachte bei einem der Autos die Vorderscheibe und versuchten, es umzukippen. Gegen 15.45 Uhr meldete die Polizei, drei Fahrzeuge seien umgeworfen worden. Kurz darauf brachten Arbeiter in einer Seitenstraße einen Wagen des kommunistischen Kulturbundes in ihren Besitz. Ein Teilnehmer erinnerte sich später: »Wir haben uns überlegt, wir könnten die Wagen viel besser für uns gebrauchen und haben uns einen gekapert. Es waren so zwanzig Kollegen. Der Fahrer hat mitgemacht. Die beiden Techniker weigerten sich. Die haben wir rausgeschmissen.«[80]

Der Aufruf zum Generalstreik wurde von den Demonstranten von da an per Lautsprecher verkündet. Nach einem zeitgenössischen Bericht riefen sie unter anderem: »Heraus zum Generalstreik«. Vor der SED-Zentrale, wo am Vormittag das Politbüro getagt hatte, forderten sie die Abschaffung der Arbeitsnormen und eine 40-prozentige Senkung der HO-Preise.[81] Der Fliesenleger Alfred Brun gab später zu Protokoll, er selbst habe bis zum Ende der Demonstration per Lautsprecher immer wieder durchgegeben: »Wir rufen auf zum Generalstreik, jeder freiheitsliebende Berliner trifft sich morgen 7 Uhr mit uns am

Strausberger Platz.«[82] Die Passanten hätten auf den Aufruf freudig und erleichtert reagiert. Auch ein anderer Zeitzeuge erinnerte sich daran, dass die Beschlagnahmung des Lautsprecherwagens wie ein Befreiungsschlag gewirkt hätte: »Die Menge ergriff eine ganz neue Erregung. An vielen weinenden Menschen gingen wir vorüber. Sie weinten vor Freude. Eine Frau meinte, wir hätten die Regierung bereits gestürzt.«[83]

Ein junger Assistenzarzt der Berliner Charité berichtete, schon an der Ecke Reinhardtstraße/Friedrichstraße auf einen Trupp protestierender Bauarbeiter gestoßen zu sein, die einen Lautsprecherwagen mit sich führten. In der Wilhelm-Pieck-Straße hätten sich ihnen so viele Menschen angeschlossen, dass die Straße in ihrer ganzen Breite von Demonstranten ausgefüllt gewesen sei. Die Menge, so der Arzt, sei von dort zum Polizeipräsidium am Alexanderplatz gezogen, wo man die Scherengitter heruntergelassen hatte. Nach amtlichen Angaben traf sie dort um 16.07 Uhr ein und blieb etwa 15 Minuten. Die erzürnten Menschen rüttelten an den verschlossenen Gittern des Präsidiums. Dem Arzt zufolge herrschte in der Menge eine solche Erregung, dass ein Knall genügt hätte, um einen Sturm auf das Gebäude auszulösen. Er selbst sei vorübergehend von den Demonstranten überwältigt worden, da er sich durch seine ständigen Fragen verdächtig gemacht hätte.[84] Während der Arzt sich zu erinnern meinte, dass es den Demonstranten um die Freilassung ihrer Abgesandten gegangen sei, die im Innern des Gebäudes zu Verhandlungen verschwunden seien, berichteten andere Zeitzeugen, dass die Polizei zwei Demonstranten aus der Menge herausgerissen und in das Gebäude hineingezerrt hätte. Aus diesem Grund habe sich die Menge vor dem Eingang versammelt und mit Lautsprecherwagen deren Freilassung gefordert. Tatsächlich seien die beiden schließlich wieder freigegeben worden.[85] Nach anderen Quellen forderten die Protestler die Polizisten aus dem Lautsprecherwagen heraus auf: »Wenn ihr Söhne des Volkes seid, dann schließt Euch an!«[86]

Vom Polizeipräsidium am Alexanderplatz bewegte sich die Demonstration wieder zurück zur Stalinallee. Um 16.39 Uhr meldete eine Funkstreife von dort, dass der Wagen »Hetzreden« durchgebe und zum Generalstreik aufrufe. Um 17.05 Uhr stellte die Polizei in Höhe der Fruchtstraße »starke Auflösungserscheinungen« fest. Der gekaperte Wagen sei am Strausberger

Platz stehen geblieben, und die Bauarbeiter würden sich in ihre Baubuden begeben. Arbeiter übermittelten noch in der Nacht die Aufforderung zum Generalstreik an die Belegschaften anderer Betriebe.

Im Laufe dieser Stunden hatte sich das Gesicht der Demonstration erheblich gewandelt. Ab 15 Uhr wurde von der Polizei ein »randalierender Charakter« konstatiert. Viele Unzufriedene hatten sich angeschlossen, die auch dann noch auf den Straßen blieben, als die Bauleute ihren Marsch beendet hatten. So sammelten sich in den Nachmittags- und Abendstunden in der Innenstadt immer wieder Gruppen, die unruhig durch die Straßen zogen und dabei Parolen riefen. Die »größten Schreier« waren angeblich Jugendliche, darunter »viele« von den Baustellen der Stalinallee.[87] Sie demolierten einzelne Regierungs- und Polizeifahrzeuge, ohne dass die Polizei eingriff. Auch die HO-Gaststätte am Alexanderplatz wurde beschädigt. Fritz Schenk, damals persönlicher Referent des Chefs der Zentralen Plankommission, berichtete später: »Auf der Fahrt nach Hause bot sich mir ein Bild, wie ich es noch nie gesehen hatte. Überall waren kleinere und größere Trupps von Arbeitern unterwegs, die in Sprechchören zum Generalstreik aufriefen. In der Nähe des Ostbahnhofs und in den Bezirken Friedrichshain und Treptow waren die meisten Parteilosungen von den Wänden gerissen oder Arbeiter gerade damit beschäftigt, sie zu vernichten. In der Stralauer Allee beschriftete eine Gruppe von Jugendlichen die rote Ziegelsteinmauer des Osthafens mit den Losungen ›Freiheit‹ – ›Gegen die Normenerhöhung‹ – ›Freie Wahlen‹.«[88]

Die wilden Demonstrationen hielten den ganzen Abend an. Obwohl die Bauarbeiter bereits nach Hause gegangen waren, zogen immer noch einige hundert Menschen, darunter zahlreiche Jugendliche, über die Stalinallee und riefen: »Nieder mit den Sowjets« und »Wir brauchen keine Steuerschlucker – wir brauchen Butter«. Über verschiedene Seitenstraßen bewegten sie sich über die Warschauer Straße in Richtung Oberbaumbrücke zur Grenze nach Westberlin, wo sie gegen 19 Uhr die Sektorenschilder umrissen und das Häuschen des Kontrollpostens mit Steinen bewarfen. Nach etwa einer Stunde wurden sie von der Polizei gewaltsam vertrieben.

Kurz nach 20 Uhr marschierte erneut ein Protestzug mit etwa 1500 Menschen von der Stalinallee in Richtung Alexanderplatz.

Polizeikräfte kamen gegen sie nicht zum Einsatz, weil, wie es im Lagebericht heißt, unter ihnen »zuviel Kinder« waren. Unterwegs rissen die Demonstranten Propagandaplakate und Fahnen ab. In Sprechchören riefen sie: »Nieder mit den HO-Preisen« und »Nieder mit der SED«. Um 20.53 Uhr wurde das überdimensionale Stalin-Denkmal mit Steinen beworfen. In der Leninallee (Landsberger Allee) wurden die Fensterscheiben der DDR-offiziellen Armenhilfe »Volkssolidarität« eingeschlagen. Gleiches geschah bei der HO-Filiale in der Gonthardstraße und der Vorhalle des S-Bahnhofs Alexanderplatz. Am Marx-Engels-Platz wurden sämtliche Fahnen und Transparente abgerissen und in der Leninallee ein Regierungsfahrzeug umgeworfen. Auch vor dem Berliner Friedrichstadtpalast, wo am Abend eine so genannte Parteiaktivtagung mit Ulbricht und Grotewohl stattfand, versammelten sich laut Polizeibericht rund 300 Jugendliche und »randalierten«, bis sie durch FDJ- und SED-Kräfte zerstreut wurden. Dem unerwarteten Aufruhr stand die Polizei, wie bald auch in anderen Städten, weitgehend hilflos gegenüber.

# Die Rolle des RIAS

In den Medien der DDR war von all diesen Ereignissen nicht das Geringste zu hören. Erst am nächsten Tag erschien im *Neuen Deutschland* ein kurzer Bericht über die »Provokation« in Berlin. Nur die westlichen Rundfunksender berichteten am 16. Juni über den Streik der Bauarbeiter und ihren Demonstrationszug zum Regierungssitz.

Die SED machte später vor allem den von den USA kontrollierten Rundfunk im amerikanischen Sektor (RIAS) für den »faschistischen Putschversuch« am 17. Juni verantwortlich. In seiner Entschließung vom Juli 1953 erklärte das Zentralkomitee, dass die »Agententruppen«, die in einigen Städten der DDR »faschistische Unruhen« organisiert hätten, ihre »operative Anleitung« durch den RIAS bekommen hätten.[89] Im Urteil gegen den BGL-Vorsitzenden Fettling behauptete das Ostberliner Stadtgericht, der RIAS habe die DDR-Bürger zum Generalstreik aufgerufen. Stereotyp wurde der amerikanische Sender in der Folgezeit immer wieder zum Drahtzieher der Erhebung erklärt. Auch nach dem Zusammenbruch des SED-Staates kam ein ehemaliger DDR-Historiker zu dem »eindeutigen Befund«, dass viele Forderungen der ostdeutschen Massenbewegung »implantiert« worden seien. Der damalige Chefredakteur des RIAS, Egon Bahr, habe selber erklärt, dass er den Bauarbeitern den anschließend DDR-weit ausgestrahlten Forderungskatalog am 16. Juni diktiert habe. Bis dahin sei es ausschließlich um die Normenfrage gegangen, während es Losungen zum Sturz der Regierung noch nicht gegeben habe.[90]

Zweifellos stellte der Sender Anfang der fünfziger Jahre für viele Ostdeutsche eine wichtige Informationsquelle dar. Nach Schätzungen des amerikanischen Geheimdienstes hörten damals mehr als 70 Prozent der DDR-Bevölkerung regelmäßig

RIAS. Zum Empfang war lediglich ein einfacher Rundfunk-
apparat erforderlich. Da die Medien im sowjetischen Sektor
überwiegend propagandistischen Zwecken dienten, bildete
der Sender für viele die einzige Möglichkeit, sich über die politische Lage in Deutschland und der Welt ein Bild zu machen.
Im damals noch offenen Berlin war der RIAS für manche auch
eine Anlaufstelle, wo sie über Missstände berichten und damit
eine gewisse Öffentlichkeit erreichen konnten. Fast täglich
sprachen in der Schöneberger Sendezentrale DDR-Bürger
vor, die allerdings meist ihren Namen nicht nannten, weil ein
solcher Besuch, wenn er den ostdeutschen Behörden bekannt
wurde, als Spionage bestraft wurde.

Die Behauptung, dass es der RIAS war, der den Aufstand am
17. Juni ausgelöst habe, ist schon vor Jahren widerlegt worden.
Dass sich große Teile der Arbeiterschaft durch einen Rundfunksender zu einer landesweiten Volkserhebung gegen die eigene Regierung verleiten ließen, ist ohnehin eine gewagte Vorstellung, die insbesondere allen marxistischen Auffassungen
über die materiellen und politischen Ursachen von Arbeiter-
kämpfen und Revolutionen widerspricht. In wichtigen Unruhezentren – zum Beispiel im Gebiet von Görlitz – war der Sender zudem gar nicht zu empfangen, während es im Norden der
DDR, trotz seiner Berichterstattung, größtenteils ruhig blieb.
Inzwischen bestätigen Aktenfunde, dass die Parolen vom Generalstreik und vom Rücktritt der Regierung bereits in aller
Munde waren, bevor der RIAS darüber berichtete.

Die regierungsfeindlichen Proteste mit ihren weitgehend
deckungsgleichen Forderungen setzten, wie dargestellt, in unterschiedlichen Regionen der DDR bereits Tage vor der Ausstrahlung der fraglichen Berichte über die Ostberliner Bauarbeiterdemonstration ein. Auch am 16. Juni hatte nicht der
Sender den Demonstranten die Forderung nach Rücktritt der
Regierung und freien Wahlen in den Mund gelegt, da er erst
im Anschluss an die Kundgebung vor dem Haus der Ministerien über die Vorfälle berichtete – wie amtliche Unterlagen belegen: Dem Lagebericht der Ostberliner Polizei zufolge verlasen die Demonstranten um 14.35 Uhr vor dem Haus der
Ministerien eine Resolution mit ihren Forderungen. Während
des zehn Minuten später erfolgenden Abzugs forderten sie die
Ausrufung eines Generalstreiks aller Bauarbeiter.[91] Auf dem
Rückmarsch riefen sie um 15.17 Uhr und 15.29 Uhr erneut für

den nächsten Morgen zum Generalstreik auf. Der RIAS sendete jedoch erst eine volle Stunde später den ersten Bericht über die Demonstration und die Streikpläne.

Die Radioberichte über die Ereignisse in Berlin, die am Abend und am nächsten Morgen zu hören waren, wirkten allerdings auf viele Hörer elektrisierend. Insbesondere in den großen Industriebetrieben war man vielfach der Ansicht, man müsse sich mit den streikenden Bauarbeitern solidarisch zeigen, die offenbar eine Art Vorreiterfunktion übernommen hatten. Aufgrund des ungestörten Verlaufs der Demonstration gewannen viele den Eindruck, das SED-Regime sei schon so weit paralysiert, dass das Risiko eines offenen Protestes gering bliebe. Doch nicht die Berichterstattung – genauso wenig wie andere Formen der Informationsübermittlung, etwa per Telefon oder durch persönliche Berichte – bildete die Ursache der spontanen Ausstände am 17. Juni, sondern die Unzufriedenheit mit der Politik der Regierung. Überall bedurfte es besonders entschlossener Kollegen, die die Belegschaften zum Streik aufforderten; oft waren es die Arbeiter eines Nachbarbetriebes, die den entscheidenden Anstoß gaben. Ohne die Radiobeiträge wären die Streiks zwar kaum so flächendeckend und zeitlich synchron verlaufen, doch ohne die in großen Teilen der DDR vorhandene Protestbereitschaft wären die Berichte völlig wirkungslos geblieben.

Die Behauptung, der RIAS hätte in dem Aufstand eine organisierende Führungsrolle übernommen, ist erst recht falsch. Zeitzeugenberichte und die damals gesendeten Wortbeiträge zeigen vielmehr, dass der Sender auf das Geschehen ausgesprochen vorsichtig reagierte und deutlich zurückhaltender berichtete als andere westdeutsche Medien. Der Wunsch der Bauarbeiter, ihren Aufruf zum Generalstreik zu senden, wurde vom amerikanischen Direktor, Gordon Ewing, konsequent abgelehnt.

Bereits am frühen Mittag des 16. Juni waren vier Bauarbeiter und eine Studentin beim RIAS erschienen, die die Menge dazu bestimmt hatte, über den Sender zum Generalstreik aufzurufen. Auf diese Weise wollte man die Ostberliner Regierung zu einer spürbaren Verbesserung der Lebensbedingungen zwingen. Wie sich der damalige RIAS-Redakteur Walter Gerhard erinnerte, versammelte sich seinerzeit fast der gesamte Redaktionsstab, um die ungewöhnlichen Emissäre anzuhören.

Von Egon Bahr oder einer maßgeblichen Einflussnahme durch diesen ist bei ihm keine Rede. Einer der Arbeiter habe vielmehr von den Redakteuren verlangt: »Ihr müsst jetzt gleich bekannt machen, daß wir so lange streiken, bis die Regierung zurückgetreten ist und freie Wahlen garantiert sind.«[92] Ein zweiter habe gefordert, der RIAS solle den Generalstreik ausrufen.

Der Programmdirektor des RIAS, Eberhard Schütz, wies dieses Ansinnen unter Hinweis auf den regierungsamtlichen Charakter des Senders zurück. Die Radiomacher, so setzte er der Delegation auseinander, seien für den Inhalt der Sendungen nicht allein verantwortlich, und die Ausrufung des Generalstreiks sei eine Entscheidung von unabsehbarer politischer Bedeutung. Als einer der Bauleute, der Brigadier Hans Scholz, daraufhin anbot, sich selber ans Mikrofon zu setzen, weil die Arbeiter doch nicht Tausende Kuriere ausschicken könnten, lehnte Schütz auch diesen Vorschlag ab. Er erklärte: »Eine Rundfunkredaktion kann und darf kein Generalstab sein.«[93] 20 Jahre später verteidigte der Programmdirektor in einem Rundfunkgespräch seine Haltung mit der Begründung, dass es unverantwortlich gewesen wäre, vom Westen aus eine Generalstreikparole auszugeben. Unter den Bedingungen eines totalitären Regimes könnten nur dessen Arbeiter selbst entscheiden, was zu tun sei – genau das hatten sie getan.

Nach der für die Bauarbeiter ernüchternden Reaktion sendete der RIAS um 16.30 Uhr einen Rundfunkbericht, in dem die Ereignisse des Tages in Berlin zum ersten Mal ausführlich dargestellt wurden. Darin hieß es unter anderem: »In Sprechchören wurde immer wieder die Forderung nach freien Wahlen gestellt, während einzelne zum Generalstreik aufriefen.«[94] Es war das erste und das letzte Mal, dass das Wort »Generalstreik« über den Sender ging, denn gegen 18 Uhr sprach der amerikanische Direktor des RIAS ein förmliches Verbot aus, das Wort zu verwenden. Der Sender dürfe weder direkt noch indirekt zu entsprechenden Aktionen aufrufen. Auch eine Sendung mit den aus Ostberlin gekommenen Arbeitern lehnte Ewing ab. Der RIAS erklärte sich lediglich bereit, über den aus vier Punkten bestehenden Forderungskatalog der Demonstranten zu berichten, der die Rücknahme der Normenerhöhung, die sofortige Senkung der Lebenshaltungskosten, freie und geheime Wahlen sowie den Verzicht auf jede Maßregelung der Streikenden verlangte.

Bahr selbst berichtet in seinen Erinnerungen nur, dass eine Abordnung der Protestler »mit den leuchtenden Augen des revolutionären Feuers« vor seinem Schreibtisch gestanden und darum gebeten hätten, »zum Aufstand in der Zone aufzurufen«. Als er sie gefragt hätte, ob es denn irgendwelche Vorbereitungen gäbe, hätten sie verneint und gesagt, das spiele keine Rolle, denn die Massen würden dem Aufruf auch ohne Vorbereitung folgen. Für Bahr war damit klar, das Ansinnen der Arbeiter abzulehnen, denn »ich wußte, daß es ohne Organisation keine Revolution geben kann. Außerdem: Mit welchem Recht durften wir Menschen zu Taten aufrufen, die erfolglos bleiben müßten und denen wir danach nicht würden helfen können?« Zudem wollte er nicht an den Amerikanern vorbei handeln. Die enttäuschten Bauleute seien schließlich dadurch etwas beruhigt worden, dass »wir mit ihnen zusammen ihre Forderungen formulierten, fünf oder sechs Punkte aufschrieben und ihnen zusagten, wir würden diese Forderung des Streikkomitees senden. Drei Stunden später kam Ewing, aufgeregt, blaß, fast zitternd und gab zum ersten- und letztenmal einen klaren Befehl: Die Forderungen des Streikkomitees dürften ab sofort nicht mehr gesendet werden.«[95]

Selbst nachdem die westlichen Nachrichtenagenturen gemeldet hatten, dass am nächsten Tag in der DDR mit einem Generalstreik gerechnet werden müsse, und eine Sonderausgabe des *Abend* mit der Schlagzeile erschienen war: »Ostberliner Arbeiter rufen zum Generalstreik gegen ihre Unterdrücker auf«, beharrte Ewing auf seinem Verbot und meinte, der RIAS dürfe als untergeordnete amerikanische Dienststelle nur legalen deutschen Regierungsvertretern das Wort erteilen. Redakteur Walter Gerhard beschränkte sich deshalb in seinem Bericht um 19.45 Uhr auf die vage Andeutung, dass die Prachtstraße Unter den Linden seit der Revolution von 1918 keinen vergleichbaren Demonstrationszug mehr erlebt habe wie an diesem 16. Juni. Programmdirektor Schütz, in jungen Jahren selber Kommunist, betonte in seinem Abendkommentar, dass die Arbeiter einen Sieg über die Regierung errungen hätten, da diese die Normenerhöhung hätte zurücknehmen müssen. Er erwähnte zwar, dass die Bauarbeiter auch freie Wahlen und den Rücktritt der Regierung gefordert hätten, doch den Aufruf zum Generalstreik am nächsten Tag verschwieg er. Stattdessen sprach er nebulös von dem Wunsch der Bauarbeiterdelegation, die den RIAS am Nachmittag aufgesucht hatte, »ihre Forderungen in der ganzen DDR zu verbreiten«: Dass diese »sich nicht begnügen möchte mit dem Sieg, der heute errungen wurde. Daß sie mehr möchte, daß sie die werktätige Bevölkerung Ostberlins aufrufen möchte, zu einer Arbeitsniederlegung, die nicht beendet werden soll, bevor nicht die politischen Voraussetzungen geschaffen sind, die nicht nur der Entscheidung über die Arbeitsnormen, sondern einer jeglichen politisch-erheblichen Entscheidung den Charakter der echten Freiwilligkeit geben.«[96] Seine Zurückhaltung rechtfertigte er später damit, dass es ihm darauf angekommen wäre, »den Sieg zu registrieren, der ja zweifellos durch die Rücknahme der Normenerhöhung am 16. Juni eben erreicht war, gleichzeitig aber die weitere Entwicklung nicht zu beeinflussen durch Übernahme der rein politischen Parolen der Demonstranten, einiger der Demonstranten; denn dafür gab es für Westberliner überhaupt keine Möglichkeit, die Durchsetzungsmöglichkeiten zu beurteilen [...]«.[97]

Im Laufe des 16. Juni wurden allerdings noch andere Demonstranten beim RIAS vorstellig. Zwei Bauarbeiter erschienen und berichteten, dass in Ostberlin unter stürmischem Applaus der Rücktritt der Regierung gefordert worden sei. Gegen 21.30 Uhr kam erneut ein Arbeiter in den Sender und verlangte von Ewing und Schütz, den Aufruf zum Generalstreik auszustrahlen. Als der amerikanische Direktor abermals erklärte, er könne nicht verantworten, dass sich der RIAS zum Sprachrohr der Protestler mache, bekam er zu hören, die Gefahr für die Arbeiter sei viel größer, wenn sie am nächsten Morgen persönlich alle ihre Kollegen zum Streik auffordern müssten. Ewing fand sich schließlich bereit, wenigstens bekannt zu geben, dass die Arbeiter für den nächsten Morgen um 7 Uhr zu einer Demonstration am Strausberger Platz aufgerufen hätten.

Ansonsten blieb der RIAS jedoch bei seiner großen Zurückhaltung. Statt des Appells zum Generalstreik sendete er in den späten Abendstunden eine Erklärung des Ministers für gesamtdeutsche Fragen, Jakob Kaiser. Der Bonner Minister betonte darin eindringlich, dass Veränderungen nur durch den Druck der Bundesregierung auf die Besatzungsmächte herbeigeführt werden könnten. Aktionen auf der Straße würden eher eine Gefahr darstellen. Die Demonstrationen in Ostberlin, so Kaiser, könnten niemanden überraschen, der die unhaltbaren Zustände des sowjetischen Regimes kenne. Trotzdem richte er an jeden Bewohner der Sowjetzone die Mahnung, »sich weder durch Not noch durch Provokation zu unbedachten Handlungen hinreißen zu lassen. Niemand soll sich selbst und seine Umgebung in Gefahr bringen. Die grundlegende Änderung eures Daseins kann und wird nur durch die Wiederherstellung der deutschen Einheit und Freiheit erreicht werden. Gerade in diesem Augenblick, da die Politik um die Wiedervereinigung immerhin in Bewegung geraten ist, sollte sich niemand zu gefahrvollen Aktionen verleiten lassen. Denkt daran, daß wir uns unserer Verpflichtung für euch in jedem Augenblick bewußt sind.«[98]

Unterstützung erhielten die Arbeiter nur vom Westberliner DGB. Noch am späten Abend des 16. Juni erschien beim RIAS der damalige Gewerkschaftsvorsitzende Ernst Scharnowski und wollte zum Generalstreik in Ost *und* West aufrufen. RIAS-Direktor Ewing lehnte auch dieses Ansinnen ab, und Scharnowski musste den Text seiner Erklärung mehrfach abschwächen. Schließlich durfte er über den Sender erklären: »Tretet darum der Bewegung der Ostberliner Bauarbeiter, der Berliner Verkehrsgesellschaft und der Eisenbahner bei und sucht Eure Strausberger Plätze überall auf! Je größer die Beteiligung ist, desto machtvoller und disziplinierter wird die Bewegung für Euch mit gutem Erfolg verlaufen!«[99] Der Aufruf des DGB-Chefs wurde jedoch erst am nächsten Morgen ausgestrahlt.

# Aufstand in Berlin

Die Erinnerung an den 17. Juni in Berlin wird vor allem von den Bildern der gewalttätigen Auseinandersetzungen am Potsdamer Platz bestimmt. Das Foto, auf dem ein junger Mann wie David gegen Goliath einen Stein gegen einen Panzer schleudert, wurde geradezu zum Symbol für den Juni-Aufstand – die Niederlage der Aufständischen ist in dem Bild bereits angelegt.

Während der Verlauf des Tages früher vor allem mit den Ereignissen gleichgesetzt wurde, die Fotografen und Journalisten an den Berliner Sektorengrenzen festhielten, ergibt sich inzwischen ein umfassenderes Bild. Zeitzeugenberichte, amtliche Dokumente und wissenschaftliche Untersuchungen zeigen, dass der Aufruhr wie eine Sturmwelle über die Stadt und weite Teile des Landes hinwegfegte. Erst das Eingreifen der sowjetischen Truppen wendete das Blatt zugunsten der Regierung und führte, zusammen mit der Ausrufung des Ausnahmezustands und der Verhängung des Kriegsrechts, zur Auflösung der Demonstrationen. Jetzt rächte sich, was die SED dem Aufstand immer absprach – dass er spontan und unorganisiert war und geradezu konfus vonstatten ging. Während die sowjetischen Panzer drei Jahre später in Budapest gezielt mit Molotowcocktails lahm gelegt wurden und sich Arbeiterräte und Bürgerwehren bildeten, die die herrschende Staatspartei zu Zugeständnissen zwangen, fehlte es in Ostberlin an vergleichbaren Strukturen.

Am Morgen des 17. Juni lag eine untergründige Spannung über der Stadt. Die Nacht war voller Wärmegewitter gewesen, und Nieselregen ergoss sich über Berlin. Die öffentlichen Verkehrsmittel nahmen wie an jedem Tag ihren Betrieb auf, doch waren in der Nacht und am frühen Morgen bereits sowjetische Panzer zu hören gewesen. Das von Ulbrichts Gegenspieler

Rudolf Herrnstadt geleitete *Neue Deutschland* bezeichnete in seiner Mittwochsausgabe die Ereignisse des Vortages als »eine ernste Lehre« und zog den Schluss: »Nur engste Verbundenheit mit den Massen verhindert Provokationen.« Ansonsten stimmte in dem Bericht fast kein Wort. So hieß es unter anderem, dass sich ein Teil der Ostberliner Bauarbeiter zu einer Demonstration habe verleiten lassen, »die von den in Westberlin sitzenden Urhebern als Provokation zur Störung der immer stärker werdenden Verständigungsbewegung unter den Deutschen gedacht war«. Die Mehrheit der Arbeiter hätte jedoch eine Teilnahme abgelehnt. Über die Ursachen der Proteste war immerhin zu lesen, dass die unzulässige administrative Maßnahme der Baubetriebsleitungen, die Normen zu erhöhen, den »Provokateuren einen günstigen Boden für ihre Umtriebe geschaffen« hätte, da sich die neuen Vorgaben in vielen Fällen als direkte Lohnkürzungen ausgewirkt hätten. Das Politbüro der SED habe deshalb »vorgeschlagen«, die obligatorische Erhöhung als unrichtig aufzuheben. Jetzt müsse endgültig und radikal Schluss gemacht werden mit jeglichen Methoden des Administrierens in der Normenfrage. Dass es die SED-Führung selbst gewesen war, die die administrative Anhebung der Normen angeordnet hatte, verschwieg der Bericht.[100]

Auf den Fortgang der Ereignisse hatte der Artikel freilich keinen Einfluss. Die Rücknahme der Normenerhöhung konnte die Lage nicht mehr beruhigen. Überall diskutierte man am Morgen über die Vorfälle des Vortages, von denen man aus westlichen Rundfunksendern oder von Bekannten gehört hatte. Viele überlegten, ob sie sich an der Zusammenkunft am Strausberger Platz beteiligen sollten. Im Laufe des Morgens oder des Vormittags beschlossen immer mehr Berliner Betriebe, dem Aufruf zum Generalstreik Folge zu leisten und gemeinsam zur Stalinallee zu ziehen.

Auf der Baustelle Friedrichshain waren noch am Vortag Instrukteure des FDGB erschienen, um mitzuteilen, dass die Regierung die Normenerhöhung zurückgenommen habe. Am Morgen des 17. Juni forderte der BGL-Vorsitzende Fettling deshalb die Beschäftigten auf, die Arbeit wieder aufzunehmen, und sicherte zu, dass die ausgefallene Arbeitszeit bezahlt würde. »In der Versammlung standen einige Personen auf, die schrien, daß die Arbeitsaufnahme nicht in Frage käme, sondern daß sie zum Strausberger Platz marschieren würden und daß heute

Generalstreik sei«, sagte Fettling später im Verhör. »Darauf
gingen sofort 20 bis 30 Mann los zum Strausberger Platz, andere gingen später hinterher. Die besonnenen Bauarbeiter
brachten zum Ausdruck, daß sie sich nicht auf die Rüstung ge-
trauten, da sie nicht wollten, daß ihnen ›die Knochen zerschlagen werden‹.«[101] Verschärft wurde die Situation durch das
Auftreten zweier Vertreter des FDGB, die mit den Bauleuten
zu diskutieren begannen und Bauleitung und Betriebsgewerkschaftsleitung scharf angriffen. Es kam zu groben Beschimpfungen, so dass die FDGB-Funktionäre schließlich von der
Baustelle gewiesen wurden. »Die Folge war, dass auch die ar-
beitswillige Belegschaft unter Protest zum Strausberger Platz
ging«, hieß es in einem am selben Tag verfassten Beschwerde-
brief der Bauleitung. »Provokationen dieser Art haben alles
verdorben, was in den Verhandlungen des Vortags erreicht war.
[…] Wir fordern, die Kollegen [Name geschwärzt] und [Name
geschwärzt] für diese unverantwortliche Unruhestiftung zur
Rechenschaft zu ziehen.«[102]

In anderen Betrieben waren die Arbeiter sofort bereit zu
streiken. Siegfried Berger, Streikführer im Funkwerk Köpenick,
beschrieb später, wie der Ausstand in seinem Werk begann:
»Am Morgen des 17. Juni forderten mich Mitarbeiter und
Kollegen im Funkwerk auf, eine Betriebsversammlung zu lei-
ten, auf der über einen Streik und über eine Demonstration
entschieden werden sollte. Da meine politische Einstellung
bekannt war, glaubte ich, nicht ablehnen zu dürfen.« Am Ende
der Versammlung habe er förmlich darüber abstimmen lassen,
ob gestreikt und demonstriert werden solle, und von den rund
2000 Versammelten hätten nur etwa 17 bis 20 dagegen votiert.
Sogar leitende Mitarbeiter des Werkes hätten sich in der Diskussion gegen die Regierung ausgesprochen. Vor Beginn des
Marsches habe er dann drei Forderungen und Ziele der Aktion
formuliert – und dafür volle Zustimmung erhalten: »1. Rücktritt der Regierung, 2. Freie und geheime Wahlen, 3. Die Wiedervereinigung«.

Wie Berger weiter berichtete, lief die Demonstration geradezu preußisch diszipliniert ab: »Ich übernahm die Führung
des Demonstrationszuges und forderte alle Teilnehmer auf,
den Anweisungen unserer Kollegen, die den Ordnungsdienst
übernahmen, Folge zu leisten und keinerlei Ausschreitungen
oder Beschädigungen irgendwelcher Art zuzulassen. Mein

Kollege Hans Erler bot sich an, dem Zug mit seinem Moped vorauszufahren, um vor Zusammenstößen mit Volkspolizisten oder sowjetischen Soldaten zu warnen und Ausweichmöglichkeiten auszuspähen. Der Zug von mehr als 2000 Teilnehmern verlief ruhig und diszipliniert. Allerdings wurde er immer länger, denn weitere Einzelpersonen und Gruppen schlossen sich an.«[103]

So oder ähnlich begann der Morgen auch in zahlreichen anderen Betrieben. Als Zentren der Streikbewegung benannte die SED später den VEB »Fortschritt I« in Lichtenberg, die Yachtwerft und das Kabelwerk in Köpenick, die Elektro-Apparate-Werke (EAW) in Treptow und die früheren Niles-Werke in Weißensee, jetzt VEB Großmaschinenbau »7. Oktober«. Besonders aktiv waren zudem die Bauarbeiter der Stadt. Einer Aufstellung der IG Bau-Holz zufolge wurden am 17. Juni sämtliche Baustellen im Kreis Mitte bestreikt. Die Beschäftigten hätten teilweise gar nicht erst ihren Arbeitsplatz aufgesucht, sondern sich direkt zum Strausberger Platz begeben. Auch in anderen Ostberliner Stadtbezirken beteiligte sich ein Großteil der Bau- und Holzarbeiter an dem Ausstand. Namentlich an der Stalinallee, aber auch in Lichtenberg, Köpenick und Pankow blieben die meisten Baustellen verwaist. Ähnlich sah die Lage in den übrigen Branchen aus, vor allem in den großen Staatsbetrieben. In Köpenick traten 30 von 42 Werken in den Ausstand. In Mitte waren es ebenfalls 30 Betriebe mit insgesamt 25 055 Beschäftigten. Im Bezirk Friedrichshain, dem Ausgangspunkt des Aufruhrs, streikten die Arbeiter fast zu 100 Prozent. Von 63 000 Beschäftigten in 66 Ostberliner Betrieben außerhalb der Bauindustrie legten 37 000, also mehr als die Hälfte, die Arbeit nieder.

Im Unterschied zum Vortag hatten die Streikenden nur den Strausberger Platz als örtliches Ziel vor Augen. Was sie dort wollten oder wohin sie von dort ziehen sollten, blieb unbestimmt. Erst recht fehlte ihnen ein politisches Konzept und eine organisierte Führung für die Demonstration. Anders als in Bitterfeld, Halle oder Görlitz bildete sich im Laufe des Tages auch kein gemeinsames Streik- oder Organisationskomitee heraus, was den Arbeitern erst später schmerzhaft bewusst wurde. Ein Spitzel berichtete einige Tage danach aus einer Sammelzelle im Stasi-Untersuchungsgefängnis: »Die allgemeine Meinung ist, daß wenn eine direkte Streikleitung gewesen wäre, die einen Anführer gehabt hätte, dann hätte dieser Streik ein ganz anderes Ausmaß gehabt, man hätte dann den ganzen Osten überrannt. Die Katastrophe wäre dann nicht mehr aufzuhalten gewesen. Der gesamten Demonstration fehlte ein sogenannter Kopf, der die ganze Sache geleitet hätte.«[104]

Die Zahl der Demonstranten am Strausberger Platz war so groß, dass es schwierig war, die Übersicht zu behalten. Niemand fühlte sich befugt oder in der Lage, lenkend einzugreifen. Je nach Standort des Betriebs und dem Zeitpunkt des Abmarsches der Beschäftigten trafen die aus allen Himmelsrichtungen heranströmenden Marschkolonnen zu verschiedenen Zeiten auf dem Platz ein. An strategisch wichtigen Stellen hatte die Polizei Absperrungen errichtet, so dass die Arbeiter zum Teil auf Seitenstraßen ausweichen mussten. Aus diesem Grunde gab es – anders als am Vortag – keine gemeinsame, in sich geschlossene Großdemonstration, die an der Stalinallee begann und am Regierungssitz endete, sondern viele voneinander unabhängige Protestzüge, die den ganzen Tag durch die Stadt zogen und sich teilweise sogar in gegenläufiger Richtung bewegten. Die genaue Rekonstruktion dieses Durcheinanders ist im Nachhinein fast unmöglich.

Die ersten Demonstranten machten sich bereits um kurz nach 6 Uhr auf den Weg zum Strausberger Platz. So zogen nach Polizeiangaben im Stadtbezirk Friedrichshain gegen 6.30 Uhr rund 900 Beschäftigte des VEB Fortschritt durch die Möllendorfstraße und die Grünberger Straße zur Stalinallee. Zur selben Zeit hätten Provokateure die Arbeiter auf verschiedenen Großbaustellen aufgefordert, zum Strausberger Platz zu marschieren. Um 7.15 Uhr setzten sich rund 300 Mitarbeiter des VEB Vergaser in Bewegung, und um 7.30 Uhr formierte sich die Belegschaft des VEB Glühlampenwerk auf dem Werkshof zu einer Demonstration. Im Laufe des Vormittags schlossen sich dann immer mehr Betriebe an.

Bereits um 6.45 Uhr marschierten rund 1000 Demonstranten über die Stalinallee in Richtung Strausberger Platz. Ein ähnlich großer Zug rückte kurz darauf von der Warschauer Straße an. Auf dem Platz selbst herrschte deshalb schon bald dichtes Gedränge, so dass auch für die Bauarbeiter an einen geordneten Marsch nicht zu denken war. Bis in die Mittagsstunden näherten sich laufend weitere Züge aus den verschiedensten Betrieben. Sie riefen regierungskritische Losungen wie

»Wir fordern Preissenkung in HO – und unsere Führer in den Zoo« oder »Wir fordern freie Wahlen«. Um 12 Uhr, als in der Innenstadt bereits sowjetische Truppen wüteten, passierte im Bezirk Friedrichshain immer noch eine Menschenmenge die nahe gelegene Polizeidienststelle und schmetterte dabei fröhlich das Lied: »Heil Dir mein Brandenburger Land«. Die Belegschaft von Bergmann-Borsig in Wilhelmsruh, rund 2000 Mann, machte sich sogar noch später auf den Weg in die Innenstadt und erreichte um 15.10 Uhr erst das Rathaus Pankow.

Der Treffpunkt der Demonstranten am Strausberger Platz war am Morgen von der Polizei weiträumig abgeschirmt worden. In den Seitenstraßen standen Panzerspähwagen mit Sowjetsoldaten und Maschinengewehrwagen mit Polizisten. Um den Protest aufzuhalten, bildete die Polizei Sperrketten. Die muskulösen, entschlossenen Arbeiter durchbrachen sie jedoch bald, beispielsweise an der Ecke Koppenstraße. Dabei kam es zu ersten gewalttätigen Auseinandersetzungen. Der Maurer Günter Döhring berichtete, wie in Höhe der Fruchtstraße mehrere Reihen von Ordnungshütern versucht hätten, den Zug umzuleiten. Dem polizeilichen »Lagefilm« zufolge sollten sie vom in der Nähe befindlichen Stalindenkmal zurückgedrängt werden. Als Döhring von der Masse gegen die Uniformierten gedrückt wurde, schlug man ihm auf den Kopf. Anschließend drückten ihn vier bis fünf Mann zu Boden und zerrten ihn gewaltsam aus dem Zug. »Dann hat man mich an den Füßen angefaßt und über den grünen Rasen die Stalinallee langgeschleift, bis zu 40 oder 50 Meter. Da standen LKW. Da haben mich vier Mann angefaßt und auf den Wagen raufgeschmissen. Es waren schon etliche Demonstranten drin.«[105] Die Festgenommenen wurden in das Polizeipräsidium am Alexanderplatz gebracht und dort misshandelt. Andere Teilnehmer erlebten die Polizei dagegen anfangs eher defensiv. Sobald die Sperrketten durchbrochen waren, versuchte offenbar niemand mehr, sie aufzuhalten.

Von der Stalinallee marschierten die Protestierer auf verschiedenen Routen und zu unterschiedlichen Zeiten in Richtung Innenstadt. Schon um 8.10 Uhr registrierte die Polizei rund 5000 Demonstranten auf der Leipziger Straße, die sich in Richtung Haus der Ministerien bewegten. Etwa 1000 Menschen zogen zur selben Zeit auf der Straße Unter den Linden zum Brandenburger Tor. Eine dritte Marschsäule schob sich

von der Stalinallee über die Koppenstraße in Richtung Ost-
bahnhof vorwärts. Ein vierter Block bewegte sich über die
Warschauer Straße in Richtung Süden. Um 8.45 passierte erneut ein Zug den Strausberger Platz in Richtung Alexanderplatz, ein anderer bog in die Andreasstraße ein und marschierte
zur Holzmarktstraße. Die Stalinallee war an diesem Vormittag
ein einziger wogender Menschenstrom, so dass es schwierig
war, sich überhaupt in die Demonstration einzureihen. Wie
spontan der Aufbruch der Massen am Morgen erfolgt war,
konnte man nicht nur an der Kleidung der Demonstranten sehen, die meist in typischer Arbeitskluft und mit dem obligatorischen Frühstückspaket unterm Arm marschierten, sondern
auch daran, dass so gut wie keine Transparente zu sehen waren.

Viele Protestler nahmen dieselbe Route wie am Vortag: von
der Stalinallee über den Alexanderplatz in Richtung Unter den
Linden und von dort über die Wilhelmstraße zum Regierungssitz an der Leipziger Straße. Diesmal war die Menge jedoch
erheblich größer, und aus allen Richtungen trafen weitere Züge
im Stadtkern zusammen. Ganze Belegschaften waren geschlossen in die Stadt marschiert, von denen viele einen langen Fußmarsch zurückgelegt hatten. Allein aus Hennigsdorf, wo fast
15 000 Menschen die Arbeit niedergelegt hatten, kamen gegen
Mittag rund 6000 Demonstranten im Zentrum an, die die
Sperrketten der Grenzpolizei durchbrochen hatten und mehrere Stunden durch Westberlin marschiert waren. Noch um
12.40 Uhr, als am Haus der Ministerien schon sowjetische
Panzer standen, registrierte die Polizei, dass Tausende Demonstranten mit Transparenten das Stalindenkmal passierten
und zum Alexanderplatz wollten.

Wie am Vortag forderten die Streikenden andere Belegschaften auf, sich ihnen anzuschließen. Passanten und Neu-
gierige gesellten sich ebenfalls dazu. Aber auch Unbeteiligte
füllten die Bürgersteige, denn die öffentlichen Verkehrsmittel
hatten auf Anweisung der sowjetischen Besatzungsmacht seit
dem Vormittag den Betrieb eingestellt. Auf diese Weise sollte
verhindert werden, dass aus den Randgebieten Berlins weitere
Demonstranten in die Innenstadt gelangten. Fritz Schenk berichtete, dass gegen neun Uhr auf den Straßen der Innenstadt
bereits überall Demonstranten zu sehen gewesen seien. »Je näher wir der Stadtmitte kamen, um so dichter wurde der Menschenstrom.« Sein mit einer speziellen Autonummer gekenn-

zeichneter Regierungswagen habe viele Umwege fahren müssen, da die Demonstranten ihm wütend die Fäuste entgegengestreckt hätten. »Als wir das Regierungsgebäude erreichten, war die Straße zwar noch frei, aber vom Potsdamer Platz her schob sich durch die Leipziger Straße ein schwarzer Menschenstrom auf die Wilhelmstraße zu.«[106] Andere Zeitzeugen schilderten ebenfalls, dass am Alexanderplatz schon am Morgen ein Gewimmel aus Demonstranten und neugierigen Zuschauern geherrscht habe.[107] Die breiten Straßen der Innenstadt, ob Friedrichstraße, Unter den Linden oder am Potsdamer Platz, waren schwarz vor Menschen. Auf mindestens 100 000 wird die Zahl der damals Protestierenden geschätzt.

Die Forderungen der Demonstranten hatten sich gegenüber dem Vortag weiter radikalisiert. Funktionäre der Bezirksparteischule der SED notierten folgende Losungen: »Freie Wahlen« – »Abzug der Russen« – »Nieder mit Walter Ulbricht« – »Weitermachen! In Russland ist es jetzt auch soweit« – »In den anderen östlichen Ländern auch« – »Durchhalten!« – »Wir wollen nicht nur halbes Brot, sondern wir schlagen alle Russen tot« – »Wir fordern den Generalstreik« – »Nieder mit der deutsch-sowjetischen Freundschaft« – »Wir brauchen keine SED« – »Wir brauchen keine Volksarmee« – »Nieder mit der Regierung Grotewohl«.[108]

Schon am frühen Morgen, als sich die ersten Protestierer dem Haus der Ministerien näherten, hatten etwa 500 Polizisten den Regierungssitz abgeriegelt. In langen Regenmänteln, mit Koppel, Schlagstock und Pistole, bildeten sie Sperrketten um den Vorplatz an der Leipziger Straße. Durch die anrückenden Demonstrationszüge wuchs die Menschenmenge vor dem Gebäude jedoch beständig an. Gegen 8 Uhr wurde ihre Zahl auf 15 000 geschätzt, 20 Minuten später waren es schon 25 000. Nach Polizeiangaben bewegten sich auch danach weiterhin große Menschenmassen auf der Leipziger Straße in Richtung Potsdamer Platz. Nach Schätzungen der Westberliner Polizei hatten sich um 9.40 Uhr etwa 60 000 Demonstranten vor dem Sitz der DDR-Regierung versammelt. Auf den Zufahrtsstraßen stauten sich die Nachdrängenden. In Sprechchören forderten sie eine Senkung der HO-Preise um 40 Prozent, den Rücktritt der Regierung sowie freie und geheime Wahlen. Laut ertönte der Ruf: »Der Spitzbart muß weg« – die abfällige Bezeichnung für SED-Chef Walter Ulbricht. Da die Stadt noch nicht durch die Berliner Mauer geteilt wurde, gesellten sich auch Bewohner aus dem Westteil dazu.

Polizei und Behörden standen den Menschenmengen hilflos gegenüber. Auch die sowjetische Besatzungsmacht griff nicht ein. Auf den Straßen machte sich »der erste trunken machende Hauch von Freiheit« breit, wie es ein Mitarbeiter der britischen Militärregierung in Berlin formulierte: ein beinahe rauschhaftes Gefühl, die politischen Geschicke in die eigenen Hände zu nehmen und der Staatsmacht, die zuvor so Furcht einflößend erschienen war, ihre plötzliche Machtlosigkeit vorzuführen.[109] Noch heute strahlen die Gesichter der Teilnehmer auf den 50 Jahre alten Fotografien vor Stolz, Glück und Entschlossenheit.

Unter dem Ansturm der Demonstranten fiel die Diktatur der SED wie im Zeitraffertempo zusammen. Volkspolizisten entledigten sich ihrer Uniformen und mischten sich unter die Menge, SED-Mitglieder entfernten ihre Parteiabzeichen, Gewerkschaftsangehörige warfen ihre Ausweise auf die Straße. Die Demonstration schlug in einen offenen Aufstand um: Partei- und Verwaltungsgebäude wurden belagert, politische Transparente und Losungen zerfetzt, Propagandaeinrichtungen zertrümmert oder in Brand gesteckt. Sechs Gebäude fielen im Laufe des Tages in die Hände der Demonstranten. Attackiert wurden auch die HO-Läden, die als Symbole der Sowjetisierung galten und wegen ihrer überhöhten Preise weithin verhasst waren. Schon auf dem Weg zum Regierungssitz hatten Randalierer vereinzelt Geschäfte geplündert oder deren Schaufensterscheiben eingeschlagen. An mehreren Stellen, etwa in der Leipziger Straße, verhinderten Arbeiter aber auch, dass Läden ausgeräumt oder zerstört wurden. Aufgebrachte Demonstranten verlangten jedoch, dass sich das Verkaufsstellenpersonal an ihrem Marsch beteiligen und die Läden schließen sollte.

Einer der Unruheherde war die Wallstraße in Berlin-Mitte, wo eine Bauarbeiterdelegation am Vortag vergeblich versucht hatte, mit Gewerkschaftsfunktionären zu sprechen. Vor dem Gebäude der Gewerkschaftszentrale versammelten sich am Vormittag rund 1000 Demonstranten, so dass der Bundesvorstand des FDGB dringend Polizeischutz anforderte, um eine Besetzung zu verhindern. Ein paar Häuser weiter versuchten andere, das Magistratsgebäude zu stürmen. Auch die Scheiben am Gebäude der »Nationalen Front« gingen in Scherben. Etwas weiter, in der Auerstraße, wurde ein Projektierungsbüro aufgebrochen, in dem die Pläne über die von der SED aus dem Boden gestampfte Stalinstadt (heute: Eisenhüttenstadt) aufbewahrt wurden.

Der Hauptdruck der Demonstranten richtete sich jedoch gegen das Haus der Ministerien an der Leipziger Straße. In Ulbrichts Auftrag hatte Industrieminister Selbmann im Innern den Oberbefehl für die Verteidigung übernommen. Schutzpolizisten hatten mehrere Sperrketten um den Regierungssitz gebildet, der Vorplatz wurde mit Wasserwerfern beziehungsweise Feuerlöschschläuchen freigehalten. Die Menge verhielt sich anfangs ruhig und diszipliniert und versuchte durch Zurufe, die eingesetzten Polizisten auf ihre Seite zu ziehen. Lediglich eine gegenüberliegende Imbissstube der HO wurde von Jugendlichen gestürmt, während ein daneben liegendes Privatgeschäft unbehelligt blieb. Selbmann informierte Grotewohl in regelmäßigen Abständen, dass man das Gebäude aus eigener Kraft halten könne.

In dem Maße, wie der Druck von hinten wuchs, kam es jedoch an den Absperrungen zu handgreiflichen Auseinandersetzungen. Um 8.20 Uhr wurde die erste Sperrkette der Polizei durchbrochen. Von hinten flogen Steine, die in den gegenüberliegenden Trümmergrundstücken zu Tausenden herumlagen. Bis 9.45 Uhr zählte die Polizei 13 Verletzte in ihren Reihen. Die Zahl der verletzten Demonstranten wurde nicht registriert. Die Belegschaft des Regierungssitzes musste vor dem Gebäude antreten, um eine Gegendemonstration zu bilden und die Straße freizuhalten, was angesichts der zahlenmäßigen Übermacht der Demonstranten allerdings ein aussichtsloses Unterfangen war.

Kurz vor 10 Uhr rückte von hinten das Wachbataillon der Kasernierten Volkspolizei (KVP) an. Die einstige FDJ-Instrukteurin Ella Sarre erinnerte sich, dass etwa 20 vollbesetzte Überfallwagen rücksichtslos durch die Menge gefahren seien. KVP-Soldaten sprangen ab, drängten die Menschen gewaltsam zurück und bildeten Sperrketten. In der vordersten Linie kam es zu brutalen Szenen: Während die Demonstranten von hinten gegen die Absperrungen gedrückt wurden, schlugen die Einsatzkräfte mit Gummiknüppeln auf sie ein, um die Absperrungen zu halten. Einzelne Protestierer wurden eingekesselt und zusammengeknüppelt, etliche Menschen verletzt.

Auch die Arbeiter setzten sich nun zur Wehr, nahmen den Polizisten ihre Waffen weg und griffen selbst zu Knüppeln oder Schlagstöcken. Das Wachregiment meldete später 30 Verletzte und fünf Schwerverletzte.

Während dieser Auseinandersetzungen drängten die Massen immer näher an den Regierungssitz heran und drückten die Polizeiketten schrittweise zurück. Steine prasselten gegen die Fenster des Gebäudes, so dass zur Straße hin bald die meisten Scheiben zerstört waren. Sobald eine Sperrkette durchbrochen wurde oder ein Steinwurf ein noch unbeschädigtes Fenster zerstörte, schwoll der Lärm auf der Straße zu einem vielstimmigen Geschrei an. Während die Polizei den Vorplatz anfangs freihalten konnte, war dies an der lang gestreckten Seitenfront des Gebäudes schwieriger. An verschiedenen Stellen versuchten Demonstranten, in den Bau einzudringen. Einer Gruppe von mehreren Dutzend Personen gelang es schließlich, die Sperrkette vor dem Haupttor zu durchbrechen und bis ins zweite Stockwerk vorzudringen. Gegen 12 Uhr wurden sie wieder zurückgedrängt, wobei auf Anweisung Selbmanns Feuerwehrschläuche zum Einsatz kamen und Warnschüsse abgegeben wurden.

Ein anderes Zentrum der Auseinandersetzungen bildete der nahe gelegene Potsdamer Platz, dessen eine Seite zum Westsektor gehörte. Kurz vor 10 Uhr rissen Demonstranten ein Propagandahäuschen ab und schleppten es auf die Westseite des Platzes. Wenig später wurden ein so genanntes Aufklärungslokal der Nationalen Front in der Zimmerstraße und ein Zollhaus an der Leipziger Straße in Brand gesteckt sowie das Columbus-Haus gestürmt. Im Erdgeschoss dieses mehrstöckigen Hochhauses am Potsdamer Platz war ursprünglich eine HO-Filiale untergebracht, die als »Schaufenster des Sozialismus« vor allem für Westberliner Kunden gedacht, doch inzwischen geschlossen worden war. Demonstranten zertrümmerten die Scheiben des leer stehenden Ladenlokals und drangen gegen 10.30 Uhr in die oberen Stockwerke vor, wo sich eine Polizeiwache befand. Die Polizisten ergaben sich und mussten ihre Uniformen aus dem Fenster werfen. Vier von ihnen wurden der Westberliner Polizei übergeben, in der Annahme, dass sie dort zur Rechenschaft gezogen würden, drei flüchteten in die sowjetische Botschaft Unter den Linden. Das Gebäude, das einsam auf dem im Krieg weitgehend zerstörten

Platz stand, zog im Laufe des Tages immer wieder den Zorn der Demonstranten auf sich. Mehrfach flogen Akten, Stühle und Schränke auf die Straße. Am Nachmittag wurde das Haus schließlich in Brand gesteckt und brannte aus. Auch der benachbarte Gaststättenkomplex »Haus Vaterland« ging in Flammen auf.

Ein anderer Schauplatz war das Brandenburger Tor. Gegen 11.20 Uhr wurde dort unter den Augen Tausender Schaulustiger die rote Fahne vom Dach heruntergeholt. Der 22-jährige Lastwagenfahrer Horst Ballentin hatte in einem der Torbögen eine unverschlossene Tür entdeckt und war über eine Wendeltreppe nach oben gelangt. Dort holte er unter den Augen sowjetischer Offiziere die Fahne ein, während die unten Stehenden Beifall klatschten. Wenig später erklomm er noch ein zweites Mal das Tor und schnitt das Fahnentuch vom Seil, das anschließend wie eine Siegestrophäe unter den Demonstranten verteilt und verbrannt wurde. Am frühen Nachmittag versuchten Jugendliche noch einmal, auf das Tor zu gelangen und drei schwarz-rot-goldene Fahnen unter dem Jubel von etwa 2000 Menschen aufzuziehen. Das gelang ihnen jedoch nur zur Hälfte, weil sowjetische Soldaten in Panzerspähwagen auf sie schossen und sie so wieder vertrieben. Beschossen wurde auch Ballentin, als er später eine Fahne mit dem Berliner Bären hissen wollte, die er sich unter Mühen in Westberlin beschafft hatte. Die Kugeln verfehlten jedoch ihr Ziel und er konnte unverletzt den Rückzug antreten.

Die Wut der Demonstranten richtete sich auch gegen die provisorischen Grenzabsperrungen, die Berlin seit einiger Zeit durchzogen. Zwar war die Stadt noch nicht von der Mauer durchtrennt, doch die Straßenverbindungen zwischen dem östlichen und dem westlichen Teil wurden bereits von Wachposten kontrolliert. Davor standen Baracken des Amtes für die Kontrolle des Warenverkehrs (AKW). Überall verkündeten Schilder den Beginn beziehungsweise das Ende des »demokratischen Sektors« – so die euphemistische Bezeichnung der SED für ihren Sektor der Stadt. Nach Polizeiangaben wurde schon um 10.21 Uhr das Kontrollhäuschen an der Schillingbrücke zwischen den Bezirken Friedrichshain und Kreuzberg in Brand gesteckt und die Sektorenschilder abmontiert. Auch am Potsdamer Platz und zahlreichen anderen Stellen wurden die Kontrollposten überrannt und die Grenzhinweise umgerissen oder verbrannt. An der Bernauer, der Oderberger und der Köpenicker Straße besetzten Demonstranten die Grenzbaracken oder zündeten sie an.

Schlagzeilen machte eine Aktion an der Oberbaumbrücke, wo die Kontrollbude ebenfalls in Flammen aufging. Als sich dort der mehrere tausend Menschen umfassende Demonstrationszug aus dem Funkwerk Köpenick auf seinem Weg ins Zentrum ein kurzes Stück über Westberliner Gebiet bewegte, schob sich langsam eine schwere Tatra-Regierungslimousine an den Marschierenden vorbei. Die Streikenden erkannten in dem Wagen den stellvertretenden Ministerpräsidenten und Vorsitzenden der Ost-CDU Otto Nuschke, der sich auf dem Weg zu einer Sitzung befand. Sie holten ihn aus seinem Fahrzeug und übergaben ihn der Westberliner Polizei – offenbar wiederum in dem Glauben, dass er dort zur Verantwortung gezogen werde. Stattdessen wurde er jedoch auf seine Bitte hin in Schutzhaft genommen. Noch am Ort des Geschehens behauptete Nuschke in einem Interview mit dem RIAS, er sei von »Westberlinern« in den westlichen Sektor geschoben worden. Die Ost-CDU erklärte am nächsten Tag, Nuschke sei von »westberliner Banditen […] in den Westsektor verschleppt« und anschließend von der Polizei »festgenommen« worden.[110] Über den Aufmarsch der sowjetischen Truppen sagte Nuschke in dem Interview, die Panzer hätten nicht geschossen, sondern »nur gleichfalls demonstriert«.[111] Die Westberliner Polizei übergab Nuschke schließlich amerikanischen Geheimdienstoffizieren, die ihn vergeblich zu überreden versuchten, im Westen zu bleiben. Am 19. Juni 1953 wurde er an der Sektorengrenze auf freien Fuß gesetzt und kehrte unbehelligt nach Ostberlin zurück.

Sowjetische Truppen hatten zwischen 11 und 12 Uhr – also noch vor Verhängung des Ausnahmezustands – in das Geschehen eingegriffen. Zu dieser Zeit erschienen vor dem Haus der Ministerien die ersten russischen LKW. »Die Soldaten sind heruntergesprungen und haben mit Gewehren in die Luft geschossen«, erinnerte sich später der Bauarbeiter Heinz Kliem an die Situation, mit der die Niederschlagung des Aufstands eingeleitet wurde.[112] Panzerspähwagen fuhren auf, und von der Friedrichstraße her rollte langsam eine sowjetische Panzereinheit durch die Menschenmenge heran. In der Luke des vorausfahrenden Fahrzeugs stand ein Kommandeur im Offiziersmantel, bei dem es sich um den Militärkommandanten des sowjetischen Sektors von Berlin, Generalmajor Pawel Dibrowa, handelte. In gebrochenem Deutsch forderte er die Menge auf, nach Hause zu gehen, während er gleichzeitig die Polizisten anfeuerte, die Demonstranten entschlossener zurückzudrängen. Die Menschen reagierten auf die improvisierte Ansprache mit Pfiffen und Buhrufen, angeblich wurde der Kommandeur auch mit Steinen beworfen. Um 11.55 Uhr meldete ein Berichterstatter der SED, dass mittlerweile 20 sowjetische Panzer vor dem Haus der Ministerien aufgefahren seien. Einige von ihnen bezogen schützend Position vor dem aufgebrochenen Seiteneingang des Regierungssitzes. Ihre Luken waren geöffnet, was als Zeichen einer zu diesem Zeitpunkt noch eher defensiven Strategie interpretiert werden könnte. Schon kurz nach 12 Uhr war das Gebäude wieder völlig von Demonstranten geräumt. Selbmann zufolge kam der Kommandeur der Panzerkolonne wenig später in sein Arbeitszimmer und teilte mit, »daß er nun daran gehen werde, die Sektorengrenze abzusperren und mit Einsatz seiner Panzer die Straßen zu räumen«.[113]

Die Rote Armee ging nun zunehmend rigoros gegen die Demonstranten vor. Gemeinsam drängten Sowjetsoldaten und deutsche Polizeikräfte die Massen vor dem Regierungssitz in Richtung Westberliner Sektorengrenze ab. Um 12.05 Uhr registrierte die Westberliner Polizei auf dem Potsdamer Platz russische Panzer, die langsam durch die Menge rollten. Es gelang ihnen jedoch nicht, die Straße sofort zu räumen, da sich die Protestierer immer wieder neu sammelten. Um 12.40 Uhr lösten sowjetische Panzer jedoch einen Demonstrationszug auf, der sich in Richtung Brandenburger Tor bewegte.

Ungefähr um diese Zeit muss der Volkspolizei der Befehl zum Schusswaffeneinsatz gegeben worden sein. Bereits gegen 11 Uhr hatte das Präsidium angeordnet, dass die Demonstranten auf keinen Fall in die Polizeireviere eindringen dürften. Dies sei erst mit Warnschüssen und dann mit direktem Feuer zu verhindern – der Befehl zum Schießen. Auf dem Potsdamer Platz fielen um 12.45 die ersten Schüsse, das heißt, noch bevor das Kriegsrecht ausgerufen wurde. Soldaten feuerten aus Maschinenpistolen und Pistolen erst über die Köpfe der Menschen hinweg und dann in Körperhöhe. Mehrere Demonstranten fielen zu Boden, wo sie blutüberströmt liegen blieben. Andere hoben die Verletzten hoch und trugen sie eilends in den Westsektor. Bereits um 13.05 Uhr wurden dort etwa zehn verletzte Personen mit Brust- oder Beinverletzungen registriert. Rundfunkaufzeichnungen belegen, dass nicht nur vereinzelt, sondern in Salven auf die unbewaffnete Menge geschossen wurde. Auch Maschinengewehre wurden eingesetzt, so dass es zu einem regelrechten Massaker kam. Panisch rannte die Menge nunmehr auseinander, um sich in U-Bahn-Eingängen oder hinter Trümmermauern in Sicherheit zu bringen. Auf der Straße rangierten unterdessen die sowjetischen Panzer mit lautem Motorengeheul und richteten drohend ihre Geschützrohre auf die verbliebenen Menschen. In geschlossener Front rollten sie über den Platz und versuchten, die Demonstranten zu vertreiben.

Um 13 Uhr rief der sowjetische Stadtkommandant Dibrowa den Ausnahmezustand aus. Danach waren Menschenansammlungen von mehr als drei Personen verboten. Zwischen 21 und 5 Uhr galt eine Ausgangssperre. Zuwiderhandlungen wurden nach dem Kriegsrecht, das heißt durch Standgerichte und Erschießungskommandos bestraft. Lautsprecher und der Rundfunk verkündeten wenig später die Anordnung.

Auf die Lage in der Stadt hatte sie zunächst kaum Einfluss. Das unerwartete Eingreifen sowjetischer Truppen führte anfangs nicht etwa zu einer Beruhigung, sondern entfachte erst recht den Volkszorn. Gegen Mittag hatte der Aufruhr große Teile der Berliner Innenstadt erfasst. Auf dem Marx-Engels-Platz fand eine Großkundgebung von etwa 50 000 Menschen statt. Gruppen junger Leute kippten Regierungsfahrzeuge um oder lieferten sich handgreifliche Auseinandersetzungen mit Agitatoren und Sicherheitskräften. Bereits um 11.30 Uhr meldete die Polizei, dass Demonstranten den Namensschriftzug vom Walter-Ulbricht-Stadion heruntergerissen hätten. Anderswo wurde ein Polizeifahrzeug umgeworfen. Um 11.45 Uhr brannte der Bücherkiosk an der Ecke Friedrichstraße/Unter den Linden, unweit des FDJ-Zentralrats. Um 11.50 Uhr kam es zu Tumulten vor dem Gebäude des Nationalrats am Leipziger Platz. Um 12.10 Uhr wurde der Haupteingang der Berliner Verkehrsgesellschaft in der Liebknechtstraße gestürmt. Um 12.25 Uhr ging an der Leipziger Straße ein staatlicher Kiosk in Flammen auf. Um 12.35 Uhr wurde ein kommunistischer Verlag in der Friedrichstraße gestürmt. Um 13.30 Uhr eroberten Demonstranten die Häuser der IG Metall und der Gewerkschaftszeitung »Tribüne«, wenig später das Berolina-Haus am Alexanderplatz sowie das Postfernmeldeamt in Friedrichshain. Akten und Mobiliar wurden auf die Straße geworfen und verbrannt. Belagerer sammelten sich vor dem Polizeipräsidium am Alexanderplatz und dem Gebäude des Zentralkomitees der SED in der Wilhelm-Pieck-Straße, die Machtzentrale des Regimes. Einzelne Demonstranten gingen auch gegen Volkspolizisten und Grenzposten, SED-Mitglieder und Mitarbeiter des Staatssicherheitsdienstes vor.

Die Leipziger Straße zwischen Wilhelmstraße und Potsdamer Platz blieb für Stunden Schauplatz eines ungleichen Kampfes. Aus Angst vor den Kugeln war ein Großteil der Demonstranten auf die Westseite des Potsdamer Platzes geflüchtet. Dort waren inzwischen Lautsprecherautos SED-kritischer Organisationen, Übertragungswagen der Rundfunkanstalten und Sanitätsfahrzeuge aufgefahren. Tausende von Schaulustigen, Demonstranten und Sympathisanten beobachteten das Geschehen wie in einer Kampfarena. Ein sowjetischer Panzer fuhr in die Mitte des Platzes und bezog dort drohend Position. Mit Fäusten, Knüppeln und Steinen traten die Menschen den Soldaten entgegen. Einige Unerschrockene versuchten, die Panzer lahm zu legen, indem sie ihre Stabantennen abknickten oder ihnen Holzbalken zwischen die Ketten und in die Geschützrohre schoben. Einzelne kletterten sogar auf die Türme mit dem Ziel, die Luken zuzudecken oder aber aufzureißen, um Steine hineinzuwerfen. Ein Lautsprecherwagen auf der Westseite des Platzes appellierte kurzzeitig an die sowjetischen Soldaten in russischer Sprache: »Schießt nicht auf deutsche Arbeiter, nicht auf Proletarier, nicht auf Eure Brüder.«

Nach dem ersten Schock über das brutale Vorgehen der Sicherheitskräfte sammelten sich an der Ruine des ehemaligen Kaufhauses an der Leipziger Straße erneut zahlreiche Demonstranten und drängten zurück auf den Platz. Sowjetische Soldaten, die mit Maschinengewehren und Maschinenpistolen Stellung bezogen hatten, gaben jetzt aus kürzester Entfernung mehrere Salven auf sie ab. In regelrechten Wellen fluteten die Menschen auf dem Potsdamer Platz hin und her. In aller Eile mühten sich Passanten, die Verwundeten in den Westsektor zu tragen, damit sich Sanitäter um sie kümmern konnten. Auch die Westberliner Polizei auf der Westseite des Platzes drängte

146

nun die Menschen aus der Gefahrenzone ab und verhinderte mit Sperrketten, dass sie zurück in den Ostsektor gelangen konnten. Bis 14 Uhr hatte sich die Zahl der Demonstranten dadurch auf etwa 800 verringert. Eine halbe Stunde später registrierte die Polizei den ersten Toten. Eine Kugel hatte einen der Aufständischen in den Kopf getroffen. 25 Personen erlitten Hieb- und Schlagverletzungen. Um 15.40 Uhr schossen Volkspolizisten erneut auf die verbliebenen Demonstranten und verletzten dabei mindestens zehn Personen. Erst nach einer weiteren halben Stunde gelang es 200 Polizisten, den weitläufigen Platz endgültig abzusperren. Jetzt fielen nur noch vereinzelt Schüsse. Ketten von Uniformierten mit langen Regenmänteln und Maschinengewehren im Anschlag nahmen drohend auf der Leipziger Straße und der Wilhelmstraße Aufstellung, vor sich nur noch leer gefegte Straßen.

Auch an anderen Brennpunkten der Stadt gingen Soldaten der sowjetischen Armee und des neu geschaffenen DDR-Militärs gewaltsam gegen die Demonstranten vor. Um 13.05 Uhr räumten sowjetische Soldaten mit Panzerfahrzeugen und Schützenketten den Platz vor dem Ministerium für Post- und Fernmeldewesen in der Mauerstraße. Dabei gaben sie mehrere MG-Salven auf die rund 1500 Demonstranten ab, die versucht hatten, in das Gebäude einzudringen. Vor dem ZK-Gebäude an der Wilhelm-Pieck-Straße wurden die Protestierenden gewaltsam vertrieben. Am Alexanderplatz begannen sowjetische Truppen und Einheiten der Kasernierten Volkspolizei gegen 14.15 Uhr damit, die rund 25 000 Demonstranten abzudrängen. Ein KVP-Angehöriger berichtete später, wie man mit einem T 34-Panzer die Menschen in Richtung der späteren Rathauspassagen verjagte: »Vorneweg fuhr der Panzer mit einem Offizier in der Turmluke, der von den Demonstranten beschimpft und mit Steinen beworfen wurde. Der Panzer wurde von mot.-Schützen flankiert, die mit Schützenwaffen ausgerüstet waren und Warnschüsse in die Luft abgaben. Durch diesen demonstrativen Schußwaffen- und Panzereinsatz entstand offensichtlich auch eine Panik unter den Demonstranten, und in 15–20 Minuten waren dann die Massen vom Platz verdrängt.«[114]

Es blieb jedoch nicht bei Warnschüssen. Vor dem Polizeipräsidium feuerten Polizisten und sowjetische Soldaten auch direkt in die Menge; mehrere Menschen wurden dabei getötet, viele verletzt. Die meisten Demonstranten zogen sich nunmehr aus dem immer gefährlicher werdenden Geschehen zurück. Um 14 Uhr konnte der sowjetische Hochkommissar in Deutschland, Semjonow, nach Moskau berichten, dass das von den Aufständischen angegriffene Regierungsgebäude nach dem Erscheinen der sowjetischen Panzer »befreit« worden sei. Die Demonstranten seien auch vor der SED-Zentrale und dem Polizeipräsidium zurückgedrängt worden. Wem die SED die Beendigung der Unruhen zu verdanken hatte, machte sein Bericht ebenfalls klar: »Solange unsere Truppen keine aktiven Maßnahmen für die Beilegung der Unruhen ergriffen, gelang es den Demonstranten, den Widerstand der Deutschen und der Kasernierten Volkspolizei, die im allgemeinen ordnungsgemäß handelten, zu überwinden.«[115] Erst mit dem Eingreifen der sowjetischen Truppen habe sich die Lage zu normalisieren begonnen.

Die Marschkolonnen streikender Arbeiter, die sich immer noch durch die Stadt bewegten, wurden jetzt überall aufgelöst. Die Belegschaft des Funkwerks Köpenick, die sich am Morgen auf den Weg gemacht hatte, traf am Nachmittag auf der Warschauer Straße auf eine Formation von bewaffneten Volkspolizisten, die ihre Gewehre im Anschlag hielten. Die Streikenden in der ersten Reihe hakten sich unter und versuchten den Zug zu stoppen, was nicht so einfach war, weil die weiter hinten Laufenden nicht sahen, was vorn vor sich ging. Erst als die Polizisten den Arbeitern ihre Gewehrläufe auf die Brust drückten und riefen »Zurück, oder wir schießen!«, kam der Zug langsam zum Stehen. Was dann passierte, beschrieb der Streikführer Siegfried Berger so: »Ich erklärte den Vopos, daß wir Arbeiter aus Köpenick wären, aber sie sagten, wenn wir nicht zurückgingen, hätten sie Befehl zu schießen. Langsam bewegte sich die Masse hinter uns zurück. Als die Entfernung zur Polizistenkette etwa gut 50 Meter betrug, schossen sie doch. Wir hatten etwa drei bis fünf Verletzte, die wir alle mit in den Westsektor nehmen konnten. Dies war das Ende unseres über fünf Stunden dauernden Protestmarsches.«[116]

Um 14.35 Uhr räumten sowjetische Truppen und Kräfte der Volkspolizei mit Waffengewalt die Straße Unter den Linden. Ein Panzer erfasste dabei einen jugendlichen Demonstranten und überrollte ihn. Wenig später wurde der Marx-Engels-Platz gesäubert. Kurz nach 18 Uhr besetzten zwei Züge der KVP mit jeweils 50 Mann die Oberbaumbrücke. Auch die anderen Grenzstationen wurden wieder unter Kontrolle gebracht. Um 18.45 Uhr befahl der Operativstab des Polizeipräsidiums, die Sektorengrenze hermetisch abzusperren und möglichst viele Verhaftungen vorzunehmen. Zum ersten Mal in seiner Geschichte war Berlin an diesem Abend eine geteilte Stadt. Stundenlang standen etwa 1000 Westberliner vor einer Polizeisperre an der Scharnhorststraße, bis man sie nach langem Warten in den Westteil der Stadt zurückließ. An strategischen Punkten bezogen sowjetische Panzer und Panzerabwehrgeschütze Stellung, gegen 19 Uhr kam der Befehl, die Plakate, die die Verhängung des Ausnahmezustands verkündeten, in der ganzen Stadt anzukleben.

Vor allem jugendliche Demonstranten führten bis in die Abendstunden einen verzweifelten und todesmutigen Abwehrkampf. Vor dem Polizeipräsidium am Alexanderplatz, in Pankow und an anderen Stellen der Stadt bauten sie Barrikaden und Straßensperren. Trotz des Ausnahmezustands besetzten sie Parteibüros, warfen Akten auf die Straße und verbrannten sie. In zahlreichen Regierungsgebäuden und staatlichen Geschäften gingen die Fensterscheiben zu Bruch. Um 15.45 Uhr registrierte die Polizei in der Nähe des Nordbahnhofs immer noch etwa 2000 bis 3000 Demonstranten. Wenig später waren in der Chausseestraße zwischen Schwarzkopfstraße und Liesenstraße sämtliche Kioske der staatlichen Konsum-Organisation geplündert.

Obwohl ab 21 Uhr eine Ausgangssperre galt, dauerte es noch bis spät in die Nacht, bevor sich die Menschenansammlungen auf den Straßen auflösten. Da keine Verkehrsmittel fuhren, mussten die Menschen zwangsläufig zu Fuß nach Hause gehen. Noch um 21.10 Uhr meldete die Polizei, dass sie eine größere Menschenmenge vor dem FDJ-Büro in Friedrichshain zerstreut habe. In der Nähe des Potsdamer Platzes kam es die ganze Nacht über zu sporadischen Schießereien. Sowjetisches Militär bezog auf allen wichtigen Straßen und Plätzen mit Panzern, Geschützen und Maschinengewehren Stellung. Insgesamt waren 20000 sowjetische Soldaten, 600 Panzer sowie 15000 ostdeutsche Polizisten und Armeeangehörige eingesetzt, um den Aufstand in Berlin niederzuschlagen.

Auf Anweisung der westlichen Alliierten und des Senats half auch die Westberliner Polizei mit, die Unruhen zu dämpfen. Eine Polizeieinheit, die das sowjetische Ehrenmal im Westteil der Stadt schützen sollte, bekam gegen 15 Uhr den Auftrag, die Menschen auf der Charlottenburger Chaussee (heute: Straße des 17. Juni) in den Ostsektor abzudrängen. Der gesamte Straßenzug zwischen Bellevueallee und Brandenburger Tor wurde durch Polizisten geräumt. Auch aus südlicher Richtung durfte sich niemand mehr dem Tor nähern. In ähnlicher Weise ging man gegen Menschenansammlungen an der Kochstraße vor. In der Westberliner Siemensstraße wurden 20 Jugendliche, die die Geschäftsstelle der dortigen SED-Kreisleitung stürmen wollten, zerstreut; das drei Meter breite Hinweisschild am Haus wurde vorsorglich in Sicherheit gebracht. Auf Befehl der Britischen Militärregierung wurde auch eine Ballonaktion der Kampfgruppe gegen Unmenschlichkeit an der Lehrter/Invalidenstraße verboten. Gegen 20 Uhr forderte der Bezirksbürgermeister von Kreuzberg, Willy Kressmann, die etwa 3000 verbliebenen Demonstranten auf der Westseite des Potsdamer Platzes über Lautsprecher auf, sich nach Hause zu begeben. Auch der RIAS rief dazu auf, die Anordnungen der sowjetischen Besatzungsmacht zu respektieren und Zusammenstöße mit den sowjetischen Truppen zu vermeiden.

Der Tag endete mit einer blutigen Bilanz. Am Abend meldete der britische Stadtkommandant dem Londoner Außenministerium, dass am Potsdamer Platz zwei Menschen durch Schusswaffeneinsatz getötet worden seien; 40 seien mit Verletzungen in Westberliner Krankenhäuser eingeliefert worden. Die Westberliner Polizei sprach von 56 Verletzten. Bis zum nächsten Tag erhöhte sich die Zahl der Toten und Verletzten noch weiter: Der britische Kommandant meldete über drei Tote allein in seinem Sektor, davon zwei, die aus dem Westteil der Stadt stammten. Auch die Westberliner Polizei musste ihre Zahlen mehrfach nach oben korrigieren: Am Abend des 18. Juni registrierte sie 59 Verletzte, die in Krankenhäusern behandelt wurden. Bis kurz vor Mitternacht steigerte sich die Zahl der Verletzten auf 64. Drei Tote konnten identifiziert werden, alles junge Männer zwischen 17 und 25 Jahren. Insgesamt kamen bei der Niederschlagung der Unruhen in Berlin 14 Menschen ums Leben.

# Der unerwartete Flächenbrand

Der Berliner Bauarbeiterstreik am 16. Juni und die Ereignisse vor dem Haus der Ministerien waren nicht nur in der ehemaligen Reichshauptstadt mit Aufmerksamkeit verfolgt worden. Die Kunde vom Marsch durch die Stalinallee verbreitete sich in der ganzen DDR wie ein Lauffeuer. Viele hörten durch Zufall davon im Radio, andere wurden durch Freunde, Bekannte oder Kollegen darüber informiert. Die Nachrichten hatten fast überall eine einschlagende Wirkung.

Meist wurde schon am Morgen des 17. Juni auf dem Weg zur Arbeit, beim Eintreffen im Betrieb oder spätestens in der Frühstückspause darüber debattiert. Oft bildeten sich kleinere Diskussionsgruppen, die sich rasch zu regelrechten Versammlungen auswuchsen. Wenn sich Kollegen fanden, die mit Überzeugungskraft dafür eintraten, die Berliner Bauarbeiter zu unterstützen und ebenfalls in den Ausstand zu treten, kam es zu spontanen Arbeitsniederlegungen. Ein solcher Streik in einer einzelnen Abteilung hatte in den Großbetrieben oft zur Folge, dass sich über kurz oder lang auch andere Betriebsteile anschlossen und schließlich überall die Arbeit ruhte. In dieser Situation kamen die Belegschaften häufig in Werkhallen oder auf Betriebshöfen zu Vollversammlungen zusammen, wo sie das weitere Vorgehen debattierten und eine Streikleitung nominierten. In zahlreichen Fällen beschlossen sie am Ende einer solchen Zusammenkunft, das Werkgelände zu verlassen und geschlossen in die Innenstadt zu ziehen, an der Spitze das spontan gewählte Streikkomitee. Durch Boten und während ihres Marsches forderten sie andere Betriebe auf, sich ihnen anzuschließen – auf diese Weise wurde der Streik zum Flächenbrand.

In der Literatur ist das Geschehen am 17. Juni oftmals in zwei Phasen eingeteilt worden: Danach hätten sich die Beschäftigten auf Baustellen und in Betrieben in einem ersten Stadium zum Streik entschlossen und seien anschließend vergleichsweise organisiert in die Stadtzentren marschiert. In einem zweiten Stadium hätten sich ihnen dann auch andere Bevölkerungsgruppen angeschlossen, so dass die Streikkomitees kaum noch Einfluss auf den weiteren Verlauf der Ereignisse hatten. Der Protest sei breiter und radikaler geworden, hätte aber zugleich Richtung und Organisation verloren.

Tatsächlich begann die Erhebung in den meisten Orten damit, dass zunächst die Arbeiter der Großbetriebe, zumeist in disziplinierten Kolonnen und unter Führung ihrer betrieblichen Sprecher, in die Innenstädte zogen. Auf dem Lande und in den Kleinstädten waren die Demonstrationen zwar bunter zusammengesetzt, doch auch hier fanden sich oft lokale Wortführer, die der Bewegung voranschritten. Meistens mündeten diese Märsche in Kundgebungen, zum Teil aber auch in einem offenen Aufstand, etwa wenn politische Gefangene befreit oder Rathäuser und Gemeindeverwaltungen besetzt wurden. In manchen Orten kam es zu regelrechten Verhandlungen mit den verantwortlichen Funktionären. In dieser Phase gab es nur vereinzelt Ausschreitungen oder Plünderungen. In der Regel richteten sich diese gegen besonders verhasste Symbole der SED-Herrschaft wie Transparente oder Propagandakioske, teilweise waren auch staatliche HO-Läden betroffen.

Im zweiten Stadium der Erhebung lösten sich die Streiks und Protestmärsche in eine umfassendere, aber auch unstrukturierte Masse auf. Diese bevölkerte die Innenstädte und besaß häufig keine klare Leitung mehr. Jetzt beteiligten sich auch andere Stadtbewohner an dem Aufmarsch – Büroangestellte, Passanten, Frauen, Jugendliche – und fanden sich meist zu großen Kundgebungen zusammen. Die Streikbewegung wurde zur Volkserhebung. Spätestens in dieser Phase dominierten die politischen Forderungen wie die nach Rücktritt der Regierung, freien Wahlen oder der Wiedervereinigung Deutschlands. Dabei ergriff die Menschen eine siegesgewisse Stimmung, die vor allem Jugendliche und einfache Arbeiter dazu veranlasste, auch gewaltsam gegen den SED-Staat vorzugehen. Bei diesen Aktionen ging es in der Regel nicht um eine kontrollierte Übernahme von Gebäuden oder Einrichtungen, sondern um die symbolische Vernichtung der Parteidiktatur durch Zerstörung von Bildern, Losungen, Akten und Inven-

Berlin, 17. Juni 1953: Demonstranten ziehen durch das Brandenburger Tor. Die Fahnen sind mit Blumen geschmückt.

Demonstrationszug auf der Straße Unter den Linden.

3  Berlin, 16. Juni 1953: Bauarbeiter ziehen über die neu errichtete Stalinallee zum Alexanderplatz.

4  Der Demonstrationszug bewegt sich durch die Berliner Innenstadt. Auf dem Transparent steht: »Wir Bauarbeiter fordern Normsenkung«.

5  Die Demonst-
ranten versam-
meln sich vor
dem Haus der
Ministerien.
Im Vordergrund
Trümmergrund-
stücke an der
Leipziger Straße.

6  Sperrkette der
Volkspolizei am
Sitz der DDR-
Regierung.

7  Berlin, 17. Juni 1953: Brennender Propagandakiosk am Potsdamer Platz.

8  Von Demonstranten zerstörtes Regierungsfahrzeug.

Brennendes Columbus-Hochhaus am Potsdamer Platz vom Westteil der Stadt aus gesehen. Vorne links: Ein Westberliner Polizist erteilt Anweisungen.

10   Demonstranten in Berlin fordern freie Wahlen.

11   Ein Arbeiter paradiert mit einem abmontierten Ostberliner Grenzschild
»Ende des demokratischen Sektors«.

2 Auf der Westseite des Brandenburger Tores suchen Demonstranten Schutz
vor den Schüssen sowjetischer Soldaten.

13  Panzer der Roten Armee an der Kreuzung Wilhelmstraße/Leipziger Straße.
Auf dem vorderen Fahrzeug steht der sowjetische Stadtkommandant, Generalmajor Pawel Dibrowa.

4  Sowjetische Panzer beziehen in der Leipziger Straße Stellung. Links die Ruine des Kaufhauses Wertheim.

5  Am Potsdamer Platz versucht ein junger Demonstrant, die Antenne eines Panzers abzuknicken.

16 Blick vom Potsdamer Platz in die Leipziger Straße. Demonstranten ballen die Fäuste, als sowjetische Soldaten aufziehen.

17 Auf dem Potsdamer Platz fallen die ersten Schüsse.

18  Straßensperre am Haus der Ministerien. Vorne Kasernierte Volkspolizei, dahinter Truppen der Roten Armee.

9  Titelseite des SED-Zentralorgans »Neues Deutschland« vom 18. Juni 1953.

20  Sowjetische Panzerspähwagen vor der Humboldt-Universität Unter den Linden.

21  Am Zeughaus wurde ein jugendlicher Demonstrant von einem sowjetischen Panzer überrollt.

tar. Umlagert wurden auch die Gefängnisse, um die Freilassung der politischen Häftlinge zu erzwingen. Zur Eskalation trug bei diesen Ereignissen häufig bei, dass Polizisten und Funktionäre, trotz ihrer zahlenmäßigen Unterlegenheit, sich in den Gebäuden verschanzten und nicht zur Übergabe bereit waren. In verschiedenen Orten entwickelten sich daraus blutige Auseinandersetzungen. Diese zweite Phase wurde zumeist durch das Eingreifen starker bewaffneter Verbände und die Verhängung des Ausnahmezustands beendet, so dass es nicht mehr zu einer Reorganisation der Aufstandsbewegung unter den nach wie vor agierenden Streikleitungen und Wortführern kam.

Genauer betrachtet, existierten diese beiden Stadien allerdings nur theoretisch in dieser scharfen Abgrenzung. In Wirklichkeit überlappten sie sich oder waren eng miteinander verbunden. Für den jeweiligen Ablauf der Ereignisse war entscheidend, welches Element stärker war: der unorganisierte Massenprotest oder die am Vormittag entstandenen, meist noch schwachen Leitungsstrukturen. Ob es den spontan nominierten Sprechern gelang, so etwas wie revolutionäre Autorität zu gewinnen, hing manchmal nur davon ab, ob eine Lautsprecheranlage beschafft werden konnte, über die sie sich verständlich machen konnten.

Wenn es noch eines Beweises für die Spontaneität des Aufstands bedarf, dann ist es der, dass sich die skizzierte Dynamik nicht synchron, sondern zeitversetzt entwickelte. In einigen Betrieben und Orten setzte sie bereits am frühen Morgen ein, in anderen im Laufe des Vormittags und mancherorts sogar erst am 18. Juni. In einer Reihe von Unternehmen und Regionen überschritt man erst gar nicht die Schwelle zum aktiven Streik oder zum Protest auf der Straße. Es blieb bei erregten Debatten oder einer verzögerten Arbeitsaufnahme.

Einen Plan zum Sturz der SED-Herrschaft gab es nicht. Nirgendwo versuchte man, gezielt die Schaltzentralen der Macht in die Hände zu bekommen oder die Nachrichten- und Transportwege zu blockieren. Niemand bemühte sich, wie von der sowjetischen Besatzungsmacht befürchtet, die Entscheidungsträger des SED-Regimes festzusetzen oder, wie 1956 in Ungarn, bewaffnete revolutionäre Verbände zu bilden. Bei aller Erregung dominierten die passiven Formen des Protestes wie Streiks, Demonstrationen und Kundgebungen. Auch die Erstürmung von Parteizentralen, Gewerkschaftshäusern und Gefängnissen erfolgte spontan und hatte überwiegend symbolische Bedeutung. Im Unterschied zu anderen Arbeitskämpfen oder Volkserhebungen gab es am 17. Juni keinerlei organisatorisches Zentrum, keine die Entwicklung steuernden Parteien oder Gewerkschaften, keine bewusst agierenden Anführer, ja noch nicht einmal einen zentralen Aufruf.

Umso erstaunlicher ist vor diesem Hintergrund, dass sich die Bewegung so schnell ausbreitete. Die DDR befand sich offensichtlich in einer revolutionären Situation, wie sie von Lenin und anderen kommunistischen Revolutionstheoretikern eigentlich nur für den Kapitalismus prognostiziert worden war: Die Herrschenden *konnten* nicht mehr so weiterregieren wie bisher, und die Beherrschten *wollten* nicht mehr so weiterregiert werden.

Der Wucht der Erhebung hatte die SED zunächst kaum etwas entgegenzusetzen. Nur so ist es zu erklären, dass im Laufe des Tages in der ganzen DDR über 140 Gebäude gestürmt werden konnten, darunter 13 Polizeigebäude, acht SED-Zentralen, sechs Gewerkschaftshäuser, 14 Bürgermeistereien und elf Kreisverwaltungen. In Görlitz, Niesky, Jena, Bitterfeld und Merseburg fielen auch die Dienststellen des Staatssicherheitsdienstes in die Hände der Aufständischen. Selbst gut gesicherte Gefängnisanlagen wurden – zum Teil unter Verlust von Menschenleben – erobert, um die politischen Gefangenen zu befreien.

Die Schwerpunkte der Volkserhebung lagen in Berlin und Umgebung, im mitteldeutschen Industriegebiet um Bitterfeld, Halle, Leipzig und Merseburg, im Raum Magdeburg sowie in den Industriestädten Jena, Gera, Brandenburg und Görlitz. In diesen Gegenden waren es vor allem die Belegschaften der Großbetriebe, die den Protest prägten. Allein die Leuna-Werke beschäftigten damals 28 000 Mitarbeiter, die Buna-Werke 18 000, die Farbenfabrik Wolfen 12 000 und die Lokomotivwerke Hennigsdorf 12 000 Arbeiter. Alle diese Unternehmen beteiligten sich mehr oder weniger geschlossen an den Streiks. Berechnungen aus dem Jahr 1991 ergaben, dass der Bezirk Halle mit 149 000 Streikenden an der Spitze lag, gefolgt von Leipzig mit 114 000, Potsdam mit 46 000 und Cottbus mit 39 000. An nächster Stelle kamen die Bezirke Magdeburg (32 000), Erfurt (31 000) und Gera (27 000). Die DDR erlebte eine gigantische Streikwelle, die umso beeindruckender erscheint, als sie in keiner Weise vorbereitet oder organisiert worden war.

Die Behauptung der SED, dass die Mehrheit der Arbeiterklasse »die Provokateure nicht unterstützt, sondern energisch zurückgewiesen« habe, erweist sich vor diesem Hintergrund als pure Propaganda.[117] In Wirklichkeit lagen die Zentren des Massenausstands gerade in jenen traditionellen Industriegebieten Mitteldeutschlands, die einst Hochburgen der kommunistischen und sozialdemokratischen Arbeiterbewegung gewesen waren. Offenbar waren hier die aus den zwanziger Jahren überlieferten Erfahrungen mit Streiks und Arbeitskämpfen lebendiger als anderswo. Aber auch objektiv war es in den von großen Industrieunternehmen dominierten Gebieten einfacher, flächendeckende Streiks zu organisieren.

Für die SED, die sich selbst als »Vorhut der Arbeiterklasse« betrachtete, bedeutete diese Entwicklung eine herbe Niederlage. Die wichtigsten Teile der ostdeutschen Arbeiterschaft hatten am 17. Juni die Arbeit niedergelegt, darunter die Beschäftigten vieler von der DDR-Führung besonders gehätschelter Betriebe. Dazu zählten nicht nur die Baustellen an der Stalinallee, sondern vor allem die Unternehmen der vom Fünfjahrplan massiv bevorzugten Schwerindustrie. So beteiligten sich in der Eisen- und Stahlerzeugung neun der insgesamt zehn Hüttenwerke an dem Ausstand – Großbetriebe mit jeweils Tausenden von Beschäftigten. Auch im Baubereich sowie im Erz- und Kalibergbau kam es zu umfangreichen Arbeitsniederlegungen. Dass in anderen Regionen viele Belegschaften nicht die Schwelle zum organisierten Streik überschritten, bedeutete nicht, dass dort die Unzufriedenheit geringer gewesen wäre.

So war es kein Beweis besonderer Loyalität, wie die SED später behauptete, wenn sich das Eisenhüttenkombinat Ost (EKO) in der aus dem Boden gestampften Stalinstadt nicht an dem Streik beteiligte. Sowjetisches Militär hatte vielmehr schon um 10 Uhr die Werktore besetzt, so dass die über 5000 Bauarbeiter, die am Morgen als Erste in den Ausstand getreten waren und am Nachmittag auch eine Demonstration durchführten, ihre Kollegen aus dem Industriebetrieb nicht mehr mobilisieren konnten. Ähnliches galt für die Max-Hütte sowie den Steinkohle- und Uranbergbau. Der Abbau des militärisch wichtigen Urans durch die Wismut-AG unterstand direkt der

155

sowjetischen Besatzungsmacht und wurde entsprechend streng überwacht; 2223 Mann umfasste allein der von der ostdeutschen Polizei gestellte Betriebsschutz. Die Kumpel demonstrierten deshalb nicht hier, sondern fuhren mit zahllosen Bussen und Lastwagen nach Gera, Jena oder Weida und beteiligten sich dort mit Tatkraft an den Aktionen.

Streiks, Demonstrationen oder gewaltsame Ausschreitungen wurden im Juni 1953 in allen ostdeutschen Großstädten mit mehr als 100 000 Einwohnern registriert. Außer den bereits genannten Orten Berlin, Halle, Leipzig und Magdeburg zählten dazu die Städte Potsdam, Rostock, Dresden, Erfurt, Zwickau und Karl-Marx-Stadt (heute wieder: Chemnitz). Zusammengenommen lebten hier 1950 gut 20 Prozent der ostdeutschen Bevölkerung. Aktionen gab es aber auch in den meisten Bezirkshauptstädten der DDR, das heißt zusätzlich in Cottbus, Frankfurt/Oder und Gera. Aktivitäten wurden ferner in sämtlichen Städten mit mehr als 50 000 Einwohnern verzeichnet, also auch in Brandenburg, Dessau, Eisenach, Görlitz, Gotha, Jena, Plauen, Stralsund, Weimar und Wismar. Allein diese Aufzählung zeigt, wie weitreichend die Erhebung war.

Durch die Öffnung der Archive ist mittlerweile deutlich geworden, dass es darüber hinaus auch in zahllosen kleineren Ortschaften zu Aktionen kam. So sind allein aus dem Bezirk Halle mehr als 100 solcher Orte bekannt geworden. In den Bezirken Magdeburg und Potsdam waren es über 70 und in den Bezirken Leipzig und Dresden etwa 50. Selbst in den dünn besiedelten und vergleichsweise ruhig gebliebenen Nordbezirken waren es jeweils mehr als ein Dutzend Orte. Im Bezirk Suhl, der bei der Volkserhebung am 17. Juni das Schlusslicht bildete, waren es immerhin noch sieben Ortschaften. Wie sehr sich nicht zuletzt die Landbevölkerung an den Unruhen beteiligte, kann man daran ersehen, dass es auch in 213 Dörfern, die weniger als 2000 Einwohner hatten, zu Protesten kam.

Die Intensität der Rebellion war nicht überall gleich, sondern unterschied sich von Region zu Region, oft sogar von Ort zu Ort. In den Bezirken Schwerin, Neubrandenburg und Suhl kam es am 17. Juni praktisch kaum zu Streiks und Demonstrationen. Gleichwohl gab es auch hier kritische Diskussionen in Betrieben und auf Dorfversammlungen. In den Bezirken Karl-Marx-Stadt und Rostock – hier erst am 18. Juni – beschränkten sich die Unruhen auf Arbeitsniederlegungen in einigen Betrieben, während sich in den Bezirken Cottbus, Erfurt und Frankfurt die Menschen auch zu öffentlichen Protestmärschen sammelten. In Berlin und in den Bezirken Dresden, Gera, Halle, Leipzig, Magdeburg und Potsdam kam es darüber hinaus zur Erstürmung vieler Gebäude, also zu Formen eines offenen Aufstands. Auch in dieser Beziehung lag der Schwerpunkt der Erhebung in den mitteldeutschen Industriegebieten, in der Region um Magdeburg sowie in einzelnen industriell geprägten Städten wie Jena, Gera, Brandenburg und Görlitz.

Zu den Kennzeichen der Erhebung gehörte es, dass die zu Anfang dominierenden wirtschaftlichen und sozialen Parolen fast überall in politische umschlugen. Die Programmatik der Aufständischen entwickelte eine enorme Dynamik. Während anfangs einzelne, handfeste Probleme im Vordergrund standen, ging es meist bald gegen das System als Ganzes. In den Forderungskatalogen der Belegschaften spiegeln sich deshalb fast immer beide Dimensionen wider. Auf das Verlangen nach dem Rücktritt der Regierung und freien Wahlen folgte oft eine detaillierte Aufzählung von konkreten Missständen, deren Beseitigung ultimativ gefordert wurde – so wie in diesem Katalog eines Betriebes in Roßwein im Bezirk Leipzig, den die Belegschaft am Morgen des 18. Juni aufstellte:

»*a) politische Forderungen*
Freie Wahlen für Gesamtdeutschland
Abzug der Besatzungsmächte
Rücktritt der unfähigen Regierungsmitglieder
Aufhebung des Ausnahmezustands
Freilassung der Verhafteten in Berlin
Bestrafung derjenigen, die etwas verbockt haben
Abschaffung des Kulturdirektors
Abschaffung der hohen Gehälter der VP [Volkspolizei]
Freie Demokratie für diejenigen Personen, die bei der jetzigen Aktion zur Bestrafung vorgesehen sind
*b) wirtschaftliche Forderungen*
40%ige Senkung der HO-Preise
Normensenkung allgemein
Einführung der Betriebsklassen
Entlassung des Arbeitsdirektors Lange

Urlaubszwischenstufe für Gesenkbau-Schmiede
Allgemeine Erhöhung der Renten
Haushaltstag für ledige Frauen, die einen Haushalt besitzen
Überprüfung des Verwaltungspersonals .
Ablösung der TAN-Sachbearbeiter
Einführung der Lebensmittelkarte A für die Schmiede
Lohnverhältnis in der Schmiede – zwischen dem Helfer und
dem Schmied 43% zu 52%
Abschaffung der Lebensmittelkarten und allgemeine Preis-
senkung
Erhöhung des Wohnungsbaus für 1954
Abschaffung der Kulturprämien.«[118]

In eine schwierige Lage gerieten unter diesen Umständen besonders die Gewerkschaftsvertreter, die sich einerseits um die
Belange der Arbeiter kümmern sollten, andererseits den Vorgaben der SED unterworfen waren. Namentlich die Mitglieder der Betriebsgewerkschaftsleitungen hatten die Aufgabe, die
Anliegen der »Werktätigen« aufzugreifen und in geeigneter
Weise gegenüber der Werksleitung zu vertreten. Konfrontiert
mit der Unzufriedenheit der Beschäftigten, luden sie daher in
vielen Betrieben zu Belegschaftsversammlungen ein, die oftmals eine nicht mehr zu steuernde Dynamik entwickelten: Die
Arbeiter stellten weitreichende wirtschaftliche und politische
Forderungen, riefen zu Streiks und Demonstrationen auf und
wählten sich schließlich unabhängige Vertreter. »Am 17. Juni
sind manche Gewerkschaftsfunktionäre den rückständigen
Elementen gefolgt und haben sich an den Ausständen beteiligt«, rügte später das Zentralkomitee.[119] Doch erst im Nachhinein wurde das auch für DDR-Verhältnisse durchaus legi-
time Verhalten einzelner Betriebsgewerkschaftsleitungen als
Vorbereitung einer »faschistischen Provokation« gebrandmarkt und – wie im Fall des Berliner BGL-Vorsitzenden Fettling – als »verbrecherische Handlung« kriminalisiert.

Unter dem Eindruck der mächtigen Streikbewegung sind die
Ereignisse im Juni 1953 oft als Arbeiteraufstand bezeichnet
worden. So schrieb Arnulf Baring in seiner zusammenfassenden
Darstellung des 17. Juni: »Die Arbeiter – verstärkt durch eine
große Anzahl Jugendlicher – haben den entscheidenden Anteil
an Zustandekommen und Verlauf der Volkserhebung gehabt.
Dagegen ist es unter den Bauern nur vereinzelt zu Unruhen

gekommen. Die Mittelschichten, Bürgertum und Intelligenz, haben sich fast völlig aus den Ereignissen herausgehalten. Nur in Ausnahmefällen (wie in Görlitz) haben sich Intellektuelle am 17. Juni beteiligt.«[120] Neuere Forschungen zeigen indes, dass dieses Urteil nicht richtig ist. In Wirklichkeit war die soziale Basis der Erhebung so breit und vielfältig, dass man zu Recht von einem Volksaufstand sprechen kann.

Nach der Öffnung der DDR-Archive hat sich herausgestellt, dass es auch auf dem Lande zu zahlreichen, teilweise sehr radikalen Protesten kam. Sie wurden ganz oder überwiegend von der bäuerlichen Bevölkerung getragen und ähnelten denen in den Städten. Obgleich in den agrarisch geprägten Regionen aufgrund der geringeren Bevölkerungsdichte und der bäuerlichen Arbeitsweise wenig Möglichkeiten zu Streiks und Massendemonstrationen bestanden, sprang der Funke der Revolution auch auf viele Landgemeinden über. Vielerorts kam es zu Versammlungen, Aufläufen oder Aktionen gegen Einrichtungen und Funktionäre des SED-Staates.

Auch in den Städten war das Bild vielfältiger, als es die Marschkolonnen der Arbeiter auf den ersten Blick vermuten lassen. Meist schlossen sich ihnen schon auf dem Weg in die Innenstädte andere Bevölkerungskreise an. In vielen Berichten werden – neben den besonders aktiv in Erscheinung getretenen Jugendlichen – Verkäuferinnen, Studenten, Krankenhauspersonal und eine Reihe weiterer Berufsgruppen genannt. Eine 1991 aufgetauchte Liste des Staatssicherheitsdienstes über Personen, die sich in Jena am Aufstand beteiligten, umfasst einen breiten Querschnitt der DDR-Gesellschaft – vom Eisenwarenhändler bis zum Hilfsassistenten an der Universität.

Schon kurz nach der Niederschlagung des Aufstands wurde in der Bundesrepublik anhand von Gerichtsurteilen, Flüchtlingsberichten und anderen Unterlagen versucht, die soziale Zusammensetzung der Aufständischen näher zu bestimmen. Dabei ergab sich – ungeachtet mancher methodischer Unzulänglichkeiten – ein gewichtiger Anteil von »bürgerlichen« Kräften an den Aktionen. In den aktiven Gruppierungen, also den Streik- oder Stadtkomitees, waren Arbeiter eher unterrepräsentiert. Bei den seinerzeit bekannt gewordenen Prozessen gegen Teilnehmer des Aufstands waren sechs von zehn Urteilen gegen Nicht-Arbeiter ergangen – wobei einschränkend berücksichtigt werden muss, dass die SED ein Interesse daran hatte, die Beteiligung von Arbeitern möglichst gering erscheinen zu lassen. Auch von den 23 Unterzeichnern des Gründungsaufrufs für das von geflüchteten Wortführern der Erhebung gegründete »Komitee 17. Juni« in Westberlin waren elf Arbeiter, fünf Angestellte und fünf Akademiker beziehungsweise Künstler.

Inzwischen wurden in den Archiven Unterlagen gefunden, die genaueren Aufschluss über die soziale Basis des Aufstands geben. Jahrzehntelang waren sie in der DDR geheim gehalten worden. Die Bezirksleitung der SED bezifferte die Zusammensetzung der Demonstranten am 17. Juni in der Leipziger Innenstadt in einer groben Analyse mit 20 000 Arbeitern, 10 000 Kleinbürgern, 10 000 Hausfrauen und 2000 bis 3000 Schülern. Für exakte statistische Zählungen bestand keine Gelegenheit. Detailliert untersucht wurde jedoch die soziale Herkunft der Verhafteten. Aus einer Aufschlüsselung des DDR-Innenministeriums geht hervor, dass von den bis dahin festgenommenen 5296 Personen 65 Prozent Arbeiter, 13 Prozent Angestellte und knapp zwei Prozent Arbeitslose waren. Neben 3500 Arbeitern waren 1200 Angestellte, Selbständige und Bauern inhaftiert worden. Nach einer anderen Statistik, die das Ministerium für Staatssicherheit Anfang Juli 1953 anfertigte, waren von den dort in Gewahrsam gehaltenen 4493 Personen knapp 40 Prozent Industriearbeiter, acht Prozent Angestellte sowie gut acht Prozent »Berufslose«. Die Unterschiede zwischen beiden Aufstellungen sind möglicherweise darauf zurückzuführen, dass bei der letztgenannten die Zahl der »Sonstigen« mit 22 Prozent sehr hoch ist. Auf dem Lande wurden nach Angaben des MfS insgesamt 401 Personen festgenommen. Bei ihnen handelte es sich zum größten Teil um »Einzelhändler, ambulante Gewerbetreibende, Schmiede, Gastwirte, Versicherungsangestellte und einige Traktoristen, also nicht um ausgesprochene Landarbeiter«.[121]

In einer zusammenfassenden Analyse des Zentralkomitees der SED heißt es, dass im mitteldeutschen Raum die Führung der Streiks hauptsächlich in den Händen der chemischen Betriebe »und hier besonders bei den Angehörigen der Intelligenz« gelegen habe. Auch in vielen rundfunk- und fernmeldetechnischen Betrieben hätten Letztere »zu den führenden feindlichen Kräften« gezählt. Proteste und streikartige Arbeitsverweigerungen habe es auch im Bereich der Krankenhäuser und Universitätskliniken gegeben.»Oft wurden feindliche Handlungen von Schülern unter Beteiligung und Begünstigungen von Lehrern durchgeführt.«[122] In einem nach dem Aufstand angefertigten Bericht über die Situation in Berlin wurde die Einschätzung vertreten, dass in den Streikkomitees viele Laborleiter, Entwicklungsingenieure, Hauptbuchhalter und Leiter der Entwicklungsabteilungen aktiv gewesen seien.

Erkenntnisse über einzelne Führungsgruppen bestätigen inzwischen, dass in ihnen keineswegs nur Arbeiter mitwirkten. In den auf Spezialisten angewiesenen Produktionszweigen waren technische Angestellte häufig sogar an führender Stelle beteiligt, vielleicht, weil sie die Forderungen der Arbeiter besser formulieren konnten. So bestand die Streikleitung des Funkwerks Köpenick aus zwei Wissenschaftlern sowie einer Reihe weiterer Angestellter. Im Funkwerk Dabendorf organisierten der Hauptbuchhalter, der Produktionsleiter sowie die Leiter der wichtigsten Abteilungen den Ausstand. Im VEB Ausrüstung, Bergbau und Schwerindustrie (ABUS) in Dresden wählte die Belegschaft eine Kommission, deren Mitglieder zu mehr als der Hälfte aus Angestellten bestand. In den Großbetrieben von Jena oder Wolfen sah es ähnlich aus. Auch in den überbetrieblichen Streikkomitees, die in manchen Orten einige Stunden lang als Repräsentanten der Aufstandsbewegung in Erscheinung traten, waren nicht nur Arbeiter vertreten. In Görlitz bestand das Komitee fast ausschließlich, in Halle teilweise aus Angehörigen des Mittelstandes.

Für den Verlauf der Ereignisse am 17. Juni war oftmals entscheidend, ob sich in einem Betrieb geeignete Sprecher fanden, die die Unzufriedenheit artikulieren und in einen organisierten Protest überleiten konnten – Menschen mit Ausstrahlung, Mut und Führungskraft. Sie waren es, die der Unzufriedenheit der Arbeiter eine Richtung gaben, die klare Forderungen formulierten und zu Arbeitsniederlegungen oder Demonstrationen aufriefen. Auch in der zweiten Phase, während der sich die Proteste aus den Betrieben in die Stadtzentren verlagerten, hing der Fortgang der Ereignisse oft von den Fähigkeiten der betrieblichen oder lokalen Wortführer ab. Eine Rolle spielte aber auch, ob und welche Gegenmaßnahmen von deutscher oder sowjetischer Seite zur Eindämmung der Unruhen eingeleitet wurden. Je eher und umfassender diese erfolgten, desto weniger konnte sich der Aufstand entfalten. Ein dritter Faktor, der den Verlauf beeinflusste, waren die konkreten örtlichen Gegebenheiten: die Nähe der Industriebetriebe zum Stadtzentrum, die Überschaubarkeit eines Ortes oder eines Platzes, die Möglichkeit, Lautsprecher oder den so genannten Stadtfunk zu nutzen, Übertragungsanlagen, die in der DDR zu Propagandazwecken in Dörfern und Städten installiert worden waren. Abhängig von diesen Faktoren bildeten sich vier unterschiedliche Verlaufstypen der Erhebung heraus, die zugleich die entscheidenden Entwicklungsstufen des Aufstands markieren: reine Arbeitsniederlegungen, größere Demonstrationen, aufstandsähnliche Aktionen sowie schließlich die Übernahme der Macht auf lokaler Ebene.

# Arbeitsniederlegungen in Chemnitz
## und Potsdam

Die Bilanz der Stasi war positiv. Sechs Tage nach dem 17. Juni resümierte sie in einer internen Analyse über den Verlauf des 17. Juni im Bezirk Karl-Marx-Stadt, daß es »während der Zeit der faschistischen Provokationen im wesentlichen verhältnismäßig ruhig blieb. Bis auf Aktionen in den Betrieben Trikotagenwerk Crimmitschau, Wälzlagerwerk Fraureuth, IFA-Werk Werdau und Bau-Union Freiberg, wo gestreikt wurde, kam es zu keinen größeren Ausschreitungen und Provokationen.«[123]

Tatsächlich legten in dem bevölkerungsreichsten DDR-Bezirk nur wenige Betriebe die Arbeit nieder. Insbesondere in der Bezirkshauptstadt Karl-Marx-Stadt (heute wieder Chemnitz), eine Stadt von annähernd 300 000 Einwohnern, blieb die Lage überraschend ruhig. Niemand demonstrierte dort für den Rücktritt der Regierung oder freie Wahlen, keiner stürmte die lokalen Machtzentralen, die Proteste bewegten sich auf niedrigster Stufe. SED-Chef Ulbricht machte den Bewohnern später das zweifelhafte Kompliment, in den Tagen des Aufstands fest zur DDR gestanden und damit »die Ehre der deutschen Arbeiterklasse gewahrt« zu haben.[124]

Die Ruhe in Chemnitz war freilich nicht auf eine größere Verbundenheit zur SED zurückzuführen. Nicht einmal der Staatssicherheitsdienst mochte dies behaupten. Er machte in seiner Bilanz vielmehr die »großzügige Hilfe unserer Freunde«, also der sowjetischen Besatzungsmacht, die frühzeitigen Gegenmaßnahmen der Partei und die »soziale Zusammensetzung der Bevölkerung« dafür verantwortlich. Insbesondere lobte er das rechtzeitige »Einsetzen von Agitationsgruppen und Instrukteurbrigaden, die sofort das Gesetz des Handelns ergriff[en] und alle Anzeichen von Streiks, Provokationen, Demonstrationen im wesentlichen unterbinden konnten«.[125] Stolz meldete die Bezirksleitung der SED nach Berlin: »Wir sind der Meinung, daß in dem schnellen Reagieren der Bezirksleitung, die selbständig, ohne Anweisungen des ZK, rechtzeitig genügend die Partei mobilisierte, mit die Ursache liegt, warum es im Bezirk [...] zu keinen wesentlichen Streiks und Ausschreitungen kam.«[126]

Das schnelle Handeln hatte Gründe. Bereits am 9. Juni ließen nämlich rund 400 Beschäftigte des Herstellers von Nahrungsmittelmaschinen NAGEMA die Arbeit ruhen und verlangten eine Herabsetzung der Normen. Sechs Tage später versammelten sich dann im nahe gelegenen Johanngeorgenstadt etwa 1000 Menschen und protestierten dagegen, dass sie wegen einiger Uranvorkommen zwangsweise umgesiedelt werden sollten. Derart vorgewarnt, veranlasste die SED-Bezirksleitung Karl-Marx-Stadt bereits in der Nacht vom 16. zum 17. Juni umfangreiche Sicherheitsvorkehrungen.

Die SED bildete einen »Kampfstab«, der in Abstimmung mit der Polizei und dem Staatssicherheitsdienst Maßnahmen zur Vorbeugung von Streiks und Demonstrationen traf. Er legte unter anderem fest, Partei- und Verwaltungsgebäude besser zu sichern und Funktionäre in die wichtigsten Betriebe zu entsenden. Bei kritischen Diskussionen sollten sie mitteilen, dass die Normenerhöhungen aufgehoben worden seien, um so den unzufriedenen Arbeitern den Wind aus den Segeln zu nehmen. Am Morgen wurden die Beschäftigten schon bei der Anfahrt überwacht, um Vorabsprachen über Proteste zu verhindern. Bei kleineren betrieblichen Missständen erfolgten noch an Ort und Stelle konkrete Zusagen. Größere Versammlungen wurden verhindert, indem kritische Fragen auf Abteilungsebene oder noch darunter diskutiert wurden. Wortführer, so die Anweisung der Agitatoren, sollten, insbesondere wenn sie politische Forderungen erhoben, in Verhandlungen verwickelt und so von ihren Kollegen fern gehalten werden. Kam es wider Erwarten doch zu Arbeitsniederlegungen, wollte man versuchen, die Streikenden in kleine Gruppen aufzusplittern.

Schon in der Nacht hatte man zudem Vorbereitungen für einen massiven Polizei- und Militäreinsatz getroffen: Die Sicherheitskräfte wurden in erhöhte Alarmbereitschaft versetzt und umfangreiches Personal zum Objektschutz und zur Beobachtung herangezogen. Rund 3000 Polizisten waren seit dem Morgen des 17. Juni im Bezirk Karl-Marx-Stadt im ständigen Einsatz, davon allein 800 im Streifendienst und fast ebenso viele im Objektschutz. Zusätzlich wurden 300 freiwillige Volkspolizeihelfer (VP-Helfer) und 2400 bewährte SED-Mitglieder mobilisiert. 67 von ihnen waren allein für den Schutz der SED-Bezirksleitung abgestellt. Zur Verteidigung der Volkspolizeibehörde stellte man einen bis ins Detail ausgearbeiteten Schlachtplan auf.

Unter diesen Umständen wundert es nicht, dass am Morgen in allen Betrieben die Arbeit zunächst aufgenommen wurde. Erst am Vormittag legten in der Stadt in vier Volkseigenen Betrieben Teile der Belegschaften kurzzeitig die Arbeit nieder; im Spinnerei- und Zwirnmaschinenbau sowie im Büromaschinenwerk I beteiligten sich jeweils 200 Arbeiter an den Streiks. Im gesamten Bezirk traten an diesem Tag rund 1500 Beschäftigte in 13 Betrieben in den Ausstand. In Zwickau, Aue, Reichenbach und Hainichen tauchten zudem regierungsfeindliche Flugblätter auf.

Durch den Einsatz der Funktionäre gelang es jedoch schon bald, die Arbeiter zu bewegen, zurück an ihre Werkbänke zu gehen. Bereits am Nachmittag wurde in allen Betrieben wieder normal gearbeitet. Zu größeren Belegschaftsversammlungen wie in anderen Bezirken kam es nur im IFA-Karosseriewerk Meerane. Sicherheitshalber verhängte der sowjetische Stadtkommandant am Abend jedoch den Ausnahmezustand über die Stadt.

In vielen Betrieben blieb es aber unruhig. Am 18. Juni weiteten sich die Streiks sogar aus, denn nun legten im gesamten Bezirk Karl-Marx-Stadt fast 2500 Beschäftigte die Arbeit nieder. Vergeblich versuchten zudem Arbeiter der Wismut AG, mit 40 Fahrzeugen nach Karl-Marx-Stadt zu gelangen; sowjetische Truppen vertrieben sie bereits an der Bezirksgrenze. Die Unruhen konzentrierten sich jetzt im Wesentlichen auf zwei Betriebe der Metallindustrie und eine Großbaustelle in Freiberg, wo Streikleitungen gewählt und der Sturz der Regierung sowie die Aufhebung des Ausnahmezustands gefordert wurden. Dass die Bauarbeiter in den Ausstand getreten waren, stieß sogar bei der Stasi offenbar auf ein gewisses Verständnis, denn in ihren Analysen wies sie darauf hin, dass die 1200 Beschäftigten in Baracken untergebracht seien, in denen es weder Licht noch Wasser, noch Klosettanlagen gebe, für die sie aber jeden Monat 54 Mark Wohnungsgeld zahlen müssten.

Am 19. Juni waren die Streiks im Bezirk Karl-Marx-Stadt

immer noch nicht beendet. Rund 520 Menschen in zwei Betrieben blieben nach wie vor der Arbeit fern. Auch in den Folgetagen kam es auf verschiedenen Belegschaftsversammlungen zu hitzigen Diskussionen, bis sich die Lage allmählich wieder beruhigte. Bei vielen Menschen blieb freilich ein bitterer Nachgeschmack zurück, wenn sie an die Ereignisse am 17. Juni zurückdachten: »Die streikenden Arbeiter in Westdeutschland werden als Helden bezeichnet«, zitierte die Stasi einige Tage später eine 30-jährige Lohnbuchhalterin, »bei uns, wenn die Arbeiter streiken, wird gleich der Ausnahmezustand verhängt.«[127]

Auch im Bezirk Potsdam war die SED vorgewarnt: Bereits am 12. Juni hatten sich, wie erwähnt, in Brandenburg zahlreiche Menschen vor der Untersuchungshaftanstalt versammelt. Die Volkspolizei verstärkte daraufhin in allen Gefängnissen die Sicherheitsvorkehrungen. Da der Bezirk in unmittelbarer Nähe zu Berlin lag, war man ohnehin besonders auf der Hut.

Tatsächlich beschlossen bereits am späten Abend des 16. Juni auf einer Baustelle der Reichsbahn im Kreis Oranienburg rund 1100 Beschäftigte der Bau-Union Hohenschöpping, in den Streik zu treten. Vergeblich hatte sich der Parteisekretär bemüht, die Arbeiter zu beruhigen. »Einige Provokateure«, so vermerkte die aufgeschreckte Volkspolizei, »versuchten sich in den Besitz von Schreibmaschinen zu setzen, vermutlich, um Flugblätter zu schreiben.«[128]

Unter diesen Umständen wurde im Bezirk Potsdam am 17. Juni schon um 5.40 Uhr die höchste Alarmstufe ausgerufen. Wegen der schlechten Verkehrsverbindungen auf dem Lande erschienen die meisten Polizisten aber trotzdem erst zur üblichen Arbeitszeit auf den Dienststellen. Zur Unterstützung der Polizei wurden im Laufe des Tages zusätzlich 507 freiwillige VP-Helfer und 878 Parteigenossen mobilisiert.

Die Unruhen in dem Bezirk konzentrierten sich auf die Stadt Brandenburg sowie auf die Orte Rathenow, Premnitz und Belzig, wo es jeweils zu Demonstrationen kam. Gestreikt wurde zudem in Niemegk, Luckenwalde und Zehdenick. Besonders betroffen waren auch die Randgebiete Berlins mit den Orten Teltow, Ludwigsfelde, Königs Wusterhausen, Zossen, Hennigsdorf und Oranienburg, wo sich viele Arbeiter allein oder in ganzen Zügen auf den Weg in die ehemalige Reichshauptstadt machten. Insgesamt registrierte die Polizei – in leichter

Abweichung zu späteren Berechnungen – etwa 50 000 Streikende und 45 000 Demonstranten. Bestreikt wurden 59 Volkseigene Betriebe und fünf Privatunternehmen.

Dass die Lage in Potsdam selbst verhältnismäßig ruhig blieb, lag in erster Linie am entschlossenen Eingreifen der Sicherheitskräfte, die in der russischen Garnisonsstadt besonders massiert waren. In der Stadt kam es am 17. Juni immer wieder zu kleineren Menschenaufläufen, jedoch zu keiner geschlossenen Demonstration. So sammelten sich gegen 11.30 Uhr auf dem Bahnhof zahlreiche Personen, die nach Berlin fahren wollten, aber keine Fahrkarten bekamen und deshalb zu Fuß über die Glienicker Brücke nach Westberlin marschieren wollten. Auch in Rehbrücke versammelten sich rund 50 Personen auf offener Straße. Am Abend rotteten sich erneut etwa 150 Menschen auf dem Platz der Nationen (heute: Luisenplatz) in der Potsdamer Innenstadt zusammen. Doch in den Betrieben, die den Protesten größeres Gewicht hätten verleihen können, wurde die Arbeit nur vorübergehend niedergelegt.

Wichtigster Großbetrieb in Potsdam war der VEB Lokomotiv- und Waggonbau (LOWA) »Karl Marx« im Stadtteil Babelsberg mit etwa 1800 Beschäftigten. Gegen Mittag erschienen dort vier Vertreter der Potsdamer Verkehrsbetriebe und erkundigten sich, ob die Belegschaft in den Streik treten werde. In diesem Falle würden auch sie sich anschließen. Um 14 Uhr, mit Beginn der Nachmittagsschicht, ließen die Beschäftigten des Karl-Marx-Werkes tatsächlich die Arbeit ruhen. Im Kulturhaus des Betriebes fand eine Belegschaftsversammlung statt, bei der der Werkleiter die Arbeiter vergeblich beschwor, in die Produktionshallen zurückzukehren. Wie die Polizei später vermerkte, versuchten die Wortführer nunmehr, »die Werktätigen zu einer Demonstration zu veranlassen. Die Auswirkung einer solchen Demonstration hätte zur Folge gehabt, daß sich ein großer Teil anderer Betriebe angeschlossen hätte.«[129] Um dem Auszug der Belegschaft zuvorzukommen, verriegelte die Polizei jedoch das Werk und verhinderte auf diese Weise einen Demonstrationszug in das Stadtgebiet. Kurze Zeit später erschien ein sowjetischer General und verlangte, dass die Streikenden an ihre Arbeitsplätze zurückkehrten, ansonsten würden sie verhaftet. Unter diesen Umständen nahm der größte Teil der Nachmittagsschicht bis 16.30 Uhr wieder die Arbeit auf.

Im gesamten Kreis Potsdam streikten am 17. Juni etwa 4000 Beschäftigte in elf Betrieben. Im VEB Dentaltechnik forderten die Beschäftigten auf einer Versammlung den Sturz der Regierung und die Entlassung des Produktionsleiters wegen seiner Zusammenarbeit mit dem Staatssicherheitsdienst. Auch diese Ausstände wurden jedoch durch das Eingreifen der Sicherheitskräfte bald beendet. So fand im VEB »Carl von Ossietzky« in Teltow um 10 Uhr eine Versammlung statt, bei der der Rücktritt der Regierung gefordert wurde. Der Streik wurde durch einen Polizeieinsatz niedergeschlagen und die Streikleitung inhaftiert. Um 20 Uhr verhängte der sowjetische Militärkommandant schließlich den Ausnahmezustand.

Gleichwohl kam es am nächsten Morgen im Karl-Marx-Werk erneut zu Unruhen. Um 7.45 Uhr registrierte der Staatssicherheitsdienst: »Provokateure und Arbeiter sammeln sich im Kulturraum und halten Versammlung ab. Verlangen Sturz der Regierung und Aufstellung einer Streikleitung.«[130] Gegen 9 Uhr begannen etwa 60 Arbeiter, durch das Werk zu marschieren und Losungen zu rufen wie »Nieder mit der Regierung«, »Wir fordern freie Wahlen« oder »Willst du ein guter Deutscher sein, dann reih dich bei uns ein«.[131] Die Demonstration bewegte sich durch die Fertigungsstätten zum Kulturhaus, wo sich etwa 1500 Arbeiter versammelten und von der Werkleitung Rechenschaft über die Verhängung des Ausnahmezustands forderten. Mit Hilfe Erich Honeckers gelang es der SED jedoch, einen längeren Streik abzuwenden. Der FDJ-Chef, der inzwischen in dem Werk erschienen war, schlug den Streikenden vor, aus allen Abteilungen zwei Delegierte zu benennen, um mit ihnen über die strittigen Fragen zu diskutieren. Dadurch vermied er es, direkt mit der aufgebrachten Menge debattieren zu müssen. Tatsächlich stellten die Delegierten dann rein betriebliche Fragen, und nur ein Einziger forderte, dass die Regierung zur Verantwortung gezogen werden müsse. Um 10.30 Uhr erschien schließlich der sowjetische Stadtkommandant und verlangte ultimativ, dass die Arbeit innerhalb einer Viertelstunde wieder aufgenommen würde. Etwa 150 Arbeiter ließen sich jedoch selbst dadurch nicht einschüchtern, sondern blieben weiterhin im Ausstand. Abgesandte der Deutschen Verwaltungsakademie, der Kaderschmiede des DDR-Staatsapparates, versuchten daraufhin, sie in kleine Diskussionsgruppen zu spalten, um ihren Widerstand zu brechen. Gegen 12 Uhr waren schließlich alle Beschäftigten wieder an ihren Arbeitsplätzen.

Zu Streiks kam es am 18. Juni auch im Potsdamer Reichsbahnausbesserungswerk (RAW). Sprecher stellten Forderungen auf wie »Freiheit wollen wir«, »Normen herunter«, »freie Wahlen« oder »Keine Behinderung des Ostwestverkehrs«. Laut einem Spitzelbericht fragten sie auch, »warum sich russische Panzer in unsere Angelegenheiten mischen«, woraufhin großer Beifall aufgebrandet sei.[132] Eine Delegation begab sich zum Karl-Marx-Werk, um zu prüfen, ob die dortigen Beschäftigten womöglich nur unter Zwang die Arbeit wieder aufgenommen hätten. Dabei stießen sie auf Erich Honecker, der mit ihnen eine längere Diskussion führte und sie offenbar zur Rückkehr an ihre Arbeitsstätte bewegen konnte. Kürzere Streiks gab es auch noch in anderen Betrieben. So kamen die rund 2000 Beschäftigten der Deutschen Film-AG (DEFA) am 18. Juni zu einer Versammlung zusammen und forderten die Aufhebung des Ausnahmezustands; später nahmen sie jedoch die Arbeit wieder auf. Gegen 15 Uhr traten dann die Verkehrsbetriebe der Stadt in den Ausstand, allerdings nur für eine gute Stunde, da Kasernierte Volkspolizei und sowjetische Soldaten drohend auf dem Bassinplatz auffuhren. So wie in Karl-Marx-Stadt hatte die Kombination aus politischer Agitation und polizeilichem Druck auch in Potsdam die Entstehung einer breiten Streik- und Demonstrationsbewegung vereitelt.

# Demonstrationen in Cottbus und Dresden

Für Stunden hatte die Polizei die Kontrolle über die Stadt verloren. Als die Belegschaft des Reichsbahnausbesserungswerks (RAW) in Rathenow von den Ereignissen in Berlin hörte, standen am 17. Juni alle Räder still. »Bei Arbeitsbeginn um 06.00 Uhr«, so berichtete die Polizei, »wurde im RAW die Arbeit nicht aufgenommen, Forderungen an die Betriebsleitung gestellt und durch Provokateure die Arbeiter des Betriebes zu einer provokatorischen Demonstration veranlaßt, der sich noch weitere Arbeiter wie auch Angestellte der HO und des Konsums anschlossen.«[133] Etwa 6000 Menschen zogen wenig später durch die 40 000-Einwohner-Stadt nordwestlich Berlins. Wie es in dem Bericht weiter heißt, konnten ihnen »keine wirksamen polizeilichen Kräfte entgegengesetzt« werden.

Demonstrationen wie in Rathenow gab es am 17. Juni laut Polizeiangaben in 130 ostdeutschen Orten. Die Zahl der Teilnehmer betrug – ohne Berlin – rund 340 000. Wie die Entwicklung in Potsdam und Karl-Marx-Stadt zeigt, kamen sie meist nur dann zustande, wenn größere Belegschaften ihre Betriebe verließen, so dass sich ihnen Passanten und andere Berufsgruppen anschließen konnten. Die Verlagerung des Protests auf die Straße bildete die zweite Stufe der Erhebung, deren Zustandekommen von der Entschlossenheit der Streikenden und von den eingeleiteten Gegenmaßnahmen abhing.

Demonstrationen fanden in der ganzen DDR statt, außer in den Bezirken Neubrandenburg, Suhl und Karl-Marx-Stadt. An der Spitze lagen die Bezirke Magdeburg mit 42 Kundgebungen, Potsdam (32), Halle (14) und Gera (10). Die meisten Menschen demonstrierten jedoch in den Bezirken Halle (94 000) Potsdam (53 000), Gera (52 000) und Dresden (49 000). Im Bezirk Rostock kam es dagegen erst am 18. Juni zu Manifestationen; in Rostock-Warnemünde verhinderten Soldaten der

Kasernierten Volkspolizei eine Demonstration und nahmen dabei Robert Dahlem – Sohn des im Mai aus dem ZK ausgeschlossenen SED-Spitzenfunktionärs Franz Dahlem – als Wortführer fest.

In Cottbus begannen die Proteste ebenfalls im RAW. Die rund 2500 Beschäftigten legten gegen 10.30 Uhr die Arbeit nieder und bildeten zunächst eine Zentrale Streikleitung. Diese nahm Kontakt zu anderen Betrieben auf und organisierte eine Demonstration. Wenig später verließ ein erster Protestzug das Werk und forderte auf Transparenten die Absetzung der Regierung, freie und geheime Wahlen für ganz Deutschland, die Senkung der HO-Preise um 40 Prozent sowie die Freilassung aller politischen Häftlinge. Sowjetische Militäreinheiten stoppten jedoch den Zug auf dem Weg ins Stadtzentrum und erzwangen seine Auflösung.

Gegen Mittag bildete sich eine weitere Marschkolonne, an der sich diesmal auch andere Betriebe und Bevölkerungsgruppen beteiligten. Die Demonstranten bewegten sich zunächst zum Rat des Bezirkes, in dem sich die Angestellten bereits fest verbarrikadiert hatten. Sodann zogen sie zur nahe gelegenen Untersuchungshaftanstalt, die von Polizisten bewacht wurde. Trotz Knüppeleinsatzes gelang es den Sicherheitskräften zunächst nicht, die Protestierenden zu zerstreuen. Schließlich fuhren sowjetische Panzer auf und gaben Warnschüsse ab, doch auch jetzt dauerte es noch zwei Stunden, bis die Kundgebung aufgelöst werden konnte. Trotz Verhängung des Ausnahmezustands und massiver Militärpräsenz vor den wichtigsten Gebäuden kam es bis in die Abendstunden immer wieder zu Menschenansammlungen.

Wie in Cottbus hatten sich auch in Dresden die Streikenden vergleichsweise spät auf den Weg in die Innenstadt gemacht. Dadurch blieb den Sicherheitskräften mehr Zeit, Gegenmaßnahmen einzuleiten. Hinzu kam, daß die Dresdener Industriebetriebe fast alle außerhalb der Stadt oder in den Vororten lagen, während das eigentliche Zentrum seit seiner Bombardierung im Februar 1945 immer noch kaum bewohnt war. Es dauerte deshalb entsprechend länger, bis die Streikenden in langen Fußmärschen die Innenstadt erreichten. Der Widerstand in den Betrieben formierte sich in Dresden zudem langsamer und überlegter als in anderen Orten. Die Beschäftigten wählten Kommissionen, verabschiedeten Resolutionen und suchten den Dialog mit den Betriebsleitungen. Dieses geordnete Vorgehen, das maßgeblich auf das Wirken einiger politisch erfahrener Streikleiter zurückging, nahm erhebliche Zeit in Anspruch und erleichterte dadurch die Niederschlagung der Proteste.

Ausgangspunkt der Unruhen in Dresden waren vor allem zwei große Industriebetriebe im Stadtteil Niedersedlitz: das so genannte Sachsenwerk, mit rund 5500 Beschäftigten der größte Betrieb der Stadt, sowie der VEB ABUS mit etwa 1500 Mitarbeitern. Zu den Initiatoren zählten ferner Arbeiter der Bau-Union, die auf dem Gelände des Sachsenwerkes gerade ein neues Produktionsgebäude errichteten.

Im Sachsenwerk, das unter sowjetischer Verwaltung stand, kam es schon am Morgen des 17. Juni zu Diskussionen über die Nachrichten aus Berlin. 30 SED-Mitglieder des Betriebes waren am Vortag zu einer Besichtigungsfahrt in der Ostberliner Stalinallee gewesen und hatten dort statt der Erfolge beim sozialistischen Aufbau die Demonstration der Bauarbeiter erlebt. Gegen 9.30 Uhr versammelten sich zwischen 1000 und 2000 Mitarbeiter auf dem Werkshof und forderten Aufklärung über die Berliner Vorgänge. Sie verlangten die Herabsetzung der Normen und verlangten lautstark den Rücktritt der Regierung und die Freilassung der politischen Gefangenen. Der Belegschaft wurde zugesichert, dass noch am selben Tag ein Regierungsvertreter kommen werde, um zu ihren Forderungen Stellung zu nehmen.

Einige Hundert Beschäftigte wollten jedoch nicht so lange warten. Sie formierten sich zu einer Demonstration und marschierten in Richtung Dresdener Innenstadt – der erste Zug der Sachsenwerker. Auf dem Weg passierten die Streikenden kurz nach zehn Uhr den in der Nähe gelegenen VEB ABUS. Mit Rufen wie »ABUS raus« und »Brüder schließt Euch an!« forderten sie die Beschäftigten auf, sich ihrem Protest anzuschließen, so dass es nun auch in diesem Betrieb zu Arbeitsniederlegungen kam. Während einige Kollegen gleich mit den Sachsenwerkern mitliefen, kamen die Übrigen zu einer Belegschaftsversammlung in der Montagehalle zusammen, zu der die Gewerkschaftsleitung des ABUS-Betriebes aufgrund der ungewöhnlichen Vorgänge eingeladen hatte. Auf der Versammlung wurden dieselben Forderungen wie an anderen Orten erhoben: Rücktritt der Regierung, freie und geheime Wahlen, Freilassung der politischen Gefangenen, Senkung der HO-Preise sowie Aufhebung der Verschlechterung in der Sozialfürsorge. Schließlich wählte man eine Kommission, die den Auftrag erhielt, die Forderungen in einer Resolution an die Regierung zu Papier zu bringen.

Der Demonstrationszug aus Niedersedlitz bewegte sich unterdessen weiter in die Innenstadt, ein langer Weg bei sommerlichen Temperaturen. Vorneweg fuhr ein Wagen mit einem Megaphon, während die Streikenden in Sprechchören immer wieder riefen: »Spitzbart, Bauch und Brille sind nicht des Volkes Wille« oder »Von Ulbricht, Pieck und Grotewohl haben wir die Schnauze voll«.[134] Mit Spitzbart war der Generalsekretär der SED, Walter Ulbricht, gemeint, der Bauch stand für Staatspräsident Wilhelm Pieck und die Brille für Ministerpräsident Otto Grotewohl. Unterwegs wurden die Belegschaften weiterer Betriebe zum Mitmarschieren aufgefordert, darunter eine Hutfabrik und die Kamerawerke Zeiss-Ikon. Eine dreiköpfige Abordnung durchsuchte zudem eine Polizeistation, um festzustellen, ob dort politische Gefangene festgehalten wurden.

Die Kreisleitung der SED wurde bereits um 11 Uhr über den Protestmarsch unterrichtet. Ihr blieb deshalb viel Zeit, sich auf den herannahenden Zug vorzubereiten und, in Abstimmung mit der sowjetischen Besatzungsmacht, Gegenmaßnahmen einzuleiten: Russische Soldaten zogen schon am Vormittag vor den Partei- und Verwaltungsgebäuden der Stadt auf und übernahmen deren Bewachung. Der sowjetische Stadtkommandant verhängte den Ausnahmezustand. Polizei fuhr dem Arbeiterzug entgegen und verlas den Streikenden per Megafon den Ausnahmebefehl:

»1. Ab 14 Uhr, den 17. Juni 1953, wird in der Stadt Dresden der Ausnahmezustand verhängt bis auf weitere Befehle.
2. Kategorisch wird verboten:
a) Demonstrationen
b) Meetings
c) Versammlungen
d) Zusammenkünfte und jegliche Ansammlungen von Bürgern.
Theater, Kinos, Lokale müssen 21 Uhr geschlossen sein.
3. Die Bürger haben das Recht, sich auf dem Territorium der Stadt Dresden nur ab 6 Uhr bis 21 Uhr aufzuhalten.
Nach dieser Zeit ist jeglicher Verkehr untersagt.

Personen, die diesem Befehl zuwiderhandeln, werden streng bestraft nach den Gesetzen des Ausnahmezustands.«[135]

Obwohl die Polizei verlangte, dass sich die Demonstration sofort auflöste, marschierten die Arbeiter unbeirrt weiter. Als der Zug am Mittag in der Innenstadt eintraf, waren dort bereits mehrere Tausend Menschen versammelt. Die meisten warteten auf dem Postplatz und dem Theaterplatz auf das Eintreffen weiterer Marschkolonnen. Auch auf dem Fucikplatz (heute: Straßburger Platz) und dem Platz der Einheit (heute: Albertplatz) kam es zu größeren Ansammlungen. An der Hofkirche entrollten Dachdecker von oben ein großes Transparent. Ständig strömten neue Menschenmassen in die Stadt. Die Züge kamen aus verschiedenen Richtungen und waren oft stundenlang unterwegs gewesen. Manche erreichten die Innenstadt auch gar nicht mehr, weil sowjetisches Militär am Nachmittag die Zufahrtsstraßen absperrte.

Unterdessen formierte sich in Niedersedlitz ein zweiter Demonstrationszug. Die im VEB ABUS gebildete Kommission hatte gegen Mittag von der Demonstration in der Innenstadt erfahren und dazu aufgerufen, sich dieser anzuschließen. Um 14 Uhr verließen deshalb – mit dem technischen Direktor Walter Hoyer an der Spitze – rund 1000 Beschäftigte den Betrieb. Sie zogen zunächst zum Sachsenwerk, um auch die dortige Belegschaft zur Teilnahme zu überreden. Auf dem Hof des Werkes fand gerade die am Vormittag beschlossene Versammlung mit dem Regierungsvertreter statt. Der ehemalige Präsident des sächsischen Landtags, Otto Buchwitz, ein früheres SPD-Mitglied und Alterspräsident der Volkskammer, war gekommen, um mit den Arbeitern zu sprechen und die mehreren Tausend Menschen zu beruhigen. Seine Rede ging jedoch in Pfiffen und Tumulten unter.

Nach Buchwitz trat der frühere kommunistische Widerstandskämpfer Wilhelm Grothaus ans Mikrofon, der am Vormittag zum Sprecher der ABUS-Kommission gewählt worden war. 1944 von den Nazis verhaftet, konnte er während der Bombardierung Dresdens aus der Todeszelle fliehen und übernahm nach dem Krieg verschiedene Funktionen in der Sächsischen Landesregierung. 1950 war er mit einer Parteistrafe belegt und seiner politischen Ämter enthoben worden. In einer kurzen Rede wiederholte Grothaus die in seinem Betrieb beschlossenen Forderungen und erklärte, jetzt sei »seit langer Zeit zum ersten Mal wieder Gelegenheit, seine Meinung frei und offen zum Ausdruck zu bringen«. Auf seinen Vorschlag wählten sich auch die Sachsenwerker eine Vertretung, der unter anderem der Zweite BGL-Vorsitzende Fritz Diener angehörte. Schließlich rief Grothaus die Versammelten auf, gemeinsam in die Innenstadt zu marschieren, wobei er an sie appellierte: »Wenn wir jetzt demonstrieren, um der Bevölkerung zu zeigen, daß wir nicht mehr länger gewillt sind, den auf uns lastenden Druck zu ertragen, so muß das diszipliniert geschehen.«[136]

Ungeachtet der Warnungen von Buchwitz, dass die sowjetische Besatzungsmacht inzwischen den Ausnahmezustand ausgerufen hätte und möglicherweise sogar schießen werde, machte sich daraufhin aus dem Sachsenwerk am Nachmittag ein zweiter Zug auf den Weg in die Dresdener Innenstadt. An ihm beteiligten sich noch mehr Menschen als an dem vom Vormittag. Von den Demonstranten kamen jedoch nur wenige wirklich bis ans Ziel. Schon kurz nach Verlassen des Betriebsgeländes lösten sowjetische Soldaten den Protestmarsch auf. In zwei Kolonnen zogen die Streikenden trotzdem weiter in die Stadt, vereinigten sich dort erneut, wurden aber am Fucikplatz endgültig auseinander getrieben. Nur einem kleinen Teil gelang es, sich in Grüppchen bis zum Postplatz durchzuschlagen.

Wegen des Eingreifens der Sicherheitskräfte kam es in der Dresdener Innenstadt zu keiner richtigen Kundgebung mehr, obwohl die Demonstranten sogar über eine Lautsprecheranlage verfügten. Nachdem der sowjetische Stadtkommandant um 14 Uhr den Ausnahmezustand ausgerufen hatte, sperrten deutsche und sowjetische Einsatzbataillone ab 16 Uhr alle Zufahrtsstraßen zum Postplatz ab und begannen, den Theaterplatz zu räumen. Als einige Demonstranten versuchten, das Telegrafenamt zu stürmen, wurden sie durch Warnschüsse verjagt, das Gebäude wurde bereits durch Posten gesichert. Obwohl sich bis zu 20 000 Menschen in der Dresdener Innenstadt versammelt hatten, konnten sie gegen die geballte Militärmacht nichts mehr ausrichten. Allein die deutsche Polizei hatte sieben Züge im Einsatz, die sowjetische Seite knapp 500 Angehörige eines Schützenregiments. Den Oberbefehl übernahm am Nachmittag Industrieminister Selbmann, den Ulbricht zur Niederschlagung der Unruhen nach Dresden entsandt hatte.

Die Menschenansammlungen im Zentrum wurden nach und nach durch Polizei- und Militärkräfte abgedrängt und zerschlagen. Der sowjetische Kommandeur resümierte später, dass man gegen 21 Uhr »jede Bewegung unterbunden« hätte.[137] Einen Versuch von etwa 600 Demonstranten, gegen 23 Uhr die Untersuchungshaftanstalt Dresden I zu stürmen, vereitelten bewaffnete Kräfte bereits im Vorfeld.

Trotz des massiven Militäreinsatzes in Dresden kam es am Morgen des 18. Juni erneut zu Protestversammlungen und Arbeitsniederlegungen. Obwohl der Sprecher des VEB ABUS, Grothaus, zusammen mit fünf weiteren Streikführern noch in der Nacht verhaftet worden war, hielten die Abgesandten der wichtigsten Dresdener Betriebe eine Sitzung im Sachsenwerk ab. Sie verabschiedeten die am Vortag verabredete Resolution an die DDR-Regierung, in der sie unter anderem die »schnellste Durchführung geheimer, freier, direkter, gesamtdeutscher Wahlen« forderten.[138] Am späten Nachmittag versammelte sich erneut eine größere Anzahl von Menschen auf dem Postplatz in der Dresdener Innenstadt, bis sie von sowjetischen Soldaten mit Waffengewalt auseinander getrieben wurden. Mindestens drei Menschen wurden durch Schüsse verletzt, Panzer standen noch tagelang auf dem Platz und verhinderten jede weitere Kundgebung.

Im gesamten Bezirk Dresden, zu dem auch die Unruhezentren Görlitz und Niesky gehörten, hatten sich am 17. Juni rund 24 000 Menschen in 35 Betrieben an den Arbeitsniederlegungen beteiligt. Fast 50 000 Menschen nahmen an Demonstrationen teil, in deren Verlauf 25 Gebäude erstürmt wurden. In der Elbestadt selbst hatten die meisten Großbetriebe zumindest zeitweilig ihre Produktion ruhen lassen.

# Volksaufstand in Leipzig, Gera, Merseburg

Der Anruf aus Berlin kam am frühen Nachmittag. Als der Leiter der Leipziger Bezirksverwaltung für Staatssicherheit, Kurt Rümmler, am 17. Juni von Rudolf Gutsche aus der Stasi-Zentrale nach der Situation in der Stadt gefragt wurde, gab es wenig Gutes zu berichten: »Ihm wurde mitgeteilt, daß die Lage sehr ernst ist und daß sich starke Übergriffe von seiten der Demonstranten ereigneten (Demolierung Rundfunk, Demolierung FDJ-Kreisleitung und Anzeichen dafür, daß man auch andere Objekte angreifen will). Ihm wurde Kenntnis gegeben, daß die U-Haftanstalt gestürmt wurde und auch in unsere Haftanstalt eingedrungen wurde.«[139]

So oder ähnlich klangen die Berichte, die der zentrale Einsatzstab in Berlin am 17. Juni aus vielen Stasi-Dienststellen erhielt. In zahlreichen Orten sahen sich die Sicherheitskräfte dem unerwarteten Ansturm der Demonstranten mehr oder weniger hilflos ausgeliefert. Nicht immer war die Antwort aus Berlin so klar wie in diesem Fall: »Genosse Gutsche teilte mit, dass bei der Verteidigung unserer Häuser rücksichtslos von der Schusswaffe Gebrauch zu machen ist. Unter keinen Umständen darf ein Objekt aufgegeben werden! Die ärgsten Rädelsführer und Hetzer sind von Operativgruppen festzunehmen, auch dort unter Anwendung – wenn nicht anders möglich – der Schusswaffe.«[140] Von der telefonischen Anweisung machte sich der Leipziger Einsatzleiter vorsichtshalber eine Aktennotiz.

Die Erstürmung von Gebäuden wie der Untersuchungshaftanstalt in Leipzig kann als der eigentliche Umschlag zum Volksaufstand betrachtet werden. Vielerorts ging es nicht nur darum, mit Demonstrationen gegen die Regierung zu protestieren oder Forderungen an sie zu stellen. Häufig mündeten Kundgebungen in die Besetzung von Gefängnissen, Dienststellen und Parteibüros und damit in die praktische Eroberung der lokalen Machtzentralen – die dritte Stufe der Volkserhebung. Einem Polizeibericht zufolge fielen, wie erwähnt, am 17. Juni insgesamt 140 Gebäude in die Hände der Demonstranten. Besonders betroffen waren die Bezirke Magdeburg mit 45 Bauten, Halle mit 33, gefolgt von Leipzig (12), Gera (9) und Potsdam (7). Selbst in den eher ruhigen Bezirken Cottbus, Rostock und Frankfurt wurde je ein Gebäude gestürmt.

In Gera ging es vor allem um die Stasi-Untersuchungshaftanstalt Amthordurchgang, in der seit Kriegsende die politischen Gefangenen verwahrt wurden. Die Proteste begannen am Morgen im VEB Roto-Record, wo die Belegschaft nach einer Versammlung den Marsch in die Innenstadt antrat. Auch aus anderen Großbetrieben zogen Demonstranten ins Zentrum, wo sich gegen Mittag rund 20 000 Menschen versammelt hatten. An der Untersuchungshaftanstalt entwaffneten die Demonstranten die Wachmannschaft und drangen in das Gefängnis ein. Andere versuchten, das Gebäude der SED-Kreisleitung zu stürmen. Gegen 12 Uhr eskalierte die Situation derart, dass die Polizeidirektion des Bezirks die Waffentechnische Schule der Kasernierten Volkspolizei (KVP) um Unterstützung bat. Doch auch die in die Stadt entsandten, noch unbewaffneten Soldaten wurden in die Flucht geschlagen. Erst bei einem zweiten Einsatz am Nachmittag gelang es ihnen, unter Einsatz von Schusswaffen einige zentrale Gebäude wie die Untersuchungshaftanstalt, die MfS-Zentrale und das teilweise bereits besetzte Volkspolizeirevier zu sichern. Dabei erhielten die Demonstranten Unterstützung durch 200 bis 300 Kumpel der Wismut AG, die mit Bussen und Lastkraftwagen in die Stadt gekommen waren und auf Transparenten den Sturz der Regierung forderten. Sie entwaffneten mehrere KVP-Angehörige, stürzten eines ihrer Fahrzeuge um und zerstörten zehn Karabiner und vier Maschinenpistolen. Sie fuhren zu den Gebäuden von MfS, FDJ und SED, und gegen 17 Uhr begannen sie, in die Hauptpost einzudringen. Die Erhebung konnte erst niedergeschlagen werden, als der sowjetische Militärkommandant um 17 Uhr den Ausnahmezustand verhängte und mit einem starken Militäraufgebot Straßen und Plätze räumen ließ. Zahlreiche Demonstranten wurden festgenommen.

In Leipzig spitzte sich die Volkserhebung noch mehr zu als in Gera. Bereits in der Nacht vom 16. zum 17. Juni war es im IFA-Getriebewerk Liebertwolkwitz mit seinen knapp 1000 Mitarbeitern zu ersten Arbeitsniederlegungen gekommen. Beschäftigte zerstörten Propagandatransparente, die die Normenerhöhung anpriesen. Am nächsten Morgen kam es dann zu einer stürmischen Versammlung im Speiseraum des Betriebs, und gegen 11.30 Uhr erfolgte der Ausmarsch der Belegschaft. Mit Rufen wie »Nieder mit der Regierung!«, »Nieder mit der VP« oder »Weg mit der HO« zogen die Streikenden zunächst durch die Straßen des Vorortes, wobei sich ihnen weitere in der Nähe liegende Betriebe anschlossen. Während ein Teil der Arbeiter nach dem Umzug in die Werkhallen zurückkehrte und zur Wahl von Streikkomitees schritt, marschierten die Übrigen in die Innenstadt.

Bestreikt wurden seit den frühen Morgenstunden fast alle wichtigen Betriebe der Messestadt, darunter die Leipziger Eisen- und Stahlwerke, der VEB Polygraph und das Elektro-Stahlgusswerk. Auch alle Baustellen befanden sich im Streik. Gegen 11 Uhr marschierte die erste Kolonne von Bauarbeitern durch die Innenstadt, auf mitgeführten Transparenten war zu lesen: »Solidarität für Berlin« und »Butter statt Kanonen«.[141] Auch aus anderen Richtungen näherten sich Streikende in großen Zügen dem Stadtzentrum, beispielsweise aus dem RAW oder aus dem Kirow-Schwermaschinenbauwerk. Ein Transparent begleitete die Kirow-Werker, auf dem zu lesen war: »Wir fordern Butter statt Kanonen, Freiheit und mehr Lohn«. Um 12.40 Uhr berichtete ein Genosse, dass die Eutritzscher Straße schwarz vor Menschen sei, die aus Schkeuditz kämen und »Nieder mit der Regierung« oder »Freie Wahlen« forderten. »Die Bilder des Genossen Stalin und alle Losungen werden heruntergerissen. Es sind ca. 5000 Menschen. Sie marschieren in Richtung Hauptbahnhof.«[142]

Der Gefahr, die sich hier zusammenbraute, war sich die lokale SED-Führung offenbar nicht bewusst. »Mit den demonstrierenden Bauarbeitern versuchen Instrukteure der K[reis]L[eitung] Leipzig Stadt in Diskussionen zu kommen, um die Demonstration zu zerstreuen«, heißt es in einem Bericht der SED-Bezirksleitung vom Vormittag.[143] Im nächsten Rapport, in dem bereits von 1000 demonstrierenden Arbeitern in der Innenstadt die Rede ist, wird mitgeteilt: »Mitglieder des Sekretariats, Abteilungsleiter und Instrukteure der Bezirksleitung sind eingesetzt, um operativ zu arbeiten.«[144]

Die Polizei hatte dagegen Anweisung, sich zurückzuhalten.

Mit ihr hatte man vereinbart, dass gegen geordnete Demonstrationen nicht vorgegangen werden sollte. Im Zusammenhang mit dem von Moskau angeordneten Neuen Kurs waren die Polizisten erst einige Tage zuvor belehrt worden, dass in Zukunft jeder zur Rechenschaft gezogen werde, der eine »ungerechtfertigte Festnahme« vornehme.[145] Den Demonstranten in Leipzig stellte sich deshalb zunächst niemand entgegen.

Unterdessen trafen seit dem späten Vormittag immer mehr Protestierende in der Innenstadt ein. Insgesamt zogen am 17. Juni nach Schätzungen der SED etwa 40 000 Menschen durch das Stadtzentrum. Der Plan der Partei, die Streikenden durch eine Rede des Oberbürgermeisters am zentralen Karl-Marx-Platz (heute: Augustusplatz) zu beruhigen, misslang. Da ihn niemand über die Vorgänge in Berlin informiert hatte, wusste er nicht einmal, was sich dort am Vortag zugetragen hatte. Er wunderte sich nur, warum die Demonstranten ein Transparent mit der Aufschrift »Wir erklären uns solidarisch mit Berlin« hochhielten. Seine Rede ging in Pfiffen und Tumulten unter.

Währenddessen füllte sich der Platz weiter mit Menschen. Gegen 13 Uhr kam dann der Vorschlag auf, zur Untersuchungshaftanstalt in der Beethovenstraße zu ziehen. Mit Sprechchören wie »Gebt die Gefangenen frei« und »Nieder mit der Regierung« bewegten sich daraufhin knapp 2000 Demonstranten zu dem nahe gelegenen Gebäudekomplex, in dem auch die Staatsanwaltschaft und das Volkspolizeikreisamt untergebracht waren.

Da sich die wachhabenden Polizisten weigerten, eine Delegation in das Gebäude einzulassen, eskalierte die Situation zusehends. Die Aufständischen versuchten, das Gebäude zu erstürmen, doch die Volkspolizei verbarrikadierte sich und gab mehrmals Warnschüsse ab. Dennoch gelang es einigen Demonstranten nach etwa einer Stunde, in den Hof der Haftanstalt einzubrechen. Dort mühten sie sich vergeblich, in das Zellengebäude vorzustoßen und die Gefangenen zu befreien, denn in diesem Moment erschienen drei Lastwagen mit sowjetischen Soldaten, die die Eindringlinge mit Warnschüssen wieder vertrieben.

Als die Soldaten gegen 14.30 Uhr abzogen, näherten sich erneut zahlreiche Menschen dem Gebäude, um die Inhaftierten herauszuholen. Doch diesmal schossen die wachhabenden Polizisten, getreu den Anweisungen aus Berlin, direkt in die

Menge – noch vor der offiziellen Verhängung des Ausnahmezustands. Der 19-jährige Dieter Teich, der als Hilfsarbeiter bei der Leipziger Straßenbahn beschäftigt war, brach tödlich getroffen zusammen. Demonstranten legten den Toten auf eine Krankentrage und trugen ihn durch die Leipziger Innenstadt bis zum Hauptbahnhof. »Durch die Petersstraße«, so berichtete später ein Augenzeuge, »bewegte sich ein völlig lautloser Zug, an dessen Spitze Männer schritten, die auf einer Bahre den ersten Toten trugen, einen jungen Arbeiter mit einem Kopfschuss. Ein großer Kranz lag auf ihm, und von überall her wurden Blumen auf ihn geworfen.«[146] Die Auseinandersetzungen um die Untersuchungshaftanstalt in der Beethovenstraße waren damit jedoch noch nicht beendet. Gegen 15.30 Uhr drang eine Gruppe von Demonstranten mit Hilfe von Rammböcken und Brechstangen in die benachbarte Staatsanwaltschaft ein, schlug dort Fensterscheiben ein und warf Akten aus dem Fenster. Kurz darauf gab es das zweite Todesopfer: In der Nähe des ebenfalls von Demonstranten belagerten HO-Kaufhauses an der Petersstraße erschossen Polizisten die 64-jährige Rentnerin Elisabeth Bröcker, die zufällig dem Geschehen beiwohnte.

Parallel zu diesen Ereignissen wurden in Leipzig noch zahlreiche andere Gebäude bestürmt oder besetzt, darunter die SED-Stadtbezirksleitung und der Rat des Stadtbezirks. Bereits gegen 12.30 Uhr sammelte sich eine wachsende Zahl von Demonstranten vor dem Haus der FDJ-Bezirksleitung in der Ritterstraße, das mit seinen politischen Losungen an der Fassade besonders ins Auge stach. Zunächst hörte man im Hause nur laute Sprechchöre von der Straße, doch dann drangen die ersten, überwiegend jungen Demonstranten in das Gebäude ein. Sie beseitigten die vor dem Haus hängenden Transparente und begannen, Propagandabilder, Akten und Büromöbel auf die Straße zu werfen und zu verbrennen. Die belagerten FDJ-Funktionäre baten deshalb dringend um Polizeischutz, doch die zu Hilfe gerufene Polizei stand der auf 3000 bis 4000 Menschen angewachsenen Menge stundenlang hilflos gegenüber. Gegen Mittag war ein erstes, 30-köpfiges Einsatzkommando erschienen, das bald wieder die Flucht ergriff, nachdem die Demonstranten ihr Fahrzeug umgeworfen und einigen Polizisten die Waffen abgenommen hatten. Ein zweites Kommando gelangte erst gar nicht bis zum Haus, sondern wurde schon vorher aufgerieben; eine Gruppe von Demonstranten fuhr anschließend mit dem gekaperten Mannschaftswagen durch die Innenstadt. Auch drei Offiziere der Sowjetarmee zogen unverrichteter Dinge wieder ab, nachdem sie sich alles angesehen hatten. »Das Haus der FDJ-Bezirksleitung brennt«, meldete um 15.55 Uhr ein Genosse. »Die FDJ'ler sind alle heraus. […] Das Haus ist voller Menschen im Alter von 22 Jahren ab 16 Jahren. […] Die Bilder von Stalin, Pieck, Ulbricht und Grotewohl wurden heruntergerissen. Ernst Thälmann ließ man hängen, da ›er bleiben könne‹.«[147] Erst später leerte sich der Schauplatz, nachdem sowjetische Panzer aufgefahren waren und die Straße geräumt hatten.

Die Leipziger Innenstadt war seit den Mittagsstunden weitgehend in der Hand der Protestierenden. Um 12.25 Uhr meldete ein Genosse von der Staatssicherheit, dass Demonstranten in das Funkhaus der Messestadt eindringen wollten. Vom Platz des Friedens wurde mitgeteilt: »Es wird das Gerücht verbreitet, daß die Regierung in Berlin bereits gestürzt sei. Drei Männer und ein junges Mädchen halten alle Straßenbahnen an und schreiben darauf: Nieder mit der Regierung.«[148] Kurz nach 13 Uhr sammelten sich fast 2000 Menschen vor dem Ernst-Thälmann-Haus, der Gewerkschaftszentrale in der Karl-Liebknecht-Straße. Sie drangen in das Gebäude ein, entfernten die politischen Losungen und zerschlugen einen Teil des Mobiliars. Um 14.15 Uhr wurde auch das Gebäude des SED-Bezirksblattes *Leipziger Volkszeitung* in Beschlag genommen, die Demonstranten stießen bis in den Maschinenraum vor, wo sie versuchten, die Druckmaschinen unbenutzbar zu machen. »Bitte sofort Hilfe schicken«, wandte sich ein Parteigenosse verzweifelt an die SED-Leitung.[149] Gegen 15 Uhr stürmten Aufständische die Wache der Transportpolizei am Hauptbahnhof. »Junge Burschen haben die Waffen der VP an sich genommen«, wurde von hier berichtet. Ungefähr zur selben Zeit wurde auf dem Platz des Friedens (der 1954 in »Markt« zurückbenannt wurde) ein Propagandapavillon der Nationalen Front ausgeräumt und später in Brand gesteckt.

Um 16 Uhr verhängte die sowjetische Besatzungsmacht über Leipzig den Ausnahmezustand. Eine gute Stunde später erteilte der Polizeichef des Bezirks den Befehl, »gegen Ruhestörer und Verbrecher mit den härtesten Mitteln vorzugehen«.[150] Später rühmte er sich, dass er selbst zwar keinen Schießbefehl erhalten, aber trotzdem die Anweisung zum Schießen gegeben

182

hätte. Inzwischen war auch der in Berlin weilende SED-Bezirkssekretär Paul Fröhlich zurückgekehrt und forderte ein rücksichtsloses Vorgehen gegen die Demonstranten. Ein Großaufgebot sowjetischer Soldaten und Militärfahrzeuge besetzte die Straßen und Plätze der Innenstadt, und die Polizei machte nunmehr rigoros von ihren Waffen Gebrauch. Mindestens 1500 Schuss wurden abgegeben.

Gleichwohl dauerte es noch Stunden, bis die Unruhen niedergeschlagen waren. Um 18 Uhr meldete ein FDGB-Genosse, dass sich erneut etwa 2000 Menschen vor dem Thälmann-Haus versammelt hätten, und zehn Minuten später, dass es trotz Schusswaffeneinsatzes durch die Polizei nicht mehr gehalten werden könne. Erst am Abend konnten starke Polizeikräfte das Haus und die davor liegende Straße räumen. Etwa zur selben Zeit versuchte eine Gruppe von Demonstranten, sich Zugang zu einem von Polizei und Staatssicherheitsdienst genutzten Gebäude am Dittrichring zu verschaffen. Auch hier wurde jetzt ohne Zögern das Feuer auf sie eröffnet. Der 44-jährige Johannes Köhler erlitt dabei eine schwere Schussverletzung, an der er wenig später starb. Trotz allem wurde auch um 19.20 Uhr noch eine größere Menschenmenge vor dem HO-Kaufhaus in der Petersstraße gemeldet, die die gegenüberliegende Konsum-Verkaufsstelle geplündert habe und sich nun zum Angriff auf das Warenhaus rüste.

Die Unterdrückung der Unruhen im Bezirk Leipzig kostete mindestens sieben Zivilisten das Leben. 60, nach anderen Quellen sogar 120 Demonstranten wurden zumeist schwer verletzt. Viele leichtere Schussverletzungen wurden nicht bekannt, weil die Betroffenen Angst vor Repressalien hatten. In den nächsten Tagen mussten noch sechs weitere Menschen sterben: Der sowjetische Stadtkommandant ließ drei Arbeiter standrechtlich erschießen; die Tötung weiterer Demonstranten wurde erst später aus den Akten bekannt. Zu ihnen gehörte auch der 15-jährige Lehrling Paul Ochsenbauer, den man beschuldigte, den Ausnahmebefehl abgerissen und einem sowjetischen Offizier ins Gesicht geworfen zu haben. Während die Opfer der Erhebung heimlich eingeäschert wurden, erhob die SED den einzigen getöteten Polizisten zum Märtyrer, der sein Leben im Kampf gegen die »Putschisten« geopfert hätte – in Wahrheit war er in der Nacht vom 18. zum 19. Juni von einer sowjetischen Patrouille versehentlich erschossen worden.

Nicht nur in Leipzig selbst, sondern in allen 13 Kreisen des Bezirks kam es am 17. Juni zu Streiks und Demonstrationen. An den Arbeitsniederlegungen beteiligten sich 28 Großbetriebe mit zusammen 120 000 Beschäftigten. Außer in Leipzig brachen besonders in den umliegenden Ortschaften Unruhen aus. In Schkeuditz, wo gerade am örtlichen Flughafen gebaut wurde, hielten Arbeiter am Morgen Betriebsversammlungen ab und zogen anschließend zum zentralen Platz der Freiheit. In Schmölln und Altenburg forderten Demonstranten auf dem Marktplatz in Sprechchören freie Wahlen, bis der sowjetische Kommandant den Ausnahmezustand verhängte. In Delitzsch stürmten Arbeiter in den Mittagsstunden die Kreisleitung der SED und versuchten, die politischen Häftlinge aus dem Volkspolizeiamt zu befreien. Die Polizei tötete dabei den 19-jährigen Schlosserlehrling Gerhard Dubielzig und den 20-jährigen Maurer Joachim Bauer durch gezielte Kopfschüsse. In Eilenburg versammelten sich die Menschen noch am 18. Juni vor der Kreisdienststelle des MfS.

In der Chemieregion Merseburg verlief die Erhebung wesentlich unblutiger als in Leipzig. Verantwortlich dafür war nicht nur das zurückhaltendere Vorgehen der Polizei, sondern vor allem das disziplinierte Verhalten der Belegschaften. Anders als in Leipzig sorgten die am Morgen in den nahe gelegenen Großbetrieben von Leuna und Schkopau nominierten Streikleitungen dafür, dass ihnen das Geschehen nicht aus den Händen glitt.

In den Leuna-Werken »Walter Ulbricht« kam es bereits am Morgen zu ersten Arbeitsniederlegungen. In der Hauptwerkstatt im so genannten Bau 15 versammelten sich in der Frühe zahlreiche Arbeiter, die die Ereignisse in Berlin debattierten. Im Aufenthaltsraum herrschte bald dichtes Gedränge, und auch davor warteten fast 500 Personen. Die Parteileitung des Betriebes schickte deshalb einen Funktionär, der die Herumstehenden dazu bewegen sollte, wieder an die Arbeit zu gehen. Er kündigte an, dass die Werkleitung in Kürze über Lautsprecher eine Stellungnahme zur Normenfrage abgeben werde, so dass die Arbeiter zunächst wieder an ihre Werkbänke gingen. Um 8.15 Uhr teilte der Kreissekretär der SED dann über den Betriebsfunk die Rücknahme der Normenerhöhung mit, doch zugleich forderte er die Beschäftigten auf, die Normen nunmehr auf freiwilliger Basis anzuheben.

Noch während die Parteileitung mit der sowjetischen Betriebsspitze über das weitere Vorgehen beriet, hörte sie von der Straße Lärm und Sprechchöre. Vom Fenster des Besprechungsraumes konnte man sehen, wie ein Zug von Arbeitern, vorwiegend in Schlosserkleidung, aus dem Bau 15 heraustrat und sich auf dem Hof vor Bau 24 versammelte. Auch die Beschäftigten in den anderen Gebäuden wurden verständigt, so dass bald eine große Menschenmenge auf dem Vorplatz zusammenkam. Die SED-Kreisleitung des Betriebs schickte einen Lautsprecherwagen, um die Menge zur Wiederaufnahme der Arbeit zu bewegen – mit ungeplanten Folgen: »In diesem Moment bemächtigten sich die Provokateure des Funkwagens und ergriffen selbst das Wort zu den Massen«, heißt es in einem Bericht.[151]

Kurz darauf wurde der abgesetzte frühere Werkdirektor auf den Schultern einiger Arbeiter in das Werk hineingetragen und aufgefordert, über ein auf den Eingangsstufen des Verwaltungsgebäudes aufgebautes Mikrofon zu den Streikenden zu sprechen. Doch die Ausführungen des Redners stellten die Leuna-Werker nicht zufrieden. Er forderte die Streikenden dazu auf, mit der sowjetischen Generaldirektion zu reden, denn er könne nur dann wieder seine alte Stellung einnehmen, wenn diese es wünsche. Die Zuhörer reagierten darauf mit Unwillen und Zwischenrufen. Als der Exdirektor erklärte, dass der Betrieb schließlich Eigentum der Besatzungsmacht sei, wurde ihm empört entgegengehalten: »Das ist unser Werk!«[152]

Nach dem früheren Werkleiter ergriff Friedrich Schorn das Wort, ein 39 Jahre alter Angestellter für Rechnungsprüfung, der viereinhalb Jahre im sowjetischen Speziallager Buchenwald gesessen hatte. Allein die Erwähnung seiner langen politischen Haftzeit löste spontanen Beifall aus. Erst recht galt dies für seine weiteren Ausführungen, die in einem Bericht der Betriebsleitung so geschildert werden: »Schorn putschte durch seine faschistischen Reden und Forderungen: Rücktritt der Regierung, Abschaffung der 8 Lohngruppen und des Leistungslohns, die Zulassung aller Parteien, Beseitigung des Einflusses der SED auf die Gewerkschaft, die Menge in ungeheurem Maße auf. U. a. stellte er die Forderung, den Namen des Leuna-Werkes ›Walter Ulbricht‹ zu beseitigen, forderte auf, den Werkfunk zu besetzen, und verlangte die Entfernung der Polizei vor den Toren. Während seiner Rede kam es zu Zwischenrufen, wie Staatssicherheitsdienst raus, Schwarz raus, Russen raus, usw.«[153]

Seiner eigenen Erinnerung nach hatte Schorn zwar die sofortige Absetzung der Betriebsgewerkschaftsleitungen gefordert, zugleich aber auch betont, dass die Werkangehörigen auf keinen Fall Gewalt anwenden sollten. Dafür habe er volle Zustimmung bekommen. Sein entscheidender Satz aber lautete: »Ich schlage deshalb vor, dass wir in einen Sympathiestreik mit den Berliner Bauarbeitern treten und eine Delegation in die Buna-Werke entsenden, damit sie sich uns anschließen.«[154]

In diesem Moment erschien per Fahrrad ein Bote aus den Buna-Werken in Schkopau, dem zweitgrößten Chemiebetrieb der DDR. Auch dort waren am Morgen bei Betriebsversammlungen freie Wahlen und der Sturz der Regierung gefordert worden. Die SED-Kreisleitung des Werkes hatte ebenfalls einen Lautsprecherwagen geschickt, um die Streikenden über die Rücknahme der Normenerhöhung zu informieren – mit den schon bekannten Folgen: »Als der Funkwagen in der Besetzung mit dem Gen[ossen] [Name geschwärzt] von der Kreisleitung eingesetzt werden sollte, wurde derselbe von den Streikenden zum Halten gebracht und von ihnen besetzt. Die darin befindlichen Funktionäre wurden herausgeworfen. Von diesem Zeitpunkt befand sich der Funkwagen in den Händen der Streikbewegung und rief die Massen zum Streik auf.«[155] 5000 Werkangehörige hatten sich anschließend auf der Hauptstraße des Werkes versammelt und das verschlossene Werktor aufgesprengt.

Der Abgesandte der Buna-Werke teilte mit, dass die dortige Belegschaft bereits nach Merseburg marschiere und die Leuna-Arbeiter sich ihnen umgehend anschließen sollten. Gegen elf Uhr verließen deshalb rund 20 000 streikende Leuna-Werker das Betriebsgelände und zogen unter Mitnahme des gekaperten Lautsprecherwagens der SED zum Marx-Engels-Platz (heute: Nulandtplatz) in Merseburg. Vorneweg eilte eine Malerkolonne des Betriebs, die die politischen Losungen an den Straßenrändern entfernte und die Wände mit Freiheitsparolen überstrich. Mehrfach wurden das Deutschlandlied sowie das Lied »Brüder, zur Sonne zur Freiheit« gesungen. Unterwegs schlossen sich ihnen Passanten, Hausfrauen und Beschäftigte anderer Betriebe an.

Nach langem Fußmarsch erreichten sie das Stadtzentrum von Merseburg, wo inzwischen auch die Buna-Werker eingetroffen waren. »Ein ungeheuerlicher Jubel setzte ein«, so erinnerte sich Friedrich Schorn an den Einzug auf dem zentralen, von Häusern umstandenen Platz, auf dem sich mindestens 60 000 Demonstranten versammelt hatten. »Fremde Menschen, jung und alt, fielen einander in die Arme, und viele weinten.«[156] Ein anderer Augenzeuge schilderte die Atmosphäre so: »Eine euphorische Stimmung hatte alle ergriffen. […] Es war wie ein Rausch, der die Menge erfaßt hatte, in der sich Wildfremde umarmten, Frauen weinten und Parteigenossen sich verstohlen ihrer Abzeichen entledigten.«[157]

Die Kundgebung auf dem Platz entwickelte sich zur politischen Volksversammlung. Auf dem Dach eines Autos wurde ein Mikrofon installiert und an drei verschiedene Lautsprecherwagen angeschlossen, so dass die Ausführungen der Redner weithin zu hören waren. Als Erster sprach ein Vertreter der Buna-Werke, anschließend einer aus Leuna. Die Anwesenden nominierten per Zuruf ein etwa 25-köpfiges, betriebsübergreifendes Streikkomitee, das sämtliche Großbetriebe der Region repräsentierte und damit rund 120 000 Menschen vertrat. Vorsitzender wurde Friedrich Schorn, der später nach Westberlin flüchtete. Zwei Häftlinge, die am frühen Vormittag von Buna-Arbeitern aus dem Stadtgefängnis geholt worden waren, bedankten sich bei der Menge für ihre Befreiung. Zwischendurch wurden Nachrichten aus anderen Städten durchgegeben, und die Versammelten sangen feierlich das Deutschlandlied. Augenzeugenberichten zufolge entledigten sich Polizisten am Rande ihrer Waffen und mischten sich unter die Menge.

Im Gegensatz zu anderen Orten nahm das Streikkomitee in Merseburg aktiven Einfluss auf das Geschehen und erteilte auch Anweisungen zum Vorgehen. So begab sich eine Abordnung zur Papierfabrik Königsmühle und befreite die Arbeiter, die dort von der Polizei eingeschlossen worden waren. Weitere Kommandos wurden losgeschickt, um die Gebäude der Stadt- und der Kreisverwaltung zu besetzen. Ohne Blutvergießen fielen auch das Volkspolizeikreisamt und die Kreisdienststelle des Staatssicherheitsdienstes in die Hände der Demonstranten, da der MfS-Chef seine Waffe – und sein Parteibuch – im Panzerschrank eingeschlossen und den Kollegen von der Kriminalpolizei empfohlen hatte, dasselbe zu tun. Sie »befreiten die Häftlinge, erbrachen mit Gewalt Zimmer und Schränke und entwendeten Einrichtungsgegenstände und warfen Akten auf die Straße«, heißt es in einer später angefertigten Analyse des

MfS.[158] »Merseburg war um 14 Uhr in unserer Hand«, erinnerte sich seinerseits Schorn an die Ereignisse, »alle Dienststellen der Partei und der Polizei [waren] besetzt.«[159] Gegen 16 Uhr forderte die Streikleitung die versammelten Arbeiter auf, zurück in die Betriebe zu gehen.

Wenig später zog sowjetisches Militär auf. Als die Arbeiter in ihre Betriebe zurückkehrten, waren diese bereits von Truppen besetzt. Allein in den Leuna-Werken befanden sich rund 800 Soldaten. Wegen der großen Zahl aufgebrachter Arbeiter sah sich der Befehlshaber jedoch dazu veranlasst, mit der Streikleitung Verhandlungen zu führen, was in dieser Form in keinem anderen Ort der DDR vorkam. Friedrich Schorn versicherte er dabei, dass die Soldaten nur zum Schutz der im Werk tätigen sowjetischen Staatsbürger angerückt wären. Zugleich versprach er, sie – wie verlangt – außerhalb des Werkgeländes zusammenzuziehen. Diese Zusage wurde jedoch gebrochen, nach und nach strömten immer mehr Soldaten in den Betrieb und besetzten schließlich die ganze Anlage. Um 23.30 Uhr wurde der Ausnahmezustand bekannt gegeben, und am nächsten Morgen waren zusätzlich noch Panzer und Panzerabwehrkanonen aufgefahren. Von der 30-köpfigen Leuna-Streikleitung erschienen unter diesen Umständen nur noch vier Mitglieder zur verabredeten Uhrzeit, während die anderen bereits verhaftet oder geflüchtet waren. Schorn rettete sich nach Westberlin – tief enttäuscht über die Tatenlosigkeit des Westens.

# Gefangenenbefreiung in Magdeburg, Brandenburg, Jena

Die Grabrede hielt der Chef der SED-Kreisleitung. »Hart und schwer war der Kampf«, so sagte er am 23. Juni 1953 auf dem Südfriedhof von Magdeburg, »immer wieder gelang es unseren Genossen, den Ansturm der Meute aufzuhalten. Da traf eine Mörderkugel unseren Genossen Hans Waldbach und löschte sein hoffnungsfreudiges, kämpferisches Leben aus.«[160]

Hans Waldbach gehörte zu einem Kommando von MfS-Mitarbeitern, die am 17. Juni verhinderten, dass die Untersuchungshaftanstalt des Staatssicherheitsdienstes in Magdeburg-Sudenburg in die Hände der Demonstranten geriet. In einem stundenlangen Kampf hatten Demonstranten versucht, in das Haftgelände einzudringen und die politischen Häftlinge zu befreien. Nachdem sie mehreren Polizisten vor dem Gebäude die Waffen abgenommen hatten, schossen einige Aufständische damit in den Innenhof der Haftanstalt, wobei sie Unterleutnant Waldbach, den so genannten Drittelleiter des Wach- und Sicherungsdienstes, in den Kopf trafen. Waldbach wurde zum Märtyrer des Staatssicherheitsdienstes stilisiert und auf Beschluss der Magdeburger Stadtverordnetenversammlung zum Namensgeber einer Straße, weil er »in vorbildlicher Pflichterfüllung im Kampf gegen die Provokateure gefallen« sei. Das beste Kollektiv der MfS-Gefängnisaufseher in Magdeburg erhielt fortan als Auszeichnung zweimal im Jahr einen Tischwimpel, der den Aufdruck trug: »Hans Waldbach unser Vorbild – Für sehr gute Leistungen im Sicherungs- und Kontrolldienst«.[161]

Die Magdeburger Untersuchungshaftanstalt war nur eines von zahlreichen Gefängnissen, das am 17. Juni von Demonstranten belagert wurde. In den meisten Orten, an denen es zu Protestmärschen kam, zogen die Aufständischen im Laufe des Tages auch zu den örtlichen Polizeidienststellen, Gerichtsgebäuden, Untersuchungsgefängnissen und Strafvollzugsanstalten, um die dort vermuteten politischen Gefangenen zu befreien. Der Kampf um die Gefängnisse gehört zu den auffälligsten Kennzeichen des Volksaufstands – wie der Sturm auf die Bastille während der Französischen Revolution. Das Vorgehen der Demonstranten illustriert ein Bericht der Staatssicherheit aus der kleinen Industriestadt Weißenfels bei Halle:

»Während man noch oben im Rathaus verhandeln wollte, wo sich besonders der Bürovorsteher vom Rechtsanwalt [Name geschwärzt] hervorhob, setzten sich schon wieder unten die Provokateure in Bewegung, um zum Gericht zu ziehen. Auch hier wurde eine Delegation gebildet. Diese ging zum Staatsanwalt und zum Gerichtsdirektor und verlangte die Freilassung aller Gefangenen. Dieses wurde abgelehnt. Daraufhin zog man nebenan zum Gerichtsgefängnis. Am Gerichtsgefängnis tat sich als Sprecher besonders ein gewisser Mertens hervor. Auch der [sowjetische] Kreiskommandant war inzwischen am Gefängnis erschienen und versuchte, durch Verhandlungen die Provokateure davon abzuhalten, das Gefängnis zu erbrechen. In der Zwischenzeit hatte man Werkzeuge herangeschafft, und das erste Tor zum Gefängnis-Vorhof wurde aufgesprengt. Hier taten sich besonders die Fleischer vom Schlachthof Weißenfels hervor, die dann auch noch das 2. Tor zum Innenhof aufmachten. Man versuchte jetzt, ins Gefängnisgebäude einzudringen, was aber durch die Gitter nicht so einfach war.«[162]

In vielen Orten gelang es, durch Verhandlungen oder gewaltsame Eroberung, bis in die Zellenhäuser vorzudringen und die Häftlinge – teils mit, teils ohne Prüfung des Haftgrundes – zu befreien. In anderen Fällen wehrten sich die Bewacher wie in Magdeburg verbissen gegen die anstürmenden Demonstranten, meist um den Preis von Toten und Verletzten. Nach Angaben des DDR-Innenministeriums wurden am 17. Juni neun Haftanstalten erstürmt. 1317 Gefangene kamen dabei frei, die meisten in den Bezirken Halle (487), Dresden (415) und Magdeburg (308). Nach neueren Zählungen wurden sogar fast 1400 Häftlinge aus mindestens zwölf Gefängnissen befreit, in MfS-Unterlagen finden sich Hinweise auf Gefangenenbefreiungen in 22 verschiedenen Orten.
Die Unruhen in Magdeburg begannen in der Nacht zum

17. Juni mit einem Bummelstreik der Nachtschicht des VEB Georgi-Dimitroff-Werk. Am Morgen zwischen 6 und 7 Uhr wurden dann die Straßenbahnen der Linie 1 angehalten. Die Arbeiter, die zu ihren Fabriken fuhren, wurden aufgefordert, auszusteigen und nicht zu Arbeit zu gehen, da der Generalstreik ausgerufen worden sei. Der Straßenbahnverkehr in der Neustadt begann daraufhin zu stocken, und auf den Straßen sammelten sich immer mehr Menschen.

Nach und nach traten die meisten Großbetriebe der Stadt in den Streik. Um 7.30 Uhr fassten die Beschäftigten des VEB Schwermaschinenbau »Ernst Thälmann« den Beschluss, die Arbeit niederzulegen. Wenig später marschierten etwa 2 500 Arbeiter zum Karl-Marx-Werk Fermersleben, wo sie das vom Betriebsschutz geschlossene Werktor aufbrachen. Dann ging es weiter zum Georgi-Dimitroff-Werk. Auch die Belegschaft des Karl-Liebknecht-Werks in Buckau ließ die Arbeit ruhen und zog auf die Straße, nicht ohne vorher den riesigen Sowjetstern am Werktor abzumontieren. Abgesandte begaben sich in weitere Betriebe, um deren Belegschaften ebenfalls zur Teilnahme zu überreden.

Rund 15 000 Streikende der Großbetriebe zogen in die Magdeburger Innenstadt, in der Arbeiter mit Armbinden den Verkehr anhielten. »Sämtliche Transparente und Sichtwerbungen in den Werken und an der Straße wurden von den Provokateuren heruntergerissen«, hieß es in einer Analyse der Ereignisse. In Sprechchören hätten sie gefordert: »Arbeiter legt die Arbeit nieder – nieder mit der Regierung«.[163] Gegen 9 Uhr bewegte sich bereits ein Demonstrationszug von mehreren tausend Menschen durch die Stadt. Im Laufe des Vormittags kamen weitere Züge mit streikenden Arbeitern hinzu, die sich gegen 11 Uhr im Zentrum von Magdeburg vereinigten. Der Protestmarsch zog zuerst zum Rat des Bezirkes am Damaschkeplatz und zur SED-Bezirksleitung in der Gerhart-Hauptmann-Straße. Am Rande begannen größere Gruppen von Menschen, in Verwaltungs- und Parteigebäude einzudringen. So wurden die SED-Zentrale des Stadtbezirks Mitte sowie die Bezirksleitung der FDJ erstürmt, vorübergehend auch die FDGB-Zentrale, das Fernmeldeamt und die Redaktion der Magdeburger *Volksstimme*. Am Hauptbahnhof nahmen Demonstranten einem Kommando der Transportpolizei die Waffen ab, und Streikende aus dem Eisenhüttenkombinat West befreiten die

Häftlinge eines Arbeitskommandos. Im gesamten Bezirk Magdeburg fielen 45 Gebäude in die Hände von Demonstranten.

Zu blutigen Auseinandersetzungen kam es am frühen Mittag im Stadtteil Sudenburg. Zwischen Halberstädter Straße, Sachsenring und der Eisenbahnlinie nach Westdeutschland konzentrierten sich hier die Institutionen der politischen Justiz: die Bezirksverwaltung der Deutschen Volkspolizei, die Untersuchungshaftanstalt des Ministeriums für Staatssicherheit, die Justizverwaltung und die Strafvollzugsanstalt. Um den Gebäudekomplex herum versammelten sich gegen 11.30 Uhr etwa 8000 Menschen und verlangten vergeblich die Freilassung der politischen Gefangenen. Vor dem Eingang standen bewaffnete Posten, die von den Demonstranten teilweise entwaffnet werden konnten. Auch die Wachen eines zurückkehrenden Arbeitskommandos mit Strafgefangenen mussten ihre Pistolen abgeben. Später fielen noch einige Karabiner in die Hände der Demonstranten.

Als Erstes drangen die Belagerer in die leichter zu nehmenden Gebäude von Polizei und Justiz ein. Sie überstiegen dazu die Geländemauer und drängten die Sperrkette bis zur inneren Einfriedung zurück. Bald befanden sich Tausende von Menschen im Hof und strömten in das Innere des Polizeigebäudes, wo sie Bilder, Transparente und Wandzeitungen herunterrissen. Im gegenüberliegenden Justizgebäude wurden Akten aus den Fenstern geworfen. Erst mit Unterstützung der zu Hilfe gerufenen sowjetischen Soldaten gelang es, gegen 12.30 Uhr das Polizeigebäude und danach auch den Hof zu räumen.

Währenddessen versuchte ein anderer Teil der Demonstranten, in die beiden Haftanstalten vorzudringen. Gegen 11.40 Uhr setzten sie das hölzerne Tor zur Strafvollzugsanstalt in Brand, stießen mit einem Balken als Rammbock das Tor zum Gebäude des MfS auf und gelangten so bis an dessen Eingangstür. Dort wurden sie jedoch von Sicherungsposten aufgehalten. In dieser Situation schossen Demonstranten mit den erbeuteten Waffen in den Innenhof und töteten dabei den erwähnten Mitarbeiter des Staatssicherheitsdienstes, der das Tor bewachte. Auch aus den Fenstern des Gerichtsgebäudes fielen wiederholt Schüsse, denen wenig später noch zwei Wachhabende der Volkspolizei zum Opfer fielen. Um die Demonstranten am weiteren Vordringen zu hindern, setzten auch die Polizisten Schusswaffen ein und verletzten ihrerseits zwei Menschen.

Die Angreifer bemächtigten sich deshalb zeitweise zweier Polizisten und benutzten sie als Kugelfang. Für diese Eskalation der Ereignisse war vor allem der sorglose Umgang mit Gewehren und Pistolen sowie der verbissene Widerstand der Sicherheitskräfte verantwortlich.

Kurz nach 14 Uhr – inzwischen herrschte Ausnahmezustand – rückte schwer bewaffnetes sowjetisches Militär mit Panzern an und vertrieb die Menschen vor dem Gefängnis. Ein Panzer stellte sich vor das Tor der Strafvollzugsanstalt, während die Soldaten nunmehr rücksichtslos von der Schusswaffe Gebrauch machten. Bei dem Einsatz wurden über 40 namentlich bekannte Demonstranten und Passanten verletzt sowie drei Menschen getötet, darunter ein unbeteiligtes 16-jähriges Mädchen – an sie erinnerte niemand nach der Niederschlagung des Aufstands. »Es gab in Magdeburg hohe Verlustziffern«, vermerkte ein Bericht des DDR-Innenministeriums lediglich trocken. Insgesamt zählte man 59 Verletzte und sieben Tote, davon vier Zivilisten.[164] In den Zahlen waren jedoch diejenigen noch nicht enthalten, an denen erst später ein Exempel statuiert wurde: Zwei Teilnehmer an der Gefängnisbelagerung – die Magdeburger Alfred Dartsch und Herbert Stauch – ließ der sowjetische Stadtkommandant am 18. Juni standrechtlich erschießen, ohne dass ihnen eine Beteiligung am Tod des Wachpersonals nachgewiesen wurde. Ein Dritter, der Gärtner Ernst Jennrich, wurde zum Tode verurteilt und am 20. März 1954 enthauptet, obwohl das Bezirksgericht seine Schuld für nicht erwiesen erklärt hatte.

Friedlich verlief dagegen der Sturm auf ein zweites Magdeburger Gefängnis. Obwohl der sowjetische Militärkommandant um 14 Uhr den Ausnahmezustand verhängt hatte, gelang es den Demonstranten, am Nachmittag in die Untersuchungshaftanstalt der Volkspolizei in Magdeburg-Neustadt einzudringen. Vor dem Gefängnis, in dem sich heute eine Gedenkstätte befindet, hatte sich schon ab 12.30 Uhr eine wachsende Zahl von Menschen versammelt. Sie stellten der Gefängnisleitung das Ultimatum, bis 15.30 Uhr die wegen politischer Vergehen einsitzenden Häftlinge freizulassen, andernfalls werde die Anstalt gestürmt. Als ihren Forderungen nicht Genüge getan wurde, versuchten die rund 2000 Demonstranten zunächst, das Tor mit einem Baumstamm aufzurammen, dann brachen sie mit Äxten und Vorschlaghämmern die Eingangstür neben dem Tor auf. Über den Hof drangen sie bis zu den Zellen vor und befreiten – ohne nähere Prüfung des Haftgrundes – einen Großteil der Insassen, insgesamt 221 Inhaftierte. Opfer gab es keine, da sich der Anstaltsleiter strikt an das vom Polizeichef ausgesprochene Schießverbot hielt. Einige Häftlinge zogen es zudem vor, im Gefängnis zu bleiben. Erst nach der Mobilisierung zusätzlicher Truppen gelang es der Roten Armee, die Vorplätze der beiden Magdeburger Haftanstalten zu räumen. Um 20 Uhr »befreite« sie auch die am Abend besetzte SED-Kreisparteischule in Groß-Ottersleben und verhaftete dort zahlreiche Demonstranten. Erst danach hatte man die Situation in der Stadt wieder unter Kontrolle.

Ähnlich wie in Magdeburg verliefen auch die Proteste in Brandenburg. In den Großbetrieben der Stadt, darunter das riesige Stahl- und Walzwerk, wurden die Ereignisse bereits am frühen Morgen erregt diskutiert. Als Erste legten die Arbeiter vom Stahlbau Brandenburg um 7 Uhr die Arbeit nieder. Eine halbe Stunde später sammelten sich vor dem Rundbau im Walzwerk etwa 2000 Beschäftigte, wählten eine Streikleitung und beschlossen, in die Innenstadt zu marschieren. Zuvor stürmten sie noch die Büros der SED im Verwaltungsgebäude. In Sprechchöre skandierten sie unter anderem: »Acht Jahre erdulden wir Eure Qualen, jetzt fordern wir freie Wahlen!«

Der Protestzug der Walzwerker bewegte sich über die Magdeburger Landstraße zur Schiffswerft »Ernst Thälmann«, deren Belegschaft sich ebenfalls der Demonstration anschloss. Von dort ging es weiter zum IFA-Schlepperwerk, wo mit einem Baumstamm das vom Werkschutz herabgelassene Tor aufgedrückt wurde. Einem Polizeibericht zufolge standen bereits kurz vor acht Uhr rund 1000 Demonstranten vor dem Hauptportal des Schlepperwerks. Die Abteilungen legten zum Teil die Arbeit nieder, da die Demonstranten bis in die einzelnen Abteilungen der Produktion vordrangen, um die Arbeiter zu beeinflussen, die Arbeit niederzulegen. Wenig später erschien vor dem Schlepperwerk ein weiterer Zug mit Arbeitern der Bau-Union und der Thälmann-Werft, der die Belegschaft endgültig dazu veranlasste, in den Streik zu treten. Ein Teil der Demonstranten marschierte weiter zum Bahnhof, um auch die Eisenbahnbeschäftigten abzuholen. Mit den mitgeführten Schleppern wälzte man auf dem Bahnhofsvorplatz die Propagandakioske um. Der Zug bewegte sich noch zu anderen Fabriken in der Stadt und schwoll dadurch immer weiter an. »Die Zahl der Provokateure steigerte sich in kurzer Zeit auf etwa 15 000«, vermerkte die Polizei.[165]

Gegen 9 Uhr kam es auch im benachbarten Kirchmöser zu Unruhen. Im Walzwerk »Willy Becker« wurde der Werkfunk besetzt und auf RIAS Berlin umgeschaltet. Propagandatransparente gingen in Fetzen. Der rasche Einsatz sowjetischer Truppen verhinderte jedoch den Ausmarsch der Belegschaft. Auch im RAW von Kirchmöser traten die Beschäftigten, nachdem sie von den Arbeitsniederlegungen erfahren hatten, in den Streik. Überall auf dem Gelände entfernten sie die politischen Losungen. Dann bildeten sie ein Streikkomitee, dem auch vier Gewerkschaftsfunktionäre angehörten, beschlossen eine Protestresolution an die Regierung und besetzten das SED-Büro. Die Mehrheit der Reichsbahner blieb jedoch auf dem Gelände. Kurz nach 10 Uhr bildeten sich auch im Hof des in der Nähe von Brandenburg gelegenen Stahlwerks »Willi Sänger« Diskussionsgruppen. Ein Kollege war aus der Stadt zurückgekehrt und hatte von den Streiks und Demonstrationen berichtet. Aus Solidarität mit den anderen Betrieben ließ die Belegschaft die Arbeit ruhen und bildete eine Streikleitung, die einen Forderungskatalog erarbeiten sollte.

In der Stadt Brandenburg spitzten sich währenddessen die Vorgänge zu. Gegen 9 Uhr zogen rund 5000 Menschen protestierend durch die Innenstadt. In zahlreichen Betrieben ruhte die Arbeit. Im Laufe des Vormittags wurden dann die ersten Gebäude besetzt. So stürmten Demonstranten das »Philipp-Müller-Haus« in der Straße der Pioniere, es folgten die Zentralen von SED, FDJ und Gewerkschaftsbund. Die Arbeiter entwaffneten dabei die teilweise davor postierten Polizisten. Wenig später flogen Propagandamaterial und Bilder der kommunistischen Führer auf die Straße. Das »Haus der Deutsch-Sowjetischen Freundschaft« wurde in Brand gesteckt.

Schon kurz nach 9 Uhr sammelte sich auch vor dem Amtsgericht und der benachbarten Untersuchungshaftanstalt eine wachsende Menschenmenge und forderte die Freilassung der politischen Gefangenen. Die Demonstranten erstürmten schließlich das dreistöckige Gerichtsgebäude in der Steinstraße und drangen von dort aus in die Haftanstalt ein. Nachdem die Wachen die mittlerweile etwa 10 000 Belagerer zunächst mit Warnschüssen zu vertreiben versucht hatten, kapitulierten sie wenig später angesichts der Übermacht, so dass niemand verletzt wurde. Im Gegensatz zu anderen Orten wurden die Inhaftierten hier auch nicht wahllos freigelassen, sondern die politischen Gefangenen anhand der Akten sorgfältig von den kriminellen unterschieden. Etwa 30, nach anderen Angaben 40 Häftlinge wurden unter dem Jubel der Bevölkerung auf freien Fuß gesetzt; Demonstranten trugen sie auf Schultern durch die Stadt. Einer der Befreiten soll in der Haft jedoch derart zugerichtet worden sein, dass er nicht transportfähig war.

Die Menge bemächtigte sich anschließend zweier Hauptverantwortlicher für die drakonischen Strafurteile in der Stadt. Einem Volksrichter und einem Staatsanwalt wurden Handschellen angelegt, um sie an der Spitze des Demonstrationszuges durch die Stadt zu führen. Dabei wurden sie auch tätlich angegriffen, bis ein Arzt sie in ein Krankenhaus brachte.

Gegen Mittag sammelte sich vor dem Volkspolizeikreisamt an der Magdeburger Straße eine große Menschenmenge. Auch hier wurde die Freilassung der darin vermuteten politischen Gefangenen verlangt. Im Inneren des Gebäudes, das nach dem Krieg Sitz der sowjetischen Geheimpolizei gewesen war, schlossen die Polizisten Feuerwehrschläuche an, um die anstürmenden Menschen zurückzudrängen. Diese zerschnitten jedoch kurzerhand die Schläuche; zwei Einsatzfahrzeuge wurden umgeworfen. Als einige Demonstranten in den benachbarten Zuchthaushof eindrangen, eröffnete die Polizei das Feuer auf sie. Ein Demonstrant wurde getötet, zwei weitere wurden schwer verletzt. Die Auseinandersetzungen beruhigten sich jedoch nicht, sondern spitzten sich noch zu.

Gegen 15 Uhr gelang es den Angreifern, das erste Stockwerk des Zuchthauses zu besetzen. Dann rückten Kräfte der Kasernierten Volkspolizei an, um die im Gebäude befindlichen Polizisten zu entsetzen. Ein an dem Einsatz Beteiligter erinnerte sich 1990 an die Vorgänge: »Aus den Fenstern flogen Aktenordner und Papiere. Im Haus tobte eine unbekannte Personengruppe. Die Volkspolizisten des Amtes hatten sich in die oberste Etage zurückgezogen und leisteten Widerstand. Vor dem Amtsgebäude lag ein toter Zivilist. An einem Laternenmast hing ein Seil mit Schlinge und eine grölende Menge forderte, den Täter auszuliefern, um ihn öffentlich zu richten.«[166] Den Einsatzkräften gelang es schließlich, das Gebäude zu räumen und mehrere Personen in Gewahrsam zu nehmen. Um das Haus bildeten sie eine Sperrkette. Mit den Festgenommenen vereinbarte man, sie wieder freizulassen, wenn sie ihre Mitstreiter vom Fenster des Amtes aus zur Auflösung der Ansammlung aufforderten, und so geschah es dann auch. Gleichwohl verharrten die Menschen vor der Polizeidienststelle und riefen den davor stehenden Polizisten zu: »Was wollt ihr noch? Ulbricht und die Bonzen sind längst nach Moskau abgehauen! Geht nach Hause, ihr habt hier nichts mehr zu verrichten!«[167]

Als sich die Demonstranten am Nachmittag zu einem neuen Sturmlauf sammelten, erschienen sechs Lastwagen mit schwer bewaffneter sowjetischer Infanterie, die den Kräften der KVP zu Hilfe kamen und das Gebäude sicherten. Auch an anderen Stellen der Stadt fuhren jetzt Panzer und Infanterie auf, trieben die Massen auseinander und bewachten die wichtigsten Gebäude. Um 17 Uhr wurde über Brandenburg der Ausnahmezustand verhängt. Während russisches Militär die Schlüsselbetriebe wie das Stahl- und Walzwerk Brandenburg und das RAW Kirchmöser besetzte, begann der Staatssicherheitsdienst mit einer groß angelegten Verhaftungswelle.

In Jena, der traditionsreichen Industriestadt im Bezirk Gera, gelang es den Demonstranten nicht nur, die Gefangenen zu befreien, sondern auch den Sitz der SED-Geheimpolizei zu besetzen, ohne dass dabei Blut vergossen wurde. Am Morgen kam es in verschiedenen Betrieben zunächst zu Arbeitsniederlegungen. Nach und nach traten unter anderem die Zeiss-Werke, der Arzneimittelbetrieb Jenapharm, das RAW und die Schott-Glaswerke in den Ausstand. Die Beschäftigten kamen in den meisten Fällen zu spontanen Versammlungen oder Kundgebungen auf dem Werkgelände zusammen. Mehrere Hundert Zeissianer zogen schließlich aus ihrem Betrieb aus und marschierten zum Schott-Werk, wo sie ihre Kollegen zum Mitmachen bewegen wollten. Dort wurde bereits über den Werkfunk für 12.45 Uhr zu einer Kundgebung auf dem Holzmarkt in der Innenstadt aufgerufen. Aus allen Betrieben strömten die Streikenden schließlich in die Innenstadt – ein Zug von 20 000 Menschen. Eine Augenzeugin erinnerte sich später, dass »ein breiter, ruhiger Strom von Arbeitern aus dem großen Werktor von Zeiss nach dem Teichgraben zu herausquoll«.[168]

Bereits am Vormittag hatte sich in Jena eine große Menschenmenge vor dem Gebäude der SED-Kreisleitung versammelt. Die Demonstranten entwaffneten die davor postierten Polizisten, drangen in das Gebäude ein, entfernten die politischen Losungen und warfen Akten und Schreibmaschinen aus dem Fenster. Parteiberichten zufolge wurden dabei auch Mitarbeiter misshandelt, so dass sie ins Krankenhaus gebracht werden mussten. In die Hände der Aufständischen fielen auch die Gebäude der Deutsch-Sowjetischen Freundschaft, des Rates des Kreises und der Nationalen Front.

Gegen zehn Uhr begannen die Demonstranten, die Untersuchungshaftanstalt beim Amtsgericht zu erstürmen. Das fünfköpfige Wachpersonal leistete nur geringen Widerstand. Bauarbeiter drückten mit einer Ramme das Tor auf, und eine Polizistin zeigte den Demonstranten den Weg in das Zellenhaus. Diese brachen daraufhin die Zellen auf und befreiten 49 Häftlinge. Zwei zu Hilfe entsandte Züge der Kasernierten Volkspolizei wurden von etwa 2000 Kumpeln der Wismut AG, die mit Bussen und Lastern nach Jena gekommen waren, kurzerhand aufgerieben und teilweise sogar entwaffnet.

Der Protestzug in Jena bewegte sich schließlich zur Kreisdienststelle des Ministeriums für Staatssicherheit. Von der zuständigen Bezirksverwaltung hatte deren Leiter die widersprüchliche Anweisung bekommen, »daß nicht geschossen werden darf, die Dienststelle aber gehalten werden muß« – was angesichts der Übermacht der aufgebrachten Menschen ein schwieriges Unterfangen war. Im Innern des Hauses befanden sich 14 MfS-Mitarbeiter, die zunehmend in Panik gerieten: »Unter den anwesenden Mitarbeitern der Kreisdienststelle Jena, angefangen vom Dienststellenleiter bis zur Reinemachfrau, herrschte aufgrund der einlaufenden Meldungen von den Sachbearbeitern aus den Betrieben eine große Unruhe«, heißt es in einem später angefertigten Untersuchungsbericht. »Praktisch wußte keiner, was er machen sollte.«[169] Obwohl sich nach der Eroberung der Gebäude der Nationalen Front und der SED-Kreisleitung Jena-Land die Gefahr einer Besetzung abzeichnete, wurden keine besonderen Sicherheitsvorkehrungen getroffen. Erst im Nachhinein kam man zu der Erkenntnis, »daß die Dienststelle hätte längere Zeit gehalten werden können, wenn nicht von Anfang an von oben bis unten Panik und Angst geherrscht hätten«.[170]

So aber stürmten die Aufständischen nach einiger Zeit den Bau und warfen die aufgefundenen Akten und Karteikarten in den nahe gelegenen Fluss, die Saale. Der Staatssicherheitsdienst beklagte später den Verlust von 47 Arbeitsakten geheimer Mitarbeiter; auch 13 Objektakten, die über seine verdeckte Tätigkeit im VEB Carl Zeiss Jena Auskunft gaben, waren verschwunden. Nach dieser Aktion nahmen die Demonstranten einen der in der Dienststelle tätigen MfS-Mitarbeiter ins Schlepptau und brachten ihn zum Marktplatz. Hier musste er den Bürgern öffentlich Rede und Antwort über seine Arbeit stehen. »Aus Feigheit und Angst«, so heißt es in dem zitierten Bericht, »beantwortete er alle ihm gestellten Fragen über die Höhe des Verdienstes, wer die Mitarbeiter [des MfS] im Betrieb Zeiss Jena sind, sowie über andere Mitarbeiter, deren Adressen er bekannt gab.«[171]

Auf dem Jenaer Holzmarkt hatte sich mittlerweile eine große Zahl von Menschen versammelt, Schätzungen reichen von 10 000 bis 25 000 Menschen während der Mittagszeit. Redner versuchten, sich Gehör zu verschaffen, doch eine richtige Kundgebung kam nicht zustande, da es keine Lautsprecheranlage gab. Gleichwohl herrschte auf dem Platz eine freudige Stimmung. Fremde fielen sich gegenseitig in die Arme, gemeinsam sang man das Deutschlandlied.

Wenig später bahnte sich ein Lastwagen mit sowjetischen Soldaten einen Weg durch die Menge. Sie besetzten das SED-Parteihaus und nahmen darin wahllos acht Menschen fest, woraufhin die Demonstranten lautstark deren Freilassung forderten. Die Protestierer versuchten daraufhin mit Leitern in das Gebäude einzudringen, um die Festgenommenen wieder zu befreien (siehe Bildteil). Das sowjetische Einsatzkommando wagte angesichts der wütenden Volksmasse nicht, das Haus zu verlassen. Am Nachmittag kam ihnen schließlich eine russische Panzereinheit zu Hilfe. Um die riesigen T 34-Tanks manovrierunfähig zu machen, schoben ihnen die Protestierer mehrere auf dem Platz festgesetzte Straßenbahnwagen in den Weg – das einzige Mal, dass am 17. Juni den russischen Panzern erfolgreich Widerstand entgegengesetzt wurde. In wagemutigen Aktionen wurden die Panzer umlagert oder sogar bestiegen, um sie so am Weiterfahren zu hindern. Nach einiger Zeit gelang es den Kettenfahrzeugen aber doch, sich einen Weg zur Parteizentrale zu bahnen und die Inhaftierten abzutransportieren.

Obwohl der Ausnahmezustand erst um 17 Uhr in Kraft trat, wurde der in dem Gebäude festgenommene 26-jährige Autoschlosser Alfred Diener von sowjetischen Soldaten später standrechtlich erschossen. Zur Abschreckung informierte die Besatzungsmacht die Bevölkerung darüber mit Lautsprecherwagen und Anschlägen. Panzer bewachten am Abend alle öffentlichen Gebäude der Stadt, und sämtliche Menschenansammlungen wurden von den Einsatzkräften gewaltsam aufgelöst. Eine Reihe führender Aktivisten floh kurz darauf nach Westberlin und schloss sich dort dem »Komitee 17. Juni« an – darunter die Streikführer Paul Schmidt von den Zeiss-Werken, Jobst Pfannmöller von den Schott-Werken sowie der Rechtsanwalt und Strafverteidiger Karl-Heinz Oehler.

# Machtübernahme in Halle, Bitterfeld und Görlitz

Die Amtszeit des neuen Bürgermeisters betrug nur wenige Stunden. Als am 17. Juni in der Industriestadt Bitterfeld die Arbeiter der umliegenden Großbetriebe in den Streik traten, besetzten sie nicht nur die wichtigsten Gebäude der Stadt, sondern wählten ein überbetriebliches Streikkomitee, das in den Mittagsstunden die Geschicke des Ortes in die Hand nahm. Das Komitee bezog den großen holzgetäfelten Sitzungsraum im Rathaus und ernannte den früheren Stadtschulrat Seele zum neuen Stadtoberhaupt – bis sowjetische Truppen die Stadt besetzten.

Der Volksaufstand im Juni 1953 war nicht nur ein passiver Protest gegen die Regierung. In verschiedenen Orten bildete sich für Stunden eine neue, revolutionäre Gegenmacht heraus, die an die Stelle der bisherigen SED-Herrschaft trat – die vierte Stufe der Erhebung. Ansätze dafür gab es schon in Merseburg und einigen kleineren Orten, weiter jedoch gedieh dieser Prozess in Halle, Bitterfeld und Görlitz. Aber auch auf dem Lande, wo die Staatsmacht schwächer verankert war, gab es Beispiele einer geordneten Machtübernahme, zum Beispiel in Kollm, Bezirk Dresden, wo der Vorsitzende der CDU-Ortsgruppe zum Bürgermeister ernannt wurde. Für den in der Regel friedlichen Machtwechsel waren in den Städten vor allem die Streikkomitees der Großbetriebe verantwortlich, die sich für ein diszipliniertes und organisiertes Vorgehen der Aufständischen einsetzten. Meist hatten sich ihnen im Laufe des Vormittags aber auch Vertreter anderer Schichten angeschlossen, die über zusätzliche politische oder organisatorische Erfahrungen verfügten. Wie weit der Prozess der Machtübernahme gedeihen konnte, hing nicht zuletzt davon ab, wann die sowjetischen Truppen in das Geschehen eingriffen und die »Führerschaft auf Stunden« beendeten.

In der Industriestadt Halle mit ihren rund 270 000 Einwohnern gingen die Unruhen vor allem vom Lokomotiv- und Waggonbau (LOWA) Ammendorf aus, einem Großbetrieb mit rund 9000 Beschäftigten. Schon am 16. Juni hatten sich dort zwei bis drei Dutzend Arbeiter vor dem Eingang der Personalabteilung eingefunden und die Rücknahme der Normenerhöhung verlangt. Am nächsten Morgen versammelten sich gegen 8.30 Uhr etwa 2000 Personen vor dem Verwaltungsgebäude zu einer Kundgebung.

Als Erste ergriff eine Frau das Wort und verlangte, dass die Regierung für ihre Fehler zur Verantwortung gezogen werden müsste. »Versuche von Funktionären, die [Name geschwärzt] am Reden zu hindern, scheiterten an der Entschlossenheit der irregeleiteten Massen«, vermerkte später die Stasi. Die Funktionäre wurden niedergeschrien und ausgepfiffen. Ein zweiter Sprecher schlug vor, mit einer Demonstration zum Ausdruck zu bringen, »daß die Arbeiter mit der Regierung nicht mehr einverstanden seien«.[172] Daraufhin verließen die meisten versammelten Arbeiter, zunächst in einzelnen Gruppen, den Betrieb und formierten sich auf der Straße zu einer Demonstration. Ein Polizeibericht fasste die Ereignisse des Morgens mit den Worten zusammen: »Die Betriebsparteiorganisation versuchte durch Agitationseinsätze die Leitung der Diskussion an sich zu reißen und positiv zu gestalten, was jedoch nicht gelang. Während bis 9.00 Uhr die Mißstimmung der Werktätigen sich hauptsächlich gegen die bestehenden HO-Preise und innerbetriebliche Mißstände richtete, verstanden es Provokateure, die Massen unter der Losung: ›Sturz der Regierung‹, ›Sofortige gesamtdeutsche Wahlen‹ und ›Freilassung der politischen Verbrecher [sic!]‹ weiter aufzuwiegeln und der beginnenden Demonstration aggressiven Charakter zu verleihen.«[173]

Gegen neun Uhr verließen die Beschäftigten das Werk und marschierten über die kilometerlange Stalinallee (heute: Merseburger Straße) in die Innenstadt. Ungehindert passierten sie eine Kaserne der Kasernierten Volkspolizei an der Ecke Damaschkestraße, da der Kommandeur keinen Einsatzbefehl hatte. Nach einem Bericht der SED rissen die Streikenden auf ihrem Weg ins Zentrum sämtliche politischen Transparente an den Straßen und Gebäuden herunter. Im Polizeirapport hieß es später: »Immer mehr nahm die Demonstration provokatorischen Charakter an, indem sie angebrachte Sichtwerbungen zerstörten, in HO- und Konsumgeschäften eindrangen und tätliche Angriffe auf Partei- und Staatsvertreter verübten.«[174]

Unterwegs schlossen sich den Arbeitern noch andere Betriebe an, darunter die Belegschaften der IFA-Autowerke und der Halleschen Maschinenfabrik. Der Protestzug wuchs auf 8000 bis 10 000 Menschen an. Während der Polizeichef des Bezirks die Demonstration gleich zu Beginn gewaltsam auflösen lassen wollte, untersagte der sowjetische Stadtkommandant einen solchen Einsatz. Gegen 11.30 Uhr erreichte der Zug dann den zentralen Thälmannplatz (heute: Riebeckplatz), wo er sich in mehrere Kolonnen teilte. Aus anderen Richtungen zogen weitere Blöcke streikender Industriearbeiter heran.

Fotografien des Marsches zeigen Menschen mit lachenden und entspannten Gesichtern. Auf einem sind rund 90 Demonstranten zu sehen, die in Sommerkleidern und Arbeitskluft die breite Straße entlangeilen, einige mit Fahrrädern, damals das wichtigste private Fortbewegungsmittel. Über dieses Foto schrieb der Schriftsteller Uwe Johnson später: »Sie gehen in ungeordneten Reihen, mit schwingenden Armen, ein paar winken einander zu [...]. Zwei sind mit Taschen gekommen. Auf dem Bild sind allein elf Fahrräder zu sehen; wie hätten sie denn so teure Maschinen mit sich geführt, wenn sie Gewalt zu stiften im Sinne trugen, oder Gewalt zu erleiden erwarteten?«[175] Johnson war einer der wenigen ostdeutschen Autoren, die sich nicht an der Diffamierung des Aufstands beteiligten. Als Student in Rostock war er 1953 exmatrikuliert worden, weil er sich gegen die Verfolgung der Jungen Gemeinde ausgesprochen hatte; 1959 ging er in die Bundesrepublik.

Die meisten Demonstranten erlebten den öffentlichen Protest – wie anderswo auch – als großes Glücksgefühl. Ein Zeitzeuge, damals ein Junge von neun Jahren, erinnerte sich noch Jahrzehnte später, wie das überdimensionale Stalin-Bild am Stadtpark an der Magdeburger Straße umgestürzt wurde: »Unter tosendem Beifall krachte das Bildnis mitten auf den Platz und Tausende Füße stampften darüber. Meine Mutter drückte mich fest an sich und Freudentränen rannen wie ein Wasserfall über ihre Wangen.«[176] Ein anderer berichtete über einen ähnlichen Bildersturm: »Am Reileck waren zwei haushohe Porträts [von Stalin und Marx] montiert. Stalin brannte, die Stofffetzen flatterten im Winde. Unglaublich! Im März hatten wir in der Schule noch Ehrenwache an der Gipsbüste des Vaters aller Werktätigen halten müssen.«[177]

Die Innenstadt von Halle war bald voller Menschen. Am Händel-Denkmal lehnte ein Plakat mit der Aufschrift »Spitzbart, Bauch und Brille ist nicht des Volkes Wille« (siehe Bildteil). Vor den Gebäuden von Partei und Regierung sammelten sich Demonstranten, um die aushängenden Propagandalosungen zu entfernen. Schon kurz nach Ankunft des Protestzuges aus Ammendorf versuchte eine Gruppe junger Arbeiter gegen 12 Uhr, das Gebäude der SED-Kreisleitung am Thälmannplatz zu stürmen. Wachhabende griffen jedoch zur Schusswaffe und drängten sie zurück. Wenig später besetzten Demonstranten die Bezirkszentrale der SED am Marx-Engels-Platz (heute: Steintor). Dabei gingen nicht nur Propagandabilder und -büsten, sondern auch Türen und Fenster zu Bruch. Zwei Funktionäre wurden angegriffen, die übrigen versteckten sich in der oberen Etage; zwei Polizeitrupps wurden entwaffnet. Auch die Bezirksverwaltung in der Willy-Lohmann-Straße, die SED-Stadtbezirksleitung im Marktschlösschen sowie das Volkspolizei-Kreisamt wurden von Demonstranten erobert. Über die Ereignisse im Paulusviertel schrieb ein Zeitzeuge später: »Fahnen wurden aus den Fenstern geworfen, Papier wirbelte umher, eine Schreibmaschine flog auf das Pflaster. Zwei Autos wurden angezündet, dicke BMW-Limousinen, schwarz, also Bonzenwagen.«[178] Lediglich der Ratshof blieb unbehelligt, da er von einer sowjetischen Postenkette gesichert wurde. Sicherheitskräfte konnten die besetzten Gebäude erst am Nachmittag wieder räumen.

Zu mehrstündigen Auseinandersetzungen kam es insbesondere um das Justizgebäude am Hansering und um die benachbarte Vollzugsanstalt in der Kleinen Steinstraße, einem Frauengefängnis. In seinem Roman *Jahrestage* beschreibt Uwe Johnson, dass schon am Vormittag eine Gruppe von Frauen vor dem Gefängnis gestanden und die Freilassung ihrer Angehörigen verlangt hätte. Seit etwa 12.30 Uhr belagerte dann eine größere Menschenmenge das Gefängnis und forderte, die politischen Gefangenen herauszulassen. Nach einiger Zeit gelang es den Demonstranten, die Holztore aufzudrücken und in den Hof einzudringen. Sie gelangten bis zum Zellenhaus, wo sie jedoch mit gezielten Schüssen zurückgedrängt wurden; ein

Arbeiter wurde dabei schwer verletzt. Daraufhin stellten die Demonstranten ein Ultimatum, dass die Gefangenen bis 15 Uhr freizulassen seien. Andere besetzten währenddessen die Staatsanwaltschaft, wo sie die Einrichtung demolierten und gewaltsam gegen Richter und Justizbeamte vorgingen. Sie erreichten schließlich, dass ein Staatsanwalt ihnen eine Vollmacht ausstellte, dass alle Häftlinge freizulassen seien, die wegen geringfügiger Delikte zu maximal drei Jahren Haft verurteilt worden waren.

Gegen 14.30 Uhr rückte Kasernierte Volkspolizei an, um dem bedrängten Gefängnispersonal zu Hilfe zu kommen; da sie keinen Befehl zum Einsatz der Schusswaffe hatten – nicht einmal Munition für den Einsatz hatten sie erhalten –, beschränkten sich die etwa achtzig Soldaten anfangs darauf, mit den Demonstranten zu diskutieren und eine Sperrkette zu bilden. Als sie von der Menge aufgefordert wurden, die Waffen niederzulegen, schlossen sie ihre ohnehin nutzlosen Karabiner ein, weshalb der verantwortliche Kommandeur später zu sechs, sein Politstellvertreter zu vier Jahren Zuchthaus verurteilt wurde. Ein Zeitzeuge berichtete sogar, dass die Karabiner durch eine Menschenkette nach draußen gereicht wurden, wo sie an einer Hauswand zerschlagen worden seien.

Wenig später überreichten Demonstranten durch die Gitterglastür die Vollmacht des Staatsanwaltes, woraufhin gegen 15.30 Uhr die ersten Gefangenen freigelassen wurden. Zahlreiche Menschen drängten dabei plötzlich in das Zellenhaus und begannen, die Zellen gewaltsam zu öffnen. In dem entstehenden Tumult ließ der Anstaltsleiter nach und nach sämtliche Verwahrungsräume aufschließen, so dass alle 248 inhaftierten Frauen und drei Männer ohne Prüfung freikamen, viele von ihnen in schlechter gesundheitlicher Verfassung. Unter den Freigelassenen befand sich auch die geistig verwirrte Erna Dorn, die sich Anfang der fünfziger Jahre fälschlicherweise selbst bezichtigt hatte, Kommissarin im Konzentrationslager Ravensbrück gewesen zu sein. Nach der Niederschlagung des Aufstands wurde sie festgenommen und hingerichtet.[179]

Nach Rückfrage in Berlin erteilte der stellvertretende Innenminister der DDR, Generalmajor Rudolf Dölling, kurze Zeit später den Befehl zum Schusswaffeneinsatz. Gegen 16.40 Uhr wurde das Gefängnis gewaltsam geräumt, zwei Menschen wurden dabei erschossen. Dessen ungeachtet versuchten Demonstranten um 18 Uhr noch einmal, das Haupttor einzudrücken. Sie verlangten jetzt die Auslieferung sämtlicher Staatsanwälte und Angestellten des Gefängnisses und forderten die zur Bewachung eingesetzten Soldaten auf, ihre Waffen niederzulegen. Erst als sowjetische Panzer und Schützenketten aufzogen, konnte der Vorplatz geräumt werden.

Eine große Menschenmenge sammelte sich auch vor dem etwas weiter weg gelegenen Zuchthaus am Kirchtor, dem berüchtigten »Roten Ochsen«. Demonstranten forderten auch hier die Freilassung der politischen Gefangenen, Arbeiter der Leuna-Werke suchten nach inhaftierten Kollegen. Mit ihrer Hilfe gelang es den rund 700 Belagerern, gegen 14.30 Uhr mit einem Lastwagen das Gefängnistor aufzudrücken. Als sie auf den Hof stürmten, eröffneten die Wachmannschaften jedoch das Feuer. Auch der Versuch, von der Hermannstraße her in das Gefängnis einzudringen, wurde mit Waffengewalt zurückgeschlagen. Fünf Menschen starben durch Polizeikugeln, zahlreiche weitere wurden zum Teil schwer verletzt. Gegen 16 Uhr rollten sowjetische Soldaten mit Panzern heran. Sie vertrieben die Demonstranten und riegelten endgültig den Zugang zu dem Gefängnis ab. Dabei wurden zwei weitere Menschen erschossen. Unter den Getöteten befand sich auch der 27-jährige Passant Gerhard Schmidt, von dem die SED-Propaganda später behauptete, dass er sich vor dem Zuchthaus den »faschistischen Rowdies und ausländischen Agenten« entgegengestellt hätte und deshalb von diesen »brutal niedergeschossen« worden wäre.[180] Weil er Mitglied der FDJ und der Demokratischen Bauernpartei Deutschlands (DBD) war, wurde er zum Märtyrer stilisiert und erhielt ein feierliches Begräbnis – in Wirklichkeit hatte auch ihn eine Polizeikugel getroffen.

Das eigentliche politische Geschehen spielte sich unterdessen auf dem Hallmarkt im Zentrum der Altstadt ab, wo sich schon gegen 13 Uhr 30 000 bis 40 000 Menschen versammelt hatten. Die Sprecher der neu hinzugekommenen Belegschaften wurden jubelnd begrüßt und hielten kurze Ansprachen. Eine Lautsprecheranlage, über die ursprünglich der SED-Kreissekretär eine Ansprache halten wollte, übertrug die Reden in die Innenstadt. Um 14 Uhr bildeten die anwesenden Streikleiter und Wortführer dann ein »Zentales Streikkomitee«, das sich aus acht Vertretern verschiedener Hallenser Betriebe sowie dem ehemaligen liberal-demokratischen Landrat

Herbert Gohlke als Sprecher zusammensetzte. Auch ein Grafiker, ein HO-Angestellter und ein Medizinstudent gehörten dazu, so dass es nicht nur Arbeiter repräsentierte. Im Gegensatz zu den meisten anderen Streikkomitees sollte es die Aufstandsbewegung überbetrieblich repräsentieren und organisieren.

Das räteähnliche Komitee übernahm bald erste Kommandofunktionen. Zunächst requirierte es einen weiteren Lautsprecherwagen; der erste war mehr als zwei Stunden in der Stadt unterwegs und informierte die Bevölkerung – bis zur Verhaftung der Besatzung durch den Staatssicherheitsdienst. Das Komitee gab auch die Anweisung, den Rundfunksender in Halle zu okkupieren sowie in einer Zeitungsdruckerei ein Flugblatt zu drucken. Zwei Abgesandte »fuhren zum Landessender Halle, besetzten das Gebäude und versuchten, von den Sendeanlagen Gebrauch zu machen, um ihre provokatorischen Forderungen über den Sender zu bringen, was ihnen nicht gelang«, vermerkte später der Staatssicherheitsdienst.[181] Auch das Flugblatt konnte nicht mehr rechtzeitig fertig gestellt werden.

Für 18 Uhr rief das Komitee zu einer zentralen Kundgebung auf dem Hallmarkt auf. Unter dem Jubel von rund 60 000 Menschen forderten Sprecher freie Wahlen, eine 40-prozentige Senkung der HO-Preise und den Rücktritt der Regierung. Der Vorsitzende des Komitees mahnte aber auch zur Disziplin und zur Respektierung der Anordnungen der sowjetischen Besatzungsmacht, die seit zwei bis drei Stunden an den Brennpunkten der Stadt mit Truppen aufmarschiert war. Für den nächsten Tag rief das Komitee zum Generalstreik auf, und um sieben Uhr früh wollte man die Stadtverwaltung übernehmen. Zum Abschluss der Kundgebung sangen die Demonstranten gemeinsam das Deutschlandlied.

Inzwischen war jedoch das aus Berlin entsandte Politbüromitglied Fred Oelßner in Halle eingetroffen. Zusammen mit lokalen SED-Funktionären, Sowjetoffizieren und MfS-Verantwortlichen bildete er gegen 16 Uhr einen Einsatzstab, laufend wurden neue Truppen in die Stadt verlegt. Am späten Nachmittag umstellten Panzer den Marktplatz, Straßensperren sollten die Menschen daran hindern, zur Kundgebung zu gelangen. Gegen 18 Uhr wies Oelßner den Stabschef der Volkspolizei an, den Widerstand der Demonstranten auch mit Waffengewalt zu brechen, Polizei und Sowjetsoldaten gingen nun massiv gegen die Demonstranten vor. Die Versammlung der – wie es im Polizeibericht heißt – »Faschisten auf dem Hallmarkt« wurde jedoch nicht sofort aufgelöst, weil das Eingreifen der Polizeikräfte und der sowjetischen Soldaten »noch nicht für ratsam erachtet wurde, da zu diesem Zeitpunkt noch zu schwache Kräfte in Halle anwesend« waren.[182] Erst als die Kundgebung beendet war, rollten sowjetische Panzer in die Menge und trieben sie auseinander. Um 19 Uhr wurde der über Halle verhängte Ausnahmezustand bekannt gegeben, wobei nur in dieser Stadt ausdrücklich gedroht wurde: »Im Falle von Widerstand wird von der Waffe Gebrauch gemacht!«[183]

Gleichwohl dauerte es noch Stunden, bis es mit Hilfe der sowjetischen Armee gelang, die Unruhen niederzuschlagen. Ein Teil der Demonstranten zog am Abend zum Thälmannplatz, wo sie erneut versuchten, die SED-Kreisleitung zu besetzen. Polizisten erschossen dabei den 61 Jahre alten Karl Ruhnke, der als Passant zufällig dem Geschehen beigewohnt hatte. Der größere Teil der Protestierer bewegte sich jedoch über Steintor und Reileck zum Robert-Franz-Ring. Als der Zug an der Bezirksverwaltung für Staatssicherheit vorbeikam, wurde auch von dort aus das Feuer eröffnet und ein Demonstrant durch Schüsse getötet, woraufhin der Demonstrationszug in Panik auseinander lief. Die Einsatzkräfte gingen nun rigoros gegen alle Menschenansammlungen auf der Straße vor; um 23 Uhr konnte die SED-Bezirksleitung nach Berlin melden, dass die Ruhe im Wesentlichen wiederhergestellt sei. Noch in derselben Nacht setzte eine umfangreiche Verhaftungswelle ein, doch die meisten Mitglieder des Streikkomitees konnten sich noch durch Flucht in Sicherheit bringen.

Trotz des Ausnahmezustands kam es am nächsten Tag erneut zu einer Demonstration in Halle. Rund 1500 Menschen versammelten sich auf dem Hallmarkt. Die Kasernierte Volkspolizei erhielt daraufhin den Befehl, den Platz zu räumen. Diesmal zögerte sie nicht lange, mit der Schusswaffe gegen die unbewaffnete Menge vorzugehen. Eine junge Frau, die 19-jährige Margot Hirsch, wurde dabei durch einen Karabinerschuss getötet, mehrere Demonstranten erlitten Verletzungen. Nach offiziellen Angaben kamen in der Stadt Halle am 17. und 18. Juni insgesamt acht Menschen durch Polizeikugeln ums Leben, sechzehn Zivilisten wurden schwer, drei mittelschwer verletzt – mehr Opfer forderte die Niederschlagung des Aufstands nur noch in Berlin. Auf Seiten der Staatsmacht gab es sechs schwer und drei mittelschwer Verletzte, aber keine Toten. Aus Angst vor neuerlichen Protesten wurden die Angehörigen der getöteten Demonstranten zum Teil erst dann benachrichtigt, als man sie bereits heimlich bestattet hatte.

In Halle nahm der Aufstand am 17. Juni mit die größten Ausmaße an, nur in Berlin und Merseburg gingen mehr Menschen auf die Straße. Doch auch in sämtlichen 22 Kreisen des Bezirks kam es an diesem Tag zu Streiks und öffentlichen Protesten, so viel wie in keiner anderen DDR-Region. Vor allem die bereits erwähnten Industriestandorte Leuna, Schkopau, Merseburg, aber auch Wolfen, Weißenfels und Eisleben waren Zentren der Erhebung. Insgesamt traten hier 149 000 Menschen in 211 Betrieben in den Streik. 94 000 Menschen beteiligten sich an Demonstrationen, in deren Verlauf 33 Gebäude besetzt wurden. Elf Personen wurden getötet, 728 festgenommen.

In Bitterfeld, das ebenfalls zum Bezirk Halle gehörte, gedieh die Machtübernahme besonders weit. Bereits am Morgen kam es hier zu ersten Arbeitsniederlegungen, die rasch um sich griffen. Als Erste traten die Beschäftigten der Farbenfabrik Wolfen in den Streik und versammelten sich auf dem Werkgelände. Der SED-Kreissekretär Kipp fuhr daraufhin in die Fabrik, die damals rund 12 000 Menschen beschäftigte, und versuchte, aus einem Lautsprecherwagen zu den Belegschaftsmitgliedern zu sprechen. Er kam jedoch nicht zu Wort, sondern wurde niedergeschrien. Was dann geschah, schilderte ein Stasi-Bericht so:

»Ein Arbeiter [Name geschwärzt] der Farbenfabrik (flüchtig) bestieg ebenfalls den Lautsprecherwagen und sprach zu der Masse, daß sie sich solidarisch mit den Berliner Bauarbeitern erklären würden. Er verlas die einzelnen Punkte der Forderungen, die sinngemäß lauteten:
›Sturz der Regierung.‹
›Zulassung aller Parteien wie in Westdeutschland.‹
›Senkung der Normen.‹
›Senkung der HO-Preise.‹ U. a.
Nach Verlesung der Forderungen rief er auf zu einem Demonstrationszug nach der Filmfabrik Wolfen.
Der Werkleiter [Name geschwärzt] wurde vom Kreissekretär Kipp und von unserer K[reis]D[ienststelle] aufgefordert, zur Masse zu sprechen. Er lehnte es jedoch aus Angst ab mit

der Begründung, er ließe sich nicht von der Masse schlagen.«[184]

Zehn Minuten nach diesen Ereignissen brach auch in der Filmfabrik Wolfen der Streik aus. Auch hier sprachen der Werkleiter, der Parteisekretär und der Personaldirektor zu den Massen. »Sie wurden aber überschrien mit den gemeinsten Anwürfen.«[185] Als der Zug der Farbenwerker die Filmfabrik erreicht hatte, wurden in den Werken sämtliche Transparente, Bilder und Losungen zerstört.

Etwa zeitgleich trat auch der VEB Elektrochemisches Kombinat Bitterfeld in den Streik. Das ehemalige IG-Farben-Werk beschäftigte damals rund 13 000 Menschen. Auslöser der Proteste war hier die wenige Tage zuvor erfolgte Verhaftung eines Lehrlings. Einige Arbeiter organisierten am Morgen durch Mund-zu-Mund-Propaganda, dass die Beschäftigten in der Frühstückspause auf den Hof strömten und von der Werkleitung Aufklärung über sein Schicksal verlangten. Um 9 Uhr versammelte sich vor dem Hauptgebäude des Werks eine große Menschenmenge. Der Betriebsschutz verhielt sich passiv, nachdem der Leiter des Volkspolizeikreisamtes in den frühen Morgenstunden die Betriebe in Bitterfeld und Wolfen abgefahren und angeordnet hatte, dass die Waffen in den Waffenkammern einzuschließen seien.

Schon bald ertönten aus den Reihen der Beschäftigten Rufe wie »Freiheit für alle politischen Gefangenen unseres Werkes« und »Heraus mit den politischen Gefangenen«, dann auch »Wir sind solidarisch mit den Berliner Arbeitern! Wir demonstrieren mit ihnen«. Wenig später stieg der 48-jährige Elektromonteur Paul Othma auf das Führerhaus eines Lastwagens und forderte die Belegschaft auf, wie in Berlin auf die Straße zu gehen. Dem Gerichtsurteil zufolge, das später gegen ihn gefällt wurde, rief er aus: »Wir erklären uns solidarisch mit den streikenden Bauarbeitern der Stalinallee. Wir verhandeln nicht mehr, denn wir lassen uns nicht länger mehr an der Nase herumführen. Die Film- und die Farbenfabrik marschiert auch. Auf zur Demonstration zum Kraftwerk.«[186] Obwohl ein anderer Wortführer, der 39 Jahre alte Elektromechaniker Horst Sowada, dafür plädierte, lieber auf dem Werkgelände zu bleiben, begann kurz darauf der Auszug der Beschäftigten aus dem Betrieb. Sowada, der später in den Westen flüchtete, erklärte rückblickend: »Wenige hörten auf mich. Es begann ein Rausch.«[187]

Rund 11 000 Menschen bewegten sich alsbald auf der Landstraße in Richtung Innenstadt. An der Spitze marschierte Paul Othma, der die Forderungen der Demonstranten im Verhör mit der Staatssicherheit später so wiedergab: »Freie, geheime Wahlen für Gesamtdeutschland, Abschaffung der Arbeitsnormen, Preissenkung in der HO um 40 Prozent, HO – macht uns K. O., Nieder mit der Regierung.«[188] Unterwegs schlossen sich Beschäftigte anderer Betriebe, Anwohner und Passanten dem Zug an. Auch der 36 Jahre alte Grundschullehrer Wilhelm Fiebelkorn reihte sich mitsamt seinen Schülern in die Demonstration ein, als diese an seiner Schule vorbeizog.

Der Zug der Chemiearbeiter erreichte kurz nach 11 Uhr den Marktplatz von Bitterfeld. Er hieß jetzt Platz der Jugend und war erst kürzlich für offizielle Kundgebungen erweitert worden. Wie in Jena, Halle oder Merseburg kam es beim Eintreffen der Marschkolonnen zu freudigen Begrüßungsszenen, bald hatten sich rund 50 000 Menschen auf dem überfüllten Platz versammelt. Um sich verständlich zu machen, funktionierten die Demonstranten den Treckeranhänger eines Bauern zur Rednertribüne um. Obendrauf stand ein Mikrofon, das an einen Lautsprecherwagen angeschlossen worden war, den man aus der Filmfabrik Agfa Wolfen mitgebracht hatte. Über den Stadtfunk wurde die Kundgebung zugleich auf alle zentralen Plätze der Innenstadt übertragen, nachdem eine Abordnung zum Rathaus geschickt worden war und dies dort durchgesetzt hatte.

Als Erster sprach Paul Othma, der mit den Worten begann: »Liebe Freunde. Wenn ich heute Eure strahlenden Gesichter sehe, dann möchte ich Euch am liebsten umarmen und an mein Herz drücken. Der Tag der Befreiung ist da, die Regierung ist weg, die Tyrannei hat ein Ende.« Othma forderte die Bitterfelder Geschäftsleute auf, ihre Läden wieder zu öffnen, da doch die Arbeiter »keine Räuber sind und nur für ihre Rechte kämpfen«.[189] Er verlangte, wie schon im Chemiewerk, die Abschaffung der Normen, eine 40-prozentige Senkung der HO-Preise, die Freilassung der politischen Gefangenen, freie Wahlen und den Rücktritt der Regierung. Er ermahnte die Menge, von Ausschreitungen Abstand zu nehmen, und schlug vor, ein überregionales Streikkomitee zu wählen, dem die Streikleiter der verschiedenen Betriebe angehören sollten. In den Verhören der Staatssicherheit gab er später an: »Ich sagte zu der Masse, dass eine Leitung (Streikleitung) der Stadt Bitterfeld gewählt werden müsse, und der Lehrer Fiebelkorn verlas die Vorschläge. Durch Handhebung wurden diese Personen bestätigt.«[190] Als Erster wurde Paul Othma nominiert, weitere Mitglieder wurden Wilhelm Fiebelkorn, Horst Sowada, Arthur Klickermann sowie zwei Vertreter namens Dölle und Rohrbach. Insgesamt wurden auf diese Weise etwa fünfzehn Personen von der Menge für die Kreisstreikleitung benannt.

Auf Wunsch der Streikleitung ergriff sodann der Lehrer Fiebelkorn das Wort. Den Aussagen Othmas beim Staatssicherheitsdienst zufolge war er der politische Kopf der Bewegung. »Als Schullehrer«, so werden seine Ausführungen in einem Zeitzeugenbericht wiedergegeben, »habe ich mich täglich dagegen wehren müssen, dass Heranwachsende materialistisch erzogen und zu geistigen Robotern gemacht werden. Aber dass diese Jugend sich nicht verblenden ließ, sich nicht vergewaltigen ließ und heute so zahlreich und begeistert unter uns ist, dies ist ein Zeugnis dafür, dass die Seele im Menschen nicht getötet werden kann.«[191] In seiner Rede, die immer wieder von Zwischenrufen unterbrochen wurde, forderte Fiebelkorn den sofortigen Rücktritt der Regierung und freie und geheime Wahlen. Hunger und Not hätten gelehrt, dass diese Regierung unfähig sei, ihre Fehler gutzumachen. Zwischendurch teilte er unter dem Jubel der Anwesenden mit, dass in Berlin die rote Fahne vom Brandenburger Tor heruntergeholt worden sei, nachdem ihm jemand die Nachricht auf einem Zettel gereicht hatte. Auch der 44-jährige Schlossermeister Paul Gleim, Streikführer aus der Farbenfabrik Wolfen, ging ans Mikrofon und stellte die Forderungen auf: »Fortfall der Zonengrenzen. Freier Handel von Ost nach West. Wahl einer Nationalversammlung. Bildung einer gesamtdeutschen Regierung. Abschluß eines Friedensvertrages – und Senkung der HO-Preise.«[192] Zwischendurch sangen die Versammelten das Deutschlandlied.

Nach den politischen Reden drängten die Menschen auf dem Marktplatz von Bitterfeld zur Aktion. Der Kulturdirektor der Stadt wurde herbeigeführt und mit Prügel bedroht. Das Streikkomitee, das nach seiner öffentlichen Nominierung eine gewisse Autorität besaß, bemühte sich indes, den Hass der Bevölkerung zu zügeln und gewalttätige Auseinandersetzungen zu verhindern. Zu seiner Entlastung führte Othma später an, zwei Arbeiter hätten einen gewissen Helbig herangeschleppt, der Arbeiter schikaniert habe und sich deshalb vor dem Mikrofon dafür rechtfertigen sollte; er, Othma, habe veranlasst, dass man ihn gehen ließ. Das Bezirksgericht Halle warf ihm jedoch später vor, er hätte die Menge darüber informiert, dass vier Personen verhaftet worden seien, und sie aufgefordert, diese zu befreien. Daraufhin habe sich ein großer Teil der Menschenmenge in Richtung Röhrenstraße zum Gerichtsgefängnis und zum Polizeiamt in die Lindenstraße bewegt. Das Streikkomitee rief die Anwesenden später dazu auf, geordnet nach Hause zu gehen; Betriebe, die mit explosionsgefährdeten Stoffen umgingen, sollten umgehend die Arbeit wieder aufnehmen. Zahlreiche Zeugen bestätigten, dass insbesondere Othma sich am 17. Juni für ein diszipliniertes, besonnenes Vorgehen eingesetzt habe.

Das Streikkomitee bildete drei Gruppen, die dafür sorgen sollten, dass das Geschehen nicht außer Kontrolle geriet. Sie wurden von Sowada, Othma und Fiebelkorn geleitet und hatten die Aufgabe, das Rathaus, die Kreisdienststelle des Staatssicherheitsdienstes und das Volkspolizeikreisamt in Besitz zu nehmen. Wenig später waren in Bitterfeld praktisch alle lokalen Machtzentralen besetzt: außer den zuvor genannten auch die Kreisleitung der SED, die Stadtverwaltung und das Untersuchungsgefängnis. Über Lautsprecher wurden die Namen von Informanten des Staatssicherheitsdienstes bekannt gegeben, die man bei der Besetzung der Kreisdienststelle in Erfahrung bringen konnte. Der Polizeichef im Bezirk Halle musste später eingestehen: »Im Kreis Bitterfeld war auf diese Weise in den Mittagsstunden eine solche Lage entstanden, daß es keinerlei Organe mehr gab, welche die Staatsautorität verkörpern konnten.«[193] Als Othma in der Polizeidienststelle erschien, war sie bereits von Demonstranten besetzt. Angelastet wurde dies später vor allem dem Leiter des Volkspolizeikreisamtes, der am Morgen dafür gesorgt hatte, dass in den Großbetrieben die Waffen eingeschlossen worden waren. Im Polizeiamt hatte er die Propagandatransparente abnehmen lassen und anschließend mit den Demonstranten Verhandlungen über die Freilassung der politischen Häftlinge geführt. Gemeinsam mit dem Kreisstaatsanwalt Flügge bildete man eine Kommission, die die Gefangenenakten durchsah, um zu entscheiden, wer auf freien Fuß gesetzt werden sollte. Die Demonstranten stießen praktisch nirgendwo auf Gegenwehr. Für dieses Verhalten, das maßgeblich dazu beitrug, dass es in Bitterfeld nicht zu Blutvergießen kam, wurde er kurz darauf verhaftet und später aus dem Polizeidienst ausgestoßen. Als Vertreter des Streikkomitees setzte sich Othma gegenüber den Besetzern dafür ein, dass in der Polizeidienststelle keine sinnlosen Zerstörungen vorgenommen würden, und sorgte dafür, dass vor der Waffenkammer Wachposten aufgestellt wurden. »Einem Polizeiangestellten in Zivil, der bewaffnet war und sich durch einen Sprung aus dem Kriminalgebäude retten wollte, half ich wegzukommen, ehe die empörte Menge ihn zusammenschlagen konnte«, führte er in der Haft vergeblich zu seiner Entlastung an.[194]

Das Streikkomitee, das seine Beratungen mittlerweile in den Sitzungssaal der Stadtverordnetenversammlung verlegt hatte, war nun nicht mehr nur eine Gruppe von Streikleitern, sondern funktionierte wie eine Stadtregierung: Othma wurde Erster Vorsitzender, Sowada sein Stellvertreter und Fiebelkorn Sprecher des Komitees. Den früheren Stadtschulrat Seele ernannte man anstelle des bisherigen Bürgermeisters zum Stadtoberhaupt. Die Entscheidungen des Komitees wurden der draußen wartenden Menge laufend bekannt gegeben. Othma wurde beauftragt, in die Großbetriebe der Region zu fahren, damit die Betriebsleiter das vom Streikkomitee verabschiedete 11-Punkte-Programm unverzüglich umsetzten. In dem Aufruf an alle Betriebe des Kreises Bitterfeld wurde unter anderem die Auflösung der SED-, FDGB- und FDJ-Betriebsgruppen, die Beschlagnahme von Werkfunk- und Fernsprechanlagen durch die betrieblichen Streikkomitees sowie die Ablösung der Werkpolizei verlangt. Außerdem sollte der Streik in allen Betrieben am nächsten Tag fortgesetzt werden. Mit einem beim MfS beschlagnahmten BMW fuhren Othma und drei weitere Mitglieder der Streikleitung in das Elektrochemische Kombinat Bitterfeld, wo sie das Programm über den Betriebsfunk verlasen. Auch in nahe gelegene Industriestandorte wie Roßlau, Delitzsch und Gräfenhainichen wurden Abordnungen entsandt. In der Farbenfabrik Wolfen begab sich Schlossermeister Gleim zum Werkdirektor und teilte ihm mit: »Die SED ist aufgelöst, der FDGB und die FDJ sind verboten. Auch die BGL besteht nicht mehr, in 8 Tagen ist Neuwahl. Die Arbeiter haben die Macht ergriffen, die Regierung ist gestürzt. Die Volkspolizei hat sich mit den Streikenden solidarisch erklärt.«[195]

Um 14 Uhr erhielt das Streikkomitee jedoch die Mitteilung, dass in Berlin der Ausnahmezustand verhängt worden sei; sowjetische Truppen würden sich der Stadt Bitterfeld nähern. Das Komitee diskutierte deshalb, ob es statt zum Streik zum Aufstand aufrufen sollte. Man verständigte sich schließlich darauf, ein Telegramm an die DDR-Regierung zu richten, das einen langen, ausgereiften Forderungskatalog enthielt. Wenn er verwirklicht oder seine Durchführung mit einem landesweiten Generalstreik gefordert worden wäre, hätte die SED-Herrschaft zweifellos bereits im Jahre 1953 ihr Ende gefunden. Das Telegramm hatte folgenden Wortlaut:

»Die Werktätigen des Kreises Bitterfeld fordern:
1. Sofortiger Rücktritt der Regierung, die durch Wahlmanöver an die Macht gekommen ist
2. Einsetzung einer provisorischen deutschen demokratischen Regierung
3. Freie demokratische geheime und direkte Wahlen in 4 Monaten
4. Zurückziehung der deutschen Polizei von den Zonengrenzen und sofortiger Durchgang für alle Deutschen
5. Sofortige Freilassung der politischen Häftlinge (Kirche, weltliche Anschauung, sogenannte Wirtschaftsverbrecher) und Rückkehr aller Gefangenen aus aller Welt
6. Sofortige Normalisierung des Lebensstandards ohne Lohnsenkung
7. Zulassung aller großen demokratischen Parteien Westdeutschlands in unserer Zone
8. Keine Repressalien gegen die Streikenden
9. Sofortige Abschaffung der sogenannten Volksarmee
10. Zulassung der Delegation aus der Ostzone, die eine der westdeutschen Parteien gründen wollen.
Das Streikkomitee des Kreises Bitterfeld.«[196]

Darüber hinaus richtete das Bitterfelder Streikkomitee ein zweites Telegramm an Hochkommissar Semjonow. Dieses war diplomatischer abgefasst und wurde offenbar von dem Glauben getragen, dass die Sowjetunion sich zu den Geschehnissen möglicherweise doch neutral verhalten könnte. Wörtlich hieß es in dem Schriftstück, dessen Absendung man um 15.53 Uhr im örtlichen Postamt erzwang:

»Sehr geehrter Herr Semjonow!
Wir Werktätigen des Kreises Bitterfeld bitten Sie, den Ausnahmezustand in Berlin und alle Maßnahmen, die gegen die Arbeiterschaft gerichtet sind, sofort aufzuheben, damit wir Deutsche wirklich den Glauben in uns behalten können, daß Sie tatsächlich der Vertreter einer Werktätigen-Regierung, ein Freund des Friedens und der Völkerverständigung sind. In diesem Sinne grüßt Sie
Das Streikkomitee des Kreises Bitterfeld.«

Das Komitee verlangte – und erhielt – von den Empfängern förmliche Empfangsbestätigungen für die telegrafisch übermittelten Schreiben.

Unbeeindruckt von diesen Appellen rückten am Nachmittag sowjetische Truppen und Einheiten der Kasernierten Volkspolizei in die Stadt ein. Um Blutvergießen zu verhindern, forderte das Streikkomitee die Menschen über den Stadtfunk auf, die Besatzungsmacht zu respektieren, Disziplin zu wahren und keine Gewalttaten gegen Menschen oder Einrichtungen zu verüben. Aus diesem Grunde kam es bei der Niederschlagung des Aufstands in Bitterfeld nicht zu Toten oder Schwerverletzten wie in anderen Städten. Gleichzeitig rief das Komitee zu einem dreitägigen Streik auf, später werde man über weitere Maßnahmen informieren – eine Ankündigung, die nicht mehr eingelöst werden konnte, weil SED und Staatssicherheitsdienst unter dem Schutz des sowjetischen Militärs ihre Macht bald wiederherstellen konnten.

Um 16 Uhr fand allerdings in der Farbenfabrik Wolfen im Theatersaal eine Streikversammlung statt, weil der Truppeneinmarsch hier noch nicht bekannt geworden war. Voller Optimismus eröffnete Paul Gleim die Beratung mit den Worten: »Das alte Sprichwort: Volk steh auf und Sturm brich los, hat sich heute wieder einmal bewahrheitet. Wenn auch einige Verzweifelte versucht haben, den Sturm aufzuhalten, die sind vom Volk weggefegt. Mit diesen braucht man sich nicht zu beschäftigen!« Sodann berichtete er von den Vorgängen in Bitterfeld und gab die Forderungen der Kreisstreikleitung bekannt. Weiter forderte er die Versammelten auf, eine Streikleitung zu wählen, und erklärte: »Die Frage des Generalstreiks ist akut. Der Streik wird morgen fortgesetzt. Es ist jedoch notwendig, daß wir alle an unseren Arbeitsplätzen erscheinen, denn sonst lässt man uns dann nicht mehr herein.«[197] Nach Abschluss der Versammlung kam die Streikleitung im SED-Parteibüro zusammen, um über die Durchsetzung der Forderungen zu beraten – dann mussten ihre Mitglieder durch das Fenster flüchten, weil sowjetisches Militär und Volkspolizei das Werk besetzten.

Die Streiks und Demonstrationen in Bitterfeld wurden brutal niedergeschlagen, doch noch tagelang kam es in der Stadt immer wieder zu Menschenansammlungen. Während Sowada, Fiebelkorn und einige weitere Mitglieder des Streikkomitees in den Westen flohen, wurden die Übrigen nach kurzer Zeit verhaftet. Das Mitglied der Bitterfelder Streikleitung Striebel nahm sich im Polizeigefängnis das Leben, Paul Othma wurde wegen »Boykotthetze« und »faschistischer Provokation« zu zwölf Jahren Zuchthaus verurteilt. Weil er auch im Gefängnis der Auffassung blieb, zu Unrecht bestraft worden zu sein, musste er die Strafe fast vollständig absitzen und kam erst 1964 wegen einer schweren Krankheit frei.

In ähnlicher Weise wie in Bitterfeld entwickelte sich der Aufstand auch in Görlitz. Für Stunden übernahmen hier die Aufständischen die Macht. Nicht ohne Grund betonte der sowjetische Hochkommissar am 17. Juni in einem Telegramm an die Moskauer Führung: »Die ernsteste Lage herrscht in der Stadt Görlitz an der deutsch-polnischen Grenze, wo eine Menge von 30 000 Menschen die Geschäfte, das Gefängnis, das Gebäude der Sicherheitsdienstabteilung das Bezirkskomitee der SED demoliert hat. Nach Görlitz wurde das verstärkte Schützenbatallion SPW geschickt.«[198] Auch das SED-Zentralkomitee bezeichnete die Industriestadt im Südosten der DDR rückblickend als »größten Schwerpunkt im Bezirk Dresden«, wo »die Provokateure weitgehend die Macht vorübergehend an sich rissen und sogar eine ›Heimwehr‹ bildeten«.[199]

Mit 100 000 Einwohnern war Görlitz kein unbedeutendes Örtchen, sondern gehörte zu den großen Städten der DDR. Das Geschehen in der Stadt ist deshalb von besonderem Interesse, weil es zeigt, in welche Richtung sich die Erhebung möglicherweise auch anderswo entwickelt hätte, wenn sowjetisches Militär nicht so schnell eingeschritten wäre. Dass die Aufständischen gerade in Görlitz so erfolgreich waren, ist vor allem darauf zurückzuführen, dass es hier bereits in den Mittagsstunden zu einer Massenkundgebung kam. Durch diesen zeitlichen Vorsprung konnte sich die Revolution stärker entfalten als anderswo. Zudem ist auf die breite soziale Basis des Streikkomitees und die besondere demographische und politische Struktur der Stadt zu verweisen. Etwa 40 Prozent der Einwohner von Görlitz waren Vertriebene aus den deutschen Ostgebieten; die Resistenz gegenüber dem SED-Regime, das die Abtretung ihrer Heimat an Polen offiziell sanktioniert hatte, war deshalb besonders groß. Die Besonderheit von Görlitz ist aber auch darin zu sehen, dass die lokalen Funktionäre mit in den Sog des Aufstands gerieten und dazu beitrugen, den Machtwechsel geordnet zu gestalten. Dem SED-Kreissekretär Karl Weichold warf das Zentralkomitee deshalb später vor, »auf die Positionen des Kapitulantentums und des Opportunismus gegenüber den Parteifeinden und faschistischen Provokateuren abgeglitten« zu sein.[200] Nach der Niederschlagung des Aufstands wurden die Mitglieder der Kreisleitung vollständig ausgetauscht.

Ausgangspunkt der Proteste in Görlitz waren der Lokomotiv- und Waggonbau (LOWA), der rund 4000 Arbeiter beschäftigte, und der VEB Elektromaschinenbau (EKM) Görlitz mit gut 2000 Mitarbeitern. Wie anderswo standen am Morgen des 17. Juni die Beschäftigten im Werk LOWA I zusammen und diskutierten über die Berliner Ereignisse. Sie verlangten, eine Abteilungsversammlung durchzuführen, und weigerten sich, die Arbeit aufzunehmen. Anfangs forderten sie in erster Linie wirtschaftliche und soziale Verbesserungen, darunter Preissenkungen, höhere Löhne und die Abschaffung des Normensystems. Gegen 10 Uhr beschlossen sie, auf die Straße zu ziehen und eine Demonstration durchzuführen. Bald wurden auch politische Parolen laut.

Im Schwesterwerk LOWA II trat die Belegschaft ebenfalls im Laufe des Morgens in den Streik. Gegen 10 Uhr waren hier in den Betriebsräumen nur noch diskutierende Gruppen anzutreffen. Ein Teil der Beschäftigten marschierte auf die Straße und forderte auf Plakaten den Sturz der Regierung. Im VEB EKM entwickelte sich die Lage ähnlich. Zwar gelang es hier dem eilends herangerufenen Oberbürgermeister Willi Ehrlich zunächst, einen Teil der Arbeiter dazu zu bewegen, wieder in den Werkraum zu gehen und eine Versammlung abzuhalten, doch verzögerte dies den Auszug nur. Auch die Elektromaschinenbauer verlangten den Rücktritt der Regierung und freie Wahlen sowie die Absetzung der Partei- und Gewerkschaftsfunktionäre und des Personalleiters ihres Betriebes. Der größte Teil der Waggon- und Maschinenbauer von Görlitz verließ deshalb das Werkgelände und forderte die Belegschaften weiterer Betriebe auf, sich anzuschließen.

Die Verantwortlichen in Görlitz wurden von diesen Ereignissen völlig überrollt. Ihr hilfloses Agieren hat die SED später im Detail untersucht. Während sie anfangs nicht wahrnahmen, was sich rings um sie herum zusammenbraute, zeigten sie sich später angesichts der elementaren Kraft der Erhebung regelrecht paralysiert.

Dabei war zumindest der SED-Chef von Görlitz, Weichold, bereits in der Nacht gewarnt worden. Um 3.30 Uhr wurde er auf Anweisung der SED-Bezirksleitung in Dresden aus dem Bett geklingelt und zu erhöhter Wachsamkeit aufgefordert. Es sei damit zu rechnen, dass »bestimmte Kräfte aus Berlin in den Betrieben versuchen werden, Unruhe zu stiften im Zusammenhang mit den Normen«. Man solle wachsam sein, wenn »Westberliner Agenten« mit »Arbeiterzügen« kämen und in den Betrieben zu Streiks aufriefen.[201] Für 6 Uhr in der Frühe beraumte der Parteichef deshalb eine Sitzung an, an der neben dem Bürgermeister auch die lokalen Leiter des Staatssicherheitsdienstes und der Polizei teilnahmen. Man konnte sich aber offenbar nicht recht vorstellen, dass die angekündigten »Agenten« ausgerechnet in das abgelegene Görlitz kommen sollten. Selbst als der Parteisekretär des Lokomotivwerkes in die Besprechung platzte und die Nachricht überbrachte, dass dort »der Teufel los sei«, schien man sich des Ernstes der Lage noch nicht bewusst zu sein.[202] Der SED-Chef machte sich zwar auf den Weg in das Werk, um sich ein Bild von der Lage zu machen, doch Oberbürgermeister Ehrlich fuhr erst einmal in seine Wohnung, um in aller Ruhe zu frühstücken. Dort erreichte ihn dann die Aufforderung, auf schnellstem Wege in das EKM zu kommen, wo er die Arbeiter beruhigen sollte.

Als der Leiter der Dresdner Bezirksverwaltung für Staatssicherheit, Gerhard Harnisch, um zehn Uhr den Görlitzer Stasi-Chef vor »Provokateuren« warnte, waren die Unruhen in den Betrieben bereits in vollem Gange. 30 Minuten später befanden sich mehrere tausend Streikende auf dem Weg in die Görlitzer Innenstadt. Anwohner, Passanten, Geschäftsleute und Verkäuferinnen schlossen sich ihnen an, so dass die zentralen Straßen und Plätze bald voller Menschen waren. Unterwegs beseitigten sie die politische »Sichtwerbung« an den Straßenrändern und verlangten in Sprechchören Preissenkungen bei der HO, eine Erhöhung der Löhne und Renten und die Abschaffung der Normen. Mit Rufen wie »Fort mit der SED« wandte man sich jetzt auch gegen die kommunistische Diktatur. Der besonderen Situation von Görlitz Rechnung tragend, forderte man zudem eine Revision der Oder-Neiße-Grenze, die die Stadt in zwei hermetisch voneinander getrennte Hälften teilte.

Eine Stunde später begann auf dem Leninplatz (Obermarkt) eine große, spontan zustande gekommene Kundgebung von 30 000 bis 40 000 Menschen. Über den Stadtfunk wurde sie auf alle Plätze übertragen und – ein Glücksfall für die Geschichtsschreibung – auch per Tonband aufgezeichnet. Der Radiohändler Arthur Hellwig, in dessen Besitz die städtische Übertragungseinrichtung früher gewesen war, hatte die Anlage in Betrieb gesetzt, was ihm später eine zehnjährige Zuchthausstrafe einbrachte. Nach der Niederschlagung des Aufstands beschlagnahmte der Staatssicherheitsdienst die Bänder und transkribierte sie, so dass ein genaues Ablaufprotokoll vorliegt.

Die Wortführer der Görlitzer Großbetriebe bildeten auf dem Platz zunächst eine überbetriebliche Streikleitung, die den Architekten Cammentz bat, die Leitung der Versammlung zu übernehmen. Anwesend war auch Oberbürgermeister Ehrlich, der von seinen Genossen beauftragt worden war, die Menschen zu beruhigen, stattdessen jedoch bald selbst zur Rede gestellt wurde. Als Erster stieg der LOWA-Arbeiter Hermann Gierich auf einen zur Rednertribüne umfunktionierten Tisch. Er freue sich, erklärte er, dass es endlich gelungen sci, den Bürgermeister zu zwingen, vor den Massen »zur verbrecherischen Politik der SED und der Regierung der DDR« Stellung zu nehmen. Von dem Stadtoberhaupt verlangte er eine Antwort auf die wichtigsten Forderungen der Streikenden: »Wann wird die Oder-Neiße-Grenze aufgehoben? Wann wird die KVP [Kasernierte Volkspolizei] aufgelöst? Wann tritt die Regierung zurück? Wann finden freie Wahlen statt? Wann werden die HO-Preise beseitigt?«[203] Da sich der Bürgermeister weigerte, auf diese Fragen einzugehen, erntete er heftige Pfuirufe. Als er stattdessen lieber von den Fehlern der Vergangenheit sprechen wollte, die jetzt korrigiert worden seien, intervenierte der Versammlungsleiter und erklärte:»Liebe Einwohner der Stadt Görlitz! Wir wollen nur eins wissen – von den vergangenen Fehlern wollen wir gar nichts mehr wissen, sie wollen wir vergessen [Beifall] – wir wollen nur noch eins wissen, daß wir freie Menschen sind, und das soll unser Bürgermeister nun mal bestätigen, daß, wenn hier die Polizei eingreift, daß wir dann unseren Schutz als Arbeiter haben.«[204]

Der Bürgermeister versicherte daraufhin der Menge, dass er einen Polizeieinsatz ablehne, doch aus der Menge erscholl die Forderung:»Abtreten!« Der Kundgebungsleiter nahm dies zum Anlass, die Frage zu stellen, ob der Bürgermeister seine Arbeit weiterführen solle oder nicht. Das Tonbandprotokoll der Staatssicherheit verzeichnete hierauf ein lautstarkes »Nein!« und allgemeine Empörung – so wurde das Stadtoberhaupt von Görlitz abgesetzt.

Als Nächster trat ein Redner ans Mikrofon, bei dem es sich um den in Zeitzeugenberichten oftmals erwähnten Sozialdemokraten Max Latt gehandelt haben könnte. Wie Versammlungsleiter Cammentz sprach er sich dagegen aus, mit den verantwortlichen Funktionären abzurechnen. »Liebe Einwohner von der Stadt Görlitz«, so führte er unter stürmischem Beifall aus, »wir wollen hier keine großen Debatten schwingen oder uns gegenseitig reizen, es hat ja keinen Zweck. Bereits acht Jahre haben wir diesen Reiz an uns. Wir wollen das nicht. Ich verlange nur eins, als in Arbeit stehender Mensch: Daß wir uns einig sind, daß wir alle einig sind über das, was geschieht. Und was geschehen ist, daran können wir nichts mehr ändern. Wir können nur noch heute weiter sehen, daß bei uns mal wieder ein Licht aufblüht, daß wir freie deutsche Bürger sind.«[205]

Die Kundgebung auf dem Marktplatz von Görlitz dauerte etwa anderthalb Stunden. Unbekannte Redner traten ans Mikrofon und berichteten in einfachen Worten von ihren Gefühlen und Hoffnungen. »Sehen Sie«, erklärte ein Mann, »ich bin freiwillig auf diesen Tisch gekommen aus der Begeisterung heraus, die ich miterleben durfte. Ich könnte natürlich damit rechnen, daß beim Nachhauseweg plötzlich meine Familie ohne mich da steht. Deshalb fordere ich alle auf, daß nicht wieder Rechtsbrüche in der Form vorkommen, wie sie bislang dagewesen sind.«[206] Andere erinnerten an vergangene Bedrückungen und erlittenes Unrecht, einige forderten auch Rache und Vergeltung. Manche zeigten sich voller Zuversicht, dass das Regime der SED nun zu Ende gehen werde: »Ich bin der Auffassung«, erklärte ein Redner, »daß heute alle diese Menschen, die hier versammelt sind, ob der Arbeiter aus der Fabrik, der seinen Hammer niedergelegt hat, ob der Bürger oder der Intellektuelle, der wartet, was ist und was werden soll, davon überzeugt und mitmarschiert ist, daß heute die freie Meinung seinen [sic!] Durchbruch bekommen hat.«[207] Ein anderer Redner dankte der Streikleitung und den LOWA-Arbeitern, die die Erhebung ausgelöst hatten, und freute sich, »daß nun endlich der Tag [da ist], der uns tatsächlich wieder in andere Verhältnisse bringen wird«. Er appellierte an den Zusammenhalt aller Görlitzer und erklärte: »Sollte tatsächlich Polizei eingesetzt werden, so schließt Euch zusammen und merkt Euch den, der einen Gummiknüppel hebt, merkt Euch den! Denkt an den berühmten Schwur: Seid ein einig Volk von Brüdern und haltet zusammen in Gefahr. Denn wir sind nur in der Masse einig, ein einzelner schafft nichts!«[208]

Obwohl auf der Kundgebung auch einige schärfere Töne zu hören waren, überwog auf dem Görlitzer Obermarkt das große Gemeinschaftsgefühl zwischen den Demonstranten, ausgelöst durch die zuversichtliche Hoffnung auf einen politischen Neubeginn. Selbst den verantwortlichen SED-Funktionären begegnete man unter diesen Umständen mit ungewöhnlicher Milde. Vor allem die Kundgebungsleitung, aber auch einzelne Redner traten immer wieder für ein gewaltloses Vorgehen ein und appellierten an die Zusammengehörigkeit aller Görlitzer in diesen Stunden. Wiederholt mahnte ein Sprecher, »Ruhe zu bewahren« und auch »mit dem Oberbürgermeister als Arbeiter zu verhandeln«. Als Demonstranten gegen ihn vorgehen wollten, bat er eindringlich darum, »daß wir uns im Gebot dieser Stunde gegenseitig unterstützen und niemals vergessen, daß wir Deutsche sind und keine Betrüger«.[209] Ein anderer Sprecher wandte sich dagegen, die Volkspolizei, »die heute noch die Uniform trägt und die die Zeit geprägt hat, nun anzugreifen«.[210] Die Revolution in Görlitz trug streckenweise fast biedere Züge, so, wenn kurz nach 12 Uhr mitgeteilt wurde, dass man nun die Versammlung auflösen wolle, damit alle zum Mittagessen gehen könnten.

Noch während die Kundgebung andauerte, beriet die überbetriebliche Streikleitung über die nächsten Schritte und informierte laufend die Versammlung. Die Anwesenden äußerten ihre Meinung zu den Beschlüssen oder machten eigene Vorschläge. So rief die Streikleitung dazu auf, um 15 Uhr eine Demonstration durch die Straßen der Stadt durchzuführen und bis dahin nach Hause zu gehen. Den Protestierenden stand aber nicht der Sinn nach Mittagessen; stattdessen wurde unter großem Beifall vorgeschlagen, die politischen Häftlinge zu befreien. Ein anderer Vorschlag lautete, ein Komitee zu gründen, an das sich alle Bürger mit ihren Anliegen wenden könnten, so dass man diese »bearbeiten« könne – eine Art Revolutionsstadtrat, der die dringendsten Aufgaben in Angriff nehmen sollte. Der Redner, der den Vorschlag gemacht hatte, forderte die auf dem Platz anwesenden Polizisten auch auf, ihre Koppel abzulegen und wie in Berlin »zu uns« zu kommen, um den »Schutz für unser Volk und für unsere Gefangenen« zu gewährleisten.[211] Das Protokoll vermerkte hierzu Beifallsstürme, und tatsächlich schnallten mehrere Polizisten offenbar ihre Koppel ab und hielten sie in die Höhe, denn mehrfach ertönten Rufe wie »Hochhalten! Hochhalten!«. Obwohl die Versammlung inzwischen beschlossen hatte, gemeinsam zur Kreisdienststelle des Staatssicherheitsdienstes zu ziehen, um nach den politischen Häftlingen zu suchen, meldeten sich immer wieder Redner zu Wort, bis die Kundgebung gegen 13 Uhr schließlich aufgelöst wurde.

Wenig später fand sich in einer Gaststätte das vorgeschlagene Stadtkomitee zusammen. Es sollte eine Art neue, revolutionäre Legalität begründen, denn, so erklärte ein Sprecher, »wir wollen keinen Streit miteinander, aber wir wollen, daß alles rechtmäßig verläuft«.[212] Dem 20-köpfigen Komitee gehörten unter anderem der Arzt Dr. Hütter, der Architekt Cammentz, der Rechtsanwalt Dr. Schön, der Autoschlosser Gierich sowie der Inhaber des erwähnten Radiogeschäftes, Arthur Hellwig, an. Mitglieder waren ferner der Fabrikant Rudolf Erich Strohmeyer, der Sohn des in den Westen geflüchteten Kofferfabrikanten Wirschin, der Dozent Werner Herbig sowie der ehemalige Gewerkschaftsfunktionär Max Latt. Das Komitee schickte Abgesandte an die Brennpunkte des Geschehens und übernahm Funktionen einer Stadtregierung. Unter anderem legte es fest, dass eines seiner Mitglieder, der gebürtige Görlitzer und Mitarbeiter des Deutschen Handelszentrums in Berlin, Willi Renner, die Leitung der Polizei übernehmen sollte. Außerdem stellte es eine mit Armbinden gekennzeichnete, aber unbewaffnete Bürgerwehr auf, die Plünderungen verhindern und in der Stadt für Ruhe und Ordnung sorgen sollte – von der SED-Propaganda wurde sie später als »faschistische Heimwehr« bezeichnet.[213]

Schon kurz nach Beginn der Zusammenkunft vor dem Rathaus hatte ein Redner davon Mitteilung gemacht, dass die Polizei am Demianiplatz mit Gummiknüppeln gegen Demonstranten vorgehe. Noch während die Kundgebung lief, machte sich deshalb eine Abordnung, zusammen mit dem Oberbürgermeister, in einem Taxi auf den Weg dorthin, um den Einsatz zu unterbinden. Der Taxibesitzer, der sein Fahrzeug freiwillig für diesen Transport zur Verfügung gestellt hatte, wurde dafür später zu fünf Jahren Zuchthaus verurteilt. Als die Abordnung an der bezeichneten Stelle eintraf, hatte die Polizei bereits die Flucht ergriffen, so dass sich Bürgermeister Ehrlich nunmehr in sein Dienstzimmer ins Rathaus begab.

Zur Überraschung des Stadtoberhauptes war sein Amtssitz in der Zwischenzeit von Demonstranten besetzt worden. Da sie dabei nicht auf Widerstand gestoßen waren, war die Übernahme des Rathauses friedlich erfolgt. Junge Arbeiter hatten sich vor Ehrlichs Büro postiert, um Verwüstungen zu verhindern, während die städtischen Angestellten mehr oder weniger ratlos herumsaßen. Der Oberbürgermeister versuchte nun, telefonisch Hilfe herbeizurufen, doch bekam er keine Verbindung. Auch sein Wunsch, zum sowjetischen Militärkommandanten geführt zu werden, um mit diesem die Übergabe der Stadtverwaltung an das Komitee zu besprechen, wurde als allzu offensichtliche Finte abgelehnt. Notgedrungen musste er sich deshalb auf Verhandlungen mit den Besetzern einlassen, die unter anderem die Freilassung der politischen Gefangenen und die sofortige Verteilung von Lebensmitteln forderten. Die offiziellen Stadträte wurden währenddessen als »Geiseln« in einem Zimmer festgehalten.

Gegen 14.30 Uhr wurde der Bürgermeister nach draußen gerufen, weil eine Delegation ihn sprechen wolle. Bei dieser Gelegenheit erklärte er der aufgebrachten Menge, dass »von unseren sowjetischen Freunden der Belagerungszustand verhängt« worden sei und sich »sowjetische Truppen im Anmarsch« befänden. Hatte er gehofft, die etwa 30 000 bis 40 000 vor dem Rathaus versammelten Menschen dadurch zum Einlenken zu bringen, so irrte er sich, denn nun gerieten diese erst recht in Rage. Wie er später zu Protokoll gab, versuchte er noch, »in großen Sprüngen ins Rathaus zurückzugelangen, wurde jedoch von einigen Fleischern gepackt, geschlagen und dabei die Rathaustreppe herunter geworfen«.[214]

Nicht nur das Rathaus war von Demonstranten besetzt worden. Vielmehr waren in den Mittagsstunden fast alle öffentlichen Gebäude in Görlitz erobert worden, darunter das Arbeitsamt, der Bahnhof, das Kaufhaus der HO, der Sitz der Deutsch-Sowjetischen Freundschaft und der Nationalen Front sowie die Redaktion des SED-Bezirksblatts *Sächsische Zeitung*. Auch die Kreisleitungen von FDJ und SED, das Kreisgericht, die Gefängnisse der Stadt und die Dienststellen von Polizei und Staatssicherheitsdienst waren von Demonstranten gestürmt worden. Lediglich die von starken Militärkräften gesicherte Kaserne der Grenzpolizei hatten sie nicht einnehmen können. Obwohl die einzelnen Gebäude mehr oder weniger zeitgleich belagert wurden, die Streikleitung also nur eine begrenzte Kontrolle ausüben konnte, erfolgte ihre Übernahme ohne größeres Blutvergießen. Viele fielen faktisch kampflos in die Hände der Demonstranten, weil Polizei und Staatssicherheitsdienst mit der Verteidigung ihrer eigenen Dienststellen so in Anspruch genommen waren, dass sie anderswo kaum tätig werden konnten. Im Angesicht der Menge ergriffen die in den Gebäuden befindlichen Funktionäre oft schon von sich aus die Flucht. So versteckten sich Richter und Staatsanwälte des Kreisgerichts im Keller, angeblich, um von dort aus besser »Beobachtungen« machen zu können. Die stellvertretende SED-Parteichefin von Görlitz wollte sogar ihr Büro in die Kaserne der Grenzpolizei verlegen und in der »Illegalität« weiterarbeiten.

Zu Auseinandersetzungen kam es bei der Besetzung der Parteizentrale und der Haftanstalten der Stadt. Als Demonstranten am frühen Mittag vor das Gebäude der SED-Kreisleitung zogen, weil sie in dessen Keller Gefangene vermuteten, hatte man dort die Türen und Fensterläden schon fest verschlossen. Mit einem Rammbalken stießen die Belagerer daraufhin eines der Fenster auf, um sich auf diese Weise Einlass zu verschaffen. Der Parteichef von Görlitz, Weichold, der im Inneren die Fensterläden zugehalten hatte, zog sich dabei eine blutende Stirnverletzung zu. Zwischen 400 und 600 Personen drängten danach in das Gebäude und rissen Bilder, Losungen und Büsten herunter. Sie zogen aber wieder ab, nachdem sie sich davon überzeugt hatten, dass in dem Parteihaus keine Menschen gefangen gehalten wurden.

Mit dem SED-Chef an der Spitze marschierten die Demonstranten von der Parteizentrale zur Kreisdienststelle des Staatssicherheitsdienstes in der Thälmannstraße (heute: James-von-Moltke-Straße), um dort nach Häftlingen zu suchen. Das Gebäude war jedoch ebenfalls verbarrikadiert, da eine Gruppe von Menschen schon seit elf Uhr versuchte, in die Stasi-Zentrale einzudringen. Sieben MfS-Mitarbeiter mit drei Karabinern und vier Pistolen verteidigten die Dienststelle. Obwohl aus den oberen Fenstern mehrfach Warnschüsse abgegeben worden waren, hatten die Demonstranten durch ein Zellenfenster bereits einen Gefangenen befreit. Vor dem Gebäude versammelten sich nunmehr über 2000 Menschen, die entschieden Einlass forderten. Dass es nicht zu einem Blutbad kam, war vor allem dem Görlitzer Parteichef zu verdanken, der von draußen dem Leiter der Dienststelle zurief: »Hier ist der 1. Kreissekretär der SED, legt die Waffen nieder, schießt nicht, seid vernünftig und laßt eine Delegation herein, es ist sowieso alles vorbei.«[215]

Weichold forderte den lokalen Stasi-Chef auf, die Gefangenen auf seine Verantwortung freizulassen. Er bekam jedoch zur Antwort, es gebe keine Inhaftierten in dem Gebäude, was sich selbst der SED-Sekretär nicht vorstellen konnte. Tatsächlich waren sie erst kurz zuvor abtransportiert worden. Nachdem sich der Dienststellenleiter des MfS bei seinem Vorgesetzten in Dresden rückversichert hatte, wurde schließlich eine zehnköpfige Delegation hineingelassen, um den Keller zu kontrollieren. Häftlinge waren darin nicht mehr zu finden. Wenig später drangen weitere Demonstranten in das Gebäude ein, entwaffneten die darin befindlichen MfS-Mitarbeiter, demolierten die Einrichtung und warfen Akten auf die Straße. Ein Stasi-Bediensteter, der von oben auf die unbewaffnete Menge geschossen hatte, wurde verprügelt und erlitt leichte Verletzungen. Obwohl sich im Nachbargebäude die sowjetische Kommandantur befand und diese sogar einen Posten mit Maschinenpistole in das Erdgeschoss der MfS-Dienststelle abstellte, versuchte lange Zeit niemand, die Demonstranten wieder aus dem Haus zu drängen. Erst nachdem um 14 Uhr der Ausnahmezustand über Görlitz verhängt worden war, rückte ein Kommando sowjetischer Soldaten an und räumte das Gebäude.

Größeren Erfolg hatten die Demonstranten bei der Erstürmung der Untersuchungshaftanstalt in der Nähe des Rathauses. Um 9.45 Uhr bemerkten die drei wachhabenden Polizisten ungewöhnlichen Lärm auf der Straße. Wenig später stand eine größere Menschenmenge vor dem Eingang und verlangte durch das heruntergelassene Scherengitter, die politischen Gefangenen freizulassen. Der Anstaltsleiter weigerte sich, dieser Forderung nachzukommen, doch schlossen er und die meisten anderen Wachtmeister ihre Pistolen weg, um ein Blutvergießen auf jeden Fall auszuschließen. Angesichts des wachsenden Drucks auf die Eingangstür schlug der Gefängnischef schließlich vor, eine Delegation hereinzulassen, um die Gründe für die Untersuchungshaft der Gefangenen im Einzelnen zu prüfen – was ihm später von seinen Vorgesetzten als schwerer Fehler angelastet wurde. Der Delegation gehörten zwei Mitglieder des Stadtkomitees und auch Parteichef Weichold an. In der Zwischenzeit waren allerdings bereits etwa 80 Demonstranten mit Brechstangen und Schweißgeräten in das Gefängnis eingedrungen und hatten die Zellen der unteren Etage aufgebrochen. Unter dem Druck der einströmenden Masse schloss der Leiter der Anstalt schließlich auch noch die Zellen der oberen Etage auf, so dass alle 52 Häftlinge, die zumeist wegen so genannter Wirtschaftsverbrechen inhaftiert waren, auf freien Fuß kamen und auch ihr persönliches Eigentum zurückerhielten. Nachdem die Demonstranten wieder abgezogen waren, setzte sich gegen 12 Uhr auch das Anstaltspersonal ab – die Türen des Gefängnisses blieben offen zurück.

Ein weiteres, größeres Gefängnis befand sich am Platz der Befreiung (heute: Postplatz), neben dem Kreisgericht. Es handelte sich um eine Strafvollzugsanstalt für Frauen, in der damals 364 Gefangene einsaßen, die häufig wegen minimaler wirtschaftlicher Delikte ins Zuchthaus gekommen waren. Am Mittag versammelten sich vor dem Gefängnis etwa 2500 Demonstranten und verlangten die Freilassung der politischen Häftlinge. Weil der Anstaltsleiter behauptete, es gebe in dem Gebäude gar keine politischen Gefangenen, versuchten die Anwesenden wenig später, das Eingangstor mit Äxten, Schmiedehämmern und Brechstangen aufzubrechen. Das Wachpersonal gab daraufhin Warnschüsse ab und richtete einen

Wasserschlauch auf die Menge. Er kam jedoch nicht zum Einsatz, weil der »Strahlrohrführer« einen Stein an den Kopf bekam.

Gegen 13 Uhr gelang es den Demonstranten, in das Gefängnis einzudringen. Sie verlangten, in die Häftlingsakten Einsicht zu nehmen, was der Anstaltsleiter jedoch ablehnte. In diesem Moment erschienen drei Mitglieder des Stadtkomitees mit einer Vollmacht des Oberbürgermeisters, die sie dazu berechtigte, die Akten einzusehen und die politischen Gefangenen auf eigene Verantwortung freizulassen. Das Schriftstück war eines der praktischen Ergebnisse der Verhandlungen zwischen Bürgermeister Ehrlich und dem Stadtkomitee und war, auf offiziellem Papier, in seinem am Vormittag besetzten Büro aufgesetzt worden. Unterdessen hatte jedoch ein ehemaliger Wachtmeister einen Teil der Demonstranten bereits in das Zellenhaus geführt, wo sie damit begannen, die Zellentüren aufzubrechen. In dem entstehenden Tumult wurden nach und nach auch die übrigen Zellen aufgeschlossen, so dass schließlich sämtliche inhaftierten Frauen freikamen. Was dann folgte, liest sich im Urteil des Bezirksgerichts Dresden gegen den Rechtsanwalt Carl-Albert Brüll, der nach dem Gefängnissturm von einem Kollegen in das Gebäude gebeten worden war, so:

»Der Angeklagte suchte zunächst das Dienstzimmer des Anstaltsleiters auf, den er in einer erregten Auseinandersetzung mit 2 weiblichen Häftlingen antraf, auf die der Angeklagte beruhigend eingewirkt haben will. Dann begab er sich, einem besonders lebhaften Stimmengewirr folgend, in das Geschäftszimmer. Dort befanden sich mindestens 10 Personen, darunter einige Häftlinge, welche sich der dort untergebrachten Akten bemächtigen wollten, die bereits aus den vorhandenen Behältnissen entnommen waren und teilweise auf den Tischen herum lagen. Auch hier will der Angeklagte Vorstellungen wegen des Schädlichen einer solchen Maßnahme erhoben haben mit dem Ergebnis, daß ein Verschleppen der Akten unterblieb. Als zu diesem Zeitpunkt die Zeugin Gasde in ihrer dienstlichen Eigenschaft als Angehörige des Anstaltspersonals das Zimmer betrat, wurde von einem, seiner Person nach nicht ermittelten Eindringling, der sich zum Wortführer machte, die Forderung erhoben, die vorhandenen Akten daraufhin zu sortieren, welche der Strafgefangenen freigelassen bzw. in Freiheit zu belassen seien und welche als rein kriminelle Elemente der weiteren Straf- verbüßung zugeführt werden müssen. Der Angeklagte zeigte durch seine Haltung, daß er mit dieser Forderung einver- standen war, und empfahl sich den Anwesenden für die an- geregte Sichtung als Sachkundiger unter Hinweis auf seine Eigenschaft als Rechtsanwalt. Als die Zeugin Gasde unter dem Druck der sich wild gebärenden Eindringlinge sich ge- nötigt sah, dieser provokatorischen Forderung nachzugeben, nahm der Angeklagte […] Einsicht in die ihm von der Zeu- gin vorgehaltenen Aktenstücke und entschied je nach der Bezeichnung des abgeurteilten Tatbestandes auf Freilassung oder weitere Strafverbüßung. Nachdem so mindestens 6 Aktenstücke behandelt worden waren, erklärte sie angesichts der tumultarischen Zustände in dem Raum, mit dem Be- gonnenen nicht fortfahren zu können, und wiederholte eine bereits vorher von einer hinzugekommenen VP-Kommis- sarin gestellte Bedingung, daß zuvor alle nicht zur ›Kom- mission‹ Gehörenden den Raum verlassen müßten. Damit entfernte sie sich selbst und nachher auch der Angeklagte.«[216]

Die Wachtmeisterinnen legten sich bald darauf Zivilkleidung an, um unerkannt zu verschwinden. Auch die inhaftierten Frauen verließen das Gefängnis, nachdem sie zuvor noch um die Rückgabe ihres persönlichen Eigentums und vor allem ih- rer Ausweise gekämpft hatten. Schließlich zogen auch die De- monstranten ab.

Sowjetische Soldaten besetzten erst gegen 16 Uhr die zu diesem Zeitpunkt bereits leere Anstalt. Der Rechtsanwalt Carl- Albert Brüll wurde wenig später wegen »Aufruhr« und »Ge- fangenenbefreiung« zu fünf Jahren Zuchthaus verurteilt. Mit seiner Handlungsweise in dem Gefängnis hatte er nach An- sicht des Gerichts offen für jene Partei ergriffen, »die es sich zum Ziel gesetzt haben, den Brand eines neuen Weltkrieges zu schüren und die dieses Ziel mit den am 17. Juni 1953 in Szene gesetzten Provokationen zu verwirklichen suchten«.[217] Die Mitglieder der vom Bürgermeister autorisierten Befrei- ungskommission, zu der auch der Kaufmann Rudolf Stroh- meyer gehörte, konnten dagegen rechtzeitig in den Westen fliehen. Der Anstaltsleiter wurde wegen »kapitulantenhaften Verhaltens« aus dem Dienst entlassen und aus der SED ausgeschlossen.[218] Die meisten der 417 an diesem Tag befreiten Gefangenen konnten sich indes nicht lange ihrer Freiheit erfreuen – zwei Tage später hatte man 215 von ihnen schon wieder eingefangen.

Die Einwohner von Görlitz versammelten sich unterdessen am frühen Nachmittag erneut auf dem Görlitzer Obermarkt, um an der am Vormittag angekündigten Kundgebung teilzunehmen. Über den Stadtfunk hörten sie jedoch eine unerwartete Mitteilung, denn ein Sprecher erklärte mehrmals hintereinander: »Achtung! Achtung! Bevölkerung von Görlitz, hört her! Der sowjetische Kommandant setzt in Anbetracht der Unruhen die Stadt Görlitz in Belagerungszustand und empfiehlt den Menschen, umgehend auseinander zu gehen. Sämtliche Ansammlungen sind verboten. Verhandlungen können nur im Rathaus mit Delegierten bzw. mit Vertretern geführt werden.«[219] In regelmäßigen Abständen und in immer schärferen Formulierungen wurde die Durchsage wiederholt. Nach der Niederschlagung des Aufstands gingen Augenzeugen davon aus, dass die Durchsage von SED-Funktionären fingiert worden war, wofür es jedoch keine Belege gibt. Während einerseits die Verkündigung des Ausnahmezustands immer bedrohlicher formuliert wurde und die Menschen offensichtlich eingeschüchtert werden sollten, hieß es andererseits: »Seien Sie versichert, dass in der heutigen Besprechung um 18.00 Uhr alles getan wird, damit endlich das Volk zu seinem Recht kommt.«[220]

Ungeachtet der Durchsage und des bereits in Kraft getretenen Ausnahmezustands fand am Nachmittag die zweite Görlitzer Großkundgebung statt, von der jedoch keine Aufzeichnungen existieren. Zeitzeugen berichteten später, dass der Architekt Cammentz den Arzt Dr. Hütter der Menge als neuen Oberbürgermeister vorgestellt und der Sozialdemokrat Latt die Wiedergründung der SPD durch ein Initiativkomitee angekündigt hätte. Latt hätte erklärt, dass es die größte Freude seines Lebens sei, diesen Tag erleben zu dürfen – denn: »Acht Jahre lang waren wir gefesselt und geknebelt, acht Jahre durften wir nicht so sprechen, wie wir dachten. Nun ist alles vorbei. Die Stunde der Freiheit hat geschlagen. Wir brauchen keine Wahl mehr, denn wer Augen hat zu sehen und wer Ohren hat zu hören, der weiß, wie heute die Bevölkerung der Zone denkt und sich entschieden hat. Die Wahl ist einstimmig ausgefallen und die SED und ihre Funktionäre sollen sich aus dem Staube machen, bevor sie der gerechte Zorn der 18 Millionen trifft. Görlitzer, es lebe die Juni-Revolution von 1953.«[221]

Wie die Kundgebung zu Ende ging, ist nicht bekannt. Gegen 16 Uhr rückten sowjetische Panzer und, auf Befehl des Hohen Kommissars der UdSSR, eine 400 Mann starke Einheit der Kasernierten Volkspolizei (KVP) in Görlitz ein. Eine Viertelstunde später besetzten DDR-Soldaten das Rathaus, um den Stadtfunk unter ihre Kontrolle zu bekommen, so dass kurz darauf auch der Oberbürgermeister wieder sein Büro beziehen konnte. Besatzungstruppen, KVP und die in Görlitz stationierte Grenzpolizei räumten nun auch die anderen von Demonstranten besetzten Gebäude, und starke militärische Kräfte zerstreuten im Laufe des Abends alle Ansammlungen auf Straßen und Plätzen. Das war das Ende der Görlitzer Volkserhebung.

# Die Revolte der Bauern

Der Protest der Berliner Bauarbeiter und die sich anschließende DDR-weite Streikbewegung haben Politiker und Wissenschaftler oftmals dazu veranlasst, die Ereignisse im Juni
1953 als »Arbeiteraufstand« zu bezeichnen. »Die Arbeiter«, so
schrieb Arnulf Baring in seiner zusammenfassenden Darstellung, » – verstärkt durch eine große Anzahl Jugendlicher – haben den entscheidenden Anteil an Zustandekommen und Verlauf der Volkserhebung gehabt. Dagegen ist es unter den Bauern
nur vereinzelt zu Unruhen gekommen.«[222]
   Neuere Forschungen zeigen, dass diese Einschätzung falsch
gewesen ist. Aus den inzwischen zugänglichen Unterlagen des
SED-Staates geht hervor, dass es auch auf dem Lande zu zahlreichen, teilweise ausgesprochen radikalen Protesten kam. Obgleich es in den agrarisch geprägten Regionen aufgrund der
geringeren Bevölkerungsdichte und der bäuerlichen Arbeitsweise kaum Möglichkeiten zu Streiks und Massendemonstrationen gab, muss man im Rückblick auf den Sommer 1953
geradezu von einer Bauernrevolte sprechen. Dies ist umso bemerkenswerter, als die bäuerlichen Schichten traditionell nur
schwer zum politischen Protest zu bewegen sind und eher dazu
neigen, sich mit schwierigen Lebensumständen abzufinden.
Zu Recht heißt es in einer 1954 erschienenen Publikation über
den Aufstand: »Es braucht viel, Bauern zum Aufbruch zu treiben. In den Junitagen war das Maß übervoll.«[223]
   Ähnlich wie in den Städten wirkten die Rundfunkmeldun-
gen über die Ereignisse in Berlin auch auf dem Lande wie eine
Initialzündung. In zahlreichen Orten kam es am 17. Juni oder
in den Tagen danach zu Versammlungen, kleineren Demonstrationen oder Protestkundgebungen. Die Landbevölkerung solidarisierte sich vielerorts mit den Arbeitern, verlangte empört
den Sturz der Regierung und stellte zusätzlich noch eigene For-

derungen auf; in manchem Dorf wurden schon Freudenfeste veranstaltet, um die Niederlage der SED zu feiern. In über 200 Dörfern wurden zwischen dem 17. und 21. Juni Protestaktionen gezählt, die meisten in den Bezirken Halle, Magdeburg und Potsdam. Im sonst so ruhigen Bezirk Schwerin kamen beispielsweise in dem Ort Grabow am Abend des 17. Juni 250 bis 300 Menschen auf dem Marktplatz zusammen, bis sie von der Polizei vertrieben wurden. In Sömmerda bei Erfurt, wo 8000 Menschen auf dem Marktplatz gegen die Regierung demonstriert hatten, versammelten sich anschließend 300 Bauern in einer Gaststätte, forderten freie Wahlen für ganz Deutschland und gründeten ein zehnköpfiges Bauernkomitee, das kurz darauf verhaftet wurde. In Hellingen an der Grenze zu Bayern riefen mehrere Bauern in einer Versammlung der Haus- und Hofgemeinschaften zum Sturz der Regierung auf und wurden ebenfalls verhaftet – um nur einige, eher unspektakuläre Beispiele zu nennen.

Außer in den Dörfern kam es auch in einer Reihe ländlicher Zentren zu Protesten. Vielerorts zog es die Bauern in die nächstgelegene Kreisstadt, nachdem sich herumgesprochen hatte, dass dort demonstriert würde. In Bad Freienwalde tauchten Pappschilder mit der Aufschrift »Kommt alle nach Lübben zur Demonstration!« auf, in Radensdorf und Wittmannsdorf gab es ähnliche Plakate.[224] Derartige Zentren bäuerlichen Protests waren zum Beispiel die Orte Jessen, Lübben und Lübbenau im Bezirk Cottbus, Mühlhausen und Sömmerda im Bezirk Erfurt, Görlitz im Bezirk Dresden, Anklam im Bezirk Neubrandenburg oder Westerhausen im Bezirk Halle.

Besonderes Aufsehen haben die Ereignisse in Jessen ausgelöst. Bereits am 14. Juni hatte es in dem nahe gelegenen Rade eine Bauernversammlung gegeben, bei der beschlossen wurde, eine Kundgebung in der Kreisstadt zu organisieren. Am Morgen des 17. Juni wurde das Vorhaben dann in die Tat umgesetzt. Ein Landarbeiter aus dem Dorf Battin meldete gegen acht Uhr, »daß die Großbauern aus der Elbaue eine Demonstration in der Kreisstadt Jessen durchführen wollen und bereits schon mit Fahrrädern, Kutschwagen usw. unterwegs zur Kreisstadt sind«.[225] Auch aus anderen Dörfern der Umgebung – so aus Lebien, Axien, Bleddin, Grabo und Pölitz – zogen Bauern mit LKWs und Fahrrädern in dieselbe Richtung. Wie die Polizei später herausfand, gab es sogar einen Kurierdienst mit

Fahrrädern zwischen den Dörfern. Bald standen etwa 250 Bauern auf dem Marktplatz von Jessen und verlangten vor der Kreisverwaltung die Freilassung der inhaftierten »Großbauern« und die Herabsetzung des Abgabesolls. Dem Protest schlossen sich immer mehr Bürger an, so dass schließlich mindestens 2000 Personen durch den Ort demonstrierten. Um dem Protest ein Ende zu bereiten, sah sich der Kommandant der Roten Armee in Jessen am Nachmittag dazu veranlasst, den Ausnahmezustand auszurufen und eine starke Panzereinheit anzufordern, die die Menschen zerstreute.

Eine ähnliche Kundgebung gab es auch im thüringischen Mühlhausen. Aus den umliegenden Dörfern, zum Beispiel aus Oberdorla und Altengottern, zogen die Bauern in die Kreisstadt und demonstrierten dort durch die Straßen. Etwa 2500 Menschen versammelten sich auf dem Untermarkt, wo sie sich mit den streikenden Arbeitern solidarisch erklärten sowie den Rücktritt der Regierung und die Absetzung des Vorsitzenden der Bäuerlichen Handelsgenossenschaft verlangten. Ein Funktionär, der versuchte, eine Rede zu halten, wurde niedergeschrien. Anschließend zogen die Demonstranten vor das Kreisgericht und erzwangen die Freilassung von zwei Bauern, die wegen Verstößen gegen die Ablieferungspflicht in Haft saßen. Auch in Mühlhausen verhängte der sowjetische Kommandant am Abend schließlich den Ausnahmezustand. Den Befehl dazu ließ er auf dem Marktplatz verlesen, was die Demonstranten mit lautstarkem Protest quittierten. Später marschierten Soldaten auf und vertrieben die Menschen, während die »Rädelsführer« in Haft genommen wurden. Am nächsten Tag verhinderten sowjetische Truppen auch in Wedderstedt, dass Demonstranten zu einem Marsch in die nahe gelegene Kreisstadt Quedlinburg aufbrachen.

Protestiert wurde auf dem Lande am 17. Juni auch mit Streiks – obwohl die Mehrheit der Bauern damals noch selbständig wirtschaftete. Betroffen waren vor allem die so genannten Maschinen-Traktoren-Stationen (MTS), die Volkseigenen Güter (VEG), die Konsumverkaufstellen sowie diverse Baubetriebe und kleinere Fabriken, in denen die Beschäftigten ganz oder teilweise die Arbeit niederlegten. In Barsikow im Bezirk Potsdam fuhren die Landarbeiter des VEG geschlossen mit dem Trecker zur Demonstration ins nahe gelegene Wusterhausen. In Langenhanshagen Heide streikten die Arbeiter der MTS. In Friesack beteiligten sich die Bauarbeiter sowie die Mitarbeiter der Molkerei, der HO und der Konsumgenossenschaft an dem Ausstand. Obwohl es sich meist nur um kleine Gruppen von Beschäftigten handelte, zeigen diese Streiks, dass sich die Unzufriedenheit nicht auf die Städte beschränkte.

Wie groß die Übereinstimmung zwischen Arbeitern und Bauern in der Ablehnung der SED-Herrschaft war, zeigt sich auch daran, dass es häufig zu regelrechten Aktionsbündnissen kam – also dem, was die SED in ihrer Propaganda immer nur verbal beschworen hatte. Bauern zogen zur Unterstützung der Arbeiter in die Städte, und Arbeiter kamen umgekehrt in die Dörfer, um die Bauern zu mobilisieren. Am Stadtrand von Berlin waren es beispielsweise die Bauarbeiter, die in Wünsdorf, Zossen und Ludwigsfelde die Bauern aufforderten, die Protestaktionen zu unterstützen; in Zossen kam es daraufhin zu einer eigenen Demonstration. Ähnliche Aktivitäten gab es im Raum Magdeburg. Vielfach ging man aber auch von vornherein gemeinsam vor, wie in Jessen, wo sich die Belegschaften des nahe gelegenen Blechwerks und des Sägewerks schon nach kurzer Zeit der Kundgebung der Bauern auf dem Marktplatz anschlossen. Von gemeinsamen Protestzügen wird auch aus anderen Orten berichtet: Auf der Straße von Papendorf nach Rahnsdorf marschierten Beschäftigte kleinerer Betriebe, Handwerker und Bauern gemeinsam zur Demonstration in Berlin. In Lübbenau demonstrierten Arbeiter und Bauern zusammen unter der Losung: »Wir erklären uns mit Berlin solidarisch«.[226] Ein Protestzug von Gleisbauarbeitern nach Niemegk und Belzig wurde von Bauern mit ihren Traktoren begleitet. In Loitsche im Kreis Wolmirstedt stürmten Arbeiter aus Magdeburg zusammen mit den Dorfbewohnern sogar das Bürgermeisteramt, in Schwaneberg das Kulturhaus.

Nach den Rundfunkberichten über den Panzereinsatz am 17. Juni in Berlin und anderen Städten begannen die »feindlichen Aktionen« zumindest im Bezirk Leipzig erst richtig auf das Land überzugehen. Einem ZK-Bericht zufolge schlossen sich am 18. Juni unter anderem die Beschäftigten einer Schweinemästerei in Partwitz und die der MTS in Liebertwolkwitz dem Ausstand in den Städten an; am darauf folgenden Tag riefen Traktoristen der MTS-Ausweichstation Mörtitz zum Streik auf. Im hohen Norden zogen am 18. Juni Bauern aus Stolpe

und Ducherow in die Kreisstadt Anklam, um sich mit den streikenden Arbeitern zu solidarisieren. In einem Bericht über die
Ereignisse in Görlitz und Niesky heißt es zusammenfassend,
dass die Zwischenfälle auf den Dörfern vor allem in solchen
Gebieten zugenommen hätten, wo es eine Aktionsgemeinschaft
mit der industriellen Arbeiterschaft gebe. Dort käme es »zu
einem einheitlichen Auftreten von Provokateuren, rückständigen Arbeitern, Groß- und Mittelbauern, gegen Verwaltungsorgane der Kreise und gegen LPG's«.[227]

Die in den Städten erhobenen politischen Forderungen wurden in der Regel auch von den Bauern geteilt. Bei der erwähnten Demonstration in Jessen wurde nicht nur die Absetzung
der Kreisverwaltung, sondern ebenso der Sturz der Regierung
sowie »Freie und geheime Wahlen in ganz Deutschland« verlangt. Die darüber hinaus vorgebrachte Forderung »Wir wollen Frieden« richtete sich gegen die auch von den Arbeitern
kritisierte Aufrüstungspolitik der SED.[228] In Rathenow im Bezirk Potsdam lauteten die Parolen ebenfalls: »Weg mit der Regierung« und »Freie Wahlen«.[229] In Sachsendorf im Kreis
Schönebeck a. d. Elbe fand am Abend des 17. Juni eine über-
füllte Gemeindeversammlung statt, bei der verkündet wurde,
dass der Tag der Befreiung endlich angebrochen sei, die Regierung abgesetzt und Deutschland wiedervereinigt werden
müsse. 90 Bauern unterschrieben eine entsprechende Resolution und gründeten anstelle des Gemeinderates einen »Revo-
lutionsausschuss«. Wie in Langendorf sang man auch hier am
Schluss das Kirchenlied: »Nun danket alle Gott«. Am selben
Tag hieß es bei einer Dorfversammlung in Sievershagen im
Bezirk Rostock: »Eine Regierung, die solche Fehler macht,
muß sofort weggejagt werden.«[230] In einigen Ortschaften
– zum Beispiel in Sausedlitz im Kreis Delitzsch – wurden eine
neue Gemeindevertretung und ein neuer Bürgermeister bestimmt; der LPG-Vorsitzende musste bereits die Schlüssel
und das Telefon abgeben. Bei den Diskussionen und Menschenansammlungen im Bezirk Schwerin waren nach einer
ZK-Analyse vom 24. Juni unter anderem »Freie Wahlen« und
»Zulassung aller Parteien« die »Hauptargumente« – Forderungen, die auch die Arbeiter immer wieder vorgebracht hatten.[231] Selbst einen Monat später wurden bei Versammlungen
auf dem Lande im Bezirk Gera zur Beunruhigung der SED
noch folgende Forderungen und Losungen festgestellt:

»a) Fort mit (der) Regierung, freie Wahlen.
b) Abtreten und Einsperren aller Funktionäre vom Kreis bis zur Regierung.
c) Freilassung aller Verhafteten […].
d) Abschaffung der Planwirtschaft, freie Wirtschaft, Ablehnung der Ablieferungstermine.
e) Normale Preise für Landwirtschafts- und Industrieerzeugnisse.
f) Keine HO-Preise, keine freien Spitzen.
g) Ablehnung der Heuablieferung.
h) Abschaffung des Begriffes Großbauer.«[232]

Der Katalog macht deutlich, dass es auf dem Lande eine Reihe von Forderungen gab, die in den Städten keine Rolle spielten. Sie richteten sich vor allem gegen die immer stärkere Einschränkung der bäuerlichen Wirtschaftsfreiheit, insbesondere gegen die schikanösen Ablieferungspflichten, aber auch gegen die Verzerrung der Preise durch Subventionen und künstliche Verteuerungen. In Jessen gehörte es am 17. Juni zu den vier Hauptforderungen an die Funktionäre des Kreises, das Ablieferungssoll der Einzelbauern an das der LPG anzupassen und darüber hinaus eine gleiche Belieferung mit Futtermitteln zu gewährleisten. Anderen Quellen zufolge forderte man sogar eine 40-prozentige Sollermäßigung. In einer ZK-Analyse der Ereignisse im Bezirk Schwerin hieß es, dass die Bauern eine Herabsetzung oder Aufhebung der Ablieferungspflichten sowie die völlige Streichung der Sollrückstände verlangten. In Groß-Schulzendorf bei Zossen fanden sich in diesem Zusammenhang am 18. Juni zahlreiche Bauern morgens um 9 Uhr vor dem Gemeindehaus ein und beschlossen, die Ablieferungsscheine der Kreisverwaltung demonstrativ in der Bürgermeisterei zu deponieren. Auch anderenorts weigerten sich die Bauern, den Ablieferungspflichten weiter Rechnung zu tragen, so dass es zu einem starken Rückgang bei der »Erfassung« kam. Im Kreis Grimma bei Leipzig sank beispielsweise die Milchablieferung um 18 Prozent. In der Umgebung von Görlitz wurde um den 17. Juni sogar ein allgemeiner Ablieferungsstreik propagiert und überhaupt keine Milch mehr abgeliefert. Am 26. Juni sah sich der Ministerrat daher gezwungen, in der Presse eine allgemeine Sollermäßigung anzukündigen. Das beendete jedoch nicht die Unzufriedenheit mit dem System –

im Gegenteil: Die Forderung nach »Freier Wirtschaft« avancierte in den nächsten Wochen zum wichtigsten Schlagwort auf dem Lande.

Mit Nachdruck wurde am 17. Juni vor allem die Freilassung der inhaftierten Bauern verlangt. Obwohl vor dem Aufstand mehrere Tausend Häftlinge entlassen worden waren, unter ihnen auch viele Bauern, saß ein Teil von ihnen – trotz des gegenteiligen Regierungsbeschlusses – nach wie vor im Gefängnis. »Laßt unsere Bauern frei«, lautete deshalb nicht nur in Rathenow, Bezirk Potsdam, eine der drei Hauptforderungen am Tag der Volkserhebung.[233] In Jessen versammelten sich schon am Morgen des 17. Juni rund 200 Demonstranten vor den Toren der Kreisverwaltung und forderten die Freilassung der inhaftierten Bauern. Zusammen mit dem Staatsanwalt der Kreisstadt bestieg eine Delegation schließlich ein Fahrzeug und holte 23 inhaftierte Bauern aus dem Gefängnis Bad Liebenwerda, denen am Nachmittag auf dem Marktplatz ein stürmischer Empfang bereitet wurde. In Langendorf versammelten sich am 29. Juni – zwölf Tage nach der Niederschlagung des Aufstands – 150 bis 200 Dorfbewohner, um einen Bauern bei der Rückgabe seines Hofes demonstrativ zu begrüßen und gemeinsam das Kirchenlied »Nun danket alle Gott« zu singen. Noch Ende Juli wurde aus dem Bezirk Gera gemeldet, dass überall auf dem Lande die Freilassung der Verhafteten gefordert würde.

Wie in den Städten entlud sich auch auf dem Lande der Zorn der Bevölkerung zum Teil in gewaltsamen Aktionen. In vielen Ortschaften wurden Losungen herabgerissen oder sogar Gebäude gestürmt, zum Teil auch Gegenstände oder Akten zerstört. Oft kam es zu lautstarken Konfrontationen mit SED-Funktionären, die manchmal in körperliche Auseinandersetzungen umschlugen. Allein im Bezirk Dresden wurden am 17. und 18. Juni in acht Orten – Ludwigsdorf, Reichenbach, Zodel, Deschka, Kunnersdorf, Ebersbach, Schönau und Jauernick – die Gemeindeämter sowie teilweise auch die LPGs und das Büro des Abschnittsbevollmächtigten besetzt. Auch im Kreis Bitterfeld stürmten Demonstranten mehrere Gemeindeämter und gingen dort gegen Bürgermeister und Verwaltungsfunktionäre vor. Die Kreisdienststelle des Staatssicherheitsdienstes in Borna bei Leipzig berichtete über einen solchen Vorfall: »In der Gemeinde Pötzschau versammelten sich am 17. 6. 53 zahlreiche Einwohner des Dorfes vor dem Gemeindeamt. Eine

Anzahl der Einwohner drangen in das Gemeindeamt ein und bedrohten den Bürgermeister [Name geschwärzt]. Es wurde die Freilassung des Bauern [Name geschwärzt], welcher wegen Körperverletzung inhaftiert war, sowie die Freilassung des Arbeiters [Name geschwärzt], welcher wegen antidemokratischer Äußerungen in Haft befindlich ist, gefordert. Im Gemeindeamt wurde das Bild Wilhelm Piecks zertrümmert und die Telefonleitung zerschnitten. Es handelte sich hierbei um regelrechten Aufruhr.«²³⁴

Auch in Loitsche im Kreis Wolmirstedt drangen, wie erwähnt, Demonstranten am 17. Juni in das Bürgermeisteramt ein und verbrannten Akten und Bildnisse der politischen Führer. In Möckern öffnete man das Kulturhaus der LPG, zertrümmerte die Stalinbüste, übergoss die Propagandatransparente mit Benzin und zündete sie an. In Friesack demonstrierten am Nachmittag vor der Gemeindeverwaltung etwa 600 Personen, stürmten vorübergehend das Rathaus, rissen Losungen herunter und verwüsteten das Dienstzimmer des Abschnittsbevollmächtigten. In Groß-Kreutz zwischen Brandenburg und Potsdam marschierten am Abend des 17. Juni 40 junge Männer durch die Hauptstraße und entfernten sämtliche politischen Plakate. In Eckolstädt wurden die Straßenschilder der Karl-Marx-Straße (heute: Hauptstraße) zerstört sowie Papiere aus dem Büro des Parteisekretärs geworfen. In Sielow bei Cottbus holte man vom Dach der LPG die rote Fahne herunter. In der MTS Kläden, wo ebenfalls die Transparente entfernt wurden, nahm ein Bauer einem Traktoristen sein Fahrzeug ab und fuhr damit zur Demonstration auf den Marktplatz. In Jessen wurden unter der Parole »Die Regierung und Verwaltung wird gestürzt!« sämtliche Transparente heruntergerissen. Demonstranten nahmen SED-Funktionären das Parteiabzeichen ab, beschlagnahmten ihre Motorräder und ließen sich von einem Polizisten seine Waffe aushändigen.²³⁵

Die Gewalt der Bauern richtete sich auch gegen die örtlichen Funktionäre. In Schafstädt im Kreis Merseburg zogen Bauern am 17. Juni zur Kolchose »Friedrich Engels«, rissen Schilder und Fahnen ab und verprügelten den Parteisekretär. In Milzau, Kreis Merseburg, hatten sich die Funktionäre vorsichtshalber in einem Kinderheim versteckt, wo sie jedoch von Demonstranten entdeckt und misshandelt wurden. Als ihnen der Parteisekretär des Ortes mit dem Fahrrad entgegenfuhr, um die Verhängung des Ausnahmezustands mitzuteilen, wurde er vom Rad gestoßen und geschlagen; anschließend musste er dem Demonstrationszug vorangehen. Acht Funktionäre wurden schließlich zu einem Bauernhof geschleppt, wo der Bürgermeister ein Protokoll unterschreiben musste, dass der Hof an seinen Besitzer zurückgegeben werde; danach wurden die Funktionäre mit gefesselten Händen in die Mistgrube des Gehöfts bugsiert. In Zodel, nördlich von Görlitz, banden Bauern den Bürgermeister, den Chef der Konsumgenossenschaft, den Leiter der LPG und den Schuldirektor mit einer Flaggenschnur zusammen und führten sie an der Spitze eines Demonstrationszuges durch die Straßen. Sie demolierten das Parteigebäude der SED und zerstörten Kleinkalibergewehre der FDJ. Nicht ohne Grund hieß es in einem internen Bericht über die Ereignisse in der Region, dass sich in der Nacht vom 17. zum 18. Juni der »Terror gegen die Genossen in den Dörfern« verstärkt habe, »Misshandlungen und Überfälle steigern sich«.[236] Weil die Polizei zu diesem Zeitpunkt auf dem Lande lediglich geringe Präsenz zeigen konnte, kam es in den folgenden Wochen noch zu weiteren Vorfällen dieser Art. Der Chef der Deutschen Volkspolizei zählte später im dritten Quartal des Jahres 1953 mit 132 tätlichen Übergriffen fast doppelt so viele wie im Jahr zuvor und mit 170 Übergriffen im vierten Quartal eine noch größere Zahl.

Die Rebellion der Bauern war mit der Verhängung des Ausnahmezustands in den großen Städten nicht beendet. Auf Dorfversammlungen wurde noch Wochen nach dem 17. Juni massive Kritik an der Regierung geübt. Zum Teil tauchten, wie Ende Juni in der Gemeinde Weserig im Kreis Cottbus, sogar handgeschriebene Flugblätter auf. Allein im Kreis Kamenz, Bezirk Dresden, fanden bis Ende Juni etwa 90 Einwohner- oder Bauernversammlungen statt, bei denen die SED oft scharf angegriffen und die Bestrafung der für den bisherigen politischen Kurs Verantwortlichen gefordert wurde. In Kiebitz erklärte ein Bauer Mitte Juli zum Beispiel: »In drei Monaten ist Adenauer hier, dann sind wir befreit.«[237] Auch im September war noch von tumultartigen Versammlungsszenen die Rede, »bei denen die feindlichen Forderungen durcheinandergebrüllt wurden«.[238] Im Brandenburger Ortsteil Kirchmöser läuteten nach dem Wahlsieg Konrad Adenauers am 6. September demonstrativ die Kirchenglocken.

Nachdem die offenen Proteste abgeflaut waren, verlegten sich viele Bauern auf Formen des passiven Widerstands: Sie ignorierten das vorgeschriebene Ablieferungssoll oder traten aus der LPG aus. Die Austrittsbewegung und der Zerfall vieler der mit großem Aufwand ins Leben gerufenen Genossenschaften wurden zur größten Niederlage der SED in der Folge des Juni-Aufstands. Bereits während der Volkserhebung hatten zahlreiche Genossenschaftsbauern ihren Austritt erklärt und einzelne Genossenschaftsversammlungen die Auflösung ihrer LPG beschlossen. Sogar in Gebieten, wo es am 17. Juni weitgehend ruhig war, zerfielen die sozialistischen Bauernwirtschaften. So lösten sich allein im Kreis Meiningen, Bezirk Suhl, die Produktionsgenossenschaften in Bibra, Stedtlingen, Hermannsfeld, Bettenhausen, Römhild und Haina auf. Innerhalb von zwei Wochen hatten sich in der DDR bereits 58 LPGs aufgelöst, 112 weitere standen kurz davor; über 2197 Bauern waren bis zum 30. Juni aus der LPG wieder ausgetreten.

Viele Genossenschaften kämpften um ihr nacktes Überleben. Trotz der massiven staatlichen Förderung arbeiteten sie meist unwirtschaftlich und produzierten hohe Defizite. Zuweilen plädierten deshalb sogar die örtlichen Funktionäre für ihre Auflösung. Der Zerfall der »Kolchosen« verleitete die Einzelbauern zu der Schlussfolgerung, dass die SED mit ihrer Politik auf dem Lande letztlich doch gescheitert sei. Die Genossenschaftsbauern traf die ganze Verachtung der Dorfgemeinschaft, wie ein SED-Bericht vom August 1953 über eine Einwohnerversammlung in Altlandsberg im Kreis Strausberg illustriert, auf der an der örtlichen LPG kein gutes Haar gelassen wurde: »Die Kartoffeln seien bis heute noch nicht gehackt und das Unkraut höher als das Kartoffelkraut, von den Rübenfeldern gar nicht zu sprechen. [...] Von den 34 Mitgliedern würden nur 15 arbeiten, die anderen hielten sich am Tage in den Lokalen auf.«[239]

Der Zerfall der LPGs ging auch in den kommenden Wochen weiter. Mitte Juli hatten sich bereits 217 der 5000 LPGs vollständig aufgelöst, weitere 277 beabsichtigten die Auflösung, und in mehr als 400 LPGs registrierte das MfS Massenaustritte. Der Niedergang war damit aber noch nicht beendet, wie aus einem Bericht des sowjetischen Hochkommissars Semjonow hervorgeht. Danach zerfielen bis Oktober 1953 insgesamt 333 Produktionsgenossenschaften, was mehr als sechs

Prozent aller Genossenschaften entspricht; über 20 000 Mitglieder mit insgesamt 8900 Bauernhöfen verließen die LPG. Diese Entwicklung hielt auch noch im Jahr 1954 an. Erst ein knappes Jahrzehnt später, als die SED nach dem Bau der Berliner Mauer ein zweites Mal an die Beseitigung der selbständigen Bauernwirtschaften ging, hatte sie mehr Erfolg – jetzt war das Fluchtloch in den Westen gestopft, und für die Bauern gab es kein Entrinnen mehr.

# Die Reaktion der Kirchen

Besonders zugespitzt hatte sich der bäuerliche Protest in dem kleinen thüringischen Dorf Eckolstädt, rund zwölf Kilometer nördlich von Jena. Nach der Verkündung des Neuen Kurses verfassten die Einwohner, wie erwähnt, eine Resolution an das Landwirtschaftsministerium der DDR. Am Abend des 17. Juni stürmten dann einige in Jena arbeitende Bewohner das Büro des SED-Parteisekretärs.

Geistige Autorität in der 500-Seelen-Gemeinde war der evangelische Pfarrer Edgar Mitzenheim. Am 16. Juni hatte er die Bauern nach Berlin begleitet, um die im Namen der Vereinigung der gegenseitigen Bauernhilfe (VdgB) verabschiedete Resolution zu übergeben. Am darauf folgenden Tag bemühte er sich dann, die Dorfbewohner zu beruhigen und die gewalttätigen Auseinandersetzungen im Ort zu unterbinden – noch in der Nacht zum 18. Juni wurden er und der VdgB-Vorsitzende des Dorfes verhaftet.

In Eckolstädt kam es daraufhin zu empörten Reaktionen: Mit Kirchengeläut wurden die Bauern zusammengetrommelt; das Fahrzeug eines Polizeiamtsleiters, der gerade die Bestimmungen des Ausnahmezustands aushängen wollte, wurde umgestürzt. Um den Aufruhr niederzuschlagen, umstellten sowjetische Soldaten und Polizisten das Dorf, trieben die Einwohner mit Gummiknüppeln in ihre Häuser und verhafteten vier weitere Dorfbewohner. Wochenlang blieb der Ort von Panzern umzingelt und konnte nur mit Sondergenehmigung verlassen werden. Mitzenheim wurde von der SED hinfort als »Rädelsführer« bezeichnet, der zusammen mit anderen »faschistischen Elementen« den »Tag X« habe vorbereiten wollen. Im *Neuen Deutschland* wurde er öffentlich an den Pranger gestellt und schließlich vom Bezirksgericht Erfurt, zusammen mit zwei weiteren Dorfbewohnern, zu sechs Jahren Zuchthaus verurteilt.

Besaß die Kirche bei der Volkserhebung im Juni 1953 eine ähnliche Bedeutung wie im Herbst 1989?

Grund genug für eine Vorreiterrolle bei den Protesten gab es für die Kirchen allemal. Die übergroße Mehrheit der ostdeutschen Bevölkerung gehörte damals noch einer Religionsgemeinschaft an: 80 Prozent der DDR-Bürger waren laut Volkszählung von 1950 evangelisch, elf Prozent katholisch und nur knapp acht Prozent konfessionslos. Besonders die Jungen Gemeinden und die Studentengemeinden bildeten ein Refugium für kritisches Gedankengut. In den Monaten zuvor waren sie, wie geschildert, Opfer eines brutalen Kirchenkampfes geworden. Zugleich waren die Kirchen die einzige gesellschaftliche Massenorganisation, die von der SED nicht politisch gleichgeschaltet worden war. Wiederholt hatten sie die Regierung gedrängt, die Lage der Bevölkerung zu erleichtern und den politischen Kurs abzumildern.

Viele Christen verfolgten die Volkserhebung am 17. Juni mit Sympathie. Statistisch gesehen dürfte die Mehrheit der Aufständischen kirchlich gebunden gewesen sein. Und wenn in den Forderungskatalogen die Freilassung aller politischen Gefangenen gefordert wurde, dann betraf dies auch – in Bitterfeld sogar explizit – die aus konfessionellen Gründen Verfolgten. Auch das MfS meinte, genügend Beispiele gefunden zu haben, »die aufzeigen, daß große Teile der Kirche mit den faschistischen Provokationen übereinstimmen. In allen Bezirken der DDR haben sich einzelne Repräsentanten der Kirche als offene Feinde der DDR entpuppt und sich aktiv an Provokationen, Massenaufwiegelungen und der Betreibung von Boykotthetze beteiligt.«[240]

Doch Spuren in der Aufstandsgeschichte hinterließen die Kirchen kaum. Auf dem Lande wurden wie selbstverständlich alte Kirchenlieder angestimmt, wenn Bauern aus der Haft freigelassen wurden, oft läuteten sogar die Kirchenglocken. In den Städten beteiligten sich auch Theologiestudenten, Pfarrer und kirchliche Mitarbeiter an den Massendemonstrationen, ohne dabei besonders in Erscheinung zu treten. Lediglich die SED-Bezirksleitung in Gera vermerkte, dass »ein hoher Prozentsatz (70 Prozent) Jugendlicher« an den Demonstrationen teilgenommen habe »und auch mehr Kreuzelträger zu sehen waren als in den vergangenen Wochen« – Mitglieder der Jungen Gemeinden, die ein besonderes Kreuz trugen.[241] Aus Halle wurde berichtet, dass »Gruppen der ›Jungen Gemeinde‹ insbesondere in Halle und Bitterfeld unter den randalierenden Jugendlichen besonders aktiv gewesen« wären.[242]

Eine führende Rolle übernahm der Pfarrer und Superintendent von Bad Tennstedt bei Erfurt, Gerhard Sammler, der sich am 17. Juni gegen 17.30 Uhr an die Spitze einer kleinen Gruppe von Demonstranten stellte und die am Straßenrand stehenden Menschen aufforderte, sich ihr anzuschließen, so dass aus den anfangs zwölf Personen bald 250 wurden. Während der Demonstration wurde in Sprechchören die Ablösung der Regierung gefordert, und auf Transparenten war zu lesen: »Freiheit für Zeiss« – ein inhaftierter Mühlenbesitzer –, »Wir fordern eine Steuerreform« sowie »Wir fordern eine neue Regierung«.[243] Als auf dem Marktplatz schließlich 500 Menschen zusammenstanden, ergriff der redegeübte Pfarrer als Erster das Wort. »Es lebe die Freiheit«, sagte er einem MfS-Bericht zufolge, und: »Es ist Zeit, die Regierung abzulösen.«[244] Anschließend zitierte er die dritte Strophe des Deutschlandliedes, die von den Versammelten auf seine Aufforderung mitgesprochen wurde, und erklärte, dass vor wenigen Tagen wohl noch keiner gedacht hätte, dass er jetzt frei wäre und diese Freiheit nur den Berlinern zu verdanken hätte, der Freiheitswille aber jetzt von Ort zu Ort gehe. Zum Schluss der Kundgebung dankte er den Teilnehmern für ihren Mut und stimmte das Lied »Nun danket alle Gott« an. Schon wenig später musste er sich auf einem Heuboden verstecken, weil der sowjetische Kommandant inzwischen den Ausnahmezustand verhängt hatte. Doch die Stasi stöberte ihn auf und verhaftete ihn. Nur wegen des vorübergehenden Tauwetters zwischen Staat und Kirche hielt sich seine Bestrafung auf zentrale Berliner Anweisung in Grenzen: Zum Ärger des Staatssicherheitsdienstes bekam der in der Presse bereits als »Provokateur« betitelte Pfarrer eine Bewährungsstrafe von einem Monat, während ein mit ihm verhafteter Fuhrunternehmer sowie ein Bauer zweieinhalb beziehungsweise eineinhalb Jahre ins Zuchthaus mussten.[245]

Anders als im Herbst 1989 handelte es sich bei diesen Ereignissen jedoch um Einzelerscheinungen. Aus keiner anderen Stadt wurde berichtet, dass ein Pfarrer auf einer der Kundgebungen gesprochen hätte. Nirgendwo zeigten die Bischöfe öffentlich Sympathien für den Protest der Demonstranten. Kein

Gotteshaus gab den verfolgten Streikführern Schutz. Die Kirchen versuchten nicht, der kommunistischen Macht im Moment ihrer Schwäche Zugeständnisse abzuringen oder sich als Vermittler zwischen ihr und der aufbegehrenden Bevölkerung anzubieten, sondern setzten sich bei den Gläubigen für eine Beruhigung ein. Die Kirchen, so muss man in der Rückschau konstatieren, ließen die Streikenden im Juni 1953 allein.

Kirchenhistoriker sehen den Grund dafür vor allem darin, dass die Bischöfe die gerade eingeleitete Verständigung zwischen Staat und Kirche nicht gefährden wollten. Erst wenige Tage zuvor hatte die SED ihre Behauptung zurückgenommen, bei den Jungen Gemeinden handele es sich um eine getarnte Spionage- und Sabotageorganisation; Verdächtigungen dieser Art wollte man auf keinen Fall neue Nahrung geben. Möglicherweise spielte aber auch die traditionelle Distanz der Kirchen zur Arbeiterschaft sowie der Hang zu Ruhe und Ordnung eine Rolle. Hinzu kommt, dass der Aufstand bereits niedergeworfen war, bevor die Kirchen überhaupt Zeit fanden, sich eine Meinung darüber zu bilden.

Die Reaktion der Kirchen erinnert aber auch an das machtpolitische Kalkül des Westens, der die offene Rebellion gegen das von der Sowjetunion oktroyierte System von vornherein für aussichtslos gehalten hatte – was realistisch gewesen sein mag, den selbst gesetzten moralischen Maßstäben aber nicht gerecht wurde. Selbst die SED hatte von den Kirchen wohl größeren Widerstand erwartet. Nach der Niederschlagung des Aufstands forderte sie alle Bezirksleitungen auf, spezielle Stimmungsberichte über das Verhalten der Kirchenleitungen und der Geistlichkeit während der Juni-Tage zu erstellen. Auf Basis der daraufhin angefertigten Berichte stellte die SED in einer internen Analyse kurz darauf befriedigt fest: »Zu den Provokationen am 17.6.53 verhielten sich die Kirchenleitungen neutral. Die Landeskirchen Sachsen und Thüringen setzten sich für die Aufrechterhaltung der öffentlichen Ruhe, Ordnung und Sicherheit ein.«[246]

Tatsächlich gingen vor allem aus den südlichen Landeskirchen, wo sich der Aufstand besonders zugespitzt hatten, positive Meldungen über das Verhalten der Kirchen in den für die SED so kritischen Tagen ein. Im Bezirk Dresden, so teilte beispielsweise der für die Elbestadt zuständige Kirchenreferent mit, hätten die meisten Geistlichen die »Ereignisse verurteilt und als Störung einer beginnenden Entspannung bezeichnet«.[247] Auch in einem Bericht der SED-Bezirksleitung von Dresden wurde festgestellt, »dass die Geistlichkeit sich von den Provokationen im allgemeinen fernhielt«.[248] Im Landkreis Görlitz, so lobte die Staatsanwaltschaft des Bezirks Dresden, hielt ein Pfarrer »durch sein positives Verhalten die Hauptschreier von Tätlichkeiten gegen Personen« ab.[249] Zwei Tage nach der Niederschlagung des Aufstands hatte das Landeskirchenamt in Sachsen die kirchlichen Stellen sogar angewiesen, »alle Christen der ev. luth. Landeskirche zur Ruhe und Ordnung aufzufordern und sich von den Demonstrationen fernzuhalten. Vor allem aber sollte das Kugelkreuz [das Abzeichen der Jungen Gemeinde] nicht aus Herausforderung getragen werden.«[250] Die Pfarrer wurden sogar aufgefordert, am Sonntag nach dem Aufstand im Geiste des Staat-Kirche-Kommuniqués vom 10. Juni auf die Christen einzuwirken.

In Thüringen, wo sich die Bevölkerung in Städten wie Jena und Gera machtvoll erhoben hatte, stand insbesondere Landesbischof Moritz Mitzenheim für eine Politik der Anpassung an den SED-Staat. Ausgerechnet sein Bruder war der aufmüpfige, in Eckolstädt verhaftete Gemeindepfarrer. Am 17. Juni hielt sich der Bischof gerade in Saalfeld auf, wo die Arbeiter der Bau-Union Maxhütte bereits morgens um sechs Uhr Aufklärung über die Ereignisse in Berlin forderten und einige Stunden später versuchten, in das Verwaltungsgebäude einzudringen. Ein Demonstrationszug hatte vergeblich versucht, einen Gefangenentransport aus dem nahen Haftarbeitslager zu befreien. Doch als Mitzenheim von Arbeitern der Maxhütte gebeten wurde, zu ihnen zu sprechen, nahm er dies nur zum Anlass, sie vor allem zur Ruhe aufzufordern. Gegenüber dem stellvertretenden Ratsvorsitzenden des Bezirks Suhl stellte er sogar fest, dass »die Kirche diese faschistische Provokation ablehne«. Er habe alle Pfarrer seiner Landeskirche benachrichtigt, die Gottesdienstbesucher »zur Ruhe und Besonnenheit aufzurufen«.[251]

Oberkirchenrat Gerhard Lotz, Mitzenheims Stellvertreter in weltlichen Angelegenheiten, bekundete bei einem Besuch zweier CDU-Funktionäre in seiner Wohnung am 5. Juli 1953 zwar Verständnis für die Forderungen der Arbeiter und kritisierte die fehlende Meinungsfreiheit in der DDR. Er distanzierte sich aber ausdrücklich von dem missratenen Bruder des

Bischofs und kündigte an, »dass nach der Rückkehr des Pfarrers Mitzenheim, ganz gleich wann er komme, ein Disziplinarverfahren gegen ihn eingeleitet werde mit dem Ziel der Versetzung in den Ruhestand«. Auch der Bischof habe »das Verhalten seines Bruders scharf mißbilligt«.[252] Tatsächlich durfte Edgar Mitzenheim, als er 1956 aus dem Gefängnis entlassen wurde, nicht mehr als Pfarrer arbeiten, sondern wurde von der Thüringischen Landeskirche in den so genannten Wartestand versetzt. Lotz hingegen wurde einer der wichtigsten Geheimen Mitarbeiter des Staatssicherheitsdienstes in der Kirchenleitung Thüringens.

Selbst aus dem Bezirk Halle, dem Zentrum des Aufstands, berichtete die örtliche SED, dass »zu den besonders ausgedehnten faschistischen Provokationen in keinem einzigen Gottesdienst auch nur mit einem Wort Stellung genommen« worden sei. Der stellvertretende Superintendent von Halle, Pfarrer Gabriel, habe gegenüber staatlichen Vertretern vielmehr erklärt, dass sich »die Kirche nicht zu provokatorischen Handlungen mißbrauchen lasse«.[253] Ähnliche Meldungen kamen aus dem Bezirk Frankfurt, wo die »gesamte Geistlichkeit nicht an der faschistischen Provokation teilgenommen habe«.[254] Stimmungsberichte der SED hielten übereinstimmend fest, dass die evangelische Kirche im Interesse des Verhältnisses zwischen Staat und Kirche bei den Ereignissen größtenteils eine loyale Haltung eingenommen hätte. Rückblickend konstatierte das MfS Mitte Juli in schiefem Deutsch: »Der Kirche ihr Bestreben war es, daß man ihr seitens der Regierung nicht etwa den Vorwurf machen könnte, evtl. als Mithelfer der Urheber der faschistischen Provokationen hingestellt zu werden, oder mit den Organisatoren dieser Provokation identifiziert zu werden.«[255]

Die Zurückhaltung der Kirchen wurde allerdings nicht belohnt. Schon auf der 15. ZK-Tagung im Juli 1953 fiel die SED in ihr altes Vokabular zurück und beschloss, sie werde »selbstverständlich jeden Versuch bekämpfen, die Kirche oder kirchliche Einrichtungen zur Unterwühlungsarbeit gegen die DDR oder zur Kriegshetze auszunutzen«.[256] Am Jahresende lebte der alte Kirchenkampf wieder auf, als die SED erneut versuchte, den Einfluss der Kirchen gewaltsam zurückzudrängen.

Nur vereinzelt gab es auch gegenteilige Signale der Kirchenverantwortlichen. Vor allem die Massenverhaftungen, die nach der Niederschlagung des Aufstands einsetzten, waren eine Herausforderung für das christliche Gewissen. Aus humanitären Gründen erinnerten Kirchenvertreter mehrfach an die Verhafteten oder baten um ihre Freilassung. Aus Halle berichtete die SED-Bezirksleitung, dass »im Schlußgebet die Pfarrer Gottes Hilfe für die Verhafteten erflehten«. Einer von ihnen habe in seiner Predigt sogar erklärt, dass in der DDR »nicht einmal die primitivsten Menschenrechte gewährleistet« seien.[257] In Görlitz, wo die Abrechnung mit den Aufständischen besonders brutal ausfiel, fand am 19. Juni ein offizielles Gespräch zwischen Vertretern der evangelischen Kirche und dem sowjetischen Stadtkommandanten statt, bei dem Landesbischof Hörnig Gardeoberst Klepikow um Unterstützung bei den Bemühungen um die Freilassung der Inhaftierten bat, denn die Kundgebungen hätten sich nicht gegen die sowjetische Besatzungsmacht gerichtet. Zugleich warb die Delegation um Verständnis für die Anliegen der Bevölkerung, die von der Regierung nicht richtig verstanden worden seien.

Wenig später wandten sich der Ratsvorsitzende der EKD, Bischof Otto Dibelius, und einige weitere Kirchenvertreter an den sowjetischen Hochkommissar Semjonow sowie den Berliner Stadtkommandanten Dibrowa und setzten sich für Versöhnung, Frieden und Menschlichkeit ein. Der Präses der Evangelischen Kirche der Union in Berlin, Lothar Kreyssig, machte Semjonow in einem Schreiben sogar den Vorschlag, eine provisorische Regierung unter sowjetischer Kontrolle zu bilden, mit einer Person an der Spitze, die »politisch nicht vorbelastet sein dürfte«.[258] Schließlich beschloss die Konferenz der Kirchenleitungen am 24. Juni einen förmlichen Brief an Semjonow, in dem sie sich für die Freilassung der Inhaftierten einsetzte. In dem Schreiben drückten die Bischöfe erstmals auch ihr »tiefes menschliches Verstehen […] für die Anliegen der Arbeiterschaft, wie sie am 17. Juni d.J. in der Deutschen Demokratischen Republik zu Tage getreten sind« aus.[259] Dass sich die Kirchenführer an die Besatzungsmacht und nicht an die SED wandten, zeigte nicht nur, wen sie für die eigentlichen Machthaber im Land hielten, sondern auch, dass sie das Verhältnis zur SED nicht unnötig belasten wollten.

All diese vorsichtigen Interventionen fanden jedoch in der Regel hinter verschlossenen Türen statt. Öffentlich ergriff die Kirche teilweise eher in entgegengesetzter Weise Partei. So wandte sich der Bevollmächtigte der EKD bei der DDR-Regierung, Propst Heinrich Grüber, in einer Predigt am 26. Juli mit scharfen Worten gegen eine Hilfsaktion der Amerikaner für die notleidende DDR-Bevölkerung, die am nächsten Tag anlaufen sollte. Er bezeichnete sie »als Missbrauch der Not« und als ersten Schritt, »die Kirchen und ihre Organisationen einzuspannen in den psychologischen Krieg« des Westens. Im Jargon der SED erklärte er gegenüber den Gläubigen: »In diesem Lebensmittelangebot, das sich [...] mit einer Wohltätigkeitsmaske tarnt, tritt zum erstenmal die Versuchung an die Kirche heran, in diese Form der Kriegsführung einzugreifen. Dazu und darum kann die warnende Stimme nicht laut genug ertönen! Wir wollen nicht mitschuldig werden an diesem seelischen Giftkrieg, der jetzt auf Hochtouren zu laufen beginnt, und dessen Ende nicht abzusehen ist. Dazu gehört ja nicht nur die Arbeit all der Verbrecherorganisationen, die Verhetzung und Sabotage sich zur Aufgabe gemacht haben, sondern vor allen Dingen auch die Arbeit der Sender, die ihre Aufgabe darin sehen, die Bevölkerung anderer Länder gegen die Regierung aufzuhetzen.«[260] Das Manuskript seiner Predigt stellte Grüber, ungewöhnlich genug, dem Presseamt der DDR vorab zur Verfügung.

Positiv angerechnet wurde den Kirchen auch, dass sich in den Tagen des Aufstands führende Vertreter für die Freilassung des CDU-Vorsitzenden und stellvertretenden Ministerpräsidenten Otto Nuschke eingesetzt hatten, der, wie berichtet, am 17. Juni an der Sektorengrenze in Westberlin in Gewahrsam genommen worden war. Dabei und danach verteidigte er – wie die gesamte Führung der DDR-CDU – rückhaltlos die Niederschlagung der Demonstrationen durch Militär und Sicherheitskräfte.

Auf unterer Ebene der Ost-CDU war der Schock über das Vorgehen der SED aber durchaus spürbar, und einzelne Funktionäre machten sich in den Wochen danach zum Sprachrohr der verbreiteten Unzufriedenheit oder setzten sich, wie der Görlitzer CDU-Vorsitzende, für die Freilassung inhaftierter CDU-Mitglieder ein. Da es solche Erscheinungen auch in anderen Parteien gab, beschloss das Zentralkomitee der SED im Juli 1953, dass der Kampf gegen die »reaktionären Elemente« in einigen Blockparteien, die seit dem 17. Juni »aktiver mit republikfeindlichen Äußerungen auftreten« würden, energisch zu unterstützen sei.[261]

Im Aufstand selbst traten Mitglieder und Funktionäre der CDU aber nur vereinzelt hervor. In Meschwitz bei Bautzen entfernte der Ortsvorsitzende der CDU im Gebäude des Gemeinderates die aushängenden politischen Losungen und Bilder. In Schkeuditz am Rande von Leipzig marschierte der christdemokratische Stadtrat Wreg an der Spitze der Bauarbeiterdemonstration vom 17. Juni. Im Bezirk Gera wurden nach der Niederschlagung des Aufstands fünf CDU-Mitglieder als »Rädelsführer« verhaftet und in Magdeburg ein CDU-Mitglied, das sich an der Erstürmung des Polizeipräsidiums beteiligt hatte, sogar hingerichtet. In Kollm bei Görlitz spielte der Vorsitzende der CDU-Ortsgruppe, der Bäckermeister Gottfried Diener, geradezu eine Schlüsselrolle: Er berief Versammlungen ein, organisierte eine Demonstration, bei der die CDU-Fahne vorangeführt wurde, und wurde schließlich zum neuen Bürgermeister ernannt. Wegen »Landfriedensbruch« wurde er vier Wochen später zu drei Jahren Zuchthaus verurteilt.

# Das Verhalten der Intellektuellen

Als am 17. Juni die Volksmassen auf die Straße gingen, hielten sich nicht nur Bischöfe und CDU-Funktionäre von den Ereignissen fern. Auch die ostdeutschen Akademiker standen ihnen zumeist abwartend oder sogar ablehnend gegenüber. »Die Angehörigen der Intelligenz«, so erklärte Ulbricht auf der ZK-Tagung im Juli befriedigt, »haben in den Tagen der faschistischen Provokation loyal gearbeitet.«[262]

Die Stimmungslage der Intellektuellen war Anfang der fünfziger Jahre ausgesprochen widersprüchlich. Während die neu herangezogene Akademikerschicht ein überdurchschnittlich hohes Maß an Loyalität gegenüber der SED zeigte, fühlten sich die alten, bürgerlichen Spezialisten oftmals bevormundet und benachteiligt. Um ihre Abwanderung in den Westen zu stoppen, versuchte die SED deshalb, sie durch Privilegien zu ködern. So erhielten begehrte Fachleute zum Beispiel so genannte Einzelverträge, die mit erheblichen materiellen Vorteilen verbunden waren, und Angehörige der Intelligenz bekamen spezielle Lebensmittelkarten, die sie gegenüber anderen Bevölkerungsschichten bevorzugten. Seit dem 1. Mai 1953 gab es in der angeblich klassenlosen DDR-Gesellschaft sogar eigene »Intelligenzläden«, in denen das Angebot vielfältiger war als in anderen Geschäften und in denen ausschließlich Professoren, Wissenschaftler sowie ausgewählte Angehörige der technischen Intelligenz einkaufen durften.

Entsprechend unterschiedlich war das Echo auf den Streikaufruf der Berliner Bauarbeiter. Während sich die führenden Intellektuellen, insbesondere im Kultur- und Wissenschaftsbereich, von der Erhebung distanzierten und sich meist sogar bereitwillig für die Propaganda der SED einspannen ließen, beteiligten sich Studenten, Ärzte oder Lehrer an der Basis durchaus aktiv an den Protesten.

An den Universitäten der DDR blieb es am 17. Juni fast durchweg ruhig. Als künftige, sorgfältig ausgewählte Führungselite des Staates standen die meisten Studenten der SED-Herrschaft weniger negativ gegenüber als andere Bevölkerungskreise. Allerdings fanden zu diesem Zeitpunkt gerade Pflichtpraktika und Prüfungen statt, so dass es kaum Gelegenheit zu größeren studentischen Zusammenkünften gab. Studenten, die ihr Praktikum in einem Großbetrieb durchführten, marschierten jedoch oft mit, wenn sich die streikenden Arbeiter auf die Straße begaben. An der Ostberliner Humboldt-Universität wurden lediglich an der Wirtschaftswissenschaftlichen Fakultät »feindliche« Diskussionsgruppen gesichtet, 60 Parteigenossen wurden später wegen ihres Verhaltens am 17. Juni aus der SED ausgeschlossen. Viele linientreue Universitätsangehörige beteiligten sich dagegen an den Agitationseinsätzen der SED in der Berliner Innenstadt und zogen damit den Zorn der Demonstranten auf sich. An den Technischen Lehranstalten Karl-Marx-Stadt versuchten Studenten kurz nach dem 17. Juni, einen Streik für höhere Stipendien zu organisieren.

Vor allem in den Zentren des Aufstands ließen einzelne Studenten und Professoren Sympathien für den Aufstand erkennen. In Jena registrierte der Staatssicherheitsdienst, dass sich viele Universitätsmitarbeiter an den Demonstrationen beteiligt hätten; der Student G. Schilling wurde später als einer der studentischen Streikführer von Jena bezeichnet. Auch in Wolfen und Rostock waren Studenten Mitglieder der Streikleitungen. Laut einem MfS-Bericht war ein Chemiestudent aus Halle, der gerade sein Berufspraktikum absolvierte, »aktives Mitglied der faschistischen Streikleitung in der Farbenfabrik Wolfen und versuchte, die Arbeiter gegen die Regierung aufzuhetzen. Auf der von faschistischen Provokateuren und Agenten inszenierten [sic!] ›Kundgebung‹ in Bitterfeld trat er als einer der Rädelsführer auf. In seiner ›Rede‹ besaß er die Frechheit zu behaupten, die Studenten würden sich mit den ›Streikenden‹ solidarisch erklären.«[263] Nach der Niederschlagung des Aufstands flüchtete der Student in die Bundesrepublik.

Genauere Angaben liegen über die Martin-Luther-Universität in Halle vor. Einem Bericht des Staatssicherheitsdienstes zufolge wurde der Betrieb in den Instituten und Kliniken am 17. Juni im Wesentlichen weitergeführt, doch hätten vor allem Studenten der Landwirtschaftlichen Fakultät an den Demonstrationen teilgenommen. »Auch ein großer Teil der Medizin-Studenten sympathisierte mit den Provokateuren.« Drei Land-wirtschaftsstudenten hätten die Lautsprecheranlage der Volks-polizei am Reileck besetzt »und hetzten zur Teilnahme an der faschistischen Kundgebung auf dem Hallmarkt und zur Be-seitigung unserer Regierung«. Ein anderer sei daran beteiligt gewesen, das so genannte Haus der Einheit und den Rat des Bezirkes zu besetzen. Der ebenfalls an der landwirtschaftlichen Fakultät tätige Doktorand Gerhard Schmidt wurde, wie er-wähnt, bei der Erstürmung des Zuchthauses erschossen. Dar-über hinaus monierte die Stasi das Verhalten mehrerer Profes-soren von der mathematisch-naturwissenschaftlichen Fakultät: »Prof. Runge begab sich in unmittelbare Nähe der Ausschrei-tungen im Stadtinneren. Er ließ es sich auch nicht nehmen, an der faschistischen Kundgebung auf dem Hallmarkt (18.00 Uhr) teilzunehmen, wobei er seine Sympathie mit den faschisti-schen Elementen durch seinen Beifall zum Ausdruck brachte.« Ein zweiter Professor hätte ebenfalls an der Kundgebung teil-genommen und Beifall gespendet. Auch »Prof. F. I. Schneider und Prof. Haußherr, die sonst bei Kundgebungen und De-monstrationen ihr Fernbleiben aus gesundheitlichen Gründen entschuldigten, waren den ganzen Tag unterwegs, um sich über die Lage zu ›informieren‹.«[264] Drei Universitätsärzte wurden schließlich beschuldigt, im Juli 1953 eine Geldsamm-lung für die Opfer des Aufstands durchgeführt zu haben.

Eher als auf die Universitäten sprang der revolutionäre Funke auf die Schulen über. In vielen Gebäuden hängten Schüler und zum Teil auch Lehrer spontan die obligatorischen Bilder füh-render SED-Genossen ab. »Die Bilder der Genossen Stalin und Pieck wurden vom 5.–8. Schuljahr von der Wand entfernt. Es konnte bis heute noch nicht festgestellt werden, wer dieses getan hat, da die Kinder auf Befragen keine Auskunft geben«, heißt es beispielsweise in einem SED-Bericht über die Vor-kommnisse am 17. Juni in der Gemeinde Rehbach bei Leipzig. Ebenso sei die Wandzeitung von Karl Marx heruntergerissen worden. Jugendliche warfen der Schulleiterin sogar die Fens-terscheiben ein, worauf von der SED-Kreisleitung die Anwei-sung erging: »Es ist zu veranlassen, diese Personen sofort zu verhaften.«[265]

An vielen Orten kam es während des Aufstands zu Unter-richtsausfällen, die manchmal streikähnlichen Charakter trugen.

Rund zehn Prozent der Lehrer erschienen zwischen dem 17. und 19. Juni nicht zum Unterricht. Andere verhielten sich passiv und hinderten, wie die SED später kritisierte, ihre Schüler nicht daran, sich den Demonstrationen anzuschließen. Die DDR-Regierung hatte zwar einen großen Teil der früheren Lehrerschaft durch so genannte Neu-Lehrer ersetzt, doch waren diese häufig noch sehr jungen Lehrkräfte politisch noch keineswegs so angepasst wie in späteren Jahren. So trat denn auch eine erhebliche Zahl von Lehrern nach der Niederschlagung des Aufstands aus der SED aus.

Von weitergehenden Aktionen wird jedoch nur vereinzelt berichtet. In Görlitz setzten Lehrer einer Oberschule den bisherigen Studiendirektor ab und wählten an seiner Stelle einen anderen. Sie verfassten einen Forderungskatalog, in dem sie verlangten:

»1. Einsetzung einer neuen Schulleitung,
2. Fortfall des russischen Unterrichts,
3. Durchführung eines objektiven Geschichtsunterrichts,
4. Wegfall der Gegenwartskunde,
5. Freie Ausübung des Religionsunterrichts.«[266]

Die Abschaffung des Russischunterrichts und des Faches Gegenwartskunde wurde auch in anderen Bezirken gefordert. In Görlitz hatten sich auch mindestens zwölf Lehrer aktiv an der Demonstration durch die Innenstadt beteiligt, zwei wurden am 22. Juni als so genannte Rädelsführer verhaftet; ein Oberschüler soll sogar Mitglied des Stadtkomitees gewesen sein. Während in Beelitz ein 23-jähriger Lehrer führend am Sturm auf das Gefängnis teilgenommen haben soll, war in Bitterfeld der Lehrer Wilhelm Fiebelkorn der strategische Kopf und Sprecher des überbetrieblichen Streikkomitees.

Akademiker verschiedener Profession wirkten auch an anderer Stelle am Aufstand vom 17. Juni mit. In Görlitz war der Leiter der Kundgebung vor dem Rathaus ein Architekt, zum Bürgermeister wurde ein Arzt ernannt; zwei Rechtsanwälte unterstützten die Demonstranten bei der Freilassung der politischen Häftlinge. Doch abgesehen von diesen Beispielen traten Rechtsanwälte, Architekten, Ärzte oder Professoren eher selten in Erscheinung.

Dafür spielte die technische Intelligenz eine nachgerade führende Rolle. Nicht umsonst tadelte Walter Ulbricht bei der 15. Tagung des Zentralkomitees im Juli 1953 das »negative Verhalten« dieser Berufsgruppe. Wie erwähnt, waren Techniker, Ingenieure, Erfinder und Konstrukteure häufig Mitglieder der spontan gebildeten Streikkomitees. Im Funkwerk Berlin-Köpenick gehörten zum Beispiel der Nationalpreisträger Dr. Kaiser und der »Verdiente Erfinder« Dr. Bernhard Vinzelberg dazu, der später zu vier Jahren Zuchthaus verurteilt wurde, weil er auf dem Werkhof die Beschäftigten zur Demonstration aufgerufen sowie »Freie Wahlen« und die »Ausschaltung des Einflusses der SED« verlangt hatte.[267] Auch im Funkwerk Dabendorf, in weiteren Betrieben der Rundfunk- und Fernsehtechnik, in der Filmfabrik Wolfen sowie im VEB ABUS Dresden und Leipzig waren Angehörige der technischen Intelligenz führend beteiligt. Teilweise wirkten sogar Betriebsdirektoren in den Streikleitungen mit. Der Ingenieur im Konstruktionsbüro der Görlitzer Lokomotivwerke, Herbert Tschirner, wurde nach der Niederschlagung des Aufstands zum Tode verurteilt.

Im Gegensatz zu den bisher genannten Berufsgruppen stellten sich viele Schriftsteller und Künstler in den Juni-Tagen demonstrativ auf die Seite der SED. Keiner der prominenten Autoren solidarisierte sich am 17. Juni mit den Volksmassen, in deren Interesse ihre künstlerische Arbeit angeblich erfolgte. Erschrocken stellten die meisten vielmehr fest, dass große Teile der Arbeiterschaft vom SED-Sozialismus nichts wissen wollten. Wie die Partei flüchteten sich deshalb die meisten SED-nahen Intellektuellen in die Vorstellung, dass die Erhebung teilweise »faschistischen« Charakter getragen hätte und vom Westen gesteuert worden wäre.

Bertolt Brecht, prominentester Schriftsteller in der jungen DDR, erfuhr am Abend des 16. Juni von der Demonstration der Bauarbeiter, nachdem er von seinem Landhaus am Schermützelsee nach Berlin gefahren war. Gleich am nächsten Morgen setzte er drei Solidaritätsbekundungen an Ulbricht, Grotewohl und Semjonow auf und ließ sie noch am selben Tag per Boten überbringen. An Ulbricht schrieb Brecht nicht ohne Hinterlist: »Die Geschichte wird der revolutionären Ungeduld der Sozialistischen Einheitspartei Deutschlands ihren Respekt zollen. Die große Aussprache mit den Massen über das Tempo des sozialistischen Aufbaues wird zu einer Sichtung und Sicherung der sozialistischen Errungenschaften führen. Es ist mir ein Bedürfnis, Ihnen in diesem Augenblick meine Verbundenheit mit der Sozialistischen Einheitspartei Deutschlands auszusprechen, Ihr Brecht.«[268] Triumphierend druckte das SED-Zentralorgan *Neues Deutschland* einige Tage später den letzten Satz des Briefes zusammen mit weiteren Ergebenheitsadressen ab.

Brechts Solidaritätsadresse an Ulbricht war kein Akt vorauseilenden Gehorsams, sondern kam aus innerer Überzeugung. Obwohl er der SED niemals beigetreten war, ließ er keinen Zweifel daran, dass er das von ihr errichtete System befürwortete, auch wenn er dessen diktatorische Überspitzungen ablehnte. Am 17. Juni ging Brecht zweimal, am Morgen und am Nachmittag, von seinem Theater am Schiffbauerdamm zum nahe gelegenen Brandenburger Tor. Was er dort sah, beschrieb er dem Verleger Peter Suhrkamp zwei Wochen später so: »Agenten« mit »Westfahrrädern« hätten dort die Straße beherrscht, »allerlei deklassierte Jugendliche«, die »kolonnenweise eingeschleust waren« sowie die »scharfen, brutalen Gestalten der Nazizeit, die man seit Jahren nicht mehr hatte in Haufen auftreten sehen, und die doch immer dagewesen waren«. Die Rauchwolke des Columbus-Hauses am Potsdamer Platz erschien ihm »wie an einem vergangenen Unglückstag einmal die Rauchwolke des Reichstagsgebäudes«.[269] Als der Schriftsteller auf der Straße Unter den Linden den sowjetischen Stadtkommandanten an der Spitze einer Panzerkolonne vorbeifahren und winken sah, war Brecht einer der wenigen, die zurückwinkten.

Auch der brutale Militäreinsatz gegen die Demonstranten änderte seine Meinung nicht. Sechs Tage nach dem Aufstand erläuterte er im *Neuen Deutschland* seinen Brief an Ulbricht mit den Worten: »Ich habe am Morgen des 17. Juni, als es klar wurde, daß die Demonstrationen der Arbeiter zu kriegerischen Zwecken mißbraucht wurden, meine Verbundenheit mit der Sozialistischen Einheitspartei Deutschlands ausgedrückt. Ich hoffe jetzt, daß die Provokateure isoliert und ihre Verbindungsnetze zerstört werden, die Arbeiter aber, die in berechtigter Unzufriedenheit demonstriert haben, nicht mit den Provokateuren auf eine Stufe gestellt werden, damit nicht die so nötige große Aussprache über die allseitig gemachten Fehler von vornherein gestört wird.«[270] Und im Oktober 1953 schrieb er dem Regisseur Erwin Leiser: »Die Sozialistische Einheitspartei hat Fehler begangen, die für eine sozialistische Partei sehr schwerwiegend sind und Arbeiter gegen sie aufbrachten. Ich gehöre ihr nicht an. Aber ich respektiere viele ihrer historischen Errungenschaften, und ich fühle mich ihr verbunden, als sie – nicht ihrer Fehler, sondern ihrer Vorzüge wegen – von faschistischen und kriegstreiberischem Gesindel angegriffen wurde. Im Kampf gegen Krieg und Faschismus stand und stehe ich an ihrer Seite.«[271]

Während Brecht in seinen Kommentaren immerhin von Fehlern und berechtigter Unzufriedenheit der Arbeiter sprach, wollten andere selbst davon nichts wissen. So veröffentlichte der Erste Sekretär des (Ost-)Deutschen Schriftstellerverbandes, Kurt Barthel alias Kuba, am 20. Juni im *Neuen Deutschland* einen Text mit der Überschrift »Wie ich mich schäme«, in dem er den Bauarbeitern der Berliner Stalinallee schwere Vorwürfe machte:

»Maurer – Maler – Zimmerleute. Sonnengebräunte Gesichter und weißleinene Mützen, muskulöse Arme, Nacken – gut durchwachsen, nicht schlecht habt ihr euch in eurer Republik ernährt, man konnte es sehen. […] Als wenn man mit der flachen Hand ein wenig Staub vom Jackett putzt, fegte die Sowjetarmee die Stadt rein. Zum Kämpfen hat man nur Lust, wenn man die Ursache dazu hat, und solche Ursache hattet ihr nicht. Eure schlechten Freunde, das Gesindel von drüben, strich auf seinen silbernen Fahrrädern durch die Stadt wie Schwälbchen vor dem Regen. Dann wurden sie weggefangen. Ihr aber dürft wie gute Kinder um neun Uhr abends schlafen gehen [gemeint ist die nächtliche Ausgangssperre – H. K.]. Für euch und den Frieden der Welt wachen die Sowjetarmee und die Kameraden der Deutschen Volkspolizei. Schämt ihr euch so, wie ich mich schäme? Da werdet ihr sehr viel und sehr gut mauern und künftig sehr klug handeln müssen, ehe euch diese Schmach vergessen wird. Zerstörte Häuser reparieren, das ist leicht. Zerstörtes Vertrauen wiederaufrichten ist sehr, sehr schwer.«[272]

So viel Apologetik war selbst Brecht zu viel. In seinem Landhaus schrieb er als Antwort auf Kubas Pamphlet sein berühmtes Gedicht »Die Lösung«, von dem die Öffentlichkeit freilich erst später erfuhr:

»Nach dem Aufstand des 17. Juni
Ließ der Sekretär des Schriftstellerverbands
In der Stalinallee Flugblätter verteilen
Auf denen zu lesen war, daß das Volk
Das Vertrauen der Regierung verscherzt habe
Und es nur durch verdoppelte Arbeit
Zurückerobern könne. Wäre es da
Nicht doch einfacher, die Regierung
Löste das Volk auf und
Wählte ein anderes?«[273]

Kurt Barthel war es auch, der auf der 15. ZK-Tagung im Juli 1953 berichtete, was die Schriftsteller der DDR am 17. Juni getan hätten, nämlich das, »was sie eben tun konnten, im Schriftstellerhaus gestanden, mit dem Stuhlbein in der Hand, aber man konnte schließlich an diesem Tag nicht viel mehr machen, und die Banditen sind nicht reingekommen. Die rote Fahne ist auf dem Haus geblieben.«[274] Wie Stefan Heym berichtete, waren etwa 20 DDR-Schriftsteller in dem Haus zusammengekommen und verabschiedeten – nachdem die sowjetischen Truppen den größten Teil der Demonstranten verjagt hatten – gegen 15 Uhr eine Solidaritätserklärung mit der Regierung, »die voll der alten Phrasen war«.[275] Der Entwurf war zuvor vom ZK gebilligt worden, so dass die Schriftsteller den Text nur noch gutheißen durften.

Tatsächlich war es nicht nur der oberste Verbandsfunktionär der Schriftsteller, der der SED seine rückhaltlose Unterstützung versicherte. Ergebenheitsadressen veröffentlichte das *Neue Deutschland* in den nächsten Tagen u. a. von Fritz Cremer, Paul Dessau, Robert Havemann, Friedrich Wolf, Erich Loest, Wolfgang Langhoff und Anna Seghers. Während Langhoff sich anfangs mit der Feststellung begnügte, dass die Mitarbeiter des Deutschen Theaters nunmehr ihre Hauptaufgabe darin sähen, »daß sie in festem Vertrauen zu den Beschlüssen der Regierung ihre künstlerische Arbeit diszipliniert fortführen und so zur schnellen Wiederherstellung der normalen Lage auf dem kulturellen Gebiet beitragen«, erklärte Dessau, dass die Sowjetarmee durch ihr »entschlossenes Durchgreifen gegen die faschistischen Brandstifter in Berlin die Freiheit für das deutsche Volk gesichert« hätte. Diese »Brandstifter« müssten »mit Stumpf und Stiel« ausgerottet werden, was Aufgabe »jedes anständigen Deutschen« sei. Havemann, damals noch Institutsdirektor und Vorsitzender des Groß-Berliner Friedensrates, bezeichnete die Ereignisse vom 17. Juni als »verbrecherische Provokation der westlichen Agentenzentralen«, mit der die »Westberliner Hetz- und Terrorzentralen« versucht hätten, einen Gegensatz zwischen der Regierung und der Arbeiterschaft hervorzurufen. Die Berliner würden jedoch nicht dem »Geschrei der Hetzer«, sondern der »Stimme der Vernunft« folgen und stünden »fest zu ihrer Regierung des Volkes«. Der Bildhauer Fritz Cremer begrüßte es schließlich, dass die sowjetische Armee »gegen die faschistischen Rowdys jetzt mit unerbittlicher Strenge vorgeht und Todesurteile gegen sie fällt. Das ist die einzige Sprache, die diese Banditen verstehen.« Seiner Meinung nach müsste man die »Provokateure aus Westberlin« unbedingt fangen und den Kriegsgerichten übergeben, weshalb er jeden Bürger aufforderte, »die Augen aufzumachen und dabei mitzuhelfen, daß diese kriminellen Subjekte festgenommen werden«.[276]

Der Schriftsteller Friedrich Wolf, der in der vermeintlich klassenlosen DDR-Gesellschaft das Privileg besaß, einen Wagen mit Fahrer zu besitzen, berichtete im *Neuen Deutschland*, dass eine »Gangstergruppe« am 17. Juni in Berlin versucht hätte, das Fahrzeug zu demolieren und in Brand zu stecken. Auch er rückte die Demonstranten in die Nähe der Nationalsozialisten und ihrer Kriegspolitik: »Plötzlich tauchten in meiner Erinnerung die Nazibrandstifter von 1933 auf, die in Berlin mit dem Reichstagsbrand und der Verbrennung der fortschrittlichen Bücher vor der Universität einen Zündstoff schufen für den zweiten Weltbrand mit den Bombennächten über Berlin und Coventry, London und Warschau.«[277] Ähnliche Töne schlug der parteilose Literaturwissenschaftler Hans Mayer an, der in einem Aufsatz schrieb: »Es ging bei uns am 17. Juni in Wahrheit um Faschismus oder Antifaschismus. Es ist sinnlos, sich in dieser Grundfrage irgend etwas vormachen zu wollen.«[278]

Erich Loest, der vier Jahre später selber in die Mühlen der politischen Justiz geriet und zu siebeneinhalb Jahren Zuchthaus verurteilt wurde, beteiligte sich ebenfalls an der öffentlichen Diffamierung der Demonstranten. Im *Neuen Deutschland* warf er den Arbeitern vor, zugesehen zu haben, »wie der Faschismus versuchte, die Straßen von Berlin in seine Gewalt zu bekommen«. Erst nach dem Aufmarsch der Sowjetarmee sei wieder Ruhe eingekehrt. Loest wörtlich: »Wer noch den geringsten Zweifel hegte, wo die Leute herkamen, die den offenen, schamlosen Terror in Berlins Straßen tragen wollten, der konnte sich in den Nachmittags- und Abendstunden überzeugen: An den Sektorengrenzen strichen sie herum und suchten eine Lücke. Heruntergekommene Jugendliche, Strolche, ›Bubis‹ mit chromblitzenden Rädern, Mädchen, denen man nicht im Dunkeln begegnen möchte – was in Westberlin an Abschaum aufzubieten war, hatte versucht, die Arbeiter des demokratischen Sektors vor den Kriegskarren ihrer Hintermänner zu spannen.« Ausgerechnet der Minister für gesamtdeutsche Fragen, Jakob Kaiser, der die DDR-Bevölkerung über den RIAS zur Ruhe aufgefordert hatte, wurde von Loest als »Agentenminister« bezeichnet und beschuldigt, dass er »seine zuverlässigen Truppen den Arbeitern auf den Hals gehetzt« hätte.[279]

Während sich die meisten Schriftsteller sofort auf die von der Partei vorgegebene Linie stellten, brauchten andere etwas länger dafür. Vor allem in den ersten Tagen und Wochen nach dem Aufstand kritisierten manche auch die Politik der SED und hofften – nicht zuletzt mit Hilfe der Sowjetunion – auf eine Fortsetzung des Neuen Kurses. So richtete der Schriftsteller Stefan Heym, der 1952 in die DDR gezogen war und seine amerikanische Staatsbürgerschaft abgegeben hatte, am 21. Juni einen Brief an den Chefredakteur der von der sowjetischen Militärverwaltung herausgegebenen Tageszeitung *Tägliche Rundschau*, nachdem dieser ihn um seine Einschätzung der Ereignisse gebeten hatte. Weitgehend realistisch schilderte er dem Oberst Michail Sokolow darin die Ursachen für die »Massenunzufriedenheit« in der DDR und setzte sich für eine liberalere Berichterstattung in den Medien ein. Auch ihm war aber klar, »daß der unmittelbare Anlaß zum 17. Juni auf die Agentenarbeit der Westmächte zurückzuführen ist. Sonst wäre ja nicht zu gleicher Zeit an so vielen Stellen in dieser organisierten Form losgeschlagen worden.«[280]

Während die Ergebenheitsadressen seiner Schriftstellerkollegen allesamt an prominenter Stelle nachzulesen waren, erfuhr die Öffentlichkeit von Heyms kritischem Brief nichts. Erst 27 Jahre später publizierte er ihn im Westen. Dafür veröffentlichten die *Berliner Zeitung*, der *Vorwärts* und das *Neue Deutschland* bereitwillig Artikel des »weltberühmten Verfassers«, in denen Heym eine ganz andere Position bezog und die

261

Aufständischen als »Achtgroschenjungen« bezeichnete.[281] »Welchem ehrlichen Arbeiter, welchem anständigen Menschen blutet nicht das Herz«, schrieb er da zum Beispiel, »wenn er die Zerstörungen sieht, wenn er die Ausschreitungen des Mobs von faschistischen Stoßtrupplern in Ringelsöckchen und Cowboyhemden miterlebt hat – und wenn er miterlebt hat, daß die Ordnung eines Staates, in dem die Arbeiter die führende Rolle haben, trotz aller Schwächen und Fehler –, wenn diese Ordnung durch die reifere, größere, erfahrenere Arbeitermacht der Sowjets verteidigt werden musste!«[282]

Wenig später erschien ein schmaler Band des Schriftstellers, ursprünglich eine Artikelserie in der Gewerkschaftszeitung *Tribüne*, in der er von einer Reise mit einer sowjetischen Delegation durch ostdeutsche Großbetriebe im August 1953 berichtete. Unter anderem hatte man den Arbeitern dabei die obskure Frage gestellt: »Bist du dir darüber im klaren, dass der 17. Juni einen neuen Weltkrieg auslösen sollte?« Obwohl sich in den Berliner Niles-Werken sogar ein Arbeiter fand, der darauf antwortete: »Ja, gewiß!«, beklagte Heym, dass viele die wahren »politischen Zusammenhänge des 17. Juni noch nicht begreifen« wollten. »Wie viele Arbeiter«, so der Schriftsteller darauf, »haben sich noch nicht zu dieser Antwort durchgerungen?«[283] Ein Jahr später berichtete er dann in seinen »Schriften zum Tage«, wie er am Abend des 17. Juni »an der Treptower Brücke von faschistischen Knüppelhelden überfallen worden« sei – gemeint waren Demonstranten, die ihn aufgrund seines Autos für einen Funktionär hielten.[284] Ähnlich ideologiebeladen muss auch Heyms erstes Romanmanuskript über den Aufstand gewesen sein. Obwohl das Buch mit dem programmatischen Titel »Der Tag X« in der DDR nicht erscheinen durfte, erklärte später selbst Robert Havemann, der das Manuskript 1960 neben anderen Funktionären zu lesen bekommen hatte, Heym sollte der Partei für das Verbot dankbar sein.

Außer Heym wandte sich auch Ernst Niekisch, ein anderer kommunistischer Autor sowie Professor an der Humboldt-Universität, vertraulich an die sowjetische Besatzungsmacht. Nach der Niederschlagung des Aufstands schickte er eine umfangreiche »Denkschrift« an den sowjetischen Hochkommissar Semjonow, in der er – als einer von wenigen – die Fehler beim Aufbau des Sozialismus offen kritisierte. Niekisch betonte darin zunächst »mit aller Bestimmtheit«, dass er sich »als Geg-

ner der kapitalistischen Ordnung und Vorkämpfer einer sozialistischen Ordnung« fühle. Er sei aber der Meinung, »daß man
den Sozialismus kompromittiert, wenn man ihn unter wider-
strebenden Umständen und mit verfehlten Mitteln gewalttä-
tig durchsetzen will«. Wäre der gesellschaftliche und wirtschaftliche »Umbau« in der DDR Sache einer revolutionären
Masse gewesen, würde er wie in der Sowjetunion in den Herzen
dieser Masse verwurzelt sein. Der 17. Juni hätte indes bewiesen, »daß er einen großen Teil der werktätigen Masse geradezu gegen sich hat«.[285] Auch dieser Text blieb unveröffentlicht
und erschien erst einundzwanzig Jahre später in einem westdeutschen Verlag.

Ähnlich wie die Kirchen hatten die kommunistischen Intellektuellen, wenn sie sich überhaupt kritisch zu Wort meldeten, vor allem eigene Interessen im Blick. Im Sinne des Neuen
Kurses, der Wissenschaftlern und Künstlern unter anderem die
Möglichkeit zur Teilnahme an Tagungen in Westdeutschland
versprochen hatte, setzten sie sich nach der Niederschlagung
des Aufstands für eine Liberalisierung der Kulturpolitik ein. Das
Bekenntnis zum Sozialismus und die führende Rolle der SED
wurden jedoch nicht in Frage gestellt. So verabschiedete die
Akademie der Künste am 30. Juni einen Zehn-Punkte-Katalog,
der am 1. Juli in der *Berliner Zeitung* veröffentlicht und am
nächsten Tag der Regierung übergeben wurde. Darin wurde
vorgeschlagen, dass in Zukunft nicht mehr der Staat, sondern
die unmittelbar Betroffenen – Autoren, Verleger und Inten-
danten – für Bücher und Spielpläne verantwortlich sein sollten.
Behörden sollten sich nicht länger in Fragen der künstlerischen
Produktion einmischen, Presse, Rundfunk und Film müssten
so arbeiten, dass sie wieder das Interesse der Menschen fänden.

Diese Forderungen wurden wenig später auch vom so genannten Kulturbund der DDR aufgegriffen, der – nach vor-
heriger Abstimmung mit der sowjetischen Besatzungsmacht –
kurz nach Verkündigung des Neuen Kurses dem Politbüro
schon entsprechende Vorschläge unterbreitet hatte. Anfang
Juli kam es dann im Präsidialrat des Bundes unter Leitung seines Präsidenten Johannes R. Becher zu einer Diskussion, an der
unter anderem die Schriftsteller Stephan Hermlin, Bodo Uhse
und Arnold Zweig sowie die Professoren Victor Klemperer
und Ernst Niekisch teilnahmen, wohingegen die Mitglieder
Bertolt Brecht und Anna Seghers nicht erschienen. Hinter ver-

schlossenen Türen kritisierten die Anwesenden hier zum Teil mit scharfen Worten die Rechtsunsicherheit, den Bürokratismus und die Machtlosigkeit des Parlamentes in der DDR. Aus seiner Arbeit im Rechtsausschuss der Volkskammer berichtete der Abgeordnete Kleinschmidt zum Beispiel über zahlreiche Fälle von Willkürjustiz. Auch Niekisch äußerte sich kritisch. Er wiederholte jetzt zwar die von der SED-Spitze vorgegebene und von den meisten kommunistischen Intellektuellen übernommene Auffassung, dass am 17. Juni »faschistische Elemente und Provokateure eine große Rolle gespielt« hätten, doch das Wesentliche daran war für ihn weiterhin, »daß hier ein elementarer Ausbruch aus der Arbeiterschaft erfolgt ist« – womit er bei anderen Diskutanten prompt auf Widerspruch stieß.[286] Der Romanist Victor Klemperer bezeichnete den Aufstand vom 17. Juni nur als »entsetzliche Geschichte« und verwahrte sich gegen Vorwürfe, dass die ostdeutschen Universitäten russifiziert worden seien; er verlangte, dass die Volkskammer umgehend zusammentrete, und kritisierte die »übermäßige Bürokratisierung« vor allem an den Schulen und Universitäten der DDR.[287]

Der Kulturbund verabschiedete schließlich eine Erklärung, in der es hieß, dass die Intelligenz »in ihrer Mehrheit am 17. Juni ihre loyale Haltung zur Regierung der Deutschen Demokratischen Republik und ihre Verbundenheit mit dem Werk unseres demokratischen Aufbaus bewiesen« hätte.[288] Anschließend trat er dafür ein, dass die Freiheit der Meinung, der Kunst, der Wissenschaft und der Bildung sowie die Rechtssicherheit in der DDR gewährleistet sein müssten und die Medien für eine wirklichkeitsgetreue Information sorgen sollten – von einer Freilassung der Aufständischen oder von ihren DDR-weit erhobenen Forderungen nach Rücktritt der Regierung und freien Wahlen war nicht die Rede. Die Freiheitsbekundungen bezogen sich auch nicht auf jedermann, sondern nur auf die ohnehin vom Sozialismus überzeugten Teile der Gesellschaft. Die ganz auf der Linie des Neuen Kurses liegende Erklärung wurde am 8. Juli im SED-Zentralorgan *Neues Deutschland* veröffentlicht, wo Ulbrichts Gegenspieler Rudolf Herrnstadt damals noch Chefredakteur war.

Während der Staatssicherheitsdienst Hunderte von Streikführern und Demonstranten in nächtlichen Verhören quälte, kritisierten die Parteiintellektuellen in diesen Wochen den Dogmatismus in Kunst und Kultur und die bürokratische, wirklichkeitsfremde Sprache der ostdeutschen Medien. So verlangte der Schriftsteller Erich Loest am 4. Juli im Leipziger *Börsenblatt für den deutschen Buchhandel*, dass die Zeitungen der DDR »umfassender informieren« müssten, wenn sie mit Interesse gelesen werden wollten. »Unsere Zeitungen müssen besser kommentieren, weniger phrasenhaft und völlig ungeschminkt. Sie müssen sich auf den wirklich besten Teil unseres Volkes orientieren, und das ist nicht der, der zu jeder Maßnahme von Partei und Regierung gewaltige Begeisterung heuchelt.« Gleichzeitig machte sich Loest aber die Lesart der SED zu eigen, die Aufständischen in »faschistische Provokateure« und »irregeleitete Arbeiter« zu unterteilen: »Auf der einen Seite stand ihre wohlgerüstete Organisation, und ihre Arbeit gipfelte in Brand, Terror und Mord. Auf der anderen Seite standen die Demonstrationen von Arbeitern, die sich gegen Mißstände auf manchen Gebieten, vor allem in der Normenfrage, zur Wehr setzten.«[289]

Auf derselben ideologischen Grundlage forderte der Chefredakteur der *Deutschen Zeitschrift für Philosophie*, Wolfgang Harich, am 14. Juli in der *Berliner Zeitung*, dass »auch auf dem Gebiet der Kulturpolitik Maßnahmen getroffen werden, die geeignet sind, eine freiheitliche Atmosphäre herzustellen und ernste Mißstände zu beseitigen«. Ungewöhnlich scharf griff Harich vor allem die Kunstkommission an, die »von der überwiegenden Mehrheit der Künstler, vornehmlich der bildenden Künstler, einfach verabscheut« werde und die – zusammen mit den damals allmächtigen Kunstkritikern Wilhelm Girnus und Kurt Magritz – »hauptverantwortlich für Schaffenskrisen psychotischen Charakters« bei hervorragenden kommunistischen Künstlern sei. Den führenden Funktionären der Kommission müsse man »vor allem zum Vorwurf machen, daß sie mit ihren Maßnahmen und ihren entehrenden politischen Unterstellungen eine unerträgliche, geisttötende und herzbeklemmende Atmosphäre erzeugten, die wertvolle, progressiv gesinnte Intellektuelle der Gefahr aussetzte, charakterlos zu werden und sich mit charakterverderbenden Praktiken abzufinden […]«.[290] Mit ähnlicher Stoßrichtung griff auch Brecht in zwei von der *Berliner Zeitung* veröffentlichten Gedichten das Amt für Literatur und die Kunstkommission an. Selbst der einflussreiche Parteipropagandist und ZK-Mitarbeiter Walter Besenbruch kritisierte jetzt die Arbeit der Kommission.

Der kurze kulturpolitische Frühling endete freilich ebenso schnell, wie er begonnen hatte. Schon am 19. Juli widerrief Besenbruch im *Neuen Deutschland* seinen kurz zuvor vertretenen Standpunkt und erkannte dem Staat in typisch marxistischer Beweisführung das Recht zu, auch in ästhetische Fragen hineinzuregieren: Die Kunst, so Besenbruchs Argumentation, bedürfe zu ihrer Entfaltung materieller Mittel, die ihr vom Staat zur Verfügung gestellt würden. »Dabei muß er entscheiden – das heißt Partei ergreifen – wie er diese Mittel so verwendet, daß sie dem Volk den größten Nutzen bringen. Antirealistische Gestaltungsmethoden dienen nicht dem Volke. Folglich kann und darf er sie nicht fördern. Der Staat [...] müßte sich selbst aufgeben, wenn er in der Frage der künstlerischen Gestaltungsmethode, in der Frage Realismus und Antirealismus neutral bleibt und nicht einen wissenschaftlich erarbeiteten, auf den Interessen des Volkes beruhenden parteilichen Standpunkt einnimmt.«[291]

Nachdem Ulbricht auf der ZK-Tagung Ende Juli seine Position durch die Entfernung seiner wichtigsten Widersacher aus dem Politbüro stabilisiert hatte, wurden die Forderungen nach größerer geistiger Freiheit bald abgewürgt. Literaten wie Brecht, Heym, Seghers oder Zweig kritisierten zwar noch einige Male die staatliche Einmischung in die künstlerische Arbeit, doch die SED-Spitze wollte von grundlegenden Veränderungen nichts mehr wissen. Selbst der bereits ausgehandelte Kompromiss, die berüchtigte Kunstkommission sowie die Kommission für Filmwesen aufzulösen und stattdessen ein Kulturministerium unter Leitung Bechers zu schaffen, wurde, um die kritischen Parteiintellektuellen nicht zu ermutigen, vertagt. Als er im Januar 1954 schließlich doch noch umgesetzt wurde, versprach sich kaum einer der Kritiker mehr eine wirkliche Verbesserung davon, zumal die oberste Zensurbehörde, das Amt für Literatur und Verlagswesen, weiterhin fortbestand. Zwei Jahre später wurde dann endgültig mit den nunmehr als Revisionisten gebrandmarkten Kritikern aufgeräumt. Nach der Niederschlagung des Aufstands in Ungarn im November 1956 wurde Harich verhaftet, in das Kellergefängnis von Berlin-Hohenschönhausen gebracht und schließlich, trotz eindringlicher Reuebekenntnisse, wegen seiner Reformvorstellungen zu zehn Jahren Zuchthaus verurteilt.

# Die Streikwelle danach

Während sich die von der SED geförderten Intellektuellen um die Parteiführung scharten und den Aufstand in die Nähe der nationalsozialistischen Machtergreifung rückten, sah der überwiegende Teil der Arbeiterschaft keinen Anlass, dessen Berechtigung in Frage zu stellen. Zwar waren die Sprecher der Streikbewegung am 17. Juni vielerorts dafür eingetreten, diszipliniert und gewaltlos vorzugehen, doch der Versuch der SED, die Aufstandsbewegung unter Hinweis auf die gewaltsamen Übergriffe als »faschistisch« zu diskreditieren, wurde von den meisten empört zurückgewiesen. Die zentral vorgegebene und DDR-weit wiederholte Sprachregelung über die angeblichen »Drahtzieher der Provokation« im Westen machte nur erneut die tiefe Kluft zwischen Propaganda und Wirklichkeit deutlich.

Der Aufmarsch des Militärs und die Verhängung des Ausnahmezustands vertrieben zwar den Protest von der Straße, doch die politische Unzufriedenheit war damit nicht beseitigt. Die SED sah sich deshalb nicht nur auf dem Lande bis in den Herbst hinein massiver öffentlicher Kritik ausgesetzt, auch in den Betrieben gingen die Unmutsbekundungen weiter.

Der erzwungene Rückzug der Arbeiter hinter die Werktore stellte die SED vor neue Probleme. Statt durch Streiks und Demonstrationen bekam sie jetzt auf Versammlungen und Gewerkschaftszusammenkünften den Unmut zu spüren – und hier konnte er nicht einfach verboten werden. Da die SED unter dem Eindruck der Geschehnisse anfangs durchaus bereit war, Fehler der Regierung einzugestehen, fühlten sich die Belegschaften teilweise zu Kritik geradezu herausgefordert. Viele Funktionäre waren dagegen verunsichert und versuchten, die Unzufriedenheit durch partielles Entgegenkommen zu dämpfen. Ein allzu repressives Vorgehen gegen die Arbeiter barg auch die Gefahr von Solidarisierungseffekten und stand im Gegensatz zu den Zielen des von Moskau verordneten Neuen Kurses. So kam es, dass die Unruhen in den Betrieben der DDR noch wochenlang anhielten und sich im Juli sogar eine zweite Streikwelle formierte.

Nach der Auflösung der Demonstrationen am 17. Juni waren die Arbeiter häufig nicht nach Hause, sondern zurück in ihre Betriebe gegangen, um dort den Streik fortzusetzen. So sammelten sich am späten Nachmittag die etwa 8000 Demonstranten aus der Filmfabrik Agfa Wolfen nahezu vollständig in ihrem Werk und hielten den Streik auch noch am folgenden Tag aufrecht. In den Leuna-Werken gingen die Arbeitsniederlegungen – trotz sowjetischer Besetzung – nach der Verhängung des Ausnahmezustands ebenfalls weiter. Im Eisenhüttenwerk Thale, an dessen Haupteingang in großen Lettern Parolen wie »3 Tage Streik«, »Freilassung aller politischen Gefangenen«, »Sturz der Regierung«, »Senkung der HO-Preise um 50%«, »Abschaffung der Normen« und »Verhandlungen mit der Werkdirektion« zu lesen waren, wurde nach der Rückkehr von der Demonstration überhaupt erst eine Streikleitung gewählt und ein Forderungskatalog aufgestellt.²⁹²

Auch da, wo die Beschäftigten erst am nächsten Morgen wieder zusammenkamen, wie im Lokomotiv- und Waggonbau (LOWA) Bautzen, wurde die Arbeit keineswegs sofort wieder aufgenommen. Erregt diskutierte man die Vorgänge des Vortages und zeigte sich zumeist empört über das Verhalten der Regierung, die sich mit Panzern vor Demonstranten schützen ließ. Viele Betriebe streikten deshalb auch noch am 18. Juni, selbst dann, wenn sie, wie das Waggonbauwerk Ammendorf in Halle, durch sowjetisches und ostdeutsches Militär besetzt worden waren. In zahlreichen Unternehmen kamen, wie im Dresdener Sachsenwerk, im Laufe des Vormittags sogar noch die am Vortag gewählten betrieblichen Streikkomitees zusammen und beschlossen lange Forderungskataloge.

Manche Belegschaften waren am 17. Juni auch noch gar nicht ausmarschiert, sondern hatten zunächst nur über ihre Forderungen beraten und eine Streikleitung gewählt. Andere traten erst am nächsten Tag in den Streik, hielten Versammlungen ab und wählten ein Streikkomitee – wie im VEB GUS »Hermann Matern« in Roßwein bei Leipzig, über den der Staatssicherheitsdienst berichtete:

»Es hatten sich am 18. 6. morgens im Speisesaal die erste Schicht der Schmiede versammelt und später dann die gesamte Belegschaft. Da sie aber nicht alle im Speisesaal Platz hatten, waren die Gänge und auch der Hof belegt. Von den Versammelten wurde ein Streikkomitee gewählt, welchem der H. mit angehört hat. […] An der Verhandlung des Streikkomitees mit der Werkleitung im Zimmer des Werkleiters hat H. teilgenommen und auch dort gesprochen. Was von ihm gesprochen wurde, ist nicht mehr bekannt. Das Streikkomitee bestand aus 35 Personen. Als Wortführer ist der [Name geschwärzt], beschäftigt in der Schmiede, hervorgetreten. Durch Eingreifen des sowjetischen Kommandanten, dem Leiter des VPKA Döbeln, einem Offizier der KVP und Angehörigen der Dienststelle des MfS Döbeln wurde der Streik abgewürgt.«[293]

Die Verhängung des Ausnahmezustands hatte in manchen Regionen die Lage sogar verschärft. Nicht nur in Roßwein strömten die Arbeiter unter dem Eindruck der Nachrichten aus Berlin am Morgen des 18. Juni zusammen, schlossen sich der Streikbewegung an und verlangten Aufklärung über die Vorgänge. Im Bezirk Leipzig nahmen die Arbeitsniederlegungen gegenüber dem Vortag nicht ab, sondern zu, während in anderen Gegenden, vor allem an der Ostseeküste und im Harz, die Streiks überhaupt erst ausbrachen. So trat in Rostock am 18. Juni die Neptun-Werft erstmals in den Streik, und in Warnemünde die Warnow-Werft. Dort hatte zunächst die Frühschicht des 8000-Mann-Betriebs die Arbeit niedergelegt, später zogen sowjetische und ostdeutsche Soldaten an den Eingängen auf, die die Arbeiter der Spät- und der Nachtschicht nicht mehr ins Werk ließen, um eine Ausweitung des Streiks zu verhindern. Der ZK-Sekretär für Wirtschaft, Adalbert Hengst, der sich zufällig im Norden aufgehalten hatte, verhandelte mit den Streikenden und versuchte sie durch Zugeständnisse zu beruhigen, was ihm später vorgehalten wurde und zu seiner Absetzung führte. Auch in Stralsund legten die Werftarbeiter erst am 18. Juni die Arbeit nieder, bis Kasernierte Volkspolizei das Werftgelände besetzte und den Streik beendete.

Wie in Warnemünde oder Roßwein verhandelten am 18. Juni auch anderswo Streikführer, Gewerkschafter und Betriebsleiter trotz Verhängung des Ausnahmezustands über die Forderungen der Belegschaften. Die Streikkomitees hatten manchmal sogar den Betriebsfunk und die Telefonzentrale in ihren Besitz gebracht und informierten so die Belegschaften bzw. weitere Betriebe. Wie Industrieminister Selbmann später berichtete, konnten die Belegschaften teilweise nur unter Androhung der Todesstrafe zur Wiederaufnahme der Arbeit bewegt werden. Auf diese Weise erreichte er beispielsweise, dass in den Stahlwerken Riesa und Gröditz, in die ihn Ulbricht geschickt hatte, am Nachmittag des 18. Juni der Streik zusammenbrach. Seine über den Betriebsfunk verbreiteten Drohungen waren umso glaubwürdiger, als das Militär bereits auf dem Werkhof stand. Die Wortführer und Mitglieder der Streikleitungen in Riesa, Gröditz und Roßwein wurden allesamt verhaftet.

Nach Angaben des DDR-Innenministeriums wurden am 18. Juni in der DDR 126 Betriebe mit 68 340 Arbeitern voll bestreikt; etwa sechzig Betriebe befanden sich zumindest zeitweilig im Ausstand. Berechnungen aus dem Jahr 1991 ergaben für diesen Tag 106 000 Streikende, die Sowjets zählten sogar 218 000. In Berlin streikten am Morgen noch 18 000 der insgesamt 63 000 Beschäftigten in den 66 wichtigsten Betrieben außerhalb der Bauindustrie. Bis zum Mittag reduzierte sich ihre Zahl auf 15 000, was aber immer noch fast ein Viertel der Beschäftigten war. In einzelnen Großbetrieben wie beispielsweise dem Berliner Glühlampenwerk blieb noch ein erheblich größerer Teil der Belegschaften der Arbeit fern.

Diese Entwicklung ist umso bemerkenswerter, als das Risiko für die Beteiligten angesichts von Kriegsrecht, Schusswaffengebrauch und Massenverhaftungen inzwischen ausgesprochen hoch war. Polizei und Staatssicherheitsdienst hatten sich noch in der Nacht so weit reorganisiert, dass auf zentralen Befehl in der ganzen DDR die Anführer der Streiks verhaftet wurden. Außerhalb der Betriebe grenzte es schon an Todesmut, trotz Verhängung des Ausnahmezustands zu protestieren. In Dresden sammelten sich gleichwohl am 18. Juni rund 1000 Demonstranten, bis sie von sowjetischem Militär mit Panzern und Warnschüssen vertrieben wurden. In Halberstadt demonstrierten 5000 Menschen, in Stralsund, Weida und Wernigerode jeweils 1500 und in Schmölln, Görlitz, Delitzsch und Triptis mehrere Hundert. In Gera trieb die Polizei eine größere Menschenansammlung vor dem Gefängnis auseinander, in Rostock wurde ein Demonstrationszug mit Waffengewalt aufgerieben. In Halle wurde, wie erwähnt, eine Frau erschossen, als sich am 18. Juni rund 1500 Personen auf dem Hallmarkt zu einer neuerlichen Protestkundgebung versammelten. Insgesamt beteiligten sich an diesem Tag rund 44 000 Menschen an Demonstrationen in 16 Orten, vor allem in den Bezirken Halle, wo 15 000 Menschen demonstrierten, Magdeburg (10 000 Demonstranten) und Rostock (8000).

Auch am Morgen des 19. Juni wurde oft noch weiter gestreikt. So hielten beispielsweise die Unruhen im Mansfelder Kupferbergbau südlich von Halle weiter an. Aus sämtlichen DDR-Bezirken wurden am 18. und 19. Juni neue oder anhaltende Arbeitsniederlegungen gemeldet. Das massive Vorgehen der Sicherheitskräfte hatte jetzt allerdings zur Folge, dass die Streikfront zunehmend bröckelte. Die niederschmetternden Nachrichten aus Berlin und anderen Orten ließen viele am Sinn des direkten Widerstands zweifeln; auch vom Westen kam keine Ermutigung. Zugleich bemühten sich die örtlichen Funktionäre um eine Beruhigung der Lage, indem sie Zugeständnisse auf betrieblicher Ebene machten und sich bereit erklärten, die weitergehenden politischen Forderungen an die Verantwortlichen in Berlin zumindest weiterzuleiten. Im Verlauf des 19. Juni ging die Zahl der Streiks deshalb stark zurück. Manchmal wurde dabei der Abzug des sowjetischen Militärs vom Werkgelände zur Bedingung der Wiederaufnahme der Arbeit gemacht.

Dennoch kam es auch danach noch zu Arbeitsniederlegungen. Vor allem viele Bauarbeiter befanden sich weiterhin im Streik. So hatte bei den so genannten Bau-Unionen, den Baubetrieben der DDR, am 21. Juni mehr als die Hälfte der Belegschaften die Arbeit noch nicht wieder aufgenommen. Im Kreis Senftenberg bei Cottbus standen zum Beispiel am 20. Juni fast alle Baubetriebe still, weil die Belegschaften den Abzug der sowjetischen Truppen und die Freilassung der verhafteten Streikführer sowie aller übrigen politischen Gefangenen forderten. In mindestens zwölf Orten kam es an diesem Tag zu Unruhen oder Streiks, am 21. Juni in sechs, am 22. Juni in fünf. Dabei handelte es sich nicht um eine langsam zusammenschmelzende Zahl ein und derselben Ortschaften, sondern um verschiedene, immer wechselnde Orte – ein Zeichen dafür, dass die Proteste leicht wieder aufflammen konnten. Am 21. Juni kommentierte die SED-Zentrale:

»Wenn auch nicht mehr von einer Streikbewegung gegenwärtig gesprochen werden kann, so muß jedoch festgestellt werden, daß besonders in den Bezirken Cottbus, Halle, Magdeburg, Leipzig und Dresden immer wieder, wenn auch kurzfristige Streiks auftreten und außerdem (besonders in Berlin) eine größere Anzahl Arbeiter durch Krankmeldung getarnt sich im Ausstand befinden. Von besonderer Bedeutung erscheint, daß fast alle Bezirke von Gerüchten und Diskussionen berichten, daß für Montag, den 22.6. (Jahrestag des faschistischen Überfalls auf die Sowjetunion), mit neuen großen Aktionen oder sogar mit dem Generalstreik zu rechnen sei.«[294]

Auch außerhalb der Betriebe kam es immer noch vereinzelt zu Widerstand. Aus dem Bezirk Halle wurde berichtet, dass zwei Radfahrer einen Mitarbeiter des Bezirksrates angeschossen hätten, auch zwei Angehörige der sowjetischen Armee seien beschossen worden. In Eisleben sei sogar versucht worden, Schienen zu sprengen. Noch am 19. Juni versammelten sich die Arbeiter des örtlichen Felgenwerkes im thüringischen Ronneburg auf dem Marktplatz zu einer Kundgebung, in Grabow im Bezirk Schwerin kam es ebenfalls zu einer Demonstration vor dem Rathaus. Am 22. Juni, an dem gerüchteweise ein neuer Generalstreik stattfinden sollte, demonstrierten Bergarbeiter der Wismut AG um Mitternacht auf dem Bahnhof von Zwickau. In Halle zogen Jugendliche und Studenten durch die Stadt und versuchten, Trauermärsche für die Toten des Aufstands durchzuführen. Vor dem Zuchthaus »Roter Ochse« bildeten sich erneut Menschenansammlungen, die die Freilassung der politischen Gefangenen forderten. In Dresden wurde am selben Tag für die Toten eine Gedenkminute eingelegt, Kerzen angezündet und die Arbeit kurzzeitig unterbrochen. Für den 23. Juni fürchtete der Staatssicherheitsdienst eine ähnliche Aktion, da in Westberlin eine Trauerfeier für die Opfer des Aufstands stattfand und der DGB zu einem fünfminütigen Gedenken aufgerufen hatte. »Es muß verhindert werden, daß es Agenten gelingt, Sirenen in Betrieb zu setzen, Glocken zu läuten, Züge und andere Verkehrsmittel anzuhalten«, befahl Erich Mielke allen Bezirksverwaltungen, Stasi-Mitarbeiter bauten deshalb sogar die Sicherungen aus den Sirenen aus.[295] Aus Angst vor neuerlichen Protesten bei den Beisetzungsfeierlichkeiten wurden die Opfer des Aufstands in der DDR meist heimlich, teilweise ohne Information der Angehörigen, bestattet.

Im Unterschied zur öffentlichen Behauptung vom lange geplanten und durch westliche Agenten in Szene gesetzten »Tag X« kam das Zentralkomitee der SED intern zu der Erkenntnis, dass sich die Unruhen keineswegs auf einen bestimmten Tag beschränkt, sondern über einen längeren Zeitraum erstreckt hatten: Die Autoren einer ausführlichen Analyse des Geschehens datierten sie auf die Zeit vom 16. bis 22. Juni 1953. Erst danach konnte der Staatssicherheitsdienst Entwarnung geben und in seinem Tagesbericht melden: »Die Lage in Berlin und in der Deutschen Demokratischen Republik war am 24. Juni 1953 absolut ruhig. Irgendwelche Ereignisse, Streiks, Demonstrationen usw. sind nicht vorgekommen.«[296]

An der Unzufriedenheit der Arbeiter hatte sich freilich nichts geändert. Die Regierung war in der Bevölkerung weitgehend isoliert, ihre Macht ruhte im wahrsten Sinne des Wortes nur auf Bajonetten. Vor diesem Hintergrund beschloss die SED auf einer außerordentlichen ZK-Sitzung am 21. Juni, sich gewissermaßen in die Höhle des Löwen zu begeben und – trotz örtlicher Bedenken – in den wichtigsten Großbetrieben Partei- und Belegschaftsversammlungen abzuhalten, um so die politische Initiative wiederzugewinnen. Am Abend des 23. Juni suchten deshalb die Spitzenfunktionäre Ulbricht, Grotewohl, Herrnstadt und Ebert jeweils einen Berliner Großbetrieb auf, um die Arbeiter zu Zustimmungserklärungen zu bewegen. In großer Aufmachung frohlockte das *Neue Deutschland* am nächsten Morgen:

>»Die Arbeiter, Angestellten und Angehörigen der schaffenden Intelligenz dieser Produktionsstätten begrüßten in ihrer Mitte mit herzlichem Beifall die Vertreter der Sozialistischen Einheitspartei Deutschlands. […] Alle vier Versammlungen schlossen damit, daß Tausende einstimmig und kategorisch von den Provokateuren abrückten und den von ihnen und ihren Westberliner Hintermännern inszenierten Putsch als einen Versuch der Faschisten verurteilten, die Verwirklichung der neuen Beschlüsse der Regierung der Deutschen Demokratischen Republik unmöglich zu machen und die Brandfackel des Krieges zu entzünden.«[297]

Die Wahrheit sah freilich anders aus. Wie der Schriftsteller Alfred Kantorowicz berichtete, endete Ulbrichts Besuch im VEB Großmaschinenbau »7. Oktober« in Berlin-Weißensee in einem Fiasko. Als der SED-Chef, eskortiert von Polizisten, in den Kultursaal des Werkes trat, empfingen ihn die etwa 700 anwesenden Arbeiter mit Gejohle, Pfiffen und Pfuirufen. Sprüche ertönten wie: »Ei-ei, wer kommt denn da mit so vielen Kindermädchen!«, »Hoch lebe der Arbeiterführer, der mit Polizei zu den Arbeitern kommt!« und »Raus mit der Polizei oder mit Ulbricht«. Nach einigem Hin und Her schickte der SED-Chef die Polizisten vor die Tür. Kaum hatte Ulbricht den ersten Satz gesprochen, erhoben sich etwa 150 bis 200 Arbeiter, rückten geräuschvoll mit ihren Stühlen und stampften aus dem Saal. Andere schrien »Genug, aufhören!« oder: »Diese Rede haben Sie schon zehnmal gehalten, und wir haben das alles schon hundertmal gehört.« Schließlich stand ein Arbeiter auf und sagte: »Wenn ich schlecht arbeite an meinem Kessel, dann fliege ich. Sie haben öffentlich gestanden, daß Sie politisch schlecht gearbeitet haben, aber Sie bleiben. Und was gedenken Sie nun zu tun?« Im weiteren Verlauf der Debatte wurden immer mehr Forderungen laut. Ein Arbeiter verlangte: »Entfernung der Plakate und Losungen in Weißensee, keine übergroßen Bilder der Parteiführer. Wir wollen eine saubere Stadt haben.« Andere sprachen sich gegen die ständigen politischen Versammlungen und Aufbauschichten aus. Ein Gewerkschaftsvertreter namens Wienke forderte die Freilassung der nach dem 17. Juni Inhaftierten. Ein SED-Mitglied beklagte das Fehlen von Meinungsfreiheit und sagte: »Wir haben ja immer gewollt, daß frei gesprochen wird und kritisiert wird. Aber leider ist es so gekommen, daß wir zuletzt nicht mehr gewagt haben, den Mund aufzumachen.« Als Ulbricht am Ende der Versammlung dann über eine vorbereitete Resolution abstimmen lassen wollte, brach ein Sturm der Entrüstung los, so dass er sie nur mit Mühe zu Ende vorlesen konnte. Die Abstimmung ergab schließlich nur 188 Ja-Stimmen, so dass Ulbricht feststellen musste: »Also etwa 500 dagegen« – und frustriert die Versammlung für beendet erklärte.[298] Am Abend rühmte er sich indes gegenüber Rudolf Herrnstadt, »alle Fragen zugelassen und auf der Stelle offensiv beantwortet« zu haben.[299]

Am nächsten Tag besuchte der Parteichef eine weitere Versammlung, diesmal in den nach ihm benannten Leuna-Werken.

Obwohl jetzt ausschließlich geladene Gäste im Saal saßen, war die Debatte für Ulbricht kaum angenehmer. Einem MfS-Bericht zufolge standen im »Vordergrund die Forderung nach Redefreiheit, die sie schriftlich bescheinigt haben wollten, Entlassung der politischen Häftlinge, Trennung der Gewerkschaft von der Partei, Neuwahl der B[etriebs]G[ewerkschafts]L[eitung] usw.«.[300] Drei der Diskutanten wurden später wegen ihrer Äußerungen vor Gericht gestellt, nachdem, wie es in einer internen Mitteilung hieß, »Walter Ulbricht in diesem Betrieb gesprochen und zur Entlarvung dieser Agenten beigetragen hat. Walter Ulbricht ist an diesen Prozessen interessiert.«[301] Noch höher schlugen die Wogen, als Politbüromitglied Oelßner am 26. Juni im Buna-Werk in Schkopau vor 600 Arbeitern sprach. Wie das MfS berichtete, wurde die vorgesehene Resolution, die sich von den »Provokateuren« des 17. Juni distanzierte, »mit großer Stimmenmehrheit nicht angenommen«. Wörtlich hieß es in dem Bericht: »Die Versammlung artete in eine wüste Provokation aus.«[302] Diesmal wurden gleich vier Zwischenrufer zu Zuchthausstrafen zwischen dreieinhalb und fünfeinhalb Jahren verurteilt.

Auch im Elektro-Armaturenwerk »J. W. Stalin«, in dem der ZK-Sekretär Schirdewan sprach, gab es laut Parteibericht »Beifall für feindliche Tendenzen, Zwischenrufe, wüste Tumulte, feindliche schriftliche Anfragen, bewußte feindliche Einstellung gegen Partei und Regierung«.[303] Wenig besser erging es Rudolf Herrnstadt, der über seinen Auftritt vor 1400 Arbeitern im VEB Siemens-Plania berichtete: »Ich hatte zeitweise Mühe, auf meinem Stuhl von der Versammlung nicht fortgeblasen zu werden. Das einzige Parteimitglied, das wagte, in der Diskussion aufzutreten und die Linie der Partei zu vertreten, musste unter Johlen die Tribüne verlassen.« Wie Herrnstadt festhielt, hatte er den Versammelten zugesichert, »daß niemandem aus seinem Auftreten in der Diskussion Schaden erwachsen werde«.[304] Daraufhin meldete sich ein Mitglied der Betriebsgewerkschaftsleitung, der 54-jährige Kurt Bremse, zu Wort und erklärte unter anderem, »daß er stolz gewesen sei auf die Kraft der Arbeiterklasse am 17. Juni«.[305] Diese vom *Neuen Deutschland* als Beweis für die Freimütigkeit der Aussprache zweimal nachgedruckte Äußerung führte dazu, dass Bremse im Mai 1954 zu dreieinhalb Jahren Gefängnis verurteilt wurde. Nach Ansicht des Ostberliner Stadtgerichts verherrlichte er damit »den im Auftrag der westlichen Imperialisten von westdeutschen und Westberliner Agentenorganisationen vorbereiteten faschistischen Putsch und zeigte damit offen seine feindliche Einstellung zu unserer demokratischen Ordnung«.[306] Eine Delegation des Betriebes musste der Verhandlung beiwohnen.

In den Potsdamer Karl-Marx-Werken, in die Erich Honecker seit dem 22. Juni zur Krisenbewältigung entsandt worden war, wollten die Arbeiter ebenfalls wenig von den Botschaften der Parteispitze wissen. Erst nach zweitägigen vorbereitenden Gesprächen wagte er es, zu einer Belegschaftsversammlung einzuladen, in der die Arbeiter, wie es in einem Zeitungsbericht hieß, »rückhaltlos mit der Sprache« herauskamen.[307] Ein anderes Blatt beschrieb die Versammlung so: »Die langjährige Praxis der Schlafpillenverteilung wurde hier weiterhin mit einer Beharrlichkeit gepflegt, daß es einem die Gummihandschuhe auszog.« Einige Arbeiter seien eingeschlafen, anderen hätten die Versammlung mit dem Ruf verlassen: »Alles alter Käse!«[308]

In der ganzen DDR fanden in den nächsten Tagen und Wochen ähnliche Versammlungen statt. Fast immer machten die Arbeiter freimütig ihrem Ärger Luft. In weiten Kreisen der Bevölkerung war man der Ansicht, dass die Regierung abgewirtschaftet habe und nur vorübergehend durch die sowjetische Besatzungsmacht gerettet worden sei. Der Beschluss des Ministerrates der DDR vom 25. Juni, die Lebensverhältnisse der Arbeiter zu verbessern, wurde als weiteres Zeichen der Schwäche interpretiert. Manche Belegschaften – auch solche, die vorher nicht gestreikt hatten – drohten unverhohlen mit Arbeitsniederlegungen, wenn ihre Forderungen nicht erfüllt würden. Sie konnten sich dabei auf den DDR-Justizminister Max Fechner berufen, der im *Neuen Deutschland* Anfang Juli erklärt hatte, dass das Streikrecht »verfassungsmäßig garantiert« sei.[309] Zum Entsetzen Ulbrichts schrieb der Vorsitzende der Gewerkschaft Verwaltungen, Banken, Versicherungen im Gebiet Grimma Mitte Juli an die Staatliche Kontrollkommission in Berlin: »Wenn Ihr es verantworten wollt, daß unsere Reinemachefrauen von ihrem verfassungsmäßig festgelegten Recht der Arbeitsniederlegung Gebrauch machen sollen, dann arbeitet in diesem Tempo weiter.«[310] Nach dem Besuch mehrerer Belegschaftsversammlungen in den Buna-Werken erklärte ein hoher Vertreter des Gewerkschaftsbundes vor Genossen:

»Kollegen, wenn ich euch die Diskussionsbeiträge zu lesen geben würde, würdet ihr mich fragen, warum wir die ganze Bande nicht sofort verhaftet haben!«[311]

In den Betrieben kam nämlich weiterhin die ganze Palette der während des Aufstands erhobenen Forderungen zur Sprache. So heißt es in einem Parteibericht vom 1. Juli 1953, dass in der besten Brigade des Walzwerkes »Willi Becker« in Brandenburg folgende Auffassungen vertreten würden:

»1. Die SED muß verschwinden.
2. Freie Wahlen müssen durchgeführt werden.
3. Wenn wir die SPD hätten, sähe es heute anders aus.
4. Der Marxismus, wie er bei uns verwirklicht wird, ist falsch.
5. Wir wollen nicht den russischen Sozialismus, wir wollen den deutschen.
6. Wir leben unter Druck und dürfen nichts sagen.
7. Die letzte Wahl war nicht einwandfrei.«[312]

Trotz der Niederschlagung der Streiks und Demonstrationen entstanden auf den Betriebs- und Gewerkschaftsversammlungen sogar neue, umfangreichere Forderungskataloge als in den dramatischen Stunden des 17. Juni. Allein im Elektrochemischen Kombinat formulierten die Beschäftigten 103 verschiedene Forderungen. Der Katalog der Abteilung Mikro-Oberflächen-Behandlung im VEB Carl Zeiss Jena, der mit 33 Punkten noch vergleichsweise kurz war, begann mit der Forderung nach freien und geheimen Wahlen für die Einheit Deutschlands und endete mit der nach dem Abbau der Spitzengehälter für Funktionäre und Manager. Außer diesem lagen der Betriebsgewerkschaftsleitung (BGL) von Zeiss Jena Anfang Juli aber noch rund 250 weitere Protokolle mit ähnlichen Verlangen aus anderen Versammlungen vor. Alles in allem registrierten die Verantwortlichen hier 128 verschiedene Forderungen, die von sozialen Verbesserungen im Betrieb bis zur Wiedereingliederung der deutschen Ostgebiete reichten. »Die Provokateure«, so ereiferte sich Ulbricht Ende Juli vor dem Zentralkomitee der SED, »hatten Forderungen gestellt, unter anderem die Forderung der Freilassung des Provokateurs und Nazis Norkus, Forderungen gegen die SED, gegen die Oder-Neiße-Grenze, für die Freilassung der Kriegsverbrecher und andere, die geschickt mit wirtschaftlichen Teilforderungen der Arbeiter des Betriebes verbunden waren.«[313] Weil der IG-Metall-Vorsitzende der DDR, Schmidt, den Beschäftigten bei einer Versammlung zugesichert hatte, dass ihre Forderungen innerhalb von vier Wochen von zentraler Stelle geprüft würden, wurde er später seines Amtes enthoben.

Da man auf politischer Ebene nicht weiterkam, gewannen in den Wochen nach dem Aufstand Forderungen an Gewicht, die sich auf die unmittelbare Lebenssituation der Arbeiter bezogen: die Anhebung der Löhne, die Herabsetzung der Normen, die Verbesserung der Versorgung, die Senkung der HO-Preise, die Beseitigung von Missständen am Arbeitsplatz etc. Zahlreiche Redner brachten auf den Versammlungen die unterschiedlichsten Beschwerden vor. Manchmal wurden sie von der SED-Spitze sogar dazu ermutigt, weil sie auf diese Weise den Verantwortlichen auf unterer Ebene den Schwarzen Peter zuschieben konnte. »Heraus aus dem Büro und hinein in die Arbeit!«, rief beispielsweise Anton Ackermann, Kandidat des Politbüros und Direktor des Marx-Engels-Lenin-Stalin-Instituts, den Funktionären in einem Leipziger Großbetrieb zu, »und ihr, Kollegen, müßt so lange kritisieren, bis ihr sie auf die Beine gebracht habt, bis Direktor, BGL und Parteileitung verstanden haben.«[314] Um der Kritik die Spitze zu nehmen, wurden häufig betriebliche Sofortprogramme in Gang gesetzt, welche die Arbeits- und Lebenssituation der Beschäftigten verbessern sollten. Spürbare soziale Verbesserungen beschlossen am 21. Juni auch das Zentralkomitee der SED und, nach einer gemeinsamen Sitzung mit dem Bundesvorstand des FDGB, am 14. Juli das Politbüro – zumindest in dieser Hinsicht waren die Streiks am 17. Juni erfolgreich gewesen.

Da viele Forderungen in den Betrieben nicht gelöst werden konnten, wurden auch die höheren Ebenen – Ministerien, Zentralkomitee, Gewerkschaftsvorstände – mit Resolutionen überschüttet. Neben zentral zu entscheidenden Fragen wie der Herabsetzung der HO-Preise ging es dabei auch um mehr Mitsprache, Entbürokratisierung und Demokratisierung in den Betrieben. Offen wurde auf den Versammlungen die penetrante Propaganda kritisiert, durch die wertvolle Ressourcen verschwendet würden. Überall beschwerte man sich über die Unterdrückung von Kritik und Redefreiheit, über Methoden des Herumkommandierens, Administrierens und Diktierens. »Wenn Kritik geübt wurde«, so beklagte sich beispielsweise ein

278

Arbeiter der Leipziger Kirow-Werke, »hieß es, der Kollege liege ›schief‹. Es hat sich jeder gefürchtet, den Mund aufzutun!«[315] In ähnlicher Weise bekam der Sekretär des Schriftstellerverbandes, Kurt Barthel, als er eine Bauarbeiterversammlung an der Stalinallee besuchte, von einem Maurer zu hören: »Jeder, der Kritik übte, befürchtete als Feind angesehen zu werden.«[316] Die Kritik richtete sich insbesondere gegen die Gewerkschaften, die sich von einer Interessenvertretung der Arbeiter zu einem Anhängsel von Betriebsleitung und SED entwickelt hätten. Viele weigerten sich deshalb, weiterhin ihre Mitgliedsbeiträge zu zahlen. Der Regierung wurde öffentlich vorgeworfen, sich der Bevölkerung vollkommen entfremdet zu haben. »Konnte es jemals zu den Ereignissen des 17. Juni kommen«, fragte ein Arbeiter aus Wildau, »wenn man so viel aufgespeicherte Unzufriedenheit breiter Volksschichten, die man einfach nicht sehen wollte, gesehen und gehört hätte?«[317] Und der bereits zitierte Maurer von der Stalinallee sagte den damals oft geäußerten Satz: »Wenn ich eine Arbeiterregierung habe, will ich spüren, daß ich meine Rechte als Arbeiter habe!«[318]

Während die SED die Erhebung am 17. Juni mit immer überspitzteren Formulierungen verurteilte, weigerten sich viele Belegschaften, den ihnen abverlangten Resolutionen gegen den angeblichen »faschistischen Putschversuch« zuzustimmen. »Noch immer«, so beschwerte sich der Leipziger Parteichef Paul Fröhlich Mitte Juli, »gibt es im Bezirk Leipzig eine Reihe von Mitgliedern der Partei sowie Arbeiter, die die Meinung vertreten, die faschistische Provokation sei nur die eine Sache, die Streiks und Demonstrationen der Arbeiter eine andere. Sie seien sogar die berechtigten Maßnahmen der Arbeiter gewesen.«[319]

Die Diskreditierung der Streiks als »faschistisch« wollte den wenigsten einleuchten. So empörten sich die Belegschaftsmitglieder bei einer Versammlung im Karl-Marx-Werk in Magdeburg, als ein Redner die Behauptung aufstellte, am 17. Juni seien die gleichen Leute am Werk gewesen wie 1933. »Die Arbeiter wiesen mit Entrüstung die Behauptung der SED zurück, daß die Unruhen im Juni durch Provokateure angezettelt worden seien«, hieß es später in einem Augenzeugenbericht. »Wir selbst sind es gewesen, weil uns die Not unserer Familien dazu getrieben hat!«[320]

Als ein Vertreter des Bundesvorstands des FDGB auf einer ähnlichen Versammlung den »Gegner« für die Ereignisse verantwortlich machte, beschlossen die Anwesenden mit 330 zu 20 Stimmen, ihm kurzerhand das Wort zu entziehen. Noch weiter ging man im Kabelwerk Pankow, wo junge Arbeiter bei einer Versammlung offen für die Demonstranten des 17. Juni Partei ergriffen. »Der größte Teil der Jugendlichen«, so heißt es in einem MfS-Bericht, »brachte zum Ausdruck, daß die Provokateure Helden waren, die für die Freiheit gekämpft haben. Die erschossenen Banditen sind nach ihrer Meinung unschuldige Opfer. Von den 20 Jugendlichen war nicht einer, der eine andere Meinung hatte.«[321]

Ältere Arbeiter distanzierten sich zwar von den Ausschreitungen, nicht aber von den Streiks und Demonstrationen. Wie im Elektrochemischen Kombinat Bitterfeld äußerten sie vielfach ungeschminkt, »daß es doch notwendig war, am 17. Juni zu streiken, um all das zu erzwingen, was jetzt möglich ist«.[322] Auch in Leuna war man der Ansicht, dass die kurzfristig erfolgte Lohnerhöhung den Arbeitsniederlegungen zu verdanken war: »Weil wir Krakeel gemacht haben, gibt man jetzt klein bei!«[323]

Die Festnahme der meisten Streikführer nach der Niederschlagung des Aufstand hatte, wie beabsichtigt, bewirkt, dass die Beschäftigten eingeschüchtert und die spontan entstandenen Leitungsstrukturen der Erhebung zerschlagen wurden. Doch in den Betrieben entstand dadurch auch ein neues Konfliktfeld: Ganze Belegschaften forderten jetzt die Freilassung ihrer am 17. Juni zu Sprechern ernannten Kollegen. Angehörige wurden durch Geldsammlungen unterstützt. Kollegen gaben, zum Teil gemeinschaftlich, entlastende Erklärungen für die Beschuldigten ab. Resolutionen wurden verabschiedet, Unterschriften gesammelt, schließlich mit neuen Streiks gedroht. »Oft müssen wir überlegen, ob wir überhaupt eine Verhaftung durchführen, da sonst Gefahr besteht, daß wieder gestreikt wird«, berichtete die SED-Bezirksleitung Potsdam am 20. Juni nach Berlin.[324] Und aus Gera kam Anfang Juli die Meldung: »Im VEB Roto Record wurde mit Arbeitsniederlegungen gedroht, wenn die im Zusammenhang mit den Ereignissen am 17. 6. 53 verhafteten Belegschaftsmitglieder nicht freigelassen werden würden. [...] Ähnliche Diskussionen wurden auch in anderen Betrieben geführt.«[325]

Um ihre verhafteten Kollegen freizubekommen, entwickelten die Arbeiter zum Teil großen Mut. So scheuten sie sich weder im Berliner VEB Großmaschinenbau »7. Oktober« noch in den Leuna-Werken bei Merseburg, SED-Chef Ulbricht persönlich nach ihren verschwundenen Kollegen zu fragen. Dass dies nicht ungefährlich war, mussten Arbeiter der Halle F im Werkzeugmaschinenwerk Meuselwitz erfahren. Eine Delegation, die am 18. Juni beim Parteibüro des Betriebes vorstellig wurde und die Freilassung zweier Kollegen forderte, wurde sofort selber verhaftet. Aus dem gleichen Grund verurteilte das Ostberliner Stadtgericht einen Redner, der auf einer Bauarbeiterversammlung am 9. Juli im Filmtheater Berlin-Friedrichshain ähnliche Forderungen erhoben hatte.

Am 22. Juni kam es auf der Baustelle Funkwerk Köpenick zu Unruhen, weil die Belegschaft des VEB Bau-Union die Freilassung eines Brigadiers namens Wiczynski forderte. Im VEB Zeiss Jena beteiligten sich bis zum 9. Juli sogar 1300 Beschäftigte an einer Unterschriftenaktion für die Freilassung des Streikführers Herbert Norkus, der am 17. Juni verhaftet und in einem Schnellverfahren zu zwei Jahren Zuchthaus verurteilt worden war. In der Farbenfabrik Wolfen und in den Buna- und Leuna-Werken bei Merseburg kam es zu ähnlichen Aktionen. Als Mitglieder einer Delegation der Stahl- und Walzwerke Kirchmöser am 20. August an einem Prozess gegen einen ihrer Kollegen teilnehmen mussten, drohten sie in der Verhandlungspause, dass im Falle einer Verurteilung der Betrieb stillstehen würde. Und für den inhaftierten Vorsitzenden des Bitterfelder Streikkomitees Paul Othma unterschrieben 37 Kollegen aus dem Umformerhaus im Elektrochemischen Kombinat Bitterfeld die folgende Petition:

»Paul Othma war bei uns im Umformerhaus Alu-Werk als Schichtelektriker tätig. Wir Kolleginnen und Kollegen des Umformerhauses und der Elektriker-Werkstatt bezeugen durch unsere Unterschrift, daß Othma als ruhiger und gewissenhafter Elektriker seinen verantwortungsvollen Dienst in der Hochspannungs- und Gleichrichteranlage versehen hat. Er hat sich bei uns im Betrieb nicht politisch betätigt und hat auch nicht versucht, uns in staatsfeindlicher Weise zu beeinflussen, so daß wir ihn keinesfalls als Provokateur oder Rowdy bezeichnen können. Am 17. Juni 1953 hat er in unserem Betrieb keinerlei Schaden angerichtet. Der Betrieb wurde durchgehend störungsfrei aufrechterhalten. Wir bitten um Freilassung des Kollegen Othma.«[326]

Die SED sah sich sogar genötigt, den Forderungen nach Freilassung der Streikführer öffentlich entgegenzutreten. So belehrte das Zentralorgan *Neues Deutschland* am 28. Juni seine Leser: »Die Losung ›Heraus mit den politischen Gefangenen‹ ist eine Losung der faschistischen Strolche, deren ganzes Sinnen und Trachten nur nach Krieg, Plünderung und Brandstiftung steht.«[327] Und die SED-Bezirkszeitung *Freiheit* in Halle erklärte ihren Lesern: »In einigen Belegschaftsversammlungen wurde die Forderung auf Freilassung der am 17. Juni Verhafteten gestellt. In einer Abteilung faßte man dazu sogar eine Entschließung. Anscheinend nehmen die Kollegen doch an, daß die Verhafteten schuldlos sitzen, und bringen damit ihr Solidaritätsgefühl zum Ausdruck. Aber kann man annehmen, daß unsere Staatsorgane Unschuldige verhaften, nur weil sie Spaß am Verhaften haben? Jeder Einsichtige wird zugegeben müssen, daß ein solcher Unsinn nur der Politik unserer Partei und Regierung abträglich sein kann.«[328]

Offenbar war das Zutrauen in die SED jedoch nicht besonders ausgeprägt. Insbesondere den Behauptungen, bei den Verhafteten habe es sich um »Agenten« oder »Provokateure« gehandelt, schenkten nur wenige Glauben. Sogar in einer SED-Zeitung kam ein Arbeiter des VEB ABUS in Dresden zu Wort, der meinte, bei den Verhafteten könne es sich gar nicht um »bezahlte Agenten« gehandelt haben – »schon aus dem Grund nicht, weil ein Agent nie die Dummheit begehen würde, sich einer solchen Funktion auszusetzen«.[329]

Die Forderungen der Arbeiter führten bald zu neuen, wenngleich weniger umfangreichen Streiks als am 17. Juni. Im Motorenwerk Eisenach kam es am 25. Juni zu Arbeitsniederlegungen, im Eisenhüttenwerk Thale am 4. Juli, im Klement-Gottwald-Werk in Schwerin am 9. Juli. Insgesamt wurden seit Anfang Juli aus etwa 70 Ortschaften Streiks gemeldet, trotz des hohen damit verbundenen Risikos. Während es in Schwerin nur um eine Lohnerhöhung ging, standen anderswo die politischen Ziele des Aufstands im Vordergrund. In einer Reihe von Betrieben, darunter das Lokomotiven- und Waggonbauwerk (LOWA) in Weimar, traten die Beschäftigten dezidiert für die Freilassung der verhafteten Streikführer in den Streik. Am

11. Juli beteiligten sich im VEB Zeiss Jena über 2000 Beschäftigte an einem Sitzstreik für den verurteilten Streikführer Norkus, der nur durch einen massiven Einsatz der Sicherheitskräfte niedergeschlagen werden konnte.

Vom 15. bis 17. Juli kam es schließlich im Buna-Werk in Schkopau zu einem Streik, der in seinen Ausmaßen nach Einschätzung des MfS sogar den am 17. Juni überstieg. Von den 16 000 Beschäftigten legten mehr als 5000 die Arbeit nieder. In einem 30 Punkte umfassenden Forderungskatalog verlangten sie unter anderem die schnelle Durchführung freier, allgemeiner gesamtdeutscher Wahlen, die Freilassung sämtlicher politisch Inhaftierter, die Neuwahl aller Gewerkschaftsleitungen des Betriebs sowie die »Loslösung der Gewerkschaft von der Partei, damit die Gewerkschaft ein wirkliches Kampforgan der Arbeiter wird«.[330]

Zur Niederwerfung der Streiks wurde erneut Fritz Selbmann nach Schkopau entsandt, der wieder einen »Kampfstab« bilden ließ. Kasernierte Volkspolizei, Staatssicherheitsdienst und Parteiinstrukteure konzentrierten starke Kräfte im Buna-Werk, 18 Organisatoren wurden bereits in der Nacht vom 15. zum 16. Juli festgenommen. Selbmann persönlich übergab dem Staatssicherheitsdienst eine Liste mit den Namen von 16 Arbeitern, die festzunehmen seien. Bei den Vernehmungen erwiesen sie sich jedoch größtenteils als unbeteiligt, so dass sie nicht verurteilt, sondern als Informanten angeworben wurden. Gleichwohl hielten die Unruhen an. Als Selbmann am 17. Juli vor rund 500 Beschäftigten eine Rede hielt, musste die anschließende Diskussion nach kurzer Zeit wegen »provokatorischer Reden« abgebrochen werden, 80 Prozent der Anwesenden verließen die Versammlung. Unter dem Druck der Sicherheitskräfte brach der Streik jedoch im Laufe des Tages zusammen.

Um ein Übergreifen zu verhindern, wurden noch am 16. Juli mit Karl Schirdewan und Hermann Matern zwei der höchsten SED-Funktionäre in das nahe gelegene Leuna-Werk entsandt, dessen Belegschaft einen Monat zuvor gemeinsam mit den Buna-Werkern durch Merseburg marschiert war. Der Versuch, bei Leuna in einer Abteilung von Elektroschlossern einen Sympathiestreik auszulösen, wurde diesmal bereits im Keim erstickt. Obwohl es der SED auf diese Weise gelang, die Streikbewegung im Sommer 1953 zu zerschlagen, standen ihr die

Arbeiter auch in der Folgezeit unverändert ablehnend gegenüber – wie selbst das Zentralkomitee im Dezember 1953 in
einer internen Lageeinschätzung einräumen musste: »Eine
grundlegende Änderung der Lage in den Betrieben und in der
Stimmung der Arbeiter wurde […] nicht erreicht.«[331]

# Die Niederschlagung

Am späten Abend des 17. Juni hatte man es geschafft: Als Hochkommissar Wladimir Semjonow und Generalstabschef Wassili Sokolowski um 23 Uhr aus dem sowjetischen Hauptquartier in Berlin-Karlshorst nach Moskau telegrafisch Bericht erstatteten, konnten sie zufrieden melden, dass der Volksaufstand in Ostdeutschland niedergeschlagen worden sei. »Die Unruhen in Berlin wurden beendet. Die Straßen sind ruhig. [...] In den meisten Städten der DDR wurde die Ordnung vollständig wiederhergestellt. [...] Es wurden Maßnahmen ergriffen, damit alle Betriebe in der Republik wieder normal arbeiten und es zu keinen Unterbrechungen in der Lebensmittelversorgung der Berliner Bevölkerung kommt.«[1]

Die Niederschlagung des Volksaufstands am 17. Juni war einer der größten Militäreinsätze der europäischen Nachkriegsgeschichte. Nie wieder wurden an einem Tag so viele Truppen in Deutschland bewegt wie an diesem, und wohl niemals in der DDR-Geschichte wurden so viele Menschen zur gleichen Zeit verhaftet. Die brutale Beendigung der Streiks und Demonstrationen lenkt den Blick auf eine Dimension des Aufstands, die bislang nur am Rande gestreift wurde: das Krisenmanagement der Herrschenden im Angesicht ihrer größten Bedrohung.

Über das Agieren der Verantwortlichen in der DDR und der Sowjetunion, über den Einsatz der Sicherheitskräfte und die nachfolgende Verfolgungswelle war lange Zeit vergleichsweise wenig bekannt. Warum reagierte die SED-Führung nicht auf die frühen Krisenanzeichen, und was tat sie in den Stunden des Aufstands? Wie konnte es geschehen, dass in dem so gut gesicherten Polizeistaat DDR zunächst kaum jemand der rebellierenden Bevölkerung entgegentrat? Wie verhielt sich die Besatzungsmacht zu dem Geschehen, und wann erfolgte die Entscheidung zum Militäreinsatz? Welche Maßnahmen wurden ergriffen, um die Aufstandsbewegung zu zerschlagen, die Bevölkerung einzuschüchtern und die Diktatur der SED zu konsolidieren?

Um die Niederschlagung des Juni-Aufstands knüpften sich bis zum Zusammenbruch des Kommunismus Mythen und Legenden. Die SED bemühte sich vor allem, den Beweis anzutreten, dass der Aufstand von »Agenten« und »Provokateuren« ausgelöst worden sei, und versuchte, den Einsatz der sowjetischen Truppen bald vergessen zu machen. »Die Feinde des Sozialismus«, so stellte Erich Honecker in seiner 1981 erschienenen Autobiographie das Geschehen dar, »nutzten Mißstimmungen von Werktätigen, um ihren von langer Hand vorbereiteten, durch imperialistische Geheimdienste und Agentenzentralen gesteuerten konterrevolutionären Putschversuch zu starten. Doch der von ihnen angestrebte ›Generalstreik‹ blieb aus. Als die Arbeiter sahen, daß die konterrevolutionären Provokateure wie die Faschisten hausten, distanzierten sie sich sehr rasch von ihnen. In vielen Betrieben traten sie den Aufwieglern entschlossen entgegen. Die bewaffneten Organe der DDR schritten ein, an ihrer Seite Einheiten der in der DDR stationierten sowjetischen Streitkräfte. Das war ausschlaggebend für den raschen Zusammenbruch des Putschversuches.«[2]

Auch in Westdeutschland gab es Verzerrungen, wenn es um die Niederschlagung des Aufstands ging. Die sowjetischen Truppen, so konnte man immer wieder lesen, hätten sich bei ihrem Einsatz größte Zurückhaltung auferlegt, um unnötiges Blutvergießen zu vermeiden. Zudem entstand der Eindruck, mit dem Aufmarsch der Panzer sei die Niederwerfung der Erhebung beendet gewesen, während das weitere Schicksal der Wortführer und Streikleiter kaum Erwähnung fand. Schließlich wurde die Bedeutung des Truppeneinsatzes für das Ende des Aufstands generell in Frage gestellt, wenn renommierte Historiker behaupteten: »Aber man täusche sich nicht: der Aufstand ist nicht durch die sowjetischen Truppen niedergeschlagen. Aufs Ganze gesehen war die revolutionäre Welle schon gebrochen, bevor die Russen aufmarschierten. Ihr Eingreifen war kein Wendepunkt, sondern hat nur einen Schlußpunkt gesetzt: Die Streik- und Demonstrationsbewegung hatte sich im Laufe des Tages erschöpft, der Elan war versickert, der Aufstand in seinen Anfängen steckengeblieben.«[3]

Heute weiß man, dass die Erhebung keineswegs von sich aus zusammenbrach. Ein enormer militärischer und polizeilicher Einsatz war erforderlich, um der Bewegung das Rückgrat zu brechen. Ohne den sowjetischen Truppeneinsatz wäre das kommunistische System nicht am Leben geblieben, denn die SED hatte ihre Macht am 17. Juni in weiten Teilen des Landes schon verloren. Hilflos musste sie mit ansehen, wie Demonstranten ihre gut bewachten Parteizentralen eroberten und selbst Polizeipräsidien, Gefängnisse und Stasi-Dienststellen in ihre Gewalt brachten. Der Sicherheitsapparat funktionierte nicht, und selbst die Partei zeigte Auflösungserscheinungen. Trotz ständiger ideologischer Schulung waren die bewaffneten Kräfte tief verunsichert, so dass sie vielfach von sich aus die Waffen streckten oder sich gar den Demonstranten anschlossen. Damit war das dritte und letzte Stadium einer erfolgreichen Revolution erreicht, die Lenin zufolge drei Etappen durchläuft: Zuerst gehen die unzufriedenen Massen mit wirtschaftlichen und sozialen Forderungen auf die Straße, dann schlagen diese in politische Forderungen um, und schließlich laufen die zur Verteidigung des Regimes eingesetzten bewaffneten Kräfte auf die Seite der Bevölkerung über.

Dass die SED-Herrschaft ihr Überleben nur dem Eingreifen der sowjetischen Besatzungsmacht zu verdanken hatte, kann man besonders an jenen Orten studieren, wo der Einsatz des Militärs erst spät erfolgte und sich der Aufstand deshalb weiter entfalten konnte: in Görlitz, Halle oder Bitterfeld. Hier hatte sich bereits eine revolutionäre Gegenmacht konstituiert – und es spricht vieles dafür, dass die Entwicklung in Berlin, Leipzig oder Dresden genauso verlaufen wäre, wenn das sowjetische Militär erst später oder gar nicht eingegriffen hätte.

# Die Reaktion der SED

Es war am Abend des 15. Juni: Nachdem Ministerpräsident Grotewohl den Brief der Bauarbeiter der Stalinallee gelesen hatte, schickte er seine Sekretärin zu Bruno Baum, dem zuständigen Wirtschaftssekretär der Berliner SED-Bezirksleitung. Da die Arbeiter angekündigt hatten, am nächsten Tag wiederzukommen, um sich den Bescheid der Regierung abzuholen, und für den Fall einer negativen Antwort mit Streik gedroht hatten, bat er um Entscheidungshilfe. »Auf keinen Fall klein beigeben«, antwortete der Wirtschaftssekretär, »wenn die Delegation erst über die roten Teppiche im Amtssitz Grotewohls geht, wird ihr so feierlich zumute, dass sie ganz zahm verhandeln wird.«⁴ Grotewohl solle den Brief überhaupt nicht beantworten, die Delegation ruhig »anrücken« lassen und ihr dann überlegen – von der hohen Warte des Ministerpräsidenten aus – erläutern, dass strenge Sparsamkeit nun einmal vonnöten sei.

Heinz Brandt, der diese Szene festgehalten hat, war seinerzeit ganz anderer Meinung. Auf dem Gang gab er der Sekretärin des Ministerpräsidenten deshalb den entgegengesetzten Rat: Die Regierung solle noch am selben Abend übers Radio die Rücknahme der Normenerhöhung verkünden und die Bauarbeiter am nächsten Morgen schriftlich und mündlich darüber informieren. Wenn Grotewohl auf Brandt gehört hätte, wäre es wahrscheinlich nie zum Aufstand am 17. Juni gekommen.

Nach der Niederschlagung der Erhebung ist darüber gerätselt worden, warum die SED in den Tagen und Wochen zuvor die Krisensymptome so ignoriert hatte. Die DDR-Führung wurde am 17. Juni von der Wucht der Proteste völlig überrascht. »Das am 15.6. gegebene Signal über beabsichtigte Streiks«, so formulierte es kurz und knapp eine später angefertigte Analyse des Zentralkomitees, »wurde von der Partei und von der Gewerkschaft unterschätzt.«[5]

Das Verhalten der SED vor dem Ausbruch des Juni-Aufstandes erinnert in vielem an die Situation im Sommer 1989. Nicht ein Mangel an Informationen führte, wie zuweilen behauptet, in die Krise, sondern ein politisches Denken, das sich weit von den Realitäten entfernt hatte. Selbst der Ostberliner Korrespondent des Zentralorgans der KPdSU, *Prawda*, urteilte kurz nach dem 17. Juni in einem Geheimbericht an Chruschtschow: »Die SED zeigte völlige Unkenntnis der Massenstimmungen, Fehlen eines Zusammenhangs mit den Klassen, Unfähigkeit, mit dem Volk zu sprechen. Das Verhalten der Parteimitglieder während der Unruhen war nicht anders als mit Feigheit zu bezeichnen.«[6]

Die Gründe dafür waren struktureller Natur. Dass ihre Herrschaft nur mit Hilfe der sowjetischen Besatzungstruppen errichtet werden konnte, war den Führungskadern wohl bewusst. Wie die gesamte kommunistische Bewegung zeigten sie sich davon überzeugt, dass der Sozialismus auch gegen den Willen der Mehrheit durchgesetzt werden müsste, mit einer »Diktatur des Proletariats«, in der eine kleine »Avantgarde« den Widerstand anderer Schichten, einschließlich der »zurückgebliebenen« Teile der Arbeiterschaft, niederhalten müsste. Widerspruch gegen die SED-Politik war ein ständig einkalkulierter Faktor, auf den die Parteispitze in der Regel mit Unnachgiebigkeit und Härte reagierte. In dieser Haltung wurde sie von der sowjetischen Führung bestärkt, welche die DDR ohnehin aus der Perspektive einer halb Europa kontrollierenden Besatzungsmacht betrachtete. Krisenanzeichen oder Proteste waren für die SED-Führung kein Anlass, die eigene Politik selbstkritisch zu überprüfen.

Das Weltbild der Funktionäre beruhte zugleich auf der Vorstellung, dass im Sozialismus Staat und Wirtschaft »objektiv« den Interessen der Arbeiterklasse und der übrigen Werktätigen dienen würden. Die prinzipielle Übereinstimmung zwischen Volk und Regierung durfte von niemandem in Frage gestellt werden. In dieser Weltanschauung war kein Platz dafür, dass Arbeiter in den Streik traten oder gegen die Regierung aufbegehrten. Gefangen in der eigenen politischen Propaganda, verdrängte man deshalb die Hinweise auf die wachsende Unzufriedenheit oder färbte sie auf dem Weg der Berichterstattung nach oben immer rosiger. Kritik an der Politik der Führung war nicht nur unerwünscht, sondern sogar gefährlich, weil sie jederzeit als »feindliche Propaganda« gebrandmarkt werden konnte. In den dem 17. Juni vorausgehenden Tagen forderte das Zentralkomitee der SED eine Reihe von Bezirksleitungen sogar schriftlich dazu auf, »positiver« zu berichten, weil in ihren Tagesberichten zu viel Kritik enthalten war. Selbst das für die Sicherung der SED-Herrschaft verantwortliche Ministerium für Staatssicherheit, bei dem sich die Informationen über die sich anbahnende Krise konzentrierten, gab keinen Alarm – seine Mitarbeiter waren den gleichen Beschränkungen unterworfen wie alle anderen Funktionäre.

Die objektive Kluft zwischen Volk und Regierung fand ihre Entsprechung in den extremen Unterschieden bei den subjektiven Lebensbedingungen. Während die Masse der Bürger nur eine minimale, immer noch mit Karten rationierte Grundversorgung erhielt, gab es für Funktionäre ein gestaffeltes Sonderversorgungssystem mit vielen Privilegien. Insbesondere die Mitglieder des Politbüros lebten in einer künstlichen Welt, die vom Regierungsauto mit Fahrer über die privilegierte ZK-Kantine in der Karl-Liebknecht-Straße bis zum Haus im hermetisch abgeschlossenen Pankower »Städtchen« reichte. Bei den Sitzungen konnten sie sich in einem Vorraum beliebig mit Südfrüchten versorgen, die sonst nirgendwo in der DDR erhältlich waren. Ebenso weltenfern waren die Medien, die nur über die Erfolge beim Aufbau des Sozialismus berichteten.

Von den Lebensverhältnissen der Bevölkerung erfuhren die Parteispitzen, wenn überhaupt, nur durch ihre unmittelbaren Mitarbeiter sowie durch das mehrfach gefilterte System interner Berichterstattung. Aufschlussreich dafür ist eine Passage in dem Brief Stefan Heyms an den sowjetischen Chefredakteur Sokolow, in dem er sich über die verstopften Informationskanäle zur SED-Spitze beklagt und zu dem Schluss kommt, »daß nach oben berichtet wurde, was oben angenehm war, und daß man oben durch so viele Schichten von der Bevölkerung getrennt war, daß die berechtigten Beschwerden nicht durchdrangen«. Als Beispiel führte er den Fahrer eines ZK-Mitglieds an, der bei einem Gespräch unter vier Augen über seinen Chef geseufzt hätte: »Ja, wenn der Kerl doch mal mit der S-Bahn oder U-Bahn oder Straßenbahn fahren würde, da wäre es besser um uns bestellt, denn da würde er zu hören kriegen, was die

Leute denken!« Als er daraufhin gefragt wurde, warum er es dem SED-Funktionär nicht selber sage, gab der Fahrer zur Antwort: »Was – und meine Stellung verlieren?« Für Heym war der Vorgang ein Beleg für »die Einstellung so vieler Arbeiter, daß es keinen Zweck hat, sich zu beschweren und die Wahrheit zu sagen – denn dann wird man bestraft«.[7]

In den Wochen vor dem 17. Juni war das Handeln der SED-Führung aber noch von einem anderen Faktor bestimmt: einer großen Unsicherheit über den künftigen Kurs ihrer Politik. Stalins Tod und die Auseinandersetzungen in der sowjetischen Führung über seine Nachfolge ließen verschiedene Strategien denkbar erscheinen. Der von Moskau angeordnete »Neue Kurs« war eine deutliche Absage an die bisherige, vor allem von Ulbricht repräsentierte Politik der SED. DDR-weit wurden innerhalb weniger Tage sämtliche Transparente entfernt, die zum »Aufbau des Sozialismus« aufriefen, doch es blieb unklar, was an seine Stelle treten sollte. Selbst eine Wiedervereinigung der beiden deutschen Staaten zu einem neutralen, nichtkommunistischen Deutschland erschien auf einmal wieder denkbar.

Ebenso unklar war, wer die Partei in Zukunft führen sollte. Die Erklärungen von SED und Regierung über den Kurswechsel betrachteten viele als ein Eingeständnis des Scheiterns, das auch personelle Konsequenzen nach sich ziehen müsse. Im Politbüro formierte sich erstmals eine offene Opposition gegen Ulbricht. Kritik an seiner Politik wurde aber nicht nur im obersten Führungszirkel geäußert, sondern auch auf den unteren Ebenen der Partei und sogar in den Medien, für die Ulbrichts Widersacher Rudolf Herrnstadt verantwortlich zeichnete. Artikel wie jener im *Neuen Deutschland* vom 14. Juni 1953, in dem gefordert wurde, »den Holzhammer beiseite zu legen«, verunsicherten die Kader der Partei und ermutigten die Arbeiter, ihre Interessen selbstbewusster zu vertreten.

Als sich am Morgen des 16. Juni die Demonstration der Bauarbeiter in der Ostberliner Stalinallee formierte, saß das Politbüro der SED, wie jeden Dienstag, bereits im ZK-Gebäude an der nahe gelegenen Wilhelm-Pieck-Straße (Torstraße) zusammen. Unter Leitung Ulbrichts und im Beisein des sowjetischen Hochkommissars Wladimir Semjonow debattierte man jetzt beinahe täglich in langen Besprechungen über die Konsequenzen aus dem eine Woche zuvor verkündeten Neuen

Kurs. Der Entschluss, die Lebensverhältnisse der Bevölkerung zu verbessern, machte umfangreiche Änderungen am Fünfjahrplan erforderlich. Die in der Planwirtschaft üblichen detaillierten Vorgaben für Ministerien, Betriebe und Handel mussten vollständig geändert werden. Experten fürchteten Massenentlassungen, wenn von einem Tag zum anderen weniger Mittel in die Schwerindustrie fließen sollten.

Die Diskussionen erfolgten in einer gespannten Atmosphäre. Die Kritik an Ulbricht und seinem selbstherrlichen Führungsstil hatte sich in den letzten Tagen weiter zugespitzt. Unmittelbar vor der Sitzung hatte er mit Semjonow gesprochen und angekündigt, bei den Arbeitsmethoden, die das Politbüro jetzt einführen wolle, nicht mitmachen zu wollen. Er wolle noch etwa vier Wochen warten, bis seine Kritiker erkennen würden, dass seine Methoden besser die Interessen der Partei wahren würden. Doch davon konnte zumindest in dieser Sitzung keine Rede sein, denn es gab erneut scharfe Auseinandersetzungen mit Ulbricht; die Streikdrohung der Bauarbeiter spielte dagegen zunächst keine Rolle.

Umso hektischer waren die Reaktionen in der Berliner Bezirksverwaltung der SED. Heinz Brandt wurde schon um 8.30 Uhr zu Bruno Baum gerufen, nachdem Agitatoren berichtet hatten, dass sich die Lage auf den Baustellen an der Stalinallee extrem zugespitzt hätte. Im Gegensatz zum Vorabend, als er Grotewohls Sekretärin mit vollmundigen Ratschlägen entlassen hatte, war Baum jetzt unsicher und totenbleich. Als er Brandt fragte, was seiner Meinung nach zu tun sei, erklärte dieser kurz und knapp: »Das Politbüro muß sofort die Normenerhöhung zurücknehmen. Alles andere bedeutet Bürgerkrieg, vielleicht Krieg. Ich fahre jetzt zum Pol-Büro 'rüber und stelle den Antrag. Ganz offiziell.«[8]

Wenig später erschien Brandt in der Parteizentrale und ließ den Berliner SED-Chef Hans Jendretzky aus der Politbürositzung rufen. Ihm und Rudolf Herrnstadt, der mit herausgekommen war, berichtete er kurz vom Streik der Bauarbeiter in der Stalinallee. Er forderte sie auf, im Politbüro die Zurücknahme der Normenerhöhung zu beantragen, wozu sich beide auf der Stelle bereit erklärten. Bis zur Umsetzung dieses Versprechens vergingen jedoch mehrere Stunden. Ungefähr um 12 Uhr – die Bauarbeiter befanden sich bereits auf dem Weg zum Haus der Ministerien – kam Jendretzky wieder aus der

Sitzung heraus, neben ihm Walter Ulbricht, der verkündete: »Das Pol-Büro hat dem Antrag der Bezirksleitung zugestimmt. Eine entsprechende Erklärung geht sofort über den Sender.«[9] Bruno Baum, der inzwischen mit neuen Hiobsbotschaften erschienen war, bekam die Anweisung, den Bauarbeitern diesen Beschluss mitzuteilen und dadurch die Demonstration »aufzuhalten und aufzulösen«.

Ulbrichts Auftrag zeugte von wenig Realitätssinn. Als Baum die Demonstration am Alexanderplatz abpasste, kapitulierte er im Angesicht der vorwärts drängenden Menge. Er weigerte sich, zu den Demonstranten zu sprechen, weil sie nach seiner Einschätzung nicht mehr durch eine improvisierte Ansprache aufgehalten werden konnten. »Hier kann ich nichts mehr machen«, sagte der Berliner Wirtschaftssekretär der SED. »Ich muß zurück in die Bezirksleitung, damit wenigstens einer da ist, der leitet.«[10] Baum fürchtete sogar, die Arbeiter könnten handgreiflich gegen ihn werden, denn erst zwei Tage zuvor hatte ihn das *Neue Deutschland* als »Holzhammer-Funktionär« angeprangert. Stattdessen übernahm Heinz Brandt die undankbare Aufgabe und versuchte, wie erwähnt, zusammen mit Robert Havemann, die Streikenden vor dem Haus der Ministerien zu beruhigen. Weitere kostbare Stunden vergingen jedoch, bis der Beschluss, wie von Ulbricht angekündigt, tatsächlich öffentlich bekannt gegeben wurde.

Die Deklaration des Politbüros war unehrlich, taktisch ungeschickt und zudem missverständlich formuliert. »Anläßlich von Anfragen der Arbeiter einer Reihe von Betrieben und Baustellen zur Frage der Erhöhung der Arbeitsnormen«, so hieß es darin zu Beginn, halte es das Politbüro für erforderlich, eine Erklärung abzugeben. Gleich an erster Stelle wurde bekräftigt, dass die Verbesserung der Lebensbedingungen nur durch eine Erhöhung der Arbeitsproduktivität möglich sei. »Deshalb ist das Politbüro der Auffassung, dass die Initiative der fortgeschrittensten Arbeiter, die freiwillig zur Erhöhung der Arbeitsnormen übergegangen sind, ein wichtiger Schritt auf dem Wege zum Aufbau eines neuen Lebens ist, der dem gesamten Volk den Ausweg aus den bestehenden Schwierigkeiten weist.« Erst im zweiten Punkt erklärte das Politbüro, es halte es »für völlig falsch, die Erhöhung der Arbeitsnormen in den Betrieben der volkseigenen Industrie um zehn Prozent auf administrativem Wege durchzuführen« – genau das hatte es einen Monat zuvor

beschlossen. Im dritten Punkt hieß es dann: »Es wird vorgeschlagen, die von den einzelnen Ministerien angeordnete obligatorische Erhöhung der Arbeitsnormen als unrichtig aufzuheben. Der Beschluß der Regierung vom 28. Mai 1953 ist
gemeinsam mit den Gewerkschaften zu überprüfen.« Das war
nicht nur eine schwammige Formulierung, sondern täuschte
auch darüber hinweg, dass die Ministerien vom Politbüro zur
Anhebung der Normen gezwungen worden waren. Zum Abschluss forderte die SED-Spitze »die Arbeiter auf, sich um die
Partei und um die Regierung zusammenzuschließen und die
feindlichen Provokateure zu entlarven, welche versuchen, Unstimmigkeiten und Verwirrung in die Reihen der Arbeiterklasse
hineinzutragen«.[11]

Die ungenehmigte Demonstration der Bauarbeiter konnte
der Politbürobeschluss nicht mehr aus der Welt schaffen. In der
Berliner Bezirksleitung der SED war man sich jedoch uneins,
wie man darauf reagieren sollte. Während Funktionäre wie
Heinz Brandt der Ansicht waren, man müsste den Forderungen
entgegenkommen, verlangte der Ostberliner Polizeipräsident
Waldemar Schmidt ein hartes Durchgreifen. Die sowjetische
Besatzungsmacht, ohne die damals keine einzige wichtige Entscheidung getroffen werden konnte, bestand indes darauf, den
harten Kurs der vorangegangenen Monate auf keinen Fall
weiterzuführen, und verbot ein solches Vorgehen. Wie Robert
Havemann später berichtete, zeigte sich der Berliner SED-Chef
Hans Jendretzky, der mit seinen Mitarbeitern am Nachmittag
in Dauersitzung tagte, in dieser Situation ziemlich hilflos: »Der
schöne Hans, so nannten ihn viele, saß an seinem riesigen Tisch,
seiner Kommandozentrale, die Hälfte des Tisches bestand aus
einer Telefonanlage mit vielen Schaltern, Knöpfchen und
Lämpchen. Hin und wieder schnarrte es, Hans nahm den Hörer. Er lachte hysterisch. Von allen Seiten Hiobsbotschaften.
[…] Was wir jetzt tun sollten, fragten wir Er zuckte nur mit
den Schultern. Ich blieb unschlüssig noch eine Weile in dieser
Kommandozentrale, die keine Kommandos gab.«[12]

Heinz Brandt zufolge wurde bei der Sitzung des Berliner
SED-Sekretariats am Ende nur beschlossen, die führenden
Funktionäre am nächsten Morgen in die wichtigsten Großbetriebe zu schicken, um die Belegschaften über die Rücknahme
der Normenerhöhung zu informieren. Ansonsten habe man
sich vor allem mit der für den Abend angesetzten Parteiaktiv-

tagung der SED beschäftigt, die organisatorisch und technisch vorbereitet werden musste. Immerhin legte die Berliner SED aber noch fest, in der Nacht Flugblätter zu drucken, auf denen die Rücknahme der Normenerhöhung verkündet werden sollte. Die Betriebsparteiorganisationen sollten vor den Betrieben Wachen organisieren und die Arbeiter am nächsten Morgen davon überzeugen, an die Arbeit zu gehen. Aktivisten von FDJ und SED wurden angewiesen, am 17. Juni in der Stadt Agitationsarbeit zu leisten und bei der Aufrechterhaltung der Ordnung zu helfen. Auf diese Weise hoffte man, weitere Unruhen verhindern zu können.

Die SED-Führung unterschätzte an diesem Nachmittag des 16. Juni den Ernst der Lage. Selbstkritisch wurde später in der SED festgestellt, »daß das Zentralkomitee nicht unmittelbar auf die Ereignisse am 16. 6. reagierte und die Partei ungerüstet blieb«.[13] Nach der Rücknahme der Normenerhöhung hielt die Parteispitze das Problem im Prinzip für erledigt, ein Übergreifen des Bauarbeiterstreiks auf die Bezirke wurde nicht in Erwägung gezogen. In Übereinstimmung mit dem Politbüro lehnte es Erich Honecker sogar ab, die Bezirksleitungen des DDR-Jugendverbands FDJ zu informieren – man wollte die Angelegenheit auf Berlin begrenzen und »die Pferde nicht scheu machen«.[14] Er erteilte aber die Anweisung, das Gebäude des FDJ-Zentralrats in der Straße Unter den Linden zu sichern und alle verfügbaren Funktionäre zur Agitation einzusetzen.

Andere Spitzenfunktionäre reagierten ähnlich. Wie Fritz Schenk später berichtete, kam der Chef der zentralen Plankommission der DDR, Bruno Leuschner, am späten Nachmittag des 16. Juni aus dem Politbüro zurück und nahm die Schilderung der Geschehnisse vor dem Haus der Ministerien mit einem fast ungläubigen Lächeln hin. Leuschner wischte das Thema bald vom Tisch und beraumte stattdessen für den nächsten Morgen eine Sitzung mit allen wichtigen Wirtschaftsfunktionären der DDR an. »Setzen Sie sich sofort an den Sonderapparat und sprechen Sie mit allen Vorsitzenden, Ministern usw. persönlich«, wies er seinen Referenten an. »Sagen Sie ihnen, es handelt sich um einen Auftrag des Politbüros, von dem niemand entbunden werden kann. […] Wir müssen morgen über die wichtigsten Veränderungen des Fünfjahresplanes Klarheit schaffen.«[15]

In den Industriegebieten der DDR hatte man zu diesem

Zeitpunkt bereits andere Sorgen. Die Vorsitzenden der Bezirke Dresden, Chemnitz, Halle, Leipzig und Magdeburg befürchteten offenbar, dass es am nächsten Tag auch bei ihnen zu Unruhen kommen könnte. »Ihr müßt doch völlig verrückt geworden sein da oben, uns zu einem Zeitpunkt nach Berlin zu rufen, wo wir hier dringend gebraucht werden«, schimpften die meisten am Telefon, als Schenk sie anrief. »Habt ihr denn gar keine Ahnung, wie es hier aussieht?«[16]

Die oberste Parteiführung beendete unterdessen die Sitzung des Politbüros und begab sich am Abend zur Parteiaktivtagung der Berliner SED im Friedrichstadtpalast. Die Zusammenkunft von rund 3000 ausgewählten Parteigenossen und Funktionären war erst zwei Tage vorher beschlossen worden – »als kleiner Erfolg der Opposition gegen Walter Ulbricht«, wie Heinz Brandt später meinte. »Auf der Parteiaktivtagung sollten Otto Grotewohl und Walter Ulbricht den neuen Kurs erläutern und zur Diskussion stellen. Endlich war eine kleine Tribüne erstritten, auf der die Führung Farbe bekennen sollte.« Nach Brandts Bericht nahm die Versammlung jedoch einen geradezu gespenstischen Verlauf. »Ulbricht und Grotewohl sprachen in akademischen Worten und bagatellisierender Form über den Inhalt des neuen Kurses. Sie sprachen so, als hätte sich inzwischen nichts ereignet.«[17] Auch Selbmann schrieb später, vor allem die Rede von Jendretzky war »ziemlich unrealistisch, da die Lage keineswegs so stabilisiert war, wie er sie schilderte. Mir schien, man war der Meinung, am nächsten Morgen könne nichts mehr passieren, wenn man einige Agitatoren auf die Baustellen und in die Betriebe schicken würde.«[18]

Tatsächlich waren die Reden der Spitzenfunktionäre wenig dazu angetan, die heraufziehende Krise zu entschärfen oder den Neuen Kurs entschlossen anzupacken. Ministerpräsident Grotewohl, der als Erster sprach, verbreitete sich zunächst langatmig über die Ursachen der wirtschaftlichen Schwierigkeiten: Wegen der »Bonner Kriegspolitik« sei die DDR im Vorjahr gezwungen gewesen, »erhebliche unvorhergesehene Ausgaben« zu machen – gemeint waren die Kosten der massiven Aufrüstung. Zudem seien die Löhne auf der mittleren Ebene der Verwaltung und in den Betrieben so angehoben worden, dass sich zwischen Lohn- und Warenfonds eine Kluft von vier Milliarden Mark ergeben hätte. Dadurch sei es zu einem tiefen Einbruch in der Versorgungslage der Bevölkerung gekommen, der durch schlechtes Wetter, Sabotage und fehlerhafte Arbeit noch verstärkt worden sei. Bei allen wirtschaftlichen Maßnahmen sei man auf den erbitterten Widerstand des Gegners gestoßen. »Der Klassenkampf verschärfte sich auf der ganzen Linie und in allen gesellschaftlichen Äußerungen. Hetze und Verleumdung aller Art führten zur Nichterfüllung bei der Ablieferung, zur künstlichen Erhöhung von Steuerschulden und zum stillen und oft auch offenen Widerstand«. Erst dann sprach Grotewohl die von den Sowjets monierten Folgen der SED-Politik an: die Flucht der Bauern nach dem Westen, die zerstörende Wirkung auf den Mittelstand und das Anwachsen der Unzufriedenheit in der Arbeiterschaft. Die Kluft zwischen den Menschen im Westen und Osten Deutschlands sei dadurch vertieft worden, was »ein unerträglicher Fehler und Zustand« sei. Er forderte deshalb eine »Wendung« – ein Begriff, den Jahrzehnte später auch der neue SED-Chef Egon Krenz in abgewandelter Form benutzte, als er im Oktober 1989 von der Notwendigkeit einer »Wende« in der DDR sprach.[19]

Die anschließende Rede von Parteichef Ulbricht war realitätsfern und schablonenhaft. Stereotyp sprach er lediglich von »Fehlern«, die nun von der Partei beseitigt würden. Die Garantie dafür, dass sie nicht wiederholt würden, liege in der »engen Verbindung von Parteiführung und der Partei mit den Massen«.[20] Unter dem Eindruck der vorangegangenen Debatten und der Politbürositzung während des Tages gab er aber »Fehler in bezug auf die Entwicklung des Führerkultes« zu und informierte die Anwesenden über die Rücknahme der Normenerhöhung: Das Politbüro habe beschlossen, »der Regierung vorzuschlagen, die Anordnung der einzelnen Ministerien auf obligatorische Erhöhung der Arbeitsnormen als unrichtig aufzuheben. Wir sind der Meinung, daß eine Erhöhung der Normen nur auf der Grundlage der Überzeugung und der Freiwilligkeit erfolgen kann.«[21]

Ein Tonbandmitschnitt der Versammlung zeigt, dass Ulbricht – abweichend vom veröffentlichten Redetext – schließlich doch noch auf die Ereignisse vor dem Haus der Ministerien einging. Er sprach von »einer Gruppe von Bauarbeitern und Elementen, Provokateuren, die aus Westberlin gekommen sind« und erklärte selbstbewusst: »Es soll niemand glauben, daß die Partei des werktätigen Volkes durch solche Geschichten die Nerven verliert! (Beifall). Es wurden Fehler gemacht, jawohl. Die Erklärung des Politbüros wird morgen in der Presse veröffentlicht. Die entsprechenden Maßnahmen sind angeordnet. Und jetzt steht die Frage, daß wir die Lektion, die wir heute bekommen haben, uns richtig zu Gemüte führen und die Schlußfolgerungen ziehen: Morgen tiefer in die Massen! (Beifall).« Wie das geschehen sollte, dazu äußerte Ulbricht jedoch nur vage Vorstellungen: »Wir gehen über zur Mobilisierung der gesamten Partei bis zum letzten Mitglied! (Beifall). Wir gehen über dazu, daß alle Parteiorganisationen in den Betrieben, in den Wohngebieten, in den Institutionen morgen früh beizeiten ihre Arbeit beginnen und daß man überall auch aufpaßt: Wo sind die Westberliner Provokateure? (Bravo-Rufe, Beifall).«[22]

Erst in der Nacht wurden, in Absprache mit der sowjetischen Besatzungsmacht, zusätzliche Sicherungsmaßnahmen ergriffen. Im Nachhinein kritisierte Hochkommissar Semjonow, dass die SED-Führung die Situation in der DDR am Vorabend des Volksaufstands »extrem optimistisch« beurteilt hätte. So hätte man Ulbricht geraten, die Bezirke zu warnen, »aber unsere Freunde hatten nichts Besseres zu tun, als die 1. Sekretäre der Bezirksräte ›zur Instruktion‹ nach Berlin zu rufen«.[23]

Am Morgen des 17. Juni war auch für die Parteiführung die Zuspitzung der Lage nicht mehr zu übersehen. Auf dem Weg in die Parteizentrale, das so genannte Haus der Einheit, konnten die Politbüromitglieder aus dem Wagen oft persönlich in Augenschein nehmen, was sich auf den Straßen Berlins abspielte. Manchmal konnten sie sich kaum mehr einen Weg bahnen zwischen den wütenden Demonstranten. Da die Fahrzeuge der Regierung einheitlich das Kennzeichen »GB 006« trugen, reckte man ihnen schon von weitem wütend die Fäuste entgegen, so dass die Fahrer zum Teil Umwege fahren mussten. Planungschef Bruno Leuschner hatte es beispielsweise nur mit Mühe und Not ins Haus der Ministerien geschafft. In der Wilhelmstraße war er zwischen die Demonstranten geraten, die drauf und dran waren, seinen Wagen umzukippen. Der Fahrer bog jedoch in eine Seitenstraße ab, ließ seinen Chef aussteigen und brachte sich in einem der in der Nähe gelegenen Regierungsgebäude in Sicherheit. Leuschner selbst tauchte in der Demonstration unter, verdrückte sich in den Tiergarten und ging einen großen Bogen, um sich von hinten in den Regierungssitz zu schleichen.

Ernüchternd war für viele Parteifunktionäre, dass ihnen gerade aus der Arbeiterschaft blanker Hass entgegenschlug. Dass sich die Werktätigen gegen den »Arbeiter-und-Bauern-Staat« erhoben, stürzte viele in eine politische Sinnkrise. Als Leuschner am Vormittag durchs Fenster die wütende Menge vor dem Haus der Ministerien hörte, sagte er deprimiert: »Das sind die Leute, um die wir seit Jahren ringen, von denen wir uns einbilden, daß wir ihre Interessen vertreten. Haben wir denn alles falsch gemacht?« Doch schon im nächsten Moment sprach er sich selbst wieder Mut zu und meinte leise: »An sich sind die paar tausend Leute ja noch nicht die ganze Bevölkerung. Und dann darf man Berlin nicht als Maßstab nehmen. Hier ist die Atmosphäre durch Westberlin verseucht. Das kommt doch alles nur aus diesem verdammten Wespennest.«[24]

Was für die Spitzenpolitiker galt, traf erst recht auf die kleinen Funktionäre zu. Auf den unteren Ebenen des Partei- und Staatsapparates waren die Mitarbeiter zeitweise vollkommen paralysiert. »Sie hatten, selbst Opfer des Massenbetrugs, die Fiktion für Wirklichkeit genommen«, analysierte Heinz Brandt später ihr Verhalten. »So verstanden sie nicht, was vor sich ging, und waren unfähig, in die Ereignisse einzugreifen. Eine kleine, zahlenmäßig geringe Schicht von ihnen ging spontan auf die Seite der Arbeiter über. Die überwiegende Mehrheit aber, verärgert desorientiert, ›ideologisch entwaffnet‹ durch den unerklärlichen Bruch mit allen bisher gültigen Prinzipien und tödlich erschreckt durch das offene Zutagetreten der wahren Stimmung und der elementaren Kraft der Massen, verfiel in ohnmächtige Passivität – ganz zu schweigen von dem Heer der Karrieristen, die sich den Teufel darum scherten, wie es den Werktätigen ging, jedoch keineswegs ihre Haut für die SED zu Markte tragen wollten.«[25]

Zersetzungserscheinungen in der »Vorhut der Arbeiterklasse«, wie sich die SED gern selber nannte, gab es schon nach der Verkündung des Neuen Kurses am 11. Juni. Ein großer Teil der 1,2 Millionen Mitglieder reagierte verunsichert auf den Zickzackkurs der Parteiführung, der ohne weitere Erklärungen und Argumentationshilfen von oben eingeleitet worden war. Genossen, die die unpopuläre Politik der SED zuvor an der Basis zu vertreten hatten, sahen sich regelrecht vorgeführt und waren entsprechend empört. Andere verlangten eine weitergehende Demokratisierung der SED-Politik sowie eine personelle und politische Erneuerung der Partei, ja sogar die Wiederbegründung der 1946 einverleibten SPD. Nur ein kleiner Teil der Genossen funktionierte am Vorabend des Volksaufstands so, wie es die Parteidisziplin verlangte – als williges Werkzeug des Politbüros.

Die Massenproteste am 17. Juni trafen die desorientierte Parteibasis vielerorts ins Mark. Vor allem in den Zentren des Aufstands konnten sich auch SED-Mitglieder seinem Sog kaum entziehen, wenn die Beschäftigten mit Nachdruck für die »Rechte der Arbeiterklasse« eintraten. Im Bezirk Leipzig beteiligten sich rund zwei Drittel der SED-Mitglieder an den Arbeitsniederlegungen, in Görlitz nahm der überwiegende Teil der Mitgliedschaft an den Demonstrationen teil, der örtliche Parteichef wurde später, wie erwähnt, wegen »Kapitulantentums« abgesetzt. In Thale, Bezirk Halle, schlossen sich nach Angaben der Staatssicherheit 150 SED-Mitglieder, darunter 25 Funktionäre, sowie 700 FDGB-Mitglieder dem Demonstrationszug des Eisenhüttenwerks durch die Stadt an. Sprechchöre riefen während des Marsches Parolen wie »Nieder mit Pieck, Ulbricht und Grotewohl«, »Nieder mit der Regierung«, »Abzug der Besatzungstruppen«, »Beseitigung der Zonengrenzen«, »Wiederherstellung der Einheit Deutschlands«, »Freie und geheime Wahlen«, »HO macht uns K. O.«.[26] In Quedlinburg, wo das Rathaus, die FDGB-Zentrale, die Kreisleitung von FDJ und SED und das Gebäude des Demokratischen Frauenbundes Deutschlands (DFD) gestürmt wurden, zählte man 75 SED-Mitglieder und 600 FDGB-Mitglieder, davon sechs Funktionäre.

Die Mehrheit der SED-Mitglieder verhielt sich am 17. Juni jedoch abwartend und passiv. Viele waren bemüht, in der Anonymität der Masse zu verschwinden, indem sie ihr Parteiabzeichen ablegten, dessen Tragen eigentlich Pflicht war. Auf den Straßen erfolgte das Abtauchen nicht zuletzt aus Selbstschutz, weil man befürchtete, den Zorn der Demonstranten auf sich zu ziehen. Die Dynamik des Aufstands drängte zur Auflösung und zum Verbot der Partei, vor allem ihrer mächtigen Betriebsorganisationen, so wie es das Bitterfelder Streikkomitee gefordert und der Streikführer Paul Gleim in der Farbenfabrik Wolfen dem Werkdirektor bereits als vollzogen mitgeteilt hatte – eine Forderung, die im Herbst 1989 erneut aufgestellt wurde. Im Mitteldeutschen Feuerungsbau in Holzhausen bei

Leipzig beschlossen die Arbeiter sogar ein Hausverbot für die Parteiorganisation, 110 Parteigenossen verließen daraufhin widerstandslos das Werk.

Nur ein Teil der Parteisekretäre versuchte, den Protesten entgegenzutreten. Wenn sie überhaupt die direkte Konfrontation mit den aufgebrachten Massen wagten, dann sahen sie sich auf Versammlungen und Kundgebungen meist so in die Defensive gedrängt, dass ihnen kaum etwas anderes übrig blieb, als zu versuchen, sie mit verbalen oder tatsächlichen Zugeständnissen zu beruhigen. Nur eine verschwindend kleine Minderheit unter den Mitgliedern fand sich bereit, als Agitatoren oder Wachschutz die SED-Herrschaft im Moment ihrer größten Gefährdung aktiv zu verteidigen, und selbst bei diesen bestand die Sorge, dass sie nicht zuverlässig sein könnten. In seiner Analyse des Aufstands stellte das ZK der SED rückblickend fest, dass die Betriebsparteiorganisationen »in der Regel nicht in der Lage« gewesen seien, »die feindliche Bewegung aufzuhalten«, sie hätten sich auf »defensive Diskussionen« beschränkt.[27] Auch in den Bezirksräten, also den Stadtverwaltungen, hätten die Parteiorganisationen teilweise versagt. Sogar öffentlich gestand das Zentralkomitee der SED in seiner Entschließung vom 26. Juli ein: »Viele Parteiorganisationen haben in den Tagen der faschistischen Provokation nicht die notwendige Aktivität und Standhaftigkeit gezeigt; sie vermochten es infolge der schwachen politischen Bildung ihrer Mitglieder nicht, rasch das Wesen der faschistischen Provokationen zu begreifen und die Werktätigen zur entschlossenen Abwehr der Provokateure zu mobilisieren. In einer Reihe von Fällen haben sich Parteimitglieder selbst im Schlepptau der Provokateure befunden und an den von den Provokateuren organisierten Kundgebungen und Demonstrationen teilgenommen.«[28]

Doch nicht nur an der Basis erwies sich die Partei als paralysiert. Auch die Berichte aus den Zentren der Macht vermitteln den Eindruck von Unsicherheit, Unentschlossenheit und Konfusion. Das Zentralkomitee der SED konstatierte später, dass »in den Tagen der faschistischen Provokationen in manchen Parteiorganisationen, leitenden Parteiorganen, bei einigen leitenden Parteifunktionären und Parteimitgliedern Kopflosigkeit und Unorganisiertheit« herrschten.[29] Lapidar stellte die sowjetische Besatzungsmacht eine Woche nach dem Aufstand fest, sowohl das SED-Politbüro als auch die DDR-Regierung seien bis zum 19. Juni handlungsunfähig gewesen. Die in der DDR kursierenden Gerüchte, dass Regierung und SED-Führung bereits geflüchtet seien, entsprachen beinahe der Wirklichkeit.

Die Spitzenfunktionäre der SED gingen am 17. Juni fast alle auf Tauchstation: Der oberste Repräsentant der DDR, Staatspräsident Wilhelm Pieck, befand sich zu einem Kuraufenthalt in der Sowjetunion, was immer wieder zu der Vermutung führte, er sei vielleicht gar nicht mehr am Leben. Ministerpräsident Grotewohl und SED-Generalsekretär Ulbricht wurden, zusammen mit den meisten anderen Politbüromitgliedern, vom sowjetischen Hochkommissar Semjonow gegen zehn Uhr ins sowjetische Hauptquartier nach Karlshorst gebracht und dort gegen ihren Willen festgehalten. Innenminister Willi Stoph verschanzte sich in seinem Sekretariat und gab, wie Zeitzeugen berichten, keinerlei klaren Anweisungen mehr, während sich viele andere Mitglieder der Regierung in den Stab der Kasernierten Volkspolizei flüchteten. Planungschef Bruno Leuschner erlitt sogar einen Herzanfall, während die Bezirksratsvorsitzenden der DDR – sozusagen die Ministerpräsidenten der ostdeutschen Bezirke – auf dem Weg zum Haus der Ministerien in der Masse der Demonstranten strandeten. Angeblich forderte Ulbricht die FDJ-Führung sogar auf, die Familien der leitenden Genossen für eine Evakuierung in die Sowjetunion bereitzumachen, was von Erich Honecker gegenüber seinen Genossen so begründet wurde. »Wer soll denn später den Kommunismus aufbauen, wenn wir der Konterrevolution zum Opfer fallen?«[30]

In Karlshorst standen die Politbüromitglieder, wie sich Rudolf Herrnstadt später erinnerte, am 17. Juni zunächst eine Weile überflüssig im Zimmer des sowjetischen Hochkommissars herum – niemand schien ihnen in dieser Stunde irgendwelche Bedeutung beizumessen. Deutlich wie lange nicht zeigte sich, wer die eigentlichen Machthaber im Lande waren, alle für die Niederschlagung des Aufstands wichtigen Entscheidungen wurden jetzt von den Sowjets getroffen. Ulbricht fragte schließlich einen jungen Mitarbeiter, wie er in die SED-Zentrale telefonieren könne, wo Karl Schirdewan die Stellung halten sollte, doch auch dort meldete sich zunächst nur ein russischer Vertreter. Als Schirdewan schließlich an den Apparat gerufen wurde und auf Ulbrichts Frage »Wie steht's?« berichtete, dass gerade einige hundert Männer dabei seien, in das umlagerte ZK-Gebäude einzudringen, wurde der Parteichef der SED bleich und rief nur noch »Aus«.[31]

Nach einiger Zeit fand im Beisein von Semjonow und dessen Stellvertreter Pawel Judin schließlich doch noch eine gemeinsame Sitzung statt. Dabei wurde beschlossen, dass sich ein Teil der Spitzenfunktionäre sofort in die Zentren des Aufstands begeben sollte, um dort den Abwehrkampf politisch anzuleiten. Während Matern, Oelßner und die Vorsitzende des Demokratischen Frauenbundes Deutschlands (DFD), Elli Schmidt, nach Halle und Dresden fuhren, waren Ebert und Jendretzky für Berlin verantwortlich. Die wichtigsten politischen Führer – Ulbricht, Grotewohl, Zaisser und Herrnstadt – sollten jedoch in der Obhut der Sowjets verbleiben. Als Ulbricht dagegen protestierte, beschied ihn Semjonow kurz: »Und wenn Ihnen in Ihren Wohnungen etwas passiert? Sie haben es dann leicht, aber was meine Vorgesetzten mit mir machen, daran denken Sie nicht.«[32]

Hin und wieder kam der sowjetische Hochkommissar in das Zimmer der SED-Funktionäre und hielt sie über den Fortgang der Ereignisse auf dem Laufenden, vor allem im Berliner Regierungsviertel. Einmal berichtete er dabei von einer RIAS-Meldung, der zufolge es in der DDR schon gar keine Regierung mehr gebe, setzte sich an den Tisch und sagte zu seinen sowjetischen Genossen: »Na, fast stimmt es doch.«[33] Gegen Mittag erfuhr die SED-Führung, dass die KPdSU-Spitze ab 13 Uhr die Verhängung des Ausnahmezustands angeordnet hätte. »Ein paar Minuten nach 1 Uhr«, so zeigte sich Semjonow überzeugt, »ist die ganze Sache erledigt.«[34]

Die Sowjetunion ließ gegenüber den SED-Führern keinen Zweifel daran, dass sie gewillt war, die Proteste niederzuschlagen. Zu diesem Zweck schickte sie sogar den stellvertretenden Verteidigungsminister Sokolowski nach Ostberlin, der am Abend den Oberbefehl über die Truppen übernahm. Allerdings kam es den Sowjets darauf an, dass die ostdeutschen Kommunisten nach außen bald wieder in Erscheinung traten, um zumindest den Anschein von Normalität zu erwecken. Um 14 Uhr verbreitete deshalb die DDR-Regierung eine Erklärung an die Bevölkerung, in der zum Widerstand gegen die »faschistischen und reaktionären Elemente« aufgerufen wurde. Im Stab des Innenministeriums fand eine Sitzung wichtiger

Regierungsvertreter statt, bei der auch die Blockparteien zu Stellungnahmen verpflichtet wurden. In Karlshorst wurde Rudolf Herrnstadt beauftragt, für das *Neue Deutschland* einen Leitartikel zu schreiben, um der Partei eine plausible Erklärung für die Ereignisse zu geben. Mit Ulbricht, Grotewohl und Semjonow besprach er die Argumentation, anschließend diktierte er den Text Grotewohls Frau, die ebenfalls im sowjetischen Hauptquartier weilte. Gegen 21 Uhr wurde dann gemeinsam mit den Sowjets eine erste Bilanz des Tages gezogen. Semjonow, Sokolowski, Zaisser, Herrnstadt, Ulbricht und Grotewohl besprachen noch einmal, wie die Niederschlagung der Proteste gerechtfertigt und auf welche Weise weitere Unruhen verhindert werden könnten. Anschließend wiesen die Sowjets den SED-Funktionären ihr Nachtquartier an.

Noch am selben Abend verlas der DDR-Rundfunk eine Erklärung von Ministerpräsident Grotewohl. Wie schon bei der Bauarbeiterdemonstration des Vortags wurde die Schuld für die Unruhen erneut dem Westen in die Schuhe geschoben: »Der Anlaß für die Arbeitsniederlegungen der Bauarbeiter in Berlin ist durch den gestrigen Beschluß in der Normenfrage fortgefallen. Die Unruhen, zu denen es danach gekommen ist, sind das Werk von Provokateuren und faschistischen Agenten ausländischer Mächte und ihrer Helfershelfer aus den deutschen kapitalistischen Monopolen. Diese Kräfte sind mit der demokratischen Macht in der Deutschen Demokratischen Republik, die die Verbesserung der Lage der Bevölkerung organisiert, unzufrieden.«[35] Die Bevölkerung wurde aufgefordert, die Maßnahmen zur Herstellung der Ordnung zu unterstützen und die »Provokateure« dingfest zu machen. Arbeiter und technische Intelligenz sollten in Zusammenarbeit mit den Machtorganen selbständig die notwendigen Maßnahmen zur Wiederherstellung eines normalen Arbeitsverlaufs ergreifen.

Am nächsten Morgen meldete sich Hermann Axen, der gleichfalls in der SED-Zentrale zurückgeblieben war, bei Ulbricht und Grotewohl und unterrichtete sie schon um 5 Uhr über die nächsten vom Parteiapparat vorgesehenen Maßnahmen. Im Mittelpunkt stand dabei die propagandistische Aufbereitung der Ereignisse für die Bevölkerung. »In der Pressekampagne wird heute besonders hingewiesen auf die Notwendigkeit, Einzelheiten über Zerstörungen, Sabotageakte usw. in entsprechender Proportion zu den positiven Beispielen zur Haltung der Bevölkerung und Arbeiter zu bringen. Begründung: Die Verhängung des Ausnahmezustands wird von einem Teil der Bevölkerung noch nicht begriffen. Sobald die Menschen Kenntnis von den Banditenakten haben, treten sie offen für die Regierung und für die Sowjetarmee ein.«[36] In der Presse sollten Erklärungen aus der Bevölkerung veröffentlicht werden, in denen die Maßnahmen der Regierung begrüßt und der freiwillige Schutz der Betriebe zugesichert werden sollten. Die Parteizentrale wollte insgesamt 200 Agitatoren in zwanzig Gruppen zur Unterstützung in die DDR-Bezirke schicken.

Am Morgen des 18. Juni erschien im *Neuen Deutschland* Herrnstadts im sowjetischen Hauptquartier geschriebener Leitartikel. Wieder machte die SED die »Kriegstreiber in Westberlin und Westdeutschland« für die Ereignisse des Vortags verantwortlich. Die dort ansässigen »faschistischen Agenturen« hätten am 17. Juni Hunderte und Tausende von »Provokateuren« entsandt, um die Arbeit der Regierung der DDR um jeden Preis zu stören. Amerikanische Offiziere hätten in Ostberlin »die faschistischen Trupps zur Aufwiegelung der Bevölkerung« mit Funkwagen dirigiert und aus Flugzeugen Flugblätter abgeworfen, die zur Fortsetzung des Streiks aufforderten. Diese »Provokation« sei zwar zusammengebrochen, aber es sei »beschämend, daß deutsche Werktätige auf die durchsichtigen Machenschaften der Westberliner Provokateure hereingefallen sind«. Erst im letzten Absatz des Elaborats wurden auch »schwerwiegende Versäumnisse« der Partei eingestanden, die in der Berliner Arbeiterschaft eine solche Missstimmung erzeugt hätten, »daß sie nicht bemerkten, wie sie von faschistischen Kräften ausgenutzt wurden« – ein Seitenhieb auf die Politik des Parteichefs Ulbricht.[37]

Auf derselben Seite des *Neuen Deutschland* erklärte die Regierung der DDR, dass die Arbeitsniederlegungen und »provokatorischen Ausschreitungen einzelner Gruppen faschistischer Agenten […] nach einem einheitlichen, in Westberlin hergestellten, für einen bestimmten geeigneten Moment vorgesehenen Plan durchgeführt« worden seien. Das Präsidium der Volkspolizei teilte zudem mit, dass »bezahlte verbrecherische Elemente aus Westberlin die Bevölkerung des demokratischen Sektors zu Gewalttaten gegen demokratische Einrichtungen, Betriebe, Läden und Geschäftshäuser und gegen die Volkspolizei aufzuhetzen« versucht hätten. Es veröffentlichte eine Liste mit den Namen und Adressen von elf Festgenommenen, bei denen es sich größtenteils um angebliche »Westberliner Provokateure aus faschistischen Organisationen« handelte. Dass es nicht nur in Berlin, sondern in der ganzen DDR zu Streiks und Demonstrationen gekommen war, wurde in all diesen Stellungnahmen verschwiegen.[38]

Wie Herrnstadt später berichtete, brachte er bei der Besprechung mit Semjonow über die künftige Argumentationslinie der SED auch einen Beitrag des *Spiegel* vom Juli 1952 ins Spiel, in dem darüber informiert worden war, wie sich die Bundesregierung auf die Wiedervereinigung an einem noch nicht abzusehenden »Tag X« vorbereite. Jakob Kaiser, der Minister für gesamtdeutsche Fragen, wurde darin mit den Worten zitiert: »Es liegt durchaus im Bereich der Möglichkeit, daß dieser Tag X rascher kommt, als die Skeptiker zu hoffen wagen. Es ist unsere Aufgabe, für alle Probleme bestmöglich vorbereitet zu sein.« *Der Spiegel* weiter: »Der Generalstabsplan [...] ist so gut wie fertig.«[39] Herrnstadt schlug vor, zu behaupten, dass der 17. Juni ebendieser »Tag X« gewesen sei. Die ein Jahr zurückliegenden Äußerungen über eine mögliche Wiedervereinigung der beiden deutschen Staaten wurden so umgedeutet, dass die »westlichen Agenten« mit Hilfe »der vom amerikanischen Senat bewilligten Milliarden« jahrelang »ihr Netz« in der DDR ausgebaut hätten, damit an diesem Tag von Berlin aus die DDR »aufgerollt« werden könne.[40] Die sowjetischen Funktionäre zeigten sich von dieser Argumentation so begeistert, dass Herrnstadt die entsprechende *Spiegel*-Ausgabe sogar nach Moskau schicken musste.

Am Morgen des 18. Juni verkündete Ulbricht im sowjetischen Hauptquartier beim Frühstück, dass er entschlossen sei, nunmehr in die SED-Parteizentrale zu fahren. Die Vorstellung, dass die Besatzungsmacht die Krise bislang fast völlig allein bewältigte, behagte ihm offenbar gar nicht. »Es war wahrscheinlich überhaupt falsch, daß wir hier geblieben sind«, zitierte ihn Herrnstadt später.[41] Ulbricht beauftragte den Propagandachef der SED, für das *Neue Deutschland* einen zweiten, ausführlicheren Artikel zu schreiben, der deutlich machen sollte, dass es sich bei dem Aufstand um eine »faschistische Provokation« gehandelt hätte. Herrnstadt, ein begnadeter Demagoge, machte sich umgehend an die Arbeit, da der Artikel noch rechtzeitig bis zur ersten Politbürositzung fertig werden

306

sollte, die auf vier Uhr anberaumt worden war. Wegen seiner grundsätzlichen Bedeutung wurde er dort in aller Form abgesegnet.

Am nächsten Tag konnten die Leser des *Neuen Deutschland* dann erstmals die These vom »Tag X« lesen, die von nun an bis zum Untergang der DDR stereotyp wiederholt wurde. Unter der Überschrift »Der Zusammenbruch des faschistischen Abenteuers« dekretierte das Politbüro in einem umfangreichen Artikel, dass es der »neue, kühne« Kurs der DDR-Regierung gewesen sei, der die Bonner Machthaber in Panik gestürzt hätte, so dass diese sich entschlossen hätten, den Tag X auf den 17. Juni 1953 anzusetzen. »Sie hatten keine Zeit und keine Bewegungsfreiheit mehr«, hieß es zur Begründung. Es sei ihnen jedoch nicht gelungen, die Arbeit in der DDR lahm zu legen, denn »die Mehrzahl aller Betriebe hat auch am 17. und 18. Juni in aller Ruhe gearbeitet«. Da die deutschen Werktätigen nicht selber die Provokation zurückgeschlagen hätten, sei es notwendig gewesen, dass die sowjetischen Truppen eingegriffen hätten, »denn es mußte den Kriegsprovokateuren aus dem Westen eine entschiedene Abfuhr erteilt werden«. Während am Vortag noch von »schonungsloser Kritik und Selbstkritik« der SED die Rede war, wurde jetzt, nach der Rückgewinnung der Macht, die kritische Diskussion schon wieder für beendet erklärt:

>»Wir denken nicht daran, den geschlagenen westlichen Agenturen dadurch in die Hände zu spielen, daß wir heute über diesen oder jenen unserer Fehler diskutieren, statt über ihr Verbrechen an der Deutschen Demokratischen Republik, am deutschen Volk, am Frieden! Wir denken nicht daran, den Provokateuren eine Atempause zu geben auf der Flucht. [...] Soviel Verständnis unsere Partei und die Regierung für die mißbrauchten Werktätigen besitzen, ein wenig mehr Fähigkeit zum Unterscheiden zwischen Freund und Feind, ein wenig mehr Wachsamkeit, ein wenig mehr Klassenbewußtsein müssen sie verlangen. Die bei uns eingerissene Übung, mit Provokateuren zu diskutieren, muß aufhören. Provokateure ergreift man und übergibt sie den Machtorganen.«[42]

In den folgenden Tagen trat das SED-Politbüro praktisch täglich zusammen, um über das weitere Vorgehen zu beraten. Erst allmählich wurde das ganze Ausmaß der Erhebung deutlich, da nun aus den Bezirken detaillierte Berichte eingingen. Die von Karl Schirdewan geleitete ZK-Abteilung »Leitende Organe der Partei und der Massenorganisationen« (LOPM) sorgte dafür, dass die eintreffenden Informationen aus allen Bezirken in täglichen Berichten zusammengefasst wurden.

Das eigentliche Machtzentrum lag jedoch weiterhin im sowjetischen Hauptquartier in Karlshorst. Seit dem 17. Juni hatte Hochkommissar Semjonow die politische Führung, einschließlich der Anleitung des Politbüros, vollkommen bei sich konzentriert. Am Abend des 20. Juni, einem Samstag, fand dort eine Besprechung mit der Troika Semjonow, Sokolowski und Judin statt, bei der über das weitere Vorgehen beraten werden sollte und an der für das Politbüro Ulbricht, Grotewohl, Zaisser, Rau und Herrnstadt teilnahmen. Die Sowjets drängten darauf, den Ausnahmezustand wieder aufzuheben, weil die westlichen Alliierten inzwischen dagegen protestierten; vor allem in Berlin sahen sie darin eine Verletzung ihrer Besatzungsrechte. Die SED-Funktionäre meinten hingegen, dass es für eine Aufhebung noch zu früh sei. Die Volkspolizei sei nicht ausreichend bewaffnet, um die sowjetischen Truppen zu ersetzen. Sie beklagten sich auch, dass die Sowjetunion eine bessere Ausrüstung der ostdeutschen Polizei in der Vergangenheit immer wieder abgelehnt habe. Unter dem Eindruck der Ereignisse verständigte man sich darauf, die Bewaffnung der Volkspolizei kurzfristig zu ergänzen und die Aufhebung des Ausnahmezustands für die darauf folgende Woche in Aussicht zu nehmen. Darüber hinaus schlug Semjonow der SED-Führung vor, dass die Spitzenfunktionäre alsbald in die Betriebe gehen sollten, um persönlich mit den Arbeitern zu reden – sie wüssten doch, dass Lenin und Stalin in heiklen Situationen die Lage von den Betrieben aus gemeistert hätten. Der Vorschlag wurde von den anwesenden Genossen nicht ohne Bitterkeit aufgenommen, weil ihnen Semjonow dieses am 17. Juni noch verwehrt hatte, doch wie immer fügten sie sich widerspruchslos den sowjetischen Vorgaben. Schließlich sprach man noch über die umfangreichen ökonomischen Vorbereitungen, die die Umsetzung des nach wie vor gültigen Neuen Kurses erforderlich machte.

Am nächsten Morgen, einem Sonntag, trat das Politbüro erneut zusammen. Beunruhigt zeigte man sich dort vor allem über den Zustand der Partei, deren Mitglieder in den letzten

Wochen ein Wechselbad der Gefühle durchlaufen mussten: Aufbau des Sozialismus, Neuer Kurs, faschistischer Putsch – viele hatten nach diesen Erfahrungen das sonst so unumstößliche Vertrauen in die Parteiführung verloren. Herrnstadt schlug deshalb vor, die Mitglieder des Zentralkomitees telegraphisch für den Abend zu einer Plenartagung zusammenzurufen. Ulbricht und die übrigen Mitglieder unterstützten den Vorschlag, mit dem die SED erstmals wieder die Initiative an sich zog. Herrnstadt, der in den verbleibenden Stunden die zur Verabschiedung vorgesehene Entschließung schreiben sollte, stellte kurz die Hauptgedankengänge vor und zog sich anschließend in ein anderes Zimmer zurück. Die Bezirkschefs der SED wurden angewiesen, anhand eines Fragenkatalogs die aktuelle Lage in ihren Bezirken einzuschätzen. Da die ZK-Sitzung um 22 Uhr beginnen sollte, traf sich das Politbüro um 20 Uhr erneut, um Herrnstadts Entwurf abzusegnen.

Während der nächtlichen Plenartagung, bei der Grotewohl die Eingangsrede hielt, sah sich die SED-Führung heftiger Kritik ausgesetzt. Viele Delegierte zeigten sich erschüttert über die Vorgänge und machten ihrer Empörung über das Hin und Her des politischen Kurses offen Luft – zumal Grotewohl nichts über dessen wahren Hintergründe und über die schwelenden Konflikte im Politbüro gesagt hatte. Stattdessen machte er, der selber der SPD entstammte, frühere Sozialdemokraten für die Erhebung verantwortlich. Die »Knotenpunkte« des »Agentennetzes«, von dem die Aktionen am 17. Juni ausgegangen seien, so seine Interpretation des Geschehens, wären die ehemaligen Hochburgen der SPD gewesen, »wo weite Kreise der äußerlich für uns gewonnenen Leute offensichtlich innerlich nicht auf unserer Seite stehen. Das waren die Voraussetzungen für die Bildung von Widerstandsgruppen.«[43] Erst als Semjonow, der sich im Hintergrund des Saales aufhielt, deutlich machte, dass die KPdSU das Politbüro nach wie vor unterstütze, beruhigten sich die Gemüter allmählich.

Das Zentralkomitee bestätigte schließlich in gewohnter Disziplin die von Herrnstadt ausgearbeitete Entschließung, deren Veröffentlichung in der ganzen DDR bei den Arbeitern und teilweise auch unter den SED-Mitgliedern Empörung auslöste. Die Erklärung schrieb die im *Neuen Deutschland* bereits dargelegte Argumentation fort, verschärfte aber deutlich den Tonfall und verarbeitete bereits einzelne Hinweise über den

Verlauf der Erhebung in den Bezirken. Die SED stellte ihre Verschwörungstheorie jetzt in den internationalen Kontext und behauptete, durch das gewaltige Anwachsen der Kräfte des »Weltfriedenslagers« seien die amerikanischen und deutschen »Kriegstreiber« in eine schwierige Lage geraten. Da der dritte Weltkrieg, den sie möglichst rasch entfesseln wollten, in die Ferne gerückt sei, hätten sie den »Tag X«, an dem sie von Berlin aus die DDR hätten aufrollen wollen, auf den 17. Juni angesetzt. Erst an zweiter Stelle wurden die Beschlüsse der DDR-Regierung vom 11. Juni erwähnt, deren Wirkung die Position der »Kriegstreiber« noch schwieriger gestaltet hätte. Um die eingeleitete Wendung zur Verbesserung der Lebenslage in der DDR zu durchkreuzen, hätten sich die »westlichen Agenturen« zum Tag X entschlossen, dessen unmittelbare Vorbereitung die CDU-Politiker Konrad Adenauer und Jakob Kaiser sowie die Sozialdemokraten Erich Ollenhauer und Ernst Reuter organisiert hätten. Wörtlich hieß es in dem Beschluss:

> »In Westberlin wurden von den Kaiser und Reuter systematisch Kriegsverbrecher, Militaristen und kriminelle Elemente in Terrororganisationen vorbereitet und ausgerüstet. Zu den alten faschistischen Morderfahrungen kamen noch zusätzlich die Methoden der amerikanischen Gangster. So wurde der faschistische Auswurf wieder großgezogen. Neben den ausländischen Kriegstreibern tragen Adenauer, Ollenhauer, Kaiser und Reuter die volle Verantwortung für das Blut, das bei der Niederschlagung des faschistischen Abenteuers geflossen ist.«[44]

Dass in den ZK-Beschluss bereits erste Erkenntnisse des Staatssicherheitsdienstes eingeflossen waren, zeigte sich an der Passage über die Berliner Bauarbeiterdemonstration und über die Ereignisse in Halle. Unter dem Vorwand einer Dampferpartie des VEB Industriebau, so der ZK-Beschluss, hätte der »Gegner« am 16. Juni den Streik der Bauarbeiter organisiert und seine »Banditenkolonnen« über die Sektorengrenze geworfen, um ihrer Demonstration durch Brandstiftungen, Plünderungen und Schießereien den Charakter eines Aufruhrs zu geben. Zugleich hätte er seinen Agentengruppen an einigen anderen Stellen der DDR die Anweisung gegeben, am nächsten und übernächsten Tag ähnliche Aktionen zu organisieren.

»Die von Westberlin eingeschleuste und von dort dirigierte
faschistische Brut organisierte Überfälle auf Lebensmittel-
lager, Lehrlingsheime, Klubhäuser, Verkaufsstellen sowie
Mordüberfälle auf Funktionäre der Partei, der Massenorganisationen und des Staatsapparates, die mutig unsere demokratische Ordnung verteidigten. An Hand der in den Westberliner Agentenzentralen vorbereiteten Listen wurden
vorübergehend faschistische und kriminelle Verbrecher aus
der Haftanstalt herausgeholt, wie zum Beispiel die wegen
bestialischer Verbrechen gegen die Menschlichkeit von der
demokratischen Justiz verurteilte SS-Kommandeuse des
Frauenkonzentrationslagers, Erna Dorn. So sollte in der
Deutschen Demokratischen Republik eine faschistische
Macht errichtet und Deutschland der Weg zu Einheit und
Frieden verlegt werden. Durch das rechtzeitige Eingreifen
breiter Teile der Bevölkerung, die durch die Volkspolizei
heldenhaft unterstützt wurden, sowie durch das Eingreifen
der sowjetischen Besatzungsmacht, die den Ausnahmezustand verhängte, ist der niederträchtige Anschlag auf die
Deutsche Demokratische Republik, auf Deutschland, auf
den Weltfrieden innerhalb von 24 Stunden schmählich zusammengebrochen. Dadurch wurde das beabsichtigte Mas-
senblutbad verhindert.«[45]

Zur aktuellen Lage in der DDR hieß es in der Entschließung
des ZK, dass Ruhe herrsche und normal gearbeitet werde – in
Wirklichkeit wurde in fünf DDR-Bezirken nach wie vor gestreikt. Weitaus die meisten Betriebe, so wurde weiter gelogen,
hätten am 17. Juni nicht an den Streiks teilgenommen. Eine
große Anzahl von Provokateuren sei verhaftet worden, doch
versuche der Gegner jetzt, auf dem flachen Lande zu provozieren; daher bestünde die Aufgabe darin, »die faschistischen
Banden restlos zu liquidieren«. Eine Erörterung, wie es zu den
»Mißverständnissen bei einem Teil der Werktätigen« kommen konnte, lehnte die ZK-Erklärung ab. Als zarte Selbstkritik konnte man allenfalls einen Satz deuten, auf den Rudolf
Herrnstadt noch Jahre später stolz war: »Wenn Massen von
Arbeitern die Partei nicht verstehen, ist die Partei schuld, nicht
der Arbeiter.«[46] Für die nächste Zukunft verlangte das ZK von
den Mitgliedern und Funktionären, zwischen den »ehrlichen«
Werktätigen und den »Provokateuren« zu unterscheiden; wäh-

rend die einen die Hilfe und Geduld der Partei brauchten, müssten die anderen entlarvt und den Sicherheitsorganen übergeben werden. In ihrem Herantreten an die Arbeiterschaft müsse die Partei eine »Wendung« vollziehen, weshalb die Funktionäre aufgefordert wurden, schon am nächsten Tag in die Betriebe zu gehen, um für den Neuen Kurs und die Überwindung unrichtiger Auffassungen ehrlicher Arbeiter zu kämpfen. Damit sie nicht mit leeren Händen kamen, beschloss das ZK einen Maßnahmenkatalog, der alle Regelungen der letzten Monate, die die wirtschaftliche Lage der Bevölkerung verschlechtert hatten, zurücknahm und weitere Verbesserungen beinhaltete.

Der SED-Führung war es gelungen, trotz des Fiaskos am 17. Juni die Partei zusammenzuhalten und vorläufig hinter sich zu bringen. Die Delegierten sprachen dem Politbüro ihr Vertrauen aus und bestätigten den Neuen Kurs, der zehn Tage zuvor ohne jede Einbeziehung des Zentralkomitees eingeleitet worden war. Anders als 1956 in Ungarn kam es unter dem Eindruck der Proteste nicht zu einer Spaltung der Partei in »Reformer« und »Stalinisten«. Das Politbüro und das Zentralkomitee wahrten nach außen ihre Geschlossenheit und stellten ihre unterschiedlichen Ansichten über das politische Vorgehen für den Moment zurück. Im Augenblick der Gefahr hatten die Differenzen in der Führung an Bedeutung verloren, denn, so Herrnstadt, »wenn es gegen den Feind ging«, bestand auch zwischen ihm und Ulbricht »eine selbstverständliche und restlose Übereinstimmung«.[47] Für die Bevölkerung der DDR und für die kritischen Mitglieder der SED gab es deshalb niemanden in der politischen Führung, auf den sie ihre Hoffnungen setzen konnte.

# Das Versagen der Sicherheitskräfte

Eigentlich hatte sich die SED bestens gerüstet, um ihre Macht auch unter den Bedingungen des »verschärften Klassenkampfes« zu verteidigen: Mehr als 90 000 Polizisten sorgten 1953 in der DDR für Ruhe und Ordnung. Gelenkt wurden sie vom »Chef der Deutschen Volkspolizei« (DVP) Karl Maron, der später Innenminister wurde und dessen Stieftochter Monika Jahrzehnte danach als Schriftstellerin bekannt wurde. Allein der polizeiliche Betriebsschutz, der für die Bewachung von Betrieben und Gebäuden zuständig war, verfügte über 21 000 Mann, mehr als 11 000 Polizisten standen dem Berliner Polizeipräsidium zur Verfügung. Über 14 000 Mitarbeiter gehörten zur blau uniformierten Schutzpolizei, die normalerweise für die Auflösung von Menschenansammlungen verantwortlich war, in jedem Kreis der DDR gab es zudem für solche Einsätze bewaffnete »Schnellkommandos« mit jeweils etwa 20 Wachtmeistern, zusammen eine Truppe von weiteren 5000 Mann. Hinzu kam noch die auf zahlreichen Bahnhöfen stationierte Transportpolizei mit etwa 7000 Polizisten – alles in allem ein riesiger, mit Schusswaffen ausgerüsteter Polizeiapparat, der jeden Protest im Keim ersticken konnte.

Zu einer schlagkräftigen Geheimpolizei hatte sich daneben das Ministerium für Staatssicherheit (MfS) mit seinen fast 13 000 hauptamtlichen Mitarbeitern entwickelt. Als »Schild und Schwert der Partei« verfügte es in jeder Kreisstadt über eine eigene Dienststelle mit einem Netz von heimlichen Zuträgern. Auch in den Betrieben war es mit eigenen Dienststellen, hauptamtlichen Mitarbeitern oder geheimen Informanten verankert, die jede Streikvorbereitung frühzeitig erkennen mussten. Das MfS besaß sogar eine eigene Elitetruppe – das Wachregiment Berlin – mit fast 2000 Mitarbeitern sowie mehrere Wachbataillone in den Bezirken mit weiteren 1500 Kämp-

fern; außerdem unterstand ihm seit 1952 die ostdeutsche Grenzpolizei, die in den Grenzgebieten, beispielsweise in Görlitz,
mit bewaffneten Kräften präsent war.

Die größte bewaffnete Formation des SED-Staates stellte
jedoch die so genannte Kasernierte Volkspolizei (KVP) dar, bei
der es sich in Wahrheit um die im Aufbau befindliche DDR-
Armee handelte. Beim Ausbruch der Unruhen hielt sie rund
113 000 gut gerüstete Soldaten unter Waffen, mehr als die
Reichswehr der um ein Vielfaches größeren Weimarer Republik. Diese Truppe konnte jederzeit auch im Innern der DDR
Einsatz finden, da sie, wie die normale Polizei, dem Minister
des Innern der DDR, Willi Stoph, unterstellt war. Warum gelang es diesem gewaltigen Aufgebot an Sicherheitskräften nicht,
die Unruhen am 17. Juni rechtzeitig zu unterdrücken?

Dass die Streiks und Demonstrationen, wie oftmals zu lesen
ist, für die SED und die von ihr gelenkten Sicherheitsapparate
völlig überraschend kamen, ist, wie bereits dargelegt, nicht
richtig. Schon im Mai berichteten die Mitarbeiter des MfS von
einzelnen Arbeitsniederlegungen und Unruhe in der Bevölkerung, ähnliche Rapporte lagen auch dem Zentralkomitee
und dem Politbüro vor. Am 14. Juni informierten auch die Sowjets den Staatssicherheitsdienst über Streikpläne in der DDR.
Von den Streikvorbereitungen an der Stalinallee hatte man ebenfalls frühzeitig erfahren, nicht zuletzt durch die Arbeiter selbst,
die sich am 15. Juni direkt an Ministerpräsident Grotewohl
gewandt und ein langes Gespräch mit seinen Mitarbeitern geführt hatten. Der Chef des sowjetischen Geheimdienstes in
Berlin, Iwan Fadejkin, kritisierte später: »Der Zentralvorstand
des Freien Deutschen Gewerkschaftsbundes und das SED-
Zentralkomitee wußten am 15. Juni von diesen Stimmungen
und Meinungen innerhalb der Arbeiterschaft. Trotzdem wurden keine rechtzeitigen Gegenmaßnahmen ergriffen.«[48] Namentlich der zuständige Staatssicherheitsminister Zaisser wurde
gerügt, denn dieser sei den ganzen 16. Juni über im Politbüro
gewesen und habe »die gesamte Arbeit der Gewährleistung
der Staatssicherheit seinem Stellvertreter Mielke überlassen,
der den Ernst der sich entwickelnden Lage unterschätzte«.[49]
Der Vorsitzende der Industriegewerkschaft Bau-Holz, Franz
Jahn, konnte sich am Morgen des 16. Juni sogar persönlich ein
Bild von der Stimmung unter den Bauarbeitern machen. Partei-
agitatoren, die sie vor »unüberlegten« Handlungen abhalten

314

sollten, kamen zur gleichen Zeit fluchtartig in die Berliner Bezirksleitung der SED zurück, so dass dort schon um 8.30 Uhr eine erste Krisensitzung stattfand. Die Botschaft, die sie von den Baustellen der Stalinallee mitbrachten, lautete: »Es wird sofort eine Riesendemonstration geben. Ihr müßt sofort etwas tun ...«[50]

Auch der Ostberliner Polizeipräsident Waldemar Schmidt erfuhr bereits am Morgen des 16. Juni von den drohenden Protesten der Bauarbeiter. Zu diesem Zeitpunkt formierten sich die Demonstranten an der Stalinallee erst zum Abmarsch, ein kleiner Zug von einigen Dutzend Arbeitern. »Hätten wir sofort durchgegriffen und die Maßnahmen der Polizei durch einen Schwarm von Agitatoren abgedeckt, dann wäre alles schon längst vergessen«, erklärte er am Nachmittag bei einer weiteren Krisenbesprechung in der SED-Bezirksleitung.[51] Erst am späten Abend des 16. Juni, nachdem sich die Bauarbeiterdemonstration schon lange wieder aufgelöst hatte, ging die Polizei gegen einzelne durch die Berliner Innenstadt ziehende Gruppen von Demonstranten vor, vertrieb eine größere Menschenansammlung in der Stalinallee, die Steine auf das Denkmal des Diktators warf, und nahm 25 Personen fest – ein bescheidener Einsatz am Vorabend einer Revolution.

Auf der Suche nach den Ursachen für das Versagen der Sicherheitskräfte fallen zunächst politische Gründe ins Auge: Die Führung der SED, aber auch die sowjetische Besatzungsmacht unterschätzten das Ausmaß der Unzufriedenheit und der Aktionsbereitschaft der Bevölkerung. Sie waren zudem gehemmt durch den gerade erst eingeleiteten Neuen Kurs, der den scharfen Repressalien ein Ende machen und die Interessen der Menschen stärker berücksichtigen sollte. Die sowjetische Militärkommandantur in Berlin-Karlshorst lehnte deshalb entschieden ab, als der Ostberliner Polizeipräsident am Morgen des 16. Juni um Genehmigung bat, den Zug der Bauarbeiter aufzulösen und die »Rädelsführer« zu verhaften. Der Vorschlag wurde als »provokatorisch« bezeichnet und jegliches gewaltsame Vorgehen untersagt. Am Nachmittag, als etwa 10 000 Demonstranten die Innenstadt bevölkerten, bestürmte Schmidt deshalb den Berliner SED-Parteichef Hans Jendretzky, die Russen »endlich umzustimmen«. Weil der ehemalige Gewerkschaftsfunktionär nicht als »Arbeiterschlächter« in die Geschichte eingehen wollte, fand er jedoch auch hier keine Unterstützung.[52]

Auch die Ereignisse des 16. Juni änderten nichts an der grundsätzlichen Einschätzung der Lage. SED, Staatssicherheitsdienst und die sowjetische Besatzungsmacht rechneten nun zwar für den nächsten Tag mit neuen und verstärkten Protesten, doch gingen sie davon aus, dass sich diese auf Berlin beschränken würden und durch Agitatoren und Kräfte der Volkspolizei unter Kontrolle gehalten werden könnten. In Wirklichkeit waren die Sicherheitskräfte, was ihre Anzahl, Ausrüstung und Befehlslage anbetraf, am 17. Juni an den meisten Brennpunkten bis zum Eingreifen der sowjetischen Besatzungsmacht völlig überfordert. Im Westen führte das Stillhalten am Vorabend des Volksaufstands bei manchen sogar zu der – falschen – Vermutung, dass die Massendemonstrationen von den Russen initiiert worden wären, um so den Druck auf die DDR-Führung zu erhöhen.

Zu den politischen Fehleinschätzungen gehörte noch ein zweiter Irrglaube, den die SED-Spitze in der Nacht zum 17. Juni in alle Teile des Sicherheitsapparates transportierte. Als am Vormittag im Politbüro die Rücknahme der Normenerhöhung beschlossen wurde, war man sich darüber einig, dass die eigentlichen Urheber der Bauarbeiterproteste in Westberlin säßen, die so die positive Entwicklung in der DDR stören wollten. Auch der sowjetische Hochkommissar vertrat diese Einschätzung. Dieses irreale, letztlich ideologisch begründete Feindbild spiegelte sich anfangs auch in vielen Befehlen wieder und führte dazu, dass in den Betrieben und auf den Straßen nur geringe Sicherheitsvorkehrungen getroffen wurden. Die Hauptsorge galt den angeblich aus Westberlin kommenden Provokateuren und nicht der eigenen Bevölkerung. So erfuhren die Kreisdienststellen des Staatssicherheitsdienstes im Bezirk Dresden am frühen Morgen des 17. Juni nur: »Es liegt Veranlassung vor anzunehmen, daß aus Westberlin Provokateure in den Betrieben erscheinen, die gegen die Normenerhöhung Provokationen durchführen. Sofort Verbindung mit Parteisekretären aufnehmen und in Betrieben mobilisieren, um Agenten habhaft zu werden. Festgestellte Provokateure festnehmen, Mitteilung in jedem Falle an Chef geben.«[53]

Die SED-Spitze ging allerdings nicht völlig unvorbereitet in den Tag. Wie Hochkommissar Semjonow am 17. Juni am frühen Morgen nach Moskau meldete, glaubten Ulbricht, Grotewohl und Zaisser, dass die Proteste am Vortag »erst der

Anfang der von Westberlin organisierten Aktionen« gewesen seien, und rechneten »mit der Möglichkeit von noch größeren Unruhen am Morgen des 17. Juni«.[54] Die SED-Spitze beschloss deshalb, Staatssicherheitsminister Zaisser für die Aufrechterhaltung der Ordnung in Berlin verantwortlich zu machen, zusätzliche Polizeikräfte in die Innenstadt zu schicken und den Schutz der wichtigsten Gebäude zu verstärken. Polizisten aus Potsdam, Leipzig, Magdeburg und Aschersleben sollten die Berliner Einsatzreserve verstärken, was freilich dazu führte, dass die Sicherheitskräfte in den genannten Orten am nächsten Tag fehlten. Die Ostberliner Polizeiführung ordnete für den 17. Juni, 7.00 Uhr, die »volle Alarmstufe« an. Eher pro forma wurden am Vorabend des Aufstands auch die Polizeidirektionen in den Bezirken unterrichtet, die die örtlichen Polizeidienststellen aber erst am nächsten Morgen alarmierten. Auch das Ministerium für Staatssicherheit löste Alarm bei seinen Bezirksverwaltungen aus.

Die Hauptsorge der SED und der Sowjets galt jedoch den offenen Sektorengrenzen in Berlin, über die, wie man meinte, Westberliner »Provokateure« eindringen könnten. Um dies zu verhindern, wollte man nicht nur Polizisten, sondern auch Soldaten der Kasernierten Volkspolizei (KVP) einsetzen, so dass mit Genehmigung der sowjetischen Behörden im Laufe der Nacht mehrere im Berliner Umland stationierte KVP-Einheiten in Alarmbereitschaft versetzt und aus Oranienburg einige Hundertschaften nach Berlin verlegt wurden. Auf Bitten der SED sollten sich zudem die sowjetischen Truppen mit einigen motorisierten Kräften in Berlin bereithalten. »Wir haben mit den ›Freunden‹ vereinbart«, berichtete Semjonow nach Moskau, »daß die Deutsche Volkspolizei die Aufrechterhaltung der Ordnung in der Stadt übernimmt und sowjetische Truppen, nur wenn sie dringend benötigt werden sollten, aktiv daran mitwirken.«[55]

Wahrscheinlich machte sich in der SED-Führung im Laufe der Nacht aber doch allmählich Unruhe breit, denn schon für 4 Uhr morgens wird eine Zusammenkunft bezeugt, bei der noch einmal über die Sicherheitsvorkehrungen beraten wurde. Ulbricht, Zaisser und der Chef der KVP, Heinz Hoffmann, trafen sich dazu im Innenministerium in der Schnellerstraße in Berlin-Schöneweide und besprachen unter anderem, ob im Falle eines Falles auch Soldaten der KVP eingesetzt werden sollten. Ulbricht äußerte ernste Zweifel an der politischen Zuverlässigkeit dieser erst seit einem Jahr existierenden Truppe – zu Recht, wie sich später herausstellen sollte. Die Hälfte der Soldaten war neu rekrutiert worden, viele davon unter Druck; allein zwischen Januar und April 1953 hatten rund 8000 KVP-Angehörige Fahnenflucht begangen. Oftmals waren die Soldaten in der Nähe ihrer Heimatorte stationiert, so dass die Gefahr bestand, dass sie bei einem Einsatz auf Angehörige oder Bekannte treffen könnten. Schließlich waren die KVP-Einheiten nur für militärische und nicht für polizeiliche Einsätze ausgebildet und vorbereitet worden. Vor diesem Hintergrund wollte Ulbricht – ebenso wie der Oberkommandierende der sowjetischen Streitkräfte in Deutschland, Andrej Gretschko, ohne dessen Zustimmung die KVP nicht eingesetzt werden konnte – sie nur im äußersten Notfall zum Einsatz bringen. Hoffmann und die KVP wurden deshalb nicht, wie ursprünglich geplant, der Polizeiführung, sondern dem zentralen Einsatzstab unter Staatssicherheitsminister Zaisser unterstellt.

Dass der große Sicherheitsapparat der SED in der entscheidenden Stunde der Bewährung versagte, hatte neben den unzureichenden Sicherheitsvorkehrungen und dem falschen Feindbild aber noch einen anderen Grund: Das streng hierarchisch gegliederte Kommandosystem funktionierte nicht, während die unteren Ebenen es nicht wagten, selbständig Entscheidungen zu treffen. Die Verantwortlichen in den Unruhegebieten handelten am 17. Juni oft bis in die Mittagsstunden völlig auf sich allein gestellt und erhielten für entschiedenere Gegenmaßnahmen von ihren Vorgesetzten keine Genehmigung. »Unsere Dienststellenleiter fragten erst bei dem MfS an, was sie tun sollten, statt je nach Lage selbständig zu handeln«, kritisierte der Vorsitzende der Parteikontrollkommission im MfS, Heinrich Fomferra, rückblickend. »Aber dieses nicht selbständige Entscheiden wurde ihnen doch durch die Leitung eingeimpft.«[56]

Die Lenkung der unterschiedlichen Einsatzkräfte erfolgte durch ein verschachteltes System mehrerer einander nachgeordneter Stäbe: Ein Operativstab im Polizeipräsidium am Alexanderplatz dirigierte den Polizeieinsatz in Berlin. Diesem übergeordnet war die Hauptverwaltung der Deutschen Volkspolizei, die wiederum von Innenminister Willi Stoph kontrolliert wurde, der während des Aufstands einen eigenen Einsatzstab im Ministerium des Innern in der Schnellerstraße unterhielt. Die Leitung der KVP, die ebenfalls zum Innenministerium gehörte, wurde hingegen, entsprechend den morgendlichen Festlegungen, am 17. Juni von einem Operativstab in der MfS-Zentrale gelenkt, was die meisten Kommandeure jedoch nicht wussten, so dass sie sich weiterhin an den Stab im Innenministerium wandten. Die am Morgen als Erstes mobilisierten KVP-Einheiten – Soldaten der Politoffiziersschule in Berlin-Treptow – erhielten zum Beispiel erst um 13 Uhr den Befehl, sich dem Einsatzstab in der Berliner Normannenstraße zur Verfügung zu stellen. Dieser Einsatzstab unter Leitung von Staatssicherheitsminister Zaisser war eigentlich für die zentrale Lenkung aller deutschen Einsatzkräfte in Berlin, später auch in der ganzen DDR zuständig. Wie alle anderen Stäbe durfte er seine Maßnahmen aber nur mit Zustimmung der sowjetischen Besatzungsmacht treffen. Die letzte Entscheidung über den Einsatz der deutschen Sicherheitskräfte lag damit in Karlshorst, beim Oberkommandierenden Gretschko und später bei dem aus Moskau eingeflogenen Generalstabschef Sokolowski. Eine der wichtigsten Konsequenzen, die die SED aus den Unruhen zog, war es deshalb, in den Bezirken und Kreisen so genannte Einsatzleitungen zu schaffen, die im Krisenfall für den Schutz des Systems vor Ort verantwortlich waren.

Schon am Morgen des 17. Juni zeigte sich, dass die eingeleiteten Sicherheitsvorkehrungen in keiner Weise der Gefährdungslage entsprachen. In Berlin hatte man zur Verstärkung des Betriebsschutzes 200 Polizisten auf die wichtigsten Berliner Werke verteilt. Als sich die Beschäftigten in den frühen Morgenstunden auf dem Werkhof versammelten, mussten die Wachkräfte jedoch meist ohnmächtig zusehen, wie die Belegschaften nahezu geschlossen auf die Straße zogen. In mehreren Großbetrieben, etwa bei Bergmann-Borsig, zogen sich die Wacheinheiten von sich aus zurück; in anderen Betrieben versuchte man, die Tore zu verschließen, um zu verhindern, dass die Belegschaften das Gelände verließen oder von Streikenden anderer Betriebe dazu animiert werden könnten – mit geringem Erfolg, weil die Tore meist über kurz oder lang aufgebrochen wurden.

Um die angekündigte Demonstration am Strausberger Platz zu unterbinden, erhielten 400 Schutzpolizisten den Befehl, ab sieben Uhr morgens in den Seitenstraßen aufzuziehen. Zu diesem Zeitpunkt marschierten jedoch schon Tausende entschlossener Arbeiter aus Berliner Großbetrieben über die Stalinallee. Versuche der Polizei, die Demonstranten mit Sperrketten aufzuhalten, waren angesichts der großen Zahl von Menschen zum Scheitern verurteilt. Ähnlich überfordert waren die Einsatzkommandos, die man an gefährdete Berliner Brennpunkte geschickt hatte. 100 Mann waren für den Leipziger Platz zuständig, je 50 Mann für das Brandenburger Tor und die Brunnenstraße und je 25 Mann für die Sektorenübergänge an der Oberbaumbrücke, in der Elsenstraße und in der Sonnenallee – im Angesicht des Menschenmeeres eine verschwindend geringe Zahl, die meist nicht einmal ausreichte, die wichtigsten Gebäude zu schützen.

Im Laufe des Vormittags, als immer mehr Menschen in die Innenstadt zogen, verschlechterte sich die Lage der Polizei weiter. Mehrere Funkwagen wurden von den Demonstranten regelrecht eingekeilt und teilweise demoliert. Einzelne Polizisten wurden verprügelt oder mussten ihre Uniformen ausziehen. Absperrungen wurden zurückgedrängt oder durchbrochen, da die Polizisten sich nur ineinander haken oder mit Schlagstöcken verteidigen konnten; zum Schutz der Gebäude standen ihnen weder Gitter noch Wasserwerfer zur Verfügung, die Dienstpistole durften sie nicht benutzen. Ganze Polizeikommandos streckten die Waffen, wenn sie sich, wie die VP-Wache im Columbus-Haus, in einer ausweglosen Situation wähnten. »Es wird ernst«, soll Erich Honecker in dieser Situation den Funktionären in dem von Demonstranten umlagerten Gebäude des FDJ-Zentralrats in der Straße Unter den Linden gesagt haben. »Wir werden das Haus verteidigen, Waffen liegen bereit.«[57]

In anderen Orten war die Polizei oft in einer noch schlechteren Lage als in Berlin. In weiten Teilen der DDR hatte es überhaupt keine ernsthaften Vorkehrungen gegen Streiks und Demonstrationen gegeben. In vielen Städten zogen die Demonstranten deshalb am 17. Juni völlig ungehindert durch die Straßen. Überstürzt mobilisierte Einsatzkommandos wurden, wie in Görlitz oder Leipzig, einfach aufgerieben und ließen sich oft genug sogar entwaffnen. In Weißenfels, einer kleinen Industriestadt im Bezirk Halle, wurden die Volkspolizisten, die den Zug aufhalten wollten, von Demonstranten einfach mit hineingezogen, wie abgefallene Blätter im Herbststurm: »Einem wurde die Mütze heruntergerissen, ein Stück im Zug mitgetragen und dann in die Luft geworfen«, berichtete später der Staatssicherheitsdienst.[58] Meist reichten die vorhandenen Polizeikräfte lediglich zum Objektschutz, doch angesichts der großen Zahl zum Sturm entschlossener Demonstranten gelang es ihnen vielfach nicht, die Gebäude dauerhaft zu sichern. In vielen Orten waren sie nicht einmal in der Lage, ihre eigenen Objekte zu verteidigen, so dass im Laufe des 17. Juni auch 13 Polizeigebäude und mindestens zwölf Gefängnisse erobert wurden. Noch hoffnungsloser war die Situation der Sicherheitskräfte auf dem Lande, denn auf den Dörfern gab es, wenn überhaupt, nur einen einzelnen Abschnittsbevollmächtigten, der gegen die rebellierenden Bauern keine Chance hatte.

Die Sicherheitskräfte waren aber nicht nur zahlenmäßig unterlegen. Sie hatten auch kaum technische Hilfsmittel zur Verfügung und mussten sich deshalb meist dem Kampf Mann gegen Mann stellen. Die überwiegend jungen Polizisten hatten keine Erfahrung in der Demonstrationsbekämpfung und waren auch politisch wenig gefestigt. Hinzu kam, dass die Befehle der realen Situation häufig in keiner Weise entsprachen. So wurden die Polizisten oft angewiesen, durch »Argumente« auf die Demonstranten einzuwirken und auf keinen Fall von der Schusswaffe Gebrauch zu machen. Im Angesicht der erregten Menschenmassen, die sich in ein Gefängnis oder ein Gebäude Einlass verschaffen wollten, war ein solcher Befehl praktisch nicht durchführbar. Die Schutzpolizisten wagten es aber auch nicht, auf eigene Faust zu schießen. Vielfach blieb ihnen deshalb gar nichts anderes übrig, als zu kapitulieren, zumal wenn ihnen die Demonstranten versicherten, dass ihr Einsatz ohnehin sinnlos geworden sei, weil das SED-Regime am Ende wäre, oder damit drohten, dass sie später für ihre Handlungen zur Rechenschaft gezogen würden. Zum Teil gaben die Polizisten sogar ihre Uniformen, Waffen oder Fahrzeuge ab.

In Brandenburg legte die Polizei, die das Untersuchungsgefängnis in der Steinstraße schützen sollte, am Vormittag die Waffen nieder, weil die angeforderte Verstärkung nicht kam. Von ihrer eigenen Einsatzzentrale, dem Volkspolizeikreisamt, konnte sie, trotz Schusswaffeneinsatz, nur noch die oberste Etage verteidigen. Selbst mit Hilfe der gegen Mittag mobilisierten KVP war sie nicht in der Lage, die Unruhen niederzuschlagen. Ähnlich erging es der Polizei in Magdeburg, wo der sowjetische Stadtkommandant zunächst die Anweisung gegeben hatte, ein Blutvergießen unbedingt zu vermeiden. Demonstranten drangen dort unter anderem in das Polizeipräsidium ein und entwaffneten die VP-Posten vor der Haftanstalt Magdeburg-Sudenburg. Bei den Auseinandersetzungen wurden, wie erwähnt, zwei Polizisten erschossen. In Halle bemühten sich 20 weibliche und 13 männliche Vollzugsbeamte vergeblich, das Gefängnis in der Kleinen Steinstraße vor der Erstürmung zu bewahren. Obwohl sie die Demonstranten zeitweise sogar mit scharfen Schüssen zurückdrängten und am Nachmittag Einheiten der Kasernierten Volkspolizei zu Hilfe kamen, konnten sie nicht verhindern, dass die Strafvollzugsanstalt gestürmt wurde und sämtliche Häftlinge freikamen. Auch in Gera, Jena, Bitterfeld, Weida und weiteren Orten musste die Polizei mehr oder weniger hilflos zusehen, wie ihre Dienststellen besetzt wurden.

Dass die Schutzpolizisten den Demonstranten teilweise nur wenig Widerstand entgegensetzten, legt den Schluss nahe, dass ihre politische Bindung an das kommunistische System relativ gering war. Die Sorge um Leib und Leben war vielen offenbar wichtiger als die Verteidigung der SED-Herrschaft. So rügte der Polizeichef im Bezirk Halle gleich mehrere Amtsleiter und Kommissare, die sich den Demonstranten nicht entschieden genug entgegengestellt hätten: In Lauchhammer sei der so genannte Polit-Stellvertreter des Volkspolizeikreisamtes durch ein Hinterfenster geflüchtet »und versteckte sich in einem Getreidefeld«. In Eisleben sei ein Kommissar entschwunden, »versteckte sich auf dem Dach, flüchtete über eine Mauer und zog sich dann zu Haus Zivil an«. In Halle nahm ein Unterkommissar, als er sich bedroht sah, »die Munition aus dem Pistolenmagazin und warf diese in einen Kanal«.[59] Auch in Merseburg und Bitterfeld, wo der Polizeichef unter anderem das in seinem Zimmer befindliche Lenin-Bild von der Wand nahm, gab es ähnliche Vorkommnisse. In Brandenburg, so erinnerte sich ein ehemaliger DDR-Soldat, kam es vor dem umlagerten Volkspolizeikreisamt zu folgendem Vorfall: »Unsere Volkspolizisten außerhalb standen Mann an Mann mit quergehaltenen Karabinern und verhinderten, trotz Beschimpfungen und Bewerfen mit Gegenständen, ein weiteres Eindringen in das Gebäude. [...] Ein VP-Angehöriger der vorderen Reihe, zum Rundumschutz des VP-Gebäudes eingesetzt, wurde plötzlich

von seinen Eltern aus Brandenburg aufgefordert, sofort mit-
zukommen, sonst könne er was erleben. Wir konnten nicht verhindern, daß er seine Waffe sowie Koppel mit Patronentasche
einem Volkspolizisten übergab und seinen Eltern folgte.«[60]
Vielen Einsatzleitern ging es vor allem darum, ein Blutvergießen zu verhindern. In einer Reihe von Orten ordneten sie
deshalb an, die Waffen einzuschließen – was ihnen später als
»kapitulantenhaftes Verhalten« ausgelegt wurde. So wurde der
Polizeichef im Bezirk Magdeburg entlassen, da er, so Ulbricht,
die Waffen einschließen ließ und den Polizisten die Anweisung
erteilte, »als Agitatoren unter die Massen zu gehen«.[61] Manche
Polizisten zeigten auch offen ihre Sympathien mit den Demonstranten, indem sie, wie in Dresden, Teile ihrer Uniform in die
Menge warfen. Sympathiebezeugungen gab es auch in anderen
Orten der DDR, zum Beispiel in Berlin, Görlitz, Merseburg
und Eisleben. In der Volkspolizeidienststelle Leipzig V verweigerten fünf Polizisten den Dienst und bemühten sich, auch
ihre Kollegen davon zu überzeugen. Im Bezirk Magdeburg
wurden sieben VP-Angehörige verhaftet und dem MfS übergeben, weil sie sich an den Protesten beteiligt hatten. Acht weitere Polizisten wurden wegen »Feigheit«, »Undiszipliniert-
heit« und »Gerüchtemacherei« disziplinarisch bestraft. Viele
ähnliche Fälle dürften im Chaos der Ereignisse unentdeckt geblieben sein, denn das Innenministerium der DDR registrierte
insgesamt nur neun Befehlsverweigerungen von Polizisten;
drei hätten sich unerlaubt entfernt, einer mit den Demonstranten solidarisiert.
Vom Staatssicherheitsdienst erfuhr die SED am 17. Juni
noch weniger Hilfe als von der Polizei. Zwar gehörte die Demonstrationsbekämpfung nicht zu den originären Aufgaben
des ostdeutschen Geheimdienstes, doch verstand sich das Ministerium für Staatssicherheit als Elite und Führungsorgan unter den Sicherheitskräften der DDR, so dass es nur folgerichtig
war, dass MfS-Chef Wilhelm Zaisser während der Unruhen den
zentralen Einsatzstab leitete. Doch das »Schild und Schwert
der Partei« erwies sich am Tag der Volkserhebung als stumpf
und unbrauchbar.
Immerhin schickte Zaisser Einheiten des Wachregiments
den bedrängten Volkspolizisten zu Hilfe, die in Berlin Regie-
rungs- und Parteigebäude schützen sollten. Sie kamen vor allem vor dem Haus der Ministerien und vor der SED-Zentrale

zum Einsatz. Doch ohne sowjetische Hilfe waren sie nicht in der Lage, die aufgebrachten Demonstranten zurückzuhalten; 37 Soldaten wurden bei den Auseinandersetzungen verletzt. Ein Teil der MfS-Mitarbeiter begab sich auch in die Betriebe, um dort auftragsgemäß nach »Agenten« Ausschau zu halten. Bis zum Eingreifen der sowjetischen Truppen haben sie sich jedoch offenbar dezent im Hintergrund gehalten, denn über Auseinandersetzungen mit ihnen ist nichts bekannt geworden.

In Berlin bekamen die MfS-Mitarbeiter den Auftrag, Operativgruppen zu bilden und auf der Straße »Provokateure« festzunehmen. Jeweils etwa 20 mit Pistolen bewaffnete Genossen begaben sich an die Brennpunkte der Unruhen. Angesichts der Menschenmassen auf den Straßen und der hasserfüllten Stimmung gegenüber dem Staatssicherheitsdienst befanden sie sich zu ihrer großen Überraschung allerdings bald selbst in bedrängter Lage. Als einer dieser Trupps an der Stalinallee mehrere Bauarbeiter verhaftete, die Transparente heruntergerissen hatten, und sie im Gänsemarsch durch die Menge führen wollte, nahmen die Demonstranten dies nicht, wie sonst, widerstandslos hin. »Plötzlich fingen einige an zu brüllen, die Menschenlawine drohte uns zerdrücken; wir verloren einander«, berichtete später einer der am Einsatz Beteiligten seinen Genossen.[62] Während einer der Stasi-Mannen in eine Bäckerei flüchtete und sich dort mühsam mit gezückter Pistole Respekt verschaffte, gelang einem anderen nicht einmal das. Genosse Kanngießer hinterließ der Nachwelt den folgenden Bericht:

>»Ich lief in den nächsten Hauseingang, die aufgebrachte Menge mir hinterher. Die größten Ganoven natürlich an der Spitze. Ich flüchtete mich auf den Boden. Auf den Leinen hing Wäsche. Ich konnte mich kaum orientieren durch die Wäsche, postierte mich aber so, daß ich die Bodentür im Blickwinkel hatte, und drohte, daß ich von der Waffe Gebrauch machen werde. Ich zog mein Jackett aus, so daß sie meine untergeschnallte Waffe sehen konnten. Ich griff zur Pistole, um die Leute in Schach zu halten. Es vergingen vielleicht 10 Minuten. Mittlerweile hatten die Provokateure alle Blumentöpfe (mit vertrockneter Erde, es war heiß an diesem Tage) im Hause zusammengeholt und bombardierten mich damit. Plötzlich tauchte eine ältere Dame von etwa 75 Jahren

auf und schimpfte, daß ihre Wäsche doch schmutzig würde. ›Dann holen Sie den doch raus!‹ wurde sie aufgefordert, was sie auch zu tun gedachte – mit den Provokateuren im Rücken. Die Situation wurde immer brenzliger für mich. Es nützt nichts, dachte ich, ich muß schießen, sonst lynchen sie mich. Ich feuerte einen Schuß ab. Die alte Dame war zu Tode erschrocken und wie gelähmt. Ich hörte Rufe wie ›Das Schwein schießt!‹.«[63]

Damit war der MfS-Genosse aber noch nicht aus dem Schneider. Während er die Menschen auf dem Dachboden mit der Pistole in Schach hielt, schlug er mit der linken Hand Ziegel aus dem Dach, um auf diesem Wege zu entkommen. »Unglücklicherweise stand auf der Straße ein Kinderwagen, in dessen unmittelbare Nähe die Ziegel gefallen sein müssen«, berichtete er weiter. »Ich hörte nur furchtbares Schreien.« Anschließend kletterte er auf das Dach, wo er jedoch von seinen Verfolgern kurz darauf mit Ziegeln beworfen und sogar beschossen wurde, weil sein Einsatzleiter, der Chef der Stasi-Spionageabwehr Josef Kiefel, im Kampfgetümmel auf der Straße seine Pistole verloren hatte. Ein auf der Straße vorbeiziehender Trupp Marinesoldaten, den er um Hilfe bat, zielte ebenfalls auf ihn, da sie ihn offenbar mit einem Demonstranten verwechselten. Als Kanngießer schließlich doch noch von seinen Genossen befreit wurde, fielen ihm »ganze Steinbrüche« vom Herzen.[64] Kiefel selbst erlitt eine Kopfwunde und rettete sich in ein katholisches Stift am U-Bahnhof Samariterstraße, wo er von Glaubensschwestern versorgt und versteckt wurde.

Auch anderswo stürzten sich Demonstranten auf verdächtige Stasi-Mitarbeiter. In Rathenow kam dabei der frühere Mitarbeiter der Kreisdienststelle Stendal, Willi Hagedorn, ums Leben. Passanten hatten den 59 Jahre alte Mann, der mehrere hundert Verhaftungen durchgeführt haben soll, auf der Straße erkannt, obwohl er mittlerweile aus gesundheitlichen Gründen aus dem Dienst ausgeschieden war. Demonstranten schlugen ihn mehrfach, bis ihn eine Polizeistreife in Sicherheit brachte; wenig später starb er an Herzversagen. Einer der Beteiligten, ein 19-jähriger Arbeiter, berichtete später im Verhör der Staatssicherheit über das Vorgehen der wütenden Menge gegen den ehemaligen Stasi-Mitarbeiter:

»Er wurde mehrmals mit Füßen gestoßen und geschlagen. Außerdem wurde er an den Haaren rückwärts gezerrt. Hierbei tat sich besonders eine Frau von kleiner Figur mit kastanienbraunem Haar, ca. 40 Jahre alt, hervor. Weiter wurde er von einer Frau [Name geschwärzt], wohnhaft Rathenow, [Straßenname geschwärzt], mit den Füßen gestoßen. Beide Frauen kannten sich scheinbar. In der Bergstr. stürzte [Hagedorn] infolge Erschöpfung auf das Straßenpflaster.«[65]

Teilweise konnte der Staatssicherheitsdienst nicht einmal seine eigenen Objekte verteidigen. Während in Berlin die Demonstranten seine Dienststellen und Gefängnisse weitgehend unbeachtet ließen, versammelten sich in einer Reihe anderer Orte erregte Menschenmassen vor Kreisdienststellen und Untersuchungshaftanstalten. Die MfS-Mitarbeiter im Innern reagierten meist völlig hilflos, waren sie es doch gewohnt, dass sich die Menschen ihren Anweisungen in der Regel ängstlich beugten. Jetzt schlug ihnen dagegen der geballte Hass der Bevölkerung entgegen, so dass sie um Leib und Leben fürchten mussten. Befehle, wie sie sich aus dieser Lage befreien sollten, bekamen sie nicht. Am Vormittag hatte die MfS-Zentrale die Bezirksverwaltungen vielmehr instruiert, dass von der Schusswaffe kein Gebrauch gemacht werden dürfe. Den gleichen Befehl bekamen auch die Kreisdienststellen. Zugleich wurden sie jedoch angewiesen, die Sicherheit der Dienststelle unbedingt zu gewährleisten.

Den MfS-Mitarbeitern blieb deshalb nichts anderes übrig, als sich in ihren Gebäuden zu verbarrikadieren und abzuwarten, was passierte. Während die Demonstranten mit Äxten oder Brechstangen Türen und Fenster zu öffnen suchten, wuchs drinnen die Panik. Zu selbständigen Entscheidungen fühlten sich die Dienststellenleiter jedoch nicht ermächtigt, zumal sich unter den Demonstranten viele Frauen und Kinder befanden. Hilfe suchend wandten sie sich deshalb an den Leiter der übergeordneten Bezirksverwaltung und baten dringend um Anweisungen. Aber auch diese hatten Bedenken, eigenmächtig den Befehl zum Schusswaffeneinsatz zu geben. Erst als der zentrale Einsatzstab in Berlin gegen Mittag befahl, die Gebäude notfalls mit Waffengewalt zu verteidigen, wurde scharf geschossen. Bis dahin waren jedoch bereits fünf Kreisdienststellen in die Hände der Demonstranten gefallen und vielfach Akten und Mobiliar zerstört worden; die Mitarbeiter waren oftmals entwaffnet und zum Teil auch verprügelt worden. In Niesky waren sie von aufgebrachten Arbeitern sogar in einen Hundezwinger gesperrt worden; ein zu Hilfe gerufenes Polizeikommando hatte man entwaffnet. In Görlitz flüchteten sie, zusammen mit Mitgliedern der SED-Kreisleitung, erschöpft und verängstigt in die Kaserne der Grenzpolizei. Ihre Erleichterung war deshalb überall groß, als am Mittag oder Nachmittag die sowjetischen Truppen eingriffen. Insgesamt wurden bei den Auseinandersetzungen aber nur 24 MfS-Mitarbeiter verletzt, was nicht gerade für ihren Einsatzwillen spricht; ein Wachmann der Untersuchungsabteilung wurde, wie erwähnt, erschossen, als Demonstranten versuchten, das Zuchthaus in Magdeburg-Sudenburg zu erstürmen.

Waren Polizei und Staatssicherheitsdienst in vielen Orten von der Wucht der Erhebung völlig überfordert, wurde die stärkste bewaffnete Kraft, die Kasernierte Volkspolizei, stundenlang überhaupt nicht eingesetzt. Die meisten KVP-Einheiten taten am 17. Juni bis zum Mittag oder Nachmittag normalen Dienst und wurden nicht einmal über die Ereignisse in Berlin informiert. Selbst wenn Demonstranten, wie in Halle, an ihrer Kaserne vorbeimarschierten, blieben sie in ihren Unterkünften. Ungerührt schauten die Soldaten zu, wie die Beschäftigten des Waggonbauwerks Ammendorf die Propagandalosungen an ihrem Gebäude abmontierten und dazu riefen: »Wir brauchen keine Volksarmee, wir brauchen Butter!«[66] Auch in dem Brandenburger Ortsteil Hohenstücken konnten Offiziere beim Blick aus dem Fenster sehen, wie an einer Baubude ein blaues Tuch mit der Losung »Wir streiken« hing, ohne dass sie Befehl bekamen, dagegen vorzugehen.

Selbst dringende Hilfeersuchen bedrängter Dienststellenleiter führten nicht dazu, dass ihnen die KVP Unterstützung gab. So bemühte sich der Leiter der MfS-Bezirksverwaltung in Dresden, Gerhard Harnisch, am Vormittag des 17. Juni vergeblich um die Entsendung von KVP-Einheiten nach Görlitz und Niesky, um einen Sturm auf die dortigen Kreisdienststellen des Staatssicherheitsdienstes zu verhindern. Erst um 13 Uhr erfuhr er aus der MfS-Zentrale in Berlin, dass inzwischen der Einsatz der KVP angeordnet worden sei. Ähnlich erging es dem Polizeichef der Stadt Brandenburg, der sich schon um 8.30 Uhr an die nahe gelegene KVP-Bereitschaft Hohenstücken wandte, weil sich Tausende Arbeiter vor dem Stahl- und Walzwerk versammelt hatten, um in die Stadt zu ziehen. Der Stab im Innenministerium untersagte dem Kommandeur jedoch jeden Einsatz; erst gegen Mittag bekam die Einheit den Befehl, Lastwagen zu besteigen und das inzwischen von Demonstranten besetzte Volkspolizeikreisamt zu befreien, wobei ihnen die Anwendung von Schusswaffen weiterhin verboten blieb. Auch in Leipzig beklagte sich die Polizei später, dass von der KVP, trotz mehrfacher Hilfeersuchen, bis 14 Uhr keinerlei Unterstützung gekommen sei; wirklich zum Einsatz kamen die Einheiten sogar erst um 16 Uhr. Vorwurfsvoll hieß es später in einem Bericht des Volkspolizei-Kreisamtes (VPKA):

>Wäre es dem Einsatzstab des VPKA Leipzig möglich gewesen, schon am 17.6.53 vormittags auf die Kräfte der KVP zurückzugreifen, hätte es nicht zu diesen Ausschreitungen im Innern der Stadt kommen können, sondern man hätte durch organisierten Einsatz die im Entstehen begriffene Demonstration im Keime zerschlagen können. [...] Beweis dieser Tatsache waren die Einsätze am 18.6.53, wo diese den ganzen Tag über erfolgreich durchgeführt wurden.«[67]

Grund für die Verzögerung waren die zentralen Weisungen aus Berlin, die wiederum auf Vorgaben der sowjetischen Besatzungsmacht beruhten. Jedem KVP-Kommandeur stand außerdem ein sowjetischer »Berater« zur Seite, ohne dessen Zustimmung keine irgendwie relevanten Entscheidungen getroffen werden durften; sogar die Aushändigung von Munition musste von ihm genehmigt werden.

Nach der nächtlichen Besprechung im Stab des Innenministeriums hatte Willi Stoph lediglich einige wenige, ausgewählte Einheiten in Alarm versetzt, während den übrigen Kräften jeder Einsatz untersagt blieb. So erhielt die Politoffiziersschule Berlin-Treptow um 5.30 Uhr den Befehl, die Einsatzbereitschaft herzustellen und sich als Reserve dem Chef der KVP zur Verfügung zu stellen, denn die 875 »Stalinschüler«, wie die künftigen politischen Führungskader der DDR-Armee im Volksmund genannt wurden, galten als besonders zuverlässig. Entsprechend einer Anweisung der sowjetischen Besatzungsmacht bekamen die Soldaten jedoch lediglich Karabiner und die Offiziere Pistolen ausgehändigt, während die schweren

Waffen unter Verschluss bleiben mussten. Um 9 Uhr verließ schließlich die erste Kompanie die Kaserne, um die Menschenansammlungen an der Oberbaumbrücke in Berlin aufzulösen und die Verbindung in den Westteil der Stadt zu sperren – was, wie sich der Kompaniechef später erinnerte, leichter gesagt als getan war:

»Dieser Befehl war außerordentlich allgemein, und es erfolgte auch keine nähere Erläuterung der politischen Lage und der Hintergründe für diesen Einsatzbefehl. Die Aufgabe bestand darin, mit der Kompanie, aufgesessen auf LKW, in Richtung Stadtzentrum zu fahren, die LKW auf denen sich Karabiner und Munition befanden, in Seitenstraßen abzustellen und die Kompanie in kleine Gruppen aufzuteilen, unter die Demonstranten zu verteilen mit dem Ziel, auf die Demonstranten einzuwirken und die Demonstration aufzulösen. [...] Vor Ort angekommen, stellte sich erst einmal heraus, daß dieser Auftrag gar nicht ausführbar war und auf einer offensichtlichen Fehlbeurteilung der Lage beruhte. Es war mir gar nicht möglich, wie es mir befohlen war, die Kräfte der Kompanie einzusetzen.«[68]

Die übrigen Einheiten der Politoffiziersschule konnten am Morgen überhaupt nicht ausrücken, weil man nicht genügend Waffen für sie hatte und die Straße schon voller Demonstranten war. Erst um 11 Uhr brachte ein LKW 400 Karabiner und 12 000 Schuss Munition, so dass auch die anderen Kompanien ausgerüstet und nach und nach ins Stadtzentrum verlegt werden konnten. Sie erhielten unter anderem den Befehl, den Alexanderplatz zu räumen, was jedoch angesichts der dort versammelten Menschenmassen völlig illusorisch war. »Uns gelang es lediglich, die Absperrmaßnahmen aus Richtung Westberlin in Richtung Alexanderplatz aufrechtzuerhalten. Aber selbst dort verstärkte sich der Druck immer mehr«, berichtete der Kompaniechef später.[69] Ähnlich hilflos standen die Soldaten da, die zur Unterstützung der Schutzpolizei am Potsdamer Platz abgestellt worden waren.

Lange Zeit überhaupt nicht zum Einsatz kamen die am Vorabend des 17. Juni mobilisierten Einheiten aus dem Berliner Umland. Obwohl der sowjetische Militärkommandant eingewilligt hatte, Truppen der KVP zur zusätzlichen Sicherung der

Sektorengrenze einzusetzen, wurden die dafür vorgesehenen Soldaten auf Befehl des Einsatzstabes stundenlang am Stadtrand in Bereitschaft gehalten. Erst gegen 15 Uhr, als die sowjetische Armee bereits massiv gegen die Demonstranten vorgegangen war, traten sie in Aktion, um auf den geräumten Straßen Sicherungsaufgaben zu übernehmen.

Die Mobilisierung der anderen KVP-Einheiten erfolgte noch langsamer. Um 11.20 Uhr erhielt die Territorialverteidigung Schwerin erst einen Vorbefehl zur Auslösung des Alarms, während die KVP-Truppen um Dresden sogar bis um 15 Uhr auf die entsprechende Anweisung warten mussten. Da es kein funktionierendes Alarmierungssystem gab, dauerte es manchmal Stunden, bis die Befehle auch wirklich in den einzelnen Kasernen ankamen. Erst nach und nach wurden ab den Mittagsstunden die meisten KVP-Dienststellen in Alarm versetzt, wobei der Stab in Berlin – nach Rücksprache mit Karlshorst – über ihren Einsatz jeweils gesondert befinden musste. Erst nachdem die sowjetischen Besatzungstruppen überall in das Geschehen eingriffen hatten, wurden die KVP-Einheiten – oftmals unter dem Kommando des örtlichen sowjetischen Kommandeurs – verstärkt eingesetzt; in Dresden, Leipzig und Erfurt agierten die DDR-Soldaten von vornherein auf Befehl des sowjetischen Stadtkommandanten. Erst in den späten Nachmittagsstunden wurde beschlossen, dass die KVP in den wichtigsten Unruhezentren – in Absprache mit der zuständigen sowjetischen Militärkommandantur – auch direkt von den inzwischen gebildeten örtlichen Einsatzstäben eingesetzt werden könnten. Letztlich kamen am 17. Juni von den über 100 000 DDR-Soldaten aber nur etwas mehr als 8000 zum Einsatz, davon knapp 1800 in Berlin. In den Folgetagen, als das sowjetische Militär überall das Geschehen beherrschte, wurde die Zahl der eingesetzten Armisten langsam bis auf 16 000 erhöht.

Dass die SED nicht in der Lage war, die Unruhen aus eigener Kraft niederzuschlagen, lag nicht nur an der späten Mobilisierung der Kasernierten Volkspolizei. Die neu geschaffene DDR-Armee war auch nicht auf einen solchen Einsatz vorbereitet. Entsprechend ihrer eigentlichen Bestimmung hatte sie bisher ausschließlich militärische Aufgaben geübt und verfügte über keinerlei polizeitaktische Ausbildung, geschweige denn über die entsprechenden Hilfsmittel wie Schlagstöcke, Wasserwerfer oder Absperrgitter – ein Manko, das die SED bald darauf beseitigte. Auch ihre Einsatzstrukturen funktionierten nicht richtig, so dass die Kompetenzen oft unklar und die Befehle widersprüchlich oder unrealistisch waren. Erst kurz zuvor war die Sowjetische Kontrollkommission aufgelöst worden, die für die Anleitung der KVP zuständig war. Namentlich die Frage des Schusswaffeneinsatzes stürzte die Soldaten in Gewissenskonflikte, da ihnen die Benutzung der Waffen am 17. Juni zumeist ausdrücklich untersagt wurde, sie ohne diese aber oft keine Chance gegen die Demonstranten hatten, sondern um ihre eigene Sicherheit fürchten mussten. Was blieb ihnen anderes übrig, als möglichst schnell die Flucht zu ergreifen?

Auch logistisch zeigte sich die KVP weithin überfordert. Das ständige Hin und Her von Nachfragen und Weisungen führte dazu, dass der interne Fernsprech- und Fernschreibverkehr zeitweise zusammenbrach und die Verbindungen zu den Einheiten unterbrochen waren. Beunruhigt musste die KVP später einräumen: »Bei längeren Störungen der Drahtverbindung oder wenn es den Provokateuren gelungen wäre, das Drahtverbindungsnetz lahm zu legen, hätten die Stäbe keine Verbindung mehr zu den nachgeordneten Dienststellen bzw. ihnen unterstellten Einheiten gehabt, da die Funkverbindung weder gerätemäßig noch organisatorisch vorbereitet war.«[70] Für den Einsatz fehlte es zudem überall an Marschausrüstung und Vorräten, Transportmöglichkeiten und Sanitätern; viele Fahrzeuge erwiesen sich als defekt oder nicht einsatzfähig. Oftmals gab es nicht einmal genügend Waffen, um die Einheiten vollständig auszurüsten. Darüber hinaus war die Ausgabe der Munition so kompliziert und langwierig, dass die Soldaten häufig mit ungeladenen Karabinern losgeschickt wurden, die sie dann bestenfalls wie Schutzschilde oder Schlagstöcke zum Zurückdrängen oder Absperren benutzen konnten.

Wenn ein so ausgerüsteter Zug einer Menge von mehreren Tausend Menschen gegenüberstand, hatte er – wie vor dem Frauengefängnis in Halle – praktisch keine Chance, die befohlenen Räumungs- oder Sicherungsaufgaben auszuführen. Oftmals kapitulierten sie, um, wie in diesem Fall, die Demonstranten nicht unnötig zu provozieren. In eine hilflose Lage gerieten KVP-Soldaten auch in Dresden, wo sie ohne Munition in kleinen Gruppen in die Innenstadt geschickt worden waren. In Gera mussten sich die KVP-Kräfte fluchtartig in ihre Kaserne zurückziehen, nachdem Demonstranten ihnen die Uniformen vom Leib gerissen hatten. Erst bei einem zweiten Einsatz am Nachmittag hatten sie mehr Erfolg, weil der sowjetische Kontrolloffizier, im Gegensatz zu den meisten anderen KVP-Einsätzen, ihnen diesmal die notwendige Munition freigegeben hatte, um die Demonstranten mit Schüssen zu vertreiben. Das hinderte eine größere Gruppe von Wismut-Kumpeln aber nicht, auch in Gera mehrere KVP-Angehörige zu entwaffnen. Ähnlich erging es zwei Zügen mit KVP-Soldaten, die nach Jena entsandt worden waren und dort mehr oder weniger aufgerieben wurden. Auch hier waren es Bergleute der Wismut AG, die einen ihrer Mannschaftswagen umkippten, mehreren Soldaten die Waffen abnahmen und diese anschließend zerstörten.

Obwohl die KVP politisch-ideologisch stärker geschult war als die Schutzpolizei, gab es auch in dieser Truppe deutliche Auflösungserscheinungen. Insbesondere viele einfache Soldaten zeigten sich bei ihren Einsätzen verunsichert, wenn sie auf die Demonstranten stießen, die sie als »Arbeitersöhne« zum Überlaufen aufforderten. Nach der blutigen Niederschlagung des Aufstands, als die KVP-Soldaten Gebäude und Straßen sichern mussten, schlug ihnen erst recht der Hass der Bevölkerung entgegen. Viele Soldaten hatten zudem mit eigenen Augen gesehen, wie sowjetisches und deutsches Militär auf Arbeiter und sogar Frauen geschossen hatte. In verschiedenen Orten kam es deshalb zu Desertionen oder Befehlsverweigerungen, so in Leipzig, Erfurt, Gera und Oranienburg. In Halle zogen am Abend des 17. Juni drei Soldaten bei ihrem Einsatz vor dem Postamt ihre Uniformen aus und schlugen sich auf die Seite der Aufständischen. Bis zum 23. Juni wurden 42 KVP-Soldaten wegen Befehlsverweigerung dem MfS übergeben. Zu Desertionen kam es besonders bei den in Berlin eingesetzten KVP-Einheiten. Allein im August begingen hier 59 Soldaten Fahnenflucht, darunter ein komplettes Kommando am Potsdamer Platz; auch drei Suizidversuche wurden registriert. Von den Angehörigen der KVP-Kriegsmarine nahmen 38 an Demonstrationen teil, 51 weigerten sich, den Befehlen Folge zu leisten, acht solidarisierten sich mit den Streikenden. Dies waren allerdings nur die schwerwiegendsten Fälle, die nicht mehr in der Truppe selbst geregelt wurden. Im September 1953 lag die Desertionsrate doppelt so hoch wie im Januar, viele stellten einen Entlassungsantrag – auch dies deutliche Anzeichen für den kritischen Zustand der Truppe.

Wahrscheinlich hätte es noch sehr viel mehr Befehlsverweigerungen gegeben, wäre die DDR-Armee gleich am Morgen zum Einsatz gekommen, als noch nicht das sowjetische Militär das Geschehen beherrschte und den Aufstand bereits weitgehend niedergeworfen hatte. Andererseits eskalierten die Unruhen durch das lange Zögern der SED-Führung, so dass, als die KVP schließlich den Einsatzbefehl erhielt, sie diese nicht mehr aus eigener Kraft niederwerfen konnte. Auch die stärkste bewaffnete Formation der DDR hatte bei der ersten Bewährungsprobe am 17. Juni weitgehend versagt. Dem Leiter des zentralen Einsatzstabes in Berlin, Staatssicherheitsminister Zaisser, war an diesem Tag wohl bewusst, dass die Herrschaft der SED nur noch an einem seidenen Faden hing, als er einem Untergebenen in der MfS-Zentrale erklärte: »Die Lage ist außerordentlich ernst. Es geht jetzt darum, wir oder sie.«[71]

# Das Eingreifen der Sowjets

Als Retter der SED-Herrschaft erwies sich die Sowjetunion. Bereits um 16.30 Uhr meldete Oberbefehlshaber Gretschko nach Moskau: »Die wesentlichen Regierungs- und Verwaltungsgebäude wie der Ministerrat, das Zentralkomitee der SED und das Polizeipräsidium werden durch unsere Truppen gesichert und bewacht. Die Hauptbezirke von Berlin stehen unter der Kontrolle unserer Truppen. [...] Sämtliche Straßen zu diesen Gebäuden sind durch unsere Soldaten, Panzer und Artillerie abgesperrt. Die Panzer und Schützenpanzerwagen beenden die Zerstreuung der Demonstranten. [...] Die Mitglieder der DDR-Regierung wurden aus den gefährlichen Gebieten evakuiert und sind bei Genossen Semjonow. Um die öffentliche Ordnung wiederherzustellen und die regierungsfeindlichen Demonstrationen zu beenden, wurde in Magdeburg, Leipzig, Dresden, Halle, Görlitz, und Brandenburg das Kriegsrecht ausgerufen.«[72]

Mit ihren annähernd 500 000 Soldaten, die über die ganze DDR verteilt waren, besaß die sowjetische Besatzungsmacht ein erdrückendes militärisches Machtpotential – fast doppelt so viele Soldaten, wie die Bundeswehr heute einschließlich der Wehrpflichtigen auf einem dreimal so großen Gebiet unter Waffen hält. Stärker noch als die Angehörigen der Kasernierten Volkspolizei lebten die sowjetischen Soldaten streng isoliert in militärisch gesicherten Unterkünften, ohne Verbindung zur DDR-Bevölkerung und zu deren Problemen. Von der Krise im Juni 1953 erfuhren sie nur das, was ihnen ihre Vorgesetzten darüber mitteilten – in der Regel nichts.

Lenker dieser Streitmacht war die Führungsstelle der sowjetischen Besatzungsmacht in Deutschland, die, gut bewacht, in Karlshorst am Rande Berlins residierte. Das militärische Oberkommando über die Gruppe der Sowjetischen Besatzungstruppen in Deutschland (GSTB) hatte Andrej Gretschko, während die politischen Entscheidungen – in direkter Anleitung durch das Moskauer Außenministerium und das ZK der KPdSU – vom Hohen Kommissar Wladimir Semjonow getroffen wurden. Letzterer hatte offiziell die Interessen der Sowjetunion in Deutschland zu vertreten. Praktisch konnte jedoch in der DDR ohne die Zustimmung seines Apparats, der 1950 noch mehr als 3500 Mitarbeiter umfasste, keine Entscheidung von Belang getroffen werden. Die sowjetische Kontrolle beschränkte sich dabei nicht auf die zentrale Regierungspolitik in Berlin, sondern umfasste auch die Bezirke, wo es ebenfalls örtliche Militärkommandanturen und zivile »Berater« gab.

Im Gegensatz zur KVP war die sowjetische Armee eine kriegserprobte, durchtrainierte Militärmaschine. Ihre Befehlsstrukturen hatten sich vielfach bewährt, Material und Soldaten wurden in Erwartung einer militärischen Auseinandersetzung mit dem Westen durch ständige Manöver einsatzfähig gehalten. Auch im Juni 1953 nahmen viele Soldaten gerade an Militärübungen teil, so dass die Panzer sofort einsatzbereit waren. Allerdings brauchten sie manchmal mehrere Stunden, bis sie, oft noch dreckverschmiert, an die Einsatzorte in den Städten gelangten.

Wie die SED, so schätzte auch die sowjetische Besatzungsmacht die Lage in der DDR vor dem 17. Juni nicht als bedrohlich ein. Der damalige Chef der Sowjetischen Kontrollkommission, Semjonow, hatte noch im Februar die Anweisung erteilt, weder ihm noch Moskau über irgendwelche Unzufriedenheiten der Arbeiterschaft zu berichten, da diese ungleich besser leben würde als die in der UdSSR. Später wusste man zwar von der Stimmung in der Bevölkerung und den stark steigenden Flüchtlingszahlen, meinte aber mit dem »Neuen Kurs« die Spannungen rechtzeitig entschärft zu haben. Polizeieinsätze zur Niederschlagung von Protesten, wie sie der Ostberliner Polizeipräsident am 16. Juni vorgeschlagen hatte, wurden abgelehnt, um den Stabilisierungskurs nicht in Gefahr zu bringen. Mit der SED ging man davon aus, dass es nach der Rücknahme der Normenerhöhung und den anderen beschlossenen Erleichterungen ausreichen würde, die Arbeiter durch den Einsatz von Agitatoren zu beruhigen; ein Überspringen der Proteste auf andere Orte wurde nicht erwartet.

Nach den teilweise gewalttätigen Protesten in der Stalinallee trafen sich Semjonow und Gretschko allerdings in der Nacht zum 17. Juni mit Ulbricht, Grotewohl, Zaisser und Herrnstadt, um über notwendige Sicherheitsmaßnahmen zu beraten – freilich nur für Berlin. Auf Bitten der SED sollten 450 sowjetische Soldaten in die Berliner Innenstadt entsandt werden, um im Notfall die Sektorengrenze zu sichern und strategisch wichtige Gebäude zu schützen. Außerdem wurden Truppen aus dem Raum Königs Wusterhausen in den frühen Morgenstunden in die Nähe des sowjetischen Hauptquartiers nach Karlshorst verlegt. Ein Teil der Armee wurde zudem in erhöhte Gefechtsbereitschaft versetzt.

Obwohl der sowjetische Hochkommissar Semjonow darüber informiert war, dass die Bauarbeiter zum Generalstreik aufgerufen hatten, zeigte er sich noch am Morgen des 17. Juni in einem Bericht an Verteidigungsminister Nikolaj Bulganin und Außenminister Molotow davon überzeugt, dass die »feindlichen Aktionen von Westberlin als Antwort auf die kürzlich verkündeten Maßnahmen zur Normalisierung der politischen Situation in der DDR organisiert wurden« – entsprechend begrenzt waren die Sicherheitsvorkehrungen.[73] Erst im Nachhinein behauptete er gegenüber Moskau, man hätte der SED-Führung am Vorabend des Volksaufstands erklärt, dass es »notwendig sei, die entschiedensten Maßnahmen zur Aufrechterhaltung der Ordnung in der Stadt« zu ergreifen, da man »ein massives Eindringen provokatorischer Banden von Westberlin nach Ostberlin« erwarte.[74] Als man die »Freunde« darüber informiert hätte, dass sowjetische Truppen in die Stadt entsandt worden seien, hätten diese das jedoch für übertrieben gehalten.

Am 17. Juni musste auch die Besatzungsmacht zur Kenntnis nehmen, dass die Lage ernster war als gedacht. Allerdings dauerte es noch mehrere Stunden, bis sowjetische Truppen überall in der DDR eingriffen. Möglicherweise hoffte man immer noch, dass die ostdeutsche Polizei allein die Lage unter Kontrolle bringen könnte, vielleicht standen aber auch nur die Streitkräfte nicht schnell genug zur Verfügung. Da die sowjetischen Truppen vor allem in den dünn besiedelten Gebieten im Norden sowie im Umkreis von Berlin stationiert waren, gab es besonders beim Einsatz in den südlichen Industriegebieten Probleme. Bereits am Morgen drängte Verteidigungsminister Bulganin aus Moskau, Panzer zur Niederschlagung

22 Leipzig, 17. Juni 1953: Beschäftigte der Kirow-Werke marschieren zum
Untersuchungsgefängnis. Auf dem Transparent steht: »Wir fordern Butter,
keine Kanonen, Freiheit und mehr Lohn!!!«

23 Demonstranten ziehen über den Peterssteinweg in die Beethovenstraße zur
Untersuchungshaftanstalt.

24  Die Menschenmenge fordert vor der Staatsanwaltschaft in der Beethovenstraße die Freilassung der politischen Gefangenen. Ein Polizist richtet seine
Pistole gegen den Fotografen.

25  Sowjetische Soldaten (links auf dem Lkw) beobachten das Geschehen vor
der Untersuchungshaftanstalt in Leipzig.

26  Soldaten der Roten Armee rücken in Leipzig ein.

27  Sowjetische Panzer und Soldaten gehen in Stellung.

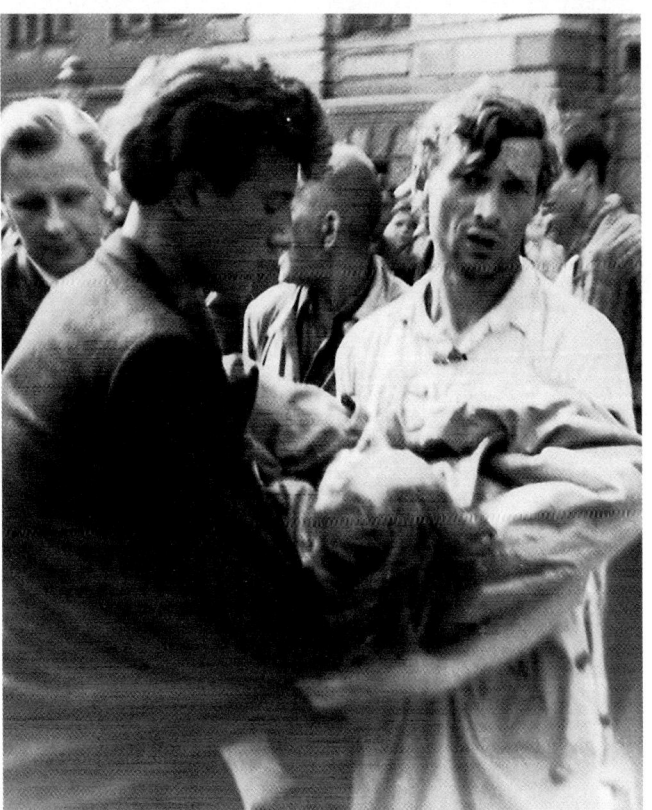

28 Vor dem Leipziger Rathaus brennt ein Propaganda-kiosk der deutsch-sowje-tischen Freund-schaft.

29 Demonst-ranten trans-portieren einen Verletz-ten ab, der beim Sturm der Untersuchungs-haftanstalt von Schüssen ge-troffen wurde.

30  Jena, 17. Juni 1953: Streik in den Zeiss-Werken.

1  Sowjetische Panzer schieben sich durch die demonstrierende
Menschenmenge auf dem Jenaer Marktplatz.

32 Auf dem
Holzmarkt in
Jena: Demonst-
ranten sammeln
sich zum Sturm
auf das Gebäude
der SED-Kreis-
leitung.

33 Demonst-
ranten versuchen
mit Leitern, ihre
festgesetzten
Mitstreiter zu
befreien. Einer
der Festgenom-
menen wird am
nächsten Tag
hingerichtet.

**Der Rat des Kreises Jena**

Vorsitzender des Rates
Sekretär des Rates
Org.u.Instrukteurabteilung
Kaderabteilung
Allgemeine Verwaltung
Rechtsstelle
Betriebs Gewerkschaftsleitung
Planung u Materialversorgung
Jugendfragen u Leibesübungen
Personenstandswesen
Allgemeine Industrie

34 Nach der Erstürmung der Kreisverwaltung in Jena fliegen Akten auf die Straße.

35 Die Tore der Untersuchungs-haftanstalt in Jena stehen offen. 49 Häftlinge wurden befreit.

36   Magdeburg, 17. Juni 1953: Demonstranten ziehen zum Zuchthaus
Sudenburg.

37   Gegen Mittag stürmen sie den Hof der Haftanstalt. Drei Wachleute und
drei Demonstranten werden bei den Auseinandersetzungen erschossen.

# Bekanntmachung

### des Militärkommandanten der Stadt Magdeburg

Ich mache hiermit bekannt, daß die Einwohner der Stadt Magdeburg

## Dartsch, Alfred und Strauch, Herbert

wegen der aktiven provokatorischen Handlungen am 17. Juni 1953, die gegen die festgelegte Ordnung gerichtet waren, als auch wegen der Teilnahme an den banditischen Handlungen vom Gericht des Militärtribunals zum

## Tode durch Erschießen

verurteilt worden sind.

Das Urteil ist am 18. Juni 1953 vollstreckt worden.

Der Militärkommandant
der Stadt Magdeburg

38 Bekanntmachung des sowjetischen Militärkommandanten von Magdeburg.

39 Streikende Arbeiter der Leuna-Werke in Merseburg.

40  Halle, 17. Juni 1953:
Fröhliche Demonst-
ranten erreichen gegen
Mittag den Marktplatz.
Der spätere Sprecher des
Zentralen Streikkomitees
Herbert Gohlke (vorne
Mitte) winkt in die
Kamera.

41  Das Händel-Denk-
mal auf dem Marktplatz.
Auf dem Plakat steht:
»Spitzbart, Bauch und
Brille ist nicht des Volkes
Wille!«

## Befehl!

**Ueber die Stadt Halle ist der**

**A u s n a h m e z u s t a n d**

verhängt. Demonstrationen, Versammlungen und Zusammenrottungen jeder Art sind verboten.

Jeder Aufenthalt auf den Straßen ist von

**21.00 bis 4 Uhr**

verboten.

Im Falle von Widerstand wird von der Waffe Gebrauch gemacht!

Halle, den 17. Juni 1953

**Chef der Garnison und Militärkommandant der Stadt Halle (Saale)**

42 Propagandatafel auf dem Marktplatz von Halle. Während die Stalin-Bilder in Fetzen gehen, bleibt Karl Marx unversehrt.

43 Bekanntmachung des sowjetischen Militärkommandanten von Halle.

44 Vor dem erstürmten Gebäude des Staatssicherheitsdienstes in Görlitz.

45 Bauerndemonstration durch die Kleinstadt Jessen im Bezirk Cottbus.

der Demonstrationen auffahren zu lassen. Oberbefehlshaber Gretschko musste ihm jedoch erklären, dass die Truppen ihre Einsatzräume noch nicht erreicht hätten und deshalb nicht einsatzbereit seien. Nur in Berlin hatte sowjetisches Militär, wie vereinbart, bereits am frühen Morgen mit Panzern, Schützenpanzerwagen und Mannschaftsfahrzeugen in Bereitschaftsräumen Stellung bezogen, ab 10 Uhr bewegten sich die Einheiten ins Stadtzentrum.

Die Nachrichten aus Ostberlin wurden zu diesem Zeitpunkt immer alarmierender. Um 11.15 Uhr meldeten Semjonow und Gretschko nach Moskau, dass es der deutschen Polizei nicht gelungen sei, die Demonstranten zu zerstreuen. Nachdem sie am Haus der Ministerien von der Polizei zunächst zurückgedrängt worden seien, hätten sie damit begonnen, Steine auf die Polizei zu werfen. Da in Westberlin zu einer Solidaritätsdemonstration aufgerufen worden sei, bestünde die Möglichkeit, dass diese Protestierer versuchten, nach Ostberlin einzudringen, was zu einer Verschärfung der Unruhen führen könnte. Die Arbeiter der Kabelwerke hätten bereits verlangt, dass der Betriebsschutz seine Waffen übergebe und dass die deutsche Polizei und die sowjetischen Truppen aus Ostberlin abzögen. »Der Streik nimmt zu und bezieht weitere große Betriebe ein. Die Arbeiter dieser Betriebe legen normalerweise die Arbeit nieder und schließen sich der Demonstration an. Es gab Beispiele, daß Demonstranten sowjetische Patrouillen an der Stalinallee provozierten.«[75]

In Moskau wurde deshalb beschlossen, den Ausnahmezustand zu verhängen und damit selber die Regierungsgewalt zu übernehmen. Mehrmals rief Chruschtschow in Karlshorst an, noch häufiger Molotow und andere. Zur Niederschlagung des Aufstands sandte man den Generalstabschef der Roten Armee und stellvertretenden Verteidigungsminister der UdSSR, Marschall Wassili Sokolowski, in die DDR, einen erfahrenen Heerführer des Zweiten Weltkriegs, der nach 1945 Chef der Sowjetischen Militäradministration in Deutschland (SMAD) gewesen war. Zusätzlich wurde eine geheimpolizeiliche Sondereinsatzgruppe unter Leitung des Ersten stellvertretenden Innenministers der UdSSR, Sergej Goglidse, und des amtierenden sowjetischen Abwehrchefs, Generalleutnant Pjotr Fedetow, eingeflogen. Sokolowski übernahm am Abend den Oberbefehl über alle in Ostdeutschland agierenden Militär- und Sicherheitskräfte und leitete in Karlshorst den Krisenstab, dem auch der sowjetische Hochkommisar Semjonow und sein Stellvertreter Judin angehörten. Auch die Vertretung des sowjetischen Innenministeriums in der DDR, das heißt der sowjetische Repressions- und Überwachungsapparat in Ostdeutschland, wurde ihm unterstellt. Als Sokolowski in Karlshorst eintraf, lautete seine erste Frage an die anwesenden SED-Politbüromitglieder: »Wie konnte diese Sache passieren, das verstehe ich nicht. Solche Dinge stellt man doch nicht von einem Tag zum anderen auf die Beine. Dazu ist doch eine Organisation erforderlich.«[76] Ulbricht registrierte befriedigt, dass dadurch insbesondere sein parteiinterner Gegenspieler, der Minister für Staatssicherheit Wilhelm Zaisser, in Erklärungsnöte geriet.

Gretschko und später Sokolowski brachten gegen die unbewaffneten Demonstranten fast ihr gesamtes Militärpotenzial zum Einsatz. Allein in Berlin rückten drei Divisionen ein – also Großverbände des Heeres zur Lösung taktischer Aufgaben im konventionellen oder atomaren Gefecht. In der übrigen DDR kamen 13 Divisionen zum Einsatz. Wie Gretschko am Abend des 17. Juni nach Moskau meldete, konzentrierten sich die Hauptkräfte der Armee auf 36 Großräume, mit Schwerpunkt im Süden der DDR. Seinem Telegramm zufolge marschierten sowjetische Truppen in folgende Orte ein: Bad Freienwalde, Berlin, Bernau, Borna, Brandenburg, Burg, Cottbus, Dessau, Dresden, Eberswalde, Eisenach, Frankfurt/Oder, Fürstenwalde, Gardelegen, Grimma, Halle, Jena, Königsbrück, Leipzig, Ludwigslust, Lübben, Magdeburg, Merseburg, Meißen, Naumburg, Oranienburg, Oschatz, Parchim, Perleberg, Riesa, Spremberg, Stendal, Weimar, Weißenfels, Wittenberg, Zeithain und Zeitz. Am nächsten Morgen nannte er noch weitere Orte, in die sowjetische Truppen vorstießen: Altes Lager, Birkenwerder, Oschnitz, Glauchau, Gollwitz, Krampnitz, Kremmen, Ohrdruf, Neustrelitz, Roßlau, Saalfeld, Schönau, Schönwalde, Templin und Velten. Und auch diese Liste war noch nicht vollständig.

Während die streikenden Arbeiter am 17. Juni teilweise annahmen, die Sowjetunion würde als »Arbeiter-und-Bauern-Macht« ihre Forderungen unterstützen oder sich zumindest neutral verhalten, tat diese alles dafür, die Streiks und Demonstrationen niederzuschlagen. Schon gegen 14 Uhr teilte Semjonow der Moskauer Führung mit: »Den sowjetischen Truppen, die in der DDR wirken, und den Abteilungen der deutschen Volks- und Kasernenpolizei hat man den Befehl zum Waffeneinsatz in notwendigen Fällen und zur Verhaftung und Verurteilung der Anstifter der Unruhen gegeben.«[77] In seinen Memoiren behauptete er später, dass gegen Mittag »die Weisung aus Moskau [kam], das Feuer auf Aufwiegler zu eröffnen, militärische Standgerichte einzurichten und zwölf Rädelsführer zu erschießen. Die Mitteilung über die Exekutionen sollten überall in der Stadt ausgehängt werden. Da Sokolowski und ich aber über außerordentliche Vollmachten verfügten, handelten wir nicht nach dieser Weisung und gaben lediglich den Befehl, über die Köpfe der Demonstranten hinwegzuschießen.«[78] Dass es nicht zu einem Blutbad mit Tausenden von Toten kam, lag freilich in erster Linie daran, dass die Aufständischen kaum Widerstand gegen die sowjetischen Truppen leisteten.

Die Sowjets setzten auf die Taktik der massiven Einschüchterung. Ein Großaufgebot an Panzern – allein in Berlin wurden 600 T 34 mit jeweils zwei Maschinengewehren und einer fünfköpfigen Besatzung eingesetzt – rollte in die Zentren der Erhebung und verdrängte schon durch seine physische Präsenz die Menschen von den Straßen. Widerstand gegen die dröhnenden Stahlkolosse zu leisten, die selbst Barrikaden unter ihren Ketten zermalmen konnten, war kaum möglich. Die Panzer versuchten meist, die Demonstrationszüge aufzuspalten und in die Seitenstraßen abzudrängen, während hinter ihnen Schützenketten der Infanterie sowie in zunehmendem Maße auch Einheiten der Kasernierten Volkspolizei die verbliebenen Menschenansammlungen vertrieben. Die Soldaten hatten die Anweisung, bei Widerstand erst über die Köpfe hinweg und dann, wenn notwendig, direkt auf die Demonstranten zu schießen. Schützenketten sperrten anschließend die Straßen und Plätze ab und zogen vor strategisch wichtigen Gebäuden auf, oftmals unterstützt von Panzern oder Panzerabwehrkanonen. Eine tagelange militärische Präsenz sowie ständige Patrouillen sorgten dafür, dass sich keine neuen Ansammlungen bilden konnten. Auch der Ausgangspunkt der Unruhen, die Großbetriebe der DDR, wurden zum Teil militärisch besetzt, um die Streiks zu beenden und erneute Demonstrationen zu verhindern. Zur Abschreckung der Bevölkerung nahm die sowjetische Armee in verschiedenen Städten zudem standrechtliche Erschießungen vor.

In Berlin traten die sowjetischen Truppen zwischen elf und zwölf Uhr in Aktion. Wie weiter oben beschrieben, beschränkten sie sich zunächst darauf, den von Demonstranten umlagerten Regierungssitz zu schützen; die Menschenmenge wurde aufgefordert, die Straße zu verlassen. Wenig später erteilte der sowjetische Militärkommandant Dibrowa den Räumungsbefehl. Panzer rollten nun überall in der Innenstadt auf die Menschen zu und drängten sie zur Seite. Soldaten sicherten die geräumten Straßen ab und gingen zum Teil kriegsmäßig in Schussstellung. Um 13 Uhr wurde der Ausnahmezustand ausgerufen; alle Menschenansammlungen von mehr als drei Personen waren verboten, ab 21 Uhr herrschte eine Ausgangssperre.

Die Durchsetzung der Bestimmungen des Ausnahmezustands erfolgte hauptsächlich durch sowjetische Truppen. Um den Widerstand der Demonstranten zu brechen, setzten sie an mehreren Stellen der Innenstadt, so am Potsdamer und Leipziger Platz, am Brandenburger Tor und in der Invalidenstraße, dafür auch automatische Waffen ein. Hinter den sowjetischen Schützenketten operierten Soldaten der Kasernierten Volkspolizei, die ihre Karabiner aber zunächst nur passiv, das heißt ohne zu schießen, einsetzen durften. Wenn die Straßen oder Plätze geräumt waren, übernahmen die KVP-Soldaten Sicherungsaufgaben. Sowjetische Truppen und KVP sperrten auch die Sektorengrenze zum Westteil der Stadt ab. Andere KVP-Einheiten wurden zur Bewachung von Betrieben, öffentlichen Gebäuden und Verkehrsknotenpunkten eingesetzt.

Um 14 Uhr meldete Semjonow nach Moskau: »Mit dem Beginn der aktiven Eingriffe unserer Truppen begann die Lage in Berlin, sich zu normalisieren. Mit dem Erscheinen von sowjetischen Panzern zerstreuen sich die Demonstranten.«[79] Zweieinhalb Stunden später teilte Gretschko mit, die Lage am ZK-Gebäude und am Regierungssitz sei ruhig. »Alle Straßen auf dem Weg zu diesen Gebäuden sind durch unsere Truppen, Panzer und Artillerie gesperrt. Die Panzer und Schützenpanzerwagen sind dabei, die restlichen Demonstranten zu zerstreuen.«[80] Dennoch holte er noch weitere Truppen heran. Zwischen 16 und 18 Uhr erreichte die zweite Mechanisierte Armee den Stadtrand und bekam den Auftrag, die Ordnung bis zum Abend wieder vollständig herzustellen. Noch tagelang dominierten sowjetische Panzer und Militärpatrouillen in Berlin das Stadtbild.

In ähnlicher Weise gingen die sowjetischen Truppen auch in den anderen Unruhegebieten vor. In manchen Städten griffen sie bereits am Mittag in das Geschehen ein, sicherten Gebäude oder eilten ostdeutschen Sicherheitskräften zu Hilfe, wenn diese in bedrängter Lage waren und dringend um Unterstützung baten. Am frühen Nachmittag des 17. Juni kam die Armee dann in einem großen Teil der DDR zum Einsatz, um Plätze und Straßen zu räumen. Allerdings gelang es auch der sowjetischen Militärmaschinerie nicht überall sofort, die Unruhen niederzuschlagen, weil die Zahl der Schauplätze selbst ihre Möglichkeiten überstieg. So diente es wohl eher der Beruhigung der Moskauer Führung, als Semjonow schon um 14 Uhr mitteilte, dass sich die Lage in der DDR allmählich wieder normalisiere – die von ihm anschließend genannten Fakten deuteten eher in eine andere Richtung. Je nach Lage verhängten die zuständigen Militärkommandanten nach und nach über die wichtigsten Orte den Ausnahmezustand: um 14 Uhr über Magdeburg, Dresden und Görlitz, um 16 Uhr über Leipzig, um 17 Uhr über Gera, Jena und Brandenburg, um 19 Uhr über Halle, um 22 Uhr über Rostock – um nur einige der größeren Städte zu nennen. Insgesamt stellte die sowjetische Besatzungsmacht 13 Bezirks- und 51 Kreisstädte sowie einen erheblichen Teil der ländlichen Regionen unter Kriegsrecht. Am Morgen des 18. Juni herrschte in 167 der 217 ostdeutschen Land- und Stadtkreise der Ausnahmezustand. Nur die thüringische Bezirksstadt Suhl, in der es so gut wie keine Proteste gegeben hatte, blieb verschont.

In Brandenburg erhielten die von Demonstranten belagerten Polizisten und KVP-Soldaten am Polizeipräsidium und an anderen Brennpunkten der Stadt bereits um 13 Uhr Unterstützung durch sowjetische Panzer und Schützenketten. Auch in Leipzig tauchten um diese Zeit erste sowjetische Militäreinheiten auf, um einen Sturm auf die Untersuchungshaftanstalt in der Beethovenstraße zu verhindern. Allerdings reichten ihre Kräfte anfangs nicht aus, um die Erhebung im ersten Ansatz zu ersticken. Man musste sich schließlich sogar noch Panzer der DDR-Armee »ausborgen«. In Magdeburg begann am frühen Nachmittag ein massiver Militäreinsatz, doch den eilends zusammengezogenen sowjetischen Einheiten gelang es zunächst nicht, die Demonstrationen aufzulösen. Wie in Jena gingen die Soldaten daraufhin mit großer Brutalität gegen die

Demonstranten vor und schossen zum Teil wahllos in die Menge. Augenzeugen zufolge rasten Panzer über die Fußwege und feuerten über die Köpfe der Menschen hinweg, die daraufhin schreiend auseinander liefen. Mindestens drei Menschen starben in der Nähe des Polizeipräsidiums durch gezielte Schüsse aus sowjetischen Karabinern. In beiden Orten leisteten Demonstranten ihrerseits aktiven Widerstand gegen das sowjetische Militär, indem sie es mit Steinen bewarfen oder aus Straßenbahnwagen Barrikaden errichteten. In Halle konnten die Unruhen ebenfalls erst am Abend niedergeschlagen werden. Hier hatte man jedoch von vornherein so lange gewartet, bis genügend Militär zusammengezogen war, um den Marktplatz und die Straßen der Innenstadt zu räumen. Kasernierte Volkspolizei beteiligte sich anschließend – wie in Berlin und anderen Orten – an der Sicherung der Innenstadt.

Sowjetisches Militär kam aber nicht nur in den Städten zum Einsatz. Auch auf dem Lande zogen Panzer und Soldaten auf, um – wie in Jessen – Demonstrationen aufzulösen oder – wie in Wedderstedt – gleich zu verhindern. In Thüringen wurde, wie erwähnt, ein ganzes Dorf wochenlang mit Panzern umstellt, um den Widerstand seiner Bewohner zu brechen. Darüber hinaus besetzte die Armee zahlreiche Großbetriebe, insbesondere wenn sie sich in sowjetischem Besitz befanden, darunter den Waggonbau Ammendorf in Halle, die Leuna-Werke bei Merseburg oder das Stahl- und Walzwerk in Hennigsdorf. Noch tagelang mussten hier die Arbeiter beim Betreten des Werkes an Militärposten und Panzer vorbei, die an den Toren postiert worden waren.

Auch am 18. Juni kam es zu zahlreichen sowjetischen Militäreinsätzen, um die Unruhen niederzuschlagen. So berichtete Oberbefehlshaber Gretschko am Morgen nach Moskau, dass eine Panzereinheit nach Weida bei Gera unterwegs sei, weil dort die Beerdigung eines getöteten Deutschen in eine Demonstration gegen die Regierung umfunktioniert werden sollte. Allerdings wurden jetzt, nachdem die sowjetische Besatzungsmacht die Kontrolle über das Land im Wesentlichen wiederhergestellt hatte, verstärkt auch ostdeutsche Sicherheitskräfte eingesetzt. Während sich die sowjetischen Truppen langsam aus dem Kampfgeschehen zurückzogen, trat insbesondere die KVP bei der Zerschlagung von Demonstrationen und der Besetzung von Betrieben zunehmend in den Vordergrund. In

Halle waren nun vor den öffentlichen Gebäuden überall die khakifarbenen Uniformen der KVP zu sehen, Armeestreifen patrouillierten durch das Stadtgebiet. In Riesa und Gröditz besetzten Einheiten der KVP die Werkeingänge. Auch in Berlin marschierten zusätzliche KVP-Einheiten auf. Den streikenden Kumpeln der Kyffhäuserhütte drohten sie am 19. Juni mit Massenverhaftungen und der Zwangsräumung des Betriebs. Inzwischen hatten die KVP-Soldaten die klare Anweisung, die Schusswaffe anzuwenden, wenn die ihnen gestellten Aufgaben anders nicht zu erfüllen waren; in mehreren Großstädten, darunter in Halle, machten sie ohne Zögern davon Gebrauch – und wurden dadurch mitschuldig an der blutigen Niederschlagung des Volksaufstands.

In einer ersten Bilanz des Einsatzes berichtete Gretschko in der Nacht vom 17. zum 18. Juni, dass insgesamt 84 Menschen getötet oder verletzt worden seien. Später meldete er 50 Tote und 294 verletzte Demonstranten nach Moskau; 33 Personen seien durch sowjetische und 17 durch ostdeutsche Truppen ums Leben gekommen. Aber auch diese Zahlen waren noch zu niedrig gegriffen: Nach neueren Recherchen wurden mindestens 51 Menschen durch Waffengewalt getötet, 24 durch sowjetische Einsatzkräfte und 27 durch Volkspolizisten – zuzüglich der 20 standrechtlich Erschossenen oder anderweitig Hingerichteten. Die Zentrale Ermittlungsstelle für Regierungs- und Vereinigungskriminalität geht sogar von mindestens 125 Toten aus. 368 Menschen wurden nach Angaben der Volkspolizei verletzt, 86 davon schwer. Doch viele Verletzte wurden von niemandem registriert, da sich die Betroffenen aus Angst vor Verfolgung nicht in ärztliche Behandlung begaben.

Allein in Ostberlin kamen mindestens 14 Menschen bei der Niederschlagung der Unruhen ums Leben. Neun von ihnen starben in Westberliner, vier in Ostberliner Krankenhäusern, ein großer Teil war noch nicht volljährig; ein sowjetischer Soldat erschoss am 22. Juni von der Straße einen Mann in seiner Ostberliner Wohnung. Die Namen der Opfer lauten: Horst Bernhagen (21 Jahre), Kurt Heinrich (44), Rudolf Herger (40), Edgar Krawetzke (20), Hardy Kugler (15), Richard Kugler (15), Erich Naff (41), Erich Nast (40), Oskar Pohl (25), Wolfgang Rohling (15), Gerhard Santura (17), Gerhard Schulze (45), Rudi Schwander (16) und Werner Sendritzki (16). Im Bezirk Halle starben mindestens elf Personen, doch nur von neun sind die Namen bekannt: Kurt Crato (41), Wilhelm Erimer (52), Edmund Ewald (25 Jahre), Margot Hirsch (18), Horst Keil (18), Rudolf Krause (23), Karl Ruhnke (61), Gerhard Schmidt (26) und Manfred Steue (24). In Leipzig wurden mindestens sieben Menschen erschossen: Joachim Bauer (20 Jahre), Elisabeth Bröcker (65), Gerhard Dubielzig (19), Johannes Köhler (44), Paul Ochsenbauer (15), Dieter Teich (19) sowie »versehentlich« auch der Polizeirat Erich Kunze. In Magdeburg mussten drei Zivilisten sterben: die Landarbeiterin Dora Borgmann (16 Jahre), der Kellner Kurt Fritsch (47) sowie der FDJ-Instrukteur Horst Prietz (17). Im Bezirk Gera erlag Alfred Walter (33 Jahre) seinen Schussverletzungen.[81]

Die Tatsache, dass der Aufstand fast die gesamte DDR ergriffen hatte, wurde von der sowjetischen Besatzungsmacht nicht als Ausdruck der großen Unzufriedenheit mit der Politik der SED interpretiert. Für sie lag darin vielmehr der Beweis, dass der Aufstand von langer Hand vorbereitet worden wäre – eine These, in der sich die SED-Spitze und der sowjetische Krisenstab in Karlshorst offenbar gegenseitig bestätigten. Schon am Abend des 17. Juni kabelte Oberbefehlshaber Gretschko nach Moskau: »Wir vermuten, daß eine spezielle Organisation mit Sitz in Westberlin die Streiks in Ostberlin organisiert hat.« Da die Aufständischen in den meisten Städten zur selben Zeit in Aktion getreten seien und überall dieselben Forderungen erhoben hätten, müssten die Provokationen von den Westsektoren Berlins im Voraus vorbereitet, organisiert und gelenkt worden sein.[82]

Dieselbe Auffassung vertrat auch Generalstabschef Sokolowski, der in der Nacht vom 17. zum 18. Juni der sowjetischen Führung berichtete: »Die heutigen Ereignisse in Berlin und in den anderen großen Städten der sowjetischen Zone in Deutschland sind offensichtlich ein überwiegend geplanter Aufruhr im gesamten Territorium der Deutschen Demokratischen Republik, der auf einen Staatsstreich und die gleichzeitige Absetzung der Regierung der Deutschen Demokratischen Republik abzielte.«[83] Auch er meinte den Beleg dafür darin zu finden, dass die Unruhen in den Städten Magdeburg, Brandenburg, Leipzig, Jena, Gera, Halle, Bitterfeld, Dresden, Cottbus, Riesa und Görlitz gleichzeitig ausgebrochen seien, dass überall die gleichen Aktionsformen wie Arbeitsniederlegung und Gebäudebesetzung angewandt worden seien und dass die Unruhen unter den gleichen Losungen stattgefunden hätten. Um so unverständlicher war für ihn, dass der Aufstand sowohl für die DDR-Regierung als auch für die sowjetischen Organe völlig unerwartet gekommen sei. Er kritisierte in diesem Zusammenhang den Apparat des sowjetischen Hochkommissars und die Leitung der Gruppe der Sowjetischen Streitkräfte, die die am 16. Juni beginnenden Ereignisse nicht ernst genommen hätten, wodurch es bei der Niederschlagung der Unruhen zu Verspätungen gekommen sei.

Eine Woche nach dem Aufstand hatte sich die Lage in der DDR aus Sicht der Sowjetunion wieder beruhigt. Am 23. Juni wurde zunächst die Sperrung der Sektorengrenzen in Berlin aufgehoben. Zwei Tage später fiel auf dem Lande der Ausnahmezustand. Er galt aber immer noch in den Städten Berlin, Magdeburg, Halle, Potsdam, Görlitz, Dessau, Merseburg, Bitterfeld, Cottbus, Dresden, Leipzig, Gera und Jena. Vermutlich am 26. Juni verließen Sokolowski, Semjonow und Judin Berlin und fuhren zur Berichterstattung nach Moskau. Nach und nach wurde nun auch in den Städten der Ausnahmezustand aufgehoben, und Sicherheitskräfte der DDR ersetzten überall die sowjetischen Truppen. In Berlin entfielen die letzten Einschränkungen zum 1. Juli, nachdem zwei Tage zuvor bereits die nächtliche Ausgangssperre aufgehoben worden war. Nach der Aufhebung des Ausnahmezustands, zum Teil aber auch erst erheblich später, zog sich auch die DDR-Armee in ihre Kasernen zurück.

Ohne den massiven sowjetischen Militäreinsatz wäre es der SED kaum gelungen, die Erhebung niederzuschlagen. »Hätten die Russen nicht entscheidend eingegriffen«, so meldete der britische Berliner Stadtkommandant am 19. Juni nach London, »besteht für mich kaum ein Zweifel, daß die DDR inzwischen bereits gestürzt wäre.«[84] Zur gleichen Schlussfolgerung kam auch die SED in ihrer ersten Analyse des Aufstands: »Es gelang am 17. und 18. 6. in der Regel erst nach dem Eingreifen der sowjetischen Einheiten, Ruhe und Ordnung wiederherzustellen und die Arbeitsaufnahme zu erreichen«, hieß es in dem vom Zentralkomitee erstellten Bericht. »Das entschlossene Vorgehen der sowjetischen Einheiten zerschlug die faschistische Provokation und brachte die Menschen von der Straße.«[85] Erst später wurde die entscheidende Rolle der Sowjets bei der Niederschlagung des Aufstands zunehmend geleugnet.

Die Bevölkerung reagierte größtenteils verbittert auf das Eingreifen der Sowjets. Das Verhältnis zur Besatzungsmacht erlebte einen neuen Tiefpunkt, trotz eilends organisierter »Freundschaftsfeste«. Selbst im *Neuen Deutschland* konnte man am 30. Juni lesen: »Viele irregeleitete Arbeiter stellen an diesem Tage die Frage: Wir demonstrierten für unsere Forderung für die Abschaffung der Normenverordnung, für die Verbesserung unserer Lebenslage. Warum mischt sich die Sowjetarmee in unsere inneren Verhältnisse ein? Andere fragten: Wie kann die Sowjetmacht Panzer gegen uns auffahren lassen? Wie kann sie uns zumuten, unter den Drohungen von Panzern zu arbeiten?«[86]

# Festnahmen und Verurteilungen

Die Mitteilung bestand nur aus zwei Sätzen: »Ich mache hiermit bekannt, daß die Einwohner der Stadt Magdeburg, Dartsch, Alfred, und Strauch, Herbert, wegen der aktiven provokatorischen Handlungen am 17. Juni 1953, die gegen die festgelegte Ordnung gerichtet waren, als auch wegen der Teilnahme an den banditenhaften Handlungen vom Gericht des Militärtribunals zum Tode durch Erschießen verurteilt worden sind. Das Urteil ist am 18. Juni vollstreckt worden.«[87] Unterzeichnet war die Erklärung vom sowjetischen Militärkommandanten der Stadt Magdeburg.

Die sowjetische Besatzungsmacht beschränkte sich nicht darauf, die Demonstranten von den Straßen zu verjagen und die Beendigung der Streiks zu erzwingen. Noch am Tage der Niederschlagung begann vielmehr die Jagd auf die Aufständischen. Armeeangehörige und Kräfte des sowjetischen Innenministeriums nahmen, in engem Zusammenspiel mit den ostdeutschen Sicherheitskräften, massenhaft Verhaftungen vor. Festgenommen wurden nicht nur Menschen, die sich bei den Unruhen besonders hervorgetan hatten; auch Verstöße gegen das Versammlungsverbot und die Ausgangssperre führten zu zahllosen Inhaftierungen. Seit dem Abend des 17. Juni fahndete man zudem in allen Zentren des Aufstands fieberhaft nach den Organisatoren der Streiks und Demonstrationen.

Bereits um 23 Uhr konnte der sowjetische Generalstabschef Sokolowski nach Moskau melden, dass 700 Aufrührer inhaftiert worden seien, davon 300 in Berlin. Bis zum nächsten Morgen, sechs Uhr, hatte sich die Zahl der Festgenommenen bereits auf 3351 erhöht, 2414 waren allein in Ostberlin in Gewahrsam genommen worden. Am 20. Juni berichtete Oberbefehlshaber Gretschko, dass insgesamt 8029 Provokateure, Rebellen und Personen, die sich verdächtig gemacht oder gegen die Bestimmungen des Ausnahmezustands verstoßen hätten, verhaftet worden seien.

Die Rache der Sieger war unerbittlich. Bereits am 18. Juni kabelte Gretschko nach Moskau, dass sechs aktive Provokateure gefasst und von sowjetischen Militärtribunalen zum Tode verurteilt worden seien – je einer in Berlin und Jena, je zwei in Magdeburg und Görlitz. Die Urteile wurden vom Militärrat der sowjetischen Besatzungstruppen bestätigt und sofort vollstreckt. Sechs weitere vermeintliche Rebellen hatten die sowjetischen Truppen bereits während der Unruhen nach ihrer Festnahme erschossen. Die Opfer wurden aus der Masse der Inhaftierten meist mehr oder weniger willkürlich ausgewählt, auch mehrere ostdeutsche Polizisten mussten sterben. Wie Semjonow berichtete, ließ er sogar den Staatsanwalt der sowjetischen Streitkräfte in Deutschland festnehmen, da dieser unter Berufung auf die Strafprozessordnung die Ausführung des Befehls verweigert hätte. Bis zum 22. Juni wurden 19 Todesurteile verkündet und mit einer Ausnahme auch exekutiert.

Die Todesurteile verfolgten den Zweck, die Bevölkerung einzuschüchtern. Aus diesem Grunde wurden sie meist noch am Tage der Vollstreckung über Radio, Plakate und Zeitungsveröffentlichungen bekannt gegeben. Die sowjetische Besatzungsmacht machte auf diese Weise unmissverständlich deutlich, wie sie mit weiterem Widerstand umgehen würde.

Eines der ersten Opfer war der 36-jährige Maler Willy Göttling, Vater zweier Kinder und wohnhaft im Westteil der Stadt. Der sowjetische Geheimdienst warf ihm vor, am 17. Juni einen Lautsprecherwagen der Volkspolizei, über den zur Beendigung der Streiks aufgerufen wurde, attackiert und die Insassen brutal angegriffen zu haben. Im Verhör hätte er gestanden, dass ihn der amerikanische Geheimdienst am Vortag rekrutiert hätte, um an den geplanten Unruhen aktiv teilzunehmen – Behauptungen, die offenkundig falsch waren, denn amerikanische Stellen überprüften ihn umgehend und stellten intern fest, dass er bei keiner Dienststelle bekannt war. Dass die Hinrichtung vor allem propagandistischen Zwecken diente, zeigt auch die Mitteilung des sowjetischen Militärkommandanten:

»Hiermit wird bekanntgegeben, daß Willi [sic!]Göttling, Bewohner des Westsektors von Berlin, der an den gegen die Regierung gerichteten Provokationen teilnahm und einer der Urheber der Unruhen war, sowie an den Ausschreitungen teilnahm, vom Kriegsgericht zum Tode durch Erschießen verurteilt wurde. Das Urteil wurde vollstreckt. Mit der Bekanntmachung der Erschießung des W. Göttling hat der Militärkommandant unmißverständlich zum Ausdruck gebracht, daß es kein abscheulicheres Verbrechen als das der Provokation und Unruhestiftung sowie Aufwiegelung gibt. Göttling war ein williger und bewußter Agent des ausländischen imperialistischen Spionagedienstes. Er gehörte nicht zu den Arbeitern, die nach Stunden der Irrungen ihrer friedlichen Arbeit nachgingen. Göttling war ein gedungener Agent der westdeutschen Monopolherren. […] Die Bevölkerung von ganz Berlin und ganz Deutschland bejaht das Urteil als eine Maßnahme zur Sicherung des Friedens.«[88]

Anderswo ergingen ähnliche Urteile. In Weimar wurde der 26-jährige Kfz-Schlosser Alfred Diener hingerichtet, den sowjetische Soldaten, wie erwähnt, am 17. Juni in den Räumen der SED-Kreisleitung von Jena verhaftet hatten; nach ihm wurde in Jena inzwischen eine Straße benannt. In Apolda, wo die Unruhen besonders lange anhielten, wurde am 20. Juni der 17-jährige Axel Schläger füsiliert. In Eisleben wurden die Demonstranten Walter Krüger, Hermann Stahl und Kurt Arndt standrechtlich erschossen. In Leipzig ergingen Todesurteile gegen den 17-jährigen Lehrling Peter Heider, den 24-jährigen Walter Schädlich, den 25-jährigen Arbeiter Heinz Sonntag und den 40-jährigen ehemaligen VP-Angehörigen Herbert Kaiser, den das MfS den »sowjetischen Freunden« übergeben hatte. Man warf ihm vor, an der Entwaffnung der Transportpolizei am Leipziger Hauptbahnhof beteiligt gewesen zu sein. Erschossen wurde im Bezirk Leipzig zudem der 42-jährige Arbeiter Eberhard von Cancrin, der am 17. Juni im nahe gelegenen VEB Espenhain von sowjetischen Wachmannschaften abgeführt worden war. Sterben musste auch der 15-jährige Lehrling Paul Ochsenbauer, der, wie erwähnt, in der Innenstadt einem sowjetischen Offizier den plakatierten Ausnahmebefehl ins Gesicht geworfen haben soll.
Zu den Hingerichteten zählten darüber hinaus der Volkspolizei-Unterleutnant Günter Schwarzer aus Gotha sowie die Angehörigen der von den Unruhen ebenfalls erfassten so genannten Seepolizei, Ernst Markgraff und Hans Wojkowsky.

Zwei Todesurteile wurden später in langjährige Freiheitsstrafen umgewandelt: Eines betraf den 24-jährigen Ingenieur Herbert Tschirner, der am 17. Juni durch Zufall an der Spitze der Demonstration in Görlitz gelaufen war, das andere den 20-jährigen Autoschlosser Stefan Weingärtner, der sich an der Besetzung der Görlitzer MfS-Dienststelle beteiligt hatte und am Nachmittag des 17. Juni von einem sowjetischen Offizier auf dem Obermarkt festgenommen worden war.

Einen Einblick in die sowjetische Siegerjustiz bietet der schon erwähnte Fall des 36 Jahre alten Herbert Stauch aus Magdeburg, dessen russische Strafakte mittlerweile aufgefunden wurde. Über den Inhaber einer Teigwarenfirma hatte der sowjetische Geheimdienst Marschall Sokolowski berichtet, dass er »aktiv teilgenommen hat an der Zerstörung des Gefängnisses und der Freilassung von Staatskriminellen« in Magdeburg.[89] Wie man der Akte entnehmen kann, war dies eine maßlose Übertreibung.

Stauch – nicht einmal sein Name war in der Bekanntmachung richtig geschrieben worden – hatte sich am Vormittag des 17. Juni wie Tausende andere Magdeburger zum Gebäude des Polizeipräsidiums begeben, wo sie in Sprechchören die Freilassung der politischen Gefangenen forderten. Wenig später flogen die ersten Steine in die Fensterscheiben des rundum verbarrikadierten Gebäudes. Wie Stauch nach seiner Festnahme erklärte, machte er der aufgebrachten Menge den Vorschlag, eine Delegation zu bilden und, statt zu brüllen, lieber mit dem Polizeipräsidenten zu verhandeln. Zusammen mit drei anderen Demonstranten begab er sich daraufhin durch ein Hoffenster in das Gebäude, wo er im Treppenhaus auf den Polizeiinspektor Kurt Hübner stieß, der sie zum Chefinspektor der Polizei, General Paulsen, brachte. Diesem stellten sie sich als Beauftragte der Menschenmenge vor und verlangten die Freilassung aller aus politischen oder wirtschaftlichen Gründen inhaftierten Gefangenen. Paulsen erklärte daraufhin, es gebe gar keine politischen Häftlinge in der Magdeburger Haftanstalt, und auch die wirtschaftlichen Straftäter könne er nur auf Anordnung der DDR-Regierung freilassen, worauf Stauch entgegnete, wenn der Polizeipräsident die Inhaftierten nicht freiließe, würden die Demonstranten die Häftlinge selbst befreien. Stauch forderte auch die Ablösung der DDR-Regierung – dann beendete der Chefinspektor das Gespräch, da inzwischen immer mehr Menschen in das Polizeigebäude eindrangen und er sich um die Verteidigung des Präsidiums kümmern musste.

Gegen 1.30 Uhr in der Nacht zum 18. Juni erfuhr Polizeiinspektor Hübner, dass man einen der Parlamentäre vom Vormittag festgenommen habe. Er ließ ihn vorführen, erkannte Stauch und sperrte er ihn in eine Zelle, um ihn schließlich den Sowjets zu übergeben. In einer Erklärung für die sowjetischen »Freunde« schrieb Hübner:

> »Am 17. Juni 1953 zwischen 12 und 13 Uhr drangen die faschistischen Provokateure ins Gebäude des Polizeipräsidiums durch das Fenster der Hofseite ein. In Begleitung anderer unbekannter Personen forderte der Anführer der Delegation, der mir jetzt als Herr Stauch bekannt ist, im Namen der Menschen draußen, auf der Straße, von der Polizei die Freilassung der politischen sowie der wirtschaftlichen Häftlinge. [...] Als dieser Mann mir vorgeführt wurde, erkannte ich ihn als den Mann, der von der Menschenmasse als Delegierter gewählt wurde. Als Stauch mich sah, faltete er flehend die Hände, fing an zu zittern und zu weinen und wiederholte dabei immer wieder: ›Ach, meine arme Mutter‹.«[90]

Für Mitleid war es jetzt jedoch zu spät, die Maschine sowjetischer Strafjustiz lief bereits auf Hochtouren: Zunächst erließ der Abwehrdienstleiter der Truppeneinheit pp. 44400 beim sowjetischen Innenministerium, Oberst Monastyrski, einen Haftbefehl. Sodann stellte derselbe Oberst fest, dass Herbert Stauch des Verbrechens gemäß Artikel 58 des russischen Strafgesetzbuches überführt sei. Ein Oberleutnant Sleta nahm daraufhin eine aus vier Fragen bestehende Vernehmung sowie eine Gegenüberstellung mit Polizeiinspektor Hübner vor. Anschließend beschloss er, Anklage zu erheben, woraufhin eine erneute Vernehmung, diesmal unter Beteiligung des stellvertretenden Militärstaatsanwaltes der Truppeneinheit, stattfand. Diese beinhaltete allerdings nur noch eine Frage: »Bekennen Sie sich zur erhobenen Anklage für schuldig?« Nachdem der Verhaftete dies angeblich mit »Ja« beantwortet hatte, wurde ein Protokoll über den Abschluss der Ermittlungen und die Übergabe der Anklageschrift an die Militärstaatsanwaltschaft erstellt.

Diese leitete das zweiseitige Dokument an das Militärtribunal der Truppeneinheit weiter, das daraufhin den Beschluss zur Eröffnung des Verfahrens fasste. All dies fand laut Akte im Laufe eines einzigen Vormittags statt – der Rechtsstaat als Farce.

Die Hauptverhandlung begann dem Protokoll zufolge um 13.05 Uhr und dauerte genau 40 Minuten. Als Zeugen erschienen Chefinspektor Paulsen und Polizeiinspektor Hübner. In der Beweisaufnahme schilderte Stauch noch einmal das Geschehen am Vortag, das von den Zeugen im Wesentlichen bestätigt wurde. Auf eine Frage des Gerichts fühlte sich Paulsen allerdings bemüßigt, darauf hinzuweisen, dass die Rebellen die Strafakten und andere wichtige Unterlagen aus den Fenstern geworfen und verbrannt hätten, dass sie nahezu sämtliche Fensterscheiben im Justizgebäude und Polizeipräsidium zerschlagen und die Bilder der führenden Persönlichkeiten der DDR und der Sowjetunion zerstört hätten. »Sie haben sogar das Porträt von Gen[ossen] Stalin heruntergerissen.« Im Laufe des 17. Juni 1953 seien insgesamt drei Polizisten erschossen und 20 Polizisten verletzt worden, vielen sei die Uniform vom Leibe gerissen worden. Die Aufrührer seien mit Prügeln auf Richter, Staatsanwälte und führende SED-Aktivisten losgegangen und hätten die Ablösung der DDR-Regierung gefordert – der Zeuge entwickelte sich zum Ankläger. Vergeblich erklärte der Angeklagte in seinem Schlusswort: »Ich habe keinen verprügelt, ich habe nichts kaputtgeschlagen. Die Freilassung aller Inhaftierten und die Ablösung der DDR-Regierung forderte ich im Auftrag der Rebellen. Ich bitte das Gericht, keine schwere Strafe anzuwenden.«[91]

Nach 15-minütiger Beratung verkündete das Gericht im Namen der Union der Sozialistischen Sowjetrepubliken sein Urteil: »Stauch, Mitglied der CDU-Partei, war an der konterrevolutionären Kundgebung vom 17. Juni 1953 gegen das Besatzungsregime und die örtlichen Machtorgane aktiv beteiligt. Als Mitglied der vierköpfigen Delegation, gewählt von der Menschenmasse, drang er ins Polizeipräsidium ein, wo er die Gewährung der politischen und wirtschaftlichen Freiheiten für die Rebellen, die Freilassung der Staatsverbrecher, sowie die Regierungsablösung forderte. [...] Aufgrund der obengenannten Tatsachen erklärt das Gericht Stauch [...] für schuldig.«[92] Das Gericht verurteilte Herbert Stauch zum Tode durch Erschießen und beschlagnahmte sein gesamtes Vermögen. Das Urteil war unwiderruflich. Noch am selben Tag wurde er – von einem 23-jährigen deutschen Polizeileutnant – im Hof der Haftanstalt Sudenburg füsiliert.

Erst 43 Jahre später rehabilitierte die russische Militärstaatsanwaltschaft den Verhandlungsführer der Magdeburger Demonstranten. In einem »Schlußurteil« erklärte sie: »Aus den Unterlagen hinsichtlich dieses Falles wird deutlich, daß Stauch am 17. Juni 1953 in Magdeburg an den Massenaufständen der deutschen Bevölkerung gegen die Staatsmacht und Verwaltungsorgane der DDR mit politischen und ökonomischen Forderungen teilnahm. Vom stellvertretenden Polizeipräsidenten forderte er als vom Volk gewählter Delegierter die Freilassung der aus politischen und ökonomischen Gründen Inhaftierten, die Gewährung politischer und ökonomischer Freiheiten für das Volk sowie die Ablösung der DDR-Regierung. Beweise hinsichtlich bewaffneten Widerstandes oder andere verbrecherische Handlungen zum Schaden der UdSSR oder ihrer Bürger durch Stauch liegen nicht vor. Deshalb wurde er unbegründet aufgrund politischer Motive verurteilt, wobei das StGB und die Gerichtsverfahrenslinien verletzt wurden.«[93]

Nach der Niederschlagung des Aufstands wurde mehrfach berichtet, dass auch sowjetische Militärangehörige hingerichtet worden seien, die sich geweigert hätten, auf Demonstranten zu schießen. So teilte eine russische Exilorganisation mit, am 28. Juni seien im Sommerfeldlager des 73. Schützenregiments im Gebiet von Biederitz 18 Soldaten eines MP-Schützenkommandos auf einer Waldlichtung erschossen worden. Zu den Erschossenen hätten der Gefreite Alexander Scherbina, der Unteroffizier Nikolaj Tuljakow und der Soldat Wassili Djatkowski gehört. Ihnen sei vorgeworfen worden, sie hätten bei ihrem Einsatz vor der Untersuchungshaftanstalt in Magdeburg-Neustadt entgegen dem Befehl nicht zu den Waffen gegriffen. Die Erklärung basierte auf den Angaben des in den Westen geflüchteten Majors Nikita Ronschin; ein anderer sowjetischer Oberst sprach von 23 weiteren Erschossenen im Raum Berlin. Die Berichte konnten jedoch nie bestätigt werden. In den Meldungen des sowjetischen Oberbefehlshabers Gretschko nach Moskau, die auch genaue Zahlen über die Toten und Verwundeten des Aufstands enthalten, finden sich keine Hinweise darauf; wiederholt wird vielmehr versichert, dass es auf sowjetischer Seite keine »Verluste« gegeben hätte.

Sowjetische Militärtribunale sprachen im Juni 1953 nicht nur Todesurteile aus. Sie verurteilten auch mehrere hundert Deutsche zu langjähriger Zwangsarbeit, die sie in der Regel in Straflagern der Sowjetunion ableisten mussten; die genaue Zahl der Verurteilten ist bis heute nicht bekannt. Meist wurden sie nach Workuta deportiert, einer Strafregion nördlich des Polarkreises, wo sie bei eisiger Kälte und minimaler Versorgung in russischen Kohlebergwerken oder auf Großbaustellen arbeiteten. Erst nachdem Bundeskanzler Adenauer im September 1955 die Aufnahme diplomatischer Beziehungen zu Moskau von der Freilassung aller in der Sowjetunion gefangenen Deutschen abhängig gemacht hatte, durften sie die Lager wieder verlassen.

Zu den Verschleppten gehörte auch der 35-jährige Hochfrequenz-Ingenieur Siegfried Berger, der, wie berichtet, am 17. Juni die Demonstration der Streikenden vom Funkwerk in Berlin-Köpenick anführte. Der überzeugte Sozialdemokrat wurde drei Tage später am Morgen in seiner Wohnung verhaftet und in ein Gefängnis des Staatssicherheitsdienstes gebracht. Zehn Tage später kam er nach Karlshorst in die zentrale Untersuchungshaftanstalt der sowjetischen Geheimpolizei. Dort wurde er mehrere Monate lang verhört, damit er seine westlichen Auftraggeber gestehe – was er nicht tat, weil es sie nicht gab. Im Oktober 1953 verurteilte ihn ein sowjetisches Militärtribunal wegen Widerstands gegen die Staatsgewalt, Aufforderung zum Sturz der Regierung und Gruppenbildung nach Artikel 58 des russischen Strafgesetzbuches zu sieben Jahren Arbeitslager. Die von ständigen Drohungen begleiteten Verhöre im Kellergefängnis von Karlshorst beschrieb er kurz nach seiner Freilassung so:

»Man holte mich raus und brachte mich durch mehrere verschlossene Türen zwei Treppen höher in ein Vernehmungszimmer im 1. Stock. Hier saß an einem großen Tisch, der aus drei Tischen in T-Form zusammengestellt worden war, ein großer starker Russe mit hochgekrempelten Hemdsärmeln. […] Immer wieder wollte er von mir meine Auftraggeber wissen. Ich betonte, daß ich außer den Arbeitern und Angestellten im Werk Köpenick keine Auftraggeber kenne, denn nur in ihrem Sinne habe ich gehandelt. Zwischen diesen Fragen immer wieder die übliche Brüllerei und Drohungen. Sehr spät nachts wieder zurück in die Zelle. Am nächsten Vormittag wieder hoch, zu demselben, wie am letzten Mal. Es fing an mit Drohungen und Brüllen, dann einige präzise Fragen, zwischendurch immer wieder Anbrüllen. Aber der Beamte macht sich immer Notizen, und dann folgt meistens eine längere Pause. Im Anschluß an diese Pause folgt dann meistens das Protokoll. Hier wird um jede Frage gefeilscht, weil ich von Anfang an betonte, daß ich nichts unterschreibe, was nicht der Wahrheit entspricht.«[94]

Die Verfolgung der Aufständischen war nicht allein Sache der sowjetischen Besatzungsmacht. Auch die ostdeutschen Sicherheitsorgane beteiligten sich intensiv an der Verhaftungswelle. In der ganzen DDR schwärmten Einsatzkommandos von Polizei, Armee und Staatssicherheitsdienst aus, um die Wortführer der Streiks und Demonstrationen festzunehmen.

Die Sicherheitskräfte der SED hatten ihr Selbstbewusstsein schnell zurückgewonnen. Bereits am Abend des 17. Juni meldete ein interner Bericht, MfS-Mitarbeiter, Grenzpolizisten und Armeeangehörige in Berlin seien »bester Stimmung« und hätten »freudig ihre Pflicht« erfüllt.[95] Auch der Polizei bescheinigte das Ministerium für Staatssicherheit großen Eifer: »Die Leibesvisitationen der Häftlinge wurden von den VP-Angehörigen gründlich und mit einem gesunden Klassenhass durchgeführt.«[96] Über das Berliner Wachregiment des Staatssicherheitsdienstes hieß es vier Tage später: »Die Genossen erfüllen bereitwillig den Dienst, melden sich für Sonderaufgaben freiwillig. Diejenigen Genossen, die bei größeren Aufgaben zurückstehen müssen, sind sogar ›beleidigt‹.« Einige an der Sektorengrenze eingesetzte Kräfte wollten am liebsten auch noch Westberliner Polizisten in den Ostteil der Stadt verschleppen, was aber offenbar selbst den Verantwortlichen zu weit ging: »Eine ganze Anzahl unserer Genossen sind etwas sensationslüstern und wollen, wie sie sagen, noch einige ›wegputzen‹ oder noch ›etwas erleben‹ usw.«, heißt es in dem MfS-Bericht.[97]

Als besonders eifriger Verfolger erwies sich Erich Mielke, der damals Staatssekretär im Ministerium für Staatssicherheit war. Noch in der Nacht zum 18. Juni erteilte er allen Bezirksverwaltungen der Staatssicherheit per Fernschreiben den Befehl: »Die besondere Lage erfordert ein energisches Handeln, deshalb Hetzer, Saboteure, Rädelsführer und Provokateure und andere Elemente, die sich besonders hervortun, sofort festnehmen. Täglich die Zahl der Festgenommenen melden.«[98] Am nächsten Tag präzisierte er seine Anweisung und verlangte: »Wo Ausnahmezustand verhängt, sind Streikleitungen, die Streiks organisiert haben, a) unter Losungen: ›Nieder mit der Regierung, nieder mit der SED‹, ohne vorherige Prüfung, b) unter ökonomischen Losungen wie ›Lohnerhöhungen, Herabsetzung der Normen, niedrigere Preise, allgemeine geheime Wahlen‹, nach Überprüfung der einzelnen Mitglieder, festzunehmen.« Am 19. Juni befahl Mielke außerdem: »Streikleitungen, die sich nach Verhängung des Ausnahmezustandes bildeten, sofort festnehmen.«[99] Eine ähnliche Anweisung gab auch der Stellvertretende Chef der Deutschen Volkspolizei, der am selben Tag anordnete: »1. Provokateure sind unter allen Umständen festzunehmen. 2. Alle noch bestehenden Streikleitungen sind festzunehmen. 3. Menschenansammlungen sind zu verhindern.«[100]

An der Verhaftungswelle beteiligten sich nicht nur Polizei und Staatssicherheitsdienst, sondern auch Soldaten der Kasernierten Volkspolizei. Sie sorgten insbesondere für die Einhaltung der Bestimmungen des Ausnahmezustands, wobei sie nicht nur Demonstranten festnahmen, sondern auch Passanten, die nach 21 Uhr auf der Straße angetroffen wurden, beispielsweise um sich Zigaretten zu kaufen. In Berlin setzten sie zudem so genannte Grenzgänger fest, also Menschen, die dabei gefasst wurden, wenn sie die seit dem 17. Juni gesperrten Sektorengrenzen überschreiten wollten. Die besonders zuverlässigen »Stalinschüler« der Politoffiziersschule in Treptow kamen zudem zum Einsatz, um unter Anleitung von MfS-Offizieren Streikführer und andere Rädelsführer zu verhaften. Die Verhaftungswelle währte mehrere Wochen, da die Streikführer und »Provokateure« erst nach und nach identifiziert werden konnten. Die Sicherheitsorgane arbeiteten in der Regel eng zusammen und übergaben sich gegenseitig die Gefangenen.

Besonders am 17. und 18. Juni gingen die Einsatzkräfte ausgesprochen brutal vor. Der 18-jährige Maurer Günter Döhring berichtete später, wie er nach seiner Festnahme in das Polizeipräsidium am Alexanderplatz gebracht wurde, wo die mit Handschellen aneinander gefesselten Häftlinge auf dem Hof durch ein Spalier von Polizisten gehen mussten, die dann mit Gummi- oder Holzknüppeln auf sie einschlugen. Über die weitere Behandlung in dem Polizeigefängnis erklärte Döhring: »Wir sind dann in den Keller geführt worden. Ein mächtig langer Gang war das da. Dann wurden wir abgeknebelt und mußten mit den Fußspitzen an der Scheuerleiste und mit den Armen verschränkt im Nacken, mit dem Gesicht zur Wand reichlich lange stehen. […] Nach und nach wurde der eine und der andere aufgerufen. Personalien wurden aufgenommen. Sobald sich jemand bewegte – mit der Zeit wollten wir doch die Arme runterholen, müde und schlaff –, dann gab es gleich Schläge.«[101]

Die genaue Zahl der Inhaftierten ist bis heute nicht bekannt. Volkspolizei, Staatssicherheitsdienst und sowjetische Armee führten jeweils eigene Statistiken, die häufig nur die eigenen Gefangenen wiedergeben oder nicht genau übereinstimmen. MfS-Angaben zufolge verhafteten Polizei und Staatssicherheitsdienst allein in Berlin bis zum 19. Juni 1666 Menschen. Darunter befanden sich sieben komplette Streikleitungen, unter anderem die der Betriebe Bergmann-Borsig, Rundfunktechnik Treptow, Kabelwerke Oberspree und VEB Großmaschinenbau »7. Oktober«, alles in allem 37 Streikführer. Stündlich wurden dabei neue Festnahmen getätigt, wie aus einer zweiten Übersicht vom Tage hervorgeht, der zufolge nun bereits 1744 Menschen verhaftet waren. Zwei Tage später hatte die Zahl der Festgenommenen in Berlin schon 2014 erreicht, am darauf folgenden Tag waren es sogar 2461.

Auch in den übrigen Gebieten der DDR lief die Verhaftungswelle auf Hochtouren. Innerhalb von 24 Stunden nahm allein das MfS vom 19. zum 20. Juni nach dem zitierten Mielke-Befehl 263 Streikleiter und 331 so genannte Provokateure gefangen. Bis zum 27. Juni realisierte es DDR-weit 2775 Festnahmen, bis zum 8. Juli hatte sich die Zahl auf 4493 erhöht. Noch mehr Aufständische nahm die Polizei fest: Bis zum 22. Juni registrierte die Hauptverwaltung der Deutschen Volkspolizei insgesamt 6057 Festnahmen, wobei die Verhaftungswelle zu diesem Zeitpunkt noch in vollem Gange war. Insgesamt wurden von den ostdeutschen Sicherheitsorganen bis zum 1. August etwa 13 000 Verhaftungen gezählt, zu denen diejenigen noch hinzugerechnet werden müssen, die von sowjetischen Behörden vorgenommen wurden.

Für eine so große Zahl von Häftlingen waren auch die DDR-Gefängnisse nicht ausgelegt. Noch am 17. Juni wurde deshalb im Berliner Stadtteil Alt-Friedrichsfelde im so genannten Magerviehhof ein Sammellager für 5000 Verhaftete errichtet. Hier wurden in erster Linie Verdächtige festgehalten, gegen die man nicht genügend Beweismaterial hatte, sowie Personen, die die Sperrstunde verletzt hatten. Unter menschenunwürdigen Bedingungen warteten sie oftmals bis in den Juli auf eine Untersuchung oder einen Prozess. Am Tag nach dem Aufstand saß etwa die Hälfte der von der Polizei verhafteten Menschen im Magerviehhof ein, 849 in örtlichen Polizeidienststellen und 388 im Polizeipräsidium.

Die Gedankengänge der Verhafteten kann man erahnen, wenn man die Berichte der Zellenspitzel liest, die dem Staatssicherheitsdienst weitergaben, was damals in den überfüllten Gefängniszellen geredet wurde. »Die einzelnen Leute sprechen im allgemeinen hauptsächlich über die Behandlung, die ihnen hier zuteil wird«, heißt es in einem solchen Rapport aus dem Kellergefängnis in Berlin-Hohenschönhausen. »Daß man sie unbegründet zum größten Verbrecher stempelt, den es nur gibt. Die wirklichen Verbrecher säßen hier im Hause und wären ganz gewissenlose Menschen. Frau [Name geschwärzt] ist der Überzeugung, daß, wenn man nur das Gleiche getan hat wie die anderen, dann kann man nicht daraufhin bestraft werden. Die Herren, die hier im Hause sitzen, wären Schweinehunde, die alle ihrer gerechten Strafe nicht entgehen.« Die Häftlinge, so heißt es weiter, »erhoffen im allgemeinen eine niedrige Strafe, aber wenn doch eine hohe, dann sind sie fest davon überzeugt, daß der Westen sie eines Tages befreit. Frau [Name geschwärzt] äußert sich nach dem letzten Verhör, daß auch sie zu Unrecht in Haft sitzt und sie sich dafür später einmal rächen wird, wenn Ost und West einmal vereint ist.«[102]

Keiner der an den Verhaftungen und Verhören beteiligten MfS-Offiziere wurde freilich jemals zur Verantwortung gezogen. Für ihren Einsatz bei der Niederschlagung des Aufstands erhielten die Mitarbeiter des MfS vielmehr Dank und Anerkennung. Bereits am 25. Juni beschloss der Ministerrat der DDR: »Die Angehörigen der Volkspolizei und des Ministeriums für Staatssicherheit haben im Einsatz gegen die faschistischen Provokateure treu und ohne Rücksicht auf persönliche Opfer ihre Pflicht gegenüber unserer Bevölkerung und der Regierung mit Mut, Entschlossenheit und ohne Schwankungen erfüllt. [...] Für ihr tapferes, unerschrockenes und aufopferndes Verhalten spricht die Regierung allen Angehörigen der Volkspolizei und des Ministeriums für Staatssicherheit Dank und Anerkennung aus.«[103] Auf der Basis dieses Beschlusses ordnete Staatssicherheitsminister Zaisser an, dass alle am Einsatz beteiligten MfS-Mitarbeiter fünf Tage Sonderurlaub bekommen sollten. Diejenigen, die sich beim Einsatz »ausgezeichnet« hatten, erhielten sogar zehn Tage, für »außerordentliche Leistungen« gab es zwölf Tage sowie einen kostenlosen Aufenthalt in einem Erholungsheim.

Unter Hochdruck überprüften sowjetische und ostdeutsche Sicherheitsorgane unterdessen die zahllosen Festgenommenen. Die sowjetische Besatzungsmacht forderte die DDR-Regierung auf, in den Gefängnissen besondere Kommissionen zu bilden, die rasch über das weitere Schicksal der Gefangenen entscheiden sollten. Dieses Vorgehen wurde jedoch vom Politbüro wieder verworfen, da es allzu sehr in Widerspruch zur deutschen Rechtstradition stand. Wohl aber erfüllte es die Vorgabe, möglichst umgehend Gerichtsverhandlungen gegen Westberliner durchzuführen, um die Behauptung zu stützen, dass es sich um eine vom Westen inszenierte »faschistische Provokation« gehandelt hätte. So fand bereits am 22. Juni 1953 vor dem Ostberliner Stadtgericht ein Verfahren gegen den Westberliner Studenten Wolfgang Gottschling statt, der am 17. Juni in der Friedrichstraße festgenommen worden war. Obwohl auch der staatlich bestellte Verteidiger auf Freispruch plädierte, wurde er in einem Schauprozess zu sechs Jahren Zuchthaus verurteilt.

Ansonsten erwies sich die juristische Untermauerung der behaupteten Fremdsteuerung jedoch als schwierig. Unter den 6057 Aufständischen, die die Polizei bis zum 22. Juni 1953 verhaftet hatte, befanden sich gerade einmal 42 Westdeutsche, also weniger als ein Prozent – ein offenkundiger Widerspruch zu der Behauptung, Tausende Agenten und andere eingeschleuste Bundesbürger hätten den Aufstand verursacht. Selbst in Berlin waren von den 2380 im sowjetischen Sektor Verhafteten die meisten – nämlich 2054 – Ostdeutsche; 322 wohnten im Westteil der Stadt, nur vier kamen aus Westdeutschland. Bei diesen Zahlen muss berücksichtigt werden, dass Berlin damals noch nicht geteilt war und sich auch Bewohner des von der DDR eingeschlossenen Westteils an den Demonstrationen beteiligten. In beiden Stadthälften fanden zudem am 17. Juni in unmittelbarer Nähe der Sektorengrenze Massenaufmärsche statt. Aber auch mit den Berliner Zahlen waren immer noch über 95 Prozent aller Festgenommenen DDR-Bürger.

Ungeachtet dessen wies die Parteiführung am 22. Juni die SED-Bezirksleitungen in der gesamten DDR an, unverzüglich Beweise für die Behauptung zu liefern, dass es sich um einen vom Westen gesteuerten Putschversuch gehandelt hätte; unter anderem sollten sie bei den Verhafteten »eine militärische Ausbildung in Westberlin« nachweisen.[104] Eine ähnliche Richtlinie erließ einen Tag später auch das MfS, das seine Bezirksverwaltungen beauftragte, den SED-Bezirksleitungen Unterlagen über die laufenden Untersuchungsverfahren zwecks Veröffentlichung zur Verfügung zu stellen – »insbesondere solche Unterlagen, aus denen sich Tatbestände ergeben, die einwandfrei beweisen, daß Provokateure im Auftrage Westberliner oder westdeutscher Dienststellen sowie verbrecherischer Organisationen gehandelt und Unruhen, Terrorakte, Brandstiftungen, Tätlichkeiten und Überfälle in den Bezirken durchgeführt haben«.[105] Ähnliche Aufforderungen ergingen auch später immer wieder.

Trotz intensiver Bemühungen von Polizei, Justiz und Staatssicherheitsdienst fand man jedoch nichts, was die Behauptung stützen konnte. So musste zum Beispiel die Volkspolizei in Borna bedauernd mitteilen, dass keiner der bis zum 25. Juni Inhaftierten eine militärische Ausbildung in Westberlin genossen habe. Auch die Leipziger Polizei musste eingestehen, dass bei keinem der Verhafteten eine Verbindung nach Westberlin bestand. Der Staatssicherheitsdienst in Karl-Marx-Stadt teilte am 25. Juni mit, »daß der Beweis der Streikdurchführung im Auftrag und unter Leitung von Agenten imperialistischer Geheimdienste nicht erbracht werden konnte«.[106]

Auch spätere Nachfragen änderten nichts an dem Ergebnis. So musste die Kreisdienststelle Delitzsch auf die fernschriftliche Aufforderung, die festgenommenen Agenten mitzuteilen, am 9. September 1953 antworten:

»Agenten oder Agentengruppen, die eine organisatorische Verbindung zu den imperialistischen Geheimdiensten haben, wurden am 17. 6. 1953 von der Kreisdienststelle Delitzsch nicht festgenommen und liquidiert. Als Organisator in Delitzsch und auf einigen Dörfern kann der [Name geschwärzt], Beruf: Fuhrunternehmer, angesehen werden. Er wurde zu 7 Jahren Zuchthaus verurteilt. Als aktive Teilnehmer, Rädelsführer und Provokateure sind noch folgende Personen festgenommen und fast hundertprozentig abgeurteilt worden:

[Name geschwärzt], soz[iale] Herkunft: Arbeiter, 9 Jahre Zuchthaus.

[Name geschwärzt], Beruf: Angestellter, 3 Jahre Zuchthaus.

[Name geschwärzt], Beruf: Arbeiter, 3 Jahre Zuchthaus.

[Name geschwärzt], 2 Jahre Gefängnis.

[Name geschwärzt], Beruf: Arbeiter, 1 Jahr, 6 Monate Zuchthaus.

[Name geschwärzt], 6 Monate Gefängnis.

[Name geschwärzt], soz[iale] Herkunft: Arbeiter, 3 Jahre Zuchthaus.

[Name geschwärzt], soz[iale] Herkunft: Arbeiter, noch nicht abgeurteilt.

[Name geschwärzt], soz[iale] Herkunft: Arbeiter, Verhandlung am 8.9.1953.«[107]

Der Nachweis, dass es sich bei den »Rädelsführern« um aus dem Westen gesteuerte »Agenten« oder »Provokateure« handelte, konnte auch in keinem anderen Prozess erbracht werden. Die Parteiführung der SED machte dies später vor allem dem Staatssicherheitsdienst zum Vorwurf: »Trotzdem schon drei Monate seit den Ereignissen des 17. Juni vergangen sind, haben die Staatssicherheitsorgane auch bis jetzt nicht die Organisatoren der Provokationen entlarvt«, hieß es in einem Beschluss vom 23. September. »Das ZK verlangt von den Staatssicherheitsorganen die Aufdeckung und Entlarvung der Untergrundorganisationen der westdeutschen und Westberliner Zentralen in Magdeburg, Halle, Leipzig, Dresden, Jena und anderen Städten, wo während der Provokationen am 17.6.1953 die aktivste faschistische Tätigkeit zu verzeichnen war.«[108] Trotzdem musste der neue Staatssekretär für Staatssicherheit, Ernst Wollweber, auch noch im November 1953 auf einer internen Dienstkonferenz feststellen, »dass es uns bis jetzt nicht gelungen ist, nach dem Auftrag des Politbüros die Hintermänner und Organisatoren des Putsches am 17. Juni festzustellen«.[109] Er kompensierte dieses scheinbare Versagen des Staatssicherheitsdienstes mit einer Strategie der »konzentrierten Schläge«, bei der jeweils mehrere hundert Personen aus Ost und West schlagartig verhaftet und dann der Presse als vermeintlich weit verzweigte »Feindorganisation« präsentiert wurden. Zu diesem Zweck schreckte der Staatssicherheitsdienst auch nicht vor Entführungen aus dem Westen zurück.

In den Osten verbracht wurden zum Beispiel mehrere Westberliner, um sie – pünktlich zum ersten Jahrestag des Aufstands – als angebliche »Hintermänner« in einem Schauprozess vor dem Obersten Gericht der DDR vorzuführen. Angeklagt wurden der wissenschaftliche Mitarbeiter des Forschungsbeirates für gesamtdeutsche Fragen, Dr. Werner Silgradt, sowie die Angestellten des Ostbüros der FDP, Hans Füldner und Horst Gassa. Der vierte Beschuldigte, Werner Mangelsdorf, gehörte am 17. Juni zu den Wortführern der Proteste in Gommern und schloss sich nach seiner Flucht dem Westberliner »Komitee 17. Juni« an. In seinem Urteil vom 14. Juni 1954 behauptete das Gericht: »Das vorliegende Verfahren hat den Beweis für den großen Umfang und die Intensität erbracht, mit der der faschistische Putsch am 17. Juni von den Kriegstreibern organisiert wurde und der geplante Tag X vorbereitet wird.«[110] In langen Ausführungen wurden der Forschungsbeirat, das Ostbüro und das – am 17. Juni noch gar nicht existierende – Solidaritätskomitee als vermeintliche Drahtzieher des »Putsches« charakterisiert; Motorradkuriere aus Bitterfeld, Halle und Magdeburg hätten in Westberlin ihre Instruktionen bekommen. Doch keiner dieser angeblichen Kuriere konnte mit Namen genannt, geschweige denn der Nachweis dafür erbracht werden, dass die Angeklagten ihnen Aufträge erteilt hätten. Stattdessen wurden Beweisführungen wie diese präsentiert: »Die Planmäßigkeit der Vorbereitung des Putsches am 17. Juni ergibt sich ferner daraus, daß der ehemalige russische Ministerpräsident und jetzige Führer der ›Vereinigung russischer Widerstandskämpfer gegen den Bolschewismus‹, Kerenski, sich nach dem Putsch im Beisein des Angeklagten Mangelsdorf rühmte, zur Vorbereitung des Putsches beigetragen zu haben. Er und seine Mitarbeiter seien am 17. Juni mit einem Flugzeug von Nürnberg nach Berlin geflogen und hätten vom Potsdamer Platz aus über Ultrakurzwellenfunk die

Besatzungen der sowjetischen Panzer aufgefordert, sich mit den Provokateuren zu verbünden.«[111] Die Angeklagten wurden nach Artikel 6 der DDR-Verfassung zu Zuchthausstrafen zwischen fünf und 15 Jahren verurteilt.

Die Durchführung dieser und aller anderen Prozesse blieb nicht dem Zufall überlassen. Sofort nach der Niederschlagung des Aufstands wurden Vorkehrungen dafür getroffen, die strafrechtliche Abrechnung mit den Aufständischen zentral zu steuern. Bereits am 20. Juni beauftragte das SED-Politbüro Justizminister Max Fechner und Generalstaatsanwalt Melsheimer, Maßnahmen zu treffen, »damit die im Zusammenhang mit den Ausschreitungen der letzten Tage Verhafteten ab Sonntag, den 21. Juni, zur Aburteilung gelangen«.[112] In Berlin wurde zu diesem Zweck ein Operativstab unter Leitung der berüchtigten Vizepräsidentin des Obersten Gerichts Hilde Benjamin gebildet, die noch am selben Tag die Anweisung erteilte, »sofort bei allen Bezirksgerichten Strafsenate einzurichten zur Aburteilung der Provokateure und Brandstifter der letzten Tage«.[113] Schon am folgenden Tag begann in der DDR eine Serie von Prozessen, deren Urteile meist auf genauen Vorgaben des Operativstabs beruhten.

Bei der Bestrafung der Aufständischen verfolgte die SED-Führung unterschiedliche Interessen: Einerseits brauchte sie eine harte Verfolgungswelle, um die rebellisch gewordene Bevölkerung einzuschüchtern und den Beweis für die Verworfenheit der Aufständischen zu erbringen. Andererseits fürchtete sie Solidaritätsaktionen in den Betrieben und durfte auch das strategische Ziel des Neuen Kurses nicht aus den Augen verlieren, die übermäßige Repression der Stalin-Zeit zurückzufahren. Darauf legte auch der sowjetische Statthalter Semjonow Wert, der sich, wie Zeitzeugen berichteten, in den Tagen nach dem 17. Juni wiederholt Inhaftierte, insbesondere junge Arbeiter, in sein Zimmer kommen ließ und anschließend ihre Freilassung veranlasste. Das ZK der SED beschloss deshalb, wie dargelegt, am 21. Juni, »mit größter Sorgsamkeit« zwischen den »ehrlichen, um ihre Interessen besorgten Werktätigen, die zeitweise den Provokateuren Gehör schenkten« und den »Provokateuren« selber zu unterscheiden. »Ehrliche Arbeiter, die zeitweilig irregingen, haben deswegen nicht aufgehört, ehrliche Arbeiter zu sein, und sind als solche zu achten.«[114] Entsprechend dieser Linie sollte auch bei der Bestra-

fung der Festgenommenen zwischen »ehrlichen, aber irregeleiteten Arbeitern« und »faschistischen Provokateuren« unterschieden werden. Justizminister Fechner erteilte vor diesem
Hintergrund die Anweisung:

> »Bei der Strafzumessung ist scharf zu scheiden zwischen den
> von den westlichen Kriegstreibern entsandten und inspirier-
> ten Agenten, Provokateuren, Rädelsführern auf der einen
> und den verführten Werktätigen der DDR auf der anderen
> Seite. Die Agenten usw. sind hart zu bestrafen. Bei den Werk-
> tätigen wird sehr genau zu prüfen sein, inwieweit sie irrege-
> führt wurden oder aus persönlicher Verärgerung sich zu
> Teilnahme an diesen Ausschreitungen haben hinreißen las-
> sen. Unter Berücksichtigung ihres bisherigen Verhaltens bei
> der Arbeit, ihrer persönlichen Verhältnisse und ihres sons-
> tigen gesellschaftlichen Verhaltens ist zu prüfen, ob das Ver-
> fahren wegen geringer Schuld und unbedeutender Folgen
> der Tat einzustellen ist.«[115]

Diese Linie wurde mehrfach bekräftigt. Der Berliner Operativstab wies die Gerichte an, die Wirkung der Prozesse in den
Betrieben und in der Bevölkerung zu prüfen, damit es nicht
erneut zu Unruhen kommen würde. Außerdem sollten sie stärker von der Möglichkeit der Einstellung der Verfahren Gebrauch machen und Freiheitsstrafen bis zu sechs Monaten nicht
vollstrecken. Höhere Strafen mussten grundsätzlich erst in
Berlin zur Prüfung vorgelegt werden. Manches Gericht berief
sich, wenn es einen Freispruch fällte, ausdrücklich auf den Beschluss des Zentralkomitees.

Am 30. Juni bekannte sich Justizminister Fechner auch öffentlich zu dieser Linie. Im *Neuen Deutschland* erklärte er, dass es sich
bei den Verhafteten zum großen Teil um »von den Faschisten
irregeleitete Provokateure« handele. Bei diesen Personen sei
das Verfahren eingestellt worden oder ein Freispruch erfolgt.
Als Beispiel nannte er den Fall eines Bergmanns aus den Rü-
dersdorfer Kalk- und Zementwerken, der am 17. Juni in einer
Versammlung ausgerufen hätte, dass jeder, der die Arbeit wieder aufnehme, ein Arbeiterverräter sei. Demgegenüber sei der
24-jährige Beschäftigungslose Erich Wendt, der am 17. Juni
das Tor der Haftanstalt II in der Kleinen Steinstraße in Halle
aufgebrochen und mit einem Gummiknüppel auf Volkspoli-

zisten eingeschlagen hätte, zu Recht zu drei Jahren Gefängnis verurteilt worden. Die Leitlinie der Justiz bei der Behandlung der Festgenommenen skizzierte der Minister wie folgt:

»Es dürfen nur solche Personen bestraft werden, die sich eines schweren Verbrechens schuldig machten. Andere Personen werden nicht bestraft. Dies trifft auch für Angehörige der Streikleitung zu. Selbst Rädelsführer dürfen nicht auf bloßen Verdacht oder schweren Verdacht hin bestraft werden. Kann ihnen ein Verbrechen nicht nachgewiesen werden, sind keine Beweise vorhanden, erfolgt keine Bestrafung. Es werden also nur diejenigen der Bestrafung zugeführt, die Brände anlegten, die raubten, mordeten oder andere gefährliche Verbrechen begangen haben. Es wird also nicht etwa gegenüber denen, die gestreikt oder demonstriert haben, eine Rachepolitik betrieben.«[116]

Zwei Tage später erfolgte im *Neuen Deutschland* eine »Berichtigung« dieser Aussage. Aufgrund eines technischen Fehlers, so wurde mitgeteilt, seien einige Sätze aus dem Fechner-Interview ausgelassen worden. Jetzt wurde hinter den Satz über die Angehörigen der Streikleitung noch eingeschoben: »Das Streikrecht ist verfassungsmäßig garantiert. Die Angehörigen der Streikleitung werden für ihre Tätigkeit als Mitglieder der Streikleitung nicht bestraft.«[117] War plötzlich der Rechtsstaat in die DDR zurückgekehrt?

Dem Justizminister der DDR kam dieses Interview teuer zu stehen. Da die Initiative zur Veröffentlichung von ihm ausging, ist zu vermuten, dass er – und möglicherweise auch der Chefredakteur des *Neuen Deutschland*, Rudolf Herrnstadt, der dies aber bestritt – eine allzu scharfe Abrechnung mit den Aufständischen verhindern wollte. Polizei und Staatssicherheitsdienst drängten dagegen auf eine harte Bestrafung. In Erfurt drohten sie Mitarbeitern der Justiz sogar Repressalien wegen der ihrer Ansicht nach zu niedrigen Strafen an. Auch in der SED-Führung drehte sich der Wind. Je mehr sie ihre Macht stabilisieren konnte, desto weniger meinte sie, auf die Befindlichkeiten in der Bevölkerung Rücksicht nehmen zu müssen.

Am 14. Juli wurde Fechner ins Politbüro zitiert und wegen seiner Ausführungen im SED-Zentralorgan zur Rede gestellt. Nach Angaben von Herrnstadt zeigte sich insbesondere Ulbricht empört und stieß unter anderem aus: »Ist der Kerl verrückt?« Nachdem Fechner den Raum verlassen hatte, sprang auch der stellvertretende sowjetische Hochkommissar Judin auf und erklärte erregt: »Bei uns in der Sowjetunion kriegt man für eine solche Sache 12 Jahre Zuchthaus.«[118] Ulbricht sagte daraufhin leise etwas zum Staatssicherheitsminister Zaisser, der sich sofort erhob und hinausging – wahrscheinlich um Fechners Verhaftung anzuordnen. Einstimmig beschloss das Politbüro in dieser Sitzung: »1. Fechner wird wegen partei- und staatsfeindlichen Verhaltens aus der Partei ausgeschlossen. 2. Fechner wird seiner Funktion als Justizminister enthoben und in Untersuchungshaft genommen.«[119] Dass das Politbüro damit nicht nur in die Kompetenzen von Zentralkomitee und Regierung eingriff, sondern sich auch noch die von Polizei und Justiz anmaßte, war nichts Besonderes.

Schon am nächsten Tag wurde Fechners Verhaftung bekannt gegeben. Er kam in das Kellergefängnis der Staatssicherheit in Berlin-Hohenschönhausen, in dem sich auch die »Rädelsführer« des 17. Juni befanden. Zehn Tage später beschloss das ZK seinen Ausschluss aus der SED und erklärte in einer erneuten Amtsanmaßung, Fechner sei der staatsfeindlichen Tätigkeit überführt. Fast zwei Jahre dauerte seine Untersuchungshaft, in strenger Isolation, mit Schlafentzug und nächtlichen Verhören. Als Hauptverantwortlicher für die politischen Verfolgungen der frühen fünfziger Jahre war Fechner jetzt selbst ihr Opfer geworden. Am 24. Mai 1955 verurteilte ihn das Oberste Gericht der DDR nach dem berüchtigten Artikel 6 der DDR-Verfassung wegen Boykotthetze zu acht Jahren Zuchthaus. In der Urteilsbegründung wurde ihm vorgeworfen, er hätte es bei seinem Interview versäumt, darauf hinzuweisen, dass der Versuch, die Gesellschaftsordnung der DDR umzustürzen, eines der schwersten Verbrechen sei. »Dies entsprach vollkommen der Argumentation der Hintermänner des Putschversuches, um ihre vorgeschobenen Posten in der Deutschen Demokratischen Republik zu sichern und für neue republikfeindliche Verbrechen in Reserve zu halten. [...] Der Angeklagte leistete mit diesem Interview den Putschisten des 17. Juni 1953 direkte Hilfe.«[120] Anschließend wurde Fechner in die Strafvollzugsanstalt Brandenburg-Görden überstellt und auch dort in Einzelhaft genommen. Erst am 26. April 1956 wurde er im Zuge des politischen »Tauwetters«

in der Sowjetunion amnestiert und vorzeitig aus der Haft entlassen.

Gleichwohl hielt die SED auch nach der Verhaftung Fechners an der Linie fest, zwischen »Irregeleiteten« und »Provokateuren« zu differenzieren, wobei es in ihrem Belieben lag, zu entscheiden, wer welcher Kategorie zuzuordnen wäre. Nach Tagen oder Wochen der Untersuchungshaft wurde nach und nach ein erheblicher Teil der Festgenommenen wieder freigelassen. Oft mussten sie zuvor unterschreiben, in Zukunft als Informant der Staatssicherheit zu arbeiten, was viele anschließend zur Flucht in den Westen veranlasste; die Übrigen wurden wie Kriminelle behandelt und rechtskräftig abgeurteilt. Nach Angaben von Fechners Nachfolgerin Hilde Benjamin wurden bis Ende Januar 1954 insgesamt 1526 Personen verurteilt. Zwei bekamen die Todesstrafe, drei lebenslängliches Zuchthaus. 13 Angeklagte wurden zu zehn bis 15 Jahren, 99 zu fünf bis zehn Jahren Gefängnis verurteilt. 824 Angeklagte – die größte Gruppe – erhielt Strafen von einem bis zu fünf Jahren, während bei 546 Angeklagten die Strafe maximal ein Jahr betrug. Da 123 Strafverfahren noch anhängig waren, dürften mindestens 1600 Menschen im Zusammenhang mit dem Juni-Aufstand von der DDR-Justiz verurteilt worden sein – zusammengerechnet zu mehr als 3000 Haftjahren.

Die Härte der Strafzumessung folgte vor allem politischen Erwägungen. Nicht die Taten eines Angeklagten zählten, sondern wie sie von der SED bewertet wurden und welche Wirkung sich die Partei von einer Verurteilung versprach. Eine große Rolle spielten beispielsweise die soziale Herkunft des Angeklagten, etwaige Mitgliedschaften oder Funktionen in nationalsozialistischen Organisationen oder – wenn auch noch so entfernte – Verbindungen in die Bundesrepublik. Bei den Schnellverfahren, die auf Anweisung des Politbüros bereits im Juni durchgeführt wurden, bestand schon aus Zeitgründen keine Möglichkeit, die Tatvorwürfe genauer zu prüfen oder eine wirksame Verteidigung zu gewährleisten.

Eines der ersten Opfer dieser Siegerjustiz wurde eine aus dem Zuchthaus in Halle befreite Frau, die – unter Ausschluss der Öffentlichkeit – am 22. Juni vom Bezirksgericht Halle zum Tode verurteilt wurde. Unter der Überschrift »SS-Kommandeuse im Führungsstab der Provokateure« berichtete das *Neue Deutschland* anschließend über den Prozess und verkündete:

»Erna Dorn, ehemalige SS-Kommandeuse im berüchtigten Frauenkonzentrationslager Ravensbrück, war federführend tätig bei den faschistischen Provokationen in Halle am 17. Juni. Die Verhandlung vor dem Bezirksgericht Halle zeigte, welche verbrecherischen Elemente den Putschversuch inszenierten und welche Ziele dieser Abschaum verfolgte.« Der Zeitungsartikel gab Ausschnitte aus der Verhandlung wieder, in denen sich die Angeklagte selbst schwer belastete. So beschuldigte sie sich, bei der Gestapo etwa 80 bis 90 Menschen liquidiert zu haben und im Konzentrationslager Ravensbrück Frauen und Mädchen mit dem Gummiknüppel geschlagen oder mit dem Fuß getreten zu haben. Darüber hinaus erklärte sie, Ende Januar einen Brief ihres Vater bekommen zu haben, in dem dieser ihr geschrieben hätte, dass der »Tag X« nicht mehr fern sei und dass er zusammen mit der Westberliner »Kampfgruppe gegen Unmenschlichkeit« ihre Befreiung vorbereite. Über die Ereignisse am 17. Juni hieß es dann:

Vorsitzender: »Sie haben am 17. Juni auf dem Hallmarkt gesprochen. Wie kamen sie als Häftling dorthin?«
Angeklagte: »Die Haftanstalt wurde gestürmt. Meine Zellentür wurde aufgeschlossen und zwei Personen kamen herein und fragten mich, warum ich in Haft sei. Ich sagte ›Wegen Verbrechen gegen die Menschlichkeit.‹ Sie antworteten: ›Solche Leute brauchen wir. Sie sind die richtige.‹« (Die SS-Bestie Dorn wurde anschließend in den sogenannten ›Führungsstab‹ der Provokateure aufgenommen).
Vorsitzender: »Wo sind Sie dann hingegangen?«
Angeklagte: »Ich ging zu einer mir für solche Fälle bekanntgegebenen Adresse, zog mich dort um und schrieb einen Brief an meinen Vater in Westdeutschland.« (In dem aufgefundenen Brief schrieb die faschistische Verbrecherin: »Es ist soweit, wir ziehen die alten geliebten SS-Uniformen wieder an.«)
Vorsitzender: »Was taten Sie auf dem Weg zum Hallmarkt und auf dem Rückweg vom Hallmarkt in ihren Schlupfwinkel?«
Angeklagte: »Wo ich Volkspolizisten sah, habe ich die Menge aufgefordert, auf sie loszugehen. An genaue Worte kann ich mich nicht mehr erinnern.«[121]

Wie die MfS-Unterlagen zum Fall Erna Dorn zeigen, gab es für all diese Behauptungen nicht den geringsten Beweis. Die Stasi konnte nicht einmal die Identität der Angeklagten zweifelsfrei klären, da aus der Zeit vor 1945 keinerlei Personaldokumente über sie existierten. Aus den Unterlagen geht lediglich hervor, dass eine Frau seit 1949 mehrfach in Haft genommen wurde, die sich selbst und andere immer wieder grundlos schwer belastete. So behauptete sie unter anderem, dass ihr geschiedener Mann, ein Kommunist und Spanienkämpfer, KZ-Kommandeur gewesen sei und sich von einem befreundeten Arzt die Blutgruppennummer habe wegoperieren lassen – eine Beschuldigung, die sich als völlig haltlos erwies. 1951 erklärte sie, mit 18 weiteren Personen zu einer Agentengruppe zu gehören, die daraufhin allesamt festgenommen wurden – auch dies war eine Falschaussage. Im Ermittlungsbericht des MfS hieß es anschließend: »Die Vernehmungen, Durchsuchungen u[nd] Ermittlungen bei den von uns festgenommenen Personen liefen völlig negativ, so daß sich deren Freilassung nach mehreren Tagen als notwendig erwies.«[122] Schließlich erklärte sie in immer neuen Ausschmückungen, im Konzentrationslager Ravensbrück als Kommissarin gearbeitet zu haben. Obwohl sich bei den Nachforschungen herausstellte, dass ihre Schilderung der Örtlichkeiten nicht den Tatsachen entsprach und auch sonst keinerlei Beweis dafür erbracht werden konnte, wurde sie am 21. Mai 1953 zu 15 Jahren Zuchthaus verurteilt – in Wirklichkeit gab es in dem KZ gar keine Mitarbeiterin ihres Namens.

Knapp einen Monat später – inzwischen hatte es den Juni-Aufstand gegeben – wurde Erna Dorn auf Beschluss des SED-Politbüros vom selben Gericht wegen desselben Deliktes mit dem Tode bestraft. Die DDR-Presse behauptete sogar, Erna Dorn sei in Wahrheit die ehemalige KZ-Hundeführerin Gertrud Rabestein – obwohl bekannt war, dass diese in einem anderen DDR-Gefängnis saß. Erna Dorns Berufung und Gnadengesuch wurden zurückgewiesen, obgleich das MfS feststellte, dass auch ihre in den Vernehmungen aufgestellte Behauptung, eine Wachtmeisterin hätte für sie die Briefe an ihren Vater aus dem Gefängnis geschmuggelt, falsch war. »Es stellte sich heraus, daß alles von der Dorn wie bisher erschwindelt ist und nicht der Wahrheit entspricht«, resümierte das MfS die eigenen Nachforschungen.[123] Am 1. Oktober 1953 wurde Erna

Dorn in Dresden mit der so genannten Fallschwertmaschine hingerichtet. Erst 1994 wurde das Urteil aufgehoben.

Die SED tat anschließend alles dafür, den Justizmord auszuschlachten. Ganzen Generationen von Ostdeutschen wurde die Propagandalüge als vermeintlicher Beweis für den faschistischen Charakter des Aufstands eingetrichtert. Selbst namhafte Autoren wie der Schriftsteller Stephan Hermlin beteiligten sich daran. Unter dem Titel »Die Kommandeuse« veröffentlichte er 1954 eine Erzählung, in der die Legende über die »KZ-Bestie« literarisch verewigt wurde. Später sorgte er dafür, dass die Legende auch im Westen Verbreitung fand, indem er den Text für einen von Stefan Heym herausgegebenen Sammelband »Neue Prosa aus der DDR« auswählte, der 1977 in Hamburg erschien und in der Bundesrepublik zahlreiche Leser fand. Über die vermeintlichen Gedanken der am 17. Juni in Halle befreiten Gefangenen phantasierte er darin: »Eine Sekunde lang dachte sie sich eine ganz unendliche Zukunft, erfüllt von Aufmärschen, Sondermeldungen, brüllenden, jubelnden Lautsprechern. [...] Dann sah sie wieder den Appellplatz vor sich und eine gesichtslose Masse in gestreiften Lumpen bis zum Horizont. [...] Dann war sie in Gedanken wieder in Ravensbrück, wie sie die Hunde rief und Häftlinge in die Latrinen trieb: ›Faß, Thilo! Faß, Teut!‹«[124]

Das zweite von der DDR-Justiz gefällte Todesurteil erging gegen den 42-jährigen Gärtner Ernst Jennrich. Wegen seiner Beteiligung an den Unruhen vor dem Zuchthaus in Magdeburg-Sudenburg, bei denen drei Sicherheitskräfte erschossen wurden, hatte man ihn am 2. Juli 1953 verhaftet. Der Staatsanwalt klagte ihn an, »Boykott- und Mordhetze gegen demokratische Einrichtungen und Organisationen betrieben und hierbei nach dem 8. 5. 1945 durch Propaganda für den Faschismus den Frieden des deutschen Volkes gefährdet zu haben«.[125] Konkret warf man ihm vor, mit einem Karabiner durch ein Fenster am Eingangstor der Haftanstalt geschossen und einen der wachhabenden Polizisten durch Halsschuss getötet zu haben.

»Der Beschuldigte hat mit seinen verbrecherischen Handlungen gezeigt, daß ihm jedes Mittel recht ist, gegen demokratische Einrichtungen und Organisationen innerhalb der Deutschen Demokratischen Republik vorzugehen. Er schreckte nicht vor Terrormaßnahmen und Mord zurück. Als verdingter Verbrecher und Provokateur in den Händen des amerikanischen Imperialismus und seinen Handlangern, ist er für deren verbrecherische Ziele in Erscheinung getreten und hat ein Menschenleben, nämlich einen VP-Angehörigen, der im Dienst zum Schutz unserer Deutschen Demokratischen Republik stand, getötet.«[126]

Bei der Verhandlung kam der 1. Strafsenat des Bezirksgerichts Magdeburg zu einem anderen Ergebnis. Er stellte unter anderem fest, dass der Tod des Polizisten laut Totenschein schon um 11 Uhr eingetreten war, während der Angeklagte erst später vor der Haftanstalt eintraf. Den Polizisten von draußen zu töten war zudem ein schwieriges Unterfangen: Der Schütze hätte am Eingangstor durch die Gitter des rechten Fensters, durch eine offen stehende Tür des dahinterliegenden Raumes sowie durch ein weiteres großes Eisengittertor vor dem ersten Gefängnishof hindurchschießen müssen. Jennrich bestritt konsequent, durch dieses Fenster Schüsse abgegeben zu haben; er habe den Karabiner vielmehr einem Jugendlichen weggenommen, damit dieser kein Unheil damit anrichte, und, als ihn die Menge immer energischer zum Schießen drängte, durch ein anderes Fenster in die Luft geschossen. Nach zwei Schüssen sei die Munition verbraucht gewesen und er habe die Waffe vernichtet. Auch das Gericht kam zu dem Schluss, dass mindestens noch fünf andere Personen Schüsse in das Innere des Gefängnisses abgegeben hätten. Es urteilte deshalb am 25. August: »Bei der Prüfung einer so schwerwiegenden Frage, ob der Angeklagte der Mörder ist oder nicht, müssen die nach Ansicht des Gerichts bestehenden Widersprüche und die daraus resultierenden Zweifel zu Gunsten des Angeklagten ausgelegt werden. Die Beweiskette ist deshalb nicht lückenlos geschlossen, um ihn als der Tat überführt anzusehen.«[127] Das Hallenser Urteil wurde wenig später vom Obersten Gericht der DDR aufgehoben. Zur Begründung stellte es fest: »Das Bezirksgericht hat die an die Beweismittel zu stellenden Anforderungen überspitzt. Es hat die im Zeitpunkt der Tat herrschende Situation nicht berücksichtigt und darüber hinaus den Angaben des Angeklagten eine Bedeutung zugemessen, die ihm als einen der rücksichtslosesten Feinde unserer Ordnung gegenüber nicht gerechtfertigt ist.«[128] Obwohl der Angeklagte auch in seinem

Schlusswort beteuerte, dass er niemals durch das rechte Fenster und auf den Polizisten geschossen habe, verurteilte ihn das Bezirksgericht Magdeburg bei unveränderter Beweislage am 6. Oktober zum Tode. Am 20. März 1954 wurde der vierfache Familienvater in der Hinrichtungsstätte in Dresden enthauptet.

Von ähnlicher Qualität waren auch die meisten anderen Prozesse. Das Bezirksgericht Dresden verurteilte den Fotografen Lothar Markwirth am 18. Juli 1953 zu lebenslanger Haft, weil er sich am Sturm der MfS-Kreisdienststelle beteiligt hätte. In dem Urteil wurde ihm unter anderem vorgeworfen, als Erster einen Stein in ein Fenster geworfen und einen Gummimantel in Brand gesteckt zu haben, um die bewaffneten Stasi-Mitarbeiter zur Aufgabe zu zwingen. Der Angeklagte hätte sich damit »als Feind gegen unsere demokratische Ordnung entlarvt« und mit seinen Handlungen »die Grundlagen unseres demokratischen Staates zerstören wollen und derartige Handlungen auch bereits in Gang gesetzt«.[129] Da Markwirth Kreisvorsitzender und Kreistagsabgeordneter der LDPD war, hatte seine Verurteilung vor allem die Funktion, andere Liberaldemokraten einzuschüchtern und zu diskreditieren. Zuvor hatten sowjetische Vernehmer vergeblich versucht, ihm das Geständnis abzuringen, er habe im Auftrag der Amerikaner gehandelt. Später wurde er in der Dresdener Stasi-Zentrale misshandelt. Der Schauprozess, bei dem gegen 16 Angeklagte gleichzeitig verhandelt wurde, füllte tagelang die Zeitungsseiten; erst nach elf Jahren Haft kam Markwirth wieder frei. Die beiden anderen lebenslänglich Verurteilten waren Gerhard Römer und Kurt Unbehauen, die von den Bezirksgerichten Magdeburg und Gera abgeurteilt wurden.

Politisch motiviert war auch die Bestrafung von Wilhelm Grothaus, Sprecher der Belegschaft im VEB ABUS in Dresden. Der frühere kommunistische Widerstandskämpfer war Mitglied der SED, des FDGB und der Gesellschaft für Deutsch-Sowjetische Freundschaft und galt somit als besonders gefährlicher Verräter. Das Urteil warf ihm vor: »Der Angeklagte Grothaus hat in der Stunde der Gefahr gezeigt, daß er zu einem Slánský geworden ist.«[130] Der frühere tschechoslowakische KP-Chef Rudolf Slansky war, wie erwähnt, 1952 als angeblicher Spion und Titoist in Prag zum Tode verurteilt worden. Grothaus nutzte es auch nichts, dass mehrere Zeugen vor

Gericht bestätigten, er habe die Arbeiter zu Ruhe und Disziplin aufgefordert. Ein ähnliches Exempel wurde am Vorsitzenden des Bitterfelder Streikkomitees, Paul Othma, statuiert,
der zwölf Jahre Zuchthaus erhielt.

Die beiden letztgenannten Fälle zeigen, dass die öffentlich
verkündeten Maximen des inzwischen selber inhaftierten Jus-
tizministers Fechner nicht lange Gültigkeit hatten. Sogar Gewerkschaftsfunktionäre, die lediglich das getan hatten, wozu
sie berufen worden waren – die Interessen ihrer Kollegen zu
vertreten –, wurden abgeurteilt. Vier Bauarbeiter und Gewerkschafter des Ostberliner VEB Industriebau erhielten nur deshalb jahrelange Haftstrafen, weil man Sündenböcke brauchte,
denen man den Ausbruch der Unruhen in die Schuhe schieben konnte.

Schon gleich nach ihrer Niederschlagung hatte der Staatssicherheitsdienst nach den angeblichen »Drahtziehern« des
Aufstands gefahndet. Besonderes Augenmerk richtete er dabei auf die Initiatoren des Berliner Bauarbeiterstreiks, mit dem
der Aufstand begonnen hatte. Ein Unterleutnant Parade erhielt
deshalb den Auftrag, auf den Baustellen am Strausberger Platz
Erkundigungen einzuziehen. In der Baubude des VEB Wohnungsbau erfuhr er am 19. Juni von zwei Genossen der Kreisleitung der SED in Friedrichshain und der Industriegewerkschaft Bau-Holz, dass die BGL-Vorsitzenden Fettling und Foth
von der Baustelle Krankenhaus Friedrichshain die »Haupt-
organisatoren« des Streiks gewesen seien. Der Streik, so teilten sie geheimnisvoll mit, sei unter den Kennworten »Dampferfahrt« und »100. Todestag Stalins« gelaufen.[131]

Dies war das Signal für den Stasi-Mitarbeiter, die Jagd auf
die beiden Gewerkschafter zu eröffnen: Als Erstes fragte er in
seiner Dienststelle nach, ob die beiden schon festgenommen
seien, was verneint wurde. Anschließend rief er auf der Baustelle
Friedrichshain an und verlangte nach Fettling, der jedoch nicht
da war. Er erreichte nur seine Frau, die erklärte, sie wüsste nicht,
wo sich ihr Mann befände, und hinzufügte, mehr könne sie am
Telefon nicht sagen. Nun schien das Jagdfieber bei Unterleutnant Parade erst richtig auszubrechen. Er gab sich jetzt als
»Hans von den Hochhäusern am Strausberger Platz« aus, der
einen wichtigen Brief an ihren Mann abzugeben habe, und
schlug vor, in Fettlings Wohnung zu kommen, um den Brief
persönlich zu übergeben. Als die Frau daraufhin sagte, das ginge

nicht, und ihn fragte, ob er nicht zu ihr auf die Baustelle kommen könne, entwarf er rasch einen Brief, in dem er Fettling für den Abend ins HO-Café »Warschau« bestellte – Unterschrift: »Leo, Dampferfahrt«. Anschließend ließ er sich – »um bei dem Besuch der Frau F. nicht aufzufallen« – von dem Gewerkschaftsfunktionär dessen amerikanische »Windbluse« geben und machte sich auf den Weg. Als er wenig später vor der Frau des BGL-Vorsitzenden stand, erklärte er ihr verschwörerisch, dass er »von der Grenze komme« und einen wichtigen Brief für ihren Mann zu übergeben habe. Frau Fettling erkundigte sich daraufhin, woher er ihren Mann kenne und was in dem Brief stünde – und dann brach es aus ihr heraus, dass ihr Mann um zwei Uhr morgens von zwei Kriminalbeamten verhaftet worden sei. Der Unterleutnant war zu spät gekommen.

Max Fettling war in der Nacht vom 18. zum 19. Juni in seiner Wohnung verhaftet worden. Laut »Leibesvisitationsprotokoll« waren ihm ein Notizbuch, diverse Zettel, zwei Mitgliedsbücher des FDGB, einige Ausweise und »2 Urkunden von faschistischen Abzeichen«, wahrscheinlich Sportabzeichen, abgenommen worden. Der BGL-Vorsitzende muss sofort abtransportiert worden sein, denn das Hausdurchsuchungsprotokoll unterschrieb nicht er, sondern seine Frau. Der Haftbefehl wurde erst einen Tag später ausgestellt und beschuldigte ihn, »in Berlin im Juli 1953 andere zum Ungehorsam gegen Gesetze oder rechtsgültige Verordnungen oder Anordnungen, zum Widerstand gegen die Staatsgewalt, zum Aufruhr oder Landesfriedensbruch durch absichtliche Herbeiführung oder Beförderung eines Irrtums oder durch andere Mittel, durch Mißbrauch eines Irrtums oder durch andere Mittel, durch Mißbrauch des Ansehens oder der Gewalt bestimmt zu haben, in dem er sich an den Vorbereitungen zu den Unruhen am 17.6.53 aktiv betätigte und zwar durch Aufstellen von Resolutionen«. Erst neun Tage danach wurde er einem Richter vorgeführt, der ihm den Haftbefehl bekannt gab und Untersuchungshaft anordnete. Weitere zehn Tage später erging ein förmlicher, von Erich Mielke bestätigter Haftbeschluss und eine vom Leiter des so genannten Untersuchungsorgans, der Stasi-Abteilung IX, Alfred Scholz, unterzeichnete Verfügung über die Einleitung eines Untersuchungsverfahrens. Die Begründung lautete nun: »Fettling ist BGL-Vorsitzender im VEB Industriebau, Baustelle Krankenhaus Friedrichshain. Von hier aus nahm der provokatorische Streik am 17. 6. 1953 seinen Anfang. Fettling steht im Verdacht einer verbrecherischen Verbindung zu Westberliner Agentenzentralen.«[132] Außer ihm waren auch die BGL-Mitglieder Karl Foth und Otto Lembke, der Maurer Berthold Stanicke und der Bauleiter Roepke festgenommen worden.

Für den 46-jährigen Fettling muss die Verhaftung ein tiefer Schock gewesen sein. Zwar hatten ihm mehrere Kollegen geraten, sich nach Westberlin abzusetzen, um einer Festnahme zu entgehen, doch, so seine Frau gegenüber dem Stasi-Unterleutnant, »habe er darauf erwidert, daß er seine Kollegen nicht im Stich lasse«.[133] Nun kam er, wie viele Streikführer, in eine der fensterlosen Zellen des zentralen Stasi-Untersuchungsgefängnisses in Berlin-Hohenschönhausen. Der unterirdische Zellentrakt war 1946 von den Sowjets in die Kühl- und Lagerräume einer ehemaligen Großküche eingebaut worden. In den feucht-kalten Verliesen, die nur mit einer Holzpritsche und einem Kübel ausgestattet waren, waren zahlreiche Christdemokraten, Sozialdemokraten, Liberaldemokraten sowie in Ungnade gefallene Kommunisten in wochen- oder monatelangen nächtlichen Verhören gequält worden, um sie auf diese Weise geständig zu machen. Weil die Stasi ihm einen Spitzel auf die Zelle legte, ist ein Bericht über seine ersten Hafttage überliefert, der erahnen lässt, in welchem Zustand sich der BGL-Vorsitzende befand: »Der erste Eindruck, den Fettling auf mich machte, war der eines Geistesgestörten. Er redete wirr durcheinander, er würdigte mich kaum eines Blickes und legte sich gleich schlafen. Fettling war der Meinung, in einem Krankenhaus zu sein, denn immer wieder sagte er: ›Ich bin nicht krank.‹ Auch morgens nach dem Aufstehen sagte er nichts und tat völlig abwesend. Dann redete er wirres Zeug, wie ›das war so schön, es waren alle da, dann mußte ich aber laufen, die Nebel, die Nebel, ich werde vergast; werde ich erschossen‹. Auf einmal achtete er auf das Klappern meiner Holzschuhe beim Auf- und Abgehen. Darauf sagte er: ›Ja, ja, das ist es, tapp, tapp, tapp, das ist an allem schuld, das habe ich gestern den ganzen Tag gehört.‹«[134]

Dem Bericht zufolge beruhigte sich Fettling wenig später, fragte, ob das Gefängnis ein Krankenhaus sei, und erfuhr, dass er sich in einem Untersuchungsgefängnis befinde, woraufhin er sofort auf das berüchtigte Hohenschönhausen tippte. Fettling berichtete dann von seiner Baustelle am Krankenhaus

Friedrichshain, von der Normenerhöhung, der Unruhe, die dies ausgelöst habe, dem Streikaufruf auf der Dampferfahrt und schließlich der Baustellenversammlung, die ihn delegiert hätte, mit dem Ministerpräsidenten zu verhandeln. Sein Vorschlag, zwei oder drei Tage mit dem Streik zu warten, bis der Ministerpräsident reagiert habe, sei abgelehnt worden. Andere Baustellen hätten davon erfahren, weil der Materialverwalter Fahrzeuge und Material abbestellen musste. Am 16. Juni seien die Verhandlungen dann beendet gewesen, und am Nachmittag hätte die Arbeit wieder aufgenommen werden sollen, doch am Mittwoch habe es eine große Demonstration gegeben, bei der es zu Ausschreitungen gekommen sei. Er selbst habe von der Demonstration abgeraten und auch nicht daran teilgenommen. Schließlich notierte der Spitzel: »Fettling fragte immer wieder, ob man bei der Vernehmung geschlagen werde. Ich verneinte dieses. Auf meine Frage, ob er geschlagen worden sei, sagte er ja, aber er habe den Anlaß dazu gegeben, er habe einen Posten angefallen. Fettling sagte, er trage jetzt die ganze Verantwortung und ist verhaftet, aber die großen Schreier, die sitzen zu Hause.«[135]

Fettling war in der Nacht vom 19. zum 20. Juni das erste Mal verhört worden. Laut Vernehmungsprotokoll begann das Verhör um 1.15 Uhr und endete um 4.15 Uhr in der Nacht. Am nächsten Tag, einem Sonntag, pausierte der Vernehmer, doch am Montag und Dienstag wurde wieder vernommen: am ersten Tag von 22 bis 2 Uhr, am zweiten Tag von 17 bis 1 Uhr. Auch die darauf folgenden Verhöre fanden grundsätzlich bis in die späte Nacht statt, weil man wusste, dass die Widerstandskraft der Häftlinge dann am geringsten war, zumal es den Gefangenen verboten war, sich am Tage auf der Pritsche auszuruhen. In der ersten Vernehmung wurde Fettling noch relativ sachlich nach der Entstehung des Streiks befragt. Die zweite begann dagegen schon mit der Aufforderung: »Sagen Sie eingehend über Ihre verbrecherische Tätigkeit bei dem Streik aus!«, woraufhin Fettling abstritt, eine solche überhaupt durchgeführt zu haben. »Wenn das, was ich beim Streik getan habe, eine verbrecherische Tätigkeit gewesen ist, so hätte mir es die Regierung sagen müssen. Dann hätte ich mich von dieser Gruppe gelöst.«[136] Darauf der Vernehmer: »Sagen Sie die volle Wahrheit!«, und Fettling: »Ich bin bereit, die volle Wahrheit zu sagen. Ich habe weder einen Streik organisiert noch zum

Streik aufgerufen.« Am Ende des Verhörs, bei dem ihm vor allem zum Vorwurf gemacht wurde, dass er den Forderungen der Belegschaft nicht entgegengetreten sei, hatte der Vernehmer ihn immerhin schon so weit, dass er im Protokoll die Formulierung unterschrieb: »Ich bin vor den Forderungen der Arbeiter zurückgewichen, ich habe meine eigenen Meinung und Einstellung vor den Arbeitern, die eine aufrührerische Forderung vertraten, nicht offen vertreten. Ich erkenne, daß ich durch das Zurückweichen vor den bestehenden Schwierigkeiten der Arbeiterklasse großen Schaden zugefügt habe.«[137]

Am nächsten Tag wurde diese Art von Beschuldigtenvernehmung fortgesetzt. Nachdem der Untersuchungsführer am frühen Abend auch Fettlings Frau vernommen hatte, wollte er nun an die »Drahtzieher« im Westen heran:

Frage: »Welche Verbindungen haben Sie nach Westberlin?«
Antwort: »Ich habe gar keine Verbindungen.«
Frage: »Es wird Ihnen ein Exemplar der *Morgenpost* vom 7. 6. 53 vorgelegt. Es wurde in Ihrer Wohnung gefunden.«
Antwort: »Das weiß ich nicht, ich habe sie nicht gelesen.«
Frage: »Was ist Ihnen über die Organisatoren des Streiks bekannt?«
Antwort: »Darüber ist mir nichts bekannt. Ich kenne keine Organisatoren des Streiks.«[138]

Zwei Wochen später wurde dieser Punkt erneut aufgegriffen. Von der mehr als dreistündigen Vernehmung wurde nur folgender Dialog protokolliert:

Frage: »Welche Verbindungen unterhielten Sie nach Westdeutschland oder Westberlin? »
Antw[ort]: »Ich bestreite auf das entschiedenste, irgendeine Verbindung nach Westberlin oder Westdeutschland zu unterhalten. Ich habe weder Verwandte noch Freundschaften noch sonstige Bekanntschaften in Westberlin.«[139]

Und am übernächsten Tag noch einmal:

Frage: »Wollen Sie nun endlich die Wahrheit sagen und über Ihre Westverbindungen aussagen?«

Antwort: »Ich bestreite auf das entschiedenste, irgendeine Verbindung zu unterhalten oder gehabt zu haben. Dieses ist schon deshalb kaum möglich, da ich noch nie direkt in den Westsektoren Berlins gewesen bin, sondern nur dreimal in den Jahren 51/52, gleich hinter der Schillingbrücke, mir Tabak gekauft habe. Diese Einkäufe dauerten nicht länger als 10 Minuten.«[149]

In den folgenden Vernehmungen wurde Fettling zu diversen Arbeitskollegen genau befragt, wobei auch hier immer die Frage nach deren vermeintlichen Verbindungen in den Westen im Mittelpunkt stand. Eine weitere Standardaufforderung lautete: »Charakterisieren Sie das politische Gesicht von ...!« Im Gegensatz zu einigen anderen Inhaftierten seiner Baustelle äußerte sich Fettling immer positiv über seine Kollegen, außer über Metzdorf, von dem er wusste, dass er bereits in den Westen geflüchtet war. Ohne dass es dafür in seinen Aussagen irgendeinen Anhaltspunkt gab, konstatierte das MfS in seinem am 11. August gefertigten Schlussbericht: »Die Beschuldigten [...] sind Organisatoren der faschistischen Provokation vom 17.6.53 im demokratischen Sektor von Groß-Berlin. Sie organisierten arbeiterfeindliche Streiks und Demonstrationen, in deren Verlauf die faschistischen Provokateure Terrorüberfälle, Brandstiftungen und Plünderungen durchführten. Sie standen in Verbindung mit dem Ostbüro der SPD und dem sogenannten ›Bund des Heimatvertriebenen‹ und führten in deren Aufträge Agenten- und Wühltätigkeit durch.«[141]

Konkret wurde Fettling freilich nur vorgeworfen, dass er von den Streikbestrebungen auf der Baustelle den Staatsorganen nicht Meldung gemacht hätte und bei der Dampferfahrt eine Einteilung der Plätze vorgenommen hätte, dass auf einem Dampfer die »provokatorischen Elemente« konzentriert waren. Außerdem hätte er eine andere Baustelle »von den faschistischen Umtrieben auf seiner Baustelle« informiert und eine Durchschrift der Resolution an Grotewohl weitergegeben.

Da sich Fettling weder am 16. noch am 17. Juni an den Demonstrationen beteiligt hatte, ihm auch nicht die Organisation des Streiks oder Verbindungen in den Westen nachgewiesen werden konnten, war man sich offenbar unsicher, wie mit ihm verfahren werden sollte. Auffällig ist auch, dass sich das Corpus delicti, der Brief an Grotewohl, nicht in den Akten befindet – hatte man Angst, im Büro des Ministerpräsidenten danach zu fragen? Auch Fettling hatte scheinbar ein gutes Gewissen, wie ein Zellenspitzel Anfang August festhielt: »Über seine Verhaftung ist F. sehr erbost, schimpft, daß man ihn so lange ohne Grund festhält. Er beschimpft alle Angehörigen der hiesigen Dienststelle mit Lumpen und Strolche. Sollte er entlassen werden, wird er sich erst mal krank melden und eine Zeitlang krank feiern, dann seinen Urlaub nehmen. Nach dem wird er von seiner Funktion als BGL-Vorsitzender zurücktreten. Aus dem FDGB tritt er selbstverständlich sofort aus. [...] Vom FDGB wird er für seine Haftzeit Entschädigung verlangen, den Ministerpräsidenten wird er über die Zustände beim SSD genauestens unterrichten.«[142]

Diese Äußerungen gegenüber seinem Mithäftling haben die Bereitschaft des Staatssicherheitsdienstes, Fettling wieder auf freien Fuß zu setzen, sicher nicht gestärkt. Ein Dreivierteljahr nach Erstellung des Schlussberichtes, am 26. Mai 1954, verurteilte ihn das Stadtgericht Berlin zu zehn Jahren Zuchthaus. Die hohe Strafe begründete das Gericht mit folgender Argumentation:

»Durch ihre Handlungen waren die Angeklagten maßgeblich an der Organisierung der Arbeitsniederlegungen auf den entscheidenden Baustellen des nationalen Aufbauprogramms beteiligt. Sie haben also die Tätigkeit der volkseigenen Baubetriebe sabotiert. Bei Tätern von Sabotagehandlungen kommt es nicht auf das letzte Ziel der Täter an, sondern es genügt das Bewußtsein, daß durch ihre Handlungen eine Störung eintritt. [...] Sie sind den faschistischen Parolen des RIAS und der westlichen Presse sowie deren Agenten gefolgt und haben durch ihre organisierte Arbeitsniederlegung die Grundlagen zur Auslösung des faschistischen Putsches geschaffen. Sie haben daher nicht nur Sabotage betrieben, sondern sich auch der faschistischen Tätigkeit schuldig gemacht, denn das Endziel der faschistischen Provokation war die Zerschlagung der Arbeiter- und Bauernmacht in der Deutschen Demokratischen Republik und die Wiederherstellung der Macht der Junker und Monopolherren, deren Endziel die Auslösung eines neuen Krieges ist. Eine Unterstützung derartiger Putschversuche ist faschistisch und friedensgefährdend.«[143]

# Machtkampf im Politbüro

Die Sitzung glich einem Scherbengericht: Als das Politbüro der SED drei Wochen nach dem Volksaufstand über die Zukunft der Partei beriet, ließ kaum einer der Spitzenfunktionäre ein gutes Haar am Generalsekretär. Staatssicherheitsminister Zaisser erklärte, Ulbricht habe »die Partei verdorben«. Der stellvertretende Ministerpräsident Rau meinte: »Es wäre besser, wenn jemand anderes als Walter die Parteiorganisation übernimmt.« Der Ostberliner Bürgermeister Friedrich Ebert sagte, es wäre ein Gewinn für die SED, wenn der Genosse Ulbricht »selbst erklären würde, ein anderer muß 1. Sekretär werden«.[144] Solche kritischen Worte gegenüber einem amtierenden Parteichef hatte es noch nie gegeben im obersten Führungsorgan der SED.

Die Geschichte des 17. Juni ist auch die eines dramatischen Machtkampfes im Politbüro. Nicht nur die Streikenden und Demonstrierenden forderten im Sommer 1953 »Der Spitzbart muß weg«, auch in der SED-Spitze bildete sich unter dem Eindruck der politischen Krise eine offene Opposition gegen den Parteichef heraus. Bereits in der Sitzung am 6. Juni 1953, als Ulbricht und Grotewohl über die neuen Instruktionen aus Moskau berichtet hatten, war er, wie dargestellt, wegen seines autoritären Führungsstils heftig kritisiert worden. Jetzt aber, nachdem die SED ihre Macht beinahe verloren hatte, konnten sich viele nicht vorstellen, dass Ulbricht weiter die Geschicke der Partei führen sollte. Was damals nur gerüchteweise bekannt wurde, kann heute durch Erinnerungen und Dokumente genauer nachvollzogen werden: dass Ulbricht im Juni 1953 die Mehrheit im Politbüro verloren hatte – und dennoch im Amt blieb. Was passierte hinter den gepolsterten Türen des Führungsgremiums der SED?

Die Rekonstruktion des Machtkampfes in der Parteispitze

ist auch deshalb von Bedeutung, weil später oft behauptet wurde, Ulbricht hätte es dem Volksaufstand zu verdanken gehabt, dass er nicht abgesetzt wurde. Kritische SED-Funktionäre wie Heinz Brandt berichteten, der Generalsekretär sei bereits vor dem 17. Juni weitgehend entmachtet gewesen und Rudolf Herrnstadt habe den Auftrag gehabt, Personalvorschläge für eine neue Parteispitze auszuarbeiten. »Ulbricht war nur noch formal Generalsekretär, faktisch war ihm die Führung bereits entzogen.«[145] Die Unruhen am 17. Juni hätten seinen Sturz jedoch verzögert und schließlich bis nach Moskau gewirkt, wo Innenminister Berija, der das Konzept des Neuen Kurses maßgeblich forciert hätte, nach den Ereignissen in der DDR abgesetzt worden sei. »Erst die Katastrophe dieser Politik, erst der Aufstand vom 17. Juni vereitelte diese Konzeption und ermöglichte es den Rivalen Berijas, den verhaßten Komplizen Stalins zu vernichten.«[146] Die konservativen Kräfte hätten dadurch in Moskau die Oberhand gewonnen und Ulbricht im Amt gehalten. Der ehemalige KGB-General Pawel Sudoplatow behauptete sogar, der SED-Chef hätte den Aufstand selbst provoziert, nachdem in Moskau Anfang Juni seine Absetzung beschlossen worden wäre.

Für all diese Spekulationen haben sich bis heute keine Belege gefunden. Aus keiner der Politbürositzungen vor dem Aufstand ist dokumentiert, dass der Versuch unternommen worden wäre, Ulbricht zu entmachten. Auch die sowjetische Führung verlangte niemals seine Ablösung und bereitete sie nach Lage der Akten auch nicht vor. Im Falle Ungarns hatte sie den unbelasteten Imre Nagy dagegen schon bei der Einvernahme der Parteiführung am 13. Juni in Moskau zum Ministerpräsidenten gekürt. Am 23. Juni forderte die KPdSU das ZK der SED vielmehr auf, »unverzüglich mit jeder Verwirrung in der Führung Schluß zu machen und entschlossen die Maßnahmen zur Festigung des Einflusses der Partei auf die Massen und zur Gewinnung des Vertrauens der Massen zur Staatsmacht« durchzusetzen.[147] Erst zu diesem Zeitpunkt äußerten die sowjetischen Statthalter in Ostberlin, Sokolowski, Semjonow und Judin, in einem internen Bericht vom 24. Juni verhaltene Kritik an Ulbricht. Freilich rügten sie nicht seine Politik *vor* dem Aufstand, sondern sein schlechtes Krisenmanagements *während* der Unruhen. Doch auch jetzt wurde er nicht fallen gelassen. Der in Moskau unterbreitete Vorschlag lautete lediglich, »Genossen

Ulbricht von der Funktion des stellvertretenden Ministerpräsidenten der DDR zu entbinden, damit er seine Aufmerksamkeit auf die Arbeit des ZK der SED konzentriert« – nicht mehr
und nicht weniger.[148]

Die innerparteiliche Opposition gegen Ulbricht agierte zögerlich und unentschlossen. Letztlich wagte sie den Königsmord nicht und ging dadurch selber als Verlierer aus dem
Machtkampf hervor. Nach dem abrupten Kurswechsel Anfang
Juni richtete sich die Kritik an Ulbricht, wie oben beschrieben,
zunächst nur gegen Ulbrichts Methoden, die Partei zu führen,
insbesondere gegen die dominierende Rolle des Sekretariats
des Zentralkomitees, in dem er, entgegen den Statuten der Partei, die wichtigsten Entscheidungen konzentriert hatte. Hinter vorgehaltener Hand warf man dem SED-Chef zudem vor,
dass er, wie es Herrnstadt formulierte, »zu persönlicher Gehässigkeit greift, zu prinzipienlosen taktischen Manövern und
auch dazu, den Kritisierenden ins Gesicht die Fakten abzuleugnen und sie zu Lügnern zu stempeln, im Vertrauen darauf,
daß ihm als Generalsekretär, wenn es hart auf hart gehe, von der
Partei und den sowjetischen Genossen eher geglaubt würde«.[149]
Die Spannungen kulminierten in der Sitzung am 16. Juni, auf
der sich Ulbricht, wie Semjonow notierte, »launenhaft« benahm und »nicht wie der Leiter der Partei«.[150] Nach dem
17. Juni verübelten es ihm viele Politbüromitglieder dann, dass
ihm jeder Anflug von Selbstkritik fehlte und er den Aufstand
bald nur noch als »faschistische Provokation« interpretierte.
Statt zu fragen, welche Fehler der SED die Erhebung ausgelöst hatten, stellte er ihre Niederschlagung als großen Sieg der
Partei dar.

Um die Zukunft Ulbrichts ging es Herrnstadts Erinnerung
nach erstmals am 25. Juni, also acht Tage *nach* dem Aufstand,
als die im Zuge des Neuen Kurses eingerichtete Kommission
zur organisatorischen Neuordnung der Partei ihre erste Sitzung abhielt. Anwesend waren lediglich vier der Spitzenfunktionäre, nämlich Ulbricht, Grotewohl, Zaisser und Herrnstadt,
von denen Letzterer den Antrag stellte, das Sekretariat in seiner bisherigen Form zu liquidieren und stattdessen eines zu
schaffen, das nur noch aus Politbüromitgliedern bestand. Anschließend nahm Herrnstadt sich ein Herz und meinte: »Es
tut mir leid, Walter, noch folgendes sagen zu müssen: ich habe
noch einen zweiten Antrag: wäre es nicht besser, wenn Du die

unmittelbare Anleitung des Parteiapparates abgibst?« Wie der Chefredakteur des *Neuen Deutschland* später schrieb, ließ er dabei offen, ob »damit der Rücktritt Ulbrichts von der Funktion des Generalsekretärs« verbunden sein sollte oder nur eine Umverteilung der Aufgaben gemeint war, und zwar nicht, weil er sich gescheut hätte, einen solchen Antrag zu stellen, sondern weil er dies »für eine untergeordnete Frage« hielt.[151] Wenn, wie beabsichtigt, diktatorische Methoden eines Einzelnen in Zukunft ausgeschlossen wären, »so hatte weder ich noch sonst ein Angehöriger des Politbüros etwas gegen einen Generalsekretär Walter Ulbricht. Umgekehrt, in *diesem* Fall waren wir alle *für* ihn als Generalsekretär, wegen seiner großen Arbeitskraft und einer Reihe anderer Vorzüge, die er uns voraus hatte.«[152]

Die Kommission fasste keinen förmlichen Beschluss über Herrnstadts Antrag. Ulbricht, der mit hochrotem Gesicht zugehört hatte und sich offensichtlich in die Enge gedrängt fühlte, antwortete kühl: »Wenn *Du* diesen Antrag nicht gestellt hättest, hätte *ich* ihn gestellt.«[153] Da Zaisser dem Vorschlag zustimmte und Grotewohl, der den Vorsitz führte, nicht widersprach, betrachtete ihn Herrnstadt als angenommen.

Ungefähr zu diesem Zeitpunkt, am 26. Juni 1953, wurde der sowjetische Innenminister Berija auf einer Sitzung des Präsidiums des ZK der KPdSU von seinen Genossen verhaftet und einige Monate später hingerichtet. Nicht der Aufstand in der DDR war dafür ausschlaggebend, sondern die Angst der sowjetischen Spitzenfunktionäre, in das Räderwerk seiner mörderischen Geheimpolizei zu geraten. Erst im Nachhinein, in der Sitzung des ZK der KPdSU Anfang Juli, machte man ihm zum Vorwurf, dass er, wie es Chruschtschow formulierte, »18 Millionen Deutsche der Herrschaft der amerikanischen Imperialisten ausliefern« wollte.[154] Diese Wendung im Kampf um Stalins Erbe blieb jedoch nicht ohne Rückwirkungen auf die DDR. In Ostberlin ließ Hochkommissar Semjonow zwei enge Mitarbeiter Berijas, Sergej Goglidse und Amajak Kobulow, verhaften und brachte sie nach Moskau, wo sie später ebenfalls erschossen wurden. Da Zaisser als Staatssicherheitsminister Berijas direkter Partner in Ostdeutschland war, geriet auch er – anfangs wahrscheinlich, ohne es zu wissen – bei den Sowjets in Misskredit. Schon kurz nach der erwähnten Sitzung der Kommission äußerte sich Semjonow gegenüber Grotewohl ausgesprochen abfällig über Zaisser, ohne dass man sich dies damals in Ostberlin erklären konnte.

Für die spätere Behauptung Ulbrichts, dass Zaisser und Herrnstadt tatsächlich vom sowjetischen Geheimdienstchef Berija unterstützt worden wären, gibt es jedoch keinerlei Belege. Zwar war Zaisser ein lang gedienter Komintern-Agent und »Moskowit«, der als erster DDR-Minister für Staatssicherheit das besondere Vertrauen Moskaus genoss, und auch Herrnstadt war einst Agent des sowjetischen Nachrichtendienstes gewesen. Doch Ulbricht, der die Zeit des Nationalsozialismus in Moskau verbracht und die stalinistischen Säuberungen dort unbeschadet überstanden hatte, war erst recht ein Vertrauensmann der Sowjets. Nicht ohne Grund hatte man 1950 gerade ihm die Schlüsselfunktion des SED-Generalsekretärs übertragen. Für die Spitzenkader der SED galt ausnahmslos, dass sie sich als treue Befehlsempfänger Moskaus verstanden. Umgekehrt vermieden die Vertreter der sowjetischen Besatzungsmacht, insbesondere der unnahbare Hochkommissar Semjonow, besondere Beziehungen zu einzelnen Politbüromitgliedern – schon allein deshalb, um nicht selber in den gnadenlosen Machtkämpfen unter die Räder zu kommen.

Wenn es tatsächlich eine besondere Verbindung Berijas zu Zaisser oder Herrnstadt gegeben hätte, dann wäre dies im Zuge der späteren Kampagne gegen sie mit Sicherheit benutzt worden. Zwar erklärte Ulbricht auf der ZK-Tagung am 26. Juli, dass Zaisser während der Juni-Ereignisse Besprechungen mit zwei »Sonderbeauftragten von Berija« geführt hätte.[155] Dabei handelte es sich jedoch um rein dienstliche Zusammenkünfte mit Vertretern des sowjetischen Innenministeriums am 20. und 24. Juni, an denen auch der damalige Staatssekretär Erich Mielke teilnahm. Unter anderem ging es dabei um den Wunsch der Sowjetunion, das Ministerium für Staatssicherheit – wie in der UdSSR – in das Innenministerium einzugliedern. Den entsprechenden Beschluss fasste das Politbüro am 30. Juni und, im Beisein von Semjonow und Judin, erneut am 18. Juli. In seiner Rede vor dem ZK suchte Ulbricht jedoch den Eindruck zu erwecken, Zaisser hätte diese Gespräche geführt, um in der DDR eine Art Putsch durchzuführen: »Herrnstadt will die ideologische Führung und Zaisser will als Innenminister den Staatsapparat in die Hände bekommen. Was in drei Mo-

naten gewesen wäre, hätte sich jedes ZK-Mitglied selber aus-
rechnen können.«[156]

In Wirklichkeit lag das Problem der Ulbricht-Kritiker gerade
darin, dass man *keine* Kontakte nach Moskau hatte – und sie es
ohne sowjetischen Segen nicht wagten, die Ablösung des Parteichefs zu vollziehen. Wie Herrnstadt berichtete, versuchten
Zaisser und er in diesen Wochen fast verzweifelt, die Besatzungsmacht über die Lage in der deutschen Parteiführung zu
unterrichten. Zaisser hätte den stellvertretenden Hochkommissar Judin dreimal um eine Unterhaltung gebeten, sei jedoch
immer wieder vertröstet worden. Nach einer Politbürositz-
zung, in der es wieder zu schweren Zusammenstößen gekommen sei, hätten sie sogar mit Grotewohl darüber beraten,
wie man die Sowjets für eine Änderung an der Parteispitze gewinnen könnte – mit dem Ergebnis, »daß kein Weg sichtbar
sei, um sich hinsichtlich der wahren Lage im Politbüro und in
vielen Deutschland betreffenden Fragen in Moskau sichtbar
zu machen«.[157] Solange in Moskau keine Entscheidung im
Führungs- und Richtungskampf getroffen war, hielten sich die
Vertreter der Besatzungsmacht in Deutschland bedeckt.

Es ist nicht bekannt, wann genau Ulbricht von der Verhaftung Berijas erfuhr, möglicherweise jedoch bereits vor seiner
offiziellen Unterrichtung am 9. Juli. Auf jeden Fall nutzte er
die neue Lage in Moskau, um bald zum Gegenangriff auf seine
Kritiker überzugehen. Ob er dazu auch von der sowjetischen
Besatzungsmacht angehalten wurde, wie er Herrnstadt in einem
Vieraugengespräch versicherte, ist ungewiss. Noch am 24. Juni
hatten Sokolowski, Semjonow und Judin in ihrem Abschlussbericht für Moskau Herrnstadt nämlich ausdrücklich gelobt
für seine »bedeutende und geschickte Arbeit« bei der Ausarbeitung des Entwurfs der ZK-Resolution vom 21. Juni.[158] Nach
der Niederschlagung des Aufstands wollte die sowjetische Führung aber auch Stärke zeigen, weshalb ein Wechsel an der Parteispitze für kontraproduktiv befunden wurde. Mit einem in
der *Prawda* veröffentlichten Glückwunschtelegramm zum
60. Geburtstag am 30. Juni stärkte sie dem SED-Chef demonstrativ den Rücken. Was genau man mit ihm vorhatte, war jedoch möglicherweise noch offen, denn Ulbricht wurde in dem
Telegramm nicht in seiner Funktion als Generalsekretär, sondern nur als einer »der hervorragendsten Organisatoren und
Führer« der SED bezeichnet.[159]

Am 2. Juli fand Herrnstadts Erinnerung nach die zweite Sitzung der Kommission für die Neuorganisation der Partei statt. Im Unterschied zur ersten Sitzung nahmen an ihr auch das Politbüromitglied Oelßner sowie ein Vertreter der sowjetischen Besatzungsmacht teil. Ulbrichts Verhalten war diesmal brüsk, abwartend und auf Angriffe eingestellt – als wären seit der letzten Sitzung Dinge passiert, die ihn veranlassten, selbstbewusster und aggressiver aufzutreten. Thema der Sitzung war die künftige Zusammensetzung des Politbüros und des von Herrnstadt vorgeschlagenen neuen Sekretariats. Gleich zu Beginn trug Ulbricht Verwirrung in die Reihen seiner Gegner, indem er vorschlug, zunächst darüber zu entscheiden, welche Angehörigen des Politbüros zum Ausscheiden vorgeschlagen werden sollten. Dadurch erreichte er es, von der Kritik an seiner eigenen Amtsführung abzulenken und Zwistigkeiten zwischen den anderen Politbüromitgliedern zu fördern. Er selbst machte den Vorschlag, Friedrich Ebert – den einzigen im Politbüro der SED verbliebenen ehemaligen Sozialdemokraten neben Grotewohl – auszuschließen, bekam dafür jedoch keine Mehrheit. Zaisser griff sodann Fred Oelßner an und erklärte, dass er zwar nicht im Moment, aber, wenn sich dieser nicht ändere, zu einem späteren Zeitpunkt einen Antrag auf sein Ausscheiden stellen werde. Als Dritter fragte Grotewohl, ob es zweckmäßig sei, dass Honecker im Politbüro verbleibe, denn er, Grotewohl, hätte in den ganzen Jahren nicht die geringste Tendenz zu einer Entwicklung bei ihm beobachtet – beide, Oelßner und Honecker, waren bald danach die treuesten Verbündeten Ulbrichts. Schließlich schlug der Parteichef Karl Schirdewan als neues Mitglied vor, über den sich Semjonow kurz zuvor überschwänglich geäußert hatte. Ulbricht demonstrierte damit seine Treue zur sowjetischen Besatzungsmacht, während Herrnstadt diese unvorsichtigerweise gegen sich aufbrachte, indem er sich ziemlich abfällig über Schirdewan äußerte. Obwohl auch dieser Antrag abgelehnt wurde, bestimmte das Zentralkomitee Schirdewan drei Wochen später zum Vollmitglied des Politbüros.

Schließlich kam man zum eigentlichen Punkt der Sitzung: der Zusammensetzung des neuen Sekretariats. Wie Herrnstadt berichtete, meinte der sowjetische Vertreter, das bisherige Sekretariat sollte nicht völlig wegfallen, sondern, mit stark eingeschränkten Vollmachten, für organisatorische Aufgaben fortbestehen. Daraufhin schlug Zaisser vor, dass nicht Ulbricht, sondern Herrnstadt diesem Gremium als Verbindungsmann des Politbüros angehören sollte – ein Vorschlag, den Ulbricht später als »innerparteilichen Fraktionskampf« auslegte.

Auf Anraten des sowjetischen Vertreters wurde die Entscheidung über den Vorschlag vertagt, doch in der nächsten Politbürositzung meldete sich Fred Oelßner zu Wort und erklärte, er hätte dem Politbüro eine wichtige Mitteilung zu machen: Staatssicherheitsminister Zaisser hätte auf der letzten Kommissionssitzung Herrnstadt anstelle von Ulbricht für den Posten des Parteichefs vorgeschlagen; dies liefe auf eine Spaltung der Parteiführung hinaus. Zaisser und Herrnstadt wiesen diese Behauptung empört zurück, und im Politbüro kam es zu heftigen Auseinandersetzungen. Während Oelßner zunehmend verwirrt reagierte, sprang Ulbricht ihm zur Seite und sagte zu Zaisser: »Eine Konstruktion ist das nicht, mein Lieber.«[160] Wie Herrnstadt schrieb, zeigte sich die Mehrheit der Politbüromitglieder von den Vorwürfen tief betroffen, da sie völlig unglaubhaft gewesen seien.

In dieser Zeit griff Ulbricht seine Kritiker noch auf andere Weise an. Das Politbüro hatte Herrnstadt beauftragt, für die nächste ZK-Sitzung eine ausführliche Entschließung zu entwerfen. In den vorgelegten Teilen hatte sich dieser auch mit den Fehlern der SED auseinander gesetzt und unterstrichen, dass sich die Partei erneuern müsse. Flankiert von Oelßner und Hermann Matern, der als Vorsitzender der Zentralen Parteikommission bei den parteiinternen Säuberungen eine Schlüsselrolle gespielt hatte, erklärte Ulbricht zu dem Entwurf: »Jetzt ist alles klar; man muß die spalterische Tätigkeit von Zaisser und Herrnstadt im Zusammenhang sehen mit den von Herrnstadt vertretenen Auffassungen. Der Entwurf ist die ideologische Erklärung für ihr Auftreten.«[161] Obwohl Herrnstadt sich selbst von dem unter Zeitdruck entstandenen Entwurf distanzierte und der Staatssicherheitsminister an seiner Entstehung in keiner Weise beteiligt war, stellten ihn Ulbricht und seine Anhänger später als »ideologische Plattform« der »Fraktion Zaisser/Herrnstadt« hin.

Am Abend des 8. Juli kam es zur offenen Feldschlacht: Das Politbüro der SED diskutierte die Vorschläge der Kommission für die Neuorganisation der Partei, und jetzt wurde unverblümt die Ablösung Ulbrichts als Generalsekretär verlangt. Die Kritiker agierten freilich ausgesprochen unglücklich. Gleich zu Beginn schlug Zaisser vor, Herrnstadt zum Ersten Sekretär zu machen – doch dieser lehnte ab, so dass die Rücktrittsforderungen an Ulbricht ins Leere gingen. Den Aufzeichnungen Grotewohls zufolge stellte sich Honecker an Ulbrichts Seite und erklärte, man könne ihm nicht allein die Schuld für die Krise geben; es würde die Partei schädigen, wenn er als Generalsekretär zurücktreten würde. Zaisser hingegen verteidigte seinen Vorschlag, Herrnstadt zu nominieren; er sei zwar keine Ideallösung, doch mit Ulbrichts Einstellung sei der Neue Kurs nicht durchzuführen. Durch kaltblütiges Administrieren und eine falsche Erziehung der Kader habe er die Partei verdorben, deshalb müsse er vom Parteiapparat ferngehalten werden. Den Apparat in seinen Händen zu belassen wäre für den Neuen Kurs eine Katastrophe. Auch Heinrich Rau meinte, Ulbrichts Arbeitsmethoden würden die Partei lähmen. Die letzten Wochen hätten nicht gezeigt, dass er den Willen habe, dies zu ändern. »Es wäre besser, wenn jemand anderes als Walter die Parteiorganisation übernimmt und erster Sekretär wird.« Anton Ackermann erklärte ebenso, eine Gesundung der Partei mit Ulbricht an der Spitze sei ausgeschlossen. Friedrich Ebert bezeichnete es als einen Gewinn für die Partei, wenn Ulbricht von allein verzichten würde. Auch Elli Schmidt stellte sich hinter Zaissers Vorschlag und sagte zu Ulbricht: »Du kannst nicht mehr an der Spitze der Partei stehen«, während Hans Jendretzky resigniert feststellte, Ulbricht habe nichts dazugelernt.[162] Nach diesen Äußerungen hätte Ulbricht eigentlich sein Amt niederlegen müssen.

Herrnstadts Schilderungen zufolge war die Sitzung eine einzige Abrechnung mit dem Parteichef. Außer Matern und Honecker hätte sich niemand dafür ausgesprochen, dass er auch in Zukunft an der Spitze der Partei stehen sollte. Während Mückenberger und Oelßner sich nicht festlegen wollten, seien alle übrigen zu dem Schluss gekommen, dass Ulbricht das Amt des Parteichefs abgeben sollte. »Der ganze Geist, der in unserer Partei eingerissen ist«, zitierte Herrnstadt zum Beispiel die Ausführungen Elli Schmidts, »das Schnellfertige, das Unehrliche, das Wegspringen über die Menschen und ihre Sorgen, das Drohen und Prahlen – das erst hat uns so weit gebracht, und daran, lieber Walter, hast Du die meiste Schuld, und das willst Du nicht eingestehen, daß es ohne alledem keinen 17. Juni gegeben hätte.« Und Anton Ackermann erklärte: »Viele Jahre habe ich Dich unterstützt, Walter. Trotz allem, was ich sah. Lange Zeit habe ich geschwiegen, aus Disziplin, aus Hoffnung, aus Angst. Heute liegt das alles hinter mir.« Er kritisierte insbesondere den unerträglichen Führerkult um Ulbricht und sagte, er sei »bereit, vor den Parteitag zu treten, vor dreitausend gewählte Funktionäre mit nur *einem* Dokument in der Hand, mit der Sekretariatsvorlage zu Deinem 60. Geburtstag. Ich brauche dieses Dokument nur zu verlesen, nichts weiter – an der Reaktion des Parteitages würde kein Zweifel sein.« Friedrich Ebert, so Herrnstadt, brach sogar in Tränen aus, als er Ulbricht versicherte, dass er die größte Hochachtung vor seinen Fähigkeiten, seiner Energie und Erfahrung habe. »Aber nach allem Erlebten könne er nicht mehr daran glauben, dass in der Atmosphäre der Partei und in den Ergebnissen unserer Massenarbeit ein wirklicher Wandel eintreten werde, solange Ulbricht dem Leben in der Partei den Stempel aufdrücke.«[163]

Das Politbüro fasste jedoch keinen Beschluss. Geschickt begegnete Ulbricht den Vorwürfen, indem er einerseits Selbstkritik äußerte, andererseits auf Zeit spielte und schließlich gegen Zaisser und Herrnstadt Stimmung machte. Die Kritik von Ackermann, so notierte Grotewohl, sei richtig gewesen, und er, Ulbricht, sei nicht der Meinung, »daß ich 1. Sekretär sein muß. Dazu gehört Vertrauen, das muß erst wieder kommen.« Der Vorschlag von Zaisser und Herrnstadt, das Sekretariat abzuschaffen, sei jedoch eine »ernste Gefahr«, und die Idee, Herrnstadt zum Ersten Sekretär zu machen, eine »logische Folge« davon. Mit den Worten: »Ich werde vor dem ZK meine Erklärung abgeben«, beendete er die Debatte, ohne zu sagen, was er dort zu sagen gedächte.[164] Anschließend fuhren er und Grotewohl in die Sowjetunion, wo den Parteiführern der Satellitenstaaten offiziell mitgeteilt wurde, dass Berija verhaftet worden sei.

Die Chance, Ulbricht 1953 abzulösen, sollte nicht wieder kommen. Nach der Rückkehr von Ulbricht und Grotewohl trat das Politbüro am 10. Juli erneut zusammen. Grotewohl informierte die Mitglieder über den Ausgang der Diadochenkämpfe in Moskau und verlas eine Erklärung der sowjetischen Parteiführung, in der diese mit der Politik der letzten Jahre abrechnete: »Hochwachsen von Willkür, Karrierismus, Administrieren, Wegstoßen ganzer bündnisfähiger Schichten«, lauteten die Vorwürfe, wie sie Herrnstadt später wiedergab. »Kollektives Arbeiten der gewählten Führung« sei das Gebot der Stunde.[165] Während Herrnstadt daraus las, dass seine Kritik an Ulbricht von höchster sowjetischer Stelle geteilt wurde, und hoffte, dass die Angriffe gegen ihn und Zaisser damit ein Ende finden würden, zeigte sich der Minister für Staatssicherheit skeptischer: »Bist Du so sicher?«, fragte er bei einem nächtlichen Glas Wein seinen Genossen und Mitstreiter, der ihn im Überschwang zum ersten Mal in seine Wohnung eingeladen hatte, was unter Politbüromitgliedern verpönt war, da es als »Fraktionsbildung« ausgelegt werden konnte. »Vergiß nicht, daß man seit dem 17. Juni Schuldige braucht.«[166]

Zaisser Skepsis war berechtigt. In der sowjetischen Führung hatten sich die Vorstellungen über die Krisenbekämpfung in der DDR mittlerweile deutlich gewandelt. Dass Ulbricht seines Amtes als stellvertretender Ministerpräsident entbunden werden sollte, stand nicht mehr zur Debatte. Wie die Aufzeichnungen Grotewohls von der Politbürositzung zeigen, hatte Ministerpräsident Malenkow der SED-Führung stattdessen erklärt, dass Grotewohl und Ulbricht »zusammenarbeiten« müssten. Auch Außenminister Molotow wünschte sich eine freundschaftliche Zusammenarbeit zwischen Pieck, Ulbricht und Grotewohl. Von einer Ablösung des Generalsekretärs war keine Rede. Stattdessen notierte Grotewohl aus der sowjetischen Erklärung, »daß viele Fäden, die B[erija] gesponnen hatte, raffiniert in die Politik der DDR eingeflochten waren, wie manch organisatorische Maßnahmen aus dem Bereich der Staatssicherung eine gleiche Absicht vermuten lassen« – ein deutlicher Hinweis darauf, dass Zaisser in Moskau als Gefolgsmann Berijas galt.[167]

In der nächsten Sitzung des Politbüros ging Ulbricht in die Offensive. Er erklärte den anwesenden Spitzenfunktionären, dass er das Zentralkomitee »vom Verhalten der Genossen Zaisser und Herrnstadt« informieren musse. Damit war klar, dass der Parteichef es nicht bei einem Gegenangriff im innersten Führungszirkel belassen würde, sondern seine Kritiker ausschalten wollte. Er konnte sich dabei inzwischen offenbar auf die sowjetische Besatzungsmacht stützen, denn Hochkommissar Semjonow ließ in einer der nächsten Politbürositzungen erkennen, dass er ebenfalls für eine Entfernung der beiden aus dem Politbüro sei. Als Oelßner wenig später einen Alternativentwurf für die Entschließung des 15. ZK-Plenums vorlegte, konnten Zaisser und Herrnstadt schwarz auf weiß nachlesen, wessen sie beschuldigt werden sollten:

>>Im Politbüro des ZK machte sich bei einigen Genossen ein Zurückweichen vor der feindlichen Propaganda bemerkbar, die das Hauptfeuer gegen den Kern der Parteiführung richtete. Diese Genossen vertraten eine defätistische, gegen die Einheit der Parteiführung gerichtete Linie (Genossen Zaisser und Herrnstadt). [...] Das Zentralkomitee verurteilt besonders die unrichtige kapitulantenhafte Linie, die in einer Reihe Aufsätze des Organs des ZK *Neues Deutschland* vertreten wurde, deren Chefredakteur, Genosse Herrnstadt, eine kapitulantenhafte, im Wesen sozialdemokratische Auffassung zum Ausdruck brachte.<<[168]

Jetzt musste auch Herrnstadt zur Kenntnis nehmen, dass er zum Parteifeind und Sündenbock für den Arbeiteraufstand erklärt werden sollte. Unsicherheit, Angst und Verzweiflung überkamen ihn, denn er wusste nur zu gut, wie mit Spitzenfunktionären umgegangen wurde, die aus dem innersten Zirkel der Macht ausgeschlossen worden waren. In der Vergangenheit bedeutete dies fast immer, dass die Betroffenen verhaftet, in manchen Fällen sogar hingerichtet wurden. Mehr noch als diese düsteren Aussichten schmerzte Herrnstadt aber die Vorstellung, dass ihn die Partei, der er sein Leben lang gedient hatte, als >>Feind<< verstoßen könnte. Verzweifelt wandte er sich deshalb an den sowjetischen Hochkommissar Semjonow und bat ihn um eine Unterredung. Dieser bestellte ihn für 23 Uhr ins Hauptquartier nach Karlshorst, ließ ihn dort eine Stunde warten und führte dann, zusammen mit Judin, eine gespenstische nächtliche Unterredung mit ihm.

Semjonow warf Herrnstadt zunächst vor, dass er den Antrag auf Ulbrichts Rücktritt gestellt hätte, ohne sich vorher mit der Besatzungsmacht verständigt zu haben. Herrnstadt verteidigte sich damit, dass er und Zaisser das größte Interesse gehabt hätten, sich mit den sowjetischen Genossen zu verständigen, was aber nicht möglich gewesen sei. Außerdem seien sie der Meinung gewesen, dass sie das Recht gehabt hätten, auch ohne vorherige Rückfrage Vorschläge zu machen, denn es gingen doch jeweils Protokolle an die sowjetischen Vertreter. Da es sich nur um eine Kommission gehandelt hätte, wären die Vorschläge ja erst später zur Beschlussfassung ins Politbüro gegangen, so dass Zeit genug gewesen wäre, darüber zu sprechen. Semjonow erwiderte darauf, Herrnstadt hätte doch das Glückwunschtelegramm des sowjetischen Zentralkomitees zu Ulbrichts 60. Geburtstag gelesen, an dem er sich hätte orientieren können. Als Herrnstadt entgegnete, gerade dieses Telegramm hätten manche Politbüromitglieder als Unglück empfunden, da dadurch Ulbrichts schon halb erkämpfte Bereitschaft zu kollektiver Arbeit wieder ins Gegenteil umgeschlagen sei, lachten die sowjetischen Vertreter nur, und Semjonow fragte Herrnstadt, ob er nicht glaube, dass die Sowjetunion stark genug sei, um, wenn sie dies für erforderlich halte, jeden beliebigen Genossen einschließlich Walter Ulbrichts zu kollektivem Arbeiten zu veranlassen.

Die sowjetischen Vertreter machten Herrnstadt noch weitere Vorhaltungen, die vor allem eine Reihe kritischer Veröffentlichungen im *Neuen Deutschland* betrafen. Seine Beteuerungen, die fraglichen Artikel vor dem Erscheinen nachweislich nicht zu Gesicht bekommen zu haben, nutzten ihm wenig. Auch sein Entschließungsentwurf für das Zentralkomitee wurde ihm jetzt von den Sowjets vorgehalten: »›Erneuerung‹! Woher haben Sie dieses Wort?«, fragte Judin empört. »Das ist doch kein marxistischer Begriff! Wo haben Sie das gelesen?!«[169] Herrnstadt wusste nicht, dass Judin und Semjonow selber das so ungeheuerlich erscheinende Wort noch kurz zuvor in ihren Vorschlägen an die Moskauer Führung benutzt hatten. Und als Herrnstadt wissen wollte, wann und wo er denn kapituliert hätte, wurde er belehrt, dass er, wenn er »direkt« kapituliert hätte, schon längst aus der Partei ausgeschlossen worden wäre. Schließlich zwang ihn Judin mit der in Arthur Koestlers Roman *Sonnenfinsternis* beschriebenen Logik stalinistischer Gehirnwäsche in die Knie: »Ihr Hauptfehler ist, daß Sie nicht zu unterscheiden verstehen zwischen dem, was objektiv ist, und dem, was Sie sich subjektiv vorstellen. [...] Objektiv war Ihr Vorgehen und das Vorgehen Ihrer Genossen ein Anschlag auf die Einheit, ja den Bestand der Partei.« Von diesem Gespräch an klammerte sich Herrnstadt nur noch an den Gedanken: »Subjektiv hast Du nichts Böses gewollt, aber objektiv hast Du etwas Schreckliches gemacht. Nur *was*, das eben mußt Du noch begreifen.«[170]

Die Abstrafung der von Ulbricht als Bedrohung empfundenen SED-Politiker ging nun Schlag auf Schlag: Am 14. Juli wurde, wie oben dargestellt, Justizminister Fechner abgesetzt und verhaftet. Am 18. Juli beschloss das Politbüro die Eingliederung des Ministeriums für Staatssicherheit in das Innenministerium, fünf Tage später verlor Zaisser sein Ministeramt. In der Politbürositzung warf Ulbricht ihm Versagen vor, und daß er zusammen mit Herrnstadt versucht hätte, die Führung an sich zu reißen. »Mit einem Ulbricht, dem sämtliche Wirbelsäulenknochen gebrochen wurden, wolltet ihr zusammenarbeiten.«[171]

Am 24. Juli sollte das Zentralkomitee zusammenkommen und endgültig den Stab über Zaisser und Herrnstadt brechen. In den Tagen davor überlegte Herrnstadt krampfhaft, wie er vor dem Plenum auftreten sollte, ohne der Partei zu schaden. Als treuer Kommunist war er davon überzeugt, auch an seiner eigenen politischen Hinrichtung diszipliniert mitwirken zu müssen. Die Wahrheit, das stand für ihn ebenso wie für Zaisser fest, könnte er sowieso nicht sagen. Selbst einzelne politische Streitfragen meinte er nicht darlegen zu können, weil bei Ulbricht dadurch ein maßloser Hass entfesselt und das ZK möglicherweise sogar gespalten werden könnte. In der letzten Politbürositzung vor dem ZK-Plenum, als Ulbricht dem Politbüro seinen Rechenschaftsbericht vorlegte, wehrten sich Zaisser und Herrnstadt zwar noch einmal empört gegen die weiter zugespitzten Beschuldigungen, doch bei der Abstimmung wahrten sie die Parteidisziplin: Einstimmig nahm das Politbüro den Text der Entschließung des Zentralkomitees an, der Zaissers und Herrnstadts Ausschluss beinhaltete.

Die ZK-Sitzung war ein Lehrstück dafür, dass die Mechanismen stalinistischer Manipulation in der SED unverändert funktionierten. Die Vertreter der sowjetischen Besatzungsmacht führten im Hintergrund Regie, um die Parteiführung unter Ulbricht zu stabilisieren. Durch geschickte Dramaturgie gelang es, die große Unzufriedenheit vieler ZK-Mitglieder mit der Politik der SED-Führung weitgehend auf Zaisser und Herrnstadt umzulenken. Nach kurzer Zeit standen sie wie Todfeinde und Verbrecher da. Um seinen Gegnern den Wind aus den Segeln zu nehmen, begann Ulbricht selber seine Ansprache mit einer Fundamentalkritik an der Politik der letzten Monate: »In unserer Partei«, so der Parteichef, »wurden

Grundprinzipien des Marxismus-Leninismus vielfach verletzt.« Die innerparteiliche Demokratie sei schwach entwickelt worden, durch den Personenkult sei die Initiative der Massen gelähmt worden. »An die Stelle der gründlichen Überzeugungsarbeit trat oft nacktes Kommandieren.« In der Parteiführung sei das Prinzip der kollektiven Führung missachtet worden, zudem sei die Tendenz entstanden, das Sekretariat über das Politbüro zu stellen. »Ich möchte hier vor dem höchsten Forum der Partei offen feststellen, daß in der Parteiführung ich für diese Fehler die größte Verantwortung trage.«[172]

Im nächsten Abschnitt wechselte Ulbricht unvermittelt das Thema; unter Verstoß gegen die Regularien hielt er sich nicht mehr an den vom Politbüro genehmigten Redetext. Als wäre es eine bekannte Tatsache, begann der Parteichef mit den Worten: »Ich möchte nun einiges sagen zur Tätigkeit der Gruppe Herrnstadt-Zaisser, die einen innerparteilichen Fraktionskampf geführt hat.« Zunächst kam er auf die »Provokation« am 17. Juni zu sprechen, die einige weniger gefestigte Elemente in der Arbeiterklasse und auch in der SED schwankend gemacht hätte. Diese hätten damit begonnen, die Arbeit in der DDR »nicht vom Gesichtspunkt des Marxismus, sondern vom Gesichtspunkt des Sozialdemokratismus zu beurteilen.« Während Justizminister Fechner offen gegen die Politik der SED aufgetreten sei, die eine entschiedene Abrechnung mit den »Provokateuren« gefordert habe, hätte ihm Herrnstadt die Seiten des *Neuen Deutschland* zur Verbreitung seiner regierungsfeindlichen Ansichten zur Verfügung gestellt. Zusammen mit Zaisser hätte Herrnstadt darüber hinaus »eine politische Plattform entwickelt und versucht, sie dem Politbüro aufzuzwingen«. Die Politik der Partei sei darin als fehlerhaft, entartet und erneuerungsbedürftig bezeichnet worden. Besonders schwer wog Ulbrichts Vorwurf, Zaisser und Herrnstadt hätten in ihrer »Plattform« die »sozialdemokratische These« vertreten, die SED solle eine Partei des ganzen Volkes – und nicht nur der Arbeiterklasse – sein und der wirtschaftlichen Tätigkeit der kapitalistischen Elemente große Freiheit gewähren. »Das ist eine These, die die Restaurierung des Kapitalismus in der Deutschen Demokratischen Republik bedeutet und gewissen sozialdemokratischen Forderungen entspricht.« Zaisser und Herrnstadt hätten sich aber nicht auf die Aufstellung solcher »kapitulantenhaften Forderungen« beschränkt, sondern auch die Parteiführung neu besetzen wollen. So hätte Zaisser vorgeschlagen, Ulbricht als Generalsekretär abzusetzen und Herrnstadt zum Ersten Sekretär zu machen. Zur Durchsetzung ihrer Vorstellungen hätten sie einen »innerparteilichen fraktionsmäßigen Kampf« geführt. Während Zaisser nach der Verkündung des Neuen Kurses im *Neuen Deutschland* Beiträge veröffentlicht habe, die eine direkte Unterstützung der Streikenden dargestellt hätten, habe Zaisser die Arbeit des Ministeriums für Staatssicherheit so organisiert, dass dieses Ministerium faktisch von der Parteiführung isoliert worden sei. »Er vertrat eine kapitulantenhafte bürgerliche Politik und informierte das Politbüro nicht über die wirkliche Lage im Ministerium für Staatssicherheit. Das Ministerium für Staatssicherheit hat im Kampf gegen die feindlichen Agenturen völlig versagt.«[173] Zum Entsetzen Herrnstadts rückte Ulbricht seine Kontrahenten schließlich auch noch in einen Zusammenhang mit dem verhafteten Berija. Scheinbar unvoreingenommen und demokratisch überließ es Ulbricht anschließend dem Zentralkomitee, den »kapitulantenhaften Standpunkt der Gruppe Zaisser-Herrnstadt« einzuschätzen und die notwendigen organisatorischen Schlussfolgerungen zu ziehen.

Die Wirkung dieser Ausführungen, schrieb Herrnstadt später, war außerordentlich: »Die Mitglieder des Politbüros saßen überrascht und erschreckt da; keiner wagte gegen die Verlesung der ihnen unbekannten und von ihnen nicht gebilligten Ausführungen zu protestieren, weil jedem klar war, daß im Hintergrund Dinge vorgegangen waren, die niemand überblickte. Die etwa 100 weiteren Mitglieder und Kandidaten des ZK waren umgekehrt der Meinung (und mußten es sein), daß den Mitgliedern des Politbüros diese Ausführungen, die ja in ihrem Namen vorgetragen wurden, längst bekannt seien, daß sie ihnen zugestimmt hätten, und daß sie noch weit mehr von unserer verbrecherischen Tätigkeit wüßten.«[174]

Obwohl sich Zaisser und Herrnstadt nach Ulbrichts Ausführungen als Erste auf die Rednerliste hatten setzen lassen, kamen sie erst später an die Reihe. Vor ihnen sprachen Kurt Hager und einige weitere, vorher offenbar entsprechend instruierte ZK-Mitglieder, die scharf mit Zaisser und Herrnstadt ins Gericht gingen. Als die beiden schließlich doch noch drankamen, äußerten sie sich vor lauter Parteidisziplin so zurückhaltend, dass die ZK-Mitglieder den Eindruck gewinnen muss-

ten, die Beschuldigungen wären berechtigt. Die Politbüromitglieder, die es besser wissen mussten, zogen es vor zu schweigen.

Am Ende des ZK-Plenums ergriff Ulbricht noch einmal das
Wort. Zynisch und aggressiv rechnete er endgültig mit seinen
bereits geschlagenen Gegnern ab. Jetzt warf er ihnen nicht
mehr nur »Fraktionismus« und »Kapitulantentum« vor, sondern eine »parteifeindliche Arbeit«, ähnlich derjenigen der
»Abweichler« in der KPD der Vorkriegszeit, von denen viele
im Moskau der dreißiger Jahre ermordet worden waren. Das
Versagen des Staatssicherheitsdienstes am 17. Juni lastete er
allein Zaisser an, der »so beschäftigt mit dem Kampf gegen
Ulbricht [war], daß er ganz vergessen hat, daß er Minister für
Staatssicherheit ist«. Herrnstadt warf er vor, nicht nur gegen
die »Einheit der Parteiführung«, sondern gegen die Partei als
Ganze gekämpft zu haben. Deshalb seien die Artikel in der
Presse erschienen, »die gegen die Partei gerichtet waren, wo
man die Streikenden sozusagen poussiert hat«.[175] Am Ende gab
er sich den Anschein von Großherzigkeit, indem er dafür plädierte, Zaisser und Herrnstadt »nur« aus dem Zentralkomitee
und nicht aus der Partei auszuschließen – so war es mit den sowjetischen Vertretern vorher verabredet worden. Inhaltlich
wurde die vom Politbüro beschlossene Entschließung des Zentralkomitees noch einmal verschärft. Sie bezeichnete Herrnstadt und Zaisser jetzt als »parteifeindliche Fraktion«, die eine
»die Partei verleumdende, auf die Spaltung der Parteiführung
gerichtete Plattform« vertreten hätte – für Kommunisten eines
der schlimmsten Vergehen.[176] Alle ZK-Mitglieder, also auch
Zaisser und Herrnstadt, stimmten der Resolution zu, die ihren
Ausschluss aus dem ZK beinhaltete.

Als überzeugter Kommunist war Herrnstadt trotz aller Empörung über dieses Vorgehen bereit, in dem Drama die Rolle
des Schurken zu übernehmen. Noch während der ZK-Tagung
sagte er fast flehentlich zu Matern: »Ich habe in meinem Leben
jeden Auftrag durchgeführt, den mir die Partei erteilte. Wenn
mir die Partei sagen würde: spring ins Wasser und frag nicht,
würde ich springen. Wenn sie mir sagen würde: wir brauchen
nach dem 17. Juni einen ›Fall Zaisser/Herrnstadt‹, das ist kein
angenehmer Auftrag, aber es muß sein – werde ich ihn übernehmen. Aber sagen soll sie es mir doch, ich brauche doch etwas, woran ich mich innerlich halten kann.«[177]

Doch wie bei allen kommunistischen Säuberungen verlangte die Partei, dass die Fiktion zur Realität werden müsste. Matern erklärte, dass es für Herrnstadt nur einen einzigen Weg gebe – einsehen und zugeben. Auch wenn er sich selbst nicht für einen Vertreter des Sozialdemokratismus und Kapitulanten, Spalter und Fraktionisten halte, sei er »objektiv« genau all dies. Er könne doch nicht annehmen, dass er klüger sei als das ganze Zentralkomitee. Dieser »Logik« konnte sich auch Herrnstadt nicht verschließen, so dass er sich, sogar im Freundeskreis, nunmehr vorbehaltlos hinter die Beschlüsse des ZK stellte. In einer Erklärung an die Zentrale Parteikontrollkommission, deren Vorsitzender Matern war, übte er Ende August förmlich Selbstkritik und gestand ein, dass im *Neuen Deutschland* »in einer Reihe von Aufsätzen eine objektiv falsche und kapitulantenhafte Linie vertreten wurde, und daß dem Feind Versuche gelangen, die Zeitung auszunutzen (Fechner)«.[178] Möglicherweise hatte Herrnstadt aber auch nur Angst um Leib und Leben. Als ihm zugetragen wurde, dass die Belegschaft bei Siemens-Plania wegen des ZK-Beschlusses angeblich in den Streik treten wollte, schickte er umgehend einen Boten in den Betrieb und erklärte, »daß nur, wer mich auch physisch vernichten wolle, eine solche Sache organisieren könne«.[179]

Mit seinem Angriff auf Zaisser und Herrnstadt hatte Ulbricht seine schärfsten Kritiker im Politbüro ausgeschaltet. Sie waren jedoch nicht allein gewesen. Der SED-Chef mühte sich deshalb, auch diejenigen zu neutralisieren, die die beiden unterstützt hatten. Nachdem das ZK von ihrer »Schuld« überzeugt worden war, griff Ulbricht während der Tagung deshalb noch weitere Politbüromitglieder an, die dem »Angriff auf die Einheit der Partei« nicht entgegengewirkt hätten. Elli Schmidt warf er zum Beispiel vor, im Politbüro »eine der gröbsten Formulierungen« gegen ihn geprägt zu haben – sie hatte einmal gesagt, dass Ulbricht die eigentliche Schuld am 17. Juni trage. Heinrich Rau beschuldigte er, in den Auseinandersetzungen »geschwankt« zu haben.[180] Ackermann und Schmidt wurden aus dem Politbüro entfernt und verloren ihre Posten. Auch Hans Jendretzky wurde nicht mehr nominiert und als Berliner SED-Chef abgelöst; alle drei erhielten später eine Parteistrafe. Statt ihrer rückten nun der von den Sowjets so empfohlene Abteilungsleiter im ZK, Karl Schirdewan, Innenminister Willi Stoph und der Gewerkschaftschef Herbert Warnke ins Politbüro ein. Das Sekretariat wurde, wie von den Sowjets gewünscht, von zehn auf sechs Mitglieder verkleinert. Nur Ulbricht, Oelßner und Schirdewan stammten aus der alten Mannschaft, neu hinzu kamen Paul Wandel, Erich Mückenberger und Gerhard Ziller. An Ulbrichts Stellung änderte sich nur eins – statt »Generalsekretär« war er jetzt »Erster Sekretär« der SED.

Mit der Beseitigung seiner Kritiker schlug Ulbricht zwei Fliegen mit einer Klappe. Er hatte nicht nur seine seit dem Neuen Kurs ins Wanken geratene Macht im Politbüro wieder stabilisiert, sondern zugleich einen Sündenbock für die Ereignisse am 17. Juni und das offenkundige Versagen der SED gefunden: Dass die »westlichen Agenturen« und »faschistischen Provokateure« in der DDR so erfolgreich hatten wirken können, hatte danach seinen Grund vor allem darin, dass es in der Spitze der Partei eine »kapitulantenhafte«, »defätistische«, »fraktionistische«, »parteifeindliche« und vom »Sozialdemokratismus« infizierte Gruppierung gegeben hatte, die die Führung im Augenblick der Gefahr lähmte. Nicht Ulbricht oder das Politbüro waren schuld an der Krise, sondern – ausgerechnet – seine schärfsten Widersacher. Was sich in diesen Wochen tatsächlich im Politbüro abgespielt hatte, wurde geheim gehalten und stattdessen die Legende eines von Berija ausgehenden, »sozialdemokratischen« Putschversuches verbreitet. Diese Konstruktion war nicht nur für die »Erklärung« des Aufstands von Bedeutung, sondern erlaubte zugleich, Kritik an der Politik der Parteiführung, wie sie in der ganzen DDR virulent war, auch in Zukunft rigoros auszugrenzen. Auf die ZK-Sitzung folgte eine monatelange öffentliche Kampagne, in deren Verlauf die Vorwürfe gegen Zaisser und Herrnstadt immer weiter gesteigert wurden, was eventuelle Sympathisanten abschrecken und den Parteiapparat in Unsicherheit halten sollte. Anders als unter Stalin landeten sie zwar nicht mehr im Gefängnis oder auf dem Schafott, doch fielen die beiden Spitzenfunktionäre von ganz oben nach ganz unten: Sie verloren alle Privilegien und mussten ihren Lebensunterhalt von nun an als Übersetzer und Archivar bestreiten; im Januar 1954 erfolgte dann doch noch ihr Parteiausschluss. Auch Franz Jahn, der Vorsitzende der Industriegewerkschaft Bau-Holz, der am 16. Juni vergeblich versucht hatte, die Arbeiter von ihrem Streik abzuhalten, verlor seinen Posten.

Sechs Wochen nach dem Volksaufstand saß Ulbricht wieder fest im Sattel. Nicht die Erhebung der Bevölkerung hatte ihn vor dem Fall bewahrt, sondern das Votum der Sowjetunion. Der geschickte Machtpolitiker, der die mörderischen Säuberungen im Moskau der dreißiger Jahre unbeschadet überlebt hatte, hatte die tiefste Krise der SED-Herrschaft überstanden.

# Die Haltung des Westens

Der Brigadier Hans Scholz war mit großen Erwartungen gekommen: Als er am 16. Juni mit einer kleinen Delegation im Gebäude des RIAS erschien und darum bat, den Aufruf zum Generalstreik auszustrahlen, war er fest davon überzeugt, dass der Westen die streikenden Bauarbeiter unterstützen würde. »Von West-Berlin haben wir erst mal den Generalstreik, den Aufruf zum Generalstreik erwartet«, erinnerte er sich zwanzig Jahre später. Doch darüber hinaus hoffte man auch auf die Hilfe der Alliierten, insbesondere der westlichen Stadtkommandanten. »Die Alliierten hätten einmarschieren sollen, um die Ordnung wieder herzustellen«, beschrieb Scholz seine damals von vielen geteilten Hoffnungen.[181]

Dass die ostdeutschen Arbeiter am 17. Juni 1953 in Massen auf die Straße gingen, hing nicht nur mit der großen Unzufriedenheit und der offenkundigen Schwäche der SED-Führung zusammen. Die Zuversicht der Demonstranten rührte auch von dem Gefühl her, bei ihren Protesten die Unterstützung des Westens zu haben. Besonders westdeutsche und amerikanische Politiker hatten sich immer wieder mit scharfen Worten gegen das SED-Regime gewandt, und namentlich der RIAS ermunterte sie zum Widerstand. In Korea waren die USA dem kommunistischen Expansionsstreben sogar militärisch entgegengetreten. Hat der Westen die Aufständischen schließlich im Stich gelassen – oder hat er, wie die SED behauptete, sie im Gegenteil insgeheim sogar angeleitet?

Die Westmächte – also Amerikaner, Engländer und Franzosen – sowie Westberliner und westdeutsche Politiker zeigten sich genauso überrascht von den Ereignissen wie die Sowjetunion und die SED. Niemand hatte mit ernsthaften Unruhen in der DDR gerechnet; die wenigen Stimmen, die auf die wachsenden Spannungen hinwiesen, wurden nicht ernst genommen. Als der RIAS am Abend des 15. Juni über Unruhen auf einzelnen Ostberliner Baustellen berichtete, wurde die Meldung von keiner Zeitung oder Nachrichtenagentur übernommen. Auch am Tag darauf, als die Bauarbeiter vor das Ostberliner Haus der Ministerien zogen, gab es bis zum Abend keinerlei offizielle Reaktion.

In Westberlin, das dem Geschehen am nächsten lag, wurden die Ereignisse schneller bekannt als anderswo. Ein entschlossenes Handeln wurde zunächst dadurch erschwert, dass die politische Führung der Inselstadt gar nicht anwesend war. Ernst Reuter, Regierender Bürgermeister und einst Stadtoberhaupt von Magdeburg, weilte auf dem Europäischen Städtetag in Wien. Vergeblich bemühte er sich seit dem 16. Juni bei den westlichen Alliierten um einen sofortigen Rückflug. Zu seinem großen Verdruss ließ man ihn 48 Stunden auf eine Transportmöglichkeit warten, so dass er erst am Abend des 18. Juni wieder in Berlin war. Die verschiedentlich geäußerte Vermutung, dass man den charismatischen Politiker bewusst vom Schauplatz der Unruhen fernhalten wollte, wird von den Dokumenten nicht bestätigt, denn zumindest der britische Hochkommissar hatte veranlasst, dass alles für Reuters Rückkehr nach Berlin getan werde. Ebenfalls nicht in der Stadt war Reuters Stellvertreter und Landeschef der SPD, Franz Neumann, der gerade in Italien zur Kur weilte. Die Leitung der größten politischen Partei in Westberlin lag damit beim stellvertretenden SPD-Landesvorsitzenden Josef Braun, der, wie man heute weiß, Geheimer Mitarbeiter des DDR-Nachrichtendienstes war.

Von den politischen Kräften in Berlin zeigte nur die SPD deutliche Bereitschaft, die streikenden Arbeiter zu unterstützen. Die Sozialdemokraten hatten damals noch enge Verbindungen in den Ostsektor, wo sie in den Stadtbezirken sogar eigene Parteibüros unterhielten. Als die SPD-Fraktion im Westberliner Abgeordnetenhaus am späten Abend des 16. Juni von einem Parteigenossen aus Friedrichshain über die Demonstration der Bauarbeiter und den Aufruf zum Generalstreik informiert wurde, beschloss man spontan, für den nächsten Tag um 18 Uhr zu einer Kundgebung auf dem Oranienplatz in Kreuzberg aufzurufen – der einzige Akt praktischer westlicher Solidarität am 17. Juni. Darüber hinaus wandte sich, wie erwähnt, der Berliner Landesvorsitzende des DGB, Ernst Scharnowski, über den RIAS an die DDR-Bevölkerung und rief diese dazu auf, sich der Bewegung anzuschließen und auch anderswo zu demonstrieren.

Die eigentlichen Machthaber in Westberlin waren jedoch nicht die deutschen Politiker, sondern die drei westlichen Stadtkommandanten, die frühzeitig deutlich machten, dass sie kein Interesse an einer Zuspitzung der Lage hatte. Obwohl es bis dahin nur friedliche Demonstrationen in der Stadt gab, verständigten sie sich bereits am Vormittag des 17. Juni darauf, dass es ihre Aufgabe sei, Ruhe und Ordnung (»law and order«) in der Stadt aufrechtzuerhalten und Blutvergießen zu verhindern. Nicht nur die Westberliner sollten davon abgehalten werden, sich an den Demonstrationen im Ostteil der Stadt zu beteiligen, sondern nach Möglichkeit auch die DDR-Bewohner der Randgebiete, die, wie die Stahlarbeiter aus Hennigsdorf, gerade durch den französischen Sektor ins Zentrum marschierten. Die Stadtkommandanten sprachen sich auch gegen die für den Abend geplante Demonstration der SPD auf dem Oranienplatz aus, da der Platz ihrer Ansicht nach zu nahe an der Sektorengrenze lag.

Nach dieser Vorbesprechung rief man den amtierenden Berliner Bürgermeister Walter Conrad (FDP) und den Polizeipräsidenten Johannes Stumm herein und informierte sie über die Wünsche der Alliierten. »Die Kommandanten werden sich einer geordneten Sympathiekundgebung oder Demonstrationen nicht widersetzen. Sie halten es jedoch für ihre Pflicht, die Westberliner vor den schwerwiegenden Konsequenzen zu warnen, die entstehen können, wenn Westberliner an Demonstrationen im Ostsektor teilnehmen. Sie erwarten in dieser Angelegenheit die übliche vollständige Kooperation der Westberliner Polizei«, verlautbarten die Stadtkommandanten.[182] Sie forderten einen anderen Ort für die geplante Kundgebung, pochten auf ihre Rechte als Alliierte und warnten den Senat vor Alleingängen. Sie erinnerten ihn daran, dass sie es seien, die für den Status von Berlin verantwortlich seien, und forderten ihn auf, keine Initiativen zu ergreifen, diesen zu verändern, ohne sich mit der Alliierten Kommandantur darüber abzusprechen – ein deutlicher Schuss gegen Ernst Reuter, der im April gefordert hatte, Gesamtberliner Wahlen durchzuführen und eine gemeinsame Stadtregierung zu bilden.

Im Namen des Berliner Senats erklärte Conrad, dass er keine

Einwände gegen die Vorschläge der Kommandanten hätte. Er unterstrich, dass er gestern und heute bewusst geschwiegen habe, um den Sowjets oder der DDR keinen Vorwand für Behauptungen zu geben, der Westen stünde hinter den Protesten. Diese Auffassung hätten auch die Sprecher der drei großen Parteien vertreten, mit denen er sich gerade getroffen hätte, desgleichen die Mitglieder des Senats. Er verstünde, dass die Westberliner den Ereignissen nicht gleichgültig gegenüberstehen könnten, doch müssten sie bei allen Schritten sehr vorsichtig sein, insbesondere bei den öffentlichen Erklärungen auf der geplanten Kundgebung. Conrad bat darum, den Ältestenrat des Abgeordnetenhauses darüber entscheiden zu lassen, wo diese stattfinden solle, wobei er betonte, dass man die Bedenken der Alliierten teile. Schließlich schlug er den Kommandanten vor, dass sie die sowjetische Besatzungsmacht zur Zurückhaltung drängen sollten, sobald es in Ostberlin zu größerem Blutvergießen käme.

Nach dieser Einvernahme begannen wenig später die ersten Polizeieinsätze auf westlicher Seite. Vor allem am Potsdamer Platz, aber auch am sowjetischen Ehrenmal wurden Sperrketten gebildet und die Menschen aufgefordert, sich zu zerstreuen. Wie die Polizei festhielt, verhinderten die Maßnahmen »sowohl massierte Ansammlungen als auch ein Übergreifen der Aufruhrhandlungen auf westsektorales Gebiet, wobei bemerkt werden muß, daß schon diese Maßnahme starke Empörung gegen die Westberliner Polizei auslöste, der man Feigheit und Verständnislosigkeit gegenüber der drangsalierten Bevölkerung und undemokratisches Verhalten vorwarf«.[183] Die Briten kritisierten jedoch danach, dass die Westberliner Behörden zunächst »lasch und mit Widerwillen« reagiert hätten. »Nach scharfen Worten von [dem britischen Stadtkommandanten] General Coleman rafften sie sich auf, und ab dann hat die deutsche Polizei ihre Arbeit gut gemacht.«[184]

Wie die Stadtkommandanten verlangt hatten, versuchte man vor allem zu verhindern, dass Menschen vom Westen in den Osten der Stadt zogen, und unterstützte so die Maßnahmen der Ostberliner Sicherheitskräfte. Die öffentlichen Verkehrsmittel durften nicht mehr bis zur Sektorengrenze fahren, und auch die Zufahrtsstraßen wurden gesperrt. Der Versuch der Kampfgruppe gegen Unmenschlichkeit (KgU), Flugblätter mit Ballons in den Ostsektor zu schicken, wurde ebenso unterbunden wie der kurze Versuch der SPD, die Soldaten der Roten Armee mit einem Lautsprecherwagen in russischer Sprache aufzufordern, nicht auf unbewaffnete Arbeiter zu schießen. Der Übertragungswagen einer russischen Emigrantenorganisation wurde sogar beschlagnahmt.

Vor allem beim britischen Stadtkommandanten stießen die bescheidenen Unterstützungsaktionen der SPD und der KgU auf völlige Ablehnung. Am 18. Juni meldete er dem Londoner Außenministerium: »Ich habe gestern nachmittag zweimal persönlich mit dem Polizeipräsidenten gesprochen, um ein Ende der Aufhetzung zu bewirken, wobei ich besonders auf die Ballonverteilung von Flugblättern hinwies. Auch die Kommandanten haben den Regierenden Bürgermeister und den Polizeipräsidenten instruiert, dafür zu sorgen, daß sich keine Menschenmengen an den Sektorengrenzen zusammenrotten; später haben sie Suhr (SPD-Vorsitzender des Abgeordnetenhauses) ersucht, sich in seiner Ansprache bei der öffentlichen Kundgebung am Abend zu bemühen, einen beschwichtigenden Einfluß auszuüben.«

Die Verärgerung der Briten war so groß, dass man sogar erwog, die SPD förmlich abzumahnen, was dem britischen Stadtkommandanten wegen ihres Einlenkens dann jedoch nicht mehr als erforderlich erschien: »Abgesehen von der Ballonaktion heute morgen scheint die Aufhetzung jetzt aufgehört zu haben, und ich würde nicht empfehlen, daß die Hochkommission offiziell bei der SPD vorstellig wird; inoffiziell könnte jedoch durchaus erwähnt werden, daß uns die unverantwortliche Haltung der Partei sehr überrascht hat.«[185]

Der Druck auf Senat und SPD, sich auf der für den Abend geplanten Kundgebung zurückzuhalten, nahm am Nachmittag noch zu. Nachdem die von den Alliierten gewünschte Verlegung so kurzfristig nicht mehr möglich war, fürchteten sie, ebenso wie die Sowjets, dass die Demonstration in Kreuzberg auf Ostberliner Gebiet übergreifen könnte. Parlamentspräsident Otto Suhr, der die Kundgebung eröffnete und schloss, wurde deshalb aufgefordert, alles dafür zu tun, um die Menge von der Sektorengrenze fern zu halten. Die Interventionen hatten Erfolg, wie der Verlauf der Kundgebung zeigte. Niemand rief die etwa 35 000 Teilnehmer auf, den wenige Meter weiter vom Ausnahmezustand bedrängten Ostberlinern zu Hilfe zu eilen. Die beiden Redner, der DGB-Vorsitzende Scharnowski und der SPD-Senator Joachim Lipschitz, wandten sich zwar mit scharfen Worten gegen das SED-Regime und verlangten vom Westen, endlich Initiativen zu ergreifen, um die Teilung der Stadt und des Landes zu beenden, doch zugleich forderten sie die Ostberliner Bevölkerung auf, sich nicht provozieren zu lassen und die größere Verantwortung den Besatzungsmächten zu überlassen. Befriedigt meldete der britische Stadtkommandant anschließend nach London: »Die von Suhr (Parlamentspräsident) und Scharnowski (Berliner Gewerkschaftsführer) gehaltenen Reden waren verantwortungsvoll, obgleich letzterer für den Generalstreik plädierte und die Westberliner dazu aufrief, als Zeichen der Sympathie mit dem Osten Tücher an die Fenster zu hängen oder brennende Kerzen aufzustellen. Ein anderer Vertreter der SPD namens Lipschitz äußerte jedoch, der Zeitpunkt sei gekommen, sich das Durcheinander im Osten zunutze zu machen.«[186] Weil ihren Wünschen nach Verlegung der Kundgebung nicht Rechnung getragen worden war, beschlossen die Alliierten, gegen die Stimme des amerikanischen Stadtkommandanten, die Berliner SPD und die Polizeibehörden »wegen Ungehorsams« offiziell zu tadeln.

Ganz anders verhielten sich die Militärs gegenüber ihrem sowjetischen Kollegen im Ostsektor der Stadt. Während des gesamten Tages, als in Ostberlin der Ausnahmezustand verhängt und die Sektorengrenze entgegen dem Viermächtestatus militärisch abgeriegelt wurde, gab es keinerlei Protest. Sogar als die Alliierten selbst nicht mehr durch die Absperrungen gelassen wurden, nahmen sie dies widerspruchslos hin. Nur gegen den Vorwurf, dass die Unruhen durch westliche Agenten ausgelöst worden seien, verwahrten sie sich in einer Presseerklärung und betonten, »daß weder die Alliierten noch Westberliner Stellen in irgendeiner Weise, weder direkt noch indirekt, die Demonstrationen initiiert oder gefördert« hätten.[187]

Die Zurückhaltung gründete nicht, wie oft zu lesen ist, in erster Linie in der Sorge, dass die Unruhen auf die Westsektoren übergreifen oder womöglich als Vorwand zu einem sowjetischen Einmarsch dienen könnten. Zumindest am 18. Juni zeigte man sich davon überzeugt, dass in den westlichen Sektoren kein Anlass für Notstandsmaßnahmen bestünde. Auch einen sowjetischen Einmarsch hielt man für höchst unwahrscheinlich, da keine entsprechenden Vorbereitungen zu erkennen waren und es auf den Verbindungswegen zwischen Berlin und Westdeutschland kaum zu Störungen gekommen war. »Die Sowjetregierung weiß genau, daß ein Angriff auf Westberlin den Krieg mit dem Westen bedeuten würde«, meldete der britische Stadtkommandant Coleman am Abend beruhigend nach London.[188]

Nach der Hinrichtung des Westberliner Studenten Willy Göttling, der formal unter dem Schutz der Westalliierten stand, sahen sich die Stadtkommandanten dann doch noch zum Protest veranlasst. Auf Drängen Westberliner Politiker verurteilte man gegenüber General Dibrowa die »unverantwortliche Anwendung von militärischer Gewalt«, die zum Tod und zur Verwundung vieler unschuldiger Menschen in Berlin geführt habe.[189] Mit keinem Wort äußerten sie sich jedoch zu dem brutalen Vorgehen der sowjetischen Truppen in anderen ostdeutschen Städten.

Der späte Protest hatte unerwartete Folgen: Premierminister Winston Churchill nahm ihn zum Anlass, sich gleich mehrmals persönlich über das Vorgehen des britischen Stadtkommandanten zu beschweren. Bereits am 19. Juni äußerte er sich beim Foreign Office überrascht, dass der Protest ohne vorherige Konsultation herausgegeben worden sei. Gereizt fragte er, ob die Sowjets es denn hätten geschehen lassen sollen, »daß die Ostzone in Anarchie und Aufruhr verfällt«, und fügte hinzu: »Ich hatte den Eindruck, daß sie angesichts der zunehmenden Unruhen mit beachtlicher Zurückhaltung gehandelt haben.«[190] Der amtierende Hochkommissar Jack Ward rechtfertigte das Vorgehen in seiner Antwort damit, dass man weitere Exekutionen verhindern und zugleich der deutschen Bevölkerung ein Signal der Unterstützung geben wollte. Die Briten hätten jedoch verhindern können, dass eine Formulierung der Amerikaner aufgenommen wurde, der zufolge die Alliierten den Aufstand billigten. Churchill begrüßte dies ausdrücklich und meinte in einem weiteren Schreiben: »Es hieße in der Tat, dem deutschen Volk, für das ich größte Sympathie empfinde, einen schlechten Dienst erweisen, würde man es zum Aufstand gegen eine riesige Übermacht aufreizen, die sehr leicht hätte eingesetzt werden können und noch eingesetzt werden kann.«[191] Seinen Stadtkommandanten in Berlin belehrte er: »Wenn die Sowjetregierung als Besatzungsmacht mit weit um sich greifenden Bewegungen eines gewalttätigen Aufruhrs konfrontiert war, wie Sie geschildert haben, dann hatte sie gewiß das Recht, zur Verhinderung der Anarchie das Kriegsrecht auszurufen [...] Wir werden keinen Ausweg aus unseren zahlreichen Schwierigkeiten finden, wenn wir zum Zwecke der lokalen Propaganda Aussagen machen, die nicht den Tatsachen entsprechen.«[192]

Die Intervention des Premierministers hatte offenbar Wirkung. Am 19. Juni veröffentlichte die Nachrichtenagentur United Press (UP) folgende zurückhaltende Protestnote an den sowjetischen Stadtkommandanten: »Im Namen der Alliierten Hochkommissionen und der drei Kommandanten der westlichen Sektoren Berlins habe ich die Ehre, Ihnen unseren Standpunkt zur augenblicklichen Lage darzulegen. Wir sind der Ansicht, daß bereits zu viel Blut geflossen ist und daß die normale Lebensweise wiederhergestellt werden sollte. Wir fordern Sie auf, keine weiteren Hinrichtungen im Gefolge der Urteile der Militärregierung vorzunehmen und den Sowjettruppen und der Volkspolizei den Gebrauch von Feuerwaffen zu verbieten. Wir wünschen, daß in Berlin so rasch wie möglich wieder freier Verkehr geschaffen wird, damit die Bevölkerung normale Lebensmittelzufuhren empfangen kann. Jede Haltung, die dem Geiste dieser Forderungen widersprechen würde, könnte nur zu einer Verschlechterung der Lage führen, die wir, zweifellos in voller Übereinstimmung mit Ihnen, wieder auf den normalen Stand zurückgebracht sehen wollen.«[193]

Zu denen, die am 17. Juni eine Politik des Appeasement gegenüber der kommunistischen Diktatur in Ostdeutschland befürworteten, gehörte auch der Chefkommentator des RIAS, Egon Bahr. Bereits am Abend des 18. Juni, als in der DDR noch zahlreiche Betriebe bestreikt wurden, forderte er die Menschen auf, ihren Widerstand aufzugeben. »Der militärische Ausnahmezustand«, so Bahrs eigenwillige Begründung, »ist das sowjetische Siegel auf die Unfähigkeit der SED, und dieses Siegel zu beschädigen wäre eine Minderung dessen, was die Demonstranten wollten und eine Verringerung dessen, was sie erreicht haben.« Jetzt gelte es, »Ruhe zu bewahren« und die Kräfte zu erhalten. »Jetzt gilt es, den Erfolg zu halten und dem Regime keine Möglichkeit zu geben, triumphierend auf Rebellion gegen die Besatzungsmacht hinweisen zu können, um den verzweifelten Versuch zu unternehmen, sich wieder an die Seite der Besatzung zu stellen.« Als »historisch« bezeichnete er es, dass nicht versucht worden sei, durch einen flammenden Aufruf Westberlin auf die Beine zu bringen.[194]

In entgegengesetzter Weise reagierte Ernst Reuter, der zur gleichen Zeit nach Berlin zurückgekehrt war. Als er am Flughafen von der in Ostberlin erfolgten Hinrichtung erfuhr, intervenierte er spontan bei den Westalliierten und forderte, »daß alle Kräfte mobilisiert werden, um diesem Wahnsinn ein Ende zu machen«. In einer Rundfunkansprache erklärte er sichtlich geschockt, dass ein Volk auf Dauer doch nicht mit Standrechten, Bajonetten und Panzern niedergehalten werden könne. Es wäre furchtbar, so Reuter weiter, wenn der Graben durch Deutschland jetzt noch tiefer werden würde. Man müsse deshalb erwarten, »daß die ganze freie Welt, die sich nun doch wohl davon überzeugt haben wird, daß nicht nur die Berliner, sondern alle Deutschen in der Ostzone frei leben wollen, daß sie uns zu Hilfe kommen, denn wir allein können ja das Problem nicht lösen, wenn wir allein wären, dann würde das Problem überhaupt nicht existieren. Wir würden beisammen sein, und wir würden keine Schwierigkeiten haben.« Reuter forderte die »ganze freie Welt« auf, endlich politisch aktiv zu werden, und bot an, sofort Verhandlungen aufzunehmen, »um freie Wahlen in Berlin herbeizuführen und um eine Regierung in Berlin zu bilden, die die ganze Stadt repräsentiert. [...] Es gibt kein Problem, das so dringlich ist wie die Wiedervereinigung Deutschlands. Es gibt keine Ruhe, es gibt keinen Frieden, ehe dieses Problem nicht gelöst ist.«[195] Anders als bei der Berlin-Blockade blieb Reuters Hilferuf an die Völker der Welt im Juni 1953 jedoch ungehört.

Mit seinem Appell, sofort Verhandlungen mit dem Osten aufzunehmen, fand Reuter nicht einmal bei der Bundesregierung Unterstützung. Nach der Ratifizierung des Deutschland- und des EVG-Vertrages durch den Bundestag am 19. März 1953 war für sie die Westintegration der Bundesrepublik beschlossene Sache, und alle Verhandlungsvorschläge galten als Gefährdung der von Bundeskanzler Adenauer vertretenen Außenpolitik, solange Frankreich die Verträge noch nicht ratifiziert hatte. Der Aufstand am 17. Juni kam aus Bonner Sicht deshalb nicht nur unerwartet, sondern sogar ungelegen. In einer auf Tonband aufgezeichneten Rundfunkerklärung mahnte der Minister für gesamtdeutsche Fragen, Jakob Kaiser, wie dargestellt, bereits am Vorabend des Aufstands die Ostdeutschen, sich nicht zu unbedachten Handlungen hinreißen zu lassen. Am Nachmittag des 17. Juni versicherte Adenauer dann in

einer kurzen Erklärung vor dem Bundestag die Protestierenden zwar der innersten Verbundenheit der Bundesregierung,
forderte sie aber erneut auf, sich ruhig zu verhalten. Der einzige Weg zu Veränderungen führe über Verhandlungen der
Westmächte mit der Sowjetunion. Wie andere westliche Vertreter schloss es Adenauer im Stillen nicht aus, dass die Unruhen womöglich von den Russen initiiert worden seien. Entgegen dem Votum seiner Berater lehnte er es auch ab, wie Erich
Ollenhauer von der SPD sofort nach Berlin zu fahren.

Die starke Reaktion der öffentlichen Meinung auf die Ereignisse in der DDR brachte die Bundesregierung in den nächsten Tagen allerdings zunehmend in Zugzwang. In weniger als
zwei Monaten standen Bundestagswahlen an, und die Gefahr,
dass die SPD mit ihrer damals noch gesamtdeutsch orientierten Politik einen Vorteil aus den Ereignissen schlagen könnte,
war groß. Erst am 9. Juni hatte die SPD im Bundestag vergeblich die Aufnahme von Viermächteverhandlungen gefordert.
Am 21. Juni – vier Tage nach dem Aufstand – wandte sich Adenauer deshalb mit einem Telegramm an die drei westalliierten
Regierungschefs und appellierte an sie, alles dafür zu tun, »um
die unhaltbaren Zustände in der Sowjetzone zu beseitigen und
dem deutschen Volk die Einheit und Freiheit wiederzuge-
ben«.[196] Zwei Tage später fuhr er dann doch noch nach Berlin, um an der Trauerfeier für die Toten des Aufstands teilzunehmen und den in Westberliner Krankenhäusern liegenden
Verletzten einen Besuch abzustatten. Vor den über 100 000
Berlinern, die sich vor dem Schöneberger Rathaus versammelt
hatten, erklärte er nun, man werde den Aufstand nicht vergessen und nicht ruhen und nicht rasten, bis alle Deutschen wieder in Freiheit leben könnten und »bis ganz Deutschland wieder vereint ist in Frieden und Freiheit«.[197] Trotz einiger Pfiffe
von Studenten, die die Passivität der Bundesregierung kritisierten, traf Adenauer mit seiner Rede offenbar die Stimmungslage der Menschen in Westdeutschland, denn seine Popula-
rität stieg im Juli auf über 50 Prozent.

Nicht nur Adenauer hielt es in der damaligen Situation für
klüger, die Bundesrepublik zunächst in den Westen zu inte-
grieren und erst danach, aus einer Position der Stärke, Verhandlungen über eine Wiedervereinigung aufzunehmen. Ähnliche Auffassungen vertrat man auch in anderen westlichen
Hauptstädten. So hielt der britische Außenminister Selwyn

Lloyd am 22. Juni in einem Memorandum an Churchill fest: »Deutschland zu vereinigen, während Europa geteilt ist, erschreckt, selbst wenn es möglich wäre, wegen der damit verbundenen Gefahr alle Beteiligten. Deshalb fühlt jeder – Dr. Adenauer, die Russen, die Amerikaner, die Franzosen und wir selbst – in seinem Herzen, daß ein geteiltes Deutschland gegenwärtig sicherer ist. Aber keiner von uns wagt es, dies so deutlich zu sagen, wegen der Auswirkungen auf die öffentliche Meinung in Deutschland. Deshalb unterstützen wir öffentlich alle ein vereinigtes Deutschland, jeder auf seine eigene Weise.«[198]

Churchill selbst hatte zwar – entgegen der Meinung seines Außenministeriums – im Mai 1953 den Vorschlag einer Viermächtekonferenz gemacht, um die Entspannungsbereitschaft der Sowjetunion zu testen, doch gerade das veranlasste ihn in den Juni-Tagen dazu, alles zu unterlassen, was diese hätte provozieren können. Von britischer Unterstützung oder wenigstens Sympathie für die Aufständischen konnte jedenfalls keine Rede sein. Die Engländer waren sogar der Auffassung, dass die Sowjetunion prinzipiell das Recht hätte, ihre Zone notfalls mit Gewalt unter Kontrolle zu halten. So setzte der britische Hochkommissar Kirkpatrick seinem amerikanischen Kollegen auseinander, dass der Truppeneinsatz legitim gewesen sei, da man es den Deutschen in der sowjetischen Zone nicht hätte erlauben können, Unruhen anzuzetteln. Lediglich aus taktischen Gründen wurde Churchill dazu geraten, in seine Antwort auf Adenauers Brief auch Sympathie mit dem Mut der Ostberliner Bevölkerung auszudrücken. »Wenn nicht«, so der amtierende Hochkommissar Ward in einem Bericht an das Londoner Außenministerium, »würde, so fürchte ich, in dem wegen der jüngsten Ereignisse emotionsgeladenen Zustand großer Schaden in ganz Deutschland angerichtet.«[199]

Tatsächlich baute Churchill in seiner Antwort an Adenauer einen entsprechenden Satz ein, relativierte ihn jedoch sofort wieder: »Mut und Standhaftigkeit der Berliner Bevölkerung über einen Zeitraum von Jahren haben ihr unser aller Bewunderung eingetragen. Doch dieser Mut muß auch weiterhin Hand in Hand gehen mit Geduld und Zurückhaltung, so daß weiteres Blutvergießen vermieden werden kann.«[200] Dass nicht nur die Berliner, sondern die gesamte ostdeutsche Bevölkerung von der Ereignissen betroffen war, blieb gänzlich unerwähnt.

Auch von Frankreich, das sich gerade in einer Regierungs-krise befand, erhielten die Aufständischen keine Unterstüt-zung. Im Pariser Außenministerium hielt sich vielmehr hart-näckig die Überzeugung, dass die Sowjetunion die Anfänge der Unruhen bewusst toleriert, wenn nicht sogar ermutigt hätte, um die Vorstellung zu nähren, dass in der DDR nun-mehr Meinungsfreiheit erlaubt sei. Zu den Ereignissen selbst verhielt man sich abwartend, sah aber für die außenpolitischen Entspannungsbemühungen der Sowjetunion ernste Schwie-rigkeiten voraus.

Die größten Hoffnungen richtete die ostdeutsche Bevölke-rung aber ohnehin auf die USA. Auch diese waren von den Streiks und Demonstrationen überrascht worden. Als die er-sten Meldungen darüber beim RIAS eintrafen, setzte man je-doch ebenso wie die anderen Westmächte auf Zurückhaltung. Das State Department wies den Sender, wie dargestellt, an, sich bei der Berichterstattung auf die bloße Wiedergabe der Fakten zu beschränken und zu keinerlei Aktionen aufzurufen. Der Chef der Ost-Abteilung beim amerikanischen Hochkom-missar, Charles Hulick, warnte RIAS-Direktor Ewing in der Nacht zum 17. Juni sogar: »Mein Gott, Gordon, sei vorsichtig, Du kannst einen Krieg mit dieser Station auslösen.«[201]

Immerhin gab es bei den Amerikanern jedoch wenigstens Überlegungen, ob und wie man den Aufständischen Hilfe leis-ten könnte. In Washington war man seinerzeit der Ansicht, dass die Sowjetunion in erster Linie mit einer Strategie der psycho-logischen Kriegsführung zurückgedrängt werden könnte. Zu diesem Zweck hatte man nach dem Wahlsieg Eisenhowers das interministerielle Psychological Strategy Board (PSB) einge-richtet, dessen Mitarbeiter schon am 17. Juni in einem Memo-randum Vorschläge machten, die sich von der Linie des State Department deutlich unterschieden. So plädierten sie dafür, den Widerstand in der DDR zu ermutigen, da dieser die Sowjet-union zwingen würde, ihr militärisches Potenzial offen zu zei-gen – dadurch würde sichtbar, wie unglaubwürdig die offiziel-len Parolen vom »Arbeiterparadies« und der »friedlichen Einheit« Deutschlands seien. Der amerikanische Präsident, so der Vorschlag, sollte den Ostberlinern durch eine öffentliche Erklärung den Rücken stärken. Man riet allerdings davon ab, dass sich die Protestierer auf eine direkte Konfrontation mit den bewaffneten Kräften einlassen, da auf diesem Weg nichts

zu bewirken sei. Fördern wollte man jedoch die Auflösungserscheinungen in der Volkspolizei. Wenn eine größere Anzahl
von Polizisten desertieren würde, so die Überlegung, könnte
man die ganze Struktur der Polizei unterminieren. Vorgeschlagen wurde auch, am Rundfunkhaus und am Ehrenmal in Westberlin, wo sowjetische Soldaten Wache hielten, Demonstrationen zu organisieren sowie, falls einer der Verletzten sterben
würde, diesen weltweit zum Märtyrer zu erheben. »Je mehr
wir erreichen können, daß die Sowjets entweder den Deutschen
entgegenkommen und/oder den Rückwärtsgang einlegen und
repressivere Maßnahmen ergreifen müssen, desto mehr werden wir sie in die Defensive drängen.«[202]

Am 18. Juni beriet man auf höchster politischer Ebene über
die Reaktion der Vereinigten Staaten. Auf einer Sitzung des
Nationalen Sicherheitsrats, des höchsten außenpolitischen
Entscheidungsgremiums der US-Regierung, wurden die mög-
lichen Optionen im Beisein von Präsident Eisenhower und
seiner wichtigsten Minister und Berater durchgespielt. Dem
Sitzungsprotokoll zufolge spielte die mögliche Angst vor einem
Krieg mit der Sowjetunion keine Rolle bei den internen Überlegungen. Man zeigte sich vielmehr davon überzeugt, dass sich
nun erstmals Risse im sowjetischen Imperium zeigten und dass
der Druck auf die UdSSR, insbesondere in Korea, nicht zurückgenommen werden dürfe, selbst wenn es dadurch zu Problemen mit den Alliierten käme. Zurückhaltend war man nur
deshalb, weil man die Aufständischen nicht gefährden wollte.

In einem ausführlichen Bericht über die Ereignisse in der
DDR legte CIA-Direktor Allen Dulles noch einmal klar, »daß
die USA nicht das Geringste zu tun hätten mit der Auslösung
dieser Unruhen« – ein weiterer Beleg für die Unhaltbarkeit
der SED-Behauptungen, dass sie vom Westen initiiert worden
wären.[203] Anschließend diskutierte man, ob und wie die USA
die momentanen Schwierigkeiten der Sowjetunion ausnutzen
könnten. »Unser Problem war«, so erklärte der Sonderberater
für psychologische Kriegsführung, Charles Douglas Jackson,
»ob wir die Entwicklung unterstützen oder nicht. Es wäre ein
Leichtes gewesen, die Flammen der Unzufriedenheit anzufa-
chen, aber wenn wir das getan hätten, hätten wir sicher sein
können, daß Köpfe gerollt wären.« Der Präsident ergänzte,
dass es sich bei den Köpfen um »diejenigen unserer Freunde«
gehandelt hätte, und fragte Jackson, ob die USA seines Erach-

tens intervenieren sollten, um die sowjetischen Truppen an einem Gemetzel zu hindern – also das, was sich viele Aufständische in der DDR im Stillen erhofften. Jackson beantwortete die Frage nicht, sondern erweiterte sie vielmehr und stellte zur Diskussion, ob die USA untätig danebenstehen sollten, wenn sich auch andere Satellitenstaaten ähnlich wie Jugoslawien von der Sowjetunion abkehren würden, oder ob man den Desintegrationsprozess aktiv unterstützen sollte. Die Frage sei, wie weit die USA zu gehen bereit wären, wenn der sowjetische Block zusammenbrechen würde.

Eisenhower antwortete darauf, dass man dies von der Breite der Aufstandsbewegung abhängig machen müsse. Wenn sie auch China oder sogar die Sowjetunion selbst erfassen würde, »wären wir gut beraten, zum Beispiel Waffen zur Verfügung zu stellen«. Der US-Präsident lieferte damit das Stichwort für folgende, im Sitzungsprotokoll festgehaltene Diskussion:

»Die Frage, ob wir den Ostberlinern Waffen zukommen lassen sollten, sagt Mr. Jackson, sei eine seiner ersten Fragen gewesen. Der Präsident antwortete, wenn dies nur eine Einladung zum Abschlachten dieser Leute ist, würde man gewiß keine Waffen liefern. Wenn dagegen eine reale Erfolgschance bestünde, sollte man es sicher tun. Unser Problem sei, die Erfolgschancen abzuwägen. Der Präsident fügte hinzu, daß seiner Ansicht nach die Revolten ernsthafter und breiter werden müßten als gegenwärtig, bevor sie wirklich Erfolg versprächen und unsere Intervention wünschenswert wäre. Mr. Jackson zeigte sich mit dem Standpunkt des Präsidenten einverstanden, warf aber die Frage auf, ob wir dabei helfen sollten, diese Bewegungen ernsthafter und breiter zu machen. Der Präsident erklärte, seiner Ansicht nach sei die Zeit dafür noch nicht reif. Er meinte, es sei sehr wichtig, daß die Unruhen sich auf China ausbreiten, weil es der UdSSR zwar keine große Schwierigkeit bereiten würde, Aufstände nur in Europa niederzuschlagen, es aber schwierig für sie werden würde, gleichzeitig mit Problemen in Europa wie im Fernen Osten zurechtzukommen.«

Am Ende verständigte sich der Sicherheitsrat darauf, keine konkrete Unterstützungsmaßnahmen zu ergreifen. CIA-Direktor Allen W. Dulles erklärte sogar, es sei »verrückt und gefährlich«, in Ländern, in denen sowjetische Truppen stationiert sind, Waffen zu verteilen. Er gab aber zugleich zu bedenken, dass die Tschechoslowakei frei davon sei und deshalb möglicherweise die Zeit reif wäre, zumindest dorthin Waffen zu bringen. Der Vorschlag Jacksons, ein Freiwilliges Freiheitskämpferkorps aufzustellen, sollte zunächst mit dem Außenministerium abgestimmt werden. Das PSB wurde beauftragt, Vorschläge zu unterbreiten, wie die Unruhen genutzt werden könnten. Auf den in die entgegengesetzte Richtung zielenden Einwurf von Außenminister John Foster Dulles, dass man in seinem Ministerium intensiv darüber nachdenke, wie man eine Viermächtekonferenz abhalten könnte, ohne die Russen dadurch moralisch aufzuwerten, antwortete der Präsident dagegen scharf, er habe doch »kristallklar« gemacht, dass er zu einer solchen Konferenz nicht fahren werde. Der Außenminister könne gerne reisen, müsse sich aber bei den Verhandlungen auf technische Angelegenheiten beschränken, damit nicht der Eindruck einer moralischen Unterstützung der Sowjetunion entstünde. Jackson meinte sogar, dass die Ostberliner dem Kreml für eine solche Konferenz den Boden unter den Füßen weggezogen hätten, da sich die Russen nun kaum mehr als Sprecher eines friedliebenden, demokratischen Deutschlands präsentieren könnten, das nur danach suche, wieder vereinigt zu werden. Alle waren sich jedenfalls darin einig, dass die sowjetischen Offerten nur dem Ziel dienten, den Westen auseinander zu dividieren. »Es kann keine Vier-Mächte-Konferenz geben«, so der Präsident entschieden, »bevor die Russen nicht ihre Armeen aus Ostdeutschland zurückgezogen haben, während wir gleichzeitig unsere Armeen aus Westdeutschland zurückziehen.« Westdeutschland müsse deshalb so schnell wie möglich wieder bewaffnet werden.

Eine Woche später trat der Nationale Sicherheitsrat erneut zusammen – inzwischen waren die Unruhen in der DDR weitgehend niedergeschlagen worden. Das PSB legte ein Zweiphasenprogramm mit strategischen Vorschlägen vor, die das Ziel verfolgten, den Widerstand in den Satellitenstaaten zu fördern, ohne seinen spontanen Charakter zu kompromittieren; die dortigen Marionettenregierungen sollten auf diese Weise destabilisiert werden. Auf verdeckte Weise wollte man in Ostdeutschland den Widerstand fördern, um dadurch die Regierung zu Reformen zu zwingen, sie zu diskreditieren oder erneut eine offene sowjetische Intervention zu provozieren. Darüber hinaus sollten nach Möglichkeit sichere Widerstandszellen etabliert werden, die sich bei Bedarf rasch ausdehnen könnten. Die bewaffneten Kräfte sollten verstärkt zum Überlaufen ermutigt werden, und weltweit wollte man Aktivitäten zur Beeinflussung der Menschen hinter dem Eisernen Vorhang befördern, beispielsweise durch eine internationale Kampagne für die Märtyrer des Aufstands. Wenn der Widerstand zunähme, sollte in einer späteren Phase erwogen werden, auch Untergrundorganisationen zu trainieren und auszurüsten, die nationalen Minderheiten in der Sowjetunion in das geplante Freiheitskämpferkorps einzubinden und systematische Flugblattaktionen mit Propagandaballons zu starten. Das Programm wurde in leicht veränderter Fassung beschlossen und diente als Basis für einen am 29. Juni angenommenen Strategieplan der USA.

Auf die Entwicklung des Aufstands in der DDR hatte all dies freilich keinerlei Auswirkungen mehr. Die Vorschläge demonstrierten eher die Überschätzung der so genannten psychologischen Kriegsführung, die sich letztlich auf symbolische Handlungen reduzierte. So wurde zum Beispiel diskutiert, dass Adenauer die Errichtung eines neuen Bundestagsgebäudes auf den Ruinen des Reichstags ankündigen sollte, deren Herzstück eine »Halle der Helden« sein sollte, in der unter anderem dem hingerichteten Studenten Willy Göttling gedacht werden sollte. Ein anderer Vorschlag lautete, dass die CIA ein »Nationalkomitee zum Gedenken an die Märtyrer der Freiheit« finanzieren sollte, das an die Unruhen in der DDR erinnern sollte. Auch ein Gedenktag für die Toten oder ein »Go Home Ivan Day« waren in der Diskussion.

Wirklich erfolgreich war nur eine einzige Aktion, die die Amerikaner in Absprache mit Konrad Adenauer am 10. Juli 1953 ankündigten: ein groß angelegtes Hilfsprogramm der USA zur Verteilung von Lebensmittelpaketen an die gedemütigte ostdeutsche Bevölkerung. Die so genannten Eisenhower-Pakete, die ab dem 27. Juli in verschiedenen Westberliner Verteilungszentren von DDR-Bürgern gegen Vorlage des Personalausweises kostenlos abgeholt werden konnten, hatten in der DDR ein gewaltiges Echo. Bereits am ersten Tag wurden mehr als 100 000 Pakete abgeholt, bis Mitte August steigerte sich die Zahl auf 2,6 Millionen; insgesamt gelangten mehr als 5,5 Millionen Pakete zur Verteilung. Die auf den ersten Blick rein humanitäre Aktion brachte die SED in erhebliche Bedrängnis, da sie wie eine Abstimmung mit den Füßen oder besser dem Bauch erschien: Um in den Besitz der Pakete zu kommen, setzte sich eine regelrechte Massenwanderung nach Westberlin in Bewegung, der sich sogar Parteigenossen nicht verschließen wollten. Die Züge nach Berlin waren hoffnungslos überfüllt, ganze Betriebskollektive machten sich geschlossen auf den Weg, sprunghaft stieg die Zahl der Anträge auf Ausstellung eines Personalausweises. Das Politbüro sah sich bereits nach wenigen Tagen zu drakonischen Maßnahmen veranlasst: Der Fahrkartenverkauf und der Personenverkehr mit Bussen oder Lastwagen nach Berlin wurden unterbunden, was in der Bevölkerung verständlicherweise erneut zu Unruhe und Empörung führte.

Die Lebensmittelhilfe konnte jedoch kein dauerhaftes Mittel im Kampf gegen die SED-Herrschaft sein. Bereits im September setzte sich auch bei den Amerikanern die Meinung durch, dass die psychologische Kriegsführung nur begrenzte Wirkungen entfalten und das wirkliche Problem – die sowjetische Besetzung Ostdeutschlands – nicht lösen konnte. Da es unverantwortlich schien, zu einer Wiederholung der Ereignisse am 17. Juni beizutragen, sahen die USA nun vor allem ihre Aufgabe darin, die Westintegration der Bundesrepublik voranzutreiben und, wie es in einem internen Memorandum hieß, »die Ostdeutschen an [den Gedanken] eines langwierigen Kampfes zu gewöhnen«.[204]

# Der lange Weg zur Konsolidierung

Das Programm zur Stabilisierung der SED-Diktatur wurde in Karlshorst geschrieben: Am 24. Juni 1953 schickte der Krisenstab im sowjetischen Hauptquartier einen 49 Seiten starken Abschlussbericht »über die Ereignisse vom 17. bis zum 19. Juni 1953 in Berlin und in der DDR« nach Moskau. Generalstabschef Sokolowski, Hochkommissar Semjonow und sein Stellvertreter Judin informierten darin die sowjetische Führung über Ursachen und Verlauf des Volksaufstandes. Der Bericht, der an Außenminister Molotow und Verteidigungsminister Bulganin gerichtet war, endete mit 17 Vorschlägen zur Konsolidierung des krisengeschüttelten DDR-Staates.

Die sowjetische Führung wusste sehr genau, dass es mit dem Aufmarsch der Truppen und der nachfolgenden Verhaftungswelle nicht getan war. Um eine Wiederholung der Ereignisse auszuschließen, waren umfangreiche Schutz- und Stabilisierungsmaßnahmen erforderlich. Auch die wirtschaftlichen Krisenerscheinungen, die zur Verkündung des Neuen Kurses geführt hatten, waren durch den Aufstand nicht beseitigt, sondern noch verschlimmert worden. Der Ausbau des Sicherheitsapparates, die Entlastung der DDR-Wirtschaft und die Erhöhung des Lebensstandards standen fortan im Mittelpunkt des politischen Kurses.

Das in Karlshorst geschriebene Programm bekräftigte den von Moskau angeordneten Neuen Kurs, der – so hatte man inzwischen eingesehen – ohne spürbare sowjetische Hilfe keinen Erfolg haben würde. »Für eine radikale Verbesserung der Lebensmittelversorgung der Bevölkerung der DDR«, so lautete der erste konkrete Punkt, »sind Sofortmaßnahmen durch entsprechende Hilfeleistungen von seiten der Sowjetunion und der Länder der Volksdemokratie zu ergreifen. Dabei muß berücksichtigt werden, daß die bisher unternommenen Hilfeleistungen, einschließlich der zusätzlichen Lieferungen auf Beschluß der Sowjetregierung vom 24. Juni, nur die Ausgabe von Verpflegung auf Karten und einen minimalen Handel in den ›HO‹-Geschäften für das 3. Quartal dieses Jahres gewährleisten.«[205]

Die sowjetischen Strategen hatten hochfliegende Pläne: Sie wollten nicht Geringeres als die »Erhöhung des Lebensniveaus der Bevölkerung der DDR auf das Niveau der Bevölkerung Westdeutschlands« erreichen.[206] Zu diesem Zweck schlugen sie der Moskauer Führung die Prüfung weit reichender Maßnahmen vor. Der kostenlose Bezug von DDR-Waren durch die Sowjetunion in Form von Reparationen und aus den annektierten Industriebetrieben in der DDR sollte umgehend beendet werden. Stattdessen sollten die Waren dem Außenhandel der DDR und der ostdeutschen Bevölkerung zugute kommen. Darüber hinaus sollten die der DDR in Rechnung gestellten Besatzungskosten drastisch gekürzt und alle sowjetischen Betriebe in Ostdeutschland »zu günstigen Bedingungen« zurückgegeben werden. »Als erstrangige Aufgaben des ZK der SED und der Regierung der DDR«, so lautete die Vorgabe für die ostdeutsche Parteiführung, »sind eine ernsthafte Verbesserung der materiellen Lebenslage in den volkseigenen und privaten Betrieben der DDR anzusehen.«[207]

Die Vorschläge aus Karlshorst zielten aber nicht nur auf eine wirtschaftliche Konsolidierung. Auch politisch sollte sich vieles ändern im Staat der SED. »Angesichts dessen, daß das ZK der SED in der letzten Zeit eine falsche Methode bei der Führung des Staates und der Volkswirtschaft angewendet und staatliche und wirtschaftliche Organe ersetzt hat«, so das Strategiepapier, »ist eine strenge Abgrenzung der Funktionen der Regierung auf der einen und des ZK der SED auf der anderen Seite vorzunehmen.«[208] Im Klartext: Die ständigen Einmischungen der Partei in Wirtschaft und Verwaltung sollten ein Ende finden. Die Sowjets hielten es für notwendig, den Staatsapparat zu stärken, aber auch zu verkleinern, das Ministerium für Staatssicherheit nach russischem Vorbild aufzulösen und die Rolle der Volkskammer als ein »aktiv handelndes Parlament« aufzuwerten, das nicht länger nur exekutieren sollte, was die SED vorgab. Man forderte, eine Sondersitzung der Abgeordneten einzuberufen, unfähige und unpopuläre Minister zu entlassen und statt ihrer »im Land populärere Leute für Ministerposten unter breiter Hinzuziehung von Vertretern anderer Parteien« vorzuschlagen.[209] Zur Aufwertung der DDR sollte eine Regierungsdelegation nach Moskau reisen. Auch in der SED wollte man einiges umkrempeln: Das im Politbüro heftig kritisierte »Sekretariat« des ZK sollte stark verkleinert, personell neu besetzt und in seinen Funktionen beschränkt werden. Statt eines »Generalsekretärs« sollten im Sinne der in Moskau praktizierten kollektiven Führung mehrere »Sekretäre des ZK« für die unterschiedlichen Aufgaben verantwortlich zeichnen. Innerhalb der nächsten drei bis vier Monate sollte die SED ihren IV. Parteitag abhalten, um ZK und Parteiführung neu zu besetzen. »Grundlegend ist der Bestand des Politbüros des ZK der SED zu erneuern, indem aus ihm diejenigen ausgeschlossen werden, die nicht auf dem Niveau stehen, das für die Führung der Partei und des Staates unter den gegenwärtigen Bedingungen erforderlich ist.« Auch das Leitungspersonal der Gewerkschaften und der FDJ sollten ausgewechselt, die FDJ wieder zu einer »breiten überparteilichen Jugendorganisation« werden.[210]

Die sowjetische Besatzungsmacht wollte aber nicht nur materielle und politische Verbesserungen. Nach dem Desaster am 17. Juni sollte gleichzeitig der ostdeutsche Sicherheitsapparat massiv ausgebaut werden. Größe, Organisation und Verteilung der Volkspolizei sollten grundlegend überprüft werden. »Sie ist mit modernen Waffen auszurüsten, einschließlich Schützenpanzerwagen, Panzerspähwagen und Kommunikationsmitteln. Aus den derzeitigen kasernierten Polizeieinheiten sind ausreichend starke mobile Bereitschaftstruppen der Volkspolizei zu schaffen, die fähig sind, ohne Hilfe sowjetischer Truppen die Aufrechterhaltung von Ordnung und Ruhe in der Republik zu gewährleisten.« Auch dem Kommando der sowjetischen Besatzungstruppen sollte aufgetragen werden, »unter Berücksichtigung der Lehren aus den Vorkommnissen des 17. Juni die Dislokation der sowjetischen Truppen zu verbessern und insbesondere die Einquartierung einer erforderlichen Anzahl von Panzereinheiten in Berlin vorzunehmen«. Schließlich wollte man, entsprechend einer Forderung der SED, die Sektorengrenze in Berlin auch nach der Aufhebung des Kriegszustandes geschlossen halten, »solange von seiten der Kommandanten Westberlins nicht alle notwendigen Maßnahmen ergriffen werden, die garantieren, daß dem Eindringen von

Agenten und Provokateuren aus Westberlin zur Durchführung von Wühltätigkeit gegen die DDR ein Ende gesetzt wird«.[211]

Die Vorschläge aus Karlshorst wurden jedoch nur teilweise umgesetzt. Nach dem Abflauen der Proteste ließ der Reformeifer der Sowjetunion bald nach. In Moskau plante nun eine Kommission unter Leitung des stellvertretenden Außenministers Andrej Wyschinski – einst Stalins berüchtigter Chefankläger in den Moskauer Schauprozessen – den Konsolidierungskurs. Bereits am 2. Juli wurde im Beisein von Semjonow und Judin beschlossen, die Vorschläge zur Reorganisation der DDR-Regierung, der Volkskammer und der FDJ zurückzuziehen. Eine Woche später war von den Reformvorstellungen kaum mehr etwas übrig geblieben; einem Vermerk vom 9. Juli zufolge hatte Hochkommissar Semjonow inzwischen die meisten seiner Vorschläge selber wieder zurückgenommen. Die Verkleinerung und Stärkung der Regierung erschienen jetzt zum Beispiel nicht mehr »zeitgemäß«.[212] Die anderen politischen Veränderungen – Verkleinerung des Sekretariates, Abschaffung der Position des Generalsekretärs und weniger Eingriffe der Partei in die Verwaltung – sollten noch mit der SED-Spitze erörtert werden. Nur eine bessere Ausrüstung der Polizei und eine Umgruppierung der sowjetischen Besatzungstruppen wurden weiterhin für erforderlich gehalten. Auch im wirtschaftlichen Bereich wollte man die DDR nach wie vor mit Hilfslieferungen, einem Verzicht auf Reparationen und der Rückgabe der sowjetischen Betriebe in Deutschland unterstützen. Am 9. Juli informierte Malenkow Ulbricht und Grotewohl in Moskau über die im Grundsatz beschlossene wirtschaftliche Unterstützung. Als praktische Hilfsmaßnahme wurden der DDR für 1953 und 1954 Kredite in Höhe von über einer Milliarde Rubel versprochen.

Um die angeschlagene DDR-Führung vor den Augen der Weltöffentlichkeit aufzuwerten, empfing die Sowjetunion vom 20. bis 22. August eine umfangreiche ostdeutsche Regierungsdelegation in Moskau. Dabei wurde mitgeteilt, dass die Sowjetunion mit Wirkung zum 1. Januar 1954 auf weitere Reparationen verzichte. Die restlichen, von 33 »Sowjetischen Aktiengesellschaften« (SAG) verwalteten Industrieunternehmen in Deutschland, deren Enteignung im Jahr 1946 ebenfalls eine Form der Kriegsentschädigung darstellte und deren Wert mit 2,7 Milliarden Mark angegeben wurde, sollten an die DDR zurückgeben werden. Auch die Schulden aus bereits erfolgten »Rückkäufen« von SAG-Betrieben, immerhin ein Betrag von 430 Millionen Mark, wurden der DDR erlassen. Nur der militärisch wichtige Uranbergbau blieb weiterhin zu 50 Prozent in sowjetischer Hand. Darüber hinaus senkte die Sowjetunion die »Besatzungskosten«, die sie der DDR jedes Jahr in Rechnung stellte, auf höchstens fünf Prozent der Einnahmen des Staatsbudgets, das heißt, von 1,95 auf 1,6 Milliarden Mark. Zudem übernahm sie jetzt selbst drei Viertel der Unterhaltskosten für ihre in der DDR stationierten Truppen. Bis zum Jahresende sollte die DDR zusätzliche Lebensmittellieferungen im Wert von 590 und einen Kredit von 485 Millionen Rubel erhalten. Auch die anderen Ostblockstaaten mussten der angeschlagenen DDR wirtschaftlich unter die Arme greifen. Auf diese Weise konnten die Preise in den HO-Läden im Oktober um 10 bis 25 Prozent, bei einzelnen Waren wie Zündhölzern oder Autoreifen sogar noch mehr reduziert werden. Bis September 1954 flossen durch Lohnerhöhungen sowie Preis- und Steuersenkungen insgesamt 3,7 Milliarden Mark an die Bevölkerung.

Auch in der SED-Spitze wollte man von radikalen Veränderungen bald nichts mehr wissen, Zuckerbrot und Peitsche erschienen als die bessere Konsolidierungsstrategie. Bereits am 21. Juni hatte das ZK die meisten der in den Monaten zuvor verordneten sozialen Verschlechterungen zurückgenommen und zusätzliche Mittel für den Wohnungsbau, für Kindergärten und Ferienheime sowie für Arbeitskleidung und sanitäre Einrichtungen in den Betrieben bereitgestellt; Mindestrenten und Sozialfürsorgesätze wurden angehoben. Vier Tage später fasste der Ministerrat der DDR die entsprechenden Regierungsbeschlüsse, weil, wie Grotewohl meinte, das Volk rebellisch würde, wenn zu wenig Wurst und Eier auf dem Tisch lägen. Am 14. Juli beschloss das Politbüro zudem, die Löhne der unteren Lohngruppen anzuheben und für regelmäßige Sonntagsarbeit wieder einen Zuschlag zu zahlen; frühere Rückstufungen der Löhne wurden rückgängig gemacht.

Auf seiner Tagung vom 24. bis 26. Juli bestätigte das Zentralkomitee nachträglich den von Moskau angeordneten Neuen Kurs, der weiterhin die Unzufriedenheit im Lande eindämmen sollte. Um das Lebensniveau der Bevölkerung anzuheben, beschloss es, die Investitionen in der Schwerindustrie zugunsten der Konsumgüterproduktion zu reduzieren. Privater Handel und individuelle Bauernwirtschaften sollten nicht mehr diskriminiert, sondern sogar unterstützt werden. Zugleich wurden Preise und Steuern gesenkt. Durch die Maßnahmen, so rechnete das Zentralkomitee vor, »wird die Kaufkraft der Bevölkerung der DDR im Jahre 1953 um ungefähr 2 Milliarden DM vergrößert«.[213] Zu den Erleichterungen des Neuen Kurses zählte auch, dass seit Juni etwa 18 000 Strafverfahren und Urteile überprüft und über 12 500 Personen aus der Haft entlassen worden waren.

Auf der anderen Seite baute die SED-Führung systematisch ihren Sicherheitsapparat aus. An erster Stelle stand die Schaffung von Kommandostrukturen, die auch in Krisensituationen reibungslos funktionierten. Mitte Juli, als in der DDR erneut Streiks ausbrachen, ordnete die Parteiführung die sofortige Bildung so genannter Einsatzleitungen in allen Kreisen und Bezirken an, die vor Ort die Maßnahmen zum Schutz der SED-Diktatur koordinieren sollten. Die Einsatzleitungen glichen den am Nachmittag des 17. Juni oft ad hoc gebildeten Kampfstäben. Auf Bezirksebene gehörten ihnen der Vorsitzende des Rates des Bezirkes, der Erste Sekretär der SED-Bezirksleitung, ein Beauftragter der Kasernierten Volkspolizei sowie die Leiter der Bezirksverwaltungen von Polizei und Staatssicherheitsdienst an; auf Kreisebene waren sie analog zusammengesetzt. Auch auf zentraler Ebene beschloss das Politbüro im September 1953, eine »Kommission für Sicherheitsfragen« zu bilden, der unter anderem der Erste Sekretär der SED, der Ministerpräsident, der Innenminister und der Staatssekretär für Staatssicherheit angehörten – ein Vorläufer des 1960 gebildeten Nationalen Verteidigungsrates der DDR.

Zum Zweiten wurde der Sicherheitsapparat personell aufgestockt sowie besser ausgerüstet. Der Chef der Deutschen Volkspolizei, Karl Maron, forderte am 22. Juni knapp 16 000 zusätzliche Polizisten, die als Schnellkommandos oder motorisierte Bereitschaftspolizisten jede Zusammenrottung wirksam bekämpfen sollten, außerdem eine erheblich verbesserte Ausrüstung, das heißt zusätzliche 4800 Maschinenpistolen, 10 000 Karabiner, 144 Panzerspähwagen, 30 Wasserwerfer und ähnliches mehr. Ostberlin sollte 5000 zusätzliche Polizisten bekommen. Das Planstellensoll der Deutschen Volkspolizei wurde schließlich um insgesamt 14 000 Stellen erweitert. Ausgebaut wurde auch die Kasernierte Volkspolizei, die erstmals Munition, Wasserwerfer und Granatwerfer erhielt und gezielt in solchen Gebieten stationiert wurde, wo am 17. Juni Unruhen stattgefunden hatten. Im Herbst 1953 erhielt die SED genaue sowjetische Vorgaben, in welcher Weise die Stammmannschaften zu erhöhen, die Entlohnung zu verbessern und die Dislokation zu optimieren waren. Notwendig sei auch »eine strenge Überwachung und sorgfältiges Abhören der Telefongespräche«, hieß es in dem »Merkblatt« der Besatzungsmacht.[214] Die in einigen Betrieben bereits existierenden Arbeiterwehren wurden auf Beschluss der 15. Tagung des ZK im Juli 1953 nach und nach zu straff organisierten, paramilitärischen »Kampfgruppen« ausgebaut, die gegen Streiks und Demonstrationen auf dem Werkgelände vorgehen sollten und deren Leitung in den Händen des Parteisekretärs lag – 1957 immerhin 150 000 mit Karabinern bewaffnete Kämpfer. Laut einer Vorlage des ZK vom November 1953 sollten wegen der »ständigen Zunahme der Überfälle auf leitende Funktionäre der Bezirke und Kreise« auch die hauptamtlichen Mitglieder der Bezirkssekretariate sowie die Ersten und Zweiten Kreissekretäre mit Pistolen bewaffnet werden.[215] Wozu dies alles diente, machte der ZK-Sekretär für Sicherheitsfragen Erich Honecker im Januar 1957 unmissverständlich klar, als er, kurz nach der Niederschlagung des Ungarn-Aufstandes, vor dem Zentralkomitee ausführte: »Wir tragen eine große Verantwortung dafür, daß die bewaffneten Kräfte unserer Arbeiter-und-Bauern-Macht, die Nationale Volksarmee, die Deutsche Volkspolizei und die Kampfgruppen der Arbeiterklasse, zu jeder Zeit in der Lage sind, mit den ihnen zur Verfügung stehenden Kräften die Ruhe und Ordnung sicherzustellen und eventuelle Provokationen im Keime zu ersticken, zu unterdrücken und zu zerschlagen.«[216]

Besondere Aufmerksamkeit widmete die SED-Führung dem Staatssicherheitsdienst, der, den Ausführungen Ulbrichts auf dem 15. ZK-Plenum zufolge, »im Kampf gegen die feindlichen Agenturen völlig versagt« hatte. »Das Ministerium für Staatssicherheit verfügte nach Ansicht des Politbüros über keinerlei Anhaltspunkte, die auf die großangelegte feindliche Provokation hingewiesen hätten.«[217] Im September 1953 bekräftigte die Parteiführung diese Einschätzung und erklärte in einem Beschluss: »Trotz der vorhandenen großen Anzahl operativer Mitarbeiter erwiesen sich die Organe des MfS der DDR nicht fähig, die Vorbereitung des faschistischen Putsches in Berlin und anderen Städten und Industriezentren der DDR aufzudecken, sie gaben nicht ein einziges Signal über die Vorbereitung der Provokationen.«[218] Die Kritik am MfS und die Ablösung des zuständigen Ministers Zaisser bot Ulbricht eine bequeme Möglichkeit, einen Schuldigen für das Versagen der SED-Führung am 17. Juni zu benennen. Der Staatssicherheitsdienst musste es hinnehmen, für mehrere Jahre zu einem Staatssekretariat im Ministerium des Innern herabgestuft zu werden, das nun vom ehemaligen Sabotagespezialisten Ernst Wollweber, einem Vertrauensmann der Sowjets, geleitet wurde.

Nach der Niederschlagung des Aufstands wurde der Staatssicherheitsdienst weiter ausgebaut. Vor allem die Kreisdienststellen sollten gestärkt werden, die in der Krise vom 17. Juni zum Teil völlig überfordert gewesen waren. Die SED-Spitze beschloss im September 1953 unter anderem, 1500 politisch zuverlässige und geschulte SED- und FDJ-Mitglieder zusätzlich einzustellen. Tatsächlich wuchs der Personalbestand des Staatssicherheitsdienstes zwischen 1953 und 1955 sogar um rund 2000 Mitarbeiter pro Jahr, was gegenüber 1953 einen Zuwachs von 60 Prozent bedeutete. Erweitert wurde auch das geheime Informantennetz, insbesondere um die früheren leitenden Angestellten der Großbetriebe, ehemalige Sozialdemokraten und die so genannten Blockparteien besser zu überwachen. Zudem intensivierte die SED ihre eigene Kontrolle der Geheimpolizei, indem sie in deren Apparat eine SED-Kreisleitung schuf, die der Abteilung Sicherheitsfragen im ZK unterstellt war. »Es gibt nichts neben und nichts über der Partei«, verkündete der Chef der Parteikontrollkommission, Hermann Matern, im November 1953 auf der zentralen Dienstkonferenz des Staatssicherheitsdienstes. »Alle Organe sind der Partei untergeordnet und werden von der Partei geleitet.«[219] Damit die Erkenntnisse des Staatssicherheitsdienstes nicht mehr in den Schubladen verschwanden, wurden im August 1953 auf allen Ebenen so genannte Informationsgruppen gebildet, die das einlaufende Material zusammenführen und auswerten sollten. Darüber hinaus sorgte man dafür, dass alle verdächtigen Personen zentral erfasst wurden. Im Dezember 1953 erließ Wollweber dazu eine Dienstanweisung, der zufolge alle Aktenvorgänge überprüft und neu registriert werden mussten.

»Vor Beginn der Provokation [am 17. Juni] sowie auch in den Tagen der aktiven Auftritte des Feindes«, so die Begründung, »kannten die Organe für Staatssicherheit die Orte der Konzentrierung feindlicher Elemente nicht und konnten deshalb auch die von Feinden am meisten verunreinigten Abschnitte nicht rechtzeitig feststellen.«[220]

Während die SED öffentlich weiterhin von einem Neuen Kurs sprach, wurde beim Staatssicherheitsdienst wieder die alte Repressionspolitik propagiert. »Die 2. Parteikonferenz unserer Partei hat als eine der wichtigsten Aufgaben mit gestellt die Stärkung der Staatsmacht als das Hauptinstrument bei der Schaffung der Grundlagen des Sozialismus. Es ist selbstverständlich, daß dazu in erster Linie die Sicherheitsorgane des Staates gehören, die alle Errungenschaften und den Aufbau schützen«, schärfte Matern in seiner Rede den Mitarbeitern ein. »Wir müssen hart und rücksichtslos zuschlagen. Für knieweiche Pazifisten oder Mondgucker ist in unseren Reihen kein Platz.«[221] Und der neue Stasi-Chef Wollweber forderte auf derselben Dienstkonferenz, dass auch die »liberalistischen Auffassungen in den Organen der Justiz [...] schnellstens und restlos beseitigt werden« müssten.[222]

Den Vorwurf, im Juni 1953 versagt zu haben, wollte sich der Staatssicherheitsdienst nicht noch einmal machen lassen. Schon kurz nach dem Eingreifen der sowjetischen Truppen suchte er deshalb fieberhaft nach Hinweisen auf mögliche Vorbereitungen für einen neuen Tag X. Jede hinter vorgehaltener Hand geäußerte Hoffnung auf einen zweiten 17. Juni, jede verzweifelt angeschriebene Losung mit diesem Tenor ließ sofort die Alarmglocken läuten. Von nun an herrschte im Juni regelmäßig Alarmbereitschaft im Staatssicherheitsdienst und den übrigen bewaffneten Organen. Im Rahmen der Aktion »Bollwerk« mussten 1954 die einzelnen Stasi-Dienststellen schon im Vorfeld einem zentralen Einsatzstab unter Erich Mielke zweimal täglich über angeblich geplante Maßnahmen und Aktionen des Gegners zur Vorbereitung oder Durchführung eines neuen »Tages X« berichten. Alle Bezirksverwaltungen für Staatssicherheit wurden angewiesen, »die entsprechenden Maßnahmen zur Verhinderung jeglicher Provokationen einzuleiten. Es ist besonders darauf zu achten, daß an diesem Tage alle arbeiten. [...] Besondere Beachtung ist auch den Massenorganisationen und solchen gesellschaftlichen Organisationen wie

Hundezüchtern, Kleingartenhilfe, Wandergruppen usw. sowohl in der Stadt als auch auf dem Lande zu schenken, daß nicht durch getarnte Versammlungen am 17. 6. diese zur Tribüne für Provokateure gemacht werden können.«[223]

Sorgfältig registrierte man in diesen Tagen jede Unzufriedenheit in den Betrieben, insbesondere wenn es um Normen oder Lohnzahlungen ging. Auch der Krankenstand wurde genau registriert, weil sich etwaige Streikende ja auch als arbeitsunfähig tarnen konnten. Lange Berichte widmeten sich insbesondere der Stimmung auf den Baustellen der Stalinallee, wo die Unzufriedenheit immer noch sehr groß war, so dass viele Brigaden in die Privatindustrie abwanderten. Einen für den 15. Juni geplanten Betriebsausflug mit dem Dampfer durften die Bauarbeiter in Erinnerung an die Ereignisse des Vorjahrs nicht durchführen, sondern mussten stattdessen mit Autos fahren. Per Blitztelegramm wurde Erich Mielke persönlich informiert, wenn irgendwo ein Spitzel in der DDR Äußerungen wie diese aufgeschnappt hatte: »Der neue 17te wird sich in diesem Jahr wiederholen, wir stehen diesmal nicht allein da, die im Westen warten nicht so lange, bis sich alles wieder zerschlägt.«[224] Agenten beschafften zudem aus dem Westen genaue Informationen über die dort geplanten Erinnerungsfeiern. Der Übereifer war so groß, dass selbst der Tod von 33 Ferkeln im Volkseigenen Gut Langenwolmsdorf oder die plötzliche Erkrankung von 280 Personen aufgrund eines verdorbenen Puddings in der Konsumgroßküche Zittau verdächtig erschienen, weil sie sich zufällig am 12. Juni abgespielt hatten. In ähnlicher Weise widmete sich der Staatssicherheitsdienst auch später dem Datum des 17. Juni, das bis zum Untergang der DDR als höchstes Sicherheitsrisiko galt. Doch im entscheidenden Moment versagten all die Vorkehrungen – als sich das Volk im Herbst 1989 tatsächlich erhob, sah die Stasi erneut tatenlos zu.

Mindestens ebenso wichtig erschien es der SED-Spitze im Sommer 1953 aber auch, die Partei wieder auf Linie zu bekommen. Nach der Niederschlagung des Volksaufstands hagelte es an der Basis massive Kritik an der Parteiführung. Bei den Mitgliederversammlungen, wenn sie überhaupt zusammentraten, glänzte ein großer Teil der eigentlich zur Teilnahme verpflichteten Genossen durch Abwesenheit. Andere machten der SED-Spitze schwere Vorwürfe. »Der 17. 6.«, so konnte man zum Beispiel auf einer Parteiversammlung in Görlitz Anfang Juli hören,

»war ein schwarzer Tag für den Kommunismus. Man wird noch einmal den Arbeitern danken, daß sie rebellierten.«[225] Und am 23. Juli hieß es in einer Einschätzung der gegenwärtigen Lage in der Partei durch das Zentralkomitee: »Auf den Parteiaktivtagungen und in den Mitgliederversammlungen zeigt sich ein Wachstum opportunistischer und sozialdemokratischer Stimmungen, indem nicht wenige Parteimitglieder die Meinung vertraten: ›Wir haben es ja schon immer gesagt, daß die Linie der Partei falsch ist‹, oder ›wir fordern eine Parteidiskussion über den sozialdemokratischen Weg zum Sozialismus‹.«[226] Dass die Austritte sich in Grenzen hielten – bis zum 28. Juni verließen nur etwas mehr als 1700 Mitglieder und Kandidaten die SED – machte die Angelegenheit nur noch beunruhigender, da man sich der eigenen Kader nicht sicher sein konnte.

In einer Direktive an die SED-Bezirkssekretäre verlangte das Politbüro am 21. Juni, in allen Betrieben Abteilungs- oder Belegschaftsversammlungen durchzuführen, auf denen die erst am Abend zur Verabschiedung vorgesehene Resolution des Zentralkomitees erklärt werden sollte; anschließend sollte in der Presse darüber berichtet werden. »Es sind Vertrauenskundgebungen für die Regierung der Deutschen Demokratischen Republik und für die Sozialistische Einheitspartei Deutschlands durchzuführen. Die Tätigkeit der Provokateure ist zu verurteilen.«[227] Mit demselben Tenor sollten auch Demonstrationen organisiert sowie Parteiaktivtagungen und Mitgliederversammlungen in der SED durchgeführt werden. Funktionäre aller Art sollten die nächsten Tage von der beruflichen Arbeit freigestellt werden, um Propagandaarbeit zu leisten. Zugleich waren jene Fälle zu untersuchen, in denen sich Mitglieder der SED als aktive Teilnehmer und Organisatoren der Unruhen gezeigt oder zum Streik aufgerufen hätten. »In diesen Fällen sind gegen solche Mitglieder die Bestimmungen des Parteistatuts anzuwenden (Einleitung von Parteiverfahren, Absetzung von leitenden Funktionen und Ausschluß aus der Partei).«[228]

Das Politbüro ging selbst mit gutem Beispiel voran. Mitte Juli startete es eine Strafaktion gegen führende Repräsentanten einer weichen Linie beim Umgang mit den Arbeiterprotesten: Der ZK-Sekretär für Wirtschaft, Adalbert Hengst, der den Streikenden in der Rostocker Warnow-Werft am 18. Juni weitgehende Zugeständnisse gemacht hatte, wurde am 14. Juli wegen »Kapitulantentums« seines Amtes enthoben und aus der Partei ausgeschlossen. Das gleiche Schicksal ereilte Transportminister Bernd Weinberger, der mit ihm in Rostock gewesen war. Auch Justizminister Fechner wurde, wie dargestellt, in der Sitzung aus seinem Amt entfernt, aus der SED ausgeschlossen und anschließend verhaftet. Zehn Tage später erfolgte dann auf dem 15. Plenum des Zentralkomitees die Abrechnung mit Zaisser, Herrnstadt und den anderen Ulbricht-Kritikern im Politbüro. Forderungen nach mehr innerparteilicher Demokratie bekamen in der ZK-Entschließung einen Dämpfer verpasst: »In den Mitgliederversammlungen muß die Freiheit der Diskussion über die Hauptfragen der Politik der Partei und der Arbeit der Parteiorgane gewährleistet werden, wobei besondere Aufmerksamkeit auf die breite Entfaltung der Initiative und Aktivität aller Mitglieder und Kandidaten der Partei zu lenken ist. Diese Freiheit der Diskussion bedeutet aber keinesfalls eine Freiheit für feindliche Propaganda, Fraktionstätigkeit und Untergrabung der Parteidisziplin.« Die revolutionäre Wachsamkeit, so der Beschluss weiter, müsse vielmehr bedeutend erhöht werden. »Die Arbeitermassen und die werktätige Intelligenz sind so zu erziehen, daß sie in den Betrieben die imperialistischen Agenten und alle anderen Feinde unseres friedlichen Aufbaus auffinden und unschädlich machen.«[229]

Zum Aufstand selbst und seinen Ursachen wiederholte die ZK-Entschließung im Wesentlichen die bereits in den ersten Tagen entwickelte Argumentation: Die Verkündung und Durchführung des Neuen Kurses hätte die Kriegstreiber und Feinde der deutschen Einheit in Verwirrung und Wut versetzt. Für die Festlegung des »faschistischen Putsches« auf den 17. und 18. Juni seien internationale Gründe entscheidend gewesen. Die von amerikanischen Offizieren mit Waffen, Benzinflaschen und Instruktionen versehenen »faschistischen Provokateure« hätten dann im demokratischen Sektor von Berlin einen »faschistischen Putschversuch« unternommen, während gleichzeitig in einigen anderen Städten die seit langem organisierten Agententruppen »faschistische Unruhen« organisiert hätten. An der Vorbereitung hätten die monopolkapitalistischen und junkerlichen Kreise Westdeutschlands als Helfer des Imperialismus bedeutenden Anteil gehabt, und ihre politischen Beauftragten, die Adenauer und Kaiser, hätten den »faschistischen Tag X« offen angekündigt. Die Mehrheit der Bevölkerung, besonders der Arbeiterklasse, aber auch die Mehrheit der werktätigen Intelligenz hätten die »Provokateure« jedoch nicht unterstützt, sondern energisch zurückgewiesen. Auch bei den Massen der Bauernschaft seien die »Provokateure« auf Ablehnung gestoßen. Dennoch hätte der 17. Juni bewiesen, »daß in der DDR eine von den Amerikanern unterstützte faschistische Untergrundbewegung vorhanden ist«. Außerdem hätten in einigen Städten illegale Organisationen aus ehemaligen SPD-Mitgliedern sowie »brandleristische Spionagegruppen«, Trotzkisten und andere »feindliche Gruppen« existiert.[230] Dass sie Teile der Arbeiterschaft dazu veranlassen konnten, sich an den Streiks zu beteiligen, hätte unter anderem an den nicht genügend durchdachten administrativen Maßnahmen zur Erhöhung der Arbeitsnormen gelegen. Es sei richtig gewesen, dass die SED mit der Errichtung der Grundlagen des Sozialismus begonnen hätte, doch das Tempo und die eingeleiteten Maßnahmen seien teilweise überspitzt gewesen.

Hinter den Kulissen wurde derweil die Säuberung der Partei vorangetrieben. Bereits Ende Juni wurde in der Zentralen Parteikontrollkommission kritisiert, dass die Kreisleitungen der SED durchweg von jungen Kräften besetzt seien, die noch keinerlei Erfahrungen hätten. »Es ist ein Fehler der Kaderpolitik, daß man solche Leitungen nur einseitig mit solchen jungen Genossen besetzt hat.«[231] Nicht das Vorleben der Funktionäre, insbesondere ob sie zum Kreis der mit Misstrauen bedachten Westemigranten gehörten, sollte bei der Kaderauswahl entscheidend sein, sondern wie sie sich während der Unruhen verhalten hatten. Eine Direktive der Parteiführung legte fest, dass SED-Mitglieder und Parteileitungen, die während der Unruhen »zurückgewichen« waren oder »kapituliert« hatten, »durch partei- und kampferfahrene Kader verstärkt [...] [oder] abgelöst werden« sollten.[232]

In 81 Großbetriebe entsandte das ZK so genannte Parteiorganisatoren, in 21 weiteren bildete es zentral angeleitete SED-Sekretariate, um so dem »Kapitulantentum« der SED-Funktionäre an der Basis ein Ende zu setzen. Bis 1954 wurden in den Betrieben über 35 Prozent der Parteisekretäre ausgetauscht. Von den Mitgliedern der Bezirksleitungen der SED mussten über 62 Prozent gehen, von den Ersten Kreissekretären sogar 71 Prozent. Auch das Nomenklatursystem, mit dem alle wichtigen Positionen im Staats- und Parteiapparat zentral besetzt wurden, erhielt eine grundlegende Überarbeitung. Über

15 000 Mitglieder und Kandidaten der SED wurden in der zweiten Hälfte des Jahres 1953 ausgeschlossen, was gegenüber dem ersten Halbjahr eine Steigerung von etwa 30 Prozent bedeutete. Andererseits wollte man die treuesten Genossen stärker heranziehen. Auf der 16. ZK-Tagung im September 1953 verlangte Ulbricht, um die Parteileitungen 150 000 bis 200 000 so genannte Parteiaktivisten zusammenzuschließen, die in Zukunft als militanter Kern der Partei fungieren sollten.

Bei der gründlichen Prüfung der Mitgliedschaft stellte sich übrigens heraus, dass über 96 000 SED-Mitglieder früher der NSDAP und annähernd 70 000 anderen NS-Gliederungen angehört hatte – zusammen 14,7 Prozent. Die Zahlen behielt man jedoch lieber für sich, weil sie nicht in das antifaschistische Selbstbild passten. Im Vergleich dazu nahmen sich die 138 ehemaligen Mitglieder nazistischer Organisationen, die der sowjetische Hochkommissar unter den bis zum 5. Oktober 1953 verurteilten Teilnehmern des Aufstands ausmachen konnte, geradezu bescheiden aus.

Besiegelt wurde die Konsolidierung der SED-Herrschaft durch die demonstrative außenpolitische Anerkennung der DDR. Die unentschlossene Doppelstrategie der Sowjetunion, einerseits in der DDR den Sozialismus aufzubauen, andererseits dem Westen immer wieder Angebote für ein neutrales, vereinigtes Gesamtdeutschland zu machen, fand nach dem Juni-Aufstand bald ein Ende. Nach der gescheiterten Berliner Viermächtekonferenz Anfang 1954 verkündete die Sowjetunion am 25. März die Herstellung »voller Souveränität« für die DDR und die Aufhebung der Kontrolle durch den Hohen Kommissar. Sie sicherte ihr die Freiheit zu, »über ihre inneren und äußeren Angelegenheiten, einschließlich der Frage der Beziehungen zu Westdeutschland zu entscheiden«. Auf dem Papier war die DDR damit ein freier Staat – wären da nicht noch die annähernd 500 000 »zeitweilig« stationierten sowjetischen Soldaten und der Vorbehalt Moskaus gewesen, weiterhin über alle Fragen zu entscheiden, »die mit der Gewährleistung der Sicherheit in Zusammenhang stehen und sich aus den Verpflichtungen ergeben, die der UdSSR aus dem Viermächteabkommen erwachsen«.[233] So war es nur ein logischer Schlusspunkt, dass die DDR im Mai 1955 Mitglied des Warschauer Paktes wurde und von da an bis zu ihrem Untergang fest zum sowjetischen Block gehörte.

# NACHWORT

Der Aufstand vom 17. Juni 1953 ist ein Schlüsselereignis der deutschen Nachkriegsgeschichte. Was bleibt zu bilanzieren, legt man ihn von Mythen und Entstellungen frei?

Zunächst ist festzuhalten, dass es um eine Massenerhebung von einzigartiger Kraft und Spontaneität ging. Niemand hat den Aufstand ausgelöst oder gesteuert – weder die Russen, wie damals manche vermuteten, noch Amerikaner oder Westdeutsche, wie die SED nicht müde wurde zu behaupten. Ausdruck dieser Spontaneität war es, dass sich den anfangs hauptsächlich von unzufriedenen Arbeitern getragenen Protesten rasch andere Schichten anschlossen, so dass sie sich zu einer echten Volkserhebung ausweiteten.

Die Frontstellung des Volkes gegen die Regierung hatte nicht nur mit gravierenden wirtschaftlichen Nöten zu tun, sondern war eine Folge des von der SED installierten Herrschaftssystems, in dem sie selbst das absolute Macht- und Wahrheitsmonopol beanspruchte. In einem solchen Regime gibt es für Unzufriedenheit nur einen einzigen Adressaten: die Staatspartei und ihre Führung. Die Folge ist, dass die Mächtigen auf einem Pulverfass sitzen und punktuelle Proteste – in diesem Fall gegen die Anhebung der Arbeitsnormen – leicht in eine Massenerhebung umschlagen können.

Dass dies im Juni 1953 geschah, hing vor allem damit zusammen, dass der Druck auf die Gesellschaft durch den Neuen Kurs plötzlich zurückgenommen wurde und Widerstand nicht wie zuvor sofort im Keim erstickt wurde. Die Bevölkerung gewann dadurch den Eindruck, dass sich die SED-Spitze auf dem Rückzug befand und ihr Protest reale Erfolgsaussichten haben könnte. Der 17. Juni belegt, dass der gefährlichste Moment für autokratische Systeme nicht der der größten Unterdrückung ist, sondern der, in dem sie gezwungen sind, den

Druck zurückzunehmen – eine Erfahrung, die der sowjetische Kommunismus noch mehrfach machen musste und an der er schließlich scheiterte.

Vor diesem Hintergrund bleibt weiter festzuhalten, dass es sich im Juni 1953 nicht nur um einen sozialen Protest handelte, sondern um eine politische Bewegung mit dem klar umrissenen Ziel von Freiheit und Demokratie. Obgleich die Bevölkerung meist nur wenige Stunden Zeit hatte, ihre Vorstellungen auszuformulieren, zeigen die überall vorgebrachten Losungen und Forderungskataloge, dass es nicht allein um eine Verbesserung ihrer Lebensumstände ging. Mit der zentralen Forderung nach freien und geheimen Wahlen zielte der Protest vielmehr auf die Errichtung einer parlamentarischen Demokratie. Damit unterschied er sich positiv von den Vorstellungen mancher Widerstandsgruppen im Nationalsozialismus, ob konservativ oder kommunistisch, und widerlegt insbesondere alle Behauptungen, dass es sich um eine wie auch immer geartete faschistische Erhebung gehandelt hätte.

Nationale Anliegen spielten in den Forderungskatalogen, wenn sie überhaupt vorkamen, nur eine geringe Rolle, was insofern verwunderlich ist, als der Nationalsozialismus nur acht Jahre zurücklag und die künstliche Aufspaltung Deutschlands und seiner Bevölkerung gerade erst erfolgt war. Möglicherweise war dies eine Gegenreaktion auf die ständige Wiedervereinigungsrhetorik der SED und der Sowjetunion, in jedem Fall aber ein weiterer Beleg für den freiheitlich-demokratischen Charakter der Bewegung. Nationale Bezüge waren in dem Geschehen insofern von Bedeutung, als sie von den demonstrierenden Menschen genutzt wurden, um sich in den dramatischen Stunden des Aufbegehrens ihrer gemeinsamen Identität zu vergewissern – zum Beispiel durch das Singen des »Deutschlandliedes«. Im Zuge der weiteren Entfaltung des Aufstands gewannen sie an Gewicht, was eine ähnliche Ursache hatte wie beim Untergang der SED-Diktatur 1989/90: Da die Machthaber als ursprünglicher Adressat der Proteste scheinbar bereits in die Knie gegangen waren, rückte die Wiedervereinigung Deutschlands automatisch stärker in den Mittelpunkt.

Wenn man der Erhebung im Juni 1953 später zum Vorwurf gemacht hat, dass sie über keine ausgereiften politischen Konzepte verfügte, so muss man dies deutlich in Frage stellen. Die spontan geborenen Forderungen erfassten – wie im Herbst

1989 – durchaus das Wesentliche der Situation und hätten, wenn sie verwirklicht worden wären, den Weg zu einem demokratischen, vereinigten Deutschland geöffnet. Dass es keine ausgefeilten Programme gab, lag, neben der Kürze der Zeit, vor allem daran, dass die Intellektuellen – anders als 1956 in Ungarn – sich von den Protesten weitgehend fern hielten und niemand von den Prominenten den Mut hatte, ihnen Geist und Stimme zu geben. Aus Angst, von der Partei verstoßen zu werden, übernahmen die meisten stattdessen die Behauptung der SED, dass der Aufstand von »faschistischen Provokateuren« und »westlichen Agenten« gelenkt worden sei.

Bei der Rückschau auf die Ereignisse fällt die relativ große Zahl gewalttätiger Aktionen ins Auge – nicht im Vergleich zu früheren Revolutionen, bei denen die Aufständischen in wesentlich größerem Umfang Gewalt anwandten und häufig auch Schusswaffen benutzten, sondern gemessen an der zweiten, diesmal erfolgreichen Erhebung gegen die SED im Herbst 1989. Gewalt wurde im Juni 1953 nicht systematisch oder organisiert angewandt, sie blieb punktuell und wurde von den Wortführern der Proteste in der Regel abgelehnt und nach Möglichkeit unterbunden. Wo es sie gab, entwickelte sie sich spontan, aus der Masse oder einer größeren Gruppe heraus, indem sich einzelne Menschen gegenseitig animierten und so dazu beitrugen, dass bestehende Hemmungen verschwanden.

Zu erklären ist dies wohl zum einen dadurch, dass der geistige und physische Terror der vorangegangenen Jahre bei vielen Menschen einen enormen Leidensdruck erzeugt hatte, so dass Hass und Verbitterung extrem gewachsen waren. Durch die Ereignisse bot sich eine Möglichkeit, die angestauten Energien wie bei einem Gewitter schlagartig zu entladen.

Ein zweiter Grund bestand darin, dass Gewalt für die meisten Menschen keine ungewöhnliche Erfahrung war. Der Krieg lag erst acht Jahre zurück, viele Männer waren den Umgang mit der Waffe noch gewohnt, und auch die Nachkriegszeit war für die meisten ein ständiger Existenzkampf gewesen. Die Hemmschwelle lag daher nicht besonders hoch, und insbesondere junge Arbeiter, die im Nationalsozialismus sozialisiert worden waren, sowie einfache Bauern beteiligten sich an Ausschreitungen.

Ein dritter Grund lag in dem intensiven Massenerlebnis, das die Menschen in einen emotionalen Ausnahmezustand versetzte. Viele waren geradezu überwältigt von dem Eindruck, plötzlich in einer Menge von Fremden zu marschieren, die alle das Ende der SED-Herrschaft forderten. Sie drängten in dieser Situation darauf, die Diktatur ein für allemal zu beseitigen. Dies geschah nicht überlegt, sondern impulsiv und richtete sich vor allem gegen deren Symbole und teilweise auch gegen ihre kleinen, fassbaren Funktionäre.

Zu den enttäuschendsten Erfahrungen der Aufständischen gehörte es, dass der Westen, der sie in ihrem Widerstand gegen den Kommunismus immer ermutigt hatte, sie im entscheidenden Augenblick nicht unterstützte. Die Zuversicht, die die starken Töne des Westens gegenüber dem SED-Regime und der Sowjetunion ausgelöst hatten, schlug um in Bitterkeit und Resignation, als den Worten keine Taten folgten. Auch wenn es inzwischen müßig ist, über Handlungsalternativen nachzudenken, so soll doch zumindest angesprochen werden, dass es durchaus Möglichkeiten gab, den Aufständischen stärker beizustehen.

Ein Einmarsch der Amerikaner, wie er in Ostdeutschland teilweise erwartet oder erhofft wurde, war aufgrund der konventionellen Überlegenheit der Sowjetunion in Europa wohl weder möglich noch sinnvoll, ganz zu schweigen von den Konsequenzen eines neuen Krieges, den ein solches Vorgehen wahrscheinlich nach sich gezogen hätte. Doch unterhalb dieser Schwelle gab es Hilfsmöglichkeiten, die nicht genutzt wurden. Aus purem Egoismus lehnten es Engländer und Franzosen zum Beispiel ab, den Militäreinsatz in der UNO zur Sprache zu bringen. Sie fürchteten einen Präzedenzfall für das eigene Vorgehen gegen Aufstände in ihren Kolonien. Überhaupt war das demonstrative Verständnis für das brutale Verhalten der sowjetischen Besatzungsmacht vor allem bei den Briten erschreckend groß. Eine entschlossene Internationalisierung der Vorgänge hätte dem kommunistischen Regime hingegen zumindest deutlich gemacht, dass sein Verhalten von der Welt genau beobachtet wurde.

Ein problematisches Signal war es auch, die Absperrung der Sektorengrenze in Berlin entgegen dem Viermächtestatus der Stadt widerspruchslos hinzunehmen. Hätten Angehörige der Westalliierten, die teilweise noch am Vormittag des 17. Juni das Geschehen beobachteten, an diesem Tag im Ostteil der Stadt demonstrativ Präsenz gezeigt, wäre es möglicherweise

zu weniger Toten und Verwundeten gekommen. Unausge-
schöpft blieb schließlich die Möglichkeit rascher Verhandlungen mit der Sowjetunion über eine Wiedervereinigung Deutschlands, die von der Bundesregierung, den Amerikanern und
dem englischen Außenministerium bis Mitte Juli abgelehnt
und auch danach nur schleppend vorangetrieben wurden.
Schon damals zeichnete sich ab, was fortan die westliche Politik bestimmen sollte: dass Freiheit und Demokratie in der
Bundesrepublik mit der Preisgabe der Ostdeutschen an den
Kommunismus bezahlt wurden.

War der Aufstand am 17. Juni umsonst? Sieht man von kleinen sozialen Verbesserungen ab, die die SED danach gewährte,
vordergründig betrachtet – ja. In gewisser Weise hat er sogar
das Gegenteil dessen erreicht, was er anstrebte: eine Welle der
Repression, den Ausbau des Unterdrückungsapparates und
eine politische Traumatisierung der Bevölkerung. Von nun an
waren sich die DDR-Bürger für lange Zeit bewusst, dass aktiver Widerstand zwecklos sein würde, solange sowjetische Truppen im Land standen.

Doch dies ist nur die eine Seite der Bilanz. Auf der anderen
Seite war der Aufstand ein unübersehbares Plebiszit gegen die
kommunistische Diktatur. Er entzog dem Regime der SED
endgültig jede politisch-moralische Legitimation. Im Gegensatz zum Nationalsozialismus, deren Führer 1933 legal an die
Macht gelangt waren und dadurch die Deutschen in eine kollektive Mitverantwortung für ihre Verbrechen genommen
hatten, gab es im Fall der DDR seit dem 17. Juni keinen Zweifel mehr, dass dieses System gegen den Willen der Bevölkerung errichtet worden war – ein Makel, den die SED nie mehr
abstreifen konnte. Der gescheiterte Widerstand hatte aber noch
einen anderen Sinn, der sich, wie beim Nationalsozialismus,
erst im Nachhinein voll erschließt: als zeichenhafter Protest
gegen ein unmenschliches Regime und als Vorbild für die
Nachgeborenen, dass es in Diktaturen nicht nur den Weg der
Anpassung gibt.

Im Unterschied zum Widerstand gegen die NS-Diktatur
fand der Juni-Aufstand Jahrzehnte später unerwartet doch noch
seine Erfüllung: beim Sturz der SED-Herrschaft im Herbst
1989. Vergleicht man die beiden Ereignisse, zeigen sich er-
staunlich viele Parallelen. Beide Erhebungen erfolgten spontan, ohne Führer und Organisation, beide Male griff das Volk

überraschend in den Ablauf der Geschichte ein, gab es vorher kaum einen geistig-politischen Vorlauf durch intellektuelle oder politische Vordenker.

Übereinstimmungen zeigen sich auch bei den Zielen, die von punktuellen Forderungen ausgingen, dann auf Freiheit und Demokratie und ein Ende des Machtmonopols der SED gerichtet waren und schließlich in den Wunsch nach Wiedervereinigung mündeten. Auch regional konzentrierte sich die Erhebung auf dieselben Gebiete. Selbst die Formen – Demonstrationen als Mittel der Auseinandersetzung und die Besetzung von Stasi-Dienststellen zur Entmachtung der Geheimpolizei – ähnelten sich. Unterschiede zeigten sich hingegen in dreierlei Hinsicht: Zum einen stand die Arbeiterschaft 1989 nicht mehr im Zentrum der Proteste und Streiks spielten so gut wie keine Rolle. Zum Zweiten dienten nicht mehr die Betriebe als Rahmen der Entfaltung, sondern die Kirchen. Unter ihrem Schutzdach formierten sich die Anfänge der Rebellion und sie trugen wesentlich dazu bei, dass diese gewaltfrei blieb. Der wichtigste – und für den Erfolg entscheidende – Unterschied war jedoch, dass die sowjetische Besatzungsmacht 1989 ihre Soldaten in den Kasernen beließ und das Regime der SED nicht ein zweites Mal vor dem Untergang rettete.

# Abkürzungen

| | |
|---|---|
| Abt. | Abteilung |
| ABUS | Ausrüstung, Bergbau und Schwerindustrie |
| AKG | Auskunfts- und Kontrollgruppe |
| AKW | Amt für die Kontrolle des Warenverkehrs |
| ASt. | Außenstelle |
| BA | Bundesarchiv |
| BDVP | Bezirksdirektion Deutsche Volkspolizei |
| BGL | Betriebsgewerkschaftsleitung |
| BL | Bezirksleitung |
| BStU | Bundesbeauftragte für die Unterlagen des Staatssicherheitsdienstes der ehemaligen Deutschen Demokratischen Republik |
| BV[fS] | Bezirksverwaltung [für Staatssicherheit] |
| DBD | Demokratische Bauernpartei Deutschlands |
| DDR | Deutsche Demokratische Republik |
| DEFA | Deutsche Film-AG |
| DFD | Demokratischer Frauenbund Deutschlands |
| DGB | Deutscher Gewerkschaftsbund |
| DVP | Deutsche Volkspolizei |
| DWK | Deutsche Wirtschaftskommission |
| EKD | Evangelische Kirche in Deutschland |
| EKM | Elektromaschinenbau |
| EKO | Eisenhüttenkombinat Ost |
| EVG | Europäische Verteidigungsgemeinschaft |
| FDGB | Freier Deutscher Gewerkschaftsbund |
| FDGB-BuVo | Bundesvorstand des Freien Deutschen Gewerkschaftsbundes |
| FDJ | Freie Deutsche Jugend |
| FS | Fernschreiben |
| GSTB | Gruppe der Sowjetischen Besatzungstruppen in Deutschland |
| HO | Handelsorganisation |
| HV | Hauptverwaltung |

| | |
|---|---|
| HVDVP | Hauptverwaltung für die Deutsche Volkspolizei |
| IFA | Industrieverband Fahrzeugbau |
| IG | Industriegewerkschaft |
| KgU | Kampfgruppe gegen Unmenschlichkeit |
| KL | Kreisleitung |
| KPD | Kommunistische Partei Deutschlands |
| KPdSU | Kommunistische Partei der Sowjetunion |
| KVP | Kasernierte Volkspolizei |
| LDPD | Liberal-Demokratische Partei Deutschlands |
| LOPM | Leitende Organe der Partei und der Massenorganisationen (ZK-Abteilung) |
| LOWA | Lokomotiv- und Waggonbau |
| LPG | Landwirtschaftliche Produktionsgenossenschaft |
| MdI | Ministerium des Inneren |
| MfS | Ministerium für Staatssicherheit |
| MTS | Maschinen-Traktoren-Station |
| NDPD | Nationaldemokratische Partei Deutschlands |
| PDS | Partei des demokratischen Sozialismus |
| PdVP | Präsidium der Volkspolizei |
| PGH | Produktionsgenossenschaft des Handwerks |
| Pol-Büro | Politbüro |
| RAW | Reichsbahnausbesserungswerk |
| RIAS | Rundfunk im amerikanischen Sektor |
| SAG | Sowjetische Aktiengesellschaft |
| SAPMO-BA | Stiftung Archiv der Parteien und Massenorganisationen der DDR im Bundesarchiv, Berlin |
| SBZ | Sowjetische Besatzungszone |
| SED | Sozialistische Einheitspartei Deutschlands |
| SKK | Sowjetische Kontrollkommission |
| SMAD | Sowjetische Militäradministration in Deutschland |
| SSD | Staatssicherheitsdienst |
| Stasi | Staatssicherheitsdienst |
| TAN | technisch begründete Arbeitsnormen |
| UdSSR | Union der sozialistischen Sowjetrepubliken |
| UP | United Press |
| VdgB | Vereinigung der gegenseitigen Bauernhilfe |
| VEB | Volkseigener Betrieb |
| VEG | Volkseigenes Gut |
| VP | Volkspolizei |
| VPKA | Volkspolizei-Kreisamt |
| ZK | Zentralkomitee |
| ZKK | Zentrale Kommission für staatliche Kontrolle, Zentrale Kontrollkommission |

# Anmerkungen

Prolog: Ein Tag im Juni

1 *Neues Deutschland* vom 18.6.1953.
2 Über die Lage und die unmittelbaren Aufgaben der Partei. Beschluß der 14. Tagung des ZK der SED, 21.6.1953, in: Dokumente der SED 1954, S.436–445, hier 438.
3 Der neue Kurs und die Aufgaben der Partei. Beschluß der 15. Tagung des ZK der SED, 26.7.1953, in: Dokumente der SED 1954, S.449–478, hier 452.
4 Herrmann, *Deutsche Geschichte*, S.447.
5 Gesetz über den Tag der deutschen Einheit vom 4.8.1953, in: Bundesgesetzblatt 1953, Teil I, S.778.
6 Fritz Stern, »Rede zum Tag der Deutschen Einheit, 17.6.1987«, in: Deutscher Bundestag 1987, S.1163D ff., hier 1164.
7 Mitter/Wolle, *Untergang auf Raten*, S.27.
8 Mitter, »Der ›Tag X‹«, S.25.
9 Wilke/Voigt, »»Neuer Kurs‹ und 17. Juni«, S.132 f.
10 Brandt, *Ein Traum*, S.246.

Die Ursachen

1 *Neues Deutschland* vom 7.3.1953.
2 Trauersitzung des Zentralkomitees, in: *Dokumente der SED 1954*, S.296–299, hier: 296.
3 Stimmen der Mitglieder der Sektion Dichtkunst und Sprachpflege, in: *Sinn und Form*, 5 (1953) 2, S.10–17, hier: 10.
4 Johannes R. Becher: »Dem Ewig-Lebenden. Auf Stalins Tod«, in: *Neue Deutsche Literatur*, 1 (1953) 4, S.7–9, hier 9.
5 Aufruf der Kommunistischen Partei Deutschlands vom 11.6.1945, zit. nach Erler/Laude/Wilke (Hg.), *Nach Hitler kommen wir*, S.390–397, hier 394.
6 Direktive Walter Ulbrichts vom Mai 1945 an die »Gruppe Ulbricht«, zit. nach Leonhard, *Die Revolution*, S.358.
7 Handschriftliche Aufzeichnungen Grotewohls von den Besprechungen in Moskau am 1.4. und am 7.4.1952 in Moskau, in: Badstübner/Loth, *Wilhelm Pieck*, S.395 ff.

439

8 Beschluß der II. Parteikonferenz der Sozialistischen Einheitspartei Deutschlands zur gegenwärtigen Lage und zu den Aufgaben im Kampf für Frieden, Einheit, Demokratie und Sozialismus, in: *Dokumente der SED 1954*, S. 70–78, hier 73 ff. Die folgenden Zitate ebd.

9 Ebd., S. 73.

10 Stenographische Niederschrift der 14. Tagung des ZK der SED, 21. 6. 1953, zit. nach Mitter, »›Am 17. 6. 1953«, S. 112.

11 Heym, »Memorandum«, S. 202 f.

12 Protokoll Nr. 5/53 des Politbüros der SED, Anlage Nr. 2, SAPMO-BA, DY 30 J IV 2/2/259.

13 *Die Neue Schule. Blätter für demokratische Erneuerung in Unterricht und Erziehung*, Nr. 19 vom 8. 5. 1953, S. 6.

14 Sitzung des Präsidialrates des Kulturbundes zur demokratischen Erneuerung Deutschlands am Freitag, dem 3. Juli 1953, 10.30 Uhr. Stenographisches Protokoll, in: Heider/Thöns (Hg.), *SED und Intellektuelle*, S. 28 f.

15 Zit. nach Neubert, *Geschichte der Opposition*, S. 76.

16 *Schweriner Volkszeitung* vom 18. 3. 1953.

17 *Neues Deutschland* vom 28. 4. 1953.

18 Zit. nach Jordan, *Kaderschmiede*, S. 67.

19 *Neues Deutschland* vom 9. 5. 1953.

20 Erste Durchführungsbestimmung zur Verordnung über die Entwicklung fortschrittlicher Literatur. – Lizenzen –, 13. 12. 1951, in: Gesetzblatt der DDR, Nr. 149, 19. 12. 1951, S. 1159.

21 *Protokoll der Verhandlungen der II. Parteikonferenz der Sozialistischen Einheitspartei Deutschlands*, S. 443.

22 *Tägliche Rundschau* vom 20./21. 1. 1951.

23 *National-Zeitung* vom 17. 7. 1953.

24 Der Kampf gegen den Formalismus in Kunst und Literatur, eine fortschrittliche deutsche Kultur. Entschließung der 5. Tagung des ZK der SED, 17. 3. 1951, in: *Dokumente der SED 1952*, S. 431–446, hier 436.

25 *Neues Deutschland* vom 4. 1. 1952.

26 Der Kampf gegen den Formalismus ..., a.a.O., hier 437.

27 *Neues Deutschland* vom 22. 3. 1951.

28 Hanns Eisler: Schreiben an das ZK der SED, 30. 10. 1953, zit. nach Jäger, *Kultur und Politik*, S. 68.

29 Max Fechner: »Bericht über die Erfahrung bei der Durchführung der neuen Justizgesetze, 2. 3. 1953«, SAPMO-BA, DY 30 IV 2/13/409.

30 Beschluß der II. Parteikonferenz der SED, a. a. O. (Anm. 8), S. 73.

31 »Über die Auswertung des Beschlusses des Zentralkomitees zu den ›Lehren aus dem Prozeß gegen das Verschwörerzentrum Slansky‹. Beschluß der 13. Tagung des ZK der SED, 14. 5. 1953«, in: *Dokumente der SED 1954*, S. 394–409, hier 395 f.

32 Ebd.

33 Benjamin, *Die Hauptaufgaben der Justiz*, S. 2.

34 Urteil des Kreisgerichtes Demmin gegen Franz Schlottmann, 24. 2. 1953, in: Fricke, *Politik und Justiz*, S. 270 ff.

35 Zentrale Kommission für staatliche Kontrolle (ZKK): »Wahrnehmungen über die Arbeit der Staatsanwaltschaft«, 12. 2. 1953, SAPMO-BA, DY 30 IV 2/13/409.

36 Ministerium des Innern (MdI) der DDR: Rundverfügung 4/53, in: Bundesministerium für gesamtdeutsche Fragen (Hg.), *Unrecht als System*, S. 159.

37 Benjamin, *Die Hauptaufgaben der Justiz*, S. 2.

38 Staatsanwalt des Kreises Zittau: Anklageschrift vom 24. 3. 1953, zit. nach Werkentin, *Politische Strafjustiz*, S. 85.

39 Kreisgericht Bützow: Urteil vom 1. 4. 1953, zit. nach ebd., S. 64.

40 Bezirksbehörde der VP Rostock, Einsatzleitung »Rose«: Abschlußbericht, 13. 3. 1953, zit. nach ebd., S. 61.

41 Generalstaatsanwalt der DDR: Abschlußbericht, 2. 5. 1953, SAPMO-BA, DY 30 IV 2/13/409, S. 21.

42 Kracht, *Pankow scharf pointiert*, S. 22.

43 *Laszlo Rajk und Komplizen vor dem Volksgericht*, S. 8.

44 Schreiben von Kurt Müller an Ministerpräsident Otto Grotewohl vom 31. 5. 1956, in: Otto, *Erich Mielke*, S. 557 ff., hier: 559.

45 Der Bericht ist auszugsweise dokumentiert in: Weber/Mählert, *Terror*, S. 465 f.

46 *Protokoll der Verhandlungen der II. Parteikonferenz der Sozialistischen Einheitspartei Deutschlands*, S. 130.

47 *Beschluß der II. Parteikonferenz der SED*, a. a. O. (Anm. 8), S. 77.

48 *Neues Deutschland* vom 22. 11. 1952.

49 *Neues Deutschland* vom 23. 11. 1952.

50 »Lehren aus dem Prozeß gegen das Verschwörerzentrum Slansky. Beschluß des ZK der SED vom 20. 12. 1952«, in: *Dokumente der SED 1954*, S. 199–219, hier 205 f. und 210.

51 *Neues Deutschland* vom 10. 2. 1953.

52 Stenographische Mitschrift von der erweiterten Politbürositzung der SED am 25. 3. 1953, zit. nach Weber, »Schauprozeß-Vorbereitungen«, S. 479.

53 »Über die Auswertung des Beschlusses des Zentralkomitees zu den ›Lehren aus dem Prozeß gegen das Verschwörerzentrum Slansky‹«, a. a. O. (Anm. 31), S. 404.

54 Ebd., S. 406.

55 Ministerium für Handel und Versorgung: Vertrauliche Verschlußsache, 3. 11. 1952, zit. nach Spittmann/Helwig, *DDR-Lesebuch*, S. 169 ff.

56 *Freiheit* vom 29. 5. 1953.

57 Heym, »Memorandum«, S. 202.

58 Heinrich Rau: Die Sicherung der Durchführung des Fünfjahrplanes und der Aufbau der nationalen Streitkräfte in der Deutschen Demokratischen Republik, SAPMO-BA, NY 4090/473, Bl. 29.

59 Leiter der Sowjetischen Kontrollkommission: Schreiben an das ZK der SED vom 13. 4. 1953, SAPMO-BA, NY 4090/473, Bl. 76.

60 *Neues Deutschland* vom 16. 4. 1953.

61 *Neues Deutschland* vom 10. 4. 1953.

62 Über die Erhöhung der Arbeitsproduktivität und die Durchführung strengster Sparsamkeit. Beschluß der 13. Tagung des ZK der SED, 14. 5. 1953, in: *Dokumente der SED 1954*, S. 410–414, hier 411 f.

63 Beschluß des Ministerrates der DDR vom 28. Mai 1953, in: Gesetzblatt der DDR Nr. 72 vom 2. Juni 1953, S. 781 ff.

64 Kommuniqué des Politbüros vom 9.6.1953, in: *Dokumente der SED 1954*, S. 428–431, hier 428.

65 Ministerrat der UdSSR: Beschluß über die Maßnahmen zur Gesundung der politischen Lage in der DDR, 2.6.1953, in: Stöckigt, »Ein Dokument«, S. 652.

66 Ebd.

67 Beschluß des Plenums des ZK der KPdSU über die verbrecherische partei- und staatsfeindliche Tätigkeit Berijas, 7.7.1953, in: Knoll/Kölm, *Der Fall Berija*, S. 327–341, hier 333 und 335.

68 Zit. nach Herrnstadt, *Das Herrnstadt-Dokument*, S. 161.

69 Ministerrat der UdSSR: Beschluß über die Maßnahmen zur Gesundung der politischen Lage in der DDR, a.a.O. (Anm. 65), S. 652.

70 Herrnstadt, *Das Herrnstadt-Dokument*, S. 59.

71 Ebd., S. 58 f.

72 Plenum des ZK der KPdSU, Juli 1953, Stenographischer Bericht, in: Knoll/Kölm, *Der Fall Berija*, S. 27–326, hier 67.

73 Aufzeichnungen Grotewohls vom 3.6.1953, SAPMO-BA, DY 30 J IV 2/2/286, Bl. 10–15.

74 Aufzeichnungen Fred Oelßners für die Sitzung des Politbüros der SED am 6. Juni 1953, SAPMO-BA, NY 4215/111, Bl. 9–20.

75 Protokoll Nr. 33/53 der Außerordentlichen Sitzung des Politbüros der SED vom 6.6.1953, in: Scherstjanoi, »»Wollen wir den Sozialismus?««, S. 668 f.

76 Aufzeichnungen Fred Oelßners für die Sitzung des Politbüros der SED am 6. Juni 1953, in: SAPMO-BA, NY 4215/111, Bl. 9–20.

77 Handschriftliche Aufzeichnungen Otto Grotewohls zu den Redebeiträgen auf der Sitzung des Politbüros am 6. Juni 1953, in: Scherstjanoi, a.a.O., (Anm. 75), S. 669 ff.

78 Friedrich Ebert: Diskussionsrede auf der außerordentlichen Sitzung des Politbüros des ZK der SED am 6.6.1953, in: ebd., S. 674–680, hier 679.

79 Herrnstadt, a.a.O. (Anm. 70), S. 63 f.

80 Protokoll Nr. 33/53 der Außerordentlichen Sitzung des Politbüros der SED vom 6.6.1953, SAPMO-BA, DY 30 J IV 2/2/287.

81 Herrnstadt, a.a.O., S. 74.

82 Kommuniqué des Politbüros vom 9.6.1953, in: *Dokumente der SED 1954*, S. 428–431, hier 428.

83 Zit. nach Stupperich, *Otto Dibelius*, S. 431.

84 Niederschrift über die 37. Ratssitzung der EKD, zit. nach Besier, *Der SED-Staat und die Kirche*, S. 131.

85 *Neues Deutschland* vom 12.6.1953.

86 Brandt, *Ein Traum*, S. 210.

DER AUFSTAND

1 MfS, Abt. IX: Vernehmungsprotokoll des Beschuldigten Pischel, Erwin, 19.6.1953, BStU, ZA, AU 542/53, Bd. II, Bl. 16–18, hier: 16.

2 »Über die Auswertung des Beschlusses des Zentralkomitees zu den ›Lehren aus dem Prozeß gegen das Verschwörerzentrum Slansky‹. Be-

schluß der 13. Tagung des ZK der SED, 14. 5. 1953«, in: *Dokumente der SED 1954*, S. 394–409, hier 395.

3   EKD: Brief an Ministerpräsident Otto Grotewohl, 25. 2. 1953, SAPMO-BA, NY 4090/455

4   Zit. nach *Potsdamer Neueste Nachrichten* vom 11. 2. 2003.

5   Urteil des Strafsenats I des Bezirksgerichtes Suhl, Sitz Meiningen, vom 23. 9. 1951, zit. nach Werkentin, *Politische Strafjustiz*, S. 79.

6   Bericht über die Lage nach dem Vorschlag des ZK vom 9. Juni 1953 in Gülpe, SAPMO-BA, DY 30 IV 2/5/525.

7   Bezirksbehörde Deutsche Volkspolizei Leipzig, Operativstab: Bericht vom 15. 6. 53, 08.00 Uhr bis 16. 6. 53, 08.00 Uhr, BStU, ASt. Leipzig, BVfS Leipzig, Leitung, 0004/06, Bl. 88–91, hier: 91.

8   *Freiheit* vom 29. 5. 1953.

9   *Neues Deutschland* vom 22. 4. 1953.

10  KL der SED Rathenow-Westhavelland: Bericht über die politische Lage des Kreises, 24. 4. 1953, SAPMO-BA, DY 30 IV 2/5/273, Bl. 31.

11  *Leipziger Volksstimme* vom 23. 5. 1953.

12  *Neues Deutschland* vom 3. 6. 1953.

13  LOPM: Analyse über die Vorbereitung, den Ausbruch und die Nieder-schlagung des faschistischen Abenteuers vom 16.–22. 6. 1953, 20. 7. 1953, SAPMO-BA DY 30 IV 2/202/15, S. 29.

14  LOPM: Tagesbericht Nr. 3, 12. 6. 1953, SAPMO-BA, DY 30 IV 2/5/524, Bl. 7.

15  BL der SED Magdeburg: Stimmungsbericht von Magdeburg, 12. 6. 1953, SAPMO-BA, DY 30 IV 2/5/526, Bl. 58.

16  KL der SED Seehausen: Telefonische Durchsage, o. D. (12. 6. 1953), SAPMO-BA, DY 30 IV 2/5/526.

17  LOPM: Tagesbericht Nr. 4, 12. 6. 1953, SAPMO-BA, DY 30 IV 2/5/524.

18  BL der SED Neubrandenburg: Bericht an das ZK der SED, Sektor Par-teiinformation, betr. Einschätzung der jetzigen Situation im Bezirk Neubrandenburg, 13. 6. 1953, SAPMO-BA, DY 30 IV 2/5/528.

19  BL der SED Schwerin: Bericht, 16. 6. 1953, SAPMO-BA, DY 30 IV 2/5/525.

20  BL der SED Neubrandenburg: Bericht, 16. 6. 1953, SAPMO-BA, DY 30 IV 2/5/525.

21  Ebd.

22  BL der SED Schwerin: Bericht, 16. 6. 1953, SAPMO-BA, DY 30 IV 2/5/525.

23  BL der SED Neubrandenburg: Bericht, 16. 6. 1953, a. a. O.

24  KL der SED Seehausen: Telefonische Durchsage, o. D. (12. 6. 1953), SAPMO-BA, DY 30 IV 2/5/526.

25  *Neues Deutschland* vom 14. 6. 1953.

26  Ebd.

27  Ebd.

28  LOPM: Tagesbericht Nr. 7, 16. 6. 1953, SAPMO-BA, DY 30 IV 2/5/524.

29  KL der SED Bitterfeld: Bericht, 16. 6. 1953, SAPMO-BA, DY 30 IV 2/5/526.

30  Abt. Agitation des ZK der SED: Bericht, 20. 6. 1953, SAPMO-BA, DY 30 IV 2/5/530.

31  Eisensee, »Funkstudio Stalinallee«, S. 277.
32  LOPM: Tagesbericht Nr. 8, 17. 6. 1953, SAPMO-BA, DY 30 IV 2/5/525.
33  Walter Ulbricht: Rede auf dem III. Parteitag, zit. nach Nicolaus/Obeth, *Die Stalinallee*, S. 66.
34  Gespräch mit Alfred Berlin, in: Beier, *Wir wollen freie Menschen sein*, S. 56.
35  Hildebrandt, *Der 17. Juni*, 1990, S. 25.
36  MfS, Abt. IX: Vernehmungsprotokoll des Beschuldigten Foth, 19. 6. 1953, BStU, ZA, AU 538/53, Bd. 2, Bl. 21–25, hier: 21 f.
37  Hildebrandt, a. a. O., S. 27.
38  Eisensee, »Funkstudio Stalinallee«, S. 238.
39  MfS, Abt. IX: Vernehmungsprotokoll des Beschuldigten Fettling, Max Bruno, 30. 6. 1953, BStU, ZA, AU 542/53, Bd. 1, Bl. 28–32, hier: 31.
40  MfS, Abt. IX: Vernehmungsprotokoll des Zeugen Uhlich, Martin, 3. 8. 1953, 30. 6. 1953, BStU, ZA, AU 542/53, Bd. 1, Bl. 86–88, hier: 87.
41  MfS, Abt. IX: Vernehmungsprotokoll des Beschuldigten Fettling, Max Bruno, 30. 6. 1953, BStU, ZA, AU 542/53, Bd. 1, Bl. 28–32, hier: 31 f.
42  Urteil des Stadtgerichts Berlin gegen Max Fettling u. a. vom 25. 5. 1954, zit. nach Fricke, »Juni-Aufstand und Justiz«, S. 80.
43  Baustelle Bettenhaus-Friedrichshain: Schreiben an Otto Grotewohl, 15. 6. 1953, SAPMO-BA, NY 4090/437.
44  MfS, Abt. IX: Vernehmungsprotokoll des Beschuldigten Fettling, 16. 7. 1953, BStU, ZA, AU 542/53, Bd. 1, Bl. 66–68, hier: 68.
45  MfS, Abt. IX: Vernehmungsprotokoll des Beschuldigten Foth, 19. 6. 1953, BStU, ZA, AU 538/53, Bd. 2, Bl. 21–25, hier: 23.
46  Urteil des Stadtgerichts Berlin gegen Max Fettling u. a. vom 25. 5. 1954, zit. nach Fricke, a. a. O. (Anm. 42), S. 80.
47  MfS: Bericht vom 2. 7. 1953, BStU, ZA, AU 542/53, Bd. 2, Bl. 164–166, hier: 166.
48  Ohne Autor, ohne Titel (Bericht über die Entstehung des Bauarbeiterstreiks in Ostberlin am 16. 6. 1953), 10. 7. 1953, BStU, ZA, AS 356/57, Bd. I, Bl. 43.
49  *Tribüne* vom 16. 6. 1953.
50  *Der Aufstand im Juni*, S. 14.
51  Hildebrandt, a. a. O. (Anm. 35), S. 27 f.
52  Gespräch mit Alfred Berlin, in: Beier, a. a. O. (Anm. 34), S. 57.
53  Gespräch mit Heinz Kliem, in: ebd., S. 65.
54  Gespräch mit Günter Sandrow, in: ebd., S. 69.
55  Gespräch mit Alfred Brun, in: ebd., S. 60 f.
56  Hildebrandt, a. a. O. (Anm. 35), S. 27 f.
57  Havemann, *Fragen, Antworten*, S. 110.
58  *Der Aufstand im Juni*, S. 15.
59  Brandt, *Ein Traum*, S. 232.
60  Operativstab des PdVP: Lagebericht Nr. 167, 16./17. Juni 1953, Polizeihistorische Sammlung des Polizeipräsidenten in Berlin, PdVP/Stab Operativ/Rapporte, 15.–30. 6. 1953, Bl. 51–58.
61  *Die Kleine Tribüne*, 3. Jg., Nr. 6, Juni 1953, zit. nach Beier, a. a. O., S. 42.
62  Brandt, *Ein Traum*, S. 232.
63  Gespräch mit Alfred Berlin, in: Beier, a. a. O. (Anm. 34), S. 58.
64  Gespräch mit Alfred Brun, in: ebd., S. 61.

65  Havemann, *Fragen, Antworten*, S. 110.
66  Brant/Bölling, *Der Aufstand*, S. 105 f.
67  Gespräch mit Alfred Berlin, in: Beier, a. a. O. (Anm. 34), S. 58.
68  Havemann, *Fragen, Antworten*, S. 111.
69  *Der Aufstand im Juni*, S. 16.
70  Havemann, a. a. O., S. 111.
71  Brandt, *Ein Traum*, S. 237.
72  Havemann, a. a. O., S. 111 f.
73  Gespräch mit Alfred Brun, in: Beier, a. a. O. (Anm. 34), S. 61.
74  Selbmann, *Acht Jahre und ein Tag*, S. 267.
75  Operativstab des PdVP: Lagebericht Nr. 167, 16./17. Juni 1953, Polizeihistorische Sammlung des Polizeipräsidenten in Berlin, PdVP/Stab Operativ/Rapporte, 15.–30. 6. 1953, Bl. 51–58.
76  Selbmann, a. a. O., S. 267. Vgl. Hildebrandt. a. a. O. (Anm. 35), S. 37 f.
77  MfS, Verwaltung Groß-Berlin, Abteilung III: Betr. Analyse über die Lage in Berlin, 18. 6. 1953, BStU, ZA, AS 204/58, Bl. 90 f.
78  Hildebrandt, a. a. O., S. 39 f. Ähnlich: *Der Aufstand im Juni*, S. 17.
79  *Neues Deutschland* vom 17. 6. 1953.
80  Gespräch mit Alfred Brun, in: Beier, a. a. O. (Anm. 34), S. 62.
81  Bericht Bauarbeiter Stalinallee, 17. 6. 1953; SAPMO-BA, DY 34 FDGB-BuVo Nr. 3646.
82  Gespräch mit Alfred Brun, in: Beier, a. a. O. (Anm. 34), S. 62.
83  *Der Aufstand im Juni*, S. 18.
84  *Spurensicherung*, S. 140 f.
85  Hildebrandt, a. a. O., S. 41. Brant/Bölling, a. a. O., S. 111. Bericht Bauarbeiter Stalinallee, 17. 6. 1953; SAPMO-BA, DY 34 FDGB-BuVo Nr. 3646.
86  Beier, a. a. O. (Anm. 34), S. 43.
87  Bericht Bauarbeiter Stalinallee, 17. 6. 1953; SAPMO-BA, DY 34 FDGB-BuVo Nr. 3646.
88  Schenk, *Im Vorzimmer der Diktatur*, S. 199.
89  Der neue Kurs und die Aufgaben der Partei. Entschließung der 15. Tagung des ZK der SED, 26. 7. 1953, in: *Dokumente der SED 1954*, S. 449–478, hier 452.
90  Diedrich, »Zwischen Arbeitererhebung und gescheiterter Revolution«, S. 299.
91  MfS, Verwaltung Groß-Berlin, Abteilung III: Betr. Analyse über die Lage in Berlin, 18. 6. 1953, BStU, ZA, AS 204/58, Bl. 90 f.
92  Hildebrandt, a. a. O. (Anm. 35), S. 48.
93  Ebd., S. 53.
94  RIAS-Hauptabteilung Politik, *Tätigkeitsbericht*, S. 3.
95  Bahr, *Zu meiner Zeit*, S. 28.
96  RIAS-Hauptabteilung Politik, *Tätigkeitsbericht*, S. 5.
97  Hildebrandt, a. a. O. (Anm. 35), S. 53.
98  Zit. nach ebd., S. 58.
99  Zit. nach ebd., S. 62 f.
100 *Neues Deutschland* vom 17. 6. 1953.
101 MfS, Abt. IX: Vernehmungsprotokoll des Beschuldigten Fettling, Max, 2. 7. 1953, BStU, ZA, AU 542/53, Bd. 1, Bl. 34–38, hier: 36.
102 VEB Industriebau, Baustelle Krankenhaus Friedrichshain: Schreiben

an den Landesvorstand der SED, 17.6.1953, BStU, ZA, AU 542/53, Bd. 2, Bl. 78.

103 Berger, S., *»Ich nehme das Urteil nicht an«*, S. 17 f.

104 Ohne Autor: Handschriftlicher Bericht vom 1.7.1953, BStU, ZA, AU 542/53, Bd. 1, Bl. 33.

105 Gespräch mit Günter Döhring, in: Beier, a. a. O., S. 72–76, hier: 73.

106 Schenk, a. a. O. (Anm. 88), S. 200.

107 Hildebrandt, a. a. O. (Anm. 35), S. 71.

108 Bezirksparteischule der SED Groß-Berlin: Bericht, 17.6.1953, SAPMO-BA, DY 30 IV2/12/1271.

109 Trunken vom Hauch der Freiheit, in: Beier, a. a. O. (Anm. 34), S. 135.

110 *Neues Deutschland* vom 16.6.1953.

111 Interview des RIAS mit dem stellvertretenden Ministerpräsidenten der DDR Otto Nuschke, in: Baring, *Der 17. Juni 1953*, S. 179–182, hier: 181.

112 Gespräch mit Heinz Kliem, in: Beier, a. a. O. (Anm. 34), S. 67.

113 Selbmann, a. a. O. (Anm. 74), S. 270. Vgl. Hagen, *DDR – Juni '53*, S. 71 f.

114 *»Aus dem Erinnerungsbericht des ehemaligen KVP-Angehörigen P. Lindig«*, Militärgeschichtliches Institut, Potsdam 1990, zit. nach Diedrich, *Der 17. Juni 1953 in der DDR*, S. 92 f.

115 W. S. Semjonow: Funktelegramm an W. A. Molotow und N. A. Bulganin, 17.6.1953, in: Beier, a. a. O. (Anm. 34), S. 109.

116 Berger, a. a. O. (Anm. 103), S. 19.

117 Beschluß der 15. ZK-Tagung, 24.–26. Juli 1953, Dokumente der SED, 1954, S. 453.

118 MfS-KD Döbeln: Schreiben an die BV Leipzig vom 15.7.1953, BStU, ASt. Leipzig, Leitung 00030/03, Bl. 23–26, hier 24.

119 Beschluß der 15. ZK-Tagung, 24.–26. Juli 1953, *Dokumente der SED 1954*, S. 474.

120 Baring, a. a. O. (Anm. 111), S. 69.

121 MfS: Information Nr. 1008a, 8.7.1953, BStU, ZA, AS 9/57, Bd. 3.

122 LOPM: Analyse über die Vorbereitung, den Ausbruch und die Niederschlagung des faschistischen Abenteuers vom 16.–22.6.1953, 20.7.1953, SAPMO-BA, DY 30 IV 2/202/15, S. 18.

123 MfS-BV Karl-Marx-Stadt, Abteilung VI: Bericht über die allgemeine Lage, 23.6.1953, BStU, ASt. Chemnitz, XX-300, Bl. 2–4, hier: 2.

124 BL der SED Karl-Marx-Stadt: Parteiaktivtagung vom 30.7.1953, zit. nach: Roth, *Der 17. Juni 1953 in Sachsen*, S. 322.

125 MfS-BV Karl-Marx-Stadt, Abteilung VI: Bericht über die allgemeine Lage, 23.6.1953, BStU, ASt. Chemnitz, XX-300, Bl. 2–4, hier: 2.

126 BL der SED Karl-Marx-Stadt: Bericht über die Lage im Bezirk vom 27.6.1953, zit. nach: Roth, a. a. O. (Anm. 124), S. 334 f.

127 MfS-BV Karl-Marx-Stadt, Einsatzleitung: Bericht vom 20.6.1953, BStU, ASt. Chemnitz, XX-300, Bl. 67 f.

128 BDVP Potsdam: Bericht über die Auswertung des volkspolizeilichen Einsatzes zur Niederschlagung der faschistischen Provokationen seit dem 16. Juni 1953 gemäß fernschriftlicher Anordnung – FS – Nr.: 581 vom 21. Juni 1953 der HVDVP, 28.6.1953, SAPMO-BA, DO 1–11/304.

129 Ebd.

130 Oelschläger, *»Ich glaube nichts mehr«*, S. 45.

131 Ebd.

132 Ebd.

133 BDVP Potsdam: Bericht über die Auswertung des volkspolizeilichen Einsatzes ..., a. a. O. (Anm. 128).

134 Hundhausen, *Der 17. Juni 1953*, S. 32.

135 Chef der Garnison Dresden: Befehl zur Verhängung des Ausnahmezustands vom 17. 6. 1953, in: Hagen, a. a. O. (Anm. 113), S. 139.

136 Sachsenwerk Niedersedlitz: Sinngemäße Wiedergabe der Hetzrede des Grothaus am 17. 6. 1953 zwischen 15.00 und 16.00 auf dem Werkhof im Sachsenwerk N. S., 19. 6. 1953, BStU, ASt. Dresden, AU 239/53, Bl. 18.

137 An den Chef der Inneren Truppen des Ministeriums des Innern in Deutschland, o. D., zit. nach Roth, a. a. O. (Anm. 124), S. 214.

138 An die Regierung der DDR, BStU, ASt. Dresden, AU 239/53, Bl. 141.

139 Einsatzleitung: Aktennotiz, 17. 6. 1953, BStU, ASt. Leipzig, Leitung 00240/03, Bl. 2.

140 Ebd.

141 VPKA Leipzig, Einsatzleitung: Ereignismeldungen vom 17. 6. 1953, zit. nach Roth, a. a. O. (Anm. 124), S. 113.

142 Mitteilungen, Teil 3, o. D. (17. 6. 1953), BStU, ASt. Leipzig, Leitung 00240/04, Bl. 36.

143 BL der SED Leipzig: Informationsbericht Nr. 118, 17. 6. 1953, BStU, ASt. Leipzig, Leitung 00240/04, Bl. 31.

144 Ebd.

145 BDVP Leipzig: Niederschrift über die Abteilungsleiterbesprechung am 15. 6. 1953, zit. nach Roth, a. a. O. (Anm. 124), S. 114.

146 *Frankfurter Allgemeine Zeitung* vom 21. 7. 1953.

147 Mitteilungen Teil 5, o. D. (17. 6. 1953), BStU, ASt. Leipzig, Leitung 00240/04, Bl. 42.

148 Mitteilungen Teil 3, o. D. (17. 6. 1953), BStU, ASt. Leipzig, Leitung 00240/04, Bl. 36–38, hier: 37.

149 Mitteilungen Teil 5, o. D. (17. 6. 1953), BStU, ASt. Leipzig, Leitung 00240/04, Bl. 43.

150 BDVP Leipzig: SSD-Fernschreiben vom 17. 6. 1953, 17.25 Uhr, zit. nach Roth, a. a. O. (Anm. 124), S. 179.

151 Analyse über den faschistischen Putschversuch am 17. 6. 53, 1. 7. 1959, BStU, ASt. Halle, BV Halle, AKG, Sachakten Nr. 1715, Bl. 1–38, hier 14.

152 Zit. nach Mitter/Wolle, *Untergang auf Raten*, S. 99.

153 Ebd.

154 Hildebrandt, *Der 17. Juni*, 1983, S. 148.

155 Analyse über den faschistischen Putschversuch am 17. 6. 53, 1. 7. 1959, BStU, ASt. Halle, BV Halle, AKG, Sachakten Nr. 1715, Bl. 1–38, hier 15.

156 Zit. nach Spittmann/Fricke, *17. Juni 1953*, 1988, S. 140.

157 Zit. nach Fricke, *17. Juni 1953*, S. 41.

158 Analyse über den faschistischen Putschversuch am 17. 6. 53, 1. 7. 1959, BStU, ASt. Halle, BV Halle, AKG, Sachakten Nr. 1715, Bl. 1–38, hier 16.

159 Zit. nach Hildebrandt, *Der 17. Juni*, 1983, S. 150.

160 Aus der Grabrede des 1. Sekretär der KL der SED, Gen. [Name ge-schwärzt] am 23.6. 1953, BStU, ASt. Magdeburg, Nr. 4, Abt. XIV, Bl. 4.

161 Beschluß des Stadtrates und Abbildung des Tischwimpels in: BStU, ASt. Magdeburg, Nr. 4, Abt. XIV, Bl. 6 und 10.

162 Analyse über den faschistischen Putsch am 17. und 18. Juni 1953 im Bezirk Magdeburg, o. D., BStU, ASt. Magdeburg, BV Magdeburg/Abt. IX, Nr. 9, Bl. 6–27, hier 35.

163 Ebd., Bl. 11.

164 MdI: Bericht o. D., SAPMO-BA, DY 30 IV 2/5/530, S. 4.

165 BDVP Potsdam: Bericht über die Auswertung des volkspolizeilichen Einsatzes zur Niederschlagung der faschistischen Provokationen seit dem 16. Juni 1953 gemäß fernschriftlicher Anordnung – FS – Nr.: 581 vom 21. Juni 1953 der HVDVP, 28.6. 1953, BLHA Bez. Pdm. Rep. 404/15, BdVP Potsdam.

166 G. Brettschneider: Erinnerungsbericht, 1990, zit. nach Diedrich, *Der 17. Juni 1953 in der DDR*, S. 106 f.

167 Ebd., S. 107.

168 Zit. nach Hagen, *DDR – Juni '53*, S. 115.

169 Abt. Personal – P 4 –: Bericht betr. Überfall auf die Dienststellen Jena, Bitterfeld, Merseburg, 26.6. 1953, SAPMO-BA, DY 30 IV 2/12/109, Bl. 1–6, hier 2.

170 Ebd., Bl. 3.

171 Ebd.

172 Analyse über den faschistischen Putschversuch am 17.6.53, 1.7.1959, BStU, ASt. Halle, BV Halle, AKG, Sachakten Nr. 1715, Bl. 1–38, hier 3.

173 Zit. nach Diedrich, a. a. O. (s. Anm. 166), S. 120.

174 Polizeibericht vom 1.7. 1973, zit. nach: *Der 17. Juni 1953 in Halle*, S. 7.

175 Johnson, *Jahrestage*, S. 1666.

176 Zit. nach: *Der 17. Juni 1953 in Halle*, S. 7.

177 *Mitteldeutsche Zeitung* vom 31.8. 2002.

178 Ebd.

179 *Neues Deutschland* vom 23.6. 1953.

180 BL der FDJ Halle: Nachruf, zit. nach: *Der 17. Juni 1953 in Halle*, S. 18.

181 Analyse über den faschistischen Putschversuch am 17.6.53, 1.7.1959, BStU, ASt. Halle, BV Halle, AKG, Sachakten Nr. 1715, Bl. 1–38, hier 4.

182 Polizeibericht vom 1.7. 1973, zit. nach: *Der 17. Juni 1953 in Halle*, S. 11.

183 Zit. nach Hagen, a. a. O. (Anm. 168), S. 156.

184 Analyse über den faschistischen Putschversuch am 17.6.53, 1.7.1959, BStU, ASt. Halle, BV Halle, AKG, Sachakten Nr. 1715, Bl. 1–38, hier 22.

185 Ebd.

186 Urteil des Bezirksgerichts Halle/Saale gegen Paul Othma u. a., 31. 10. 1953, in: Schmidt/Wagner, »… man muss doch mal …«, S. 54–70, hier: 58.

187 Zit. nach Hildebrandt, a. a. O. (Anm. 159), S. 123.

188 Zit. nach Schmidt/Wagner, a. a. O. (Anm. 186), S. 19.

189 Urteil des Bezirksgerichts Halle/Saale gegen Paul Othma u. a., 31. 10. 1953, in: ebd., S. 54–70, hier: 60.

190 Zit. nach ebd., S. 14.

191 Zit. nach Hildebrandt, a. a. O. (Anm. 159), S. 126.

192 Urteil des Bezirksgerichts Halle/Saale gegen Paul Othma u. a.,

31.10.1953, in: Schmidt/Wagner, a. a. O. (Anm. 186), S. 54–70, hier: 64.

193 BDVP Halle: Bericht über den Verlauf der faschistischen Provokation am 17.6.1953 im Bezirk Halle, 1.7.1953, SAPMO-BA, DO 1–11/305.

194 Paul Othma: Antrag auf Wiederaufnahme des Verfahrens vom 10.2.1959, dokumentiert in: Schmidt/Wagner, a. a. O., S. 75–79, hier: 78.

195 Urteil des Bezirksgerichts Halle/Saale gegen Paul Othma u. a., 31.10.1953, in: ebd., S. 54–70, hier: 64 f.

196 Streikkomitee des Kreises Bitterfeld: Telegramm an die Regierung der Deutschen Demokratischen Republik, 17.6.1953, faksimiliert in: ebd., S. 9.

197 Urteil des Bezirksgerichts Halle/Saale gegen Paul Othma u. a., 31.10.1953, in: ebd., S. 54–70, hier: 65.

198 W. S. Semjonow: Funktelegramm an W. A. Molotow und N. A. Bulganin, 17.6.1953, in: Beier, *Wir wollen freie Menschen sein*, S. 109.

199 ZK der SED: Analyse über die Vorbereitung, den Ausbruch und die Niederschlagung des faschistischen Abenteuers vom 16.–22.6.1953, SAPMO-BA, DY 30 IV 2/5/546, Bl. 10.

200 Der neue Kurs und die Aufgaben der Partei. Entschließung der 15. Tagung des ZK der SED, 26.7.1953, in: *Dokumente der SED 1954*, S. 449–478, hier 469.

201 BL der SED Dresden: Telefonische Durchsage vom ZK am 17.6.1953, zit. nach Roth, *Der 17. Juni 1953 in Sachsen*, S. 252.

202 BL der SED Dresden: Angelegenheit des Genossen Weichold, o. D., zit. nach ebd., S. 253.

203 Aussagen des Oberbürgermeisters Ehrlich zum 17.6.1953 vor dem MfS Görlitz vom 21.6.1953, BStU, ASt. Dresden, AU 285/53, Bd. 1, Bl. 24.

204 MfS-BV Dresden: Abschrift betr. sichergestellte Magnetophonbänder (Görlitz), 22.6.1953, zit. nach Roth, a. a. O. (Anm. 201), S. 260.

205 Ebd., S. 261.

206 Ebd., S. 262.

207 Ebd., S. 263.

208 Ebd., S. 265.

209 Ebd., S. 261 f.

210 Ebd., S. 263.

211 Ebd., S. 263 f.

212 Ebd., S. 263.

213 Selbmann, *Acht Jahre und ein Tag*, S. 271.

214 Aussagen des Oberbürgermeisters Ehrlich zum 17.6.1953 vor dem MfS Görlitz vom 21.6.1953, BStU, ASt. Dresden, AU 285/53, Bd. 1, Bl. 28.

215 Bericht über die Vorkommnisse am 17.6.1953 in den Kreisdienststellen Görlitz und Niesky, o. D., SAPMO-BA, DY 30 IV 2/12/109, Bl. 9.

216 Urteil des Bezirksgerichts Dresden gegen Carl-Albert Brüll, 12.8.1953, in: Fricke, »Juni-Aufstand und Justiz«, S. 78 f.

217 Ebd.

218 KL der SED Görlitz-Stadt: Bericht an die BPKK vom 14.12.1953, zit. nach Roth, a. a. O. (Anm. 201), S. 281.

219 MfS-BV Dresden: Abschrift betr. sichergestellte Magnetophonbänder (Görlitz), 22.6.1953, zit. nach Roth, a. a. O. (Anm. 201), S. 286.

220 Ebd., S. 287.
221 Brant/Bölling, *Der Aufstand*, S. 227.
222 Baring, *Der 17. Juni 1953*, S. 69.
223 Brant/Bölling, a. a. O. (Anm. 221), S. 248.
224 Bezirksvorstand der VdgB Cottbus: Bericht, o. D., SAPMO-BA, DY 30 IV 2/5/544.
225 Kreisvorstand der VdgB Jessen: Bericht, o. D., SAPMO-BA, DY 30 IV 2/5/544.
226 Situationsbericht über die Lage in Cottbus, 23. 6. 1953, SAPMO-BA, DY 30 IV 2/5/544.
227 Bericht über die Vorkommnisse am 17. 6. 1953 in den Kreisdienststellen Görlitz und Niesky, o. D., SAPMO-BA, DY 30 IV 2/12/109.
228 Bericht über die Lage auf dem Lande, o. D., SAPMO-BA, DY 30 IV 2/5/530.
229 Notiz über einen Anruf des Genossen Stadler, Potsdam, 17. 6. 1953, SAPMO-BA, NY 4090/437.
230 VdgB, Bezirksverband Rostock: Bericht, 18. 6. 1953, SAPMO-BA, DY 30 IV 2/5/544.
231 LOPM: Die Ausdehnung dieser feindlichen Aktionen auf das Gebiet der Republik, 24. 6. 1953, SAPMO-BA, DY 30 IV 2/5/546.
232 BL Gera, Fernschreiben Nr. 66, 25. 7. 1953, zit. nach Mitter, »»Am 17. 6. 1953 ...«<, S. 116 f.
233 Notiz über einen Anruf des Genossen Stadler, Potsdam, 17. 6. 1953, SAPMO-BA, NY 4090/437.
234 MfS-KD Borna: Analyse über die Schwerpunkte der Feindtätigkeit im Kreis Borna seit dem 17. Juni 1953, 29. 7. 1953, BStU ASt. Leipzig, BVfS Leipzig, Leitung 00019/02, Bl. 69–76, hier: 75.
235 VdgB-Kreisvorstand Jessen, o. D., zit. nach Mitter/Wolle, *Untergang auf Raten*, S. 101.
236 Bericht über die Vorkommnisse am 17. 6. 1953 in den Kreisdienststellen Görlitz und Niesky, o. D., SAPMO-BA, DY 30 IV 2/12/109.
237 MfS: Information Nr. 1022 betr. Stimmung der Bevölkerung, 24. 7. 1953, BStU, ZA, AS 9/57, Bd. 3.
238 LOPM: Informationsbericht, 15. 9. 1953, SAPMO-BA, DY 30 IV 2/5/563.
239 LOPM: Zusammenfassung der Berichte der Bezirksleitungen vom 5. 8. 1953, SAPMO-BA, DY 30 IV 2/5/563.
240 MfS: Information Nr. 1013a betr. Die evangelische Kirche in der DDR, 14. 7. 1953, BStU, ZA, AS 9/57, Bd. 3.
241 BL der SED Gera: Bericht an das ZK der SED, 22. 6. 1953, SAPMO-BA, DY 30 IV 2/14/31.
242 BL der SED Halle: Bericht über das Verhalten der Geistlichkeit und Kirchenleitungen während der Tage ab dem 16. 6. 1953, 22. 6. 1953, SAPMO-BA, DY 30 IV 2/14/31.
243 MfS: Information Nr. 1005a betr. Verhalten der Geistlichkeit der katholischen und evangelischen Kirche zu den Ereignissen am 17. und 18. Juni 1953, BStU, ZA, AS 9/57, Bd. 3b.
244 Ebd.
245 *Das Volk* vom, 7. 7. 1953.
246 Die lutherischen und unierten Kirchen in der DDR, 22. 6. 1953, SAPMO-BA, DY 30 IV 2/14/1.

247 Über das Verhalten der Kirchenleitungen, Pfarrer und Christen zu den Ereignissen vom 17. Juni 1953, 22. 6. 1953, SAPMO-BA, DY 30 IV 2/14/31.

248 Abtl. Staatl. Organe der BL der SED Dresden an das ZK, Abt. Staatliche Verwaltung: Fernschreiben vom 22. 6. 1953, zit. nach Besier, *Der SED-Staat und die Kirche*, S. 764 (Fußnote 511).

249 Staatsanwaltschaft des Bezirkes Dresden: Bericht über die Bearbeitung der Strafsachen gegen Provokateure, Agenten und Rädelsführer in Verbindung mit dem 17. Juni 1953, o. D., zit. nach Roth, a. a. O. (Anm. 201), S. 542 f.

250 Über das Verhalten der Kirchenleitungen, Pfarrer und Christen zu den Ereignissen vom 17. Juni 1953, 22. 6. 1953, SAPMO-BA, DY 30 IV 2/14/31.

251 Zit. nach Besier, a. a. O. (Anm. 248), S. 133.

252 Ebd.

253 BL der SED Halle: Bericht über das Verhalten der Kirchenleitungen, Pfarrer und Christen zu den Ereignissen vom 17. Juni 1953, 22. 6. 1953, SAPMO-BA, DY 30 IV 2/14/31.

254 BL der SED Frankfurt/Oder: Fernschreiben Nr. 67 an das ZK der SED, 23. 6. 1953, SAPMO-BA, DY 30 IV 2/14/31.

255 MfS: Information Nr. 1013a betr. Die evangelische Kirche in der DDR, 14. 7. 1953, BStU, ZA, AS 9/57, Bd. 3.

256 Der neue Kurs und die Aufgaben der Partei. Entschließung der 15. Tagung des ZK der SED, 26. 7. 1953, in: *Dokumente der SED 1954*, S. 449–478, hier 464.

257 BL der SED Halle: Bericht über das Verhalten der Geistlichkeit und Kirchenleitungen während der Tage ab dem 16. 6. 1953, 22. 6. 1953, SAPMO-BA, DY 30 IV 2/14/31.

258 Schreiben von Präses Dr. Kreyssig an den Hohen Kommissar der UdSSR in Berlin vom 22. 6. 1953, zit. nach Baron, »Die fünfte Kolonne?«, S. 329.

259 Schreiben der KKL im Gebiet der DDR an den Hohen Kommissar der UdSSR, 24. 6. 1953, zit. ebd., S. 329.

260 Propst Heinrich Grüber: Predigt »Habt acht auf eure Almosen«, 26. 7. 1953, SAPMO-BA, NY 4090/456.

261 Der neue Kurs und die Aufgaben der Partei. Entschließung der 15. Tagung des ZK der SED, 26. 7. 1953, in: *Dokumente der SED 1954*, S. 449–478, hier 463.

262 *Berliner Zeitung* vom 31. 7. 1953.

263 Analyse über den faschistischen Putschversuch am 17. 6. 53, 1. 7. 1959, BStU, ASt. Halle, BV Halle, AKG, Sachakten Nr. 1715, Bl. 1–38, hier 9.

264 Ebd., S. 10.

265 KL der SED Leipzig Land: Liste der Rädelsführer, welche dem MfS gemeldet wurden, 18. 6. 1953, BStU, ASt. Leipzig, Leitung 00240/01, Bl. 11–30, hier: 29.

266 Abt. Agitation: Ohne Titel, 20. 6. 1953, SAPMO-BA, DY 30 IV 2/5/530, Bl. 112.

267 Urteil des Stadtgerichts Berlin vom 28. 5. 1954 gegen Vinzelberg u. a., zit. nach Werkentin, *Politische Strafjustiz*, S. 164.

268 Zit. nach Mohr, »Der 17. Juni«, S. 88.

269 Ebd., S. 87.

270 *Neues Deutschland* vom 23. 6. 1953.

271 Völker, *Bertolt Brecht*, S. 149.

272 *Neues Deutschland* vom 20. 6. 1953.

273 Brecht, *Gesammelte Werke*, Bd. 10, S. 1009 f.

274 Stenographische Niederschrift der 15. Tagung des ZK der SED, 24.–26. 7. 1953, SAPMO-BA, DY 30 IV 2/1/120, Bl. 163.

275 Heym, »Memorandum«, S. 204.

276 *Neues Deutschland* vom 20. 6. 1953.

277 Ebd.'

278 Hans Mayer: Stellungnahme zu den Ereignissen am 17. Juni, SAPMO-BA, DY 30 IV 2/904/426.

279 *Neues Deutschland* vom 21. 6. 1953.

280 Heym, »Memorandum«, S. 207.

281 *Berliner Zeitung* vom 21. 6., 28. 6. 1953.

282 *Berliner Zeitung* vom 21. 6. 1953.

283 Heym, *Forschungsreise*, S. 56.

284 Heym, *Im Kopf – sauber*, S. 7.

285 Niekisch, *Erinnerungen*, S. 212 f.

286 Stenographisches Protokoll der Sitzung des Präsidialrates des Kulturbundes zur demokratischen Erneuerung Deutschlands am 3. 7. 1953, in: Heider/Thöns, *SED und Intellektuelle*, S. 25.

287 Ebd., S. 23 f.

288 *Neues Deutschland* vom 8. 7. 1953.

289 *Börsenblatt für den deutschen Buchhandel* vom 4. 7. 1953.

290 *Berliner Zeitung* vom 14. 7. 1953.

291 *Neues Deutschland* vom 19. 7. 1953.

292 Analyse über den faschistischen Putschversuch am 17. 6. 53, 1. 7. 1959, BStU, ASt. Halle, BV Halle, AKG, Sachakten Nr. 1715, Bl. 1–38, hier 31.

293 MfS-KD Döbeln: Schreiben an die BV Leipzig vom 15. 7. 1953, BStU, ASt. Leipzig, Leitung 00030/03, Bl. 23–26, hier 23 f.

294 LOPM: Zusammenfassung der Haupttendenzen, die sich aus den Berichten der Bezirksleitungen in den letzten 12 Stunden ergeben, 21. 6. 1953, SAPMO-BA, DY 30 IV 2/5/530.

295 Erich Mielke: Fernschreiben Nr. 693 694 695 an alle Bezirksverwaltungen, 23. 6. 1953, BStU, ASt. Leipzig, BVfS Leipzig, Leitung 00240/03, Bl. 30.

296 MfS: Tagesbericht, 24. 6. 1953, BStU, ZA, AS 9/57, Bd. 3.

297 *Neues Deutschland* vom 24. 6. 1953.

298 Kantorowicz, *Deutsches Tagebuch*, Bd. 2, S. 143 ff.

299 Herrnstadt, *Das Herrnstadt-Dokument*, S. 94.

300 MfS: Information Nr. 1023, 25. 7. 1953, BStU, ZA, AS 9/57, Bd. 3.

301 Strafverfahren von besonderer Bedeutung 30.11–5. 12. 53, zit. nach Werkentin, *Politische Strafjustiz*, S. 139.

302 MfS: Information Nr. 1023, 25. 7. 1953, BStU, ZA, AS 9/57, Bd. 3.

303 LOPM: Bericht, o. D., SAPMO-BA, DY 30 IV 2/5/556, S. 124.

304 Herrnstadt, a. a. O. (Anm. 299), S. 92 f.

305 *Neues Deutschland* vom 24. 6. und 26. 6. 1953.

306 Urteil des Stadtgerichts Berlin vom 7. 5. 1954 gegen Bremse u. a., zit. nach Werkentin, a. a. O. (Anm. 301), S. 140.

307  *Junge Welt* vom 25. 6. 1953.
308  *Märkische Volksstimme* vom 25. 6. 1953.
309  *Neues Deutschland* vom 2. 7. 1953.
310  Walter Ulbricht: Referat auf der 15. Tagung des ZK der SED, in: Spittmann/Fricke, *17. Juni 1953*, 1982, S. 195–199, hier: 198.
311  Bericht eines später geflüchteten Mitarbeiters des FDGB-Bundesvorstands vom 18. 7. 1953, zit. nach Ewers/Quest, »Die Kämpfe der Arbeiterschaft«, S. 38.
312  LOPM: Zusammenfassung der wichtigsten Probleme aus den Berichten der Bezirksleitung vom 1. 7. 1953, SAPMO-BA, DY 30 IV 2/5/560.
313  Walter Ulbricht: Referat auf der 15. Tagung des ZK der SED, in: Spittmann/Fricke, a. a. O. (Anm. 310), S. 195–199, hier: 198.
314  *Leipziger Volkszeitung* vom 30. 6. 1953.
315  *Leipziger Volkszeitung* vom 4. 7. 1953.
316  *Neues Deutschland* vom 28. 6. 1953.
317  Heym, *Im Kopf – sauber,* S. 26.
318  *Neues Deutschland* vom 28. 6. 1953.
319  *Leipziger Volkszeitung* vom 21. 7. 1953.
320  Eigenbericht des Gesamtdeutschen Instituts (EB 16581 vom 20. 8. 1953), zit. nach Ewers/Quest, a. a. O. (Anm. 311), S. 43.
321  MfS: Tagesbericht, 27. 6. 1953, BStU, ZA, AS 9/57, Bd. 3.
322  *Freiheit* vom 1. 7. 1953.
323  *Freiheit* vom 24. 7. 1953.
324  LOPM: Lage in den Bezirken, Stand: 20. 6. 1953, SAPMO-BA, DY 30 IV 2/5/530, Bl. 70.
325  Justizverwaltungsstelle Bezirk Gera, 4. 7. 1953, zit. nach Werkentin, a. a. O. (Anm. 301), S. 127.
326  Erklärung für die Freilassung des Streikführers Paul Othma, 22. 7. 1953, dokumentiert in: Schmidt/Wagner, »*... man muss doch mal ...*«, S. 54–70, hier: 25.
327  *Neues Deutschland* vom 28. 6. 1953.
328  *Freiheit* vom 1. 7. 1953.
329  *Sächsische Zeitung* vom 4. 7. 1953.
330  MfS: Information Nr. 1021, 23. 7. 1953, BStU, ZA, AS 9/57, Bd. 3.
331  LOPM: Kurze Gesamteinschätzung der feindlichen Aktionen vom 16.–22. Juni 1953, SAPMO-BA, DY 30 IV 2/202/15, S. 1.

Die Niederschlagung

1  Telephonogram from Vladimir Semyonov and Marshal Vasilii Sokolovskij to Vyacheslav Molotov and Nikolai Bulganin Reporting on the Situation in EASt. Berlin, 17. 6. 1953, in: Ostermann, *Uprising*, S. 200 f.
2  Honecker, *Aus meinem Leben,* S. 185.
3  Baring, *Der 17. Juni 1953,* S. 91.
4  Brandt, *Ein Traum,* S. 227.
5  LOPM: Analyse über die Vorbereitung, den Ausbruch und die Niederschlagung des faschistischen Abenteuers vom 16.–22. 6. 1953, 20. 7. 1953, SAPMO-BA, DY 30 IV 2/5/546, S. 2.

6 Geheimbericht an Chruschtschow in Moskau, in: Beier, *Wir wollen freie Menschen sein*, S. 168.

7 Heym, »Memorandum«, S. 205.

8 Brandt, *Ein Traum*, S. 230 f.

9 Ebd., S. 231.

10 Ebd., S. 235.

11 Erklärung des Politbüros der SED zur Normenfrage, 16. 6. 1953, in: *Dokumente der SED 1954*, S. 432 f.

12 Havemann, *Fragen, Antworten*, S. 113 f.

13 LOPM: Analyse über die Vorbereitung, den Ausbruch und die Niederschlagung des faschistischen Abenteuers vom 16.–22. 6. 1953, 20. 7. 1953, SAPMO-BA, DY 30 IV 2/5/546, S. 42.

14 Lippmann, *Honecker*, S. 158.

15 Schenk, *Im Vorzimmer der Diktatur*, S. 197 f.

16 Ebd., S. 197 f.

17 Brandt, a. a. O. (Anm. 8), 238 f.

18 Selbmann, *Acht Jahre und ein Tag*, S. 268.

19 *Neues Deutschland* vom 18. 6. 1953.

20 Walter Ulbricht: Rede auf der Parteiaktivtagung Groß-Berlin am 16. 6. 1953 im Friedrichstadt-Palast, SAPMO-BA, NY 4182/425.

21 Ebd.

22 Walter Ulbricht: Rede auf der Parteiaktivtagung Groß-Berlin am 16. 6. 1953 im Friedrichstadt-Palast, zit. nach Hagen, *DDR – Juni '53*, S. 55.

23 Report from Vasilii Sokolovski, Vladimit Semyonov, and Pavel Yudin »On the Events of 17–19 June 1953 in Berlin and the GDR and Certain Conclusions from These Events«, 24. 6. 1953, in: Ostermann, a. a. O. (Anm. 1), S. 257–284, hier 261.

24 Schenk, a. a. O. (Anm. 15), S. 201.

25 Brandt, a. a. O. (Anm. 8), S. 233.

26 Analyse über den faschistischen Putschversuch am 17. 6. 53, 1. 7. 1959, BStU, ASt. Halle, BV Halle, AKG, Sachakten Nr. 1715, Bl. 1–38, hier 31.

27 LOMP: Analyse über die Vorbereitung, den Ausbruch und die Niederschlagung des faschistischen Abenteuers vom 16.–22. 6. 1953, 20. 7. 1953, SAPMO-BA, DY 30 J IV 2/202/15, S. 42 ff.

28 Der neue Kurs und die Aufgaben der Partei. Entschließung der 15. Tagung des ZK der SED, 26. 7. 1953, in: *Dokumente der SED 1954*, S. 449–478, hier 469.

29 Ebd.

30 Borkowski, *Für jeden kommt der Tag ...*, S. 425 f.

31 Bogomolow, *Ohne Protokoll*, S. 55.

32 Herrnstadt, *Das Herrnstadt-Dokument*, S. 85.

33 Ebd., S. 83.

34 Ebd.

35 RIAS-Tonarchiv, Mitschnitt vom 17. 6. 1953, zit. nach Mitter/Wolle, *Untergang auf Raten*, S. 105 f.

36 Hermann Axen: Maßnahmen des Sekretariats am 18. 6. 1953, 5 Uhr früh, SAPMO-BA, NY 4090/437.

37 *Neues Deutschland* vom 18. 6. 1953.

38 Ebd.

39  *Der Spiegel* Nr. 28 vom 9. 7. 1952, S. 9.
40  *Neues Deutschland* vom 19. 6. 1953.
41  Herrnstadt, a. a. O. (Anm. 32), S. 85.
42  *Neues Deutschland* vom 19. 6. 1953.
43  Stenografische Niederschrift der 14. Tagung des Zentralkomitees der SED am 21. 6. 1953, SAPMO-BA, DY 30 IV 2/1/117.
44  Über die Lage und die unmittelbaren Aufgaben der Partei. Beschluß der 14. Tagung des ZK der SED, 21. 6. 1953, in: *Dokumente der SED 1954*, S. 436–445, hier 438.
45  Ebd., S. 439.
46  Ebd., S. 441.
47  Herrnstadt, a. a. O. (Anm. 32), S. 94.
48  Report from KGB resident in Berlin Col. Ivan Fadeikin to Marshal Vasilii Sokolovskii, 19. 6. 1953, in: Ostermann, a. a. O., S. 232–235, hier 233.
49  Iwan Fadeikin: Funktelegramm an MWD Moskau, 17. 6. 1953, 12.25 Uhr, zit. nach Bailey/Kondraschow/Murphy, *Die unsichtbare Front*, S. 215.
50  Brandt, a. a. O. (Anm. 8), S. 230.
51  Ebd., S. 238.
52  Ebd.
53  Bericht über die Vorkommnisse am 17. 6. 1953 in den Kreisdienststellen Görlitz und Niesky, o. D., SAPMO-BA, DY 30 IV 2/12/109.
54  Situation Report from Vladimir Semyonov and Andrei Grechko to Vyacheslav Molotov and Nikolai Bulganin, 17. 6. 1953, in: Ostermann, a. a. O. (Anm. 1), S. 181 f.
55  Ebd.
56  Erinnerungen Heinrich Fomferra, SAPMO-BA, SgY 30 1275/1, Bl. 160.
57  Borkowski, a. a. O. (Anm. 30), S. 425.
58  Analyse über den faschistischen Putschversuch am 17. 6. 53, 1. 7. 1959, BStU, ASt. Halle, BV Halle, AKG, Sachakten Nr. 1715, Bl. 1–38, hier 34.
59  BDVP Halle: Polit. Bericht über die Dienstdurchführung sowie besondere Vorkommnisse in der Zeit vom 17.–20. 6. 53, 20. 6. 1953, SAPMO-BA, DO 1–11/305.
60  G. Brettschneider: Erinnerungsbericht, 1990, zit. nach Diedrich, *Der 17. Juni 1953*, S. 107.
61  Stenographische Niederschrift der 15. Tagung des ZK der SED vom 24.–26. Juli 1953, SAPMO-BA, DY 30 IV 2/1/119, Bl. 102.
62  Gespräch mit Gen. Kanngießer, o. D., BStU, ZA, HA II 18677, Bl. 3–5.
63  Ebd.
64  Ebd.
65  MfS-KD Rathenow: Vernehmungsprotokoll, 19. 6. 1953, BStU, ASt. Potsdam, AU 271/53, Bl. 61–67, hier 65.
66  Zit. nach Diedrich, a. a. O. (Anm. 60), S. 121.
67  Zit. nach ebd., S. 118.
68  Aus dem Erinnerungsbericht des ehemaligen KVP-Angehörigen K.-H. Drews, 1990, zit. nach ebd., S. 89 f.
69  Ebd., S. 92.
70  Zit. nach ebd., S. 166.
71  Zit. nach Mitter, »Die Ereignisse im Juni ...«, S. 32.
72  Situation report from Andrei Grechko and A. Tarasov to Nikolai Bulganin, 17 June 1953, in: Ostermann, a. a. O. (Anm. 1), S. 190 f.

73  Situation report from Vladimir Semyonov and Andrei Grechko to Vyacheslav Molotov and Nikolai Bulganin, 17 June 1953, in: ebd., S. 181 f.

74  Report from Vasilii Sokolovski, Vladimir Semyonov, and Pavel Yudin »On the Events of 17–19 June 1953 in Berlin and the GDR and Certain Conclusions from These Events«, 24. 6. 1953, in: ebd., S. 257–284, hier 260.

75  Situation report from Vladimir Semyonov and Andrei Grechko to Vyacheslav Molotov and Nikolai Bulganin, 17 June 1953, in: ebd., S. 183 f.

76  Herrnstadt, a. a. O. (Anm. 32), S. 84.

77  Wladimir Semjonow: Geheimes Funktelegramm nach Moskau, 17. 6. 1953, in: Beier, *Wir wollen freie Menschen sein*, S. 109.

78  Semjonow, *Von Stalin bis Gorbatschow*, S. 296.

79  Wladimir Semjonow: Geheimes Funktelegramm nach Moskau, 17. 6. 1953, in: Beier, a. a. O. (Anm. 77), S. 109.

80  Situation report from Andrei Grechko and A. Tarasov to Nikolai Bulganin, 17 June 1953, in: Ostermann, a. a. O. (Anm. 1), S. 190 f.

81  Die Akten enthalten teilweise unterschiedliche Schreibweisen der Namen und Altersangaben.

82  Situation report from Andrei Grechko and A. Tarasov to Nikolai Bulganin, 17 June 1953, in: Ostermann, a. a. O. (Anm. 1), S. 196 f.

83  Situation report from Marshal Vasilii Sokolovskii and Marshal Leonid Govorov to Nikolai Bulganin, 17 June 1953, in: ebd., S. 208 f.

84  Telegramm des britischen Stadtkommandanten an das Außenministerium in London, 19. 6. 1953, in: Beier, a. a. O. (Anm. 77), S. 129 f.

85  LOPM: Analyse über die Vorbereitung, den Ausbruch und die Niederschlagung des faschistischen Abenteuers vom 16.–22. 6. 1953, 20. 7. 1953, SAPMO-BA, DY 30 J 2/202/15, S. 1 und 4.

86  *Neues Deutschland* vom 30. 6. 1953.

87  Zit. nach Fricke, »Juni-Aufstand und Justiz«, S. 72.

88  Bekanntmachung des Militärkommandanten von Groß-Berlin, 19. 6. 1953, in: Diedrich, *Der 17. Juni 1953*, S. 244 f. Eine Kurzfassung erschien auch im *Neuen Deutschland* vom 19. 6. 1953.

89  Report from KGB resident in Berlin Col. Ivan Fadeikin to Marshal Vasilii Sokolovskii, 19. 6. 1953, in Ostermann, a. a. O. (Anm. 1), S. 232–235, hier 234.

90  Chefinspektor der Polizei Paulsen u. a.: Erklärung vom 18. 6. 1953, Archiv Gedenkstätte Moritzplatz Magdeburg.

91  Protokoll der Hauptverhandlung gegen Herbert Strauch, 18. 6. 1953, Archiv Gedenkstätte Moritzplatz Magdeburg.

92  Militärtribunal der Truppeneinheit 92401: Urteil gegen Herbert Stauch, 18. 6. 1953, Archiv Gedenkstätte Moritzplatz Magdeburg.

93  Abteilungsleiter der fünften Abteilung des Obersten Staatsgerichtes: Schlußurteil im Falle Stauch, H., 14. 3. 1996, Archiv Gedenkstätte Moritzplatz Magdeburg.

94  Berger, S. »*Ich nehme das Urteil nicht an*«, S. 26–29.

95  MfS: Bericht über die Ereignisse in Berlin und in der Republik am 17. Juni 1953 bis 19.30 Uhr, BStU, ZA, SdM 249, Bl. 261–275, hier 275.

96  MfS, Abt. VII: Gesamtbericht der Abteilung VII über den Einsatz am 16. und 17. Juni 1953, 18. 6. 1953, BStU, ZA, SdM 249, Bl. 91–94, hier 94.

97 MfS, Wachregiment Berlin, PK-Abteilung, Referat Schulung: Bericht über die Stimmung der Einheiten des Wachregiments beim Einsatz, 21.6.1953, Bl. 73–79.

98 MfS: Fernschreiben Nr. 529, 18.6.1953, BStU, ZA, Rep. 2 Nr. 395, Bl. 132.

99 Erich Mielke: Fernschreiben Nr. 538/539/540 an alle Bezirksverwaltungen, 19.6.1953, BStU, ASt. Leipzig, BVfS Leipzig, Leitung 00240/03, Bl. 13.

100 Stellvertreter des Chefs der DVP: Anweisung vom 19.6.1953, zit. nach Diedrich, a.a.O. (Anm. 88), S. 183.

101 Gespräch mit Günter Döhring, in: Beier, a.a.O. (Anm. 77), S. 72–76, hier: 74.

102 Handschriftlicher Bericht vom 1.7.1953, BStU, ZA, AU 542/53, Bd. 1, Bl. 33.

103 Beschluß des Ministerrates der Deutschen Demokratischen Republik vom 25.6.1953, BStU, ZA, BdL/Dok 000180, Bl. 3.

104 ZK der SED: Fernschreiben Nr. 228, 22.6.1953, zit. nach Roth, *Der 17. Juni in Sachsen*, S. 513.

105 MfS, Abt. IX: An alle Leiter der Bezirksverwaltungen, 23.6.1953, BStU, ZA, AS 356/57, Bd. 1, Bl. 58–62.

106 MfS-BV für Staatssicherheit Karl-Marx-Stadt: Analyse der Abteilung IX vom 25.6.1953, BStU, ASt. Chemnitz, XX-301, Bl. 70.

107 MfS-KD Delitzsch: Schreiben an die BV Leipzig vom 9.9.1953, BStU, ASt. Leipzig, BVfS Leipzig, Leitung 00019/02, Bl. 15–17, hier: 15 f.

108 Politbüro des ZK der SED: Beschluß vom 23.9.1953, in: Fricke/Engelmann, *»Konzentrierte Schläge«*, S. 249–254, hier 249 und 252.

109 Ernst Wollweber: Referat auf der zentralen Dienstkonferenz im Staatssekretariat für Staatssicherheit, 11./12.11.1953, in: ebd., S. 272–283, hier 274.

110 Fricke, »Juni-Aufstand und Justiz«, S. 82.

111 Urteil des Obersten Gerichts vom 14.6.1954 gegen Dr. Werner Silgradt u.a., in: ebd., S. 82 f.

112 Politbüro der SED: Beschluß, 20.6.1953, SAPMO-BA, DY 30 J 2/2/291.

113 Operativstab: Telefonische Anweisung an die Direktoren der Bezirksgerichte, 20.6.1953, zit. nach Werkentin, *Politische Strafjustiz*, S. 124.

114 Über die Lage und die unmittelbaren Aufgaben der Partei. Beschluß der 14. Tagung des ZK der SED, 21.6.1953, in: *Dokumente der SED 1954*, S. 436–445, hier 441.

115 »Direktive«, handschriftlich, 21.6.1953, zit. nach Werkentin, a.a.O. (Anm. 113), S. 125.

116 *Neues Deutschland* vom 30.6.1953.

117 *Neues Deutschland* vom 2.7.1953.

118 Herrnstadt, a.a.O. (Anm. 32), S. 145 ff.

119 Protokoll des Politbüros der SED, 14.7.1953, SAPMO-BA, DY 30 J IV 2/2/305.

120 Urteil des Obersten Gerichts gegen Max Fechner, 24.5.1955, zit. nach Fricke, »Zur Geschichte …«, S. 71 f.

121 *Neues Deutschland* vom 24.6.1953.

122 Bisheriges Ermittlungsergebnis, 7.4.1951, BStU, ASt. Halle, AU 253/54, Bd. 7, Bl. 41.

123 Schreiben vom 1.8.1953, BStU, ASt. Halle, AU 253/54, Bd. 9, Bl. 21.

124 Hermlin, »Die Kommandeuse«, S. 201 und 205.

125 Der Staatsanwalt des Bezirkes Magdeburg: Anklageschrift gegen Ernst Jennrich, 5.8.1953, in: Puhle, *Magdeburg 17. Juni 1953*, S. 90–96, hier: 90.

126 Ebd., S. 96.

127 Urteil des Bezirksgerichts Magdeburg gegen Ernst Jennrich, 25.8.1953, in: ebd., S. 99–107, hier 105.

128 Beschluß des Obersten Gerichts der DDR über die Aufhebung des Urteils gegen Ernst Jennrich, 11.9.1953, in: ebd., S. 111–116, hier 114.

129 Urteil des Bezirksgerichts Dresden gegen Lothar Markwirth u. a., 18.7.1953, in: Fricke, »Juni-Aufstand und Justiz«, S. 77.

130 Urteil des Bezirksgerichts Dresden gegen Wilhelm Grothaus und andere, 23.7.1953, zit. nach Roth, a. a. O. (Anm. 104), S. 540.

131 Unterleutnant Parade: Bericht, 19.6.1953, BStU, ZA, AU 542/53, Bd. 2, Bl. 74–76. Dort auch die folgenden Zitate.

132 Leiter des Untersuchungsorgans: Verfügung über die Einleitung eines Untersuchungsverfahrens, 9.7.1953, BStU, ZA, AU 542/53, Bd. 1, Bl. 5.

133 Unterleutnant Parade: Bericht, 19.6.1953, BStU, ZA, AU 542/53, Bd. 2, Bl. 74–76, hier 75.

134 Ohne Autor [Zelleninformator]: Bericht, 22.6.1953, BStU, ZA, AU 542/53, Bd. 1, Bl. 17–19, hier: 17.

135 Ebd., S. 19.

136 Vernehmungsprotokoll des Beschuldigten Fettling, Max, 22.6.1953, BStU, ZA, AU 542/53, Bd. 1, Bl. 20–22, hier: 20.

137 Ebd., Bl. 20–22.

138 Vernehmungsprotokoll des Beschuldigten Fettling, Max, 23.6.1953, BStU, ZA, AU 542/53, Bd. 1, Bl. 41 f.

139 Vernehmungsprotokoll des Beschuldigten Fettling, Max, 7.7.1953, BStU, ZA, AU 542/53, Bd. 1, Bl. 39.

140 Vernehmungsprotokoll des Beschuldigten Fettling, Max, 9.7.1953, BStU, ZA, AU 542/53, Bd. 1, Bl. 40.

141 Schlußbericht, 11.8.1953, BStU, MfS, IIA IX 5003, Bl. 43–63, hier 44.

142 Ohne Autor [Zelleninformator]: Handschriftlicher Bericht vom 5.8.1953, BStU, ZA, AU 542/53, Bd. 1, Bl. 89–91, hier: 91.

143 Urteil des Stadtgerichts Berlin gegen Max Fettling u. a., 26.5.1954, in Fricke, »Juni-Aufstand und Justiz«, S. 81 f.

144 Otto Grotewohl: Handschriftliche Aufzeichnungen von der Politbürositzung der SED am 8.7.1953, SAPMO-BA, DY 30 J IV 2/2/303, Bl. 2–5.

145 Brandt, *Ein Traum*, S. 210.

146 Ebd., S. 211.

147 Schreiben des ZK der KPdSU an das ZK der SED, 23.6.1953, SAPMO-BA, DY 30 J IV 2/2/295.

148 Vermerk über die Vorschläge der Genossen Sokolowski, Semjonow und Judin im Zusammenhang mit der in der DDR entstandenen Lage, 24.6.1953, in: *Deutschland Archiv* 1/2000, S. 45–49, hier 47.

149 Herrnstadt, *Das Herrnstadt-Dokument*, S. 109.

150 Report from Vasilii Sokolovski, Vladimir Semyonov, and Pavel Yudin »On the Events of 17–19 June 1953 in Berlin and the GDR and Certain Conclusions from These Events«, 24.6.1953, in: Ostermann, a. a. O. (Anm. 1), S. 257–284, hier 275.

151 Herrnstadt, a. a. O. (Anm. 149), S. 106.
152 Ebd.
153 Ebd.
154 Plenum des ZK der KPdSU, Juli 1953, Stenographischer Bericht, in: Knoll/Kölm, *Der Fall Berija*, S. 27–326, hier 66.
155 Herrnstadt, a. a. O. (Anm. 149), S. 261.
156 Ebd., S. 262.
157 Ebd., S. 98.
158 Report from Vasilii Sokolovski, Vladimir Semyonov, and Pavel Yudin »On the Events of 17–19 June 1953 in Berlin and the GDR and Certain Conclusions from These Events«, 24.6. 1953, in: Ostermann, a. a. O. (Anm. 1), S. 257–284, hier 276.
159 *Neues Deutschland* vom 7. 7. 1953.
160 Herrnstadt a. a. O. (Anm. 149), S. 120.
161 Ebd., S. 124.
162 Otto Grotewohl: Handschriftliche Aufzeichnungen von der Politbürositzung der SED am 8. 7. 1953, SAPMO-BA, DY 30 J IV 2/2/303, Bl. 2–5.
163 Herrnstadt, a. a. O. (Anm. 149), S. 127 ff.
164 Otto Grotewohl: Handschriftliche Aufzeichnungen von der Politbürositzung der SED am 8. 7. 1953, SAPMO-BA, DY 30 J IV 2/2/303, Bl. 2–5.
165 Herrnstadt, a. a. O. (Anm. 149), S. 131.
166 Ebd.
167 Otto Grotewohl: Handschriftliche Aufzeichnungen von den Besprechungen in Moskau am 9. 7. 1953, SAPMO-BA, DY 30 J IV 2/2/304, Bl. 5–11.
168 Herrnstadt, a. a. O. (Anm. 149), S. 140.
169 Ebd., S. 152.
170 Ebd., S. 153.
171 Diskussion über Entschließung im Politbüro am 18. Juli 53, SAPMO-BA, NY 4215/111.
172 Walter Ulbricht: Referat auf der 15. Tagung des ZK der SED, in: Spittmann/Fricke, *17. Juni 1953*, S. 195–199, hier: 195 f.
173 Ebd., S. 196 f.
174 Herrnstadt, a. a. O. (Anm. 149), S. 161.
175 Ebd., S. 257 ff.
176 Der neue Kurs und die Aufgaben der Partei. Entschließung der 15. Tagung des ZK der SED, 26. 7. 1953, in: *Dokumente der SED 1954*, S. 449–478, hier 471.
177 Herrnstadt, a. a. O. (Anm. 149), S. 173.
178 Rudolf Herrnstadt: Schreiben an Hermann Matern, 31. 8. 1953, BStU, ZA, SdM 879.
179 Herrnstadt, a. a. O. (Anm. 149), S. 186.
180 Ebd., S. 259 f.
181 Hildebrandt, *Der 17. Juni*, 1990, S. 51.
182 Cable from Cecil Lyon to U. S. Department of State Relaying Minutes of the First Meeting of the Western Military Commandants in Berlin, 17 June 1953, in: Ostermann, a. a. O. (Anm. 1), S. 194 f.
183 Polizeiinspektion Tiergarten: Bericht an die britische Militärregierung, 25. 6. 1953, in: Rexin, *Diesseits des Potsdamer Platzes*, S. 44–49, hier 48.

184 Telegramm von Wahnerheide an das Außenministerium in London, 22.6.1953, in: Beier, *Wir wollen freie Menschen sein*, S. 161 f.

185 Telegramm des britischen Stadtkommandanten an das Außenministerium in London, 18.6.1953, 17.03 Uhr, in: ebd., S. 122.

186 Telegramm des britischen Stadtkommandanten an das Außenministerium in London, 18.6.1953, 12.23 Uhr, in: ebd., S. 121 f.

187 Cable from Cecil Lyon to the State Department Reporting on Afternoon Meeting of the Western Military Commandants, 17 June 1953, in: Ostermann, a. a. O. (Anm. 1), S. 198 f.

188 Telegramm des britischen Stadtkommandanten an das Außenministerium in London, 18.6.1953, in: Beier, a. a. O. (Anm. 184), S. 127.

189 Zit. nach Larres, »Großbritannien«, S. 172.

190 Winston Churchill: Persönliche Mitteilung an Sir William Strang, 19.6.1953, in: Beier, a. a. O. (Anm. 184), S. 136 f.

191 Winston Churchill: Persönlich vom Premierminister an Mr. Ward, 22.6.1953, in: ebd., S. 155 f.

192 Winston Churchill: Telegramm an den britischen Stadtkommandanten in Berlin, General Colemann, 22.6.1953, in: ebd., S. 156.

193 Protestnote der drei Westberliner Stadtkommandanten, in: ebd., S. 136.

194 Egon Bahr: Abendkommentar im RIAS, 18.6.1953, in: Rexin, a. a. O. (Anm. 183), S. 88–92.

195 Ernst Reuter: Rundfunkansprache im RIAS, 18.6.1953, in: Beier, a. a. O. (Anm. 184), S. 123–127.

196 Konrad Adenauer: Telegramm vom 21.6.1953, in: Weber/Jahn, *Synopse zur Deutschlandpolitik*, S. 167.

197 Zit. nach Schwarz, *Adenauer*, S. 84.

198 Minute from Selwyn Llloyd to Winston Churchill, 22.6.1953, in: Ostermann, a. a. O. (Anm. 1), S. 252 ff.

199 Telegramm von Wahnerheide an das Außenministerium in London, 22.6.1953, in: Beier, a. a. O. (Anm. 184), S. 161 f.

200 Winston Churchill: Schreiben an Bundeskanzler Adenauer, 24.6.1953, in: ebd., S. 173.

201 Interview mit Gordon Ewing, zit. nach Hildebrandt, *Der 17. Juni*, 1983, S. 60.

202 Psychological Strategy Board Memorandum from John M. Anspacher to George A. Morgan, 17 June 1953, in: Ostermann, a. a. O. (Anm. 1), S. 210 ff.

203 Minutes of Diskussion at the 150th Meeting of the National Security Council on 18 June 1953, 19.6.1953, in: Ostermann, a. a. O. (Anm. 1), S. 225–231, die folgenden Zitate ebd.

204 John C. Ausland: Schreiben an Brewster Morris, 17.10.1953, zit. nach Ostermann, »»Die beste Chance für ein Rollback‹?«, S. 139.

205 Vermerk über die Vorschläge der Genossen Sokolowski, Semjonow und Judin im Zusammenhang mit der in der DDR entstandenen Lage, 24.6.1953, in: *Deutschland Archiv* 1/2000, S. 45–49, hier 45.

206 Ebd., S. 46.

207 Ebd.

208 Ebd., S. 47.

209 Ebd.

210 Ebd., S. 48.

211 Ebd., S. 48 f.

212 Ebd., S. 45–49.

213 Der neue Kurs und die Aufgaben der Partei. Entschließung der 15. Tagung des ZK der SED, 26. 7. 1953, in: *Dokumente der SED 1954*, S. 449–478, hier 450.

214 Merkblatt, o. D. (September 1953), SAPMO-BA, NY 4090/316, hier Bl. 354.

215 LOPM: Vorlage an das Sekretariat, 23. 11. 1953, SAPMO-BA, DY 30 IV 2/5/53, Bl. 240.

216 *Neues Deutschland* vom 2. 2. 1957.

217 Walter Ulbricht: Referat auf der 15. Tagung des ZK der SED, in Spittmann/Fricke, *17. Juni 1953*, S. 195–199, hier: 197.

218 Politbüro des ZK der SED: Beschluß vom 23. 9. 1953, in: Fricke/Engelmann, *»Konzentrierte Schläge«*, S. 249–254, hier 249.

219 Referat von Herrmann Matern auf der zentralen Dienstkonferenz im Staatssekretariat für Staatssicherheit, 11. 11. 1953, in: ebd., S. 260–271, hier 265.

220 Staatssekretariat für Staatssicherheit: Dienstanweisung Nr. 3/54 über die Einführung einer einheitlichen Richtlinie für die Organisierung der operativen Erfassung in den Organen des Staatssekretariates für Staatssicherheit des Ministeriums der Innern der Deutschen Demokratischen Republik, 7. 12. 1953, BStU, ASt. Magdeburg, BV Magdeburg/Abt. IX, Nr. 17, Bl. 1–4, hier 2.

221 Referat von Herrmann Matern auf der zentralen Dienstkonferenz im Staatssekretariat für Staatssicherheit, 11. 11. 1953, in: Fricke/Engelmann, a. a. O. (Anm. 218), S. 260–271, hier 261 und 267.

222 Referat von Ernst Wollweber auf der zentralen Dienstkonferenz im Staatssekretariat für Staatssicherheit, 11. 11. 1953, in: ebd., S. 272–283, hier 279.

223 Staatssekretariat für Staatssicherheit: Betr. Aktion »Bollwerk«, 12. 6. 1954, BStU, ZA, AS 57/54, Bl. 136 f.

224 BVfS Gera, Abteilung Einsatzstab: FS Nr. 205/206 an SfS Berlin, Einsatzstab, 11. 6. 1954, BStU, ZA, AS 57/54, Bl. 52.

225 LOPM: Zusammenfassung der Tagesberichte der Bezirksleitungen vom 6. 7. 1953, SAPMO-BA, DY 30 IV 2/5/560, Bl. 61.

226 LOPM: Einschätzung über die gegenwärtige Lage in der Partei, 23. 7. 1953, SAPMO-BA, DY 30 IV 2/5/560.

227 Direktive an die 1. Bezirkssekretäre, 21. 6. 1953, in: Bcicr, a. a. O. (Anm. 184), S. 154 f.

228 Ebd.

229 Der neue Kurs und die Aufgaben der Partei. Entschließung der 15. Tagung des ZK der SED, 26. 7. 1953, in: *Dokumente der SED 1954*, S. 449–478, hier 472 ff.

230 Ebd., S. 453 f.

231 Protokoll der 77. Sitzung der ZPKK mit den Vorsitzenden BPKK, 29. 6. 1953, SAPMO-BA, DY 30 IV 2/4/446, Bl. 239.

232 LOPM: Aufgaben zur weiteren Festigung und Entwicklung der Partei, 18. 7. 1953, SAPMO-BA, DY 30 IV 2/5/42, Bl. 97.

233 Deutsches Institut für Zeitgeschichte, *Dokumente zur Deutschlandpolitik der Sowjetunion*, Bd. 1, S. 501 f.

# BIBLIOGRAPHIE

Badstübner, Rolf/Loth, Wilfried (Hg): *Wilhelm Pieck – Aufzeichnungen zur Deutschlandpolitik 1945–1953*, Berlin 1994

Bahr, Egon: *Zu meiner Zeit*, Berlin 1994

Bailey, George/Kondraschow, Sergej A./Murphy, David E.: *Die unsichtbare Front. Der Krieg der Geheimdienste im geteilten Berlin*, Berlin 1997

Baring, Arnulf: *Der 17. Juni 1953*, Stuttgart 1983

Baron, Udo: »Die fünfte Kolonne? Die evangelische Kirche in der DDR und der Aufbau des Sozialismus«, in: Kowalczuk/Mitter/Wolle, *Der Tag X*, S. 311–334

Barthel, Horst: »Die Versorgungskrise. Bevölkerungsversorgung und Systemstabilisierung im Umfeld des 17. Juni 1953«, in: Cerny, *Brüche, Krisen, Wendepunkte*, S. 110–116

Beier, Gerhard: *Wir wollen freie Menschen sein. Der 17. Juni 1953. Bauleute gingen voran*, Köln 1993

Benjamin, Hilde: *Die Hauptaufgaben der Justiz bei der Durchführung des neuen Kurses*, Berlin (Ost) 1953

Berger, Christoph: *Das russische Deutschland. Eine Bearbeitung der sowjetischen Besetzung Ostdeutschlands*, Berlin 2001

Berger, Siegfried: »*Ich nehme das Urteil nicht an*« Ein Berliner Streikführer des 17. Juni vor dem Sowjetischen Militärtribunal, Berlin 1998 (= Schriften des Landesbeauftragen für die Unterlagen des Staatssicherheitsdienstes der ehemaligen DDR Berlin, Bd. 8)

Besier, Gerhard: *Der SED-Staat und die Kirche. Der Weg in die Anpassung*, München 1993

Bock, Stephan: »Der 17. Juni 1953 in der Literatur der DDR. Eine Bibliographie (1953–1979)«, in: *Jahrbuch zur Literatur in der DDR. Literatur im geteilten Deutschland*, hrsg. v. Gerhard Klessmann und Heinrich Mohr, Bd. 1, Bonn 1980

Bogomolow, Alexander: *Ohne Protokoll. Amüsantes und Bitteres aus der Arbeit eines sowjetischen Diplomaten in Deutschland*, Berlin 2000

Böhm, Tobias/Heimann, Siegfried/Mahal, Andreas/Schiller, Dietmar: *Studien zu den Ereignissen des 17. Juni 1953. Grundlage für die Errichtung eines Denkmals zur Würdigung der Opfer des Arbeiteraufstandes*, Berlin 1995

Bollinger, Stefan: »Die verschleppte Entstalinisierungskrise. Ein politikwissenschaftlicher Vergleich zwischen 1953 und 1989«, in: Cerny, *Brüche, Krisen, Wendepunkte*, S. 156–162

Borkowski, Dieter: *Für jeden kommt der Tag ... Stationen einer Jugend in der DDR*, Frankfurt/Main 1981

–: *Erich Honecker*, München 1987

Brandt, Heinz: *Ein Traum, der nicht entführbar ist. Mein Weg zwischen Ost und West*, Frankfurt am Main 1985

Brant, Stefan (d. i. Harpprecht, Klaus)/Bölling, Klaus: *Der Aufstand. Vorgeschichte, Geschichte und Deutung des 17. Juni 1953*, Stuttgart 1954

Brecht, Bertolt: *Gesammelte Werke*, Bd. 10, Frankfurt/Main 1967

Buchbinder, Dagmar: »›Tage der Provokation und der Ausschweifungen‹. Die Ereignisse um den 17. Juni 1953 im Bereich der Staatlichen Kommission für Kunstangelegenheiten«, in: *Zeitschrift des Forschungsverbundes SED-Staat* (1997) 3, S. 3–15

Buchheim, Christoph: »Wirtschaftliche Hintergründe des Arbeiteraufstandes vom 17. Juni 1953 in der DDR«, in: *Vierteljahrshefte für Zeitgeschichte* 38 (1990) 3, S. 415–433

Bundesministerium für gesamtdeutsche Fragen (Hg.): *Unrecht als System*, Teil 2, Bonn 1955

–: *Es geschah im Juni 1953. Fakten und Daten*, Bonn 1963

–: *Juni-Aufstand. Dokumente und Berichte über den Volksaufstand in Ostberlin und der Sowjetzone*, 2. erw. Aufl., Bonn o. J.

Bundesministerium für innerdeutsche Beziehungen (Hg.): *Der Aufstand vom 17. Juni 1953*, Bonn 1983

–: *Der Volksaufstand vom 17. Juni 1953. Denkschrift über den Juniaufstand in der Sowjetischen Besatzungszone und in Ostberlin* (Nachdruck der Ausgabe von 1953), Bonn 1990

Bust-Bartels, Axel: »Der Arbeiteraufstand am 17. Juni 1953 – Ursachen, Verlauf und gesellschaftspolitische Ziele«, in: *Aus Politik und Zeitgeschichte* 25/1980, S. 24–54

–: *Herrschaft und Widerstand in den DDR-Betrieben. Leistungsentlohnung, Arbeitsbedingungen, innerbetriebliche Konflikte und technologische Entwicklung*, Frankfurt am Main/New York 1980

Cerny, Jochen: »Stalinstadt im Juni '53«, in: *Beiträge zur Geschichte der Arbeiterbewegung* 40 (1998) 1, S. 3–15

– (Hg.): *Brüche, Krisen, Wendepunkte. Neubefragung von DDR-Geschichte*, Leipzig/Jena/Berlin 1990

Chamberlain, Brewster/Wetzel, Jürgen: »Der 17. Juni und der RIAS. Aus einem Gespräch mit dem RIAS-Direktor Gordon Ewing«, in: *Berlin in Geschichte und Gegenwart. Jahrbuch des Landesarchivs Berlin 1982*, Berlin 1982

Coleman, David G.: »Eisenhower and the Berlin Problem, 1953–1954«, in: *Journal of Cold War Studies* Vol. 2 (Winter 2000) 1, S. 3–34

Conze, Werner: *Der 17. Juni – Tag der deutschen Einheit und Freiheit*, Frankfurt am Main 1960

*Das unverstandene Menetekel – der 17. Juni 1953: Materialien einer Tagung*, Potsdam 1993

*Der 17. Juni 1953 – Der Anfang vom Ende des sowjetischen Imperiums*, hrsg. von der Friedrich-Ebert-Stiftung, Leipzig 1993 (Reihe Bautzen Forum Nr. 4)

*Der 17. Juni 1953 in Halle – ein Tag der Zivilcourage*, hrsg. von Zeit-Geschichte(n) – Verein für erlebte Geschichte, Halle 2001

»Der 17. Juni 1953: Vorgeschichte – Verlauf – Folgen«, in: Spittmann/Helwig, *DDR-Lesebuch*, S. 181–266.

*Der Aufstand im Juni: Ein dokumentarischer Bericht.* Mit einem Geleitwort von Bundespräsident Prof. Dr. Theodor Heuss, Berlin 1954

»Der ›Neue Kurs‹ und der 17. Juni (1953–1956)«, in: Hoffmann/Schmidt/Skyba (Hg.), *Die DDR vor dem Mauerbau*, S. 149–231

»Der Volksaufstand am 17. Juni 1953: Protokoll der 42. Sitzung der Enquete-Kommission ›Aufarbeitung von Geschichte und Folgen der SED-Diktatur in Deutschland‹«, in: *Materialien der Enquete-Kommission »Aufarbeitung von Geschichte und Folgen der SED-Diktatur in Deutschland«* *(12. Wahlperiode des Deutschen Bundestages)*, Bd. II/1, Baden-Baden/Frankfurt am Main 1995, S. 746–802

Deutscher Bundestag: *Verhandlungen des Deutschen Bundestags, 11. Wahlperiode, Stenographische Berichte*, Bd. 141, Plenarprotokolle 11/1–11/21, 18. 2. 1987–26. 6. 1987, Bonn 1987

Deutsches Institut für Zeitgeschichte, Berlin (Hg.): *Dokumente zur Deutschlandpolitik der Sowjetunion, Band 1: Vom Potsdamer Abkommen am 2. Aug. 1945 bis zur Erklärung über die Herstellung der Souveränität in der DDR 25. Mai 1954*, Berlin 1957

Diedrich, Torsten: *Der 17. Juni 1953 in der DDR. Bewaffnete Gewalt gegen das Volk*, Berlin 1991

–: »Der 17. Juni 1953 in der DDR. Zu den militärischen Aspekten bei Ursachen und Verlauf der Unruhen«, in: *Militärgeschichtliche Mitteilungen* 51 (1992) 2, S. 357–382

–: »Putsch – Volksaufstand – Arbeitererhebung? Zur Arbeitererhebung 1953 in der deutschen Geschichtsschreibung«, in: *Aus Politik und Zeitgeschichte* 43 (1993) B 25, S. 3–11

–: »Zwischen Arbeitererhebung und gescheiterter Revolution in der DDR. Retrospektive zum Stand der zeitgeschichtlichen Aufarbeitung des 17. Juni 1953«, in: *Jahrbuch für historische Kommunismusforschung 1994*, Berlin 1994, S. 288–305

Döbert, Frank: »Der Schrei nach Freiheit – zum 17. Juni 1953 in Jena«, in: *Gerbergasse 18* (1996) 1, S. 2–6.

*Dokumente der SED*, Bd. III, Berlin (Ost) 1952

*Dokumente der SED*, Bd. IV, Berlin (Ost) 1954

Dürr, Tobias: »›Brüder, zur Sonne, zur Freiheit‹. Der 17. Juni als Renaissance und Ende des sozialdemokratischen Schmölln«, in: Walter/Dürr/Schmidtke, *Die SPD in Sachsen und Thüringen*, S. 454–460

–: »›Schnittlauch-Stock und Kaninchenstall‹: Schmölln nach dem 17. Juni 1953«, in: Walter/Dürr/Schmidtke, *Die SPD in Sachsen und Thüringen*, S. 461–463

Ebert, Jens/Eschebach, Insa: »›Rädelsführerin‹ und ›SS-Kommandeuse‹. Erna Dorn und der 17. Juni 1953«, in: *Deutschland Archiv* 27 (1994) 6, S. 595–599

Ebert, Jens/Eschebach, Insa (Hg.): *»Die Kommandeuse«. Erna Dorn – zwischen Nationalsozialismus und Kaltem Krieg*, Berlin 1994

Eisensee, Arnold: »Funkstudio Stalinallee«, in: *Spurensicherung*, S. 195–343

Engelmann, Roger/Vollnhals, Clemens (Hg.): *Justiz im Dienste der Parteiherrschaft. Rechtspraxis und Staatssicherheit in der DDR*, Berlin 1999

Erler, Peter/Laude, Horst/Wilke, Manfred (Hg.): *Nach Hitler kommen wir*, Berlin 1994

Ewers, Klaus/Quest, Thorsten: »Die Kämpfe der Arbeiterschaft in den volkseigenen Betrieben während und nach dem 17. Juni«, in: Spittmann/Fricke, *17. Juni 1953*, S. 23–55

Fingerle, Stephan: *Waffen in Arbeiterhand?* Berlin 2001

Foitzik, Jan: »›Hart und konsequent ist der neue politische Kurs zu realisieren‹. Ein Dokument zur Politik der Sowjetunion gegenüber der DDR nach Berijas Verhaftung im Juni 1953«, in: *Deutschland Archiv* 33 (2000) 1, S. 32–49

– (Hg.): *Entstalinisierungskrise in Ostmitteleuropa 1953–1956. Vom 17. Juni bis zum ungarischen Volksaufstand. Politische, militärische, soziale und nationale Dimensionen*, Paderborn 2001

Fricke, Karl Wilhelm: *Politik und Justiz in der DDR. Zur Geschichte der politischen Verfolgung 1945–1968*, Köln 1979 (2. Aufl. 1990)

–: »Juni-Aufstand und Justiz«, in: Spittmann/Fricke, *17. Juni 1953*, S. 70–86

–: »Der Staatssicherheitsdienst und der 17. Juni 1953«, in: *Deutschland Archiv* 16 (1983), S. 594–602

–: *Opposition und Widerstand in der DDR. Ein politischer Report*, Köln 1984

–: *17. Juni 1953. Der Aufstand. Funkdokumentation*, Köln 1993

–: »Todesstrafe für Magdeburger ›Provokateur‹. SED-Rachejustiz nach dem Aufstand vom 17. Juni 1953«, in: *Deutschland Archiv* 26 (1993) 5, S. 527–531

–: »Justiz im Auftrag der Partei. Der Fall Max Fechner als Beispiel«, in: Helwig, Gisela (Hg.): *Rückblicke auf die DDR*, Köln 1995, S. 26–35

–: »Zur Geschichte und historischen Deutung des Aufstands vom 17. Juni 1953«, in: Roth, *Der 17. Juni 1953 in Sachsen*, S. 13–100

Fricke, Karl-Wilhelm/Engelmann, Roger: »*Konzentrierte Schläge*«. *Staatssicherheitsaktionen und politische Prozesse in der DDR 1953–1956*, Berlin 1998

Friedrich, Armin/Friedrich, Thomas (Hg.): »*Es hat alles keinen Zweck, der Spitzbart muß weg*«. *Der 17. Juni 1953*, Berlin 1992

Friedrich-Ebert-Stiftung (Hg.): *Der 17. Juni 1953. Ursachen, Verlauf, Konsequenzen. Eine Ausstellung*, Bonn 1993

Fuckert, Walter: *Der 17. Juni 1953 in den Leunawerken. Mit einer Darstellung der Ereignisse an diesem Tage. Bericht eines Zeitzeugen. Eine Handreichung, fußend auf dem am Geschichtsstammtisch Leuna erarbeiteten dokumentarischen Material*, Halle (Saale) 1996

Gallus, Alexander: »Der 17. Juni im Deutschen Bundestag von 1954–1990«, in: *Aus Politik und Zeitgeschichte* 43 (1993) B 25, S. 12–21

Gehler, Michael: »Der 17. Juni 1953 aus der Sicht des Foreign Office«, in: *Aus Politik und Zeitgeschichte* 43 (1993) B 25, S. 22–31

–: »Von der Arbeiterrevolte zur spontanen politischen Volkserhebung: Der 17. Juni 1953 in der DDR im Urteil westlicher Diplomatie und Politik«, in: *Militärgeschichtliche Mitteilungen* 54 (1995) 2, S. 363–415

–: »Status quo-Denken auf breitester Basis. Der 17. Juni 1953, die Sowjetunion, die Westmächte und Adenauer. Darstellung, Literatur und Dokumente«, in: *Informationen für Geschichts- und Gemeinschaftskundelehrer* (1998) 56, S. 5–48

*Geschichte der Sozialistischen Einheitspartei Deutschlands. Abriß*, (Ost-)Berlin 1978

Gobarev, Victor: »Soviet Military Planning and Activities During the East. German Uprising of June 1953«, in: *The Journal of Slavic Military Studies* 10 (1997) 4, S. 1–29

Gosztony, Peter (Hg.): *Aufstände unter dem roten Stern*, Bonn 1979

Gries, Rainer, 1992: »›Westliche Markenprodukte waren die schlimmsten Provokateure‹. Versorgung und Propaganda in der DDR am Vorabend des 17. Juni 1953«, in: *Das Parlament* 42 (1992) 25/26, S. 9

Guhl, Dieter/Lerch, Rolf: *Aktionshandbuch zum 17. Juni*, Bonn 1983

Gursky, André (Bearb.): *Erna Dorn: »... zum Tode verurteilt ...« – 22. Juni 1953 in Halle (Saale)*, Magdeburg 1996 (Schriftenreihe der Landesbeauftragten für die Unterlagen des Staatssicherheitsdienstes der ehemaligen DDR in Sachsen-Anhalt)

Häder, Sonja: »Von der ›demokratischen Schulreform‹ zur Stalinisierung des Bildungswesens – der 17. Juni 1953 in Schulen und Schulverwaltung Ost-Berlins«, in: Kocka, Jürgen (Hg.), *Historische DDR-Forschung. Aufsätze und Studien*, Berlin 1993, S. 191–213

Hagen, Manfred: *DDR – Juni '53. Die erste Volkserhebung im Stalinismus*, Stuttgart 1992

–: *»Wir sind doch nicht geschlagen?!« Erste Reaktionen der SED-Führung auf die Volkserhebung 1953*, Dresden 1993

Hagen, Manfred/Wendorf, Joachim: *Film-, Foto- und Tonquellen zum 17. Juni 1953 in Berlin. Kritischer Apparat und 6 Kassetten*, Göttingen 1992

Haupts, Leo: »Arbeiterunruhen oder Volksaufstand? Der 17. Juni 1953 aus der Sicht der Ost-CDU und der LDPD«, in: *Deutsche »Nachkriegswelten« 1945–1955*, Bergisch-Gladbach 1992, S. 83–101

–: »Die Blockparteien in der DDR und der 17. Juni 1953«, in: *Vierteljahrshefte für Zeitgeschichte* 40 (1992) 3, S. 383–412

–: »Die Blockparteien und der 17. Juni 1953«, in: Kaff, Brigitte (Hg.), *»Gefährliche politische Gegner«. Widerstand und Verfolgung in der sowjetischen Zone/DDR*, Düsseldorf 1995, S. 159–193

Havemann, Robert: *Fragen, Antworten, Fragen. Aus der Biographie eines deutschen Marxisten*, München 1970

Hegedüs, András B./Wilke, Manfred (Hg.): *Satelliten nach Stalins Tod. Der »Neue Kurs«. 17. Juni 1953 in der DDR. Ungarische Revolution 1956*, Berlin 2000

Heider, Magdalena/Thöns, Kerstin (Hg.): *SED und Intellektuelle in der DDR der fünfziger Jahre. Kulturbundprotokolle*, Köln 1990

Heitzer, Heinz: »Arbeiterprotest, Putsch oder Volksaufstand? Ursachen und Charakter des Juni-Konflikts 1953«, in: Cerny, *Brüche, Krisen, Wendepunkte*, S. 125–138

Henicke, Hartmut/Tatzkow, Monika: »Steuerkrieg gegen Privatunternehmer. Die Enteignungsmethoden in der DDR im Zeitraum 1950 bis 1953«, in: *Zeitschrift für offene Vermögensfragen* (1992) 5, S. 254–260

Hermlin, Stephan: »Die Kommandeuse«, in: Heym, Stefan (Hg.)· *Auskunft. Neue Prosa aus der DDR*, München/Gütersloh/Wien 1974, S. 196–205

Herrmann, Joachim (Hg.): *Deutsche Geschichte in 10 Kapiteln*, Bd. 10, Berlin (Ost) 1988

Herrnstadt, Rudolf: *Das Herrnstadt-Dokument. Das Politbüro der SED und die Geschichte des 17. Juni 1953*, hrsg. von Nadja Stulz-Herrnstadt, Reinbek 1990

Hettling, Manfred: »Umstritten, vergessen, erfolgreich. Der 17. Juni als bundesdeutscher Nationalfeiertag«, in: *Deutschland Archiv* 33 (2000) 3, S. 433–446

Heym, Stefan: *Forschungsreise in das Herz der deutschen Arbeiterklasse*, hrsg. v. Bundesvorstand des FDGB, Berlin (Ost) 1953
–: *Im Kopf – sauber. Schriften zum Tage*, Leipzig 1954
–: *Fünf Tage im Juni*, Gütersloh/Wien 1974
–: »Memorandum«, in: Ders., *Wege und Umwege. Streitbare Schriften aus fünf Jahrzehnten*, München 1980, S. 261–268
Hildebrandt, Rainer: *Der 17. Juni*, Berlin 1983
–: *Der 17. Juni. Zehn Erlebnisgeschichten von Personen in verschiedenen Brennpunkten des Aufstandes sowie ergänzende dokumentarische Materialien mit 82 Fotos*, 4. Aufl., Berlin 1990
Hoffmann, Andrea: *Die Grenzpolizei und der 17. Juni 1953*, Potsdam 1994
Hoffmann, Dierk/Schmidt, Karl-Heinz/Skyba, Peter (Hg.): *Die DDR vor dem Mauerbau. Dokumente zur Geschichte des anderen deutschen Staates*, München 1993
Holzweißig, Gunter: »Der Volksaufstand am 17. Juni 1953 in der DDR«, in: Gosztony, *Aufstände unter dem roten Stern*, S. 43–75
Honecker, Erich: *Aus meinem Leben*, Berlin (Ost) 1981
Hübner, Peter: »Löhne und Normen. Soziale Spannungen im Vorfeld des 17. Juni 1953«, in: Cerny, *Brüche, Krisen, Wendepunkte*, S. 118–125
Hundhausen, Hans: *Der 17. Juni 1953 im Sachsenwerk Dresden und in der ABUS*, Dresden 1994
Huschner, Anke: *Der 17. Juni 1953 aus hochschulhistorischer Sicht*, Berlin 1990
–: »Der 17. Juni 1953 an Universitäten und Hochschulen der DDR«, in: *Beiträge zur Geschichte der Arbeiterbewegung* 33 (1991) 5, S. 681–692
–: »Die Juni-Krise des Jahres 1953 und das Staatssekretariat für Hochschulwesen«, in: *Jahrbuch für die Geschichte Mittel- und Ostdeutschlands*, Bd. 42, München 1994, S. 169–184
Jäger, Manfred: *Kultur und Politik in der DDR. 1945–1990*, Köln 1995
Jänicke, Martin: *Der dritte Weg. Die antistalinistische Opposition gegen Ulbricht seit 1953*, Köln 1964
–: »Krise und Entwicklung in der DDR – Der 17. Juni 1953 und seine Folgen«, in: Elsenhans, Hartmut/Jänicke, Martin (Hg.), *Innere Systemkrisen der Gegenwart. Ein Studienbuch zur Zeitgeschichte*, Reinbek 1975, S. 148–153
Johnson, Uwe: *Jahrestage*, Frankfurt am Main 2000
Jordan, Carlo: *Kaderschmiede Humboldt-Universität zu Berlin. Aufbegehren, Säuberungen und Militarisierung 1945–1989*, Berlin 2001
Judt, Matthias (Hg.): *DDR-Geschichte in Dokumenten*, Bonn 1998
Kantorowicz, Alfred: *Deutsches Tagebuch*, Bd. 2, München 1961
Karmrodt, Andreas: *Der 17. Juni 1953 in Jena. Volk – Polizei – Partei*, Erfurt 1997
Kaufmann, Christoph: *Agenten mit dem Kugelkreuz. Leipziger Junge Gemeinden zwischen Aufbruch und Verfolgung 1945–1953*, Leipzig 1995
Klein, Angelika: *Die Arbeiterrevolte im Bezirk Halle*, Teil 1–3, Potsdam 1993
–: »Basisdemokratische Aktionen und Forderungen zum 17. Juni 1953«, in: »*… undemokratisch wird sich rächen!«. Studien zur Demokratie in der DDR*, Teil 2, Berlin 1995, S. 135–152
–: »Exempel 1953: Probleme und Konsequenzen widerständigen Verhaltens bis Anfang der 60er Jahre«, in: *Ansichten zur Geschichte der DDR*, Bd. VII, Bonn/Berlin 1997, S. 353–400
Kleßmann, Christoph/Stöver, Bernd (Hg.): *1953 – Krisenjahr des Kalten Krieges in Europa*, Köln/Weimar/Wien 1999

467

Kluge, Ulrich: »Die verhinderte Rebellion. Bauern, Genossenschaften und SED im Umfeld der Juni-Krise 1953 in der DDR«, in: Kieseritzky, Wolther von/Sick, Klaus-Peter (Hg.), *Demokratie in Deutschland. Chancen und Gefährdungen im 19. und 20. Jahrhundert*, München 1999, S. 317–335

Knoll, Viktor/Kölm, Lothar (Hg.): *Der Fall Berija. Protokoll einer Abrechnung. Das Plenum des ZK der KPdSU Juli 1953. Stenographischer Bericht*, Berlin 1993

Knoth, Nikola: »Loyale Intelligenz? Vorschläge und Forderungen 1953«, in: Cerny, *Brüche, Krisen, Wendepunkte*, S. 149–156

Koller, Jürgen: »Vertane Chancen. Vom ›demokratischen‹ Kulturkonzept in der SBZ bis zur Illusion von einer freien Kunst nach dem 17. Juni 1953«, in: *Deutschland Archiv* 23 (1990) 3, S. 396–408

Kotsch, Detlef: »Der 17. Juni 1953 in den brandenburgischen Bezirken«, in: Ders., *Das Land Brandenburg zwischen Auflösung und Wiederbegründung. Politik, Wirtschaft und soziale Verhältnisse in den Bezirken Potsdam, Frankfurt (Oder) und Cottbus in der DDR (1952 bis 1990)*, Berlin 2001, S. 359–366

Kowalczuk, Ilko-Sascha: »Die Universitäten und der 17. Juni 1953«, in: *Horch und Guck* 3 (1994) 12, S. 33–42.

–: »Die Ereignisse von 1953 in der DDR. Anmerkungen zu einer ›Retroperspektive zum Stand der zeitgeschichtlichen Aufarbeitung des 17. Juni 1953‹«, in: *Jahrbuch für historische Kommunismusforschung 1996*, Berlin 1996, S. 181–186

–: »Von der Volkserhebung zum Mauerbau. Reaktionen von Hochschulangehörigen auf die Ereignisse in der DDR in den Jahren 1953, 1956 und 1961«, in: *Aus Politik und Zeitgeschichte* 51 (2001) B 30–31, S. 22–30

Kowalczuk, Ilko-Sascha/Mitter, Armin/Wolle, Stefan: *Der Tag X – 17. Juni 1953. Die »Innere Staatsgründung« der DDR als Ergebnis der Krise 1952/54*, 2. Aufl., Berlin 1996

Kracht, Ulli: *Pankow scharf pointiert*, Bad Godesberg 1961

Krämer, Herbert: *Ein dreißigjähriger Krieg gegen ein Buch. Zur Publikations- und Rezeptionsgeschichte von Stefan Heyms Roman über den 17. Juni 1953*, Tübingen 1999

Krämer, Martin: *Der Volksaufstand vom 17. Juni 1953 und sein politisches Echo in der Bundesrepublik Deutschland*, Bochum 1996

Landesarchiv Berlin (Hg.): *Berlin, 17. Juni 1953. Eine Ausstellung des Landesarchivs Berlin*, Berlin 1993

Larres, Klaus: »Neutralisierung oder Westintegration? Churchill, Adenauer, die USA und der 17. Juni 1953«, in: *Deutschland Archiv* 27 (1994) 6, S. 568–585

–: »Großbritannien und der 17. Juni 1953. Die deutsche Frage und das Scheitern von Churchills Entspannungspolitik nach Stalins Tod«, in: Kleßmann/Stöver, *1953*, S. 155–179

*Laszlo Rajk und Komplizen vor dem Volksgericht*. Berlin (Ost) 1949

Lemke, Michael: »Konrad Adenauer und das Jahr 1953. Deutschlandpolitik und 17. Juni«, in: Kleßmann/Stöver, *1953*, S. 141–154

Leo, Annette: »Tabu und Tradition. Der 17. Juni und der 100-Tage-Streik in der Erinnerung der Hennigsdorfer Stahlarbeiter«, in: *BIOS* 12 (1999) 1, S. 58–72

Leonhard, Wolfgang: *Die Revolution entläßt ihre Kinder*, Köln/Berlin 1955

Lippmann, Heinz: *Honecker. Porträt eines Nachfolgers*, Köln 1971

Löhn, Hans-Peter: *Der 17. Juni 1953 in Halle. Begleitmaterial zur Sonder-*

*ausstellung im Roten Turm Halle (Marktplatz) vom 18. Juni bis 15. Juli 1998,* Halle 1998

Lucker, Detlev: »Strausberg und der 17. Juni 1953«, in: Ders., *Strausberg 1945 bis 1990. Skizze und Dokumente zur Geschichte einer Garnisonstadt,* Strausberg 2000, S. 58 f.

Ludwig, Harald: »Der 17. Juni und der Danziger Arbeiteraufstand – Parallelen und Unterschiede«, in: *Deutschland Archiv* 4 (1971) 4, S. 404 ff.

Mahal, Andreas: »Mitten im Juni 1953 – Skizze der Ereignisse in Berlin«, in: Böhm/Heimann/Mahal/Schiller, *Studien,* S. 9 ff.

Mählert, Ulrich: Der 17. Juni als kaderpolitische Zäsur – Schlußbetrachtung, in: Weber/Mählert, *Terror,* S. 446–457

Malkiewicz, Andrzej/Ruchniewicz, Krzysztof: »Das polnische Echo auf den Juni-Aufstand in der DDR im Jahre 1953«, in: Kleßmann/Stöver, *1953,* S. 181–197

Malycha, Andreas: »Im Spannungsfeld zwischen Loyalität und Renitenz. Der 17. Juni 1953 und die Wissenschaftler«, in: *Internationale wissenschaftliche Korrespondenz zur Geschichte der deutschen Arbeiterbewegung* (IWK) 38 (2002) 1, S. 1–22

Miosga, Margit: »*Wie eine heimliche, offene Wunde*« – Der 17. Juni 1953 in den Leuna-Werken »Walter Ulbricht«, Berlin 1991 (SFB Sendemanuskript)

Mitter, Armin: »Die Ereignisse im Juni und Juli 1953 in der DDR«, in: *Aus Politik und Zeitgeschichte,* B 5/1991, S. 31–41.

–: »»Am 17. 6. 1953 haben die Arbeiter gestreikt, jetzt aber streiken wir Bauern‹. Die Bauern und der Sozialismus«, in: Kowalczuk/Mitter/Wolle, *Der Tag X,* S. 75–128

–: »Der ›Tag X‹ und die ›Innere Staatsgründung‹ der DDR«, in: Kowalczuk/Mitter/Wolle, *Der Tag X,* S. 9–30

Mitter, Armin/Wolle, Stefan: *Untergang auf Raten. Unbekannte Kapitel der DDR-Geschichte,* München 1995

Moczarski, Norbert: *Der 17. Juni 1953 im Bezirk Suhl. Vorgeschichte, Verlauf und Nachwirkungen. Versuch einer historiographischen Skizze anhand archivarischer Quellen,* Erfurt 1996

Mohr, Heinrich: »Der 17. Juni als Thema der Literatur«, in: Spittmann/Fricke, *17. Juni 1953,* S. 87–111

–: »Der Aufstand vom 17. Juni 1953 als Thema belletristischer Literatur aus dem letzten Jahrzehnt (DDR)«, *Deutschland Archiv* 16 (1983) 5, S. 478–497.

Müller, Egon Erwin: *Der 17. Juni 1953. Bilder und Texte einer Ausstellung der Friedrich-Ebert-Stiftung und der IG Bau-Steine-Erden,* Bonn 1993

Müller, Willy: »Die Situation der Bauarbeiter in der Stalinallee und der Verlauf der Berliner Demonstrationen vom 16. und 17. Juni 1953 in Berichten gewerkschaftlicher Beobachter«, in: *17. Juni 1953,* Berlin 1993, S. 9–25

Müller-Enbergs, Helmut: *Der Fall Rudolf Herrnstadt. Tauwetterpolitik vor dem 17. Juni,* Berlin 1991

Neubert, Ehrhart: *Geschichte der Opposition in der DDR 1949–1989,* Berlin 1997 (2. Aufl. 1998).

–: »Politische Verbrechen in der DDR«, in: Stéphan Courtois (Hg.), *Das Schwarzbuch des Kommunismus,* München 1998, S. 829–884

Nicolaus, Herbert/Obeth, Alexander: *Die Stalinallee. Geschichte einer deutschen Straße,* Berlin 1997

Niekisch, Ernst: *Erinnerungen eines deutschen Revolutionärs*, Bd. 2, *Gegen den Strom. 1945–1967*, Köln 1974

Niethammer, Lutz: »Der 17. Juni – vierzig Jahre danach. Podiumsdiskussion mit Lutz Niethammer, Arnulf Baring, Jochen Cerny, Monika Kaiser, Armin Mitter, Ilse Spittmann«, in: Kocka, Jürgen/Sabrow, Martin (Hg.), *Die DDR als Geschichte*, Berlin 1994, S. 40–66

Nowik, Faina: »Die sowjetische Deutschland-Politik 1953–1955«, in: Wettig, Gerhard (Hg.), *Die sowjetische Deutschland-Politik in der Ära Adenauer*, Bonn 1997, S. 54–61

Oelschläger, Volker: »Ich glaube nichts mehr. Der 17. Juni 1953 in den Akten«, in: Grabner, Sigrid/Röder, Hendrik/Wernicke, Thomas (Hg.), *Widerstand in Potsdam 1945–1989*, Berlin 1999, S. 41–49

Ostermann, Christian F.: *United States Policy, the 17 June Uprising in the GDR, and the »Eisenhower Packages« Program. New evidence from German and American Archives*, Washington 1994

–: »New Documents on the East. German Uprising of 1953«, in: *Cold War International History Project Bulletin* 5 (1995), S. 10–21

–: »Subversive Aktionen gegen die DDR: Die amerikanische Reaktion auf den 17. Juni 1953«, in: *Jahrbuch für historische Kommunismusforschung 1996*, Berlin 1996, S. 266–271

– (Hg.): *The Post-Stalin Succession Struggle and the 17 June 1953 Uprising in East. Germany. The Hidden History. Declassified Documents from U. S., Russian, and other European Archives*, Washington 1996

–: »›Die Ostdeutschen an einen langwierigen Kampf gewöhnen‹. Die Vereinigten Staaten und der Aufstand vom 17. Juni 1953«, in: *Deutschland Archiv* 30 (1997) 3, S. 350–368

–: »›Die beste Chance für ein Rollback‹? Amerikanische Politik und der 17. Juni 1953«, in: Kleßmann/Stöver, *1953*, S. 115–139

– (Hg.): *Uprising in East. Germany 1953. The Cold War, the German Question, and the First Major Upheaval Behind the Iron Curtain*, New York 2001

Otto, Wilfriede: »Dokumente zur Auseinandersetzung in der SED 1953«, in: *Beiträge zur Geschichte der Arbeiterbewegung* 32 (1990) 5, S. 655–658

–: »Sowjetische Deutschlandpolitik 1952/53. Forschungs- und Wahrheitsprobleme«, in: *Deutschland Archiv* 26 (1993) 8, S. 948–954

–: *Erich Mielke – Biographie. Aufstieg und Fall eines Tschekisten*, Berlin 2000

Pernkopf, Johannes: *Der 17. Juni in der Literatur der beiden deutschen Staaten*, Stuttgart 1982

Peter, Andreas: »Der Juni-Aufstand im Bezirk Cottbus«, in: *Deutschland Archiv* 27 (1994) 6, S. 585–594

–: »Jugendliche im Bezirk Cottbus am 17. Juni 1953«, in: *Geschichte-Erziehung-Politik* 6 (1995), S. 379–383

Pollack, Detlef: »Bedingungen der Möglichkeit politischen Protestes in der DDR. Der Volksaufstand von 1953 und die Massendemonstrationen 1989 im Vergleich«, in: Ders./Rink, Dieter (Hg.), *Zwischen Verweigerung und Opposition*, Frankfurt am Main 1997, S. 303–331

*Protokoll der Verhandlungen der II. Parteikonferenz der Sozialistischen Einheitspartei Deutschlands*, Berlin (Ost) 1952

Puhle, Matthias (Hg.): *Magdeburg 17. Juni 1953. Ausstellungskatalog*, Magdeburg 1993

Rexin, Manfred (Hg.): *Diesseits des Potsdamer Platzes. West-Berlin am 16. und 17. Juni 1953. Eine Dokumentation des Franz-Neumann-Archivs in Zusammenarbeit mit dem August-Bebel-Institut*, Berlin 1983

–: »Der 16. und 17. Juni 1953 in West-Berlin«, in: *Deutschland Archiv* 26 (1993) 8, S. 985–994

–: »Der RIAS am 16. und 17. Juni 1953«, in: Ders. (Hg.), *Radio-Reminiszenzen. Erinnerungen an RIAS Berlin*, Berlin 2002, S. 443–461

RIAS-Hauptabteilung Politik: *Tätigkeitsbericht der Hauptabteilung Politik des RIAS in der Zeit vom 16. Juni bis zum 23. Juni 1953. Der Aufstand der Arbeiterschaft im Ostsektor von Berlin und in der SBZ Deutschlands*, Berlin 1953

Riess, Curt: *Der 17. Juni*, Berlin 1954

Roth, Heidi: »Der 17. Juni 1953 im damaligen Bezirk Leipzig. Aus den Akten des PDS-Archivs Leipzig«, in: *Deutschland Archiv* 24 (1991) 6, 573–584

–: »Das politische und soziale Vorfeld des 17. Juni 1953 im damaligen Bezirk Leipzig. Eine regionalgeschichtliche Fallstudie«, in: *Deutsche »Nachkriegswelten« 1945–1955*, Bergisch Gladbach 1992, S. 61–79

–: »Die SAG-Betriebe und der 17. Juni 1953«, in: *Deutschland Archiv* 26 (1993) 5, S. 531–536

–: »Wilhelm Grothaus: Vom Antifaschisten zum ›faschistischen Provokateur‹«, in: *Wahrheit – Gerechtigkeit – Versöhnung. Menschliches Verhalten unter Gewaltherrschaft*, Leipzig 1995, S. 55–63

–: *Der 17. Juni 1953 in Görlitz. Dokumentation zum Volksaufstand*, Bautzen 1998

–: »Im Parteiauftrag: strafrechtliche Reaktion auf den 17. Juni 1953 in Sachsen«, in: *Sächsische Justizgeschichte*, Bd. 7, Dresden 1998, S. 76–135

–: »›Ich bin der Meinung, daß morgen die Banditen auf die Straße fliegen, damit wir leben können‹. Verfolgungen durch die SED nach dem 17. Juni 1953. Dokumentation«, in: *Jahrbuch für historische Kommunismusforschung 1999*, Berlin 1999, S. 259–286

–: *Der 17. Juni 1953 in Sachsen*, Köln/Weimar/Wien 1999

Roth, Heidi/Diedrich, Torsten: »›Wir sind Kumpel – uns kann keiner‹. Der 17. Juni 1953 in der SAG-Wismut«, in: Karlsch, Rainer/Schröter, Harm (Hg.), *»Strahlende Vergangenheit«. Studien zur Geschichte des Uranbergbaus der Wismut*, St. Katharinen 1996, S. 228–259

Rupieper, Hermann-Josef: »Der 17. Juni 1953 an der Martin-Luther-Universität Halle-Wittenberg«, in: *Zeitschrift für Geschichtswissenschaft* 47 (1999) 6, S. 502 511

Russig, Peter: »Der Volksaufstand des 17. Juni 1953 in Dresden«, in: *Dresdner Geschichtsbuch*, Bd. 3, hrsg. v. Stadtmuseum Dresden, Altenburg 1997, S. 186–204

Särchen, Günter: »Ich freue mich, daß ich dabei war! Reflexionen zum 17. Juni 1953«, in: Börger, Bernd/Kröselberg, Michael (Hg.), *Die Kraft wuchs im Verborgenen. Katholische Jugend zwischen Elbe und Oder 1945–1990*, Düsseldorf 1993, S. 289–294

Sarel, Benno: *Arbeiter gegen den »Kommunismus«. Zur Geschichte des proletarischen Widerstandes in der DDR (1945–1958)*, 2. Aufl., Berlin 1991

Schenk, Fritz: *Im Vorzimmer der Diktatur. 12 Jahre Pankow*, Köln 1962

Scherstjanoi, Elke: »›Wollen wir den Sozialismus?‹ Dokumente aus der Sitzung des Politbüros des ZK der SED am 6. Juni 1953«, in: *Beiträge zur Geschichte der Arbeiterbewegung* 33 (1991) 5, S. 658–680

–: »In 14 Tagen werden Sie vielleicht schon keinen Staat mehr haben«. Vladimir Semjenov und der 17. Juni 1953«, in: *Deutschland Archiv* 31 (1998) 6, S. 907–937

–: »Die sowjetische Deutschlandpolitik nach Stalins Tod. Neue Dokumente aus dem Archiv des Moskauer Außenministeriums«, in: *Vierteljahrshefte für Zeitgeschichte*, 46 (1998) 3, S. 497–549

Schiller, Dieter: »»5 Tage im Juni«. Stefan Heyms Roman«, in: Cerny, *Brüche, Krisen, Wendepunkte*, S. 139–149

Schilling-Werra, Georg J.: *Steine gegen Panzer. 17. Juni 1953, der Volksaufstand in der DDR und die Folgen. Historischer Roman*, Freiburg i. Br. 1993

Schirdewan, Karl: *Aufstand gegen Ulbricht. Im Kampf um politische Kurskorrektur, gegen stalinistische, dogmatische Politik*, Berlin 1994

Schlothauer, Wolfram: *Der 17. Juni 1953 in Thüringen. Dokumente des Widerstandes während der SED-Diktatur*, Gebesee 1995

Schmidt, Heidemarie/Wagner, Paul Werner: »... *man muss doch mal zu seinem Recht kommen ...«. Paul Othma – Streikführer am 17. Juni 1953 in Bitterfeld*, Magdeburg 2001 (Schriftenreihe der Landesbeauftragten für die Unterlagen des Staatssicherheitsdienstes der ehemaligen DDR in Sachsen-Anhalt)

Scholz, Arno/Nieke, Werner: *Der 17. Juni. Die Volkserhebung in Ost-Berlin und in der Sowjetzone*, Berlin 1953

Scholz, Arno/Nieke, Werner/Vetter, Gottfried: *Panzer am Potsdamer Platz*, Berlin 1954

Schroeder, Klaus: *Der SED-Staat. Partei, Staat und Gesellschaft 1949–1990*, München 1998

Schwabe, Klaus: *Der 17. Juni 1953 in Mecklenburg und Vorpommern*, 2. Aufl., Schwerin 1993

Schwarz, Hans-Peter: *Adenauer. Der Staatsmann. 1952–1967*, Stuttgart 1991

Selbmann, Fritz: »Anhang den Tag vorher betreffend«, in: Heym, Stefan (Hg.), *Auskunft. Neue Prosa aus der DDR*, München/Gütersloh/Wien 1974, S. 136–145

–: »Der Tag X der Eleanor Dulles«, in: Ders., *Das Schreiben und das Lesen*, Halle 1974, S. 359–372

–: *Acht Jahre und ein Tag. Bilder aus den Gründerjahren der DDR*, Berlin 1999

Semjonow, Wladimir S.: *Von Stalin bis Gorbatschow. Ein halbes Jahrhundert in diplomatischer Mission 1939–1991*, Berlin 1995

Semmelmann, Dagmar: »Schauplatz Stalinstadt/EKO«. Erinnerungen an den 17. Juni 1953, Teil 1 und 2, Potsdam 1993

–: »Zeitzeugen über ihren 17. Juni 1953 in Berlin«, in: *17. Juni 1953*, Berlin 1993, S. 25–55

Sozialistische Einheitspartei Deutschlands (Hg.): *15. Tagung des Zentralkomitees der Sozialistischen Einheitspartei Deutschlands vom 24.–26. Juli 1953: Der neue Kurs und die Aufgaben der Partei. Entschließung, Referate der Genossen Otto Grotewohl und Walter Ulbricht*, (Ost-)Berlin 1953

Spittmann, Ilse: »Der 17. Juni im Wandel der Legenden«, in: *Deutschland Archiv* 17 (1984) 6, S. 594–605

–: »Zum 40. Jahrestag des 17. Juni 1953«, in: *Deutschland Archiv* 26 (1993) 6, S. 635–639

Spittmann, Ilse/Fricke, Karl Wilhelm (Hg.): *17. Juni 1953. Arbeiteraufstand in der DDR*, Köln 1982 (2. erw. Aufl. 1988)

Spittmann, Ilse/Helwig, Gisela (Hg.): *DDR-Lesebuch. Stalinisierung 1949–1955*, Köln 1991

*Spurensicherung. Zeitzeugen zum 17. Juni 1953*, hrsg. v. der Unabhängigen Autorengemeinschaft »So habe ich das erlebt«, Schkeuditz 1999

Steinbach, Peter: »Geteilter Himmel? Der Aufstand vom 17. Juni, der Mauerbau und die militärische Intervention in Prag als Herausforderungen für die politische Orientierung des deutschen Protestantismus«, in: Mehlhausen, Joachim/Siegele-Wenschkewitz, Leonore (Hg.), *Zwei Staaten – zwei Kirchen?*, Leipzig 2000, S. 46–65

Steury, Donald P. (Hg.): *Frontstadt Berlin: Der Kalte Krieg der Nachrichtendienste. Dokumente 1946–1961. CIA History Staff/Center for the Study of Intelligence*, übersetzt und bearb. von Andrea Mehrländer und Gerald L. Liebenau, Washington, D. C., 1999

Stöckigt, Rolf: »Ein Dokument von großer historischer Bedeutung vom Mai 1953«, in: *Beiträge zur Geschichte der Arbeiterbewegung* 32 (1990) 5, S. 648–654

Stupperich, Robert: *Otto Dibelius. Ein evangelischer Bischof im Umbruch der Zeiten*, Göttingen 1989

Suckut, Siegfried: »›Als wir in den Hof der Haftanstalt fuhren, verstummte Genosse Fechner‹. Neues aus den Stasi-Akten zur Verhaftung und Verurteilung des ersten DDR-Justizministers«, in: Engelmann/Vollnhals, *Justiz*, S. 165–179

*Symposium zum Denkmal für die Ereignisse des 17. Juni 1953. Dokumentation*, Berlin 1996

Tischner, Wolfgang: »Die Kirchen im Umfeld des Volksaufstands vom 17. Juni 1953«, in: *Historisch-Politische Mitteilungen* 7 (2000), S. 151–181

Völker, Klaus: *Bertolt Brecht*, München/Wien 1976

Wacket, Markus, 1993: »›Wir sprechen zur Zone‹. Die politischen Sendungen des RIAS in der Vorgeschichte der Juni-Erhebung 1953«, in: *Deutschland Archiv* 26 (1993) 9, S. 1035–1048

Walter, Franz/Dürr, Tobias/Schmidtke, Klaus: *Die SPD in Sachsen und Thüringen zwischen Hochburg und Diaspora*, Bonn 1993

Weber, Hermann: »Arbeiter versus ›Sozialismus‹: Der Aufstand vom 17. Juni 1953«, in: Sarkowicz, Hans (Hg.), *Aufstände, Unruhen, Revolutionen*, Frankfurt am Main 1998, S. 143–160

–: »Schauprozeß-Vorbereitungen in der DDR«, in: Weber/Mählert, *Terror*, S. 459–485

Weber, Hermann/Mählert, Ulrich (Hg.): *Terror. Stalinistische Parteisäuberungen 1936–1953*, Paderborn 1998

Weber, Werner/Jahn, Werner: *Synopse zur Deutschlandpolitik 1941 bis 1973*, Göttingen 1973 (Schriften des Königsteiner Kreises)

Wendorf, Joachim: *Über den Quellenwert historischer Film-, Photo und Tonaufnahmen [Elektronische Ressource]. Eine Untersuchung am Beispiel des 17. Juni 1953*, 1999

Wengst, Udo: »Der Aufstand am 17. Juni 1953 in der DDR. Aus den Stimmungsberichten der Kreis- und Bezirksverbände der Ost-CDU im Juni und Juli 1953«, in: *Vierteljahrshefte für Zeitgeschichte* 41 (1993) 2, S. 277–321

Wentker, Hermann: »Arbeiteraufstand, Revolution? 1953 und 1989/90 im Vergleich«, in: *Deutschland Archiv* 34 (2001) 3, S. 385–397

Werkentin, Falco: »Die strafrechtliche »Bewältigung« des 17. Juni 1953 in der DDR«, in: *Der 17. Juni 1953*, S. 55–61

–: *Politische Strafjustiz in der Ära Ulbricht*, Berlin 1995 (2. Aufl. 1997)

–: »Politische Strafjustiz nach dem Volksaufstand vom 17. Juni«, in: Braun, Jutta/Klawitter, Nils/Werkentin, Falko: *Die Hinterbühne politischer Strafjustiz in den frühen Jahren der SBZ/DDR*, 2. Aufl., Berlin 1999, S. 58–78

Wettig, Gerhard: »Sowjetische Wiedervereinigungsbemühungen im ausgehenden Frühjahr 1953? Neue Aufschlüsse über ein altes Problem«, in: *Deutschland Archiv* 25 (1992) 9, S. 943–958

–: »Neue Erkenntnisse über Berijas Deutschland-Politik«, in: *Deutschland Archiv* 26 (1993) 12, S. 1412 f.

–: »Zum Stand der Forschung über Berijas Deutschland-Politik im Frühjahr 1953«, in: *Deutschland Archiv* 26 (1993) 6, S. 674–682

–: »Die beginnende Umorientierung der sowjetischen Deutschland-Politik im Frühjahr und Sommer 1953«, in: *Deutschland Archiv* 28 (1995) 5, S. 495–507

–: *Bereit zu Einheit und Freiheit? Die sowjetische Deutschland-Politik 1945–1955*, München 1999

–: »Berijas deutsche Pläne im Licht neuer Quellen«, in: Kleßmann/Stöver, *1953*, S. 49–69

Wichard, Rudolf: »Der 17. Juni im Spiegel der DDR-Literatur«, in: *Aus Politik und Zeitgeschichte* 20–21/1983, S. 3–16

Wilke, Manfred/Voigt, Tobias: »›Neuer Kurs‹ und 17. Juni – Die zweite Staatsgründung der DDR 1953«, in: Hegedüs/Wilke, *Satelliten*, S. 24–135

Wolff, Friedrich: »›Rädelsführer‹ und ›Mitläufer‹ des 17. Juni auf der Anklagebank (1953)«, in: Ders., *Verlorene Prozesse 1953–1998. Meine Verteidigungen in politischen Verfahren*, Baden-Baden 1999, S. 13–17

Wolfrum, Edgar: »Geschichtspolitik und deutsche Frage. Der 17. Juni im nationalen Gedächtnis der Bundesrepublik (1953–1989)«, in: *Geschichte und Gesellschaft* 28 (1998) 3, S. 382–411

Zariczny, Piotr: »Die Erhebung vom 17. Juni 1953 in Presseerzeugnissen dieser Tage«, in: Timmermann, Heiner (Hg.), *Die DDR – Politik und Ideologie als Instrument*, Berlin 1999, S. 647–678

»Zeitzeugen zum 17. Juni 1953«, in: *Deutschland Archiv* 16 (1983) 6, S. 634–639

Zieger, Gottfried: »Der 17. Juni 1953«, in: *Die Deutschlandfrage vom 17. Juni 1953 bis zu den Genfer Viermächtekonferenzen von 1955*, Berlin 1990, S. 7–26

Zimmermann, Werner: »Die Träger des Widerstandes. Eine Untersuchung über die aktive Teilnahme einzelner Personengruppen am Juni-Aufstand«, in: *SBZ-Archiv* 4 (1953), S. 306–309

Zubok, Vladislav: »›Unverfroren und grob in der Deutschlandfrage …‹. Berija, der Nachfolgestreit nach Stalins Tod und die Moskauer DDR-Debatte im April-Mai 1953«, in: Kleßmann/Stöver, *1953*, S. 29–48

## Abkürzungen

| | | | | | |
|---|---|---|---|---|---|
| Bez. | = Bezirk | Erf. | = Erfurt | Neubr. | = Neu- |
| Krs. | = Kreis | Frkf. | = Frankfurt | | branden- |
| | | KMSt. | = Karl-Marx- | | burg |
| *Bezirke:* | | | Stadt | Pots. | = Potsdam |
| Cottb. | = Cottbus | Lpz. | = Leipzig | Rost. | = Rostock |
| Dres. | = Dresden | Magd. | = Magdeburg | Schw. | = Schwerin |

Mit * versehene Ortsnamen konnten nicht verifiziert werden.

# PERSONENREGISTER

Ackermann, Anton 278, 389, 397
Adenauer, Konrad 16, 240, 354, 408 ff., 415, 428
Arndt, Kurt 349
Axen, Hermann 75, 304

Baender, Paul 64
Bahr, Egon 127 f., 407
Ballentin, Horst 142
Baring, Arnulf 17, 158, 232
Barlach, Ernst 44
Barthel, Kurt (alias Kuba) 258 f., 279
Bauer, Joachim 184, 344
Bauer, Leo 54 f.
Baum, Bruno 94, 288, 292 f.
Becher, Johannes R. 26, 44, 73, 263, 266
Beierlein, Hans 112
Benjamin, Hilde 49 f., 363, 367
Berger, Siegfried 133, 148, 354
Berija, Lawrenti 69, 71 ff., 381, 383 ff., 389 f., 395, 398
Berlin, Alfred 101, 109 f.
Bernhagen, Horst 343
Besenbruch, Walter 265 f.
Bienecke (Kreissekretär IG Bau-Holz) 103
Biermann, Wolf 23
Bölling, Klaus 23
Borgmann, Dora 344
Brandt, Heinz 18, 21, 79, 112 f., 116, 288, 292 ff., 299, 381
Brandt, Karl August 41
Braun, Josef 401
Brecht, Bertolt 14, 26, 45, 256 ff., 263, 265 f.

Bremse, Kurt 275
Bröcker, Elisabeth 181, 344
Brüll, Carl-Albert 228 f.
Brun, Alfred 117, 120
Buchwitz, Otto 174 f.
Bulganin, Nikolaj 336, 417
Burianek, Johannes 35

Cammentz (Architekt in Görlitz) 220 f., 223, 230
Cancrin, Eberhard von 349
Chruschtschow, Nikita S. 69, 73, 337, 383
Churchill, Winston S. 406, 410
Coleman, General (brit. Stadt-kommandant) 403, 405 f.
Conrad, Walter 402 f.
Crato, Kurt 344
Cremer, Fritz 259 f.

Dahlem, Franz 58, 171
Dahlem, Robert 171
Dartsch, Alfred 193, 347
Debussy, Claude 44
Dertinger, Georg 52
Dessau, Paul 45, 259
Dibelius, Otto 78 f., 249
Dibrowa, Pawel 144 f., 249, 257, 340, 406
Diener, Alfred 200, 349
Diener, Fritz 175
Diener, Gottfried 251
Djatkowski, Wassili 353
Döhring, Günter 136, 356
Dölle (Streikleiter) 212
Dölling, Rudolf 205
Dorn, Erna 205, 311, 368 f.
Dubielzig, Gerhard 184, 344

481

# BILDNACHWEIS

Bundesbeauftragter für die Stasi-Unterlagen  8, 19, 23, 38–42, 44

Landesarchiv Berlin  2, 12–14, 17, 18, 22, 24, 31, 36

ullstein bild  1, 3–7, 9–11, 15, 16, 20, 21, 25–30, 32–35, 37, 43

Zeitgeschichtliches Forum Leipzig  45

# »DIESES BUCH MUSSTE GESCHRIEBEN WERDEN«

HUBERTUS KNABE
**Die unterwanderte Republik**
Stasi im Westen
592 Seiten
Gebunden
ISBN 3-549-05589-7

Gestützt auf die Akten des Ministeriums für Staatssicherheit zeigt Hubertus Knabe, wie das SED-Regime die Nervenzentren der westdeutschen Gesellschaft systematisch unterwandert hat. Ein beklemmendes Kapitel unserer jüngsten Vergangenheit.

»Knabe schlägt mit seiner Studie eine breite Schneise in den unübersichtlichen Geheimdienstdschungel. Er nennt Ross und Reiter.«
FRANKFURTER ALLGEMEINE ZEITUNG

»Knabe hat die Ergebnisse seiner Recherche in eine eingängige, sehr gut lesbare, spannende Form gefasst.«
DIE WELT

»Dieses Werk bietet den wohl fundiertesten Überblick zum Thema. Das Buch zeichnet sich durch die Breite der Darstellung wie sein nüchternes Urteil aus.«
NEUE ZÜRCHER ZEITUNG

PROPYLÄEN   www.propylaeen-verlag.de

# DIE STASI SCHRIEB DAS DREHBUCH

HUBERTUS KNABE
**Der diskrete Charme der DDR**
Stasi und Westmedien
504 Seiten
Gebunden
ISBN 3-549-07137-X

Wie erklärt sich das erstaunliche Wohlwollen, mit dem die Medien der alten Bundesrepublik über die DDR berichteten? Hubertus Knabe schildert, mit welchen Methoden die SED-Führung auf das DDR-Bild im Westen Einfluss nahm. Eine Schlüsselrolle spielten dabei die Staatssicherheit und ihr feingesponnenes Beziehungsgeflecht zu westdeutschen Journalisten.

»Das Buch ist ein faktenreiches Kompendium, ein ›Who is who‹ für eines der schillerndsten Kapitel der deutsch-deutschen Beziehungen.«
NEUE ZÜRCHER ZEITUNG

»Knabes spannendes, faktenreiches Buch hat eine längst fällige Debatte angestoßen.«
DER TAGESSPIEGEL

»Knabes Buch trifft den Nerv einer ganzen Generation von Journalisten der alten Bundesrepublik.«
RHEINISCHER MERKUR

PROPYLÄEN www.propylaeen-verlag.de

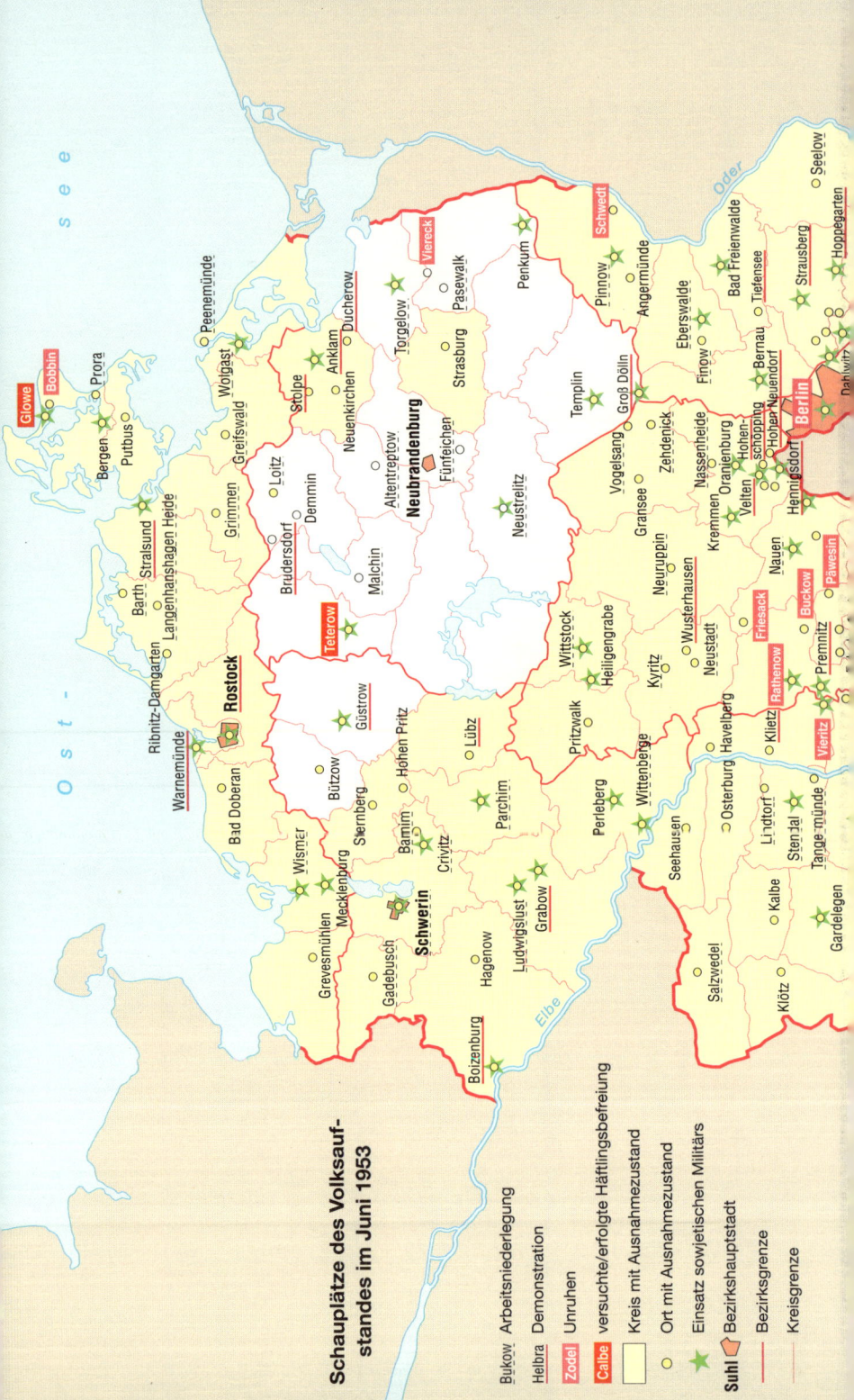

**Schauplätze des Volksauf-
standes im Juni 1953**

Bukow Arbeitsniederlegung
Helbra Demonstration
Zodel Unruhen
Calbe versuchte/erfolgte Häftlingsbefreiung
◻ Kreis mit Ausnahmezustand
○ Ort mit Ausnahmezustand
★ Einsatz sowjetischen Militärs
⬠ Bezirkshauptstadt
Suhl — Bezirksgrenze
— Kreisgrenze

*Ost-see*

Glowe · Bobbin · Prora · Bergen · Putbus · Peenemünde · Wolgast · Greifswald · Stolpe · Anklam · Ducherow · Torgelow · Viereck · Schwedt · Pasewalk · Strasburg · Penkum · Pinnow · Angermünde · Eberswalde · Finow · Bad Freienwalde · Tiefensee · Strausberg · Hoppegarten · Seelow

Barth · Stralsund · Langenhanshagen Heide · Grimmen · Loitz · Demmin · Neuenkirchen · Altentreptow · Neubrandenburg · Fünfeichen · Neustrelitz · Templin · Groß Dölln · Vogelsang · Gransee · Zehdenick · Nassenheide · Oranienburg · Hohen Neuendorf · Schöpping · Bernau · Dahlwitz · Berlin

Ribnitz-Damgarten · Bruderstorf · Malchin · Rostock · Warnemünde · Bad Doberan · Güstrow · Bützow · Sternberg · Hohen Pritz · Lübz · Wittstock · Heiligengrabe · Neuruppin · Wusterhausen · Neustadt · Kyritz · Pritzwalk · Havelberg · Osterburg · Kletz · Tangemünde · Premnitz · Pawessin · Bucktow · Rathenow · Friesack · Viertiz · Nauen

Wismar · Mecklenburg · Grevesmühlen · Bamm · Crivitz · Schwerin · Gadebusch · Hagenow · Ludwigslust · Grabow · Parchim · Perleberg · Wittenberge · Seehausen · Lindtorf · Stendal · Kalbe · Salzwedel · Klötz · Gardelegen · Boizenburg · Teterow

*Elbe* · *Oder*